SHAANXI STATISTICAL YEARBOOK

陕西统计年鉴 2012

陕西省统计局
国家统计局陕西调查总队 编

中国统计出版社
China Statistics Press

(京)新登字 041 号

图书在版编目(CIP)数据

陕西统计年鉴. 2012：汉英对照 / 陕西省统计局,
国家统计局陕西调查总队编. -- 北京：中国统计出版社, 2012.7
ISBN 978-7-5037-6593-3

Ⅰ. ①陕… Ⅱ. ①陕… ②国… Ⅲ. ①统计资料－陕西省－2012－年鉴－汉、英 Ⅳ. ① C832.41-54

中国版本图书馆 CIP 数据核字(2012)第 167108 号

陕西统计年鉴－2012

作　　者／ 陕西省统计局　国家统计局陕西调查总队
责任编辑／ 郭　栋
E-mail: yearbook@gj.stats.cn
Address: No.57 Yuetan Nanjie, Sanlihe, Beijing 100826
封面设计／ 翟　竞
出版发行／ 中国统计出版社
通信地址／ 北京市西城区月坛南街 57 号　邮政编码 / 100826
办公地址／ 北京市丰台区西三环南路甲 6 号
电　　话／ (010)63376898、63376907（发行部）、63376877（编辑部）
印　　刷／ 河北天普润印刷厂
经　　销／ 新华书店
开　　本／ 880 × 1230 毫米　1/16
字　　数／ 1190 千字
印　　张／ 39.5
版　　别／ 2012 年 7 月第 1 版
版　　次／ 2012 年 7 月第 1 次印刷
书　　号／ ISBN 978-7-5037-6593-3/C · 2680
定　　价／ 398.00 元

《陕西统计年鉴－2012》

编委会和编辑工作人员名单

Shaanxi Statistical Yearbook - 2012

EDITORIAL BOARD AND EDITORIAL STAFF

编 者 说 明

一、《陕西统计年鉴－2012》是一部全面系统反映陕西省经济、社会、科技发展状况的资料性年刊。书中资料根据全省各专业统计年报加工而成，并收录了各市、县及省级有关部门的统计数据。

二、全书内容分为22部分：1．行政区划和自然资源；2．综合；3．国民经济核算；4．人口；5．就业人员和职工工资；6．固定资产投资；7．能源：8．财政；9．价格指数；10．人民生活；11．环境和城市；12．农业；13．工业；14．建筑业；15．运输和邮电；16．国内贸易；17．对外经济贸易和旅游；18．金融和保险；19．教育、科技和文化；20．体育、卫生和其他；21．水利；22．全国各省、市、自治区主要指标。附录为2011年陕西统计大事记。为方便读者使用，各篇章前设有简要说明，列示主要统计指标提要和统计图，后面附主要统计指标解释。

三、本年鉴数据以2011年为主，主要指标列示改革开放以来重点年份的资料。

四、本年鉴依据第六次人口普查结果对2001-2009年人口及相关数据进行了调整，凡与本年鉴有出入的，均以本年鉴为准。

五、本年鉴全国及各省、市、自治区主要指标资料来源于《中国统计摘要－2012》，部分数据为初步统计数，正式数据以《中国统计年鉴－2012》为准。

六、本年鉴表中的符号使用说明："..."表示数据不足本表最小单位；"空格"表示该项统计指标数据不详或无该项数据；"#"表示其中项。

EDITOR'S NOTES

Ⅰ. *Shaanxi Statistical Yearbook-2012* is an annual statistical publication, which reflects various aspects of province's economic, social science and technology development.

The major data sources of the publication are statistical annual report of different sectors. Also some other statistical data of city, county, and relevant departments are filled.

Ⅱ. The yearbook contains the following twenty-two chapters:

1. Divisions of Administrative Areas and Natural Resources;
2. General Survey;
3. National Accounts;
4. Population;
5. Employment and Wages;
6. Investment in Fixed Assets;
7. Energy;
8. Government Finance;
9. Price Indices;
10. People's Livelihood;
11. Environment and Cities;
12. Agriculture;
13. Industry;
14. Construction;
15. Transport, Post and Telecommunication Services;
16. Domestic Trade;
17. Foreign Trade and Tourism;
18. Banking and Insurance;
19. Education, Science, Technology and Culture;
20. Sports, Public Health and Others;
21. Irrigation;
22. Main Indicators of National Economy by Countrywide, Province, Municipality and Autonomous Region.

An appendix is about Statistical Events of Shaanxi Province in 2011.

As a matter of convenience for readers, We make Brief Introduction, abstract of major indicators and statistical charts at the beginning of each chapter and explanatory notes on main statistical indicators at the end of each chapter.

Ⅲ. The yearbook is based on data of 2011. Each part includes statistical materials for historically important years, especially from 1978.Since then we have been implementing the reform and opening policy.

Ⅳ. The yearbook is based on data of the 6th national population census results, Population and some relevant data has been adjusted previously published from 2001 to 2009. If there are some differences between this yearbook with others, refer to this yearbook please.

Ⅴ. The rough data of the nation and other provinces are taken from *China Statistical Digest-2012*. The official data should refer to *China Statistical Yearbook-2012* later.

Ⅵ. Explanatory symbol for notations used in this yearbook:

"..." indicates that the figure is not large enough to be measured with the smallest unit in the table;

" " (blank) indicates that the data not available;

"#" indicates that the major items of the total.

目 录

CONTENTS

一、行政区划和自然资源
Divisions of Administrative Areas and Natural Resources

二、综 合

General Survey

三、国民经济核算

National Accounts

四、人 口
Population

五、就业人员和职工工资
Employment and Wages

六、固定资产投资
Investment in Fixed Assets

七、能源
Energy

八、财政
Government Finance

九、价格指数
Price Indices

十、人民生活
People’s Livelihood

十一、环境和城市
Environment and Cities

十二、农业
Agriculture

十三、工业
Industry

十四、建筑业
Construction

十五、运输和邮电

Transport, Post and Telecommunication Services

十六、国内贸易
Domestic Trade

十七、对外经济贸易和旅游
Foreign Trade and Tourism

十八、金融和保险
Banking and Insurance

十九、教育、科技和文化
Education, Science, Technology and Culture

二十、体育、卫生和其他
Sports, Public Health and Others

二十一、水利
Irrigation

二十二、全国各省、市、自治区主要指标
Main Indicators of National Economy by Countrywide, Province, Municipality and Autonomous Region

一、行政区划和自然资源

Divisions of Administrative Areas and Natural Resources

资料整理：李 斌　潘英杰

简 要 说 明

一、本篇资料反映陕西行政区划、自然资源的开发和利用等情况。自然资源包括土地、气候、森林、水利、矿产资源情况。

二、本篇资料来源：行政区划、矿产资源、森林资源、水利、气象资料分别由省民政厅、省国土资源厅、省林业厅、省水利厅、省气象局提供，土地资源资料取自省国土资源厅《陕西省国土资源公报（2010年度）》。

Brief Introduction

Ⅰ.This chapter reflects the data on administrative divisions areas and the exploitation and utilization of the natural resources of Shaanxi Province. Natural resources cover land, climate, forest, water conservancy and mineral resources.

Ⅱ.Data resources: the data on administrative divisions, mineral resources, forest resources, water conservancy and meteorology are provided by Shaanxi Province Department of Civil Affairs, Shaanxi Province Department of Land and Resources, Shaanxi Province Forestry Department, Shaanxi Province Water Department of Resources and Shaanxi Province Meteorological Bureau. The data on land resources are obtained from "Shaanxi Territorial Resources communique(2010)".

1.行政区划和自然资源

陕西位于东经105° 29′ –111° 15′ 和北纬31° 42′ –39° 35′ 之间，东隔黄河与山西相望，西连甘肃、宁夏，北临内蒙古，南连四川、重庆，东南与河南、湖北接壤。2011年全省设西安、铜川、宝鸡、咸阳、渭南、延安、汉中、榆林、安康、商洛10个省辖市和杨凌农业高新技术产业示范区，有3个县级市，80个县和24个市辖区，1224个乡镇，194个街道办事处。

全省面积为20.56万平方公里。地势南北高、中间低，西部高、东部低，地形复杂多样，北部为陕北黄土高原，中部为号称“八百里秦川”的关中平原，南部为陕南秦巴山地。

全省以秦岭为界南北河流分属长江水系和黄河水系。主要有渭河、泾河、洛河、无定河和汉江、丹江、嘉陵江等。陕西属大陆性季风气候，年平均气温12.8摄氏度，年降水量829.49毫米，南北差异明显。

全省自然资源丰富，矿产多，储量大，探明矿产居全国前十位的矿种60多种。

主要城市平均气温（摄氏度）

（2011年）

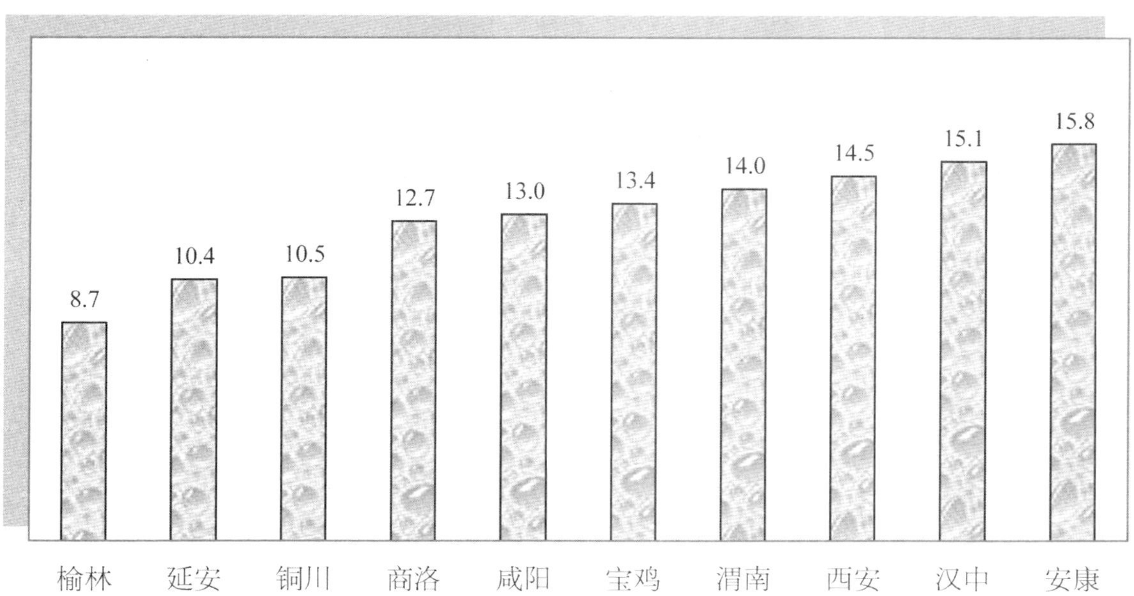

1-1 陕西省行政区划(2011年)
Divisions of Administrative Areas in Shaanxi(2011)

单位：个　　(unit)

地　区	Region	地级市 Cities at Prefecture Level	县级市 Cities at County Level	县 Counties	市辖区 Districts under the Jurisdiction of Cities	镇 Towns	乡 Townships	街道办事处 Street Communities
全　省	**Shaanxi**	**11**	**3**	**80**	**24**	**1134**	**90**	**194**
西安市	Xi'an	1		4	9	69	6	101
铜川市	Tongchuan	1		1	3	20	8	13
宝鸡市	Baoji	1		9	3	105		15
咸阳市	Xianyang	1	1	10	2	126		25
渭南市	Weinan	1	2	8	1	124	6	12
延安市	Yan'an	1		12	1	91	31	3
汉中市	Hanzhong	1		10	1	180		8
榆林市	Yulin	1		11	1	137	39	7
安康市	Ankang	1		9	1	157		4
商洛市	Shangluo	1		6	1	122		4
杨凌示范区	Yangling	1			1	3		2

1-2 陕西省行政区划一览(2011年)
Divisions List of Administrative Areas in Shaanxi(2011)

单位：个 (unit)

地区	Region	镇 Towns	乡 Townships	街道办事处 Street Communities	村民委员会 Village Committees	居民委员会 Neighbourhood Committees
全省	**Shaanxi**	**1134**	**90**	**194**	**27018**	**1814**
西安市	**Xi'an**	**69**	**6**	**101**	**3044**	**713**
新城区	Xincheng			9		101
碑林区	Beilin			8		103
莲湖区	Lianhu			9	5	129
灞桥区	Baqiao			9	223	37
未央区	Weiyang			10	185	80
雁塔区	Yanta			8	97	112
阎良区	Yanliang	2		5	80	23
临潼区	Lintong		3	20	284	38
长安区	Chang'an		2	23	668	39
蓝田县	Lantian	22			520	9
周至县	Zhouzhi	22			376	14
户县	Huxian	16			518	20
高陵县	Gaoling	7	1		88	8
铜川市	**Tongchuan**	**20**	**8**	**13**	**543**	**62**
王益区	Wangyi	1	1	5	39	20
印台区	Yintai	5	2	3	107	24
耀州区	Yaozhou	8	2	5	219	16
宜君县	Yijun	6	3		178	2
宝鸡市	**Baoji**	**105**		**15**	**1729**	**162**
渭滨区	Weibin	5		5	104	55
金台区	Jintai	4		7	102	51
陈仓区	Chencang	15		3	332	13
凤翔县	Fengxiang	12			233	4
岐山县	Qishan	10			144	14
扶风县	Fufeng	8			169	5
眉县	Meixian	8			123	7
陇县	Longxian	12			158	3
千阳县	Qianyang	8			98	2
麟游县	Linyou	7			100	2
凤县	Fengxian	9			100	4
太白县	Taibai	7			66	2
咸阳市	**Xianyang**	**126**		**25**	**2766**	**149**
秦都区	Qindu	1		11	146	48
渭城区	Weicheng	1		9	130	38
三原县	Sanyuan	11			208	9
泾阳县	Jingyang	13			231	8
乾县	Qianxian	16			256	8

1-2 续表 1 continued

单位：个 (unit)

地　　区	Region	镇 Towns	乡 Townships	街道办事处 Street Communities	村民委员会 Village Committees	居民委员会 Neighbourhood Committees
礼泉县	Liquan	12			317	5
永寿县	Yongshou	11			249	3
彬县	Binxian	13			247	4
长武县	Changwu	9			160	1
旬邑县	Xunyi	11			187	2
淳化县	Chunhua	12			204	2
武功县	Wugong	8			212	6
兴平市	Xingping	8		5	219	15
渭南市	**Weinan**	**124**	**6**	**12**	**3221**	**171**
临渭区	Linwei	16		8	510	52
华县	Huaxian	10			242	15
潼关县	Tongguan	5	1		84	9
大荔县	Dali	18			415	10
合阳县	Heyang	12			353	5
澄城县	Chengcheng	8	2		266	14
蒲城县	Pucheng	17			359	7
白水县	Baishui	7	3		194	11
富平县	Fuping	17			337	9
韩城市	Hancheng	10		2	275	23
华阴市	Huayin	4		2	186	16
延安市	**Yan'an**	**91**	**31**	**3**	**3386**	**92**
宝塔区	Baota	11	5	3	611	31
延长县	Yanchang	7	2		288	6
延川县	Yanchuan	8	2		346	7
子长县	Zichang	9	1		358	8
安塞县	Ansai	8	1		211	6
志丹县	Zhidan	7	1		200	5
吴起县	Wuqi	6	3		164	3
甘泉县	Ganquan	3	3		117	4
富县	Fuxian	9	1		240	5
洛川县	Luochuan	7	5		371	2
宜川县	Yichuan	6	3		202	4
黄龙县	Huanglong	4	3		87	3
黄陵县	Huangling	6	1		191	8
汉中市	**Hanzhong**	**180**		**8**	**2692**	**124**
汉台区	Hantai	7		8	210	44
南郑县	Nanzheng	22			398	15
城固县	Chenggu	18			392	9
洋县	Yangxian	20			362	6
西乡县	Xixiang	18			267	10
勉县	Mianxian	19			233	10
宁强县	Ningqiang	21			269	8
略阳县	Lueyang	18			183	16
镇巴县	Zhenba	21			221	4
留坝县	Liuba	8			98	1
佛坪县	Foping	8			59	1

1-2 续表 2 continued

单位：个 (unit)

地　　区	Region	镇 Towns	乡 Townships	街道办事处 Street Communities	村民委员会 Village Committees	居民委员会 Neighbourhood Committees
榆 林 市	**Yulin**	**137**	**39**	**7**	**5379**	**120**
榆 阳 区	Yuyang	14	7	7	487	45
神 木 县	Shenmu	15			631	8
府 谷 县	Fugu	15			232	10
横 山 县	Hengshan	12	2		361	6
靖 边 县	Jingbian	11	6		213	6
定 边 县	Dingbian	14	6		335	6
绥 德 县	Suide	12	4		661	8
米 脂 县	Mizhi	8	2		396	4
佳 县	Jiaxian	11	5		653	7
吴 堡 县	Wubu	6			221	5
清 涧 县	Qingjian	8	4		639	4
子 洲 县	Zizhou	11	3		550	11
安 康 市	**Ankang**	**157**		**4**	**2434**	**134**
汉 滨 区	Hanbin	30		4	871	47
汉 阴 县	Hanyin	14			179	8
石 泉 县	Shiquan	11			202	10
宁 陕 县	Ningshan	12			98	9
紫 阳 县	Ziyang	21			212	20
岚 皋 县	Langao	15			188	6
平 利 县	Pingli	11			190	4
镇 坪 县	Zhenping	9			78	1
旬 阳 县	Xunyang	22			292	26
白 河 县	Baihe	12			124	3
商 洛 市	**Shangluo**	**122**		**4**	**1757**	**70**
商 州 区	Shangzhou	19		4	396	22
洛 南 县	Luonan	19			359	22
丹 凤 县	Danfeng	16			196	12
商 南 县	Shangnan	13			164	3
山 阳 县	Shanyang	23			318	6
镇 安 县	Zhen'an	19			204	4
柞 水 县	Zhashui	13			120	1
杨凌示范区	**Yangling**	**3**		**2**	**67**	**17**
杨 陵 区	Yangling	3		2	67	17

1-3 自然状况及资源
Natural Conditions and Resources

指　　标		Item		2011
一、自然状况		**Natural Conditions**		
1.土　地		Land		
土地总面积	(万平方公里)	Land Area	(10 000 sq.km)	20.56
2.气　候		Climate		
全省年平均降水量	(毫米)	Annual Average Precipitation in the Whole Province	(mm)	829.5
全省年平均气温	(摄氏度)	Annual Average Temperature in the Whole Province	(℃)	12.8
全省年平均日照时数	(小时)	Annual Average Sunshine Hours in the Whole Province	(hour)	1902.9
全省年平均风速	(米/秒)	Annual Average Wind Speed in the Whole Province	(m/s)	1.6
全省年平均无霜期	(天)	Annual Average Frost-free Period in the Whole Province	(day)	226.8
气候带面积比例	(土地面积=100)	Percentage of Climatic Zones to Total Area of Territory	(Land Area=100)	
湿润地区(干燥度<1.0)	(%)	Humid Zone(aridity<1.0)	(%)	39.2
半湿润地区(干燥度1.0-1.5)	(%)	Semi-Humid Zone (aridity 1.0-1.5)	(%)	26.7
半干旱地区(干燥度1.5-2.0)	(%)	Semi-Arid Zone(aridity 1.5-2.0)	(%)	34.1
二、自然资源		**Natural Resources**		
1.土地资源		Land Resources		
耕地面积	(万公顷)	Area of Cultivated Land	(10 000 hectares)	399.2
园地面积	(万公顷)	Area of Plantation Land	(10 000 hectares)	84.6
林地面积	(万公顷)	Area of Forestland	(10 000 hectares)	1122.6
草地面积	(万公顷)	Area of Grassland	(10 000 hectares)	220.0
其它农用地	(万公顷)	Other Agriculture Land	(10 000 hectares)	42.0
居民点及工矿用地	(万公顷)	Residential Purpose, Manufacturing and Mining Land	(10 000 hectares)	73.0
交通运输用地	(万公顷)	Transportation Land	(10 000 hectares)	8.6
水利设施用地	(万公顷)	Water-conservancy Projects Land	(10 000 hectares)	3.6
未利用土地面积	(万公顷)	Area of Unused Land	(10 000 hectares)	102.7
2.林木资源		Forest Resources		
森林面积	(万公顷)	Forest Area	(10 000 hectares)	853.24
森林覆盖率	(%)	Forest-coverage Rate	(%)	41.42
林木蓄积量	(亿立方米)	Stock Volume of the Forest	(100 million cu.m)	4.24
3.水利资源		Water Resources		
全年自产河川年径流总量	(亿立方米)	Natural Annual Flow	(100 million cu.m)	482.54
黄河流域		Yellow River (Huanghe River) Drainage Area		92.46
长江流域		Yangtze River (Changjiang River)Drainage Area		390.48
平原区浅层地下水资源总量	(亿立方米)	Total Ground Water Volume of Plain	(100 million cu.m)	52.54
水力资源理论蕴藏量	(万千瓦)	Theoretical Hydropower Resources	(10 000 kw)	1438.46
黄河流域		Yellow River (Huanghe River)Drainage Area		580.37
长江流域		Yangtze River(Changjiang River)Drainage Area		858.09
水力资源的可开发量	(万千瓦)	Developable Hydropower Resources	(10 000 kw)	666.66
黄河流域		Yellow River (Huanghe River) Drainage Area		234.06
长江流域		Yangtze River (Changjiang River)Drainage Area		432.60

注：本表土地资源和水利资源数据为2010年数。

a) The data of water resources and land resources in this table are 2010.

1-4 主要山脉
Main Mountain Ranges

名　称	Mountain Range	海拔高度(米) Altitude above Sea Level (m)
太白山	Taibai Mountains	3767
化龙山	Hualong Mountains	2917
首阳山	Shouyang Mountains	2719
终南山	Zhongnan Mountains	2604
华　山	Huashan Mountains	2160
白于山	Baiyu Mountains	1823
巴　山	Bashan Mountains	1500～2000
子午岭	Ziwuling Mountains	1400～1600

1-5 主要河流
Major Rivers

名　称	River	流域面积(平方公里) Drainage Area (sq.km)	河　长(公里) Length (km)
无定河	Wudinghe River	30261	491.2
延　河	Yanhe River	7687	284.3
泾　河	Jinghe River	45421	455.1
渭　河	Weihe River	62440	818.0
北洛河	Beiluohe River	26905	680.3
嘉陵江	Jialingjiang River	9930	244.0
汉　江	Hanjiang River	61959	652.0
丹　江	Danjiang River	7551	244.0

1-6 主要矿产保有储量(2011年)
Ensured Reserves of Major Mineral (2011)

矿　种	Item	保有储量 Ensured Reserves
钠　盐　(亿吨)	Sodium Salt NaCl (100 million tons)	8857.43
煤　(亿吨)	Coal (100 million tons)	1640.12
石油(剩余可采储量)　(万吨)	Petroleum(Surplus Developable Resources) (10 000 tons)	29844.34
天然气(剩余可采储量)　(亿立方米)	Natural Gas(Surplus Developable Resources) (100 million cu.m)	5478.00
金　(金属吨)	Gold (Metal,ton)	260.31
钼　(金属万吨)	Molybdenum (Metal, 10 000 tons)	100.07
铅　锌　(金属万吨)	Lead and Zinc (Metal, 10 000 tons)	459.83
汞　锑　(金属万吨)	Mercury and Antimony (Metal, 10 000 tons)	3.01
水泥用石灰岩　(矿石亿吨)	Cement Limestone (Ore, 100 million tons)	72.50
玻璃用石英岩　(矿石亿吨)	Glass Quartzite (Ore, 100 million tons)	1.87
铁　(矿石亿吨)	Iron (Ore, 100 million tons)	7.59

1-7 陕西重要矿产保有储量在全国和西部的位次(2011年)
Precedence of Shaanxi Major Mineral Ensured Reserves in China and Western China(2011)

矿种	Item	位次 Precedence 全国 National Total	位次 Precedence 西部 West	矿种	Item	位次 Precedence 全国 National Total	位次 Precedence 西部 West
煤	Coal	4	3	钼矿	Molybdenum	6	2
石油	Petroleum	5	2	金矿	Gold	11	6
天然气	Natural Gas	4	4	银矿	Silver	23	8
铁矿	Iron	17	7	硫铁矿	Pyrite Ore	18	7
铜矿	Copper	18	8	磷矿	Phosphorus Ore	7	4
铅矿	Lead	14	8	盐矿	Sodium Salt NaCl	1	1
锌矿	Zinc	12	7	水泥用灰岩	Cement Limestone	4	1
铝土矿	Bauxite	12	5				

1-8 陕西矿产保有储量居全国前十位的矿种(2011年)
Mineral Kinds of Shaanxi Mineral Ensured Reserves Within the Top Ten Places in China (2011)

位次 Precedence	矿种 Item	矿种数 Types
1	盐矿(NaCl亿吨)、水泥配料用黄土、饰面用板岩、片麻岩、透辉石 Salt (NaCl million tons), Cement batching with loess, Finishes with slate, Gneiss, Diopside	5
2	钛矿(金红石矿物)、锶矿、铼矿、毒重石、海泡石粘土、陶粒用粘土、透闪石、制碱用灰岩 Titanium (rutile mineral), Strontium, Rhenium ore, Witherite, Limestone, Sepiolite clay, Tremolite, Soda limestone	8
3	煤层气、矾矿、镁盐(MgCl2)、镁盐(MgSO4)、碲矿、石榴子石(矿物)、高岭土、蓝石棉、蛭石 CBM, Vanadium, Magnesium(MgCl2), Magnesium(MgSO4), Tellurium ore, Garnet(mineral), Kaolin Ore, Blue asbestos, Vermiculite	9
4	煤炭、天然气、矽线石、长石、水泥用灰岩、玻璃用石英岩、电石用灰岩 Coal, Natural Gas, Sillmanite, Feldspar, Cement with limestone, Glass with qauartz, Calcium carbide with limestone	7
5	石油、油页岩、汞矿、重晶石、化肥用蛇纹岩、石墨(隐晶质)、饰面用大理岩、伴生硫 Petroleum, Oil shale, Mercury, Barite, Fertilizer with serpentinite, Graphite(aphanitic), Marble, Associated with sulfur	8
6	钼矿、铌矿、石榴子石(矿石)、石棉 Molybdenum ore, Niobium, Garnet (mineral), Asbestin	4
7	岩金、磷矿、镍矿、铍矿、锗矿、冶金用白云岩、冶金用石英岩、钛矿(原生钛[磁]铁矿)、石煤、富铬矿(Cr2O3>32%)、石墨(晶质) Rock gold, Phosphate, Nickel, Beryllium e, Germanium, Metallurgical dolomite, Metallurgical quartzite, Titanium (Ti-native [magnetic] iron ore), Stone coal, Chromium ore (Cr2O3> 32%), Graphite (crystalline)	11
8	砂金、钛矿(钛铁砂矿矿物)、云母(片云母) Gold dust, Titanium (ilmenite placer minerals), Mica (mica)	3
9	冶金用脉石英 Metallurgical vein quartz	1
10	锑矿、红柱石、玻璃用白云岩、自然硫、滑石 Antimony ore, Andalusite, Glass with dolomite, Natural sulfur, Talc	5

1-9 主要城市气候基本情况(2011年)
Basic Statistics on Climate of Major Cities (2011)

城市	City	平均气温(摄氏度) Average Temperature (℃)	日照时数(小时) Sunshine Hours (hour)	平均风速(米/秒) Average Wind Speed (m/s)	相对湿度(%) Relative Humidity (%)	无霜期(天) Frost-free Period (day)	气压(百帕) Pressure (hPa)	降水量(毫米) Precipitation (mm)
西安市	Xi'an	14.5	1594.1	1.2	64	242	970.6	723.6
铜川市	Tongchuan	10.5	1844.3	2.1	68	193	905.8	758.4
宝鸡市	Baoji	13.4	1501.4	1.3	69	235	946.4	1025.6
咸阳市	Xianyang	13.0	2109.3	1.8	70	224	961.9	754.3
渭南市	Weinan	14.0	1940.8	1.2	71	239	975.6	737.6
延安市	Yan'an	10.4	2285.8	1.4	59	193	908.1	567.9
汉中市	Hanzhong	15.1	1336.4	1.1	79	251	957.2	1298.1
榆林市	Yulin	8.7	2793.4	2.5	53	195	885.9	445.4
安康市	Ankang	15.8	1750.3	1.3	72	257	982.4	1068.7
商洛市	Shangluo	12.7	1873.1	2.0	66	239	931.7	915.3

1-10 主要城市平均气温(2011年)
Monthly Average Temperature of Major Cities(2011)

单位:摄氏度 (℃)

月份	Month	西安市 Xi'an	铜川市 Tongchuan	宝鸡市 Baoji	咸阳市 Xianyang	渭南市 Weinan	延安市 Yan'an	汉中市 Hanzhong	榆林市 Yulin	安康市 Ankang	商洛市 Shangluo
一月	Jan.	-2.0	-6.6	-2.4	-3.8	-2.9	-9.2	1.6	-12.2	1.6	-2.9
二月	Feb.	4.2	1.0	4.0	2.7	3.2	0.2	5.9	-1.6	7.0	3.6
三月	Mar.	8.8	4.1	7.7	7.2	8.2	3.2	9.1	1.2	9.8	6.8
四月	Apr.	18.0	13.5	17.0	15.9	17.3	13.7	18.0	11.4	18.1	15.4
五月	May	21.0	16.5	19.6	19.2	20.4	17.6	20.0	16.5	21.3	17.9
六月	June	26.3	22.2	24.1	24.8	26.1	23.4	23.8	23.1	24.7	22.9
七月	July	27.4	23.0	25.1	26.0	27.1	23.2	25.3	22.5	26.7	23.7
八月	Aug.	24.9	20.7	23.5	23.7	24.5	21.7	25.8	21.1	26.3	22.8
九月	Sept.	19.0	15.1	17.7	17.9	18.7	15.8	19.5	14.8	20.1	17.2
十月	Oct.	15.0	11.3	13.7	13.6	14.9	11.3	15.6	10.4	16.0	13.5
十一月	Nov.	9.8	6.3	8.8	8.4	9.4	6.6	11.7	3.8	12.4	9.4
十二月	Dec.	2.0	-1.7	1.7		1.5	-2.3	5.2	-6.8	5.3	1.5
极端最高	Highest	40.3	35.1	39.8	39.4	40.4	36.6	35.9	34.0	39.1	38.4
极端最低	Lowest	-7.3	-14.1	-8.6	-12.3	-10.7	-18.9	-4.1	-24.5	-5.3	-10.6
年平均	Annual Average	14.5	10.5	13.4	13.0	14.0	10.4	15.1	8.7	15.8	12.7

1-11 主要城市降水量(2011年)

Monthly Precipitation of Major Cities(2011)

单位:毫米 (millimeters)

月 份 Month	西安市 Xi'an	铜川市 Tongchuan	宝鸡市 Baoji	咸阳市 Xianyang	渭南市 Weinan	延安市 Yan'an	汉中市 Hanzhong	榆林市 Yulin	安康市 Ankang	商洛市 Shangluo
一 月 Jan.	2.1	4.5	6.7	1.2	2.5	2.1	0.5	1.0		2.3
二 月 Feb.	12.9	17.5	14.9	11.7	17.3	9.7	10.7	8.0	5.6	34.9
三 月 Mar.	11.9	8.5	17.9	10.0	9.0	2.9	35.6		27.9	10.1
四 月 Apr.	18.3	29.1	6.2	19.5	30.2	12.3	18.0	13.1	20.3	23.9
五 月 May	77.6	61.6	107.9	82.4	91.1	58.6	168.8	28.9	100.9	74.9
六 月 June	39.3	21.2	57.8	28.7	24.5	23.8	114.4	11.6	128.4	49.9
七 月 July	72.4	118.0	228.6	72.9	62.7	123.7	370.4	156.9	115.8	122.2
八 月 Aug.	75.9	129.1	78.2	113.7	64.1	96.1	132.7	77.7	136.2	127.5
九 月 Sept.	298.9	234.2	382.9	307.6	302.7	99.7	321.6	70.1	390.2	349.0
十 月 Oct.	51.5	72.1	54.7	45.3	46.6	83.6	56.2	26.6	49.1	42.4
十一月 Nov.	54.3	58.4	62.0	55.2	80.7	55.0	62.4	49.2	86.8	69.6
十二月 Dec.	8.5	4.2	7.8	6.1	6.2	0.4	6.8	2.3	7.5	8.6
全 年 Annual Total	723.6	758.4	1025.6	754.3	737.6	567.9	1298.1	445.4	1068.7	915.3

1-12 主要城市日照时数(2011年)

Monthly Sunshine Hours of Major Cities(2011)

单位:小时 (hours)

月 份 Month	西安市 Xi'an	铜川市 Tongchuan	宝鸡市 Baoji	咸阳市 Xianyang	渭南市 Weinan	延安市 Yan'an	汉中市 Hanzhong	榆林市 Yulin	安康市 Ankang	商洛市 Shangluo
一 月 Jan.	108.9	153.3	118.8	148.9	131.8	193.3	46.8	234.7	134.7	161.0
二 月 Feb.	77.0	102.3	83.6	116.0	116.8	149.5	66.6	172.1	115.1	137.0
三 月 Mar.	184.2	233.7	181.6	246.8	245.1	237.7	137.2	278.7	160.6	203.1
四 月 Apr.	222.6	242.9	226.3	265.5	244.3	254.1	180.4	289.3	216.8	238.5
五 月 May	175.6	228.2	177.6	227.3	227.0	264.5	155.7	281.4	214.0	204.9
六 月 June	186.4	210.8	187.6	224.5	217.6	255.2	166.7	240.1	189.9	168.1
七 月 July	175.7	154.5	168.8	214.7	202.6	225.8	141.2	286.5	196.9	136.2
八 月 Aug.	141.8	75.7	82.9	186.1	162.1	188.2	203.0	264.6	224.3	185.8
九 月 Sept.	51.0	82.8	30.2	95.3	69.3	98.0	61.9	189.0	62.5	84.7
十 月 Oct.	115.4	140.5	90.7	166.6	143.9	162.8	72.4	211.0	98.1	122.4
十一月 Nov.	64.6	85.7	60.5	86.5	65.9	97.2	34.2	161.5	38.1	66.8
十二月 Dec.	90.9	133.9	92.8	131.1	114.4	159.5	70.3	184.5	99.3	164.6
全 年 Annual Total	1594.1	1844.3	1501.4	2109.3	1940.8	2285.8	1336.4	2793.4	1750.3	1873.1

1-13 历届陕西省人民代表大会代表人数
Number of Deputies to All the Previous Shaanxi Province People's Congresses

单位：人　　(person)

届次	Congress	年份 Year	代表人数 Number of Deputies	#女代表 Female Deputies 人数 Number	占代表总数% As Percentage to Total Deputies (%)	少数民族代表 Ethnic Minority Deputi 人数 Number	占代表总数% As Percentage to Total Deputies (%)
第一届	First Congress	1954	386	51	13.2	9	2.3
第二届	Second Congress	1959	400	67	16.8	12	3.0
第三届	Third Congress	1964	520	84	16.0	15	2.9
第四届	Fourth Congress	1975					
第五届	Fifth Congress	1978	1186	234	19.7	26	2.2
第六届	Sixth Congress	1983	727	168	23.1	29	4.0
第七届	Seventh Congress	1988	600	117	19.3	19	3.2
第八届	Eighth Congress	1993	602	118	19.6	22	3.7
第九届	Ninth Congress	1998	566	129	22.8	19	3.4
第十届	Tenth Congress	2003	565	117	20.7	18	3.2
第十一届	Eleventh Congress	2008	574	142	24.9	19	3.3

1-14 历届陕西省政治协商会议委员人数
Number of Deputies to All the Previous Shaanxi Province People's Political Consultative Conferences

单位：人　　(person)

届次	Congress	年份 Year	委员人数 Number of Deputies	中国共产党党员代表 Deputies from the Communist Party of China 人数 Number	占代表总数% As Percentage to Total Deputies (%)	民主党派和无党派爱国人士代表 Deputies from Democratic Parties and Non-partisan Patriot 人数 Number	占代表总数% As Percentage to Total Deputies (%)
第一届	First Congress	1955	165	42	25.5	123	74.5
第二届	Second Congress	1958	262	85	32.4	177	67.6
第三届	Third Congress	1963	275	91	33.1	184	66.9
第四届	Fourth Congress	1977	420	205	48.8	215	51.2
第五届	Fifth Congress	1983	428	162	37.9	266	62.1
第六届	Sixth Congress	1988	502	191	38.0	311	62.0
第七届	Seventh Congress	1993	506	244	48.2	262	51.8
第八届	Eighth Congress	1998	539	216	40.1	323	59.9
第九届	Ninth Congress	2003	590	235	39.8	355	60.2
第十届	Tenth Congress	2008	624	248	39.6	379	60.4

主要统计指标解释

行政区划 指国家对行政区域的划分。根据有关法规规定，我国的行政区域划分如下：(1)全国分为省、自治区、直辖市；(2)省、自治区分为自治州、县、自治县、市；(3)自治州分为县、自治县、市；(4)县、自治县分为乡、民族乡、镇；(5)直辖市和较大的市分为区、县；(6)国家在必要时设立的特别行政区。

气候 指地球与大气之间长期能量交换与质量交换所形成的一种自然环境状态，它是多种因素综合作用的结果。气候既是人类生活和生产的环境要素之一，又是供给人类生活和生产的重要资源。气温、降水、湿度等气象要素的多年平均值是用来描述一个地区气候状况的主要参数，而各种气象要素某年、某月的平均值(或总量)则可以反映出该时期天气气候状况的重要特征。

自然资源 指人类可以直接从自然界获得，并用于生产和生活的物质资源。自然资源一般可以分成可再生资源和非再生资源两大类。可再生资源指在较短时间内可以再生、可以循环利用的资源，包括土地资源、水资源、气候资源、生物资源和海洋资源等。非再生资源指在使用后不能再生的资源，包括矿产资源和地热能源。

土地资源 土地指陆地的表层部分，它主要由岩石、岩石的风化物和土壤构成。土地资源按利用类型可以分为农用地、建筑用地和未利用地。农用地包括耕地、园地、林地、牧草地和水面。建筑用地包括居民点及工矿用地、交通用地和水利设施用地。未利用地指农用地和建筑用地以外的土地，包括滩涂、荒漠、戈壁、冰川和石山等。

森林面积 指由乔木树种构成，郁闭度 0.2 以上(含 0.2)的林地或冠幅宽度 10 米以上的林带的面积，即有林地面积。森林面积包括天然起源和人工起源的针叶林面积、阔叶林面积、针阔混交林面积和竹林面积，不包括灌木林地面积和疏林地面积。

森林蓄积量 指一定森林面积上存在着的林木树干部分的总材积。它是反映一个国家或地区森林资源总规模和水平的基本指标之一，也是反映森林资源的丰富程度、衡量森林生态环境优劣的重要依据。

森林覆盖率 指一个国家或地区森林面积占土地总面积的百分比。森林覆盖率是反映森林资源的丰富程度和生态平衡状况的重要指标。在计算森林覆盖率时，森林面积包括郁闭度 0.2 以上的乔木林地面积和竹林地面积，国家特别规定的灌木林地面积、农田林网以及四旁(村旁、路旁、水旁、宅旁)林木的覆盖面积。计算公式为：

$$森林覆盖率(\%) = \frac{森林面积}{土地总面积} \times 100\%$$

径流 指陆地上接受降水后扣除损耗外，从地表和地下向流域出口断面汇集的水流。径流可分为地表径流、地下径流和壤中流。地表径流指沿地表向河流、湖泊、沼泽、海洋等汇集的水流；地下径流指沿潜水层或隔水层间的含水层，向河流、湖泊、沼泽、海洋等汇集的地下水水流。

径流量 指在一定时段内通过河流某一过水断面的水量，用以反映一个国家或地区水资源的丰歉程度。计算公式为：

径流量=降水量-蒸发量

矿产资源 矿产资源指由地质作用形成的，具有利用价值的，呈固态、液态、气态的自然资源，是社会生产发展的重要物质基础。目前我国已发现矿种有 170 多种，按其特点和用途，可分为能源矿产(如煤炭、石油、天然气、地热)、金属矿产(如铁矿、锰矿、铜矿、铅矿、铝土矿)、非金属矿产(如金刚石、石灰岩、粘土)和水气矿产(如地下水、矿泉水、二氧化碳气)四大类。其中：金属矿产按其物质成份和性质又可分为：黑色金属矿产、有色金属矿产、贵金属矿产、稀有金属矿产、稀土金属矿产、分散元素金属矿产六类。

气温 指空气的温度，我国一般以摄氏度(℃)为单位表示。气象观测的温度表是放在离地面约 1.5 米处通风良好的百叶箱里测量的，因此，通常说的气温指的是离地面 1.5 米处百叶箱中的温度。其统计计算方法为：

月平均气温是将全月各日的平均气温相加，除以该月的天数而得。

年平均气温是将 12 个月的月平均气温累加后除以 12 而得。

降水量 指从天空降落到地面的液态或固态(经融化后)水，未经蒸发、渗透、流失而在地面上积聚的深度。其统计计算方法为：

月降水量是将全月各日的降水量累加而得。

年降水量是将 12 个月的月降水量累加而得。

日照时数 指太阳实际照射地面的时间。其统计方法与降水量相同。

Explanatory Notes on Main Statistical Indicators

Divisions of Administrative Areas refers to the division of administrative areas by the State. The relative laws stipulate that 1) the whole country is divided into provinces, autonomous regions and municipalities directly under the Central Government; 2) provinces and autonomous regions are further divided into autonomous prefectures, counties, autonomous counties and cities; 3) autonomous prefectures are further divided into counties, autonomous counties and cities; 4) counties and autonomous counties are further divided into townships, ethnic townships and towns; 5) municipalities directly under the Central Government and large cities are divided into districts and counties, 6) the State shall, when necessary, establish special administrative regions.

Climate refers to the natural environmental status formed by the long-term exchange of energy and mass between the earth and the atmosphere, and is the result of interaction of many factors. Climate is both one of the environment factors and also the important resources for living and production activities of the human being. The average values across several years of meteorological factors such as temperature, rainfall and humidity are used as important parameters to describe the climate of a region, while the average values (or total values) of a given year or month of meteorological factors reflect the key characteristics of climate for that period of time.

Natural Resources refer to material resources that could be obtained from the nature by human being and used for production and living. Natural resources in general can be classified as renewable resources and non-renewable resources. Renewable resources refer to resources that could be renewed and recycled during a relatively short period of time, including land resource, water resource, climate resource, biology resource and marine resource. Non-renewable resources include resources that could not be renewed, such as minerals and geothermal resource.

Land Resource Land refers to the surface of the earth, consisting of mainly rocks and its weathering and earth. Land resource can be classified, by its utilization, as land for agriculture, land for construction and unused land. Land for agriculture includes cultivated land, plantation land, forestland, grassland and waters. Land for construction includes land for residential purpose, for manufacturing and mining, for transportation and for water-conservancy projects. Unused land refers to land other than land for agriculture and construction, including beaches, deserts, Gobi, glaciers and rock mountains

Forest Area refers to the area of forest where trees and bamboo grow with canopy density above 0.2, including land of natural woods and planted woods, but excluding bush land and thin forest land. It reflects the total areas of afforestation.

Stock Volume of Forest refers to total stock volume of wood growing in forest area, which shows the total size and level of forest resources of a country or a region. It is also an important indicator illustrating the richness of forest resource and the status of forest ecological environment.

Forest Coverage Rate refers to the ratio of area of afforested land to total land area. It is a very important indicator that reflects the status of abundance of forest resource and balance of the ecosystem. Forest area includes the area of trees and bamboo grow with canopy density above 0.2, the area of shrubby tree according to regulations of the government, the area of forest land inside farm land and the area of trees planted by the side of villages, farm houses and along roads and rivers. The formula for calculating forest coverage rate is as follows:

$$\text{Forestry coverage rate (\%)} = \frac{\text{Area of Afforested Land}}{\text{Area of Total Land}} \times 100\%$$

Runoff refers to the water gathered at the way out of the cross section of drainage area either from the surface or underground after deducting the wastage of the precipitation on the land. Runoff can be divided into surface runoff, underground runoff and within soil runoff. Surface runoff refers to water flowing to the rivers, lakes, swamps, and seas on the surface of the earth. Underground runoff refers to water flow to rivers, lakes, swamps, and seas through the water-bearing stratum of confined layer or unconfined layer.

Volume of Runoff refers to the total volume of water running through a certain cross section of a river during a certain period of time, reflecting the water resource condition in a country or a region. The formula for calculating volume of runoff is as follows:

Runoff =Precipitation-Evaporation

Mineral Resources refer to useful minerals, with solid state, liquid state, gaseity, due to the geological process. Minerals are important natural resources, and important material base for social development. At present, there are more than 170 types of minerals discovered in China. They can be categorized into four groups: energy producing minerals (including coal, petroleum, natural gas and terrestrial heat), metallic minerals (including iron, manganese, copper, lead and bauxite), non metallic minerals (including diamond, limestone and clay), and water/gas related minerals (including ground water, mineral water and carbon dioxide). Metallic minerals can be further classified as ferrous, non-ferrous, noble metal, rare metal, rare earth metal and dispersed metals.

Temperature refers to the air temperature. China uses centigrade as the unit. The thermometry used for weather observation is put in a breezy shutter, which is 1.5 meters high from the ground. Therefore, the commonly used temperature refers to the temperature in the breezy shutter 1.5 meters away from the ground. The calculation method is as follows:

Monthly average temperature is the summation of average daily temperature of one month divided by the actual days of that particular month.

Annual average temperature is the summation of monthly average of a year divided by 12 months.

Volume of Precipitation refers to the deepness of liquid state or solid state (thawed) water falling from the sky to the ground that has not been evaporated, infiltrated or run off. The calculation method is as follows:

Monthly precipitation is the summation of daily precipitation of a month.

Annual precipitation is the summation of 12 months precipitation of a year.

Sunshine Hours refer to the actual hours of sun irradiating the earth. The calculation method is the same as that of the precipitation.

二、综　合

General Survey

资料整理：马　靖　张　巧　吴小龙

简 要 说 明

一、本篇资料反映陕西经济、科技、社会等方面的规模、水平、速度、结构、比例、效益情况，并收录了基本单位统计情况。

二、本篇资料根据各专业统计年报资料以及国家统计局、省级有关部门提供的统计资料加工整理而成。

三、基本单位统计范围为所有法人单位和产业活动单位。

Brief Introduction

Ⅰ.This chapter reflects the scale, level, speed, structure, proportion and efficiency of the national economy, science and technology and the social development of Shaanxi Province, also covering statistics of basic units.

Ⅱ.The summary data are processed and prepared on the basis of the annual reports of various specialized fields provided by Statistics Bureau of Shaanxi Province and the statistics provided by the National Bureau of Statistics and some related departments of Shaanxi Province.

Ⅲ. Statistical range of the basic units covers all corporation units and industry activity units..

2. 综　合

2011年全省				
生产总值	12512.30	亿元	比1978年增长	30.0倍
全社会固定资产投资	10023.53	亿元	比1978年增长	491.6倍
财政收入	2579.30	亿元	比1978年增长	129.5倍
社会消费品零售总额	3789.99	亿元	比1978年增长	112.6 倍
出口总额	70.11	亿美元	比1978年增长	588.1倍
城镇居民人均可支配收入	18245	元	比1978年增长	8.4倍
农村居民人均纯收入	5028	元	比1978年增长	4.9倍

生产总值增长速度

（比上年增长%）

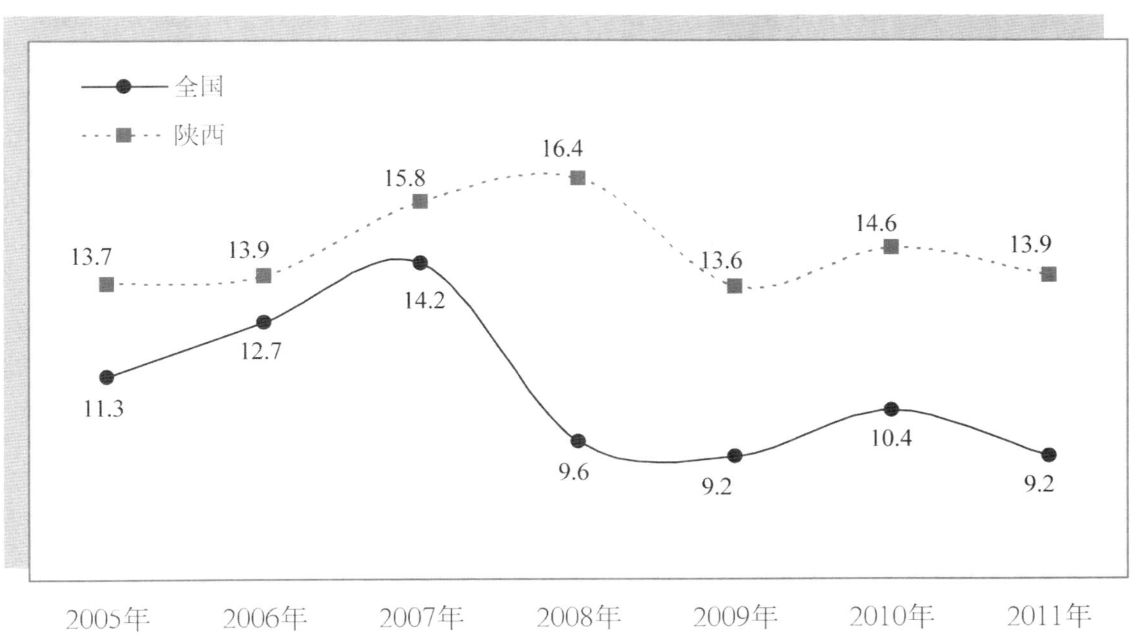

2-1 陕 西 一 日
Selected Indicators on Average Daily Social and Economic Activities

指 标	Item	1978	2000	2005	2010	2011
每天创造的财富	**Daily Production**					
生产总值 (万元)	Gross Domestic Product (10 000 yuan)	2221	49425	107773	277356	342803
第一产业	Primary Industry	677	7075	11939	27081	33449
第二产业	Secondary Industry	1154	21441	53462	149208	190016
第三产业	Tertiary Industry	390	20910	42372	101067	119337
财政收入 (万元)	Government Revenue (10 000 yuan)	541	5123	14494	49345	70666
粮 食 (万吨)	Grain (10 000 tons)	2.19	2.98	3.12	3.19	3.27
棉 花 (吨)	Cotton (ton)	289	75	213	190	185
油 料 (吨)	Oil-bearing Crops (ton)	155	1062	1242	1536	1616
肉 类 (吨)	Meat (ton)	389	2524	3674	2812	2729
布 (万米)	Cloth (10 000 m)	159.16	196.71	217.26	206.16	168.28
原 煤 (万吨)	Coal (10 000 tons)	4.56	9.57	29.62	98.95	112.70
发电量 (万千瓦小时)	Electricity (10 000 kwh)	1811	7460	13834	30189	33118
原 油 (吨)	Crude Oil (ton)	165	20450	48717	82665	88368
粗 钢 (吨)	Crude Steel (ton)	666	1470	8419	16570	20589
每天消费量	**Daily National Consumption**					
居民总消费 (万元)	Household Consumption (10 000 yuan)	1322	21987	42543	86616	102986
能源消费量 (万吨标煤)	Energy Consumption (10 000 tons of SCE)	3.19	7.17	15.26	24.33	26.74
社会消费品零售额(万元)	Total Retail Sales of Consumer Goods (10 000 yuan)	914	19880	36475	87553	103835
每天其他经济活动	**Other Daily Economic Activities**					
货运量 (万吨)	Freight Traffic (10 000 tons)	19.62	82.12	125.27	286.09	331.28
客运量 (万人次)	Passenger Traffic (10 000 persons)	15.42	78.61	107.16	257.41	295.37
邮电业务总量 (万元)	Business Volume of Postal and Telecommunication Services(10 000 yuan)	13.77	2329.84	9072.12	24735.62	9541.22
进出口总额 (万美元)	Total Value of Imports and Exports (USD 10 000)		586.33	1253.93	3310.36	4006.42
# 出口总额	Total Exports	3.26	358.91	842.69	1700.75	1920.78
入境旅游人数 (万人)	Number of Overseas Visitor Arrivals (10 000 person-times)	…	0.20	0.25	0.58	0.74
居民储蓄额 (万元)	Outstanding Amount of Savings Deposit (10 000 yuan)	214	41713	96821	217584	250677
每天人口变动和婚姻	**Daily Population Changes and Marriages**					
出 生 (人)	Births (person)	1306	1244	1013	994	1000
死 亡 (人)	Deaths (person)	524		608	613	622
结 婚 (对)	Marriages (couples)	373	557	571	950	1012
离 婚 (对)	Divorces (couples)		71	64	122	139

注：1.本表价值量指标中，除邮电业务总量按不变价格计算，其余均按当年价格计算。
2.工业产品产量2000年及以后为规模以上企业数。
3.能源消费量2005年及以后按等价值计算。

a) Figures in value terms in this table are at current prices, except that on the business volume of postal and telecommunication services which is at constant prices.
b) Since 2000, Output of industrial products are obtained from above designated size enterprises.
c) Energy consumption are calculated at equivalent value since 2005.

2-2　陕西省主要国民经济指标占全国比重（2011年）
Percentage of Shaanxi Main Indicators on National Economic to National Total(2011)

指　　标		Item		陕　西 Shaanxi	全　国 National Total	陕西占全国% Shaanxi as Percentage of National Total (%)
年底总人口	（万人）	Population at Year-end	(10 000 persons)	3743	134735	2.8
就业人员	（万人）	Number of Employed Persons	(10 000 persons)	2059	76420	2.7
生产总值	（亿元）	Gross Domestic Product	(100 million yuan)	12512.30	471564	2.7
第一产业		Primary Industry		1220.90	47712	2.6
第二产业		Secondary Industry		6935.59	220592	3.1
# 工　业		Industry		5857.92	188572	3.1
第三产业		Tertiary Industry		4355.81	203260	2.1
全社会固定资产投资总额	(亿元)	Total Investment in Fixed Assets	(100 million yuan)	10023.53	311022	3.2
地方一般预算收入	（亿元）	Local General Bugetary Revenue	(100 million yuan)	1500.18	52434	2.9
主要产品产量		Output of Major Products				
粮　食	（万吨）	Grain	(10 000 tons)	1195	57121	2.1
棉　花	（万吨）	Cotton	(10 000 tons)	6.74	658.9	1.0
油　料	（万吨）	Oil-bearing Crops	(10 000 tons)	58.97	3306.8	1.8
水　果	（万吨）	Fruits	(10 000 tons)	1332.68	22768.2	5.9
原　煤	（万吨）	Coal	(10 000 tons)	41135	352000	11.7
原　油	（万吨）	Crude Oil	(10 000 tons)	3225.42	20288	15.9
天 然 气	（亿立方米）	Natural Gas	(100 million cu.m)	272.21	1030.6	26.4
发 电 量	（亿千瓦小时）	Electricity	(100 million kwh)	1208.82	47001	2.6
粗　钢	（万吨）	Crude Steel	(10 000 tons)	751.49	68388	1.1
水　泥	（万吨）	Cement	(10 000 tons)	6430.63	208500	3.1
化　肥	（万吨）	Fertilizers	(10 000 tons)	92.01	6217.2	1.5
纱	（万吨）	Yarn	(10 000 tons)	27.44	2900	0.9
布	（亿米）	Cloth	(100 million m)	6.14	837	0.7
家用电冰箱	（万台）	Household Refrigerators	(10 000 units)	32.33	8699.2	0.4
汽　车	（万辆）	Motor Vehicles	(10 000 units)	55.67	1841.6	3.0
货物周转量	（亿吨公里）	Total Freight Ton-kilometers	(100 million ton-km)	2825.83	159324	1.8
邮电业务总量	（亿元）	Business Volume of Postal and Telecommunication Services	(100 million yuan)	348.25	13379.2	2.6
社会消费品零售总额	（亿元）	Total Retail Sales of Consumer Goods	(100 million yuan)	3789.99	183919	2.1
进出口总额	（亿美元）	Total Value of Imports and Exports	(USD 100 million)	146.23	36420.6	0.4
# 出口额		Exports		70.11	18986.0	0.4
入境旅游人数	（万人次）	Number of Overseas Visitor Arrivals	(10 000 person-times)	270.41	13542.4	2.0
大学生在校学生数	（万人）	Students Enrollment of College and University	(10 000 persons)	95.07	2308.5	4.1
图书出版量	（亿册）	Number of Books Published	(100 million copies)	1.65	76.8	2.1
杂志出版量	（亿册）	Number of Magazines Published	(100 million copies)	0.76	32.7	2.3
报纸出版量	（亿份）	Number of Newspapers Published	(100 million copies)	6.69	466.8	1.4

2-3 国民经济和社会发展总量与速度指标

指　标		Item		1978	2000
人口与就业		**Population and Employment**			
人　口		Population			
年底总人口	(万人)	Population at Year-end	(10 000 persons)	2779	3644
城镇人口		Urban		454	1176
乡村人口		Rural		2325	2468
男性人口		Male		1444	1896
女性人口		Female		1335	1748
就　业		Employment			
就业人员	(万人)	Number of Employed Persons	(10 000 persons)	1078	1813
# 职工人数		Number of Staff and Workers		257	328
城镇登记失业人数	(万人)	Registered Unemployment in Urban Areas	(10 000 persons)		11.4
宏观经济		**Macro Economy**			
国民经济核算		National Accounting			
生产总值	(亿元)	Gross Domestic Product	(100 million yuan)	81.07	1804.00
第一产业		Primary Industry		24.70	258.22
第二产业		Secondary Industry		42.13	782.58
第三产业		Tertiary Industry		14.24	763.20
支出法生产总值	(亿元)	GDP by Expenditure Approach	(100 million yuan)	81.07	1804.00
# 最终消费		Final Consumption Expenditures		52.74	1042.94
居民消费		Household Consumption		48.24	802.54
政府消费		Government Consumption		4.50	240.40
资本形成总额		Gross Capital Formation		30.45	856.60
固定资本形成总额		Gross Fixed Capital Formation		23.18	796.20
存货增加		Change in Inventories		7.27	60.40
固定资产投资		Investment in Fixed Assets			
全社会固定资产投资总额	(亿元)	Total Investment in Fixed Assets	(100 million yuan)	20.35	745.85
# 房地产开发投资		Investment in Real Estate Development			78.89
财　政		Government Finance			
财政收入	(亿元)	Government Revenue	(100 million yuan)	19.76	187.00
财政支出	(亿元)	Government Expenditures	(100 million yuan)	18.30	271.76
物价指数	(上年＝100)	Price Indices	(preceding year=100)		
商品零售价格指数		Retail Price Index		100.5	98.3
居民消费价格指数		Consumer Price Index		100.6	99.5
利用外资		Utilization of Foreign Capital			
签订利用客商直接投资协议额	(万美元)	Contracted Value of Direct Investments	(USD 10 000)		49931
实际利用客商直接投资额	(万美元)	Actually Utilized Value of Direct Investments	(USD 10 000)		28842
能源生产与消费		Production and Consumption of Energy			
能源生产总量	(万吨标准煤)	Total Energy Production	(10 000 tons of SCE)		
能源消费总量	(万吨标准煤)	Total Energy Consumption	(10 000 tons of SCE)		

注：1.本表价值量指标中，除邮电业务总量按不变价格计算，其余指标均按当年价格计算。

2.2000年及以后工业产品产量、财务指标为规模以上企业数据。

3.1998年及以后职工人数、职工工资总额、职工平均工资为在岗职工数据。

4.本表速度指标中，生产总值及三次产业增加值、物价指数、农林牧渔业增加值、工业增加值、城乡居民收入和职工平均工资指标均按不变价格计算。固定资产投资平均增长速度按累计法计算。

Principal Aggregate Indicators on National Economic and Social Development and Growth Rates

2005	2010	2011	2011年为下列年份% 2011 as Percentage of the Following Years(%)				1979-2011 平均增长% Average Annual Growth Rate(%)
			1978	2000	2005	2010	
3690	3735	3743	134.7	102.7	101.4	100.2	0.9
1374	1707	1770	389.9	150.5	128.8	103.7	4.2
2316	2028	1973	84.9	79.9	85.2	97.3	-0.5
1899	1930	1931	133.7	101.8	101.7	100.1	0.9
1791	1805	1812	135.7	103.7	101.2	100.4	0.9
1976	2074	2059	191.0	113.6	104.2	99.3	2.0
323	343	371	144.5	113.2	114.9	108.3	1.1
21.5	21.4	20.9		183.6	97.1	97.6	
3933.72	10123.48	12512.30	3103.4	398.5	227.6	113.9	11.0
435.77	988.45	1220.90	537.9	183.1	142.6	105.9	5.2
1951.36	5446.10	6935.59	4480.7	493.4	249.4	116.4	12.2
1546.59	3688.93	4355.81	5812.2	377.0	225.4	112.5	13.1
3933.72	10123.48	12512.30					
2112.91	4640.10	5573.25					
1552.81	3161.47	3758.99					
560.10	1478.63	1814.26					
2026.38	6834.25	8487.32					
1936.45	6851.53	8190.19					
89.93	-17.28	297.13					
1982.04	8561.24	10023.53	49255.7	1343.9	505.7	130.1	20.6
298.95	1159.47	1410.90		1788.5	472.0	121.7	
529.02	1801.11	2579.30	13054.0	1379.3	487.6	143.2	15.9
638.96	2218.83	2930.81	16013.1	1078.5	458.7	132.1	16.6
100.1	103.6	104.8	492.4	124.9	123.9	104.8	4.9
101.2	104.0	105.7	593.7	132.9	125.4	105.7	5.5
158237	221030	254910		510.5	161.1	115.3	
62839	182006	235483		816.5	374.7	129.4	
14576	32332	37153			254.9	114.9	
5571	8882	9761			175.2	109.9	

a) Figures in value terms in this table are at current prices, except that on the business volume of postal and telecommunication services which is at constant prices.

b) Since 2000, Output of industrial products and financial indicators are obtained from above designated size enterprises.

c) Figures on number of staff and workers ,total wage bill and average wage refer to fully employed staff and workers since 1998 .

d) The indices and growth rates of the follow indicators are calculated at constant prices: gross domestic product, value-added of the three strata of industry,price indices,value-added of agriculture, forestry, animal husbandry and fishery ,value-added of industry, per capita income of urban and rural residents, average wage of staff and workers. The average annual growth rate of total investment in fixed assets is calculated at the accumulate method.

2-3 续表 1

指 标	Item	1978	2000
产 业	**Industry**		
农 业	Agriculture		
常用耕地面积 (千公顷)	Cultivated Land (1 000 hectares)	3854	3114
农林牧渔业增加值 (亿元)	Value-added of Agriculture, Forestry, Animal Husbandry and Fishery (100 million yuan)	24.70	258.22
主要农产品产量	Output of Major Farm Products		
粮 食 (万吨)	Grain (10 000 tons)	800	1089
棉 花 (万吨)	Cotton (10 000 tons)	10.54	2.74
油 料 (万吨)	Oil-bearing Crops (10 000 tons)	5.65	38.76
烤 烟 (万吨)	Flue-Cured Tobacco (10 000 tons)	1.38	7.36
茶 叶 (吨)	Tea (ton)	1408	6126
水 果 (万吨)	Fruits (10 000 tons)	33.41	493.79
蔬 菜 (万吨)	Vegetables (10 000 tons)		556.53
肉 类 (万吨)	Meat (10 000 tons)	14.20	92.12
工 业	Industry		
工业增加值 (亿元)	Value-added of Industry (100 million yuan)	36.52	629.88
主要工业产品产量	Output of Major Industrial Products		
纱 (万吨)	Yarn (10 000 tons)	13.85	15.68
布 (亿米)	Cloth (100 million m)	5.81	7.18
家用电冰箱 (万台)	Household Refrigerators (10 000 units)		37.56
彩色显象管 (万只)	Color CRT (10 000 units)		846.98
原 煤 (万吨)	Coal (10 000 tons)	1666	3493
原 油 (万吨)	Crude Oil (10 000 tons)	6.03	746.44
天然气 (亿立方米)	Natural Gas (100 million cu.m)		21.10
发电量 (亿千瓦小时)	Electricity (100 million kwh)	66.10	272.28
粗 钢 (万吨)	Crude Steel (10 000 tons)	24.29	53.65
钢 材 (万吨)	Rolled Steel (10 000 tons)	17.38	57.70
水 泥 (万吨)	Cement (10 000 tons)	210.66	989.44
化 肥 (万吨)	Fertilizers (10 000 tons)	13.69	93.90
汽 车 (万辆)	Motor Vehicles (10 000 units)		1.93
规模以上工业企业	Industrial Enterprises above Designated Size		
资产总计 (亿元)	Original Value of Fixed Assets (100 million yuan)		2683.07
主营业务收入 (亿元)	Revenue from Principal Business (100 million yuan)		1133.82
利润和税金总额 (亿元)	Total Profits and Tax (100 million yuan)		155.51
交通运输	Transportation		
货物运输量 (万吨)	Freight Traffic (10 000 tons)	7160	29973
# 铁 路	Railways	2400	4697
公 路	Highways	4733	25200
货物周转量 (亿吨公里)	Freight Ton-kilometers (100 million ton-km)	176.11	593.24
# 铁 路	Railways	165.58	448.15
公 路	Highways	10.39	143.64
旅客运输量 (万人)	Passenger Traffic (10 000 persons)	5628	28693
# 铁 路	Railways	2009	2661
公 路	Highways	3605	25600
旅客周转量 (亿人公里)	Passenger-Kilometers (100 million passenger-km)	60.73	376.99
# 铁 路	Railways	47.56	178.89
公 路	Highways	12.95	151.04

continued

2005	2010	2011	2011年为下列年份% 2011 as Percentage of the Following Years(%)				1979-2011 平均增长% Average Annual Growth Rate(%)
			1978	2000	2005	2010	
2788	2861	2861	74.2	91.9	102.6	100.0	-0.9
435.77	988.45	1220.90	537.9	183.1	142.6	105.9	5.2
1140	1165	1195	149.3	109.7	104.8	102.6	1.2
7.78	6.92	6.74	63.9	246.0	86.6	97.3	-1.3
45.35	56.08	58.97	1043.7	152.1	130.0	105.2	7.4
5.88	6.73	7.67	555.8	104.2	130.4	114.0	5.3
11382	25052	28430	2019.2	464.1	249.8	113.5	9.5
765.74	1238.50	1332.68	3988.9	269.9	174.0	107.6	11.8
869.93	1384.02	1432.50		257.4	164.7	103.5	
134.11	102.64	99.60	701.4	108.1	74.3	97.0	6.1
1650.63	4558.97	5857.92	4957.8	514.8	249.0	117.1	12.6
19.43	27.12	27.44	198.1	175.0	141.2	101.2	2.1
7.93	7.52	6.14	105.7	85.5	77.5	81.6	0.2
8.08	35.68	32.33		86.1	400.1	90.6	
1678.96	704.08	190.72		22.5	11.4	27.1	
10811	36116	41135	2469.1	1177.6	380.5	113.9	10.2
1778.16	3017.28	3225.42	53489.6	432.1	181.4	106.9	21.0
80.59	223.47	272.21		1290.1	337.8	121.8	
504.94	1101.91	1208.82	1828.8	444.0	239.4	109.7	9.2
307.28	604.82	751.49	3093.8	1400.7	244.6	124.3	11.0
337.10	994.89	1025.29	5899.3	1776.9	304.2	103.1	13.2
1972.13	5463.79	6430.63	3052.6	649.9	326.1	117.7	10.9
122.86	82.74	92.01	672.1	98.0	74.9	111.2	5.9
4.26	65.21	55.67		2883.1	1306.2	85.4	
5085.90	14688.70	17234.61		642.3	338.9	117.3	
3302.50	10888.80	13790.12		1216.3	417.6	126.6	
676.50	2401.96	3074.69		1977.2	454.5	128.0	
45724	104423	120916	1688.8	403.4	264.4	115.8	8.9
12123	27121	30299	1262.5	645.1	249.9	111.7	8.0
33483	77123	90419	1910.4	358.8	270.0	117.2	9.4
1115.31	2465.99	2825.83	1604.6	476.3	253.4	114.6	8.8
905.76	1267.90	1354.25	817.9	302.2	149.5	106.8	6.6
207.85	1195.91	1469.68	14145.1	1023.2	707.1	122.9	16.2
39137	93954	107809	1915.6	375.7	275.5	114.7	9.4
3600	5411	5614	279.4	211.0	155.9	103.8	3.2
34780	87457	101062	2803.4	394.8	290.6	115.6	10.6
571.60	851.45	989.41	1629.2	262.4	173.1	116.2	8.8
279.08	362.60	405.37	852.3	226.6	145.3	111.8	6.7
206.54	383.99	462.89	3574.4	306.5	224.1	120.5	11.4

2-3 续表 2

指　　标		Item	1978	2000
邮电通信业		Postal and Telecommunication Services		
邮电业务总量	(亿元)	Business Volume of Postal and Telecommunication Services (100 million yuan)	0.50	85.04
函　件	(万件)	Number of Letters Delivered (10 000 pieces)	9188	17444
报刊期发数	(万份)	Number of Newspapers and Magazines Distributed (10 000 copies)	319	454
固定电话	(万户)	Number of Fixed Telephone Subscribers (10 000 subscribers)	4.65	345.25
城　市		Urban Telephone Subscribers	3.24	252.86
农　村		Rural Telephone Subscribers	1.41	92.39
移动电话	(万户)	Number of Mobile Telephone Subscribers (10 000 subscribers)		151.67
互联网宽带用户	(万户)	Number of Internet Subscribers (10 000 subscribers)		19.87
国内商业		Domestic Trade		
社会消费品零售总额	(亿元)	Total Retail Sales of Consumer Goods (100 million yuan)	33.37	725.64
对外贸易和旅游		Foreign Trade and Tourism		
进出口总额	(万美元)	Total Value of Imports and Exports (USD 10 000)		214009
进口额		Imports		83006
出口额		Exports	1190	131003
国际旅游		International Tourism		
入境旅游人数	(万人次)	Number of Overseas Visitor Arrivals (10 000 persons)	1.37	71.28
旅游外汇收入	(万美元)	Foreign Exchange Earnings from Tourism (USD 10 000)	177	28025
金　融		Financial Intermediation		
金融机构各项存款	(亿元)	Deposits of National Banking System (100 million yuan)	35.33	2663.00
金融机构各项贷款	(亿元)	Loans of National Banking System (100 million yuan)	51.74	2193.12
教育·科技·文化		**Education, Science and Technology and Culture**		
教　育		Education		
专任教师数	(万人)	Full-time Teachers (10 000 persons)		
普通高等学校		Regular Institutions of Higher Education	1.07	2.07
中等职业学校		Vocational Secondary Schools	0.33	2.17
普通中学		Secondary Schools	9.17	12.23
小　学		Primary Schools	17.30	18.23
在校学生数	(万人)	Students Enrollment (10 000 persons)		
普通高等学校		Regular Institutions of Higher Education	3.44	24.17
中等职业学校		Vocational Secondary Schools	2.93	36.37
普通中学		Secondary Schools	193.47	230.52
小　学		Primary Schools	450.51	480.93
科　技		Science and Technology		
全省从事科技活动人员数	(万人)	Personnel Engaged in S&T Activities in the Whole Province (10 000 persons)		15.51
R&D经费内部支出	(亿元)	Internal Expenditure on Research and Development (100 million yuan)		
文　化		Culture		
出版数量		Number of Publication		
图　书	(万册)	Books (10 000 copies)	7661	15958
杂　志	(万册)	Magazines (10 000 copies)	1423	4944
报　纸	(万份)	Newspapers (10 000 copies)		70389
制作电视节目	(小时)	Time for TV Programs Production (hour)		16174

continued

2005	2010	2011	2011年为下列年份% 2011 as Percentage of the Following Years(%)				1979-2011 平均增长% Average Annual Growth Rate(%)
			1978	2000	2005	2010	
331.13	902.85	348.25	69304.4	409.5	105.2	114.8	21.9
15119	9734	5877	64.0	33.7	38.9	60.4	-1.3
286	517	335	105.0	73.8	117.1	64.8	0.1
859.32	781.89	775.48	16692.8	224.6	90.2	99.2	16.8
561.84	519.55	519.05	16041.7	205.3	92.4	99.9	16.6
297.47	262.34	256.44	18186.9	277.6	86.2	97.8	17.1
938.10	2518.23	2907.18		1916.8	309.9	115.4	
236.90	368.83	389.08		1957.7	164.2	105.5	
1331.35	3195.67	3789.99	11357.5	522.3	284.7	118.6	15.4
457684	1208283	1462344		683.3	319.5	121.0	
150103	587510	761258		917.1	507.2	129.6	
307581	620773	701085	58914.7	535.2	227.9	112.9	21.3
92.84	212.17	270.41	19738.0	379.4	291.3	127.4	17.4
44625	101596	129505	73166.7	462.1	290.2	127.5	22.1
6446.48	16386.18	19147.62	54195.4	719.0	297.0	116.9	21.0
3983.19	9971.56	11796.58	22799.1	537.9	296.2	118.3	17.9
4.29	5.83	5.92	553.1	285.5	138.0	101.5	5.3
2.85	3.46	3.33	1009.2	153.4	116.6	96.1	7.3
15.91	17.05	18.12	197.6	148.2	113.9	106.3	2.1
18.66	17.52	16.06	92.9	88.1	86.1	91.7	-0.2
66.69	92.78	95.07	2763.7	393.3	142.6	102.5	10.6
55.84	89.93	84.67	2889.8	232.8	151.6	94.1	10.7
304.56	259.91	246.80	127.6	107.1	81.0	95.0	0.7
340.09	261.04	253.60	56.3	52.7	74.6	97.2	-1.7
13.49	20.69	20.46		131.9	151.7	98.9	
92.15	217.50	249.35			270.6	114.6	
17628	19830	16502	215.4	103.4	93.6	83.2	2.4
6450	7522	7622	535.6	154.2	118.2	101.3	5.2
68219	62239	66883		95.0	98.0	107.5	
71983	83275	107375		663.9	149.2	128.9	

2-3 续表 3

指　　标		Item		1978	2000
家庭 · 生活 · 环境		**Family, People's Living Conditions and Environment**			
家　庭		Family			
家庭总户数	(万户)	Total Number of Households	(10 000 households)	560.82	948.06
城镇居民平均每户家庭人口	(人)	Average Household Size in Urban Areas	(person)		3.08
农村居民平均每户家庭人口	(人)	Average Household Size in Rural Areas	(person)		4.43
婚　姻		Marriages and Divorces			
结婚数	(对)	Number of Marriages	(couples)	136230	203598
离婚数	(对)	Number of Divorces	(couples)		26031
居　住		Housing			
城镇居民人均住房使用面积	(平方米)	Per Capita Gross Living Space in Cities	(sq.m)		16.08
农村居民人均住房面积	(平方米)	Per Capita Net Floor Space of Rural Residents	(sq.m)		22.87
生　活		People's Living Conditions			
城镇居民人均可支配收入	(元)	Per Capita Annual Disposable Income of Urban Households	(yuan)	310	5124
农村居民人均纯收入	(元)	Per Capita Net Income of Rural Residents	(yuan)	134	1470
城乡居民储蓄存款余额	(亿元)	Outstanding Amount of Saving Deposits in Urban and Rural Areas	(100 million yuan)	7.79	1522.53
工　资		Wages			
职工工资总额	(亿元)	Total Wages of Staff and Workers	(100 million yuan)	16.44	257.28
职工平均工资	(元)	Average Wage of Staff and Workers	(yuan)	654	7804
卫　生		Health Care			
医院数	(个)	Number of Hospitals	(unit)	3064	2779
医生数	(万人)	Number of Doctors	(10 000 persons)	3.43	6.43
医院床位数	(万张)	Number of Hospital Beds	(10 000 units)	4.99	9.26
市政建设		Municipal Works			
自来水供应量	(万立方米)	Volume of Tap Water Supply	(10 000 cu.m)	21119	67062
排水管道长度	(公里)	Length of Sewer Pipelines	(km)	431	1856
城市天然气供应量	(万立方米)	Volume of Natural Gas Supply in Urban Areas	(10 000 cu.m)		17770
道路长度	(公里)	Length of Paved Roads	(km)	639	2537
园林绿地面积	(公顷)	Area of Green Land	(hectare)	488	9079
环境、灾害		Environment and Disaster			
环境污染治理投资总额	(万元)	Total Investment in the Treatment of Environmental Pollution	(10 000 yuan)		
火灾发生数	(起)	Number of Fire Disasters	(unit)		3818
火灾损失	(万元)	Loss of Fire Disasters	(10 000 yuan)		2613
交通事故发生数	(件)	Number of Traffic Accidents	(unit)	3979	11846
交通事故损失	(万元)	Loss of Traffic Accidents	(10 000 yuan)	165	3978

continued

2005	2010	2011	2011年为下列年份% 2011 as Percentage of the Following Years(%)				1979-2011 平均增长% Average Annual Growth Rate(%)
			1978	2000	2005	2010	
1055.74	1198.37	1224.90	218.4	129.2	116.0	102.2	2.4
2.96	2.84	2.88		93.5	97.3	101.4	
4.36	4.10	3.98		89.9	91.3	97.1	
208421	346645	369318	271.1	181.4	177.2	106.5	3.1
23447	44402	50780		195.1	216.6	114.4	
18.54	21.04	22.00		136.8	118.7	104.6	
26.01	31.70	37.16		162.5	142.9	117.2	
8272	15695	18245	944.6	276.8	176.6	110.0	7.0
2052	4105	5028	589.2	225.8	183.5	114.3	5.5
3533.97	7941.81	9149.70	117454.4	601.0	258.9	115.2	23.9
477.97	1176.33	1484.27	9028.4	576.9	310.5	126.2	14.6
14796	34299	39043	957.2	388.6	211.1	107.7	7.1
2674	2639	2611	85.2	94.0	97.6	98.9	-0.5
6.03	6.28	6.57	191.5	102.2	109.0	104.7	2.0
10.34	13.72	14.69	294.4	158.6	142.1	107.1	3.3
71170	81335	76780	363.6	114.5	107.9	94.4	4.0
3250	5666	5809	1347.7	313.0	178.7	102.5	8.2
76285	164654	182495		1027.0	239.2	110.8	
3191	4810	4964	776.8	195.6	155.5	103.2	6.4
15003	26063	28164	5771.3	310.2	187.7	108.1	13.1
	1816939	756635				41.6	
7490	4620	5006		131.1	66.8	108.4	
4683	8354	9418		360.4	201.1	112.7	
12011	6004	6362	159.9	53.7	53.0	106.0	1.4
6242	3311	3332	2019.4	83.8	53.4	100.6	9.5

2-4 国民经济主要结构指标
Main Composition Indicators on National Economy

单位：% (%)

指 标	Item	1978	2000	2005	2010	2011
人口与就业	**Population and Employment**					
人 口	Population					
城乡结构	Urban and Rural Composition					
城 镇	Urban	16.3	32.3	37.2	45.7	47.3
乡 村	Rural	83.7	67.7	62.8	54.3	52.7
性别结构	Sexual Composition					
男	Male	52.0	52.0	51.5	51.7	51.6
女	Female	48.0	48.0	48.5	48.3	48.4
就 业	Employment					
产业结构	Industrial Composition					
第一产业	Primary Industry	71.1	55.7	48.4	41.3	40.0
第二产业	Secondary Industry	17.9	16.5	18.6	27.0	28.4
第三产业	Tertiary Industry	11.0	27.8	32.9	31.7	31.6
宏观经济	**Macro Economy**					
国民经济核算	National Accounting					
生产总值产业结构	Industrial Composition					
第一产业	Primary Industry	30.5	14.3	11.1	9.8	9.8
第二产业	Secondary Industry	52.0	43.4	49.6	53.8	55.4
第三产业	Tertiary Industry	17.6	42.3	39.3	36.4	34.8
生产总值地区结构	by Region					
关 中	Guanzhong	71.2	72.5	66.2	62.8	61.6
陕 南	Southern Shaanxi	8.5	14.2	12.2	11.1	11.3
陕 北	Northern Shaanxi	20.3	13.3	21.6	26.1	27.1
投 资	Investment					
固定资产投资结构	Composition of Investment in Fixed Assets					
第一产业	Primary Industry		2.7	2.7	5.7	3.4
第二产业	Secondary Industry		36.2	34.1	35.1	37.1
第三产业	Tertiary Industry		61.1	63.2	59.2	59.4
固定资产投资经济类型结构	Compositione of Investment in Fixed Assets by Registration Status					
国有经济	State-Owned Units	84.5	63.5	51.3	49.3	44.5
集体经济	Collective-Owned Units	9.4	5.6	3.9	4.8	4.1
其他经济	Others		18.4	38.1	42.8	47.5
个 体	Individuals	6.1	12.5	6.7	3.0	3.9

2-4　续表 1　continued

单位：%　　(%)

指　标	Item	1978	2000	2005	2010	2011
能　源	Energy					
能源生产总量结构	Composition of Total Energy Production					
原　煤	Coal			74.7	76.9	77.1
原　油	Crude Oil			17.4	13.3	12.4
天然气	Natural Gas			6.7	8.9	9.7
水　电	Hydro-power			1.1	0.9	0.8
能源消费总量结构	Composition of Total Energy Consumption					
煤　品	Coal			75.6	70.6	71.9
油　品	Petroleum			17.4	17.6	16.7
天然气	Natural Gas			4.1	8.6	8.5
水　电	Hydro-power			3.0	3.1	2.9
产　业	**Industry**					
农　业	Agriculture					
农林牧渔业产值结构	Composition of Gross Output Value of Agriculture,Forestry, Animal Husbandry and Fishery					
农　业	Farming	85.2	70.5	64.7	66.5	66.1
林　业	Forestry	3.2	5.9	3.4	2.1	2.1
牧　业	Animal Husbandry	11.5	22.9	27.2	26.1	26.9
渔　业	Fishery	…	0.8	0.8	0.5	0.5
农林牧渔服务业	Services in Support of Agriculture,Forestry,Animal Husbandry and Fishery			3.9	4.8	4.4
工　业	Industry					
轻重工业产值结构	Composition of Gross Output Value of Light and Heavy Industry					
轻工业	Light Industry	44.6	35.1	24.0	18.9	18.7
重工业	Heavy Industry	55.4	64.9	76.0	81.1	81.3
交通运输业	Transportation					
客运量结构	Composition of Passenger Traffic					
铁　路	Railways	35.7	9.3	9.2	5.8	5.2
公　路	Highways	64.1	89.2	88.9	93.1	93.7
水　运	Waterways	…	0.8	0.9	0.3	0.3
民用航空	Civil Aviation	0.2	0.8	1.1	0.8	0.7
货运量结构	Composition of Freight Traffic					
铁　路	Railways	33.5	15.7	26.5	26.0	25.1
公　路	Highways	66.1	84.1	73.2	73.9	74.8
水　运	Waterways	0.4	0.2	0.3	0.2	0.2
民用航空	Civil Aviation	…	…	…	…	…

2-4 续表 2 continued

单位：% (%)

指 标	Item	1978	2000	2005	2010	2011
国内商业	Domestic Trade					
社会消费品零售总额构成	Composition of Total Retail Sales of Consumer Goods					
城 镇	Urban				86.9	88.3
乡 村	Rural				13.1	11.7
国际旅游	International Tourism					
入境旅游人数结构	Composition of Overseas Visitor Arrivals					
外国人	Foreigners	83.9	82.0	80.3	73.2	70.2
港澳台同胞	Hong Kong, Macao and Taiwan Compatriots	16.1	18.0	19.7	26.8	29.8
生活 · 环境	**People's Living Conditions and Environment**					
生 活	People's Living Conditions					
城镇居民消费结构						
食 品	Food		35.8	36.1	37.1	36.6
衣 着	Clothing		9.4	10.1	12.1	12.1
居 住	Residence		11.0	9.8	9.5	8.7
家庭设备用品及服务	Household Facilities,Articles and Services		11.1	5.6	6.1	6.6
医疗保健	Medicine and Medical Services		7.9	9.1	7.9	8.0
交通和通讯	Transportation and Communications		7.0	9.5	10.1	10.9
教育文化娱乐服务	Recreation, Education and Culture Services		12.8	16.3	13.5	13.5
杂项商品和服务	Miscellaneous Commodities and Services		5.1	3.6	3.7	3.6
农村居民消费结构						
食 品	Food		43.5	42.9	34.2	30.0
衣 着	Clothing		6.6	6.6	6.3	6.3
居 住	Residence		16.0	11.2	22.1	24.7
家庭设备用品及服务	Household Facilities, Articles and Services		4.6	4.4	6.2	6.2
交通和通讯	Transport and Communications		4.7	8.6	8.9	9.0
文化教育娱乐用品及服务	Cultural, Educational and Recreational Articles and Services		14.5	15.7	10.5	9.0
医疗保健	Health Care and Medical Services		7.3	8.7	9.9	11.9
其他商品及服务	Miscellaneous Goods and Services		2.8	2.0	2.0	2.8
环 境	Environment					
工业污染源治理投资使用结构	Consumption of Investment in the Treatment of Industrial Pollution					
治理废水	Waste Water Treatment			75.9	21.2	67.2
治理废气	Waste Gas Treatment			12.6	53.1	26.0
治理固体废物	Solid Wastes Treatment			5.8	0.6	2.5
治理噪音	Noise Abatement			0.2	0.4	0.6
其 他	Others			5.5	24.7	3.8

2-5 国民经济和社会发展比例与效益指标

Indicators on Proportions and Efficiency in National Economic and Social Development

指 标		Item		1978	2000	2005	2010	2011
人 口		Population						
出生率	(‰)	Birth Rate	(‰)	17.24		10.02	9.73	9.75
死亡率	(‰)	Death Rate	(‰)	6.92		6.01	6.01	6.06
自然增长率	(‰)	Natural Growth Rate	(‰)	10.32		4.01	3.72	3.69
就 业		Employment						
就业者负担人口	(人)	Dependency Ratio	(person)	1.58	1.01	0.87	0.80	0.82
三次产业就业者比例	(%)	Employment Ratio by Type of Industry (%)						
(第一产业=100)		(Employment in Primary Industry=100)						
第一产业		Primary Industry		100.0	100.0	100.0	100.0	100.0
第二产业		Secondary Industry		25.2	29.6	38.5	65.6	71.0
第三产业		Tertiary Industry		15.5	49.9	68.0	76.8	78.9
城镇登记失业率	(%)	Registered Unemployment Rate in Urban Areas(%)			2.7	4.2	3.9	3.6
国民经济核算		National Accounting						
一、二、三产业增加值比例	(%)	Ratio of Value-added by Type of Industry(%)						
(第一产业=100)		(Value added in Primary Industry=100)						
第一产业		Primary Industry		100.0	100.0	100.0	100.0	100.0
第二产业		Secondary Industry		170.6	303.1	447.8	551.0	568.1
第三产业		Tertiary Industry		57.7	295.6	354.9	373.2	356.8
人均生产总值	(元)	Per Capita GDP	(yuan)	291	4968	10674	27133	33464
固定资产投资		Investment in Fixed Assets						
全社会固定资产投资相当于生产总值比例	(%)	Proportion of Investment in Fixed Assets to GDP	(%)	25.1	41.3	50.4	84.6	80.1
全社会房屋建筑面积竣工率	(%)	Rate of Total Floor Space of Buildings Completed	(%)	46.4	75.5	49.2	22.9	23.1
财 政		Government Finance						
财政收入相当于生产总值比例	(%)	Proportion of Government Revenue to GDP	(%)	24.4	10.4	13.4	17.8	20.6
财政支出相当于生产总值比例	(%)	Proportion of Government Expenditures to GDP	(%)	22.6	15.1	16.2	21.9	23.4
利用外资		Utilization of Foreign Capital						
实际利用外资额相当于签订利用外资额比例	(%)	Proportion of Actually Utilization of Foreign Capital to Signed Utilization of Foreign Capital	(%)		57.8	39.7	82.3	92.4
能 源		Energy						
能源生产弹性系数		Elasticity Ratio of Energy Production	(%)			1.14	1.15	1.07
能源消费弹性系数		Elasticity Ratio of Energy Consumption	(%)			0.99	0.72	0.71
每万元生产总值消耗的能源	(吨标煤)	Energy Consumption Per 10 000 yuan of GDP	(ton of SCE)			1.416	0.877	0.846

注：本表能源生产用等价值折算,2005年每万元生产总值消耗的能源GDP按2005年价格计算，2010年和2011年GDP按2010年价格计算。

a) Energy production in this table are converted on the basis of equal value.Energy Consumption Per 10 000 yuan of GDP in 2005 is calculated at 2005 constant prices. The Figure in 2010 and 2011 are calculated at 2010 constant prices.

2-5 续表 1 continued

指 标	Item	1978	2000	2005	2010	2011
农 业	Agriculture					
人均耕地面积 (公顷)	Per Capita Cultivated Land (hectare)	0.14	0.09	0.08	0.08	0.08
农业从业者人均耕地面积 (公顷)	Cultivated Land per Agricultural Laborer (hectare)	0.49	0.31	0.29	0.33	0.35
每公顷耕地农业机械总动力 (千瓦)	Total Power of Agricultural Machinery per Hectare of Cultivated Land (kw)	1.01	3.36	5.04	6.60	7.12
每公顷耕地化肥施用量 (公斤)	Chemical Fertilizer Consumption per Hectare of Cultivated Land (kg)	62	421	527	688	724
每公顷耕地生产的农业产值 (元)	Agricultural Output Value per Hectare of Cultivated Land (yuan)	941	14929	26205	58243	71954
农业从业者人均农产品产量(公斤)	Output of Farm products per Agricultural Laborer (kg)					
粮 食	Grain	1032	1056	1186	1345	1423
棉 花	Cotton	14	3	8	8	8
油 料	Oil-bearing Crops	7	38	47	65	70
水 果	Fruits	43	479	797	1430	1587
肉 类	Meat	18	89	140	119	119
水产品	Aquatic Products	0.3	5.9	7.7	7.0	9.7
每公顷播种面积农产品产量(公斤)	Output of Farm Crops per Hectare of Sown Area (kg)					
粮 食	Grain	1785	2850	3300	3687	3811
棉 花	Cotton	420	911	1107	1361	1341
油 料	Oil-bearing Crops	435	1277	1638	1861	1960
工 业	Industry					
总资产贡献率 (%)	Ratio of Total Assets to Industrial Output Value (%)		7.8	15.4	17.1	18.8
资产负债率 (%)	Assets-Liability Ratio (%)		68.2	62.2	56.8	56.6
流动资产周转次数 (次/年)	Number of Times of Annual of Turnover Circulating Funds (times/year)		1.1	1.7	1.7	1.8
成本费用利润率 (%)	Ratio of Profits to Industrial Cost (%)		6.1	14.5	16.1	17.0
产品销售率 (%)	Proportion of Products Sold (%)		96.7	97.7	96.9	96.5
建筑业	Construction					
技术装备率 (元/人)	Value of Machinery per Laborer (yuan/person)		6108	9505	9227	17760
产值利润率 (%)	Ratio of Per-tax Profits to Gross Output Value (%)		0.6	1.5	1.9	3.7
全员劳动生产率 (元/人)	Overall Labor Productivity (yuan/person)		59672	135356	269553	384953
运输邮电通信业	Transportation, Postal and Telecommunication Services					
铁路网密度 (公里/平方公里)	Railway Density (km/sq.km)	0.009	0.011	0.016	0.019	0.019
公路网密度 (公里/平方公里)	Highway Density (km/sq.km)	0.187	0.214	0.265	0.717	0.739
铁路客运密度 (万人公里/公里)	Density of Passenger Traffic (10 000 person-km/km)		658.0	850.8	1004.4	1112.1
铁路货运密度 (万吨公里/公里)	Railway Freight Traffic Density (10 000 ton/km)		1634.6	2686.1	2863.5	3334.9
固定电话普及率 (部/百人)	Access to Fixed Telephones (set/100 persons)	0.17	9.47	23.28	20.93	20.72
城市电话普及率 (部/百人)	Access to Urban Telephones(set/100 persons)	0.71	21.50	40.89	30.44	29.32
移动电话普及率 (部/百人)	Access to Mobile Telephones (set/100 persons)		4.16	25.42	67.42	77.67

2-5 续表 2 continued

指　　标	Item	1978	2000	2005	2010	2011
国内商业	Domestic Trade					
人均消费品零售额 (元)	Per Capita Retail Sales of Consumer Goods (yuan)	121	1998	3612	8565	10137
对外贸易	Foreign Trade					
进出口额相当于生产总值比例(%)	Proportion of Total Value of Imports and Exports to GDP (%)		9.8	9.5	8.1	7.5
金　融	Financial Intermediation					
金融机构存款相当于生产总值比例 (%)	Deposits of Financial Institutions as Percentage of GDP (%)		147.6	163.9	161.9	153.0
金融机构贷款相当于生产总值比例 (%)	Loans of Financial Institutions as Percentage of GDP (%)		121.6	101.3	98.5	94.3
科　技	Science and Technology					
R&D经费内部支出相当于生产总值比例 (%)	Internal Expenditure on Research and Development as Percentage of GDP (%)			2.3	2.1	2.0
文　化	Culture					
每万人有艺术表演团体 (个)	Number of Troupesper 10 000 Population (unit)	0.05	0.03	0.03	0.03	0.02
每万人有公共图书馆 (个)	Number of Public Libraries per 10 000 Population (unit)	0.02	0.03	0.03	0.03	0.03
每万人有博物馆 (个)	Number of Museums per 10 000 Population (unit)	0.01	0.02	0.02	0.03	0.03
生　活	People's Living Conditions					
城镇与农村居民收入增长率比例(%)	Proportion of Growth Rate of Annual Income of Urban Residents to the Growth Rate of Annual Net Income of Rural Residents (%)		1.50	1.97	1.83	1.73
(以农村居民收入指数为1, 1978年=100)	(Index of Annual Net Income of Rural Residents is 1,1978=100)					
卫　生	Health Care					
每万人医院数 (个)	Number of Hospitals per 10 000 Population (unit)	1.1	0.8	0.7	0.7	0.7
每万人医生数 (人)	Number of Doctors per 10 000 Population (unit)	12	18	16	17	18
每万人医院病床数 (张)	Number of Hospital Beds per 10 000 Population (unit)	18	25	28	37	39
市政建设	Municipal Works					
城市用水普及率 (%)	Coverage Rate of Urban Population with Access to Tap Water (%)		96.50	93.20	99.39	95.72
城市燃气普及率 (%)	Coverage Rate of Urban Population with Access to Gas (%)		74.53	79.80	90.39	92.09
人均公园绿地面积 (平方米)	Per Capita Public Green Area(hectare)				10.67	11.41
环境、灾害	Environment and Disasters					
平均每起火灾损失 (元)	Average Loss of per Fire Disaster (yuan)		7028	6253	18082	18813
平均每起交通事故损失 (元)	Average Loss of per Traffic Accident (yuan)	415	3358	5197	5515	5237

2-6 社会经济主要指标平均每人水平
Per Capita Main Indicators on Society and Economy

单位：元 (yuan)

年份 Year	生产总值 Gross Domestic Product	工农业总产值 Gross Industrial and Agricultural Output Value	工业总产值 Gross Industrial Output Value	农林牧渔业总产值 Gross Output Value of Agriculture, Forestry, Animal Husbandry and Fishery	社会消费品零售总额 Total Retail Sales of Consumer Goods	职工平均工资 Average Wage of Staff and Workers	城镇居民人均可支配收入 Per Capita Annual Disposable Income of Urban Households
1978	291	480	349	131	121	654	310
1980	334	539	390	149	154	785	407
1985	604	910	644	267	268	1122	650
1990	1241	1881	1359	522	490	2042	1369
1995	2965	4147	3056	1091	1141	4396	3310
1996	3446	4583	3312	1271	1346	4882	3810
1997	3834	4892	3611	1281	1553	5184	4001
1998	4070	5019	3681	1338	1680	6029	4220
1999	4415	5416	4162	1254	1824	6931	4654
2000	4968	6001	4721	1280	1998	7804	5124
2001	5511	6649	5336	1312	2218	9120	5484
2002	6161	7423	6031	1392	2482	10351	6331
2003	7057	8781	7387	1394	2757	11461	6806
2004	8638	10992	9220	1771	3163	13024	7492
2005	10674	13133	11150	1983	3612	14796	8272
2006	12840	16430	14206	2224	4175	16918	9268
2007	15546	20495	17787	2708	4961	21296	10763
2008	19700	25954	22512	3442	6241	25942	12858
2009	21947	29257	25665	3592	7252	30185	14129
2010	27133	37759	33293	4465	8565	34299	15695
2011	33464	47796	42290	5506	10137	39043	18245

2-6 续表 continued

单位：元 (yuan)

年份 Year	城镇居民人均生活消费支出 Annual Per Capita Consumption Expenditure of Urban Households	农村居民人均纯收入 Per Capita Net Income of Rural Residents	农民人均生活消费支出 Annual Per Capita Living Expenditure of Rural Households	城乡居民年末储蓄存款余额 Outstanding Amount of Saving Deposits in Urban and Rural Areas	每万人有 Per 10 000 Population		
					大学生(人) College and University Students (person)	医院床位(张) Hospital Beds (unit)	医生数(人) Doctors (unit)
1978	268	134	134	28	12	18	12
1980	371	142	139	48	19	19	13
1985	585	295	233	149	27	22	17
1990	1117	530	477	617	29	24	18
1995	2838	963	914	2089	37	26	18
1996	3211	1165	1097	2659	38	26	18
1997	3462	1285	1215	3054	39	25	17
1998	3539	1406	1181	3453	42	25	17
1999	3953	1456	1162	3792	50	25	18
2000	4277	1470	1251	4178	66	25	18
2001	4638	1520	1331	4841	87	26	18
2002	5378	1596	1491	5756	112	26	16
2003	5667	1676	1455	6863	136	27	16
2004	6233	1867	1618	8010	159	27	16
2005	6656	2052	1896	9577	181	28	16
2006	7553	2260	2181	10996	196	29	16
2007	8427	2645	2560	11525	209	31	16
2008	9772	3136	2979	14753	226	33	16
2009	10706	3438	3349	18063	240	35	16
2010	11822	4105	3794	21263	248	37	17
2011	13783	5028	4496	24447	254	39	18

2-7 人均工农业主要产品产量
Per Capita Output of Major Industrial and Agricultural Products

年份 Year	粮食(公斤) Grain (kg)	棉花(公斤) Cotton (kg)	油料(公斤) Oil-bearing Crops (kg)	蔬菜(公斤) Vegetables (kg)	水果(公斤) Fruits (kg)	肉类(公斤) Meat (kg)	禽蛋(公斤) Poultry Eggs (kg)	水产品(公斤) Aquatic Products (kg)
1978	289.3	3.8	2.0		12.1	5.1	0.9	0.1
1980	268.5	2.9	3.9		9.9	8.2	1.1	0.1
1985	319.0	1.4	10.0	99.6	11.2	10.1	3.8	0.2
1990	328.7	2.4	10.3	112.8	19.0	14.4	5.7	0.6
1995	261.2	1.1	10.9	103.8	81.2	22.7	11.5	1.1
1996	345.0	0.9	10.6	122.1	102.7	19.3	10.2	1.2
1997	293.7	0.6	10.3	110.0	91.8	20.8	11.2	1.3
1998	363.7	0.6	9.9	128.3	120.2	23.8	11.1	1.4
1999	299.9	0.5	8.8	138.6	136.8	23.8	11.1	1.6
2000	299.9	0.8	10.7	153.3	136.0	25.4	11.7	1.7
2001	267.7	1.4	10.3	144.0	146.4	26.4	11.6	1.7
2002	274.9	1.2	11.2	180.6	157.9	28.9	12.7	1.8
2003	264.1	1.4	11.3	193.3	169.4	31.1	13.4	1.8
2004	315.6	2.2	12.5	213.6	200.1	33.3	13.2	1.9
2005	309.2	2.1	12.3	236.0	207.8	36.4	13.2	2.0
2006	282.0	2.4	11.2	229.7	238.7	27.5	11.1	1.3
2007	288.4	2.4	10.6	250.6	253.9	25.9	11.7	1.4
2008	310.0	2.7	13.3	287.4	287.5	30.0	12.9	1.4
2009	303.9	2.3	14.6	337.8	309.1	26.5	12.9	1.5
2010	312.2	1.9	15.0	371.0	331.9	27.5	12.6	1.6
2011	319.5	1.8	15.8	383.1	356.4	26.6	13.5	2.2

2-7 续表 continued

年份 Year	纱(公斤) Yarn (kg)	布(米) Cloth (m)	机制纸及纸板(公斤) Machine-made Paper and Paperboard (kg)	原煤(公斤) Coal (kg)	原油(公斤) Crude Oil (kg)	发电量(千瓦小时) Electricity (kwh)	粗钢(公斤) Crude Steel (kg)	水泥(公斤) Cement (kg)
1978	5.0	21.0	2.4	602.4	2.2	239.1	8.8	76.2
1980	5.3	23.4	3.2	635.7	3.0	280.7	8.7	81.4
1985	5.3	21.5	6.3	902.5	7.4	364.5	11.6	128.6
1990	4.6	22.4	12.9	1021.5	21.5	459.7	15.0	162.7
1995	4.0	22.6	24.6	1214.8	47.8	677.1	15.4	243.6
1996	3.6	20.8	24.2	1307.8	62.6	761.6	15.3	259.6
1997	3.9	22.2	25.5	1391.5	80.4	758.6	13.5	327.8
1998	3.9	17.9	6.3	635.8	89.6	686.5	14.7	239.7
1999	4.0	19.1	6.5	674.1	178.3	707.1	14.0	274.4
2000	4.3	19.8	6.6	962.0	205.6	749.9	14.8	272.5
2001	4.3	18.9	7.8	1242.1	251.0	831.8	19.0	304.3
2002	4.8	19.9	6.6	1602.0	290.8	939.2	24.0	363.2
2003	4.9	20.2	8.7	2016.0	345.6	1121.4	47.4	418.4
2004	5.1	20.3	14.2	2291.9	415.6	1308.2	60.0	489.7
2005	5.3	21.5	10.9	2933.3	482.5	1370.1	83.4	535.1
2006	5.1	21.1	13.8	4184.0	538.3	1562.6	105.2	643.0
2007	5.8	22.2	19.2	4944.9	611.8	1886.8	107.0	817.1
2008	5.9	19.9	19.8	6458.8	663.5	2264.3	82.1	965.0
2009	6.6	20.0	20.0	7954.6	724.2	2415.6	140.4	1199.4
2010	7.3	20.2	23.2	9679.8	808.7	2953.4	162.1	1464.4
2011	7.3	16.4	24.8	11002.2	862.7	3233.2	201.0	1720.0

2-8 各市(区)国民经济主要指标(2011年)

指标		Item		关中 Guanzhong	西安市 Xi'an
年底常住人口	(万人)	Number of Usual Residents in the Households Surveyed at Year-end	(10 000 persons)	2349.77	851.34
城镇单位在岗职工人数	(万人)	Number of Fully Employed Staff and Workers	(10 000 persons)	260.70	142.71
生产总值	(亿元)	Gross Domestic Product	(100 million yuan)	7722.10	3862.58
全社会固定资产投资总额	(亿元)	Total Investment in Fixed Assets	(100 million yuan)	6737.16	3352.12
# 房地产开发投资		Investment in Real Estate Development		1283.18	996.81
地方一般预算收入	(亿元)	Local General Bugetary Revenue	(100 million yuan)	495.28	318.55
财政支出	(亿元)	Government Expenditures	(100 million yuan)	1124.65	494.58
城镇单位在岗职工工资总额	(亿元)	Total Wages of Fully Employed Staff and Workers	(100 million yuan)	1022.53	623.24
城镇单位在岗职工平均工资	(元)	Average Wage of Fully Employed Staff and Workers	(yuan)		41083
城镇居民人均可支配收入	(元)	Per Capita Annual Disposable Income of Urban Households	(yuan)		25981
农村居民人均纯收入	(元)	Per Capita Net Income of Rural Residents	(yuan)		9788
农林牧渔业总产值	(亿元)	Gross Output Value of Agriculture, Forestry, Animal Husbandry and Fishery	(100 million yuan)	1229.78	272.66
粮食产量	(万吨)	Grain	(10 000 tons)	745.67	182.04
棉花产量	(吨)	Cotton	(ton)	66125	5649
油料产量	(吨)	Oil-bearing Crops	(ton)	172151	11722
规模以上工业总产值	(亿元)	Gross Industrial Output Value above Designated Size	(100 million yuan)	8864.59	3552.21
邮电业务总量	(亿元)	Business Volume of Postal and Telecommunication Services	(100 million yuan)	238.16	143.46
固定电话	(万户)	Number of Fixed Telephone Subscribers	(10 000 subscribers)	544.14	305.16
移动电话	(万户)	Number of Mobile Telephone Subscribers	(10 000 subscribers)	2001.00	1141.70
社会消费品零售总额	(亿元)	Total Retail Sales of Consumer Goods	(100 million yuan)	3011.54	1965.98
进出口总额	(万美元)	Total Value of Imports and Exports	(USD 10 000)	1408611	1257852
# 出口		Exports		683775	580369
实际利用外商直接投资额	(万美元)	Actually Utilized Value of Direct Investments	(USD 10 000)	221952	200522
卫生机构数	(个)	Health Care Institutions	(unit)	18030	5554
卫生机构床位数	(张)	Number of Beds	(unit)	99319	41010
卫生技术人员	(人)	Medical Technical Personnel	(person)	134448	61281

注：本表价值量指标中，除邮电业务总量按不变价格计算，其余均按当年价格计算。

Main Indicators on National Economic by City(District)(2011)

					陕 南				陕 北		
铜川市 Tongchuan	宝鸡市 Baoji	咸阳市 Xianyang	渭南市 Weinan	杨凌示范区 Yangling	Southern Shaanxi	汉中市 Hanzhong	安康市 Ankang	商洛市 Shangluo	Northern Shaanxi	延安市 Yan'an	榆林市 Yulin
83.82	372.72	491.23	530.49	20.17	838.20	341.51	263.07	233.62	554.64	219.40	335.24
9.67	29.56	38.73	36.69	3.35	48.75	22.85	13.01	12.89	48.32	23.06	25.25
232.63	1175.75	1361.32	1028.97	60.85	1417.60	647.48	407.17	362.95	3405.60	1113.35	2292.25
145.96	1008.03	1263.10	912.94	55.01	1024.18	411.33	304.49	308.36	2193.95	815.21	1378.73
20.36	72.71	118.48	68.21	6.60	90.52	57.21	22.32	10.98	37.20	8.08	29.12
18.89	51.44	58.56	44.30	3.54	57.39	23.55	17.34	16.49	300.97	120.73	180.25
64.34	163.74	190.19	197.32	14.49	393.18	159.25	127.15	106.78	539.95	223.82	316.14
33.68	103.10	126.09	123.95	12.47	167.69	79.88	48.89	38.92	212.71	100.16	112.55
33963	35063	32763	33703	37626		35119	37802	30287		42676	45053
18775	22337	22224	18768	25999		17019	17365	17344		21188	20721
6077	6340	6401	5571	9110		5283	5009	4586		6565	6520
30.90	215.72	418.02	283.71	8.77	494.99	245.56	124.67	124.76	339.35	152.29	187.06
21.44	142.52	186.15	210.47	3.05	235.07	95.14	80.13	59.80	210.50	68.47	142.03
	89	317	60070		62	3	47	12	627	514	113
9590	22627	61836	66322	54	324051	176689	125759	21603	92807	22986	69821
335.76	1701.80	1854.54	1360.03	60.26	1119.72	545.42	309.22	265.07	4118.39	1504.86	2613.53
6.64	25.42	30.49	32.16		49.06	21.91	16.26	10.89	61.03	22.34	38.69
14.49	74.24	62.75	87.50		133.23	59.34	40.05	33.84	98.12	38.47	59.65
52.95	224.69	299.15	282.51		411.75	177.80	134.41	99.55	494.43	201.78	292.66
54.56	358.23	345.10	278.96	8.71	406.35	184.44	129.72	92.18	372.10	131.14	240.95
1017	82268	46641	17390	3442	40001	4595	1740	33666	13731	3684	10048
836	49899	36969	13420	2282	6082	3948	1740	395	11228	3684	7544
2098	5020	6269	5019	3024	9875	2428	847	6600	3656	1566	2090
972	2788	4649	3893	174	9756	3951	3189	2616	8617	3419	5198
4629	17211	19764	15913	792	31176	14580	8598	7998	23352	8962	14390
6074	18031	28963	19126	973	35866	16499	9966	9401	27071	11286	15785

a) Figures in value terms in this table are at current prices, except that on the business volume of postal and telecommunication services which is at constant prices.

2-9 按国民经济行业分的法人单位数

单位：个

项 目	Item	法人 Corporation 2010
总 计	**Total**	**206587**
农、林、牧、渔业	**Agriculture, Forestry, Animal Husbandry and Fishery**	**6236**
农 业	Farming	1462
林 业	Forestry	730
畜牧业	Animal Husbandry	2171
渔 业	Fishery	88
农、林、牧、渔服务业	Services in Support of Agriculture	1785
采矿业	**Mining**	**3639**
煤炭开采和洗选业	Mining and Washing of Coal	932
石油和天然气开采业	Extraction of Petroleum and Natural Gas	643
黑色金属矿采选业	Mining and Processing of Ferrous Metal Ores	256
有色金属矿采选业	Mining and Processing of Non-Ferrous Metal Ores	541
非金属矿采选业	Mining and Processing of Nonmetal Ores	1195
其他采矿业	Mining of Other Ores	72
制造业	**Manufacturing**	**27626**
农副食品加工业	Processing of Food from Agricultural Products	1793
食品制造业	Manufacture of Foods	1156
饮料制造业	Manufacture of Beverages	680
烟草制品业	Manufacture of Tobacco	15
纺织业	Manufacture of Textile	578
纺织服装、鞋、帽制造业	Manufacture of Textile Wearing Apparel, Footware and Caps	357
皮革、毛皮、羽毛(绒)及其制品业	Manufacture of Leather, Fur, Feather and Related Products	59
木材加工及木、竹、藤、棕、草制品业	Processing of Timber, Manufacture of Wood, Bamboo, Rattan,Palm and Straw Products	435
家具制造业	Manufacture of Furniture	485
造纸及纸制品业	Manufacture of Paper and Paper Products	864
印刷业和记录媒介的复制	Printing, Reproduction of Recording Media	942
文教体育用品制造业	Manufacture of Articles For Culture, Education and Sport Activities	48
石油加工、炼焦及核燃料加工业	Processing of Petroleum, Coking, Processing of Nuclear Fuel	312
化学原料及化学制品制造业	Manufacture of Raw Chemical Materials and Chemical Products	1490
医药制造业	Manufacture of Medicines	609
化学纤维制造业	Manufacture of Chemical Fibers	29
橡胶制品业	Manufacture of Rubber	299
塑料制品业	Manufacture of Plastics	771
非金属矿物制品业	Manufacture of Non-metallic Mineral Products	5009
黑色金属冶炼及压延加工业	Smelting and Pressing of Ferrous Metals	297
有色金属冶炼及压延加工业	Smelting and Pressing of Non-ferrous Metals	781
金属制品业	Manufacture of Metal Products	1627
通用设备制造业	Manufacture of General Purpose Machinery	2940

Number of Corporation Units by Sector

(unit)

单位数 Units	单产业法人单位 Single Industry		多产业法人单位 Multi-industry	
2011	2010	2011	2010	2011
233534	**194388**	**221191**	**12199**	**12343**
8222	**6206**	**8194**	**32**	**28**
2400	1456	2397	8	3
925	721	916	9	9
2846	2170	2843	1	3
171	88	171		
1880	1771	1867	14	13
3788	**3600**	**3748**	**39**	**40**
961	917	946	15	15
749	638	744	5	5
294	253	290	3	4
549	532	540	9	9
1129	1189	1124	6	5
106	71	104	1	2
29902	**27327**	**29571**	**298**	**331**
1838	1772	1815	20	23
1221	1141	1204	15	17
715	657	696	23	19
15	15	15		
634	565	623	13	11
373	352	369	5	4
82	59	82		
451	433	449	2	2
564	480	559	5	5
722	859	717	5	5
993	930	980	12	13
72	47	71	1	1
360	310	355	2	5
1699	1476	1682	14	17
690	597	679	12	11
35	28	35	1	
323	296	320	3	3
804	771	804		
4715	4977	4676	32	39
328	294	325	3	3
967	777	964	4	3
1767	1614	1751	13	16
3326	2916	3302	24	24

2-9 续表 1

单位：个

项　　目	Item	法人 Corporation 2010
专用设备制造业	Manufacture of Special Purpose Machinery	1840
交通运输设备制造业	Manufacture of Transport Equipment	991
电气机械及器材制造业	Manufacture of Electrical Machinery and Equipment	1411
通信设备、计算机及其他电子设备制造业	Manufacture of Communication Equipment, Computers and Other Electronic Equipment	653
仪器仪表及文化、办公用机械制造业	Manufacture of Measuring Instruments and Machinery for Cultural Activity and Office Work	463
工艺品及其他制造业	Manufacture of Artwork and Other Manufacturing	564
废弃资源和废旧材料回收加工业	Recycling and Disposal of Waste	128
电力、燃气及水的生产和供应业	**Production and Supply of Electricity, Gas and Water**	**1225**
电力、热力的生产和供应业	Production and Supply of Electric Power and Heat Power	664
燃气生产和供应业	Production and Supply of Gas	148
水的生产和供应业	Production and Supply of Water	413
建筑业	**Construction**	**7655**
房屋和土木工程建筑业	Construction of Buildings and Civil Engineering	3117
建筑安装业	Building Installation	1281
建筑装饰业	Building Decoration	2270
其他建筑业	Other Construction	987
交通运输、仓储和邮政业	**Transport, Storage and Post**	**3755**
铁路运输业	Railway Transport	48
道路运输业	Road Transport	2131
城市公共交通业	Urban Public Transport	361
水上运输业	Water Transport	23
航空运输业	Air Transport	33
管道运输业	Transport Via Pipelines	11
装卸搬运和其他运输服务业	Loading, Unloading and Other Transport Services	486
仓储业	Storage	575
邮政业	Post	87
信息传输、计算机服务和软件业	**Information Transmission, Computer Services and Software**	**3273**
电信和其他信息传输服务业	Telecommunications and Other Information Transmission Services	711
计算机服务业	Computer Services	1666
软件业	Software	896
批发和零售业	**Wholesale and Retail Trades**	**40541**
批发业	Wholesale Trade	19460
零售业	Retail Trade	21081
住宿和餐饮业	**Hotels and Catering Services**	**4904**
住宿业	Hotels	1930
餐饮业	Catering Services	2974
金融业	**Financial Intermediation**	**1106**
银行业	Bank	318

continued

(unit)

单位数 Units	单产业法人单位 Single Industry		多产业法人单位 Multi-industry	
2011	2010	2011	2010	2011
2234	1817	2205	23	29
1012	964	980	27	32
1742	1402	1729	9	13
953	636	931	17	22
553	453	542	10	11
565	561	562	3	3
149	128	149		
1351	**1168**	**1296**	**57**	**55**
738	631	705	33	33
180	142	174	6	6
433	395	417	18	16
10427	**7494**	**10251**	**161**	**176**
4072	2991	3941	126	131
1649	1264	1632	17	17
3215	2260	3194	10	21
1491	979	1484	8	7
4341	**3588**	**4161**	**167**	**180**
59	46	57	2	2
2477	2004	2344	127	133
379	356	372	5	7
24	23	24		
57	33	56		1
14	9	12	2	2
549	476	539	10	10
634	568	627	7	7
148	73	130	14	18
4105	**3209**	**4038**	**64**	**67**
893	659	841	52	52
2050	1661	2041	5	9
1162	889	1156	7	6
51657	**39706**	**50667**	**835**	**990**
24496	19128	24088	332	408
27161	20578	26579	503	582
5412	**4812**	**5289**	**92**	**123**
2135	1895	2093	35	42
3277	2917	3196	57	81
1404	**761**	**1060**	**345**	**344**
347	125	155	193	192

2-9 续表 2

单位：个

项　　目	Item	法人 Corporation 2010
证券业	Security Activities	56
保险业	Insurance	330
其他金融活动	Other Financial Activities	402
房地产业	**Real Estate**	**6335**
房地产业	Real Estate	6335
租赁和商务服务业	**Leasing and Business Services**	**9133**
租赁业	Leasing	896
商务服务业	Business Services	8237
科学研究、技术服务和地质勘查业	**Scientific Research, Technical Service and Geologic Prospecting**	**5437**
研究与试验发展	Research and Experimental Development	515
专业技术服务业	Professional Technical Services	2348
科技交流和推广服务业	Services of Science and Technology Exchanges and Promotion	2404
地质勘查业	Geologic Prospecting	170
水利、环境和公共设施管理业	**Management of Water Conservancy, Environment and Public Facilities**	**2038**
水利管理业	Management of Water Conservancy	889
环境管理业	Environmental Management	413
公共设施管理业	Management of Public Facilities	736
居民服务和其他服务业	**Services to Households and Other Services**	**3366**
居民服务业	Services to Households	1420
其他服务业	Other Services	1946
教　育	**Education**	**13872**
教　育	Education	13872
卫生、社会保障和社会福利业	**Health, Social Security and Social Welfare**	**12415**
卫　生	Health	11405
社会保障业	Social Security	440
社会福利业	Social Welfare	570
文化、体育和娱乐业	**Culture, Sports and Entertainment**	**2553**
新闻出版业	Journalism and Publishing Activities	163
广播、电视、电影和音像业	Broadcasting, Movies, Television and Audiovisual Activities	492
文化艺术业	Cultural and Art Activities	1273
体　育	Sports Activities	175
娱乐业	Entertainment	450
公共管理和社会组织	**Public Management and Social Organization**	**51478**
中国共产党机关	Organs of Communist Party of China	2193
国家机构	Government Agencies	15013
人民政协和民主党派	People's Political Consultative Conference and Democratic Parties	270
群众团体、社会团体和宗教组织	Non-Governmental Organizations, Social Organizations and Religion Organizations	5224
基层群众自治组织	Grass Roots Self-governing Organizations	28778

continued

(unit)

单位数 Units	单产业法人单位 Single Industry		多产业法人单位 Multi-industry	
2011	2010	2011	2010	2011
79	55	78	1	1
376	186	233	144	143
602	395	594	7	8
8725	**6247**	**8598**	**88**	**127**
8725	6247	8598	88	127
12412	**9023**	**12286**	**109**	**126**
1210	888	1201	8	9
11202	8135	11085	101	117
6456	**5330**	**6339**	**107**	**117**
601	500	588	15	13
2995	2311	2947	37	48
2627	2357	2580	47	47
233	162	224	8	9
2263	**1991**	**2216**	**47**	**47**
886	865	862	24	24
466	405	458	8	8
911	721	896	15	15
4360	**3332**	**4310**	**34**	**50**
1609	1394	1575	26	34
2751	1938	2735	8	16
13637	**12985**	**12777**	**887**	**860**
13637	12985	12777	887	860
12204	**12183**	**11965**	**232**	**239**
11227	11179	10994	226	233
418	440	418		
559	564	553	6	6
2814	**2517**	**2771**	**36**	**43**
188	155	177	8	11
530	482	518	10	12
1377	1264	1369	9	8
180	172	177	3	3
539	444	530	6	9
50054	**42909**	**41654**	**8569**	**8400**
2051	1999	1843	194	208
14519	12096	11664	2917	2855
236	260	222	10	14
4738	5114	4627	110	111
28510	23440	23298	5338	5212

2-10 按国民经济行业分的法人单位数及从业人数(2011年)

项目	Item	全部法人 Total 单位数(个) Number of Units (unit)	全部法人 Total 从业人员(人) Employed Persons (person)
总计	**Total**	**233534**	**6728382**
农、林、牧、渔业	**Agriculture, Forestry, Animal Husbandry and Fishery**	**8222**	**112296**
农业	Farming	2400	38665
林业	Forestry	925	16018
畜牧业	Animal Husbandry	2846	30776
渔业	Fishery	171	1443
农、林、牧、渔服务业	Services in Support of Agriculture	1880	25394
采矿业	**Mining**	**3788**	**291615**
煤炭开采和洗选业	Mining and Washing of Coal	961	166145
石油和天然气开采业	Extraction of Petroleum and Natural Gas	749	46862
黑色金属矿采选业	Mining and Processing of Ferrous Metal Ores	294	15886
有色金属矿采选业	Mining and Processing of Non-Ferrous Metal Ores	549	35052
非金属矿采选业	Mining and Processing of Nonmetal Ores	1129	26328
其他采矿业	Mining of Other Ores	106	1342
制造业	**Manufacturing**	**29902**	**1679599**
农副食品加工业	Processing of Food from Agricultural Products	1838	75473
食品制造业	Manufacture of Foods	1221	67933
饮料制造业	Manufacture of Beverages	715	42770
烟草制品业	Manufacture of Tobacco	15	13042
纺织业	Manufacture of Textile	634	99411
纺织服装、鞋、帽制造业	Manufacture of Textile Wearing Apparel, Footware and Caps	373	17098
皮革、毛皮、羽毛(绒)及其制品业	Manufacture of Leather, Fur, Feather and Related Products	82	3216
木材加工及木、竹、藤、棕、草制品业	Processing of Timber, Manufacture of Wood, Bamboo, Rattan, Palm and Straw Products	451	11371
家具制造业	Manufacture of Furniture	564	12647
造纸及纸制品业	Manufacture of Paper and Paper Products	722	41947
印刷业和记录媒介的复制	Printing, Reproduction of Recording Media	993	29510
文教体育用品制造业	Manufacture of Articles For Culture, Education and Sport Activities	72	1895
石油加工、炼焦及核燃料加工业	Processing of Petroleum, Coking, Processing of Nuclear Fuel	360	41607
化学原料及化学制品制造业	Manufacture of Raw Chemical Materials and Chemical Products	1699	109033
医药制造业	Manufacture of Medicines	690	57956
化学纤维制造业	Manufacture of Chemical Fibers	35	1714
橡胶制品业	Manufacture of Rubber	323	14355
塑料制品业	Manufacture of Plastics	804	28113
非金属矿物制品业	Manufacture of Non-metallic Mineral Products	4715	209413
黑色金属冶炼及压延加工业	Smelting and Pressing of Ferrous Metals	328	38634
有色金属冶炼及压延加工业	Smelting and Pressing of Non-ferrous Metals	967	80598
金属制品业	Manufacture of Metal Products	1767	54053
通用设备制造业	Manufacture of General Purpose Machinery	3326	147196

Number of Corporation Units and Employed Persons by Sector (2011)

企业法人 Enterprises		事业单位法人 Institutions		机关法人 Agencies		社会团体法人 Social Organizations		其他法人 Others	
单位数(个) Number of Units (unit)	从业人员(人) Employed Persons (person)	单位数(个) Number of Units (unit)	从业人员(人) Employed Persons (person)	单位数(个) Number of Units (unit)	从业人员(人) Employed Persons (person)	单位数(个) Number of Units (unit)	从业人员(人) Employed Persons (person)	单位数(个) Number of Units (unit)	从业人员(人) Employed Persons (person)
149511	**5043586**	**29602**	**1007091**	**9438**	**363862**	**4365**	**55044**	**40618**	**258799**
6126	**82613**	**1166**	**17227**					**930**	**12456**
2026	32585	39	741					335	5339
638	9100	222	6422					65	496
2476	26360	33	470					337	3946
155	1256	3	49					13	138
831	13312	869	9545					180	2537
3788	**291615**								
961	166145								
749	46862								
294	15886								
549	35052								
1129	26328								
106	1342								
29902	**1679599**								
1838	75473								
1221	67933								
715	42770								
15	13042								
634	99411								
373	17098								
82	3216								
451	11371								
564	12647								
722	41947								
993	29510								
72	1895								
360	41607								
1699	109033								
690	57956								
35	1714								
323	14355								
804	28113								
4715	209413								
328	38634								
967	80598								
1767	54053								
3326	147196								

2-10 续表 1

项　　目	Item	全部法人 Total	
		单位数(个) Number of Units (unit)	从业人员(人) Employed Persons (person)
专用设备制造业	Manufacture of Special Purpose Machinery	2234	133844
交通运输设备制造业	Manufacture of Transport Equipment	1012	148686
电气机械及器材制造业	Manufacture of Electrical Machinery and Equipment	1742	80477
通信设备、计算机及其他电子设备制造业	Manufacture of Communication Equipment, Computers and Other Electronic Equipment	953	72259
仪器仪表及文化、办公用机械制造业	Manufacture of Measuring Instruments and Machinery for Cultural Activity and Office Work	553	29994
工艺品及其他制造业	Manufacture of Artwork and Other Manufacturing	565	13339
废弃资源和废旧材料回收加工业	Recycling and Disposal of Waste	149	2015
电力、燃气及水的生产和供应业	**Production and Supply of Electricity, Gas and Water**	**1351**	**104354**
电力、热力的生产和供应业	Production and Supply of Electric Power and Heat Power	738	75388
燃气生产和供应业	Production and Supply of Gas	180	10387
水的生产和供应业	Production and Supply of Water	433	18579
建筑业	**Construction**	**10427**	**972830**
房屋和土木工程建筑业	Construction of Buildings and Civil Engineering	4072	789711
建筑安装业	Building Installation	1649	70599
建筑装饰业	Building Decoration	3215	53069
其他建筑业	Other Construction	1491	59451
交通运输、仓储和邮政业	**Transport, Storage and Post**	**4341**	**195568**
铁路运输业	Railway Transport	59	6387
道路运输业	Road Transport	2477	94793
城市公共交通业	Urban Public Transport	379	40941
水上运输业	Water Transport	24	581
航空运输业	Air Transport	57	9018
管道运输业	Transport Via Pipelines	14	2434
装卸搬运和其他运输服务业	Loading, Unloading and Other Transport Services	549	11225
仓储业	Storage	634	13287
邮政业	Post	148	16902
信息传输、计算机服务和软件业	**Information Transmission, Computer Services and Software**	**4105**	**97920**
电信和其他信息传输服务业	Telecommunications and Other Information Transmission Services	893	55449
计算机服务业	Computer Services	2050	19233
软件业	Software	1162	23238
批发和零售业	**Wholesale and Retail Trades**	**51657**	**687507**
批发业	Wholesale Trade	24496	309294
零售业	Retail Trade	27161	378213
住宿和餐饮业	**Hotels and Catering Services**	**5412**	**260314**
住宿业	Hotels	2135	111670
餐饮业	Catering Services	3277	148644
金融业	**Financial Intermediation**	**1404**	**146773**
银行业	Bank	347	92527

continued

企业法人 Enterprises		事业单位法人 Institutions		机关法人 Agencies		社会团体法人 Social Organizations		其他法人 Others	
单位数(个) Number of Units (unit)	从业人员(人) Employed Persons (person)	单位数(个) Number of Units (unit)	从业人员(人) Employed Persons (person)	单位数(个) Number of Units (unit)	从业人员(人) Employed Persons (person)	单位数(个) Number of Units (unit)	从业人员(人) Employed Persons (person)	单位数(个) Number of Units (unit)	从业人员(人) Employed Persons (person)
2234	133844								
1012	148686								
1742	80477								
953	72259								
553	29994								
565	13339								
149	2015								
1316	**102687**	**26**	**1565**					**9**	**102**
732	75256	2	53					4	79
179	10383	1	4						
405	17048	23	1508					5	23
10427	**972830**								
4072	789711								
1649	70599								
3215	53069								
1491	59451								
4000	**177459**	**276**	**16092**					**65**	**2017**
56	6312	2	65					1	10
2202	79312	237	14107					38	1374
372	40585	5	199					2	157
16	482	7	63					1	36
56	8098	1	920						
14	2434								
543	11027	3	48					3	150
610	12563	18	645					6	79
131	16646	3	45					14	211
3969	**96017**	**93**	**1582**					**43**	**321**
796	53841	89	1568					8	40
2014	18962	4	14					32	257
1159	23214							3	24
51657	**687507**								
24496	309294								
27161	378213								
5319	**258021**	**16**	**742**					**77**	**1551**
2095	110565	11	491					29	614
3224	147456	5	251					48	937
1278	**141947**	**33**	**757**	**11**	**3235**			**82**	**834**
322	88392	12	506	11	3235			2	394

2-10 续表 2

项　　目	Item	全部法人 Total	
		单位数(个) Number of Units (unit)	从业人员(人) Employed Persons (person)
证券业	Security Activities	79	1497
保险业	Insurance	376	45962
其他金融活动	Other Financial Activities	602	6787
房地产业	**Real Estate**	**8725**	**194189**
房地产业	Real Estate	8725	194189
租赁和商务服务业	**Leasing and Business Services**	**12412**	**142850**
租赁业	Leasing	1210	11681
商务服务业	Business Services	11202	131169
科学研究、技术服务和地质勘查业	**Scientific Research, Technical Service and Geologic Prospecting**	**6456**	**183675**
研究与试验发展	Research and Experimental Development	601	47427
专业技术服务业	Professional Technical Services	2995	73173
科技交流和推广服务业	Services of Science and Technology Exchanges and Promotion	2627	40790
地质勘查业	Geologic Prospecting	233	22285
水利、环境和公共设施管理业	**Management of Water Conservancy, Environment and Public Facilities**	**2263**	**67555**
水利管理业	Management of Water Conservancy	886	24907
环境管理业	Environmental Management	466	17283
公共设施管理业	Management of Public Facilities	911	25365
居民服务和其他服务业	**Services to Households and Other Services**	**4360**	**59143**
居民服务业	Services to Households	1609	25711
其他服务业	Other Services	2751	33432
教　育	**Education**	**13637**	**568261**
教　育	Education	13637	568261
卫生、社会保障和社会福利业	**Health, Social Security and Social Welfare**	**12204**	**198209**
卫　生	Health	11227	187454
社会保障业	Social Security	418	4412
社会福利业	Social Welfare	559	6343
文化、体育和娱乐业	**Culture, Sports and Entertainment**	**2814**	**69133**
新闻出版业	Journalism and Publishing Activities	188	8834
广播、电视、电影和音像业	Broadcasting, Movies, Television and Audiovisual Activities	530	18239
文化艺术业	Cultural and Art Activities	1377	27041
体　育	Sports Activities	180	3374
娱乐业	Entertainment	539	11645
公共管理和社会组织	**Public Management and Social Organization**	**50054**	**696591**
中国共产党机关	Organs of Communist Party of China	2051	27233
国家机构	Government Agencies	14519	474876
人民政协和民主党派	People's Political Consultative Conference and Democratic Parties	236	3771
群众团体、社会团体和宗教组织	Non-Governmental Organizations, Social Organizations and Religion Organiz	4738	58756
基层群众自治组织	Grass Roots Self-governing Organizations	28510	131955

continued

企业法人 Enterprises		事业单位法人 Institutions		机关法人 Agencies		社会团体法人 Social Organizations		其他法人 Others	
单位数(个) Number of Units (unit)	从业人员(人) Employed Persons (person)	单位数(个) Number of Units (unit)	从业人员(人) Employed Persons (person)	单位数(个) Number of Units (unit)	从业人员(人) Employed Persons (person)	单位数(个) Number of Units (unit)	从业人员(人) Employed Persons (person)	单位数(个) Number of Units (unit)	从业人员(人) Employed Persons (person)
78	1496	1	1						
371	45914	1	15					4	33
507	6145	19	235					76	407
8609	**191996**	**80**	**1761**					**36**	**432**
8609	191996	80	1761					36	432
11360	**129686**	**755**	**10384**					**297**	**2780**
1200	11605							10	76
10160	118081	755	10384					287	2704
4237	**100628**	**1973**	**80444**					**246**	**2603**
378	18372	165	28580					58	475
2225	52059	737	20825					33	289
1461	22275	1013	16707					153	1808
173	7922	58	14332					2	31
935	**16798**	**1285**	**50373**					**43**	**384**
87	1514	780	23214					19	179
222	3343	238	13878					6	62
626	11941	267	13281					18	143
4142	**55955**	**82**	**1696**					**136**	**1492**
1440	23085	69	1595					100	1031
2702	32870	13	101					36	461
655	**12343**	**10148**	**485967**					**2834**	**69951**
655	12343	10148	485967					2834	69951
473	**12743**	**4972**	**160792**			**31**	**150**	**6728**	**24524**
443	12227	4227	152201					6557	23026
6	50	407	4334					5	28
24	466	338	4257			31	150	166	1470
1318	**33142**	**1318**	**32456**			**31**	**887**	**147**	**2648**
106	4659	70	3787					12	388
277	9789	250	8404					3	46
415	7160	874	18180					88	1701
31	352	102	1803			31	887	16	332
489	11182	22	282					28	181
		7379	**145253**	**9427**	**360627**	**4303**	**54007**	**28945**	**136704**
		174	1285	1877	25948				
		7186	143842	7333	331034				
		19	126	217	3645				
						4303	54007	435	4749
								28510	131955

2-11 按国民经济行业分的产业活动单位数
Number of Active Units by Sector

单位：个 (unit)

项　目	Item	产业活动单位数 Active Units 2010	2011	# 多产业法人所属单位 Units Belong to Multi-industry Corporation 2010	2011
总　　计	**Total**	**256459**	**282225**	**62071**	**61034**
农、林、牧、渔业	**Agriculture, Forestry, Animal Husbandry and Fishery**	**6816**	**8812**	**610**	**618**
农　业	Farming	1466	2407	10	10
林　业	Forestry	783	980	62	64
畜牧业	Animal Husbandry	2182	2857	12	14
渔　业	Fishery	89	172	1	1
农、林、牧、渔服务业	Services in Support of Agriculture	2296	2396	525	529
采矿业	**Mining**	**3750**	**3897**	**150**	**149**
煤炭开采和洗选业	Mining and Washing of Coal	972	1004	55	58
石油和天然气开采业	Extraction of Petroleum and Natural Gas	684	787	46	43
黑色金属矿采选业	Mining and Processing of Ferrous Metal Ores	266	302	13	12
有色金属矿采选业	Mining and Processing of Non-Ferrous Metal Ores	546	554	14	14
非金属矿采选业	Mining and Processing of Nonmetal Ores	1210	1144	21	20
其他采矿业	Mining of Other Ores	72	106	1	2
制造业	**Manufacturing**	**28399**	**30657**	**1072**	**1086**
农副食品加工业	Processing of Food from Agricultural Products	1836	1884	64	69
食品制造业	Manufacture of Foods	1169	1233	28	29
饮料制造业	Manufacture of Beverages	705	742	48	46
烟草制品业	Manufacture of Tobacco	15	15		
纺织业	Manufacture of Textile	699	753	134	130
纺织服装、鞋、帽制造业	Manufacture of Textile Wearing Apparel, Footware and Caps	366	379	14	10
皮革、毛皮、羽毛(绒)及其制品业	Manufacture of Leather, Fur, Feather and Related Products	59	83		1
木材加工及木、竹、藤、棕、草制品业	Processing of Timber, Manufacture of Wood, Bamboo, Rattan, Palm and Straw Products	438	458	5	9
家具制造业	Manufacture of Furniture	495	575	15	16
造纸及纸制品业	Manufacture of Paper and Paper Products	874	731	15	14
印刷业和记录媒介的复制	Printing, Reproduction of Recording Media	970	1022	40	42
文教体育用品制造业	Manufacture of Articles For Culture, Education and Sport Activities	51	73	4	2
石油加工、炼焦及核燃料加工业	Processing of Petroleum, Coking, Processing of Nuclear Fuel	317	366	7	11
化学原料及化学制品制造业	Manufacture of Raw Chemical Materials and Chemical Products	1521	1736	45	54
医药制造业	Manufacture of Medicines	619	697	22	18
化学纤维制造业	Manufacture of Chemical Fibers	30	37	2	2
橡胶制品业	Manufacture of Rubber	310	334	14	14
塑料制品业	Manufacture of Plastics	783	815	12	11
非金属矿物制品业	Manufacture of Non-metallic Mineral Products	5127	4831	150	155
黑色金属冶炼及压延加工业	Smelting and Pressing of Ferrous Metals	301	332	7	7
有色金属冶炼及压延加工业	Smelting and Pressing of Non-ferrous Metals	791	976	14	12
金属制品业	Manufacture of Metal Products	1647	1786	33	35
通用设备制造业	Manufacture of General Purpose Machinery	3004	3388	88	86

2-11 续表 1 continued

单位：个 (unit)

项 目	Item	产业活动单位数 Active Units 2010	产业活动单位数 Active Units 2011	# 多产业法人所属单位 Units Belong to Multi-industry Corporation 2010	# 多产业法人所属单位 Units Belong to Multi-industry Corporation 2011
专用设备制造业	Manufacture of Special Purpose Machinery	1889	2292	72	87
交通运输设备制造业	Manufacture of Transport Equipment	1054	1080	90	100
电气机械及器材制造业	Manufacture of Electrical Machinery and Equipment	1449	1762	47	33
通信设备、计算机及其他电子设备制造业	Manufacture of Communication Equipment, Computers and Other Electronic Equipment	689	978	53	47
仪器仪表及文化、办公用机械制造业	Manufacture of Measuring Instruments and Machinery for Cultural Activity and Office Work	486	571	33	29
工艺品及其他制造业	Manufacture of Artwork and Other Manufacturing	574	575	13	13
废弃资源和废旧材料回收加工业	Recycling and Disposal of Waste	131	153	3	4
电力、燃气及水的生产和供应业	**Production and Supply of Electricity, Gas and Water**	**1577**	**1712**	**409**	**416**
电力、热力的生产和供应业	Production and Supply of Electric Power and Heat Power	756	840	125	135
燃气生产和供应业	Production and Supply of Gas	158	190	16	16
水的生产和供应业	Production and Supply of Water	663	682	268	265
建筑业	**Construction**	**8332**	**11100**	**838**	**849**
房屋和土木工程建筑业	Construction of Buildings and Civil Engineering	3678	4619	687	678
建筑安装业	Building Installation	1339	1709	75	77
建筑装饰业	Building Decoration	2302	3254	42	60
其他建筑业	Other Construction	1013	1518	34	34
交通运输、仓储和邮政业	**Transport, Storage and Post**	**5589**	**6170**	**2001**	**2009**
铁路运输业	Railway Transport	57	65	11	8
道路运输业	Road Transport	2822	3177	818	833
城市公共交通业	Urban Public Transport	388	406	32	34
水上运输业	Water Transport	29	30	6	6
航空运输业	Air Transport	36	57	3	1
管道运输业	Transport Via Pipelines	12	16	3	4
装卸搬运和其他运输服务业	Loading, Unloading and Other Transport Services	541	595	65	56
仓储业	Storage	608	663	40	36
邮政业	Post	1096	1161	1023	1031
信息传输、计算机服务和软件业	**Information Transmission, Computer Services and Software**	**4786**	**5438**	**1577**	**1400**
电信和其他信息传输服务业	Telecommunications and Other Information Transmission Services	2150	2199	1491	1358
计算机服务业	Computer Services	1700	2070	39	29
软件业	Software	936	1169	47	13
批发和零售业	**Wholesale and Retail Trades**	**45258**	**56653**	**5552**	**5986**
批发业	Wholesale Trade	20488	25552	1360	1464
零售业	Retail Trade	24770	31101	4192	4522
住宿和餐饮业	**Hotels and Catering Services**	**5473**	**6027**	**661**	**738**
住宿业	Hotels	2124	2345	229	252
餐饮业	Catering Services	3349	3682	432	486
金融业	**Financial Intermediation**	**8213**	**8269**	**7452**	**7209**
银行业	Bank	5487	5381	5362	5226

2-11 续表 2 continued

单位：个 (unit)

项目	Item	产业活动单位数 Active Units 2010	2011	# 多产业法人所属单位 Units Belong to Multi-industry Corporation 2010	2011
证券业	Security Activities	118	113	63	35
保险业	Insurance	2006	1976	1820	1743
其他金融活动	Other Financial Activities	602	799	207	205
房地产业	**Real Estate**	**6540**	**8965**	**293**	**367**
房地产业	Real Estate	6540	8965	293	367
租赁和商务服务业	**Leasing and Business Services**	**10153**	**13383**	**1130**	**1097**
租赁业	Leasing	915	1230	27	29
商务服务业	Business Services	9238	12153	1103	1068
科学研究、技术服务和地质勘查业	**Scientific Research, Technical Service and Geologic Prospecting**	**6715**	**7663**	**1385**	**1324**
研究与试验发展	Research and Experimental Development	527	614	27	26
专业技术服务业	Professional Technical Services	2584	3233	273	286
科技交流和推广服务业	Services of Science and Technology Exchanges and Promotion	3425	3570	1068	990
地质勘查业	Geologic Prospecting	179	246	17	22
水利、环境和公共设施管理业	**Management of Water Conservancy, Environment and Public Facilities**	**2603**	**2822**	**612**	**606**
水利管理业	Management of Water Conservancy	1217	1217	352	355
环境管理业	Environmental Management	585	633	180	175
公共设施管理业	Management of Public Facilities	801	972	80	76
居民服务和其他服务业	**Services to Households and Other Services**	**3937**	**4805**	**605**	**495**
居民服务业	Services to Households	1912	1978	518	403
其他服务业	Other Services	2025	2827	87	92
教　育	**Education**	**19502**	**18741**	**6517**	**5964**
教　育	Education	19502	18741	6517	5964
卫生、社会保障和社会福利业	**Health, Social Security and Social Welfare**	**21074**	**20738**	**8891**	**8773**
卫　生	Health	19552	19278	8373	8284
社会保障业	Social Security	791	748	351	330
社会福利业	Social Welfare	731	712	167	159
文化、体育和娱乐业	**Culture, Sports and Entertainment**	**3349**	**3603**	**832**	**832**
新闻出版业	Journalism and Publishing Activities	183	209	28	32
广播、电视、电影和音像业	Broadcasting, Movies, Television and Audiovisual Activities	680	717	198	199
文化艺术业	Cultural and Art Activities	1816	1909	552	540
体　育	Sports Activities	193	200	21	23
娱乐业	Entertainment	477	568	33	38
公共管理和社会组织	**Public Management and Social Organization**	**64393**	**62770**	**21484**	**21116**
中国共产党机关	Organs of Communist Party of China	2515	2393	516	550
国家机构	Government Agencies	26749	26054	14653	14390
人民政协和民主党派	People's Political Consultative Conference and Democratic Parties	306	286	46	64
群众团体、社会团体和宗教组织	Non-Governmental Organizations, Social Organizations and Religion Organizations	6014	5500	900	873
基层群众自治组织	Grass Roots Self-governing Organizations	28809	28537	5369	5239

2-12 各市、县(市、区)法人单位数及从业人员
Number of Corporation Units and Employed Persons by City and County (City and District)

地 区	Region	法人单位数(个) Corporation Units (unit) 2010	2011	单产业法人 Single Industry 2010	2011	多产业法人 Multi-industry 2010	2011	年末从业人员(人) Employed Persons at Year-end (person) 2010	2011
全 省	**Shaanxi**	**206587**	**233534**	**194388**	**221191**	**12199**	**12343**	**6643360**	**6728382**
西安市	**Xi'an**	**70383**	**87495**	**68926**	**85753**	**1459**	**1742**	**2685399**	**2598611**
新城区	Xincheng	5102	6005	4915	5798	189	207	238597	232358
碑林区	Beilin	8874	10530	8644	10224	230	306	394840	354249
莲湖区	Lianhu	7979	10136	7823	9946	156	190	337389	304126
灞桥区	Baqiao	3294	3957	3256	3905	38	52	118706	128534
未央区	Weiyang	11397	14474	11226	14251	171	223	420003	376106
雁塔区	Yanta	15782	23818	15497	23443	285	375	550318	640182
阎良区	Yanliang	1163	1437	1118	1402	45	35	60852	50546
临潼区	Lintong	2238	2114	2156	2033	82	81	76974	76174
长安区	Chang'an	4078	4692	4058	4667	20	25	181769	161003
蓝田县	Lantian	2794	2538	2749	2494	45	44	48233	47467
周至县	Zhouzhi	2454	2700	2378	2630	76	70	53577	56842
户 县	Huxian	3845	3315	3772	3242	73	73	107259	94016
高陵县	Gaoling	1383	1779	1334	1718	49	61	96882	77008
铜川市	**Tongchuan**	**5032**	**5493**	**4739**	**5167**	**293**	**326**	**148659**	**145502**
王益区	Wangyi	1261	1372	1180	1278	81	94	53833	43960
印台区	Yintai	1150	1088	1121	1042	29	46	22617	22128
耀州区	Yaozhou	2068	2443	1960	2332	108	111	63240	69513
宜君县	Yijun	553	590	478	515	75	75	8969	9901
宝鸡市	**Baoji**	**18871**	**20906**	**18101**	**20162**	**770**	**744**	**679151**	**689876**
渭滨区	Weibin	4484	5717	4407	5653	77	64	224717	220427
金台区	Jintai	2853	3199	2830	3176	23	23	115138	118672
陈仓区	Chencang	2751	2937	2651	2841	100	96	80206	82007
凤翔县	Fengxiang	1739	1835	1659	1754	80	81	47951	49828
岐山县	Qishan	1600	1591	1545	1536	55	55	75217	78231
扶风县	Fufeng	1128	1148	997	1020	131	128	32714	33983
眉 县	Meixian	1141	1250	1111	1220	30	30	32993	35138
陇 县	Longxian	776	785	669	680	107	105	15944	16767
千阳县	Qianyang	652	598	592	542	60	56	13281	14382
麟游县	Linyou	586	608	536	558	50	50	7775	8120
凤 县	Fengxian	701	751	674	724	27	27	23211	21797
太白县	Taibai	460	487	430	458	30	29	10004	10524
咸阳市	**Xianyang**	**21075**	**23012**	**20325**	**22254**	**750**	**758**	**720950**	**768750**
秦都区	Qindu	2994	3457	2928	3390	66	67	204688	215970
渭城区	Weicheng	2624	2864	2583	2823	41	41	85454	91813
三原县	Sanyuan	2000	2147	1975	2122	25	25	56704	61085
泾阳县	Jingyang	2052	2201	2021	2170	31	31	47450	50641
乾 县	Qianxian	1994	2264	1965	2234	29	30	54134	59241

2-12 续表 1 continued

地 区	Region	法人单位数 (个) Corporation Units (unit)		单产业法人 Single Industry		多产业法人 Multi-industry		年末从业人员 (人) Employed Persons at Year-end (person)	
		2010	2011	2010	2011	2010	2011	2010	2011
礼泉县	Liquan	1659	1748	1632	1722	27	26	42398	42243
永寿县	Yongshou	839	902	732	795	107	107	17727	20088
彬 县	Binxian	945	973	642	662	303	311	29377	31077
长武县	Changwu	1101	1138	1098	1135	3	3	22506	23822
旬邑县	Xunyi	813	871	787	847	26	24	19281	19843
淳化县	Chunhua	840	942	799	900	41	42	14077	15811
武功县	Wugong	1373	1520	1354	1501	19	19	43586	45647
兴平市	Xingping	1841	1985	1809	1953	32	32	83568	91469
渭南市	**Weinan**	**21005**	**21574**	**19749**	**20378**	**1256**	**1196**	**664452**	**675212**
临渭区	Linwei	4642	4732	4566	4656	76	76	188074	188226
华 县	Huaxian	1395	1465	1132	1203	263	262	38831	41542
潼关县	Tongguan	715	718	598	640	117	78	17751	17367
大荔县	Dali	2382	2351	2308	2277	74	74	51730	52368
合阳县	Heyang	1578	1629	1512	1583	66	46	34658	35368
澄城县	Chengcheng	1705	1810	1635	1740	70	70	62644	62712
蒲城县	Pucheng	2648	2905	2572	2829	76	76	77587	80778
白水县	Baishui	1102	1082	1031	1011	71	71	26712	26506
富平县	Fuping	2028	1961	1968	1901	60	60	51081	50391
韩城市	Hancheng	1590	1744	1250	1404	340	340	78895	80550
华阴市	Huayin	1220	1177	1177	1134	43	43	36489	39404
延安市	**Yan'an**	**12655**	**13275**	**11149**	**11770**	**1506**	**1505**	**291479**	**309445**
宝塔区	Baota	3375	3764	3179	3569	196	195	117966	131936
延长县	Yanchang	641	647	610	616	31	31	8226	8145
延川县	Yanchuan	819	869	655	704	164	165	14119	15289
子长县	Zichang	1066	1134	1021	1089	45	45	19168	20005
安塞县	Ansai	813	862	720	779	93	83	15121	15307
志丹县	Zhidan	749	815	626	700	123	115	14958	15901
吴起县	Wuqi	751	748	552	539	199	209	14007	14696
甘泉县	Ganquan	597	584	492	471	105	113	10774	10638
富 县	Fuxian	719	717	485	484	234	233	12036	11935
洛川县	Luochuan	1129	1139	1092	1103	37	36	15909	16615
宜川县	Yichuan	682	683	632	629	50	54	8663	8539
黄龙县	Huanglong	474	478	402	409	72	69	6277	6279
黄陵县	Huangling	840	835	683	678	157	157	34255	34160
汉中市	**Hanzhong**	**14529**	**15523**	**11678**	**12734**	**2851**	**2789**	**434205**	**462635**
汉台区	Hantai	3769	4269	3623	4123	146	146	145363	160438
南郑县	Nanzheng	1738	1616	1286	1225	452	391	42238	40699
城固县	Chenggu	1464	1507	1052	1100	412	407	36831	40611
洋 县	Yangxian	1115	1179	719	783	396	396	49347	49891
西乡县	Xixiang	1125	1256	1031	1160	94	96	26820	28444

2-12 续表 2 continued

地 区	Region	法人单位数 (个) Corporation Units (unit)		单产业法人 Single Industry		多产业法人 Multi-industry		年末从业人员 (人) Employed Persons at Year-end (person)	
		2010	2011	2010	2011	2010	2011	2010	2011
勉 县	Mianxian	1467	1551	1186	1266	281	285	45292	49807
宁强县	Ningqiang	1081	1110	711	745	370	365	22068	22815
略阳县	Lueyang	1396	1592	1133	1326	263	266	31903	34403
镇巴县	Zhenba	745	788	467	503	278	285	25191	26120
留坝县	Liuba	365	379	294	310	71	69	5512	5574
佛坪县	Foping	264	276	176	193	88	83	3640	3833
榆林市	**Yulin**	**20404**	**23184**	**19388**	**22157**	**1016**	**1027**	**526031**	**560720**
榆阳区	Yuyang	4950	6699	4856	6606	94	93	131723	148198
神木县	Shenmu	2975	3532	2918	3475	57	57	92787	101574
府谷县	Fugu	1836	1855	1754	1773	82	82	76744	77340
横山县	Hengshan	907	967	843	903	64	64	25958	28008
靖边县	Jingbian	1466	1560	1239	1333	227	227	42723	43565
定边县	Dingbian	1388	1478	1189	1279	199	199	30794	32517
绥德县	Suide	1401	1443	1352	1394	49	49	35472	36689
米脂县	Mizhi	1082	1083	1045	1046	37	37	21492	22022
佳 县	Jiaxian	1435	1488	1406	1459	29	29	17875	19590
吴堡县	Wubu	735	776	697	726	38	50	10788	10337
清涧县	Qingjian	1212	1260	1185	1233	27	27	16591	17542
子洲县	Zizhou	1017	1043	904	930	113	113	23084	23338
安康市	**Ankang**	**11382**	**11514**	**10781**	**10931**	**601**	**583**	**240470**	**255790**
汉滨区	Hanbin	4979	5003	4835	4852	144	151	109159	112909
汉阴县	Hanyin	943	944	879	884	64	60	17395	18461
石泉县	Shiquan	775	802	739	772	36	30	17689	19978
宁陕县	Ningshan	361	403	323	364	38	39	6777	7409
紫阳县	Ziyang	830	820	766	761	64	59	17364	17797
岚皋县	Langao	584	603	547	564	37	39	10040	10906
平利县	Pingli	686	723	619	657	67	66	14284	18256
镇坪县	Zhenping	356	374	336	353	20	21	4993	5211
旬阳县	Xunyang	1245	1262	1168	1189	77	73	30448	31960
白河县	Baihe	623	580	569	535	54	45	12321	12903
商洛市	**Shangluo**	**9909**	**10136**	**8269**	**8506**	**1639**	**1630**	**211599**	**218725**
商州区	Shangzhou	1806	1956	1296	1447	509	509	65578	66996
洛南县	Luonan	2411	2281	2379	2251	32	30	32814	31728
丹凤县	Danfeng	1111	1157	1022	1069	89	88	16321	17187
商南县	Shangnan	1033	1168	822	955	211	213	25007	27068
山阳县	Shanyang	1475	1486	1072	1091	403	395	30684	32845
镇安县	Zhen'an	1310	1306	982	978	328	328	20830	22012
柞水县	Zhashui	763	782	696	715	67	67	20365	20889
杨凌示范区	**Yangling**	**1342**	**1422**	**1283**	**1379**	**58**	**43**	**40965**	**43116**

2-13 各市、县(市、区)产业活动单位数及从业人员
Number of Active Units and Employed Persons by City and County (City and District)

地　区	Region	产业活动单位数（个） Active Units (unit)		# 多产业法人所属单位 Units Belong to Multi-industry Corporation		年末从业人员（人） Employed Persons at Year-end (person)		# 多产业法人所属单位 Units Belong to Multi-industry Corporation	
		2010	2011	2010	2011	2010	2011	2010	2011
全　省	**Shaanxi**	**256459**	**282225**	**62071**	**61034**	**6643360**	**6728382**	**1839246**	**1579032**
西安市	**Xi'an**	**79198**	**95465**	**10272**	**9712**	**2685399**	**2598611**	**857340**	**626058**
新城区	Xincheng	6120	6789	1205	991	238597	232358	111742	94628
碑林区	Beilin	10059	11655	1415	1431	394840	354249	154675	97090
莲湖区	Lianhu	8918	11040	1095	1094	337389	304126	120988	71949
灞桥区	Baqiao	3625	4314	369	409	118706	128534	33611	19852
未央区	Weiyang	12084	14967	858	716	420003	376106	163415	95763
雁塔区	Yanta	17046	25073	1549	1630	550318	640182	125859	141816
阎良区	Yanliang	1484	1636	366	234	60852	50546	35604	19155
临潼区	Lintong	2818	2687	662	654	76974	76174	18096	17916
长安区	Chang'an	4450	4999	392	332	181769	161003	14124	13395
蓝田县	Lantian	3190	2925	441	431	48233	47467	6925	6953
周至县	Zhouzhi	3298	3451	920	821	53577	56842	8825	8070
户　县	Huxian	4387	3836	615	594	107259	94016	26857	21808
高陵县	Gaoling	1719	2093	385	375	96882	77008	36619	17663
铜川市	**Tongchuan**	**6517**	**7122**	**1778**	**1955**	**148659**	**145502**	**41018**	**52160**
王益区	Wangyi	1658	1785	478	507	53833	43960	14498	14827
印台区	Yintai	1377	1405	256	363	22617	22128	10586	17651
耀州区	Yaozhou	2505	2907	545	575	63240	69513	12854	16478
宜君县	Yijun	977	1025	499	510	8969	9901	3080	3204
宝鸡市	**Baoji**	**23096**	**25004**	**4995**	**4842**	**679151**	**689876**	**175247**	**142943**
渭滨区	Weibin	5068	6272	661	619	224717	220427	80583	50686
金台区	Jintai	3036	3367	206	191	115138	118672	9487	8876
陈仓区	Chencang	3152	3324	501	483	80206	82007	17364	15795
凤翔县	Fengxiang	2128	2223	469	469	47951	49828	12855	13229
岐山县	Qishan	2056	2045	511	509	75217	78231	22441	22373
扶风县	Fufeng	1560	1552	563	532	32714	33983	6606	6217
眉　县	Meixian	1417	1526	306	306	32993	35138	3659	3659
陇　县	Longxian	1495	1491	826	811	15944	16767	10011	10010
千阳县	Qianyang	955	884	363	342	13281	14382	3226	3046
麟游县	Linyou	760	779	224	221	7775	8120	2282	2282
凤　县	Fengxian	820	870	146	146	23211	21797	2127	2127
太白县	Taibai	649	671	219	213	10004	10524	4606	4643
咸阳市	**Xianyang**	**25057**	**27010**	**4732**	**4756**	**720950**	**768750**	**159139**	**159108**
秦都区	Qindu	3881	4338	953	948	204688	215970	55355	54946
渭城区	Weicheng	2861	3096	278	273	85454	91813	18680	18731
三原县	Sanyuan	2145	2292	170	170	56704	61085	7525	7530
泾阳县	Jingyang	2297	2445	276	275	47450	50641	3483	3425
乾　县	Qianxian	2199	2476	234	242	54134	59241	3586	3780

2-13 续表 1 continued

地 区	Region	产业活动单位数(个) Active Units (unit)		# 多产业法人所属单位 Units Belong to Multi-industry Corporation		年末从业人员(人) Employed Persons at Year-end (person)		# 多产业法人所属单位 Units Belong to Multi-industry Corporation	
		2010	2011	2010	2011	2010	2011	2010	2011
礼泉县	Liquan	1855	1945	223	223	42398	42243	5848	5848
永寿县	Yongshou	1197	1260	465	465	17727	20088	3649	3649
彬 县	Binxian	1552	1606	910	944	29377	31077	10794	11035
长武县	Changwu	1139	1176	41	41	22506	23822	384	384
旬邑县	Xunyi	1086	1129	299	282	19281	19843	3200	3127
淳化县	Chunhua	1049	1161	250	261	14077	15811	2546	2570
武功县	Wugong	1524	1671	170	170	43586	45647	12507	12507
兴平市	Xingping	2272	2415	463	462	83568	91469	31582	31576
渭南市	**Weinan**	**26588**	**27005**	**6839**	**6627**	**664452**	**675212**	**138258**	**136483**
临渭区	Linwei	5150	5269	584	613	188074	188226	20095	19992
华 县	Huaxian	1888	1960	756	757	38831	41542	12335	12267
潼关县	Tongguan	1017	991	419	351	17751	17367	5067	4805
大荔县	Dali	2976	2945	668	668	51730	52368	10421	10421
合阳县	Heyang	2067	1964	555	381	34658	35368	7255	5891
澄城县	Chengcheng	2129	2234	494	494	62644	62712	16557	16557
蒲城县	Pucheng	3429	3687	857	858	77587	80778	11471	11499
白水县	Baishui	1525	1504	494	493	26712	26506	7862	7859
富平县	Fuping	2554	2488	586	587	51081	50391	9926	9928
韩城市	Hancheng	2339	2492	1089	1088	78895	80550	30328	30323
华阴市	Huayin	1514	1471	337	337	36489	39404	6941	6941
延安市	**Yan'an**	**17096**	**17464**	**5947**	**5694**	**291479**	**309445**	**132740**	**131762**
宝塔区	Baota	4386	4758	1207	1189	117966	131936	58734	57661
延长县	Yanchang	812	806	202	190	8226	8145	1755	1687
延川县	Yanchuan	1087	1142	432	438	14119	15289	5239	6039
子长县	Zichang	1243	1312	222	223	19168	20005	8314	8322
安塞县	Ansai	1222	1142	502	363	15121	15307	7149	6499
志丹县	Zhidan	1206	1138	580	438	14958	15901	10704	10311
吴起县	Wuqi	1086	1111	534	572	14007	14696	7787	8032
甘泉县	Ganquan	829	834	337	363	10774	10638	3451	3650
富 县	Fuxian	1235	1213	750	729	12036	11935	4761	4660
洛川县	Luochuan	1342	1349	250	246	15909	16615	3507	3379
宜川县	Yichuan	867	883	235	254	8663	8539	2654	2690
黄龙县	Huanglong	639	640	237	231	6277	6279	2761	2742
黄陵县	Huangling	1142	1136	459	458	34255	34160	15924	16090
汉中市	**Hanzhong**	**22055**	**22898**	**10377**	**10164**	**434205**	**462635**	**115375**	**111124**
汉台区	Hantai	4402	4876	779	753	145363	160438	28540	28169
南郑县	Nanzheng	2607	2381	1321	1156	42238	40699	9604	7914
城固县	Chenggu	2323	2369	1271	1269	36831	40611	11849	12421
洋 县	Yangxian	2067	2133	1348	1350	49347	49891	7674	10058
西乡县	Xixiang	1636	1777	605	617	26820	28444	8880	8445

2-13 续表 2 continued

地　区	Region	产业活动单位数（个）Active Units (unit)		#多产业法人所属单位 Units Belong to Multi-industry Corporation		年末从业人员（人）Employed Persons at Year-end (person)		#多产业法人所属单位 Units Belong to Multi-industry Corporation	
		2010	2011	2010	2011	2010	2011	2010	2011
勉　县	Mianxian	2309	2399	1123	1133	45292	49807	18608	14046
宁强县	Ningqiang	1896	1917	1185	1172	22068	22815	8491	8410
略阳县	Lueyang	2091	2293	958	967	31903	34403	8912	8823
镇巴县	Zhenba	1479	1511	1012	1008	25191	26120	8082	8258
留坝县	Liuba	637	645	343	335	5512	5574	2479	2455
佛坪县	Foping	608	597	432	404	3640	3833	2256	2125
榆林市	**Yulin**	**25294**	**28106**	**5906**	**5949**	**526031**	**560720**	**86657**	**87700**
榆阳区	Yuyang	5401	7134	545	528	131723	148198	13584	14820
神木县	Shenmu	3291	3848	373	373	92787	101574	19814	19268
府谷县	Fugu	2554	2572	800	799	76744	77340	8223	8234
横山县	Hengshan	1325	1385	482	482	25958	28008	5750	5750
靖边县	Jingbian	2256	2350	1017	1017	42723	43565	9049	9049
定边县	Dingbian	1877	1967	688	688	30794	32517	6326	6326
绥德县	Suide	1771	1813	419	419	35472	36689	5294	5294
米脂县	Mizhi	1374	1372	329	326	21492	22022	4224	4196
佳　县	Jiaxian	1687	1740	281	281	17875	19590	3246	3246
吴堡县	Wubu	928	1023	231	297	10788	10337	3139	3569
清涧县	Qingjian	1426	1474	241	241	16591	17542	2747	2747
子洲县	Zizhou	1404	1428	500	498	23084	23338	5261	5201
安康市	**Ankang**	**14965**	**14953**	**4184**	**4022**	**240470**	**255790**	**57785**	**56200**
汉滨区	Hanbin	5829	5856	994	1004	109159	112909	19876	20541
汉阴县	Hanyin	1291	1264	412	380	17395	18461	3503	3496
石泉县	Shiquan	1054	1047	315	275	17689	19978	3903	3696
宁陕县	Ningshan	584	627	261	263	6777	7409	1706	1731
紫阳县	Ziyang	1269	1259	503	498	17364	17797	6889	5527
岚皋县	Langao	824	845	277	281	10040	10906	2592	2719
平利县	Pingli	1044	1078	425	421	14284	18256	4972	5281
镇坪县	Zhenping	450	467	114	114	4993	5211	1083	1094
旬阳县	Xunyang	1693	1684	525	495	30448	31960	8603	7800
白河县	Baihe	927	826	358	291	12321	12903	4658	4315
商洛市	**Shangluo**	**15124**	**15282**	**6855**	**6776**	**211599**	**218725**	**66704**	**66655**
商州区	Shangzhou	3150	3289	1854	1842	65578	66996	18318	18236
洛南县	Luonan	2641	2491	262	240	32814	31728	3918	3832
丹凤县	Danfeng	1760	1790	738	721	16321	17187	6187	6436
商南县	Shangnan	1631	1769	809	814	25007	27068	6460	6541
山阳县	Shanyang	2603	2590	1531	1499	30684	32845	20129	19918
镇安县	Zhen'an	2076	2071	1094	1093	20830	22012	7917	7917
柞水县	Zhashui	1263	1282	567	567	20365	20889	3775	3775
杨凌示范区	**Yangling**	**1469**	**1916**	**186**	**537**	**40965**	**43116**	**8983**	**8839**

2-14　县域经济社会发展主要指标
Main Indicators on Country Economic and Social Development

分组 年份 Item Year	总人口 (万人) Population (10 000 persons)	生产总值 (亿元) Gross Domestic Product (100 million yuan)	地方财政收入 (亿元) Local General Bugetary Revenue (100 million yuan)	人均生产总值 (元) Per Capita GDP (yuan)	城镇居民人均可支配收入 (元) Per Capita Annual Disposable Income of Urban Households (yuan)	农村居民人均纯收入 (元) Per Capita Net Income of Rural Residents (yuan)
陕西十强县县均						
Shaanxi Top 10 Countries Average						
2009	23.26	142.75	9.51	61731	16446	5250
2010	24.23	181.98	11.67	80155	19520	6434
2011	26.90	248.84	15.42	92600	23098	8179
陕西83县县均						
Shaanxi 83 Counties Average						
2009	29.10	49.99	2.14	17205	13913	3935
2010	28.24	63.19	2.72	21712	16323	4827
2011	28.46	80.38	3.52	28265	19249	6108
全国百强县县均						
Top 100 Cuntries Average in China						
2009	83.49	407.10	22.93	54350	19750	9240
2010	83.12	475.64	29.04	64070	22170	10560
西部百强县县均						
Top 100 Cuntries Average in West of China						
2009	55.49	132.85	8.01	40950	14640	5830
2010	51.69	156.39	10.20	49410	16670	6720
全国县均						
Per Countity Average in China						
2009	46.89	73.00	3.87	15571		
2010	43.17	100.78	5.09	22580		

主要统计指标解释

平均增长速度 平均增长速度表明社会经济现象在一个较长的时期内逐期平均增长变化的程度，它不能根据各个环比增长速度直接求得，但与平均发展速度之间存在着一定的数量关系：平均增长速度＝平均发展速度－1。

平均发展速度是一种根据环比发展速度计算的序时平均数,由于各时期对比的基础不同，所以计算平均发展速度不能采用一般的序时平均数的计算方法，计算方法分为水平法和累计法。水平法，又称几何平均法，即将环比发展速度按连乘法用几何平均数公式计算。累计法，也称方程法，根据一段时期内各年发展水平总和与基期水平的关系，列出方程式计算平均发展速度。水平法着重考虑最后一年所达到的发展水平；累计法着重考虑整个时期累计发展水平的总量。

本《年鉴》内所列的平均增长速度，除固定资产投资用“累计法”计算外，其余均用“水平法”计算。从某年到某年平均增长速度的年份，均不包括基期年在内。如建国六十年以来的平均增长速度是以 1949 年为基期计算的，则写为 1950-2009 年平均增长速度，其余类推。

企业(单位)登记注册类型 是以在工商行政管理机关登记注册的各类企业为划分对象，以工商行政管理部门对企业登记注册的类型为依据，将企业登记注册类型分为内资企业、港澳台商投资企业和外商投资企业三大类。内资企业包括国有企业、集体企业、股份合作企业、联营企业、有限责任公司、股份有限公司、私营公司和其他企业；港澳台商投资企业和外商投资企业分别包括合资经营企业、合作经营企业、独资经营企业和股份有限公司。对不在工商行政管理部门进行登记注册的行政机关、事业单位和社会团体，主要按其经费来源和管理方式进行划分。

国有企业 指企业全部资产归国家所有，并按《中华人民共和国企业法人登记管理条例》规定登记注册的非公司制的经济组织。不包括有限责任公司中的国有独资公司。

集体企业 指企业资产归集体所有，并按《中华人民共和国企业法人登记管理条例》规定登记注册的经济组织。

股份合作企业 指以合作制为基础，由企业职工共同出资入股，吸收一定比例的社会资产投资组建，实行自主经营，自负盈亏，共同劳动，民主管理，按劳分配与按股分红相结合的一种集体经济组织。

联营企业 指两个及两个以上相同或不同所有制性质的企业法人或事业单位法人，按自愿、平等、互利的原则，共同投资组成的经济组织。联营企业包括国有联营企业、集体联营企业、国有与集体联营企业和其他联营企业。

有限责任公司 指根据《中华人民共和国公司登记管理条例》规定登记注册，由两个以上、五十个以下的股东共同出资，每个股东以其所认缴的出资额对公司承担有限责任，公司以其全部资产对其债务承担责任的经济组织。有限责任公司包括国有独资公司以及其他有限责任公司。

股份有限公司 指根据《中华人民共和国公司登记管理条例》规定登记注册，其全部注册资本由等额股份构成并通过发行股票筹集资本，股东以其认购的股份对公司承担有限责任，公司以其全部资产对其债务承担责任的经济组织。

私营企业 指由自然人投资设立或由自然人控股，以雇佣劳动为基础的营利性经济组织。包括按照《公司法》、《合伙企业法》、《私营企业暂行条例》规定登记注册的私营有限责任公司、私营股份有限公司、私营合伙企业和私营独资企业。

其他企业 指上述企业之外的其他内资经济组织。

与港澳台商合资经营企业 指港澳台地区投资者与内地企业依照《中华人民共和国中外合资经营企业法》及有关法律的规定，按合同规定的比例投资设立、分享利润和分担风险的企业。

与港澳台商合作经营企业 指港澳台地区投资者与内地企业依照《中华人民共和国中外合作经营企业法》及有关法律的规定，依照合作合同的约定进行投资或提供条件设立、分配利润和分担风险的企业。

港澳台商独资经营企业 指依照《中华人民共和国外资企业法》及有关法律的规定，在内地由港澳台地区投资者全额投资设立的企业。

港澳台商投资股份有限公司 指根据国家有关规定，经原外经贸部依法批准设立，其中港、澳、台商的股本占公司注册资本的比例达 25% 以上的股份有限公司。凡其中港、澳、台商的股本占公司注册资本的比例小于 25%的，属于内资企业中的股份有限公司。

中外合资经营企业 指外国企业或外国人与中国内地企业依照《中华人民共和国中外合资经营企业法》及有关法律的规定，按合同规定的比例投资设立、分享利润和分担风险的企业。

中外合作经营企业 指外国企业或外国人与中国内地企业依照《中华人民共和国中外合作经营企业法》及有关法律的规定，依照合作合同的约定进行投资或提供条件设立、分配利润和分担风险的企业。

外资企业 指依照《中华人民共和国外资企业法》及有关法律的规定，在中国内地由外国投资者全额投资设立的企业。

外商投资股份有限公司 指根据国家有关规定，经原外经贸部依法批准设立，其中外资的股本占公司注册资本的比例达 25% 以上的股份有限公司。凡其中外资股本占公司注册资本的比例小于 25%的，属于内资企业中的股份有限公司。

行政机关、事业单位和社会团体 参照企业登记注册类型，主要按其经费来源和管理方式划分。具体规定如下:

⑴行政机关：包括国家机关和政党机关，原则上均列为

“国有”。但有特殊规定的，如供销社等，则列为“集体”。

⑵事业单位：包括经国家机构编制部门和有关业务主管部门批准成立的各类事业单位，不包括实行企业化管理的事业单位。事业单位的划分办法如下：

①由国家财政预算拨款或列入财政预算外资金管理以及经费主要来源于国有主管部门或国有上级单位的事业单位，列为“国有”。

②经费主要来源于集体单位的事业单位，列为“集体”。

③公民个人(或个人合伙)开办的事业单位，列为“私营”。

④上述以外的其他事业单位，如果其经费来源不明确，按管理方式进行归类。

⑶社会团体：包括经民政部门批准成立以及未纳入社会团体管理条例范围的工会、妇联等各类社会团体。社会团体的划分办法如下：

①未纳入民政部社会团体管理条例范围的工会、妇联、共青团、青联、工商联、科协、侨联等社会团体，国家拨款设立的基金会或基金管理组织以及经费主要来源于国有业务主管部门或国有上级单位的社会团体，列为“国有”。

②经费主要来源于集体单位的社会团体，列为“集体”。

③公民个人(或个人合伙)开办的社会团体，划为“私营”。

④上述以外的其他社会团体，如果其经费来源不明确，改按管理方式进行归类。

Explanatory Notes on Main Statistical Indicators

Average Annual Growth Rate shows the average growth rate of social and economic development during a longer period. It can not be directly calculated by chain based growth rate. The relation is:

Average Annual Growth Rate = Average Speed of Development – 1

Average speed of development is the time series average of speed which calculated by chain based. Because the reference bases during the different periods are not same, average speed of development can not be calculated by the general method. Level approach and accumulative approach for calculating average speed of development rate are applied. The "level approach", or the method of calculating the geometric average, is derived by the formula of geometric average of the chain-based speeds of development, or comparing the level of the last year of the interval with that of the beginning year; the other is called the "accumulative approach" or the "algebraic average", "equation" method, which is derived by the summation of the actual figure of each year in the interval divided by the figure in the base year. The level approach focuses on the level of the last year, while the accumulative approach emphasizes the aggregate development in the duration.

The average annual growth rates listed in the Yearbook are calculated by the level approach except for the growth rate of investment in fixed assets. The base year is not listed in the duration for which average annual growth rates are computed. For instance, the average annual growth rate of the 60 years since 1949 is shown as the average annual growth rate of 1950-2009 without showing the base year 1949.

Registration Status of Enterprises Enterprises are classified into 3 categories, namely domestic-funded enterprises, enterprises with investment from Hong Kong, Macau and Taiwan, and enterprises with foreign investment, according to the registration status of an enterprise in industrial and commercial administration agencies. Domestic-funded enterprises include State-owned enterprises, collective-owned enterprises, cooperative enterprises, joint ownership enterprises, limited liability corporations, share-holding corporations Ltd., private enterprises and other enterprises. Included in the enterprises with investment from Hong Kong, Macau and Taiwan and enterprises with foreign investment are joint-venture enterprises, cooperative enterprises, sole investment enterprises and share-holding corporations Ltd. For government agencies, institutions and social organizations which are not registered in industrial and commercial administration agencies, they are classified mainly by their sources of funding and manner of management.

State-owned Enterprises refer to non-corporation economic units where the entire assets are owned by the State and which have been registered in accordance with the *Regulation of the People's Republic of China on the Management of Registration of Corporate Enterprises*. Not included from this category are solely State-funded corporations in the limited liability corporations.

Collective-owned Enterprises refer to economic units where the assets are owned collectively and which have been registered in accordance with the *Regulation of the People's Republic of China on the Management of Registration of Corporate Enterprises*.

Cooperative Enterprises refer to a form of collective economic units (enterprises) where capitals come mainly from employees as their shares, with certain proportion of capital from the outside, where production is organized on the basis of independent operation, independent accounting for profits and losses, joint work, democratic management, and a distribution system that integrates remuneration according to work with dividend according to capital share.

Joint Ownership Enterprises refer to economic units established by two or more corporate enterprises or corporate institutions of the same or different ownership, through joint investment on the basis of voluntary participation, equality, and mutual benefits. They include State joint ownership enterprises; collective joint ownership enterprises; joint State-collective enterprises; and other joint ownership enterprises.

Limited Liability Corporations refer to economic units established with investment from 2-50 investors and registered in accordance with the *Regulation of the People's Republic of China on the Management of Registration of Corporations*, each investor bearing limited liability to the corporation depending on its share of investment, and the corporation bearing liability to its debt to the maximum of its total assets. Limited liability corporations include solely State-funded limited liability corporations and other limited liability corporations.

Share-holding Corporations Ltd. refer to economic units registered in accordance with the *Regulation of the People's Republic of China on the Management of Registration of Corporations*, with total registered capital divided into equal shares and raised through issuing stocks. Each investor bears limited liability to the corporation depending on the holding of shares, and the corporation bears liability to its debt to the maximum of its total assets.

Private Enterprises refer to profit-making economic units invested and established by natural persons, or controlled by natural persons using employed labour. Included in this category are private limited liability corporations, private share-holding corporations Ltd., private partnership enterprises and private-funded enterprises registered in accordance with the *Company Law, the Law on Partnership Business* and *Interim Regulations on Private Enterprises* .

Other Domestic-funded Enterprises refer to

domestic-funded economic units other than those mentioned above.

Joint Venture Enterprises with Funds from Hong Kong, Macau and Taiwan are enterprises established by investors from Hong Kong, Macau and Taiwan with enterprises in the mainland of China in accordance with the *Law of the People's Republic of China on Sino-foreign Equity Joint Ventures* and other relevant laws, where the establishment of the investment and the sharing of profits and risks are stipulated under joint venture contracts.

Cooperative Enterprises with Funds from Hong Kong, Macau and Taiwan established by investors from Hong Kong, Macau and Taiwan with enterprises in the mainland of China in accordance with the *Law of the People's Republic of China on Sino-foreign Contractual Joint Venture* and other relevant laws, where the investment or provision of facilities and the sharing of profits and risks are stipulated under cooperative contracts.

Enterprises with Sole (exclusive) Investment from Hong Kong, Macau and Taiwan refer to enterprises established in the mainland of China with exclusive investment from investors from Hong Kong, Macau and Taiwan in accordance with the *Law of the People's Republic of China on Wholly Foreign-owned Enterprises* and other relevant laws.

Share-holding Corporations Ltd. with Investment from Hong Kong, Macau and Taiwan refer to share-holding corporations Ltd. established with the approval from the former Ministry of Foreign Trade and Economic Relations in line with relevant State regulations, where the share of investment from Hong Kong, Macau or Taiwan businessmen exceeds 25% of the total registered capital of the corporation. In case the share of investment from Hong Kong, Macau or Taiwan is less than 25% of the total registered capital, the enterprise is to be classified as domestic-funded share-holding corporation Ltd.

Joint Venture Enterprises with Foreign Investment refer to enterprises jointly established by foreign enterprises or foreigners with enterprises in the mainland of China in accordance with the *Law of the People's Republic of China on Sino-foreign Equity Joint Ventures* and other relevant laws, where the sharing of investment, profits and risks is stipulated under contract.

Cooperative Enterprises with Foreign Investment refer to enterprises jointly established by foreign enterprises or foreigners with enterprises in the mainland of China in accordance with the *Law of the People's Republic of China on Sino-foreign Contractual Joint Venture* and other relevant laws, where the investment or provision of facilities and the sharing of profits and risks are stipulated under cooperative contracts.

Enterprises with Sole (exclusive) Foreign Investment refer to enterprises established in the mainland of China with exclusive investment from foreign investors in accordance with the *Law of the People's Republic of China on Wholly Foreign-owned Enterprises* and other relevant laws.

Share-holding Corporations Ltd. with Foreign Investment refer to share-holding corporations Ltd. established with the approval from the former Ministry of Foreign Trade and Economic Relations in line with relevant State regulations, where the share of investment from foreign investors exceeds 25% of the total registered capital of the corporation. In case the share of foreign investment is less than 25% of the total registered capital, the enterprise is to be classified as domestic-funded share-holding corporation Ltd.

Government Agencies, Institutions and Social Organizations are classified into the following categories by source of funds and manner of management taking reference of the registration status of enterprises:

(1) Government agencies: include State and party agencies, classified in principle as State-owned. There are exceptions, such as supply and marketing cooperatives which are classified as collective-owned.

(2) Institutions: include institutions of various types established with the approval by organization and staffing departments of the government, but exclude institutions where enterprise management system is introduced. Institutions are further classified as follows:

(a) Institutions for which their main budgets are from government budget appropriations or extra-budget funds, or allocated from the budget of their competent government agencies. Such institutions are classified as state-owned.

(b) Institutions for which their budget mainly come from collective units. Such institutions are classified as collective-owned.

(c) Social institutions established by individual or a group of citizens, which are classified as private.

(d) Institutions other than those mentioned above for which their sources of budget are not clear. Such institutions are classified by the manner of management.

(3) Social organizations: include social organizations established with the approval from the Ministry of Civil Affairs, and organizations that are not covered by social organization management regulations such as trade unions, women's federations etc.. Social organizations are further classified as follows:

(a) Social organizations that are not covered by social organization management regulations of the Ministry of Civil Affairs such as trade unions, women federations, communist youth leagues, youth associations, industrial and commerce associations, scientist associations, overseas Chinese associations, etc., foundations and fund management organizations established with funds from the state, and social organizations whose funds mainly come from the budget of their competent government agencies. Such institutions are classified as State-owned.

(b) Social organizations for which their budget mainly come from collective units. Such institutions are classified as collective-owned.

(c) Social organizations established by individual or a group of citizens, which are classified as private.

(d) Social organizations other than those mentioned above for which their sources of budget are not clear. Such organizations are classified by the manner of management.

三、国民经济核算

National Accounts

资料整理：何晓红　萨　慧　李　艳　孙小芳
王阿耕　杨　磊　张　巧

简 要 说 明

一、本篇资料反映陕西国民经济核算情况。

二、国民经济核算资料主要包括生产总值及其有关资料。生产总值是根据不同产业部门、不同支出构成的特点和资料来源情况而采用不同方法计算的。

三、本年鉴公布的国民经济核算资料，如果遇到普查，在能够获得更详细的基础资料情况下，历史数据也会调整。2008年，根据全国第二次经济普查结果，对2005-2008年生产总值进行了调整。本年鉴数据是调整后的数据。

四、国民经济核算数据绝对数按当年价格计算，速度按可比价格计算。

Brief Introduction

Ⅰ.This chapter reflects the national accounts of Shaanxi Province.

Ⅱ. The data on national accounts mainly include gross domestic product (GDP) and related data. Data on GDP are calculated with various approaches in accordance with the features of various industrial sectors, various expenditure structures and the data resources.

III. The data of past years may also be revised on the basis of more detailed basic data obtained during a census year. GDP data from 2005 to 2008 were adjusted in accordance with the result of the second national economic census in 2008. Data published in this yearbook are adjusted data.

IV. The data on national accounts are calculated at current prices, and the growth rates are calculated at constant prices..

3.国民经济核算

2011年全省				
生产总值	12512.30	亿元	比上年增长	13.9%
第一产业	1220.90	亿元	比上年增长	5.9%
第二产业	6935.59	亿元	比上年增长	16.4%
第三产业	4355.81	亿元	比上年增长	12.5%
人均生产总值	33464	元	比上年增长	13.7%

生产总值构成

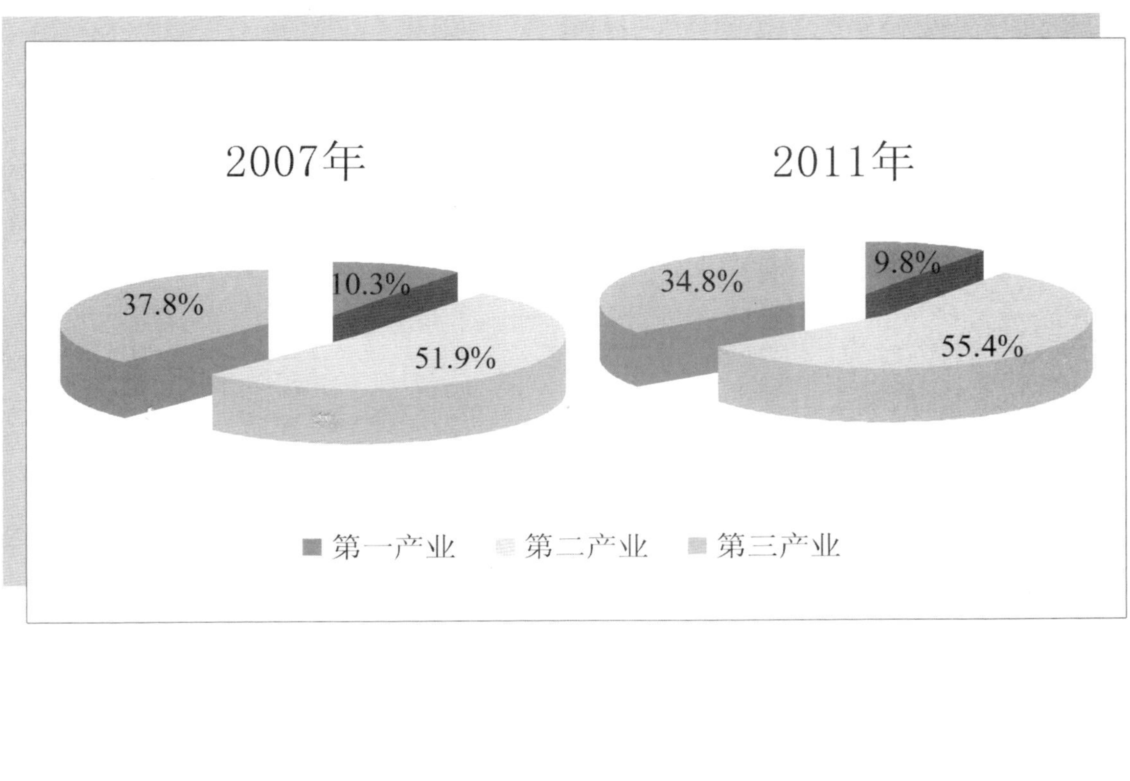

3-1 生 产 总 值
Gross Domestic Product

年 份 Year	生产总值 (亿元) Gross Domestic Product (100 million yuan)	第一产业 Primary Industry	第二产业 Secondary Industry	工 业 Industry	建筑业 Construction	第三产业 Tertiary Industry	人 均 生产总值 (元) Per Capita GDP (yuan)
1978	81.07	24.70	42.13	36.52	5.61	14.24	291
1979	94.52	32.52	44.67	39.38	5.29	17.33	336
1980	94.91	28.47	47.74	42.22	5.52	18.70	334
1981	102.09	35.40	46.25	40.08	6.17	20.44	356
1982	111.95	37.02	50.36	43.31	7.05	24.57	385
1983	123.39	40.00	55.15	47.48	7.67	28.24	420
1984	149.35	51.05	63.12	53.82	9.30	35.18	504
1985	180.87	53.39	81.96	68.81	13.15	45.52	604
1986	208.31	58.00	93.48	78.81	14.67	56.83	688
1987	244.96	67.84	108.20	90.47	17.73	68.92	794
1988	314.48	82.69	138.58	117.77	20.81	93.21	1004
1989	358.37	91.28	158.50	136.40	22.10	108.59	1124
1990	404.30	105.56	166.95	143.28	23.67	131.79	1241
1991	468.37	116.88	197.54	168.28	29.26	153.95	1402
1992	531.63	116.71	232.07	198.93	33.14	182.85	1571
1993	678.20	148.24	297.49	250.07	47.42	232.47	1981
1994	839.03	171.81	364.40	307.46	56.94	302.82	2424
1995	1036.85	217.27	441.67	377.91	63.76	377.91	2965
1996	1215.84	250.58	514.27	439.66	74.61	450.99	3446
1997	1363.60	255.42	567.25	477.35	89.90	540.93	3834
1998	1458.40	266.92	607.82	500.26	107.56	583.66	4070
1999	1592.64	254.57	681.43	549.01	132.42	656.64	4415
2000	1804.00	258.22	782.58	629.88	152.70	763.20	4968
2001	2010.62	263.63	878.82	706.62	172.20	868.17	5511
2002	2253.39	282.21	1007.56	819.51	188.05	963.62	6161
2003	2587.72	302.66	1221.17	1006.92	214.25	1063.89	7057
2004	3175.58	372.28	1553.10	1306.50	246.60	1250.20	8638
2005	3933.72	435.77	1951.36	1650.63	300.73	1546.59	10674
2006	4743.61	484.81	2452.44	2094.02	358.42	1806.36	12840
2007	5757.29	592.63	2986.46	2544.42	442.04	2178.20	15546
2008	7314.58	753.72	3861.12	3274.57	586.55	2699.74	19700
2009	8169.80	789.64	4236.42	3501.25	735.17	3143.74	21947
2010	10123.48	988.45	5446.10	4558.97	887.13	3688.93	27133
2011	12512.30	1220.90	6935.59	5857.92	1077.67	4355.81	33464

注：1.本表按当年价格计算。
2.人均生产总值1991年及以后按常住人口计算,2001-2009年按2010年人口普查修正的常住人口计算。

a) Data in this table are calculated at current prices.
b) Per Capita GDP are calculated at usual residents since 1991.Per Capita GDP were calculated at usual residents which adjusted according to the national population census in 2010 from 2001-2009.

3-2 生产总值指数
Indices of Gross Domestic Product

(上年=100) (preceding year=100)

年 份 Year	生产总值 Gross Domestic Product	第一产业 Primary Industry	第二产业 Secondary Industry	工 业 Industry	建筑业 Construction	第三产业 Tertiary Industry	人均生产总值 Per Capita GDP
1978	111.0	98.4	114.7	114.7	114.7	122.2	115.5
1979	107.5	109.1	102.7	102.7	102.7	123.7	110.0
1980	107.3	109.0	106.4	106.4	106.4	107.9	98.0
1981	104.5	113.7	96.3	96.2	96.3	108.1	103.5
1982	109.1	106.5	108.5	108.5	108.4	115.3	107.6
1983	107.3	101.5	109.5	109.5	109.6	112.7	106.3
1984	117.8	112.5	120.0	120.0	119.9	121.9	116.9
1985	116.5	99.3	121.9	121.9	122.0	131.0	115.1
1986	108.7	104.6	105.9	105.9	105.0	118.2	107.7
1987	110.0	101.8	110.8	110.8	110.2	116.6	107.8
1988	121.0	105.3	125.0	125.0	121.0	127.9	119.2
1989	103.3	106.5	102.8	104.0	95.4	101.6	101.4
1990	103.4	105.3	101.8	102.2	96.1	104.5	101.3
1991	107.2	106.8	105.2	105.3	104.6	110.2	105.7
1992	108.3	103.0	110.4	111.2	105.7	109.9	106.9
1993	112.1	108.1	115.0	116.1	107.8	111.5	110.8
1994	108.6	97.0	116.4	118.1	104.9	106.9	107.4
1995	110.4	104.0	115.2	116.4	106.2	108.0	109.3
1996	110.9	109.6	112.8	113.8	104.5	108.9	109.9
1997	110.7	99.7	112.6	112.7	111.5	114.8	109.8
1998	111.6	107.3	113.8	113.6	115.4	110.7	110.8
1999	110.3	97.7	112.4	111.6	119.7	113.7	109.6
2000	110.4	104.0	111.1	111.3	109.3	112.1	109.6
2001	109.8	101.9	111.2	111.8	108.6	111.2	109.3
2002	111.1	103.5	113.4	115.2	106.0	111.0	110.9
2003	111.8	104.1	115.8	116.8	111.2	109.8	111.5
2004	112.9	108.6	116.7	118.6	107.7	109.7	112.6
2005	113.7	107.7	116.1	115.9	117.6	112.5	113.5
2006	113.9	107.4	114.6	114.5	115.2	114.9	113.7
2007	115.8	105.0	117.5	118.1	114.0	116.5	115.6
2008	116.4	107.6	118.5	118.7	117.1	115.8	116.1
2009	113.6	104.9	113.8	111.6	126.5	115.3	113.3
2010	114.6	105.8	118.0	118.7	114.6	112.1	114.4
2011	113.9	105.9	116.4	117.1	112.6	112.5	113.7

注：本表按不变价格计算。
a) Data in this table are calculated at constant prices.

3-3 生产总值指数
Indices of Gross Domestic Product

(1978年=100) (year of 1978=100)

年 份 Year	生产总值 Gross Domestic Product	第一产业 Primary Industry	第二产业 Secondary Industry	工 业 Industry	建筑业 Construction	第三产业 Tertiary Industry	人 均 生产总值 Per Capita GDP
1979	107.5	109.1	102.7	102.7	102.7	123.7	110.0
1980	115.3	118.9	109.3	109.3	109.3	133.5	107.8
1981	120.5	135.2	105.3	105.1	105.3	144.3	111.6
1982	131.5	144.0	114.3	114.0	114.1	166.4	120.1
1983	141.1	146.2	125.2	124.8	125.1	187.5	127.7
1984	166.2	164.5	150.2	149.8	150.0	228.6	149.3
1985	193.6	163.3	183.1	182.6	183.0	299.5	171.8
1986	210.4	170.8	193.9	193.4	192.2	354.0	185.0
1987	231.4	173.9	214.8	214.3	211.8	412.8	199.4
1988	280.0	183.1	268.5	267.9	256.3	528.0	237.7
1989	289.2	195.0	276.0	278.6	244.5	536.4	241.0
1990	299.0	205.3	281.0	284.7	235.0	560.5	244.1
1991	320.5	219.3	295.6	299.8	245.8	617.7	258.0
1992	347.1	225.9	326.3	333.4	259.8	678.9	275.8
1993	389.1	244.2	375.2	387.1	280.1	757.0	305.6
1994	422.6	236.9	436.7	457.2	293.8	809.2	328.2
1995	466.6	246.4	503.1	532.2	312.0	873.9	358.7
1996	517.5	270.1	567.5	605.6	326.0	951.7	394.2
1997	572.9	269.3	639.0	682.5	363.5	1092.6	432.8
1998	639.4	289.0	727.2	775.3	419.5	1209.5	479.5
1999	705.3	282.4	817.4	865.2	502.1	1375.2	525.5
2000	778.7	293.7	908.1	963.0	548.8	1541.6	575.9
2001	855.0	299.3	1009.8	1076.6	596.0	1714.3	629.5
2002	949.9	309.8	1145.1	1240.2	631.8	1902.9	698.1
2003	1062.0	322.5	1326.0	1448.6	702.6	2089.4	778.4
2004	1199.0	350.2	1547.4	1718.0	756.7	2292.1	876.5
2005	1363.3	377.2	1796.5	1991.2	889.9	2578.6	994.8
2006	1552.8	405.1	2058.8	2279.9	1025.2	2962.8	1131.1
2007	1798.1	425.4	2419.1	2692.6	1168.7	3451.7	1307.6
2008	2093.0	457.7	2866.6	3196.1	1368.5	3997.1	1518.1
2009	2377.6	480.1	3262.2	3566.8	1731.2	4608.7	1720.0
2010	2724.7	507.9	3849.4	4233.8	1984.0	5166.4	1967.7
2011	3103.4	537.9	4480.7	4957.8	2234.0	5812.2	2237.3

注：本表按不变价格计算。
a) Data in this table are calculated at constant prices.

3-4 第三产业增加值
Value-added of the Tertiary Industry

单位：亿元 (100 million yuan)

年 份 Year	第三产业 Tertiary Industry	交通运输、仓储和邮政业 Transport, Storage and Post	批发和零售业 Wholesale and Retail Trades	住宿和餐饮业 Hotels and Catering Services	金融业 Financial Intermediation	房地产业 Real Estate	其 他 Others
1978	14.24	3.15	5.46		1.72	0.99	2.92
1979	17.33	3.83	6.00		2.01	1.21	4.28
1980	18.70	3.91	6.52		2.31	1.22	4.74
1981	20.44	3.65	7.02		2.67	1.37	5.73
1982	24.57	4.69	7.91		4.13	1.47	6.37
1983	28.24	5.48	8.53		4.45	1.62	8.16
1984	35.18	7.79	9.33		4.87	1.72	11.47
1985	45.52	9.95	10.58		5.63	2.28	17.08
1986	56.83	11.57	13.26		6.52	3.15	22.33
1987	68.92	15.60	15.03		7.54	4.11	26.64
1988	93.21	21.17	17.46		8.73	5.99	39.86
1989	108.59	25.45	21.83		10.10	5.86	45.35
1990	131.79	33.79	25.50		11.69	6.78	54.03
1991	153.95	35.36	35.70		13.52	6.81	62.56
1992	182.85	42.32	41.79		15.65	8.22	74.87
1993	232.47	59.59	48.30		18.10	11.30	95.18
1994	302.82	77.31	59.90		20.95	16.87	127.79
1995	377.91	90.60	86.71		24.24	19.06	157.30
1996	450.99	99.56	111.91		28.04	22.56	188.92
1997	540.93	111.71	130.64		32.45	33.62	232.51
1998	583.66	115.32	138.05		37.55	41.36	251.38
1999	656.64	127.03	152.28		43.44	47.18	286.71
2000	763.20	151.75	175.62		50.27	59.42	326.14
2001	868.17	182.96	202.17		58.16	68.11	356.77
2002	963.62	203.15	228.35		67.30	77.68	387.14
2003	1063.89	217.50	256.16		77.87	83.90	428.46
2004	1250.20	267.10	311.00		90.10	95.90	486.10
2005	1546.59	246.48	322.13	88.23	127.58	108.62	653.55
2006	1806.36	291.76	391.68	107.03	152.25	125.20	738.44
2007	2178.20	326.99	449.39	132.66	231.03	153.98	884.15
2008	2699.74	378.63	568.68	165.35	287.16	193.27	1106.65
2009	3143.74	423.24	707.39	175.01	336.21	239.92	1261.97
2010	3688.93	474.60	856.65	218.16	384.75	315.95	1438.82
2011	4355.81	552.54	1036.35	266.92	432.11	398.03	1669.86

注：本表按当年价格计算。
a) Data in this table are calculated at current prices.

3-5 第三产业增加值指数
Indices of Value-added of the Tertiary Industry

(上年＝100) (preceding year=100)

年 份 Year	第三产业 Tertiary Industry	交通运输、仓储和邮政业 Transport, Storage and Post	批发和零售业 Wholesale and Retail Trades	住宿和餐饮业 Hotels and Catering Services	金融业 Financial Intermediation	房地产业 Real Estate	其 他 Others
1978	122.2	122.2	122.2				
1979	123.7	121.6	121.7		121.3	122.2	119.7
1980	107.9	102.1	77.9		156.1	100.8	122.9
1981	108.1	92.3	113.0		114.3	111.5	107.2
1982	115.3	123.3	92.9		152.3	102.2	109.6
1983	112.7	114.6	100.2		106.4	108.6	110.5
1984	121.9	139.0	125.1		106.2	104.0	106.8
1985	131.0	101.0	140.1		108.1	122.3	111.6
1986	118.2	138.1	119.3		109.2	131.3	108.9
1987	116.6	128.8	103.6		106.5	118.3	112.1
1988	127.9	132.3	138.1		97.1	132.6	114.1
1989	101.6	102.9	68.2		97.8	93.2	109.3
1990	104.5	112.2	116.9		114.3	105.2	101.8
1991	110.2	102.5	119.8		109.1	112.4	110.4
1992	109.9	105.9	116.1		105.6	116.3	109.1
1993	111.5	117.2	115.9		103.4	115.6	107.1
1994	106.9	115.2	99.5		97.1	113.4	107.1
1995	108.0	110.4	107.0		105.2	110.3	107.1
1996	108.9	109.5	107.6		106.3	111.2	109.2
1997	114.8	112.5	117.1		110.2	112.6	116.3
1998	110.7	111.2	110.1		115.8	118.1	108.7
1999	113.7	111.6	110.8		116.4	113.9	116.1
2000	112.1	112.5	113.4		114.1	116.6	110.2
2001	111.2	114.9	113.6		113.8	114.2	107.2
2002	111.0	113.9	111.4		115.6	114.0	107.9
2003	109.8	110.6	112.0		113.8	107.1	108.0
2004	109.7	110.4	112.1		110.2	102.0	109.4
2005	112.5	110.5	111.4	116.8	109.9	108.1	114.5
2006	114.9	110.7	116.7	119.7	117.6	112.5	139.9
2007	116.5	111.2	114.4	117.3	119.6	116.9	118.8
2008	115.8	109.3	115.8	111.7	112.5	110.4	120.2
2009	115.3	109.3	122.0	109.0	117.3	120.3	113.8
2010	112.1	108.5	113.5	115.8	110.3	121.3	111.0
2011	112.5	110.2	115.4	113.9	106.1	118.9	111.6

注：本表按不变价计算。

a) Data in this table are calculated at constant prices.

3-6 第三产业增加值指数
Indices of Value-added of the Tertiary Industry

(1978年＝100) (year of 1978=100)

年 份 Year	第三产业 Tertiary Industry	交通运输、仓储和邮政业 Transport, Storage and Post	批发和零售业 Wholesale and Retail Trades	住宿和餐饮业 Hotels and Catering Services	金融业 Financial Intermediation	房地产业 Real Estate	其 他 Others
1978	100.0	100.0	100.0		100.0	100.0	100.0
1979	123.7	121.6	121.7		121.3	122.2	119.7
1980	133.5	124.2	94.8		189.3	123.2	147.1
1981	144.3	114.6	107.1		216.4	137.3	157.7
1982	166.4	141.3	99.5		329.6	140.4	172.8
1983	187.5	161.9	99.7		350.7	152.4	191.0
1984	228.6	225.1	124.8		372.5	158.5	204.0
1985	299.5	227.3	174.8		402.6	193.9	227.6
1986	354.0	313.9	208.5		439.7	254.6	247.9
1987	412.8	404.3	216.0		468.2	301.2	277.9
1988	528.0	535.0	298.3		454.7	399.3	317.1
1989	536.4	550.5	203.5		444.7	372.2	346.6
1990	560.5	617.6	237.8		508.3	391.5	352.8
1991	617.7	633.1	284.9		554.5	440.1	389.5
1992	678.9	670.4	330.8		585.6	511.8	424.9
1993	757.0	785.7	383.4		605.5	591.7	455.1
1994	809.2	905.2	381.5		587.9	670.9	487.4
1995	873.9	999.3	408.2		618.5	740.1	522.0
1996	951.7	1094.2	439.2		657.4	822.9	570.1
1997	1092.6	1231.0	514.3		724.5	926.6	663.0
1998	1209.5	1368.9	566.3		839.0	1094.4	720.7
1999	1375.2	1527.7	627.4		976.6	1246.5	836.7
2000	1541.6	1718.6	711.5		1114.3	1453.4	922.0
2001	1714.3	1974.7	808.2		1268.0	1659.8	988.4
2002	1902.9	2249.2	900.4		1465.8	1892.1	1066.5
2003	2089.4	2487.6	1008.4		1668.1	2026.5	1151.8
2004	2292.1	2746.3	1130.5		1838.3	2067.0	1260.1
2005	2578.6	3034.7	1259.3		2020.3	2234.4	1442.8
2006	2962.8	3359.4	1469.6		2375.8	2513.7	2018.5
2007	3451.7	3735.6	1681.3		2841.5	2938.5	2398.0
2008	3997.1	4083.0	1946.9		3196.7	3244.2	2882.3
2009	4608.7	4462.8	2375.2		3749.7	3902.7	3280.1
2010	5166.4	4842.1	2695.9		4135.9	4734.0	3640.9
2011	5812.2	5336.0	3111.1		4388.2	5628.7	4063.2

注：本表按不变价计算。
a) Data in this table are calculated at constant prices.

3-7 支出法生产总值
Gross Domestic Product by Expenditure Approach

单位：亿元 (100 million yuan)

年份 Year	生产总值 Gross Domestic Product	最终消费支出 Final Consumption Expenditures	居民消费支出 Household Consumption Expenditures	政府消费支出 Government Consumption Expenditures	资本形成总额 Gross Capital Formation	固定资本形成 Gross Fixed Capital Formation	存货增加 Change in Inventories	货物和服务净流出 Net Outflow of Goods and Services
1978	81.07	52.74	48.24	4.50	30.45	23.18	7.27	-2.12
1979	94.52	64.78	58.98	5.80	35.78	26.00	9.78	-6.04
1980	94.91	72.32	65.21	7.11	27.68	26.35	1.33	-5.09
1981	102.09	80.87	72.23	8.64	32.12	27.38	4.74	-10.90
1982	111.95	88.71	78.45	10.26	40.65	33.49	7.16	-17.41
1983	123.39	95.71	84.11	11.60	40.95	39.90	1.05	-13.27
1984	149.35	112.81	98.57	14.24	54.45	46.17	8.28	-17.91
1985	180.87	134.05	115.82	18.23	88.88	63.86	25.02	-42.06
1986	208.31	151.34	127.72	23.62	98.42	72.01	26.41	-41.45
1987	244.96	176.90	145.09	31.81	116.44	89.63	26.81	-48.38
1988	314.48	233.37	192.97	40.40	142.59	102.74	39.85	-61.48
1989	358.37	269.26	202.54	66.72	182.48	106.64	75.84	-93.37
1990	404.30	300.64	220.39	80.25	169.37	120.84	48.53	-65.71
1991	468.37	330.08	238.04	92.04	193.45	140.56	52.89	-55.16
1992	531.63	372.42	270.51	101.91	196.80	165.22	31.58	-37.59
1993	678.20	444.50	324.71	119.79	327.81	247.41	80.40	-94.11
1994	839.03	543.86	389.88	153.98	401.67	300.27	101.40	-106.50
1995	1036.85	627.02	449.07	177.95	483.75	358.75	125.00	-73.92
1996	1215.84	741.73	528.24	213.49	544.64	406.94	137.70	-70.53
1997	1363.60	844.62	598.73	245.89	548.30	464.80	83.50	-29.32
1998	1458.40	920.67	666.39	254.28	645.60	573.50	72.10	-107.87
1999	1592.64	983.93	739.37	244.56	680.80	646.30	34.50	-72.09
2000	1804.00	1042.94	802.54	240.40	856.60	796.20	60.40	-95.54
2001	2010.62	1337.30	1043.40	293.90	980.60	887.20	93.40	-307.28
2002	2253.39	1475.50	1134.30	341.20	1117.40	1016.90	100.50	-339.51
2003	2587.72	1619.30	1228.10	391.20	1317.20	1231.90	85.30	-348.78
2004	3175.58	1827.70	1380.50	447.20	1596.21	1471.31	124.90	-248.33
2005	3933.72	2112.91	1552.81	560.10	2026.38	1936.45	89.93	-205.57
2006	4743.61	2389.24	1752.01	637.23	2569.52	2430.22	139.30	-215.15
2007	5757.29	2842.40	2029.68	812.72	3466.61	3289.10	177.51	-551.72
2008	7314.58	3461.00	2407.29	1053.71	4598.06	4400.56	197.50	-744.48
2009	8169.80	3897.41	2663.20	1234.21	5447.19	5270.28	176.91	-1174.80
2010	10123.48	4640.10	3161.47	1478.63	6834.25	6851.53	-17.28	-1350.87
2011	12512.30	5573.25	3758.99	1814.26	8487.32	8190.19	297.13	-1548.27

注：本表按当年价格计算。

a) Data in this table are calculated at current prices.

3-8 三次产业贡献率

Share of the Contributions of the Three Strata of Industry to the Increase of the GDP

单位：% (%)

年 份 Year	生产总值 Gross Domestic Product	第一产业 Primary Industry	第二产业 Secondary Industry	# 工 业 Industry	第三产业 Tertiary Industry
2000	100.0	5.9	54.5	49.7	39.6
2001	100.0	2.8	49.1	41.7	48.1
2002	100.0	4.2	53.4	48.8	42.4
2003	100.0	4.3	60.1	52.5	35.6
2004	100.0	7.7	60.4	55.7	31.9
2005	100.0	6.5	56.7	46.9	36.8
2006	100.0	9.1	51.8	44.4	39.1
2007	100.0	3.3	55.2	48.4	41.5
2008	100.0	4.4	57.0	49.1	38.6
2009	100.0	3.1	52.1	37.2	44.8
2010	100.0	3.2	63.4	54.9	33.4
2011	100.0	4.1	63.2	55.2	32.7

注：三次产业贡献率指各产业增加值增量与GDP增量之比。

a) Share of the contributions of the three strata of industry to the increase of the GDP refers to the proportion of the increment of the value-added of each industry to the increment of GDP.

3-9 三次产业拉动率

Contribution of the Three Strata of Industry to GDP Growth

单位：% (%)

年 份 Year	生产总值 Gross Domestic Product	第一产业 Primary Industry	第二产业 Secondary Industry	# 工 业 Industry	第三产业 Tertiary Industry
2000	10.4	0.6	5.7	5.2	4.1
2001	9.8	0.3	4.8	4.1	4.7
2002	11.1	0.5	5.9	5.4	4.7
2003	11.8	0.5	7.1	6.2	4.2
2004	12.9	1.0	7.8	7.2	4.1
2005	13.7	0.9	7.8	6.4	5.0
2006	13.9	1.3	7.2	6.2	5.4
2007	15.8	0.5	8.7	7.6	6.6
2008	16.4	0.7	9.4	8.1	6.3
2009	13.6	0.4	7.1	5.1	6.1
2010	14.6	0.5	9.2	8.0	4.9
2011	13.9	0.6	8.8	7.7	4.5

注：三次产业拉动率指GDP增长速度与各产业贡献率之乘积。

a) Contribution of the three strata of industry to GDP growth refers to the growth rate of GDP multiplied by the contribution share of every industry.

3-10 分行业增加值
Value-added by Sector

行业	Sector	增加值(亿元) Value Added (100 million yuan) 2010	2011	构成(%) Composition (%) 2010	2011	2011年比2010年增长% Growth Rate in 2011 over 2010(%)
总计	**Total**	**10123.48**	**12512.30**	**100.0**	**100.0**	**13.9**
第一产业(农业)	**Primary Industry(Farming)**	**988.45**	**1220.90**	**9.8**	**9.8**	**5.9**
第二产业	**Secondary Industry**	**5446.10**	**6935.59**	**53.8**	**55.4**	**16.4**
工业	Industry	4558.97	5857.92	45.0	46.8	17.1
建筑业	Construction	887.13	1077.67	8.8	8.6	12.6
第三产业	**Tertiary Industry**	**3688.93**	**4355.81**	**36.4**	**34.8**	**12.5**
交通运输、仓储和邮政业	Traffic, Transport, Storage and Post	474.60	552.54	4.7	4.4	10.2
批发和零售业	Wholesale and Retail Trades	856.65	1036.35	8.5	8.3	15.4
住宿和餐饮业	Hotels and Catering Services	218.16	266.92	2.2	2.1	13.9
金融业	Financial Intermediation	384.75	432.11	3.8	3.5	6.1
房地产业	Real Estate	315.95	398.03	3.1	3.2	18.9
营利性服务业	Profit Services	405.40	458.54	4.0	3.7	11.7
非营利性服务业	Non-profit Services	1033.42	1211.32	10.1	9.6	11.6

注：本表增加值及构成按当年价格计算,增长速度按不变价格计算。
a) Value added and Compositionin in this table are calculated at current prices.The growth rates are calculated at constant prices.

3-11 非公有制经济增加值
Value-added of Non-public Economy

年份 Year	非公有制经济增加值(亿元) Value-added of Non-public Economy (100 million yuan)	第一产业 Primary Industry	第二产业 Secondary Industry	第三产业 Tertiary Industry	非公有制经济增加值占生产总值比重(%) Value-added of Non-public Economy as Percentage of GDP(%)	第一产业 Primary Industry	第二产业 Secondary Industry	第三产业 Tertiary Industry
2005	1651.14	129.53	728.34	793.27	43.3	29.7	37.6	54.4
2006	2059.16	144.64	991.70	922.82	44.4	29.8	40.9	53.1
2007	2599.06	177.49	1313.63	1107.94	45.6	30.0	44.3	51.6
2008	3462.21	245.79	1817.01	1399.41	47.3	32.6	47.1	51.8
2009	3971.78	248.74	1998.65	1724.39	48.6	31.5	47.2	54.9
2010	5011.39	294.56	2583.52	2133.31	49.5	29.8	47.4	57.8
2011	6318.20	359.80	3355.98	2602.43	50.5	29.5	48.4	59.8

注：本表按当年价格计算。
a) Data in this table are calculated at current prices.

3-12 居民消费水平
Household Consumption Expenditure

年 份 Year	绝对数(元) Level (yuan)			城乡消费水平对比(农村居民=1) Urban/Rural Consumption Ratio (Rural Household=1)	指数（上年=100) Index (Preceding Year=100)			指数(1978=100) Index (1978=100)		
	全省居民 All Households	农村居民 Rural Household	城镇居民 Urban Household		全省居民 All Households	农村居民 Rural Household	城镇居民 Urban Household	全省居民 All Households	农村居民 Rural Household	城镇居民 Urban Household
1978	173	131	409	3.1	106.7	105.8	107.6	100.0	100.0	100.0
1980	230	178	498	2.8	106.5	102.9	110.6	106.5	102.9	110.6
1985	386	300	784	2.6	108.2	103.2	116.5	115.2	106.2	128.8
1990	677	476	1525	3.2	104.0	104.8	102.5	119.8	111.3	132.1
1991	713	488	1682	3.4	98.7	97.1	102.4	118.3	108.1	135.2
1992	799	522	1960	3.8	104.5	104.5	102.5	123.6	112.9	138.6
1993	948	625	2274	3.6	112.8	112.4	111.9	139.4	126.9	155.1
1994	1126	729	2718	3.7	106.1	104.1	107.0	147.9	132.1	166.0
1995	1284	855	2941	3.4	101.7	100.5	101.0	150.4	132.8	167.6
1996	1497	963	3508	3.6	107.8	106.5	107.5	162.2	141.4	180.2
1997	1683	1076	3901	3.6	110.2	111.4	107.0	178.7	157.5	192.8
1998	1860	1114	4535	4.1	102.5	102.8	101.3	183.2	162.0	195.3
1999	2050	1223	4948	4.0	113.8	114.0	112.1	208.5	184.6	219.0
2000	2210	1271	5390	4.2	106.6	106.6	104.8	222.2	196.8	229.5
2001	2857	1385	5854	4.2	107.3	106.0	106.6	238.5	208.6	244.6
2002	3093	1434	6297	4.4	106.9	102.4	106.1	254.9	213.6	259.5
2003	3335	1473	6781	4.6	107.6	102.4	107.5	274.3	218.8	279.0
2004	3733	1703	7352	4.3	108.1	111.7	104.8	296.5	244.4	292.4
2005	4182	1987	7954	4.0	106.8	111.3	103.2	316.7	272.0	301.8
2006	4742	2254	8771	3.9	111.1	110.5	109.3	351.8	300.5	329.8
2007	5480	2549	9901	3.9	110.6	108.3	108.1	389.1	325.5	356.5
2008	6483	3080	11310	3.7	109.9	110.8	106.6	427.6	360.6	380.1
2009	7154	3356	12232	3.6	109.7	109.0	107.2	469.1	393.1	407.4
2010	8474	3917	14134	3.6	111.7	110.0	108.9	524.0	432.4	443.7
2011	10053	4697	16213	3.5	112.3	113.7	108.5	588.4	491.6	481.4

注：1.本表绝对数按当年价格计算，指数按不变价格计算。
2.居民消费水平指按常住人口平均计算的居民消费支出。

a)Level in this table are calculated at current prices, while indices are calculated at constant prices.

b)Household consumption level refers to per capita household consumption on the basis of usual residents. The same applies to the table following.

3-13 各市(区)生产总值

Gross Domestic Product by City(District)

地 区 年 份 Region Year	生产总值 (亿元) Gross Domestic Product (100 million yuan)	第一产业 Primary Industry	第二产业 Secondary Industry	工 业 Industry	建筑业 Construction	第三产业 Tertiary Industry	人均生产总值 (元) Per Capita GDP (yuan)
西安市							
Xi'an							
2000	646.13	44.65	277.13	218.44	58.69	324.35	9484
2001	734.86	45.87	312.90	246.90	66.00	376.09	10628
2002	826.68	47.77	353.58	280.20	73.38	425.33	11831
2003	946.66	50.72	407.38	324.88	82.50	488.56	13341
2004	1102.39	60.21	476.92	383.46	93.46	565.26	15294
2005	1313.93	66.01	540.50	420.00	120.50	707.42	16406
2006	1538.94	70.44	645.65	494.22	151.43	822.85	18890
2007	1856.63	82.51	781.94	594.95	186.99	992.18	22463
2008	2318.14	103.45	981.58	721.40	260.18	1233.11	27794
2009	2724.08	110.38	1144.75	816.92	327.83	1468.95	32411
2010	3241.69	140.06	1406.72	1003.57	403.15	1694.91	38343
2011	3862.58	173.14	1674.31	1189.61	484.70	2015.13	45475
铜川市							
Tongchuan							
2000	34.55	4.02	15.53	12.96	2.57	15.00	4171
2001	37.08	3.85	16.42	13.86	2.56	16.81	4448
2002	40.90	4.12	18.50	15.58	2.92	18.28	4889
2003	48.69	4.10	23.26	19.89	3.37	21.33	5804
2004	59.49	5.02	30.56	26.54	4.02	23.91	7069
2005	71.84	5.87	38.67	33.66	5.01	27.30	8582
2006	86.41	6.33	49.08	43.29	5.79	31.00	10993
2007	102.81	7.84	58.81	51.99	6.82	36.16	12331
2008	129.87	9.68	77.94	68.91	9.03	42.25	15508
2009	154.40	10.81	93.73	82.94	10.79	49.86	18375
2010	187.73	14.18	116.50	103.99	12.51	57.05	22509
2011	232.63	17.41	147.41	131.91	15.50	67.81	27806

注：1.本表按当年价格计算。
2.人均生产总值2005年及以后按常住人口计算，2004年以前按户籍人口计算。

a) Data in this table are calculated at current prices.

b) Per Capita GDP are calculated at usual residents since 2005，while were were taken from the statistics of household registration before 2004.

3-13 续表 1 continued

地 区 年 份 Region Year	生产总值 (亿元) Gross Domestic Product (100 million yuan)	第一产业 Primary Industry	第二产业 Secondary Industry	工 业 Industry	建筑业 Construction	第三产业 Tertiary Industry	人 均 生产总值 (元) Per Capita GDP (yuan)
宝鸡市							
Baoji							
2000	195.34	25.18	98.32	78.89	19.43	71.84	5425
2001	221.88	25.59	114.88	91.60	23.28	81.41	6097
2002	250.37	27.07	132.18	105.22	26.96	91.12	6863
2003	287.35	30.66	154.30	121.56	32.74	102.39	7847
2004	353.24	40.06	196.67	157.47	39.20	116.51	9594
2005	414.52	44.30	240.13	194.72	45.41	130.09	11103
2006	490.31	49.70	293.45	240.15	53.30	147.16	13082
2007	578.78	60.86	345.91	281.43	64.48	172.01	15402
2008	714.07	78.30	434.70	351.59	83.11	201.07	19071
2009	806.54	85.182	491.08	391.92	99.16	230.28	21525
2010	976.09	104.20	614.42	497.40	117.02	257.47	26274
2011	1175.75	128.56	749.25	610.32	138.93	297.94	31579
咸阳市							
Xianyang							
2000	234.46	52.45	102.33	86.10	16.23	79.68	4980
2001	257.08	53.62	109.26	90.61	18.65	94.20	5402
2002	281.89	55.36	122.17	100.93	21.24	104.36	5879
2003	316.77	60.43	140.82	116.39	24.44	115.52	6564
2004	374.77	74.82	169.77	140.15	29.62	130.18	7698
2005	432.49	89.10	191.99	157.31	34.68	151.40	8683
2006	483.87	98.34	220.41	179.68	40.73	165.12	9721
2007	588.48	120.39	271.39	223.25	48.14	196.70	11804
2008	764.55	148.97	382.65	321.50	61.15	232.93	15285
2009	873.20	157.41	434.02	356.42	77.60	281.77	17434
2010	1098.68	203.29	573.27	480.70	92.57	322.12	22469
2011	1361.32	252.46	740.40	624.28	116.12	368.46	27751
渭南市							
Weinan							
2000	165.47	37.43	60.42	51.82	8.60	67.62	3149
2001	181.44	39.45	64.56	55.80	8.76	77.43	3424
2002	201.53	41.55	73.93	62.61	11.32	86.05	3790
2003	230.39	44.34	91.08	77.45	13.63	94.97	4320
2004	280.71	52.96	119.81	104.40	15.41	107.94	5267
2005	330.17	58.66	148.71	131.28	17.43	122.80	6052
2006	377.40	63.13	171.83	151.31	20.52	142.44	6907
2007	456.95	80.19	206.06	181.10	24.96	170.70	8402
2008	563.09	96.26	256.22	222.49	33.73	210.61	10378
2009	636.96	100.55	294.44	248.78	45.66	241.97	11728
2010	801.42	128.94	394.55	339.71	54.84	277.93	15149
2011	1028.97	160.47	545.19	476.64	68.55	323.31	19424

3-13 续表 2 continued

地 区 年 份 Region Year	生产总值 (亿元) Gross Domestic Product (100 million yuan)	第一产业 Primary Industry	第二产业 Secondary Industry	工 业 Industry	建筑业 Construction	第三产业 Tertiary Industry	人 均 生产总值 (元) Per Capita GDP (yuan)
延安市 **Yan'an**							
2000	130.63	19.13	78.69	74.65	4.04	32.81	6690
2001	158.33	22.68	98.38	93.30	5.08	37.27	8021
2002	179.71	24.94	113.35	107.50	5.85	41.42	9010
2003	218.33	23.03	151.00	143.37	7.63	44.30	10746
2004	275.36	25.86	188.99	180.55	8.44	60.51	13289
2005	394.65	29.47	286.90	277.60	9.30	78.28	18815
2006	541.86	34.52	415.77	404.15	11.62	91.57	25567
2007	647.46	41.32	498.40	484.02	14.38	107.74	30432
2008	760.84	52.15	578.20	562.11	16.09	130.49	35555
2009	728.26	55.07	515.89	497.21	18.68	157.30	33898
2010	885.42	71.19	635.49	614.45	21.04	178.74	40621
2011	1113.35	86.69	815.45	789.45	26.00	211.21	50807
汉中市 **Hanzhong**							
2000	119.23	31.41	38.41	26.77	11.64	49.41	3250
2001	129.32	31.55	42.28	28.79	13.49	55.49	3503
2002	141.31	32.91	47.45	32.48	14.97	60.95	3819
2003	163.44	36.79	56.57	39.02	17.55	70.08	4402
2004	192.94	43.01	75.49	56.45	19.04	74.44	5172
2005	217.72	48.07	85.38	64.72	20.66	84.27	6255
2006	249.83	55.64	99.01	75.67	23.34	95.18	7158
2007	299.71	66.77	115.39	87.82	27.57	117.55	8562
2008	366.19	87.64	135.03	99.22	35.81	143.52	10435
2009	415.64	91.71	152.48	108.58	43.90	171.45	11819
2010	509.70	110.39	199.50	146.32	53.18	199.81	14907
2011	647.48	142.29	267.58	203.17	64.41	237.61	18952
榆林市 **Yulin**							
2000	105.05	13.98	46.60	40.25	6.35	44.47	3264
2001	129.31	13.03	62.10	56.45	5.65	54.18	3942
2002	162.83	17.68	83.37	77.67	5.70	61.78	4953
2003	204.76	19.31	113.30	106.73	6.57	72.15	6176
2004	278.53	26.24	171.05	164.00	7.05	81.24	8310
2005	447.63	28.34	260.06	249.71	10.35	159.23	13602
2006	592.34	35.33	358.05	345.87	12.18	198.96	17943
2007	795.98	47.47	503.92	489.77	14.15	244.59	24007
2008	1172.76	66.11	796.10	777.58	18.52	310.55	35177
2009	1302.31	70.09	860.78	837.34	23.44	371.44	38950
2010	1756.67	92.16	1205.77	1178.34	27.43	458.74	52436
2011	2292.25	111.91	1629.66	1597.96	31.70	550.68	68358

3-13 续表 3 continued

地 区 年 份 Region Year	生产总值 (亿元) Gross Domestic Product (100 million yuan)	第一产业 Primary Industry	第二产业 Secondary Industry	工 业 Industry	建筑业 Construction	第三产业 Tertiary Industry	人 均 生产总值 (元) Per Capita GDP (yuan)
安康市 Ankang							
2000	74.80	22.76	20.29	12.41	7.88	31.75	2561
2001	80.74	23.50	21.33	12.72	8.61	35.91	2758
2002	91.08	24.59	24.42	14.97	9.45	42.07	3107
2003	105.03	26.61	28.72	18.25	10.47	49.70	3577
2004	121.97	31.50	35.18	23.14	12.04	55.29	4141
2005	143.76	36.71	42.83	28.23	14.60	64.22	5413
2006	163.57	42.44	49.05	32.26	16.79	72.08	6175
2007	191.37	48.69	60.71	40.03	20.68	81.97	7218
2008	241.24	63.79	79.42	50.40	29.02	98.03	9087
2009	274.95	65.59	96.83	60.36	36.47	112.53	10341
2010	327.06	67.07	130.95	86.15	44.80	129.04	12428
2011	407.17	72.01	183.13	127.13	56.00	152.03	15477
商洛市 Shangluo							
2000	56.35	16.66	20.08	8.22	11.86	19.61	2382
2001	59.52	17.29	17.88	6.94	10.94	24.35	2529
2002	67.10	17.29	21.74	9.36	12.39	28.07	2842
2003	92.43	18.71	32.43	15.13	17.30	41.29	3902
2004	105.03	22.92	35.47	17.15	18.32	46.64	4393
2005	114.43	25.43	37.25	17.87	19.38	51.75	4800
2006	137.77	28.31	46.64	20.98	25.66	62.82	5787
2007	160.40	33.87	55.19	26.69	28.50	71.34	6737
2008	197.45	44.57	71.18	35.58	35.60	81.70	8272
2009	224.47	46.65	83.75	40.09	43.66	94.07	9383
2010	285.90	58.05	117.82	64.49	53.33	110.03	12194
2011	362.95	70.61	163.03	96.38	66.65	129.31	15513
杨凌示范区 Yangling							
2000	6.20	0.83	2.06	0.61	1.45	3.31	4941
2001	7.71	0.89	2.63	1.03	1.59	4.19	5887
2002	9.29	0.94	3.47	1.34	2.13	4.88	6796
2003	12.33	1.06	5.23	3.47	1.76	6.04	8805
2004	15.39	1.31	7.19	5.36	1.83	6.89	10125
2005	17.36	1.42	8.05	5.75	2.30	7.89	11193
2006	20.75	1.83	9.46	7.00	2.46	9.46	13233
2007	26.66	2.21	12.73	9.53	3.20	11.72	16642
2008	33.67	2.78	16.51	12.20	4.31	14.38	20952
2009	40.68	3.01	20.61	14.66	5.95	17.06	20392
2010	47.29	3.75	23.50	16.24	7.26	20.04	23524
2011	60.85	5.31	31.54	22.44	9.10	24.00	30199

3-14 各市(区)生产总值指数

Indices of Gross Domestic Product by City(District)

(上年=100) (preceding year=100)

地 区 年 份 Region Year	生产总值 Gross Domestic Product	第一产业 Primary Industry	第二产业 Secondary Industry	工业 Industry	建筑业 Construction	第三产业 Tertiary Industry	人均生产总值 Per Capita GDP
西安市							
Xi'an							
2000	113.0	103.5	115.1	113.8	120.1	111.5	111.4
2001	113.1	102.5	115.3	116.3	111.8	112.6	111.4
2002	113.3	103.1	115.0	116.4	109.3	113.0	112.1
2003	113.5	101.8	117.5	115.7	125.0	111.2	111.7
2004	113.5	106.7	115.9	115.5	117.3	112.0	111.7
2005	114.0	107.5	112.3	110.3	120.0	116.3	112.2
2006	114.0	107.1	113.7	112.3	118.7	114.9	112.9
2007	115.6	104.5	115.7	114.9	118.4	116.4	113.9
2008	116.3	107.6	116.4	115.7	118.9	116.9	115.3
2009	114.5	106.3	114.0	111.7	121.2	115.5	113.7
2010	114.5	106.9	118.0	118.1	117.6	112.5	113.8
2011	113.8	106.7	114.9	116.2	111.7	113.4	113.2
铜川市							
Tongchuan							
2000	108.3	108.1	108.5	108.8	107.3	108.1	107.7
2001	107.2	98.5	105.8	107.8	99.2	110.9	106.5
2002	110.0	104.8	111.8	111.0	114.6	109.5	109.6
2003	111.5	105.8	113.2	113.5	112.3	111.3	111.2
2004	112.4	116.1	113.9	113.8	114.3	110.3	112.0
2005	112.7	106.9	113.2	112.5	117.5	113.2	113.3
2006	115.0	108.0	119.5	120.4	113.6	110.2	115.8
2007	115.3	104.9	118.5	119.9	108.6	112.7	115.0
2008	117.1	107.8	119.9	121.1	110.8	114.3	116.6
2009	115.2	106.3	114.0	113.1	122.6	118.9	114.9
2010	115.6	107.7	118.1	119.0	111.2	112.8	115.3
2011	116.0	107.3	118.0	118.2	115.7	114.2	115.7

注：本表按不变价格计算。

a) Data in this table are calculated at constant prices.

3-14 续表 1 continued

(上年=100) (preceding year=100)

地 区 年 份 Region Year	生产总值 Gross Domestic Product	第一产业 Primary Industry	第二产业 Secondary Industry	工业 Industry	建筑业 Construction	第三产业 Tertiary Industry	人 均 生产总值 Per Capita GDP
宝鸡市							
Baoji							
2000	110.5	100.6	112.4	112.2	114.1	111.1	109.1
2001	109.7	101.9	110.2	109.4	113.6	111.3	107.0
2002	110.5	103.8	113.0	112.9	113.5	109.0	110.2
2003	112.9	107.2	116.3	115.6	119.3	109.7	112.5
2004	115.1	112.0	119.2	120.6	113.8	109.7	114.4
2005	113.0	110.2	116.1	117.2	111.5	108.9	113.1
2006	113.1	108.0	116.4	117.2	113.0	108.8	112.7
2007	114.8	104.4	117.9	118.7	114.2	112.2	114.5
2008	115.5	107.4	118.3	119.2	114.1	112.3	115.9
2009	115.0	106.2	116.7	116.0	119.8	113.9	115.4
2010	114.4	106.9	117.5	118.6	112.7	109.4	114.0
2011	114.5	106.1	117.5	119.0	110.9	111.0	114.3
咸阳市							
Xianyang							
2000	111.7	106.5	111.3	110.6	117.6	115.4	107.8
2001	109.0	104.3	105.7	104.8	110.7	116.2	107.8
2002	112.0	102.5	117.9	119.2	111.7	110.6	111.3
2003	113.2	107.6	117.5	117.9	115.0	110.8	112.0
2004	114.9	110.6	119.3	119.5	118.1	111.2	113.5
2005	112.6	108.1	114.1	114.3	113.1	113.2	110.1
2006	111.5	107.1	114.7	114.6	115.1	110.1	111.6
2007	112.3	104.5	115.5	115.6	115.0	112.4	112.1
2008	116.0	107.5	119.3	121.3	110.2	116.1	115.6
2009	114.2	106.3	115.1	112.1	129.9	117.0	114.1
2010	114.5	107.8	118.7	119.9	113.7	111.7	114.3
2011	114.2	107.2	119.6	120.2	116.4	109.1	113.9
渭南市							
Weinan							
2000	108.2	104.3	107.5	107.6	105.9	112.0	107.2
2001	108.3	104.4	107.2	107.5	105.0	111.4	107.4
2002	110.4	104.1	113.9	113.1	118.6	110.7	110.0
2003	109.5	101.5	116.4	117.1	112.0	107.3	109.2
2004	112.6	106.3	119.1	121.4	105.2	109.2	112.2
2005	112.4	105.5	117.7	119.1	107.1	110.6	111.2
2006	112.9	107.3	114.8	115.0	113.2	113.3	112.7
2007	114.2	104.9	115.5	115.6	115.1	116.8	114.7
2008	116.3	107.6	117.3	117.1	119.3	118.7	116.6
2009	114.3	106.5	116.3	113.7	136.3	114.7	114.2
2010	115.0	107.3	120.7	121.8	114.2	110.6	115.1
2011	115.0	107.0	120.6	121.3	116.4	110.9	114.9

3-14 续表 2 continued

(上年=100) (preceding year=100)

地 区 年 份 Region Year	生产总值 Gross Domestic Product	第一产业 Primary Industry	第二产业 Secondary Industry	工业 Industry	建筑业 Construction	第三产业 Tertiary Industry	人 均 生产总值 Per Capita GDP
延安市 Yan'an							
2000	109.8	103.1	114.9	115.4	109.0	109.5	108.7
2001	112.4	101.0	116.4	116.2	121.0	109.5	111.2
2002	112.3	104.0	114.9	115.1	111.2	109.9	111.2
2003	115.5	102.0	121.5	121.1	127.9	106.6	113.3
2004	119.8	105.7	126.0	127.4	101.9	107.7	117.5
2005	116.2	110.2	118.8	119.6	101.8	110.0	114.8
2006	116.5	110.6	118.3	118.4	113.2	112.2	115.3
2007	115.1	104.5	115.4	115.5	112.2	117.6	114.6
2008	116.3	107.1	117.0	117.2	108.8	116.6	115.6
2009	112.2	106.3	110.5	110.4	116.7	120.2	111.7
2010	113.6	107.0	114.8	115.0	107.2	111.0	112.7
2011	111.0	107.4	110.9	110.8	115.2	112.8	110.4
汉中市 Hanzhong							
2000	108.2	103.8	109.3	106.0	113.8	110.2	107.5
2001	106.6	102.5	108.0	107.6	110.4	109.0	105.9
2002	107.2	101.7	108.7	109.5	107.0	109.2	107.0
2003	109.1	105.9	111.8	113.3	108.4	108.4	108.7
2004	110.9	109.1	115.9	123.0	99.8	107.8	110.4
2005	111.9	109.2	112.0	114.1	105.4	113.0	111.2
2006	112.1	108.1	115.6	118.1	108.0	110.8	111.8
2007	113.9	106.0	114.9	116.3	110.0	117.3	113.6
2008	113.8	107.9	113.8	113.8	113.7	116.8	113.5
2009	114.5	106.4	113.6	111.0	123.0	119.3	114.3
2010	115.1	106.6	119.6	120.6	116.0	114.3	115.2
2011	115.5	106.6	122.2	125.5	113.4	113.7	115.6
榆林市 Yulin							
2000	114.3	128.0	113.3	113.8	108.1	109.1	112.5
2001	114.2	92.4	116.3	120.8	87.6	118.9	112.4
2002	112.7	115.9	116.2	117.9	101.1	108.3	112.1
2003	117.5	120.3	121.9	122.6	114.8	112.0	116.6
2004	117.9	104.2	125.3	126.8	107.9	112.9	116.6
2005	120.0	103.1	124.7	124.9	120.2	115.8	119.4
2006	119.3	108.7	122.6	123.1	110.0	115.9	119.0
2007	121.4	106.4	124.3	124.9	108.2	118.9	120.9
2008	125.3	108.3	125.7	125.9	119.4	127.1	124.6
2009	113.3	106.6	111.6	111.2	125.8	117.2	113.0
2010	118.3	107.8	119.1	119.4	109.7	118.2	118.3
2011	115.0	106.0	116.3	116.5	106.2	113.5	114.9

3-14 续表 3 continued

(上年=100) (preceding year=100)

地区 年份 Region Year	生产总值 Gross Domestic Product	第一产业 Primary Industry	第二产业 Secondary Industry	工业 Industry	建筑业 Construction	第三产业 Tertiary Industry	人均生产总值 Per Capita GDP
安康市							
Ankang							
2000	105.8	106.0	102.8	101.4	110.0	108.9	105.6
2001	106.4	104.6	102.9	102.0	104.4	109.9	106.1
2002	108.6	101.3	110.9	114.9	104.9	112.1	108.5
2003	108.6	98.8	113.1	117.9	104.9	112.1	108.4
2004	109.2	109.2	113.2	116.8	106.4	106.7	108.9
2005	109.8	110.4	109.1	108.0	111.3	109.9	109.6
2006	110.4	108.0	112.5	111.1	115.1	110.4	110.7
2007	112.8	106.3	116.5	118.0	113.6	113.9	112.7
2008	115.4	107.7	121.6	119.4	125.8	115.2	115.3
2009	115.0	106.2	120.2	116.4	127.2	115.5	114.8
2010	115.0	106.4	121.5	123.3	118.6	113.9	115.0
2011	115.5	106.5	122.9	126.0	116.8	112.6	115.5
商洛市							
Shangluo							
2000	111.2	104.5	118.5	115.0	121.0	110.8	110.9
2001	110.5	102.3	114.6	108.9	118.6	113.3	110.4
2002	111.0	104.0	113.6	126.1	105.7	113.6	110.6
2003	109.8	105.4	114.0	115.4	112.9	108.5	109.4
2004	109.4	107.7	108.0	110.2	106.2	111.4	109.2
2005	109.9	107.7	110.4	110.3	110.5	110.6	109.6
2006	110.8	106.5	111.2	112.7	109.8	112.6	110.5
2007	112.8	106.3	114.6	116.3	113.0	114.5	112.5
2008	115.8	107.2	119.9	118.7	121.0	116.6	115.5
2009	114.1	106.4	115.8	107.6	123.6	115.8	113.8
2010	114.9	106.5	119.5	122.6	116.9	114.7	115.3
2011	115.1	106.5	121.2	124.4	117.4	113.1	115.3
杨凌示范区							
Yangling							
2000	117.7	105.3	110.9	135.8	99.9	125.0	113.4
2001	123.8	105.9	127.3	166.4	110.8	126.2	118.5
2002	117.5	104.2	127.8	128.9	127.0	113.8	112.6
2003	121.0	106.7	131.8	211.0	80.7	116.1	118.1
2004	116.7	115.5	127.0	143.9	98.6	108.6	115.9
2005	115.1	114.2	117.6	116.3	120.9	112.9	112.8
2006	113.4	114.8	108.2	110.3	103.0	118.4	112.1
2007	119.4	106.7	117.9	115.9	123.2	122.9	116.8
2008	117.2	106.9	115.4	114.0	118.8	120.3	116.5
2009	115.0	106.7	118.0	109.1	139.3	113.5	92.6
2010	115.5	108.0	119.1	121.6	115.9	114.0	114.6
2011	116.5	108.1	120.4	122.3	116.2	113.6	116.3

3-15 各市(区)非公有制经济增加值

Value-added of Non-public Economy by City(District)

地 区	Region	非公有制经济增加值(亿元) Value-added of Non-public Economy (100 million yuan)						
		2005	2006	2007	2008	2009	2010	2011
全 省	**Shaanxi**	**1651.14**	**2059.16**	**2599.06**	**3462.21**	**3971.78**	**5011.39**	**6318.20**
西安市	Xi'an	568.45	684.66	854.26	1103.95	1327.49	1611.28	1952.78
铜川市	Tongchuan	30.27	33.77	39.40	48.60	63.40	82.13	107.48
宝鸡市	Baoji	183.72	218.68	262.90	332.43	384.28	471.30	578.48
咸阳市	Xianyang	191.52	219.17	268.14	360.98	419.87	532.92	668.87
渭南市	Weinan	127.68	150.27	182.89	235.24	279.58	350.19	459.62
延安市	Yan'an	55.91	65.28	74.56	104.61	118.71	151.47	201.55
汉中市	Hanzhong	91.83	111.62	140.86	175.89	203.14	252.35	327.03
榆林市	Yulin	134.13	172.52	204.28	390.18	467.57	632.37	828.49
安康市	Ankang	60.58	72.06	85.58	110.62	128.81	156.53	198.52
商洛市	Shangluo	44.28	62.00	75.15	93.05	107.56	138.93	180.09
杨凌示范区	Yangling	7.61	9.33	12.20	16.01	18.72	23.05	29.68

3-15 续表 continued

地 区	Region	非公有制经济增加值占生产总值比重(%) Value-added of Non-public Economy as Percentage of GDP(%)						
		2005	2006	2007	2008	2009	2010	2011
全 省	**Shaanxi**	**43.3**	**44.4**	**45.6**	**47.3**	**48.6**	**49.5**	**50.5**
西安市	Xi'an	43.3	44.5	46.0	47.6	48.7	49.7	50.6
铜川市	Tongchuan	42.1	39.1	38.3	37.4	41.1	43.8	46.2
宝鸡市	Baoji	44.3	44.6	45.4	46.6	47.6	48.3	49.2
咸阳市	Xianyang	44.6	45.8	46.0	47.4	48.1	48.5	49.1
渭南市	Weinan	38.7	39.8	40.0	41.8	42.7	43.7	44.7
延安市	Yan'an	14.2	12.1	11.5	13.8	16.3	17.1	18.1
汉中市	Hanzhong	42.2	44.7	47.0	48.0	48.8	49.5	50.5
榆林市	Yulin	30.0	29.1	25.7	33.3	35.9	36.0	36.1
安康市	Ankang	42.1	44.1	44.7	45.9	46.9	47.9	48.8
商洛市	Shangluo	44.2	45.0	46.9	47.1	47.8	48.6	49.6
杨凌示范区	Yangling	43.6	45.0	46.4	47.6	48.3	48.7	48.8

3-16 各县(市、区)生产总值(2011年)

Gross Domestic Product by County (City and District)(2011)

地 区	Region	生产总值(亿元) Gross Domestic Product (100 million yuan)	生产总值比上年增长(%) Growth Rate of GDP over Preceding Year(%)
西安市	**Xi'an**		
新城区	Xincheng	379.89	13.0
碑林区	Beilin	436.71	15.5
莲湖区	Lianhu	437.18	13.4
灞桥区	Baqiao	207.07	16.3
未央区	Weiyang	471.55	13.6
雁塔区	Yanta	731.29	14.0
阎良区	Yanliang	119.77	13.8
临潼区	Lintong	184.75	13.6
长安区	Chang'an	324.92	14.0
蓝田县	Lantian	81.94	10.5
周至县	Zhouzhi	66.27	11.1
户 县	Huxian	129.13	11.0
高陵县	Gaoling	188.30	20.0
铜川市	**Tongchuan**		
王益区	Wangyi	53.69	16.4
印台区	Yintai	58.34	16.2
耀州区	Yaozhou	105.06	16.5
宜君县	Yijun	17.42	16.0
宝鸡市	**Baoji**		
渭滨区	Weibin	343.81	16.8
金台区	Jintai	204.60	15.7
陈仓区	Chencang	134.91	14.5
凤翔县	Fengxiang	120.84	14.5
岐山县	Qishan	113.57	14.5
扶风县	Fufeng	69.37	14.1
眉 县	Meixian	62.35	14.8
陇 县	Longxian	36.71	14.3
千阳县	Qianyang	20.80	18.6
麟游县	Linyou	19.25	21.0
凤 县	Fengxian	91.15	19.1
太白县	Taibai	11.35	14.0
咸阳市	**Xianyang**		
秦都区	Qindu	279.17	14.8
渭城区	Weicheng	228.01	14.7
三原县	Sanyuan	103.40	14.5
泾阳县	Jingyang	101.52	12.5
乾 县	Qianxian	92.98	14.5
礼泉县	Liquan	93.24	14.5
永寿县	Yongshou	28.02	13.0
彬 县	Binxian	106.10	23.3
长武县	Changwu	34.98	19.1
旬邑县	Xunyi	68.36	18.4
淳化县	Chunhua	36.80	12.2
武功县	Wugong	63.60	13.0
兴平市	Xingping	125.00	14.6
渭南市	**Weinan**		
临渭区	Linwei	220.26	17.6
华 县	Huaxian	92.13	14.3
潼关县	Tongguan	26.80	16.2
大荔县	Dali	81.23	14.5
合阳县	Heyang	50.69	14.2
澄城县	Chengcheng	65.49	15.8
蒲城县	Pucheng	111.08	16.2
白水县	Baishui	47.69	14.0
富平县	Fuping	80.01	15.1
韩城市	Hancheng	197.28	20.6
华阴市	Huayin	58.31	15.0

3-16 续表 continued

地 区	Region	生产总值(亿元) Gross Domestic Product (100 million yuan)	生产总值比上年增长(%) Growth Rate of GDP over Preceding Year(%)	地 区	Region	生产总值(亿元) Gross Domestic Product (100 million yuan)	生产总值比上年增长(%) Growth Rate of GDP over Preceding Year(%)
延安市	**Yan'an**			横山县	Hengshan	93.11	12.2
宝塔区	Baota	172.83	11.4	靖边县	Jingbian	292.96	18.6
延长县	Yanchang	29.60	11.3	定边县	Dingbian	232.77	17.6
延川县	Yanchuan	81.26	7.5	绥德县	Suide	40.47	10.5
子长县	Zichang	68.93	8.8	米脂县	Mizhi	33.56	14.9
安塞县	Ansai	94.76	15.5	佳 县	Jiaxian	27.01	2.2
志丹县	Zhidan	167.28	11.8	吴堡县	Wubu	11.52	9.0
吴起县	Wuqi	171.61	14.5	清涧县	Qingjian	26.13	14.6
甘泉县	Ganquan	18.31	-1.7	子洲县	Zizhou	33.58	9.4
富 县	Fuxian	25.32	15.1	**安康市**	**Ankang**		
洛川县	Luochuan	177.02	8.1	汉滨区	Hanbin	136.95	14.8
宜川县	Yichuan	15.74	10.9	汉阴县	Hanyin	35.11	15.6
黄龙县	Huanglong	7.64	10.1	石泉县	Shiquan	33.65	16.9
黄陵县	Huangling	83.56	11.6	宁陕县	Ningshan	14.66	16.1
汉中市	**Hanzhong**			紫阳县	Ziyang	35.36	16.2
汉台区	Hantai	135.47	15.9	岚皋县	Langao	19.81	15.2
南郑县	Nanzheng	94.63	17.6	平利县	Pingli	29.33	17.4
城固县	Chenggu	101.44	15.7	镇坪县	Zhenping	8.70	15.6
洋 县	Yangxian	62.36	15.6	旬阳县	Xunyang	67.77	15.1
西乡县	Xixiang	44.31	15.5	白河县	Baihe	25.49	16.1
勉 县	Mianxian	78.66	16.2	**商洛市**	**Shangluo**		
宁强县	Ningqiang	41.65	15.8	商州区	Shangzhou	83.03	15.7
略阳县	Lueyang	48.54	15.2	洛南县	Luonan	58.59	14.8
镇巴县	Zhenba	33.66	15.2	丹凤县	Danfeng	43.19	16.0
留坝县	Liuba	7.21	12.9	商南县	Shangnan	38.82	14.9
佛坪县	Foping	4.09	15.0	山阳县	Shanyang	52.49	15.8
榆林市	**Yulin**			镇安县	Zhen'an	47.04	14.8
榆阳区	Yuyang	325.02	13.6	柞水县	Zhashui	40.48	16.3
神木县	Shenmu	771.00	11.7	**杨凌示范区**	**Yangling**		
府谷县	Fugu	407.95	24.3	杨陵区	Yangling	60.79	16.5

注：本表数据为快报数。

a) Data in this table are from annual statistical reporting forms.

主要统计指标解释

三次产业 三产业的划分是世界上较为常用的产业结构分类，但各国的划分不尽一致。我国的三次产业划分是：

第一产业是指农业、林业、畜牧业、渔业和农林牧渔服务业。

第二产业是指采矿业，制造业，电力、煤气及水的生产和供应业，建筑业。

第三产业是指除第一、二产业以外的其他行业。

国内生产总值(GDP) 指按市场价格计算的一个国家(或地区)所有常住单位在一定时期内生产活动的最终成果。国内生产总值有三种表现形态，即价值形态、收入形态和产品形态。从价值形态看，它是所有常住单位在一定时期内生产的全部货物和服务价值超过同期投入的全部非固定资产货物和服务价值的差额，即所有常住单位的增加值之和；从收入形态看，它是所有常住单位在一定时期内创造并分配给常住单位和非常住单位的初次收入之和；从产品形态看，它是所有常住单位在一定时期内最终使用的货物和服务价值与货物和服务净出口价值之和。在实际核算中，国内生产总值有三种计算方法，即生产法、收入法和支出法。三种方法分别从不同的方面反映国内生产总值及其构成。

对于一个地区来说，称为地区生产总值或地区 GDP。

劳动者报酬 指劳动者因从事生产活动所获得的全部报酬。包括劳动者获得的各种形式的工资、奖金和津贴，既包括货币形式的，也包括实物形式的，还包括劳动者所享受的公费医疗和医药卫生费、上下班交通补贴、单位支付的社会保险费、住房公积金等。

生产税净额 指生产税减生产补贴后的余额。生产税指政府对生产单位从事生产、销售和经营活动以及因从事生产活动使用某些生产要素(如固定资产、土地、劳动力)所征收的各种税、附加费和规费。生产补贴与生产税相反，指政府对生产单位的单方面转移支出，因此视为负生产税，包括政策亏损补贴、价格补贴等。

固定资产折旧 指一定时期内为弥补固定资产损耗按照规定的固定资产折旧率提取的固定资产折旧，或按国民经济核算统一规定的折旧率虚拟计算的固定资产折旧。它反映了固定资产在当期生产中的转移价值。各类企业和企业化管理的事业单位的固定资产折旧是指实际计提的折旧费；不计提折旧的政府机关、非企业化管理的事业单位和居民住房的固定资产折旧是按照统一规定的折旧率和固定资产原值计算的虚拟折旧。原则上，固定资产折旧应按固定资产当期的重置价值计算，但是目前我国尚不具备对全社会固定资产进行重估价的基础，所以暂时只能采用上述办法。

营业盈余 指常住单位创造的增加值扣除劳动者报酬、生产税净额和固定资产折旧后的余额。它相当于企业的营业利润加上生产补贴，但要扣除从利润中开支的工资和福利等。

支出法国内生产总值 是从最终使用的角度反映一个国家(或地区)一定时期内生产活动最终成果的一种方法，包括最终消费支出、资本形成总额及货物和服务净出口三部分。计算公式为：

支出法国内生产总值=最终消费支出+资本形成总额+货物和服务净出口

最终消费支出 指常住单位为满足物质、文化和精神生活的需要，从本国经济领土和国外购买的货物和服务的支出。它不包括非常住单位在本国经济领土内的消费支出。最终消费支出分为居民消费支出和政府消费支出。

居民消费支出 指常住住户在一定时期内对于货物和服务的全部最终消费支出。居民消费支出除了直接以货币形式购买的货物和服务的消费支出外，还包括以其他方式获得的货物和服务的消费支出，即所谓的虚拟消费支出。居民虚拟消费支出包括如下几种类型：单位以实物报酬及实物转移的形式提供给劳动者的货物和服务；住户生产并由本住户消费了的货物和服务，其中的服务仅指住户的自有住房服务和付酬的家庭雇员提供的家庭和个人服务；金融机构提供的金融媒介服务。

政府消费支出 指政府部门为全社会提供的公共服务的消费支出和免费或以较低的价格向居民住户提供的货物和服务的净支出，前者等于政府服务的产出价值减去政府单位所获得的经营收入的价值，后者等于政府部门免费或以较低价格向居民住户提供的货物和服务的市场价值减去向住户收取的价值。

资本形成总额 指常住单位在一定时期内获得减去处置的固定资产和存货的净额，包括固定资本形成总额和存货增加两部分。

固定资本形成总额 指常住单位在一定时期内获得的固定资产减处置的固定资产的价值总额。固定资产是通过生产活动生产出来的，且其使用年限在一年以上、单位价值在规定标准以上的资产，不包括自然资产。可分为有形固定资本形成总额和无形固定资本形成总额。有形固定资本形成总额包括一定时期内完成的建筑工程、安装工程和设备工器具购置(减处置)价值，以及土地改良、新增役、种、奶、毛、娱乐用牲畜和新增经济林木价值。无形固定资本形成总额包括矿藏的勘探、计算机软件等获得减处置。

存货增加 指常住单位在一定时期内存货实物量变动的市场价值，即期末价值减期初价值的差额，再扣除当期由于价格变动而产生的持有收益。存货增加可以是正值，也可以是负值，正值表示存货上升，负值表示存货下降。存货包括生产单位购进的原材料、燃料和储备物资等存货，以及生产单位生产的产成品、在制品和半成品等存货。

货物和服务净出口 指货物和服务出口减货物和服务进口的差额。出口包括常住单位向非常住单位出售或无偿转让的各种货物和服务的价值；进口包括常住单位从非常住单位购买或无偿得到的各种货物和服务的价值。由于服务活动的提供与使用同时发生，一般把常住单位从非常住单位得到的服务作为进口，非常住单位从常住单位得到的服务作为出口。货物的出口和进口都按离岸价格计算。

Explanatory Notes on Main Statistical Indicators

Three Strata of Industry Classification of economic activities into three strata of industry is a common practice in the world, although the grouping varies to some extent from country to country. In China economic activities are categorized into the following three strata of industry:

Primary industry refers to agriculture, forestry, animal husbandry and fishery and services in support of these industries.

Secondary industry refers to mining and quarrying, manufacturing, production and supply of electricity, water and gas, and construction.

Tertiary industry refers to all other economic activities not included in the primary or secondary industries.

Gross Domestic Product (GDP) refers to the final products at market prices produced by all resident units in a country (or a region) during a certain period of time. Gross domestic product is expressed in three different perspectives, namely value, income, and products respectively. GDP in its value perspective refers to the total value of all goods and services produced by all resident units during a certain period of time, minus the total value of input of goods and services of the nature of non-fixed assets; in other words, it is the sum of the value-added of all resident units. GDP from the perspective of income includes the primary income created by all resident units and distributed to resident and non-resident units. GDP from the perspective of products refers to the value of all goods and services for final demand by all resident units plus the net exports of goods and services during a given period of time. In the practice of national accounting, gross domestic product is calculated from three approaches, namely production approach, income approach and expenditure approach, which reflect gross domestic product and its composition from different angles.

For a region, it is called as Gross Regional Product(GRP) or regional GDP.

Compensation of Employees refers to the total payment of various forms to employees for the productive activities they are engaged in. It includes wages, bonuses and allowances, which the employees earn in cash or in kind. It also includes the free medical services provided to the employees and the medicine expenses, transport subsidies and social insurance, and housing fund paid by the employers.

Net Taxes on Production refers to taxes on production less subsidies on production. The taxes on production refers to the various taxes, extra charges and fees levied on the production units on their production, sale and business activities as well as on the use of some factors of production, such as fixed assets, land and labour in the production activities they are engaged in. In contrast to taxes on production, subsidies on production refer to the unilateral government transfer to the production units and are therefore regarded as negative taxes on production. They include subsidies on the loss due to implementation of government policies, price subsidies, etc.

Depreciation of Fixed Assets refers to the depreciation of fixed assets in a given period, drawn in accordance with the stipulated depreciation rate for the purpose of compensating the wear-and-tear loss of the fixed assets or the depreciation of fixed assets imputed in accordance with the stipulated unified depreciation rate in the national economic accounting system. It reflects the value of transfer of the fixed assets in the production of the current period. The depreciation of fixed assets in various enterprises and institutions managed as enterprises refers to the depreciation expenses actually drawn. In government agencies and institutions not managed as enterprises which do not draw the depreciation expenses, as well as for the houses of residents, the depreciation of fixed assets is the imputed depreciation, which is calculated in accordance with the stipulated unified depreciation rate. In principle, the depreciation of fixed assets should be calculated on the basis of the re-purchased value of the fixed assets. However, currently the conditions in China do not facilitate the revaluation of all the fixed assets. Therefore, only the above-mentioned methods can be adopted at present.

Operating Surplus refers to the balance of the value added created by the resident units after deducting the labourers remuneration, net taxes on production and the depreciation of fixed assets. It is equivalent to the business profit of the enterprises plus subsidies to production, but the wages and welfare expenses paid from the profits should be deducted.

GDP by Expenditure Approach refers to the method of measuring the final results of production activities of a country (region) during a given period from the perspective of final uses. It includes final consumption expenditure, gross capital formation and net export of goods and services. The formula for computation is.:

GDP by expenditure approach = final consumption expenditure + gross capital formation + net export of goods and services

Final Consumption Expenditure refers to the total expenditure of resident units for purchases of goods and services from both the domestic economic territory and abroad to meet the needs of material, cultural and spiritual life. It does not include the expenditure of non-resident units on consumption in the economic territory of the country. The final consumption expenditure is broken down into household consumption expenditure and government consumption expenditure.

Household Consumption Expenditure refers to the total expenditure of resident households on the final consumption of goods and services. In addition to the consumption of goods and services bought by the households directly with money, the household consumption expenditure also includes expenditure on goods and services obtained by the households in other ways, i.e. the so-called imputed consumption expenditure, which includes the following: (a) the goods and services provided to households by employers in the form of payment in kind and transfer in kind; (b) goods and services produced and consumed by the households themselves, in which the services refer to the owner-occupied housing and services offered by payed family employees; (c) financial intermediate services provided by financial institution.

Government Consumption Expenditure refers to the consumption expenditure spent for the provision of public services provided by the government to the whole country and the net expenditure on the goods and services provided by the government to households free of charge or at reduced prices. The former equals to the output value of the government services minus the value of operating income obtained by the government departments. The latter equals to the market value of the goods and services provided by the government free of charge or at reduced prices to the households minus the value received by the government from the households.

Gross Capital Formation refers to the fixed assets acquired less disposals and the net value of inventory, thus including gross fixed capital formation and changes in inventories.

Gross Fixed Capital Formation refers to the value of acquisitions less those disposals of fixed assets during a given period. Fixed assets are the assets produced through production activities with unit value above a specified amount and which could be used for over one year. Natural assets are not included. Gross fixed capital formation can be categorized into total tangible fixed capital formation and total intangible fixed capital formation. Total tangible fixed capital formation includes the value of the construction projects and installation projects completed and the equipment, apparatus and instruments purchased (less those disposed) as well as the value of land improved, the value of draught animals, breeding stock and animals for milk, for wool and for recreational purposes and the newly increased forest with economic value. Total intangible fixed capital formation includes the prospecting of minerals and the acquisition of computer software minus the disposal of them.

Changes in Inventories refers to the market value of the change in the physical volume of inventory of resident units during a given period, i.e. the difference between the values at the beginning and at the end of the period minus the gains due to the change in prices. The changes in inventories can have a positive or a negative value. A positive value indicates an increase in inventory while a negative value indicates a decrease in inventory. The inventory includes raw materials, fuels and reserve materials purchased by the production units as well as the inventory of finished products, semi-finished products and work-in-progress.

Net Export of Goods and Services refers to the exports of goods and services subtracting the imports of goods and services. Exports include the value of various goods and services sold or gratuitously transferred by resident units to non-resident units. Imports include the value of various goods and services purchased or gratuitously acquired resident units from non-resident units. Because the provision of services and the use of them happen simultaneously, the acquisition of services by resident units from abroad is usually treated as import while the acquisition of services by non-resident units in this country is usually treated as export. The exports and imports of goods are calculated at FOB.

四、人　口

Population

资料整理：邵晓绒　杨　竞

简 要 说 明

一、本篇资料反映陕西人口发展变化基本情况，主要内容和数据来源:

1. 年末常住人口、性别比例、年龄比例、城镇人口比例以及人口出生率、人口死亡率和人口自然增长率等，数据根据人口普查、1%人口抽样调查或年度人口变动情况抽样调查推算所得，2001-2009年年末常住人口根据2010年第六次全国人口普查数据进行了调整。

2. 2010年第六次全国人口普查资料为2010年11月1日零时的数据。

3. 户籍人口资料数据来源于省公安厅人口统计年报。

二、人口统计调查方法

目前人口统计调查有：在逢“0”的年份进行全国人口普查；　在逢”5”的年份进行全国1%人口抽样调查；其余年份进行人口变动情况抽样调查。

Brief Introduction

Ⅰ. This chapter reflects the basic conditions of development and changes of population in Shaanxi, including mainly:

1. Permanent population at the year-end, proportion of population by sex, proportion of population by age, proportion of urban population, birth rate, death rate and natural growth rate of population. The data are estimated by Shaanxi Provincial Bureau of Statistics on the basis of population censuses, the one percent sample survey on population , or annual sample surveys on population changes. Permanent Population at the Year-end from 2001 to 2009 have been adjusted in accordance with the flash sums of the 6th National Population Census in 2010.

2. The data of the 6th National Population Census in 2010 base on November 1, 2010 zero hour.

3. The total population with residence registration are obtained from the annual reports of population of Shaanxi Provincial Department of Public Security.

Ⅱ. Sampling Methodology

The statistical surveys on population are as follows:

The national population census is conducted in the year ending with 0; the national 1 percent population sample survey is conducted in the year ending with 5; sample surveys on population changes are conducted in the rest of the years.

4.人 口

2011 年全省

年底常住人口	3743	万人	比上年增长 0.2%
人口自然增长率	3.69	‰	比上年下降 0.03个千分点
男女性别比（以女性为100）	106.57		
人口密度	182	人/平方公里	

人口年龄构成

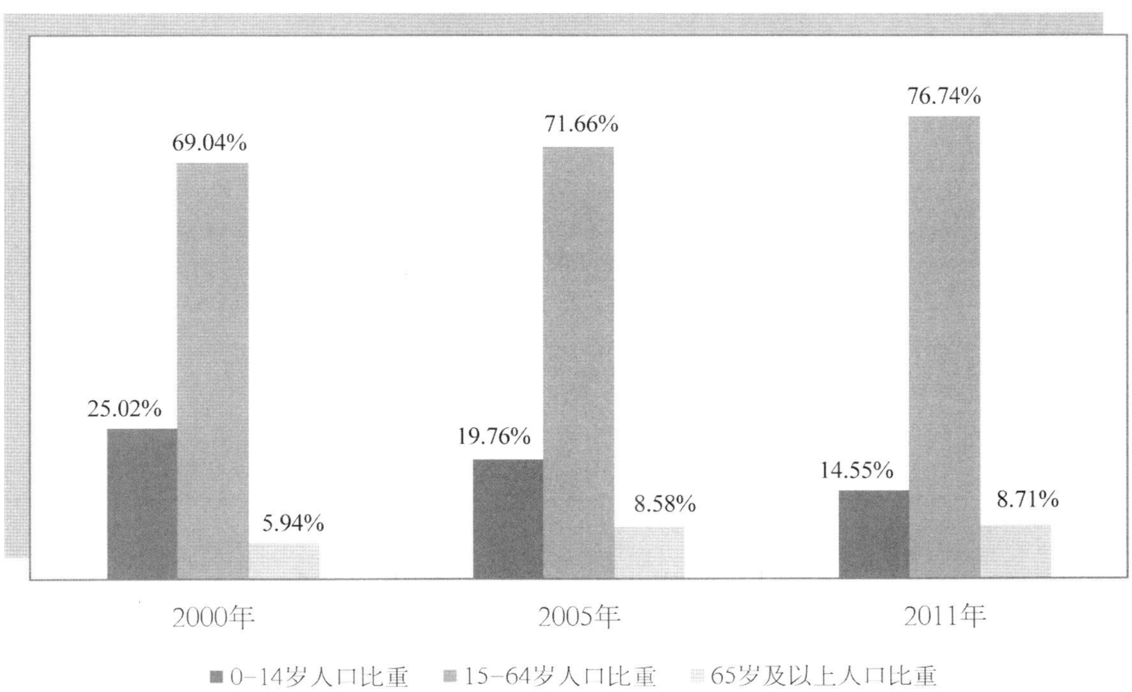

4-1 人口数和构成
Population and Composition

单位：万人 (10 000 persons)

年份 Year	年底总人口 Total Population at Year-end	按性别分 By Sex		按城乡分 By Residence		按农业、非农业分 By Agriculture and Non-agriculture	
		男 Male	女 Female	城镇 Urban	乡村 Rural	农业 Agriculture	非农业 Non-agriculture
1978	2779	1444	1335	454	2325	2371	408
1979	2807	1456	1351	469	2339	2381	426
1980	2831	1468	1363	522	2309	2390	441
1981	2865	1486	1379	535	2329	2405	459
1982	2904	1507	1397	548	2356	2433	471
1983	2931	1525	1406	577	2354	2446	484
1984	2966	1546	1420	1111	1865	2457	509
1985	3002	1566	1436	1167	1834	2462	540
1986	3042	1588	1454	1203	1839	2501	541
1987	3088	1613	1476	1244	1844	2530	558
1988	3140	1640	1500	1405	1735	2565	574
1989	3198	1671	1527	1438	1759	2604	594
1990	3316	1727	1589	1501	1815	2699	617
1991	3363	1754	1609	1539	1824	2730	633
1992	3405	1777	1628	1576	1829	2748	657
1993	3443	1799	1644	1654	1789	2769	674
1994	3481	1819	1662	1668	1813	2784	697
1995	3513	1836	1677	1738	1775	2791	722
1996	3543	1842	1701	1939	1604	2799	744
1997	3570	1866	1704	2279	1291	2803	767
1998	3596	1879	1717	2547	1049	2812	784
1999	3618	1892	1726	2593	1025	2816	802
2000	3644	1896	1748	1176	2468	2812	832
2001	3653	1879	1774	1228	2425	2802	851
2002	3662	1882	1780	1268	2394	2787	875
2003	3672	1883	1789	1305	2367	2772	900
2004	3681	1893	1788	1338	2343	2765	916
2005	3690	1899	1791	1374	2316	2755	935
2006	3699	1902	1797	1447	2252	2699	1000
2007	3708	1906	1802	1506	2202	2686	1022
2008	3718	1911	1807	1565	2153	2677	1041
2009	3727	1916	1811	1621	2106	2603	1124
2010	3735	1930	1805	1707	2028	2460	1275
2011	3743	1931	1812	1770	1973	2411	1332

注：1.1990年以前为公安年报数，1990年及以后为人口普查及人口变动情况抽样调查推算的常住人口数。

2.2001-2009年人口数根据2010年人口普查进行了修正。

3.城乡人口2000年及以前按行政区划统计，2001年及以后为人口变动抽样调查推算数，2010年为第六次人口普查推算数。

a) Data before 1990 were taken from the statistics of household registration.Since 1990, data have been estimated on the basis of the national population census or usual residents of the annual national sample surveys on population changes.

b) Data of population from 2001 to 2009 were adjusted according to the national population census in 2010.

c) Data by residence before 2001 were from the divisions of administrative areas. Since 2001, data have been estimated on the basis of the annual national sample surveys on population changes.Data in 2010 are estimated from the 6th national population census.

4-2 人口自然变动情况
Population Natural Changes

年 份 Year	出生人口 (万人) Births (10 000 persons)	死亡人口 (万人) Deaths (10 000 persons)	出生率 (‰) Birth Rate (‰)	死亡率 (‰) Death Rate (‰)	自然增长率 (‰) Natural Growth Rate (‰)
1953	53.4	18.0	34.00		
1964	83.1	33.3	40.00	16.00	24.00
1982	54.9	19.3	19.02	6.70	12.30
1990	77.2	21.4	23.48	6.52	16.96
1991	66.2	21.7	19.82	6.51	13.31
1992	63.8	22.2	18.85	6.57	12.28
1993	60.4	22.4	17.63	6.55	11.08
1994	60.9	22.9	17.59	6.60	10.99
1995	55.7	23.0	15.93	6.57	9.36
1996	52.9	23.0	14.99	6.51	8.48
1997	49.5	22.4	13.91	6.29	7.62
1998	48.6	23.0	13.56	6.43	7.13
1999	45.1	23.0	12.51	6.38	6.13
2000	45.4				
2001	38.4	23.2	10.50	6.34	4.16
2002	38.4	23.3	10.48	6.36	4.12
2003	39.2	23.4	10.67	6.38	4.29
2004	39.0	23.3	10.59	6.33	4.26
2005	37.0	22.2	10.02	6.01	4.01
2006	37.7	22.8	10.19	6.15	4.04
2007	37.9	22.8	10.21	6.16	4.05
2008	38.3	23.1	10.29	6.21	4.08
2009	38.2	23.3	10.24	6.24	4.00
2010	36.3	22.4	9.73	6.01	3.72
2011	36.5	22.7	9.75	6.06	3.69

注：1.本表为人口普查、人口变动情况抽样调查数。
2.2001－2009年数据根据2010年人口普查进行了修正。
a) Data in this table are obtained from the national population census and the annual national sample surveys on population changes.
b) Data of population from 2001 to 2009 were adjusted according to the national population census in 2010.

4-3 各市（区）常住人口和自然增长率
Residents and Natural Growth Rate by City(District)

地 区	Region	2010				2011			
		常住人口 (万人) Usual Residents (10 000 persons)	出生率 (‰) Birth Rate (‰)	死亡率 (‰) Death Rate (‰)	自然增长率 (‰) Natural Growth (‰)	常住人口 (万人) Usual Residents (10 000 persons)	出生率 (‰) Birth Rate (‰)	死亡率 (‰) Death Rate (‰)	自然增长率 (‰) Natural Growth (‰)
全 省	**Shaanxi**	**3735.23**	**9.73**	**6.01**	**3.72**	**3742.60**	**9.75**	**6.06**	**3.69**
西安市	Xi'an	847.41	9.73	5.34	4.39	851.34	9.71	5.38	4.33
铜川市	Tongchuan	83.50	9.48	5.97	3.51	83.82	9.37	6.01	3.36
宝鸡市	Baoji	371.93	9.22	5.88	3.34	372.72	9.26	5.91	3.35
咸阳市	Xianyang	489.84	9.83	5.89	3.94	491.23	9.84	5.94	3.90
渭南市	Weinan	528.99	9.19	5.93	3.26	530.49	9.26	5.97	3.29
延安市	Yan'an	218.87	10.22	5.95	4.27	219.40	10.25	5.98	4.27
汉中市	Hanzhong	341.76	9.47	7.00	2.47	341.51	9.48	7.04	2.44
榆林市	Yulin	335.42	10.98	5.98	5.00	335.24	11.01	5.99	5.02
安康市	Ankang	263.08	9.63	6.85	2.78	263.07	9.60	7.03	2.57
商洛市	Shangluo	234.29	10.14	6.96	3.18	233.62	10.16	7.01	3.15
杨凌示范区	Yangling	20.13	7.84	4.15	3.69	20.17	8.25	4.09	4.16

注：本表根据第六次人口普查和2011年人口变动抽样调查数据评估结果推算。
a) Data in the table are estimated on the basis of the 6th national population census or the annual national sample surveys on population in 2011.

4-4 人口年龄构成和抚养比
Age Composition and Dependency Ration of Population

单位：% (%)

年 份 Year	各年龄段人口比重 Percentage to Tatal Population By Age			总抚养比 Gross Dependency Ratio	少年儿童抚养比 Children Dependency Ratio	老年人口抚养比 Old Dependency Ratio
	0-14岁 Aged 0-14	15-64岁 Aged 15-64	65岁以上 Aged 65 and Over			
1953	36.71	59.25	4.04	68.78	61.96	6.82
1964	41.26	55.23	3.51	81.06	74.71	6.35
1982	33.06	62.40	4.57	60.30	52.98	7.32
1990	28.88	65.98	5.15	51.57	43.77	7.80
1991	30.21	64.07	5.72	56.08	47.15	8.93
1992	30.15	64.19	5.66	55.78	46.96	8.82
1993	29.30	65.09	5.61	53.64	45.02	8.62
1994	28.31	66.43	5.26	50.53	42.62	7.91
1995	28.88	65.40	5.72	52.90	44.16	8.74
1996	28.90	65.11	6.00	53.59	44.38	9.21
1997	27.63	66.52	5.85	50.33	41.54	8.79
1998	27.15	66.15	6.70	51.16	41.04	10.12
1999	26.28	66.58	7.14	50.21	39.48	10.73
2000	25.02	69.04	5.94	44.84	36.24	8.60
2001	24.49	68.78	6.73	45.39	35.61	9.78
2002	22.35	69.64	8.01	43.60	32.09	11.51
2003	20.90	71.35	7.75	40.15	29.29	10.86
2004	19.81	72.54	7.65	37.86	27.31	10.55
2005	19.76	71.66	8.58	39.55	27.57	11.97
2006	18.70	72.70	8.60	37.55	25.72	11.83
2007	18.13	72.91	8.96	37.16	24.87	12.29
2008	17.75	73.28	8.97	36.46	24.22	12.24
2009	17.05	73.84	9.11	35.43	23.09	12.34
2010	14.71	76.76	8.53	30.27	19.16	11.11
2011	14.55	76.74	8.71	30.31	18.96	11.35

注：本表为人口普查、人口变动情况抽样调查数。抚养比指0-14岁、65岁以上人口占15-64岁人口的比重。

a) Data in this table are obtained from the national population census and the annual national sample surveys on population changes.Dependency ratio refers to the population aged 0-14,65 and over as percentage of the population aged 15-64.

4-5 各市（区）计划生育情况(2011年)
Family Planning by City(District) (2011)

地 区	Region	已婚育龄妇女人数（人） Number of Women of Childbearing Age (person)	早婚率 (%) Early Marriage Rate (%)	晚婚率 (%) Later Marriage Rate (%)	领取独生子女证人数（人） Number of Acceptance of One_child Certificate (person)	节育率 (%) Birth Control Rate (%)	绝育率 (%) Sterilization Rate (%)	上环率 (%) Sheung Wan Rate (%)
全 省	**Shaanxi**	**6950683**	**0.71**	**58.29**	**1279336**	**91.42**	**42.90**	**42.13**
西安市	Xi'an	1235897	0.03	67.09	341044	91.73	34.26	44.34
铜川市	Tongchuan	149677	0.95	51.68	32863	90.90	33.37	47.66
宝鸡市	Baoji	705331	0.05	72.03	127309	90.90	45.58	39.88
咸阳市	Xianyang	967848	0.41	80.06	128066	89.77	49.24	36.90
渭南市	Weinan	1123904	0.73	55.02	197933	90.30	43.31	40.46
延安市	Yan'an	432781	0.18	45.28	61224	91.28	46.03	41.51
汉中市	Hanzhong	686925	0.63	53.09	156931	94.10	31.07	60.19
榆林市	Yulin	677803	1.93	44.08	136434	89.93	44.64	36.67
安康市	Ankang	518293	1.40	52.76	61453	93.93	50.26	41.91
商洛市	Shangluo	421862	1.35	32.60	31049	93.79	55.46	34.94
杨凌示范区	Yangling	30362	0.11	95.10	5030	86.08	47.38	31.03

注：本表为计生年报数据。

a) Data in this table are obtained from the annual reports of family planning.

4-6 各市、县（市、区）常住人口
Usual Residents by City and County (City and District)

单位：万人 (10 000 persons)

地 区	Region	2010	2011
全 省	**Shaanxi**	**3735.23**	**3742.60**
西安市	**Xi'an**	**847.41**	**851.34**
新城区	Xincheng	59.01	59.23
碑林区	Beilin	61.62	61.87
莲湖区	Lianhu	69.86	70.13
灞桥区	Baqiao	59.56	59.87
未央区	Weiyang	80.72	81.14
雁塔区	Yanta	117.98	118.48
阎良区	Yanliang	27.87	28.01
临潼区	Lintong	65.60	65.98
长安区	Chang'an	108.48	109.01
蓝田县	Lantian	51.42	51.65
周至县	Zhouzhi	56.29	56.59
户 县	Huxian	55.65	55.85
高陵县	Gaoling	33.35	33.53
铜川市	**Tongchuan**	**83.50**	**83.82**
王益区	Wangyi	20.04	20.10
印台区	Yintai	21.77	21.84
耀州区	Yaozhou	25.20	25.32
新 区	Xinqu	7.38	7.41
宜君县	Yijun	9.12	9.16
宝鸡市	**Baoji**	**371.93**	**372.72**
渭滨区	Weibin	44.85	44.94
金台区	Jintai	39.48	39.56
陈仓区	Chencang	59.55	59.67
凤翔县	Fengxiang	48.38	48.48
岐山县	Qishan	45.94	46.04
扶风县	Fufeng	41.67	41.76
眉 县	Meixian	30.02	30.08
陇 县	Longxian	24.91	24.96
千阳县	Qianyang	12.40	12.43
麟游县	Linyou	9.08	9.10
凤 县	Fengxian	10.56	10.58
太白县	Taibai	5.10	5.11
咸阳市	**Xianyang**	**489.84**	**491.23**
秦都区	Qindu	50.74	50.85
渭城区	Weicheng	43.86	43.95
三原县	Sanyuan	40.38	40.51
泾阳县	Jingyang	48.81	49.00
乾 县	Qianxian	52.75	52.85
礼泉县	Liquan	44.81	44.92
永寿县	Yongshou	18.48	18.53
彬 县	Binxian	32.35	32.47
长武县	Changwu	16.77	16.83
旬邑县	Xunyi	26.18	26.28
淳化县	Chunhua	19.35	19.39
武功县	Wugong	41.16	41.30
兴平市	Xingping	54.20	54.35
渭南市	**Weinan**	**528.99**	**530.49**
临渭区	Linwei	87.78	88.19
华 县	Huaxian	32.24	32.31
潼关县	Tongguan	15.56	15.59
大荔县	Dali	69.39	69.56
合阳县	Heyang	43.68	43.77
澄城县	Chengcheng	38.64	38.73
蒲城县	Pucheng	74.35	74.54
白水县	Baishui	27.99	28.05
富平县	Fuping	74.39	74.61
韩城市	Hancheng	39.15	39.25
华阴市	Huayin	25.83	25.89

4-6 续表 continued

单位：万人 (10 000 persons)

地 区	Region	2010	2011	地 区	Region	2010	2011
延安市	**Yan'an**	**218.87**	**219.40**	横山县	Hengshan	28.83	28.83
宝塔区	Baota	47.57	47.65	靖边县	Jingbian	35.62	35.62
延长县	Yanchang	12.55	12.58	定边县	Dingbian	31.96	31.93
延川县	Yanchuan	16.85	16.89	绥德县	Suide	29.64	29.65
子长县	Zichang	21.71	21.76	米脂县	Mizhi	15.51	15.51
安塞县	Ansai	17.17	17.24	佳 县	Jiaxian	20.48	20.42
志丹县	Zhidan	14.06	14.11	吴堡县	Wubu	7.58	7.58
吴起县	Wuqi	14.52	14.54	清涧县	Qingjian	12.90	12.79
甘泉县	Ganquan	7.73	7.75	子洲县	Zizhou	17.41	17.41
富 县	Fuxian	14.98	15.02	**安康市**	**Ankang**	**263.08**	**263.07**
洛川县	Luochuan	22.08	22.14	汉滨区	Hanbin	87.04	87.03
宜川县	Yichuan	11.73	11.77	汉阴县	Hanyin	24.62	24.62
黄龙县	Huanglong	4.94	4.95	石泉县	Shiquan	17.12	17.13
黄陵县	Huangling	12.99	13.00	宁陕县	Ningshan	7.05	7.05
汉中市	**Hanzhong**	**341.76**	**341.51**	紫阳县	Ziyang	28.41	28.39
汉台区	Hantai	53.52	53.55	岚皋县	Langao	15.42	15.42
南郑县	Nanzheng	47.19	47.12	平利县	Pingli	19.30	19.30
城固县	Chenggu	46.51	46.45	镇坪县	Zhenping	5.10	5.10
洋 县	Yangxian	38.42	38.37	旬阳县	Xunyang	42.68	42.68
西乡县	Xixiang	34.20	34.15	白河县	Baihe	16.35	16.35
勉 县	Mianxian	38.83	38.78	**商洛市**	**Shangluo**	**234.29**	**233.62**
宁强县	Ningqiang	30.89	30.85	商州区	Shangzhou	53.19	53.04
略阳县	Lueyang	20.17	20.19	洛南县	Luonan	44.18	44.06
镇巴县	Zhenba	24.69	24.71	丹凤县	Danfeng	29.55	29.47
留坝县	Liuba	4.34	4.34	商南县	Shangnan	22.17	22.10
佛坪县	Foping	3.01	3.00	山阳县	Shanyang	42.25	42.13
榆林市	**Yulin**	**335.42**	**335.24**	镇安县	Zhen'an	27.60	27.52
榆阳区	Yuyang	63.82	63.83	柞水县	Zhashui	15.35	15.30
神木县	Shenmu	45.58	45.58	**杨凌示范区**	**Yangling**	**20.13**	**20.17**
府谷县	Fugu	26.08	26.09				

注：本表根据第六次人口普查和2011年人口变动抽样调查数据评估结果推算。

a) Data in the table are estimated on the basis of the 6th national population census or the annual national sample surveys on population in 2011.

4-7 各市、县（市、区）总户数和户籍人口数（2011年）
Total Households and Population by City and County (City and District) (2011)

单位：人 (person)

地 区	Region	总户数（户）Total Households (household)	总人口 Total Population 合计 Total	男 Male	女 Female	总人口中 in Total Population # 非农业人口 Non-agriculture	# 城镇人口 Urban
全 省	**Shaanxi**	**12249020**	**39086765**	**20217274**	**18869491**	**13905853**	**33567659**
西安市	**Xi'an**	**2343397**	**7918272**	**4025220**	**3893052**	**3913061**	**7214225**
新城区	Xincheng	168602	504683	256300	248383	504683	504683
碑林区	Beilin	206196	724747	375639	349108	724747	724747
莲湖区	Lianhu	218583	644598	325971	318627	644598	644598
灞桥区	Baqiao	169986	516168	255315	260853	246377	516168
未央区	Weiyang	167061	537349	267667	269682	381610	537349
雁塔区	Yanta	230517	802085	402372	399713	689469	802085
阎良区	Yanliang	74371	254941	128613	126328	88294	254941
临潼区	Lintong	194436	703953	356016	347937	119533	703953
长安区	Chang'an	279452	999151	500598	498553	164616	999151
蓝田县	Lantian	183083	647426	335532	311894	58977	411040
周至县	Zhouzhi	174109	673932	355468	318464	63795	419354
户 县	Huxian	183180	600675	311380	289295	113746	481763
高陵县	Gaoling	93821	308564	154349	154215	112616	214393
铜川市	**Tongchuan**	**275472**	**854604**	**446557**	**408047**	**437127**	**819266**
王益区	Wangyi	71325	207881	106439	101442	170693	207881
印台区	Yintai	71330	228149	122630	105519	145730	228149
耀州区	Yaozhou	101230	323814	167589	156225	89469	323814
宜君县	Yijun	31587	94760	49899	44861	31235	59422
宝鸡市	**Baoji**	**1132526**	**3831930**	**1985198**	**1846732**	**1852106**	**3566656**
渭滨区	Weibin	144424	440524	225943	214581	353841	440524
金台区	Jintai	126700	387590	197103	190487	298986	387590
陈仓区	Chencang	161997	604671	313944	290727	176471	604671
凤翔县	Fengxiang	155132	521267	267616	253651	242095	423027
岐山县	Qishan	138266	472825	244539	228286	230738	472825
扶风县	Fufeng	118974	445914	233218	212696	176040	394726
眉 县	Meixian	92433	320105	165519	154586	143480	300351
陇 县	Longxian	76790	265165	139564	125601	107333	215072
千阳县	Qianyang	40558	133685	70018	63667	17613	93317
麟游县	Linyou	25925	88210	47986	40224	24820	88210
凤 县	Fengxian	33422	100435	52345	48090	63386	100435
太白县	Taibai	17905	51539	27403	24136	17303	45908
咸阳市	**Xianyang**	**1537653**	**5257157**	**2716414**	**2540743**	**1662619**	**4552937**
秦都区	Qindu	148386	494435	249581	244854	306987	494435
渭城区	Weicheng	122493	412235	209698	202537	249468	412235
三原县	Sanyuan	142680	424807	214188	210619	86993	337693
泾阳县	Jingyang	146020	523639	267215	256424	79796	523639
乾 县	Qianxian	169943	595852	311973	283879	57053	505061
礼泉县	Liquan	162862	501622	260034	241588	66990	418255

4-7 续表 1 continued

单位：人 (person)

地 区	Region	总户数(户) Total Households (household)	总人口 Total Population 合计 Total	男 Male	女 Female	总人口中 in Total Population # 非农业人口 Non-agriculture	# 城镇人口 Urban
永寿县	Yongshou	60290	208486	109191	99295	28195	156200
彬 县	Binxian	98422	354914	186462	168452	140366	249367
长武县	Changwu	51846	184524	97215	87309	19214	164193
旬邑县	Xunyi	83427	291414	153574	137840	97251	246980
淳化县	Chunhua	61363	204997	106650	98347	26428	104727
武功县	Wugong	129609	455617	235910	219707	167119	335537
兴平市	Xingping	160312	604615	314723	289892	336759	604615
渭南市	**Weinan**	**1765601**	**5646810**	**2862928**	**2783882**	**1877443**	**4585841**
临渭区	Linwei	317771	985085	494826	490259	414729	985085
华 县	Huaxian	107764	349994	178599	171395	103138	271265
潼关县	Tongguan	53081	166938	84497	82441	75242	108694
大荔县	Dali	203604	722960	364838	358122	153073	441991
合阳县	Heyang	142865	456936	230894	226042	171302	456936
澄城县	Chengcheng	133617	406630	206585	200045	112760	340169
蒲城县	Pucheng	225478	788080	398826	389254	146697	512552
白水县	Baishui	108527	297978	153128	144850	103393	198566
富平县	Fuping	262586	799459	404753	394706	219518	597833
韩城市	Hancheng	125522	403958	209128	194830	236196	403958
华阴市	Huayin	84786	268792	136854	131938	141395	268792
延安市	**Yan'an**	**818473**	**2329147**	**1202084**	**1127063**	**778364**	**1748860**
宝塔区	Baota	173853	462389	233147	229242	236027	462389
延长县	Yanchang	61321	157205	81967	75238	41726	109423
延川县	Yanchuan	67667	194358	101058	93300	41796	133088
子长县	Zichang	87937	273190	140398	132792	57196	211755
安塞县	Ansai	62776	188240	97541	90699	28492	140133
志丹县	Zhidan	59474	155417	80977	74440	75468	112545
吴起县	Wuqi	43689	137411	71471	65940	35972	70247
甘泉县	Ganquan	33451	87813	45517	42296	24685	54917
富 县	Fuxian	51045	153781	80494	73287	42373	117629
洛川县	Luochuan	72223	218755	114390	104365	73803	130865
宜川县	Yichuan	41340	120451	61827	58624	39894	76756
黄龙县	Huanglong	19031	51581	27119	24462	18293	27582
黄陵县	Huangling	44666	128556	66178	62378	62639	101531
汉中市	**Hanzhong**	**1275936**	**3823203**	**2001677**	**1821526**	**815157**	**3182171**
汉台区	Hantai	200952	555058	283933	271125	269636	555058
南郑县	Nanzheng	185714	555568	288527	267041	99192	449804
城固县	Chenggu	178859	532880	276117	256763	94286	452731
洋 县	Yangxian	139206	444984	235878	209106	75181	372036
西乡县	Xixiang	143322	413321	219904	193417	61214	360218
勉 县	Mianxian	141538	424474	218817	205657	74418	367545
宁强县	Ningqiang	109878	333425	174854	158571	33493	246537

4-7 续表 2 continued

单位：人 (person)

地　区	Region	总户数（户）Total Households (household)	总人口 Total Population 合计 Total	男 Male	女 Female	总人口中 in Total Population # 非农业人口 Non-agriculture	# 城镇人口 Urban
略阳县	Lueyang	65954	196821	106720	90101	55325	152425
镇巴县	Zhenba	84332	290032	155645	134387	38117	180434
留坝县	Liuba	14820	43591	23274	20317	7779	31242
佛坪县	Foping	11361	33049	18008	15041	6516	14141
榆林市	**Yulin**	**1297251**	**3706911**	**1933234**	**1773677**	**1043410**	**2627266**
榆阳区	Yuyang	209330	534304	273482	260822	193768	534304
神木县	Shenmu	164527	418024	220364	197660	416728	345026
府谷县	Fugu	90369	241851	127435	114416	66538	130226
横山县	Hengshan	99864	366580	191558	175022	49464	251684
靖边县	Jingbian	102165	338160	174548	163612	48577	214906
定边县	Dingbian	99644	334716	173700	161016	49951	204929
绥德县	Suide	130992	363124	188747	174377	63850	219210
米脂县	Mizhi	78829	222593	115972	106621	38257	152651
佳　县	Jiaxian	94061	265944	140164	125780	31981	145943
吴堡县	Wubu	34715	86596	44987	41609	29107	57288
清涧县	Qingjian	79504	219498	116500	102998	29792	154149
子洲县	Zizhou	113251	315521	165777	149744	25397	216950
安康市	**Ankang**	**1005444**	**3050703**	**1639280**	**1411423**	**491382**	**2602409**
汉滨区	Hanbin	325110	1012605	538853	473752	222563	1012605
汉阴县	Hanyin	102417	306117	165237	140880	33721	262962
石泉县	Shiquan	64469	182097	98310	83787	29625	133285
宁陕县	Ningshan	25445	74387	39997	34390	14884	63877
紫阳县	Ziyang	107316	342416	186028	156388	40957	262772
岚皋县	Langao	63177	171814	93608	78206	24512	107500
平利县	Pingli	90575	236237	127745	108492	34283	206083
镇坪县	Zhenping	20131	59162	31411	27751	9032	38213
旬阳县	Xunyang	143831	454170	243859	210311	57844	357465
白河县	Baihe	62973	211698	114232	97466	23961	157647
商洛市	**Shangluo**	**747666**	**2478733**	**1307404**	**1171329**	**919122**	**2478733**
商州区	Shangzhou	153171	554694	289960	264734	191243	554694
洛南县	Luonan	140216	456509	237528	218981	184026	456509
丹凤县	Danfeng	95397	307354	161983	145371	113057	307354
商南县	Shangnan	83798	242003	127034	114969	99600	242003
山阳县	Shanyang	138442	462157	246639	215518	186721	462157
镇安县	Zhen'an	85940	298881	160737	138144	80897	298881
柞水县	Zhashui	50702	157135	83523	73612	63578	157135
杨凌示范区	**Yangling**	**49601**	**189295**	**97278**	**92017**	**116062**	**189295**

注：本表为公安年报统计数。城镇人口为市辖区、县级市和镇所辖行政区域的所有人口。
a) Data in this table are obtained from the annual reports of the bureau of public secruity.Urban population refer to all people of administrative areas in districts under the jurisdiction of cities,cities at county level and towns.

4-8 人口普查人口基本情况

Basic Statistics on National Population Census

指 标	Item	1990	2000	2010
常住人口 （万人）	**Resident Population (10 000 persons)**	3288.24	3604.77	3732.74
男	Male	1770.14	1875.21	1928.76
女	Female	1581.10	1729.56	1803.98
性别比 （以女性为100）	Sex Ratio (female=100)	107.97	108.42	106.92
家庭户规模 （人/户）	**Average Family Household Size (person/household)**	4.06	3.57	3.22
各年龄组人口 （%）	**Popolation by Age Group (%)**			
0-14岁	Aged 0-14	28.88	25.01	14.71
15-64岁	Aged 15-64	65.98	69.06	76.76
65岁及以上	Aged 65 and over	5.14	5.93	8.53
民族人口	**Population by Ethnicity**			
汉 族 （万人）	Han (10 000 persons)	3272.68	3587.00	3713.77
占总人口比重 （%）	Percent to Rotal Population (%)	99.53	99.50	99.49
少数民族 （万人）	Ethnic Minorities (10 000 persons)	15.56	18.00	18.96
占总人口比重 （%）	Percent to Rotal Population (%)	0.47	0.50	0.51
每十万人拥有的各种受教育程度人口 （人）	**Population with Various Education Attainments Per 100 000 Persons (person)**			
大专及以上	Junior College and Above	1672	4138	10556
高中和中专	Senior Secondary School and Technical Secondary School	9281	12246	15773
初 中	Junior Secondary School	24370	33203	40135
小 学	Primary School	31168	34475	23417
文盲人口及文盲率	**Illiterate Population and Illiterate Rate**			
文盲人口 （万人）	Illiterate Population (10 000 persons)	579.49	262.95	139.78
文盲率 （%）	Illiterate Rate (%)	17.62	7.29	3.74
城乡人口	**Population by Residence**			
城镇人口 （万人）	Urbanization Population (10 000 persons)	706.77	1162.88	1705.86
占总人口比重 （%）	Percent to Rotal Population (%)	21.49	32.26	45.70
乡村人口 （万人）	Rural Population (10 000 persons)	2581.47	2441.89	2026.88
占总人口比重 （%）	Percent to Rotal Population (%)	78.51	67.74	54.30

注：1.1990年人口普查标准时点为当年7月1日零时，2000年和2010年人口普查标准时点为当年11月1日零时。
2.文盲人口为15岁及以上不识字人口。

a)Standard reference time of national population census in 1990 was zero hour of July 1st,and in 2000 and 2010 was zero hour of November 1st.
b)Illiterate population referred to the population aged 15 and over who are unable or have diffculty to read.

4-9 按年龄和性别分常住人口（2010年，人口普查数）
Resident Population by Age and Sex (National Population Census in 2010)

年 龄	Age	常住人口(万人) Usual Resident Population(10 000persons)			占常住人口比重(%) Percent to Usual Resident Population(%)			性别比 (女=100) Sex Patio (female=100)
		合计 Total	男 Male	女 Female	合计 Total	男 Male	女 female	
总 计	**Total**	**3732.74**	**1928.76**	**1803.98**	**100.00**	**51.67**	**48.33**	**106.92**
0-4	**Aged 0-4**	**180.62**	**97.29**	**83.33**	**4.84**	**2.61**	**2.23**	**116.76**
0	0	33.47	17.93	15.55	0.90	0.48	0.42	115.32
1	1	38.97	21.08	17.89	1.04	0.56	0.48	117.83
2	2	37.65	20.32	17.33	1.01	0.54	0.46	117.21
3	3	35.68	19.18	16.50	0.96	0.51	0.44	116.29
4	4	34.85	18.79	16.06	0.93	0.50	0.43	116.95
5-9	**Aged 5-9**	**166.97**	**90.78**	**76.19**	**4.47**	**2.43**	**2.04**	**119.16**
5	5	33.39	18.04	15.35	0.89	0.48	0.41	117.55
6	6	34.40	18.65	15.75	0.92	0.50	0.42	118.37
7	7	32.21	17.59	14.61	0.86	0.47	0.39	120.39
8	8	32.30	17.54	14.76	0.87	0.47	0.40	118.80
9	9	34.68	18.97	15.71	0.93	0.51	0.42	120.70
10-14	**Aged 10-14**	**201.34**	**110.08**	**91.26**	**5.39**	**2.95**	**2.44**	**120.62**
10	10	36.31	19.88	16.43	0.97	0.53	0.44	121.04
11	11	35.93	19.77	16.16	0.96	0.53	0.43	122.33
12	12	40.21	22.00	18.21	1.08	0.59	0.49	120.81
13	13	41.42	22.79	18.63	1.11	0.61	0.50	122.33
14	14	47.48	25.64	21.84	1.27	0.69	0.59	117.43
15-19	**Aged 15-19**	**333.13**	**175.26**	**157.87**	**8.92**	**4.70**	**4.23**	**111.01**
15	15	59.15	31.59	27.56	1.58	0.85	0.74	114.63
16	16	63.11	33.08	30.03	1.69	0.89	0.80	110.15
17	17	70.48	36.88	33.60	1.89	0.99	0.90	109.77
18	18	68.51	36.10	32.42	1.84	0.97	0.87	111.34
19	19	71.88	37.62	34.27	1.93	1.01	0.92	109.78
20-24	**Aged 20-24**	**394.15**	**201.11**	**193.04**	**10.56**	**5.39**	**5.17**	**104.18**
20	20	89.70	46.12	43.58	2.40	1.24	1.17	105.83
21	21	84.93	43.46	41.47	2.28	1.16	1.11	104.82
22	22	75.05	38.31	36.74	2.01	1.03	0.98	104.29
23	23	76.27	38.79	37.48	2.04	1.04	1.00	103.50
24	24	68.20	34.42	33.78	1.83	0.92	0.90	101.89
25-29	**Aged 25-29**	**282.70**	**144.38**	**138.32**	**7.57**	**3.87**	**3.71**	**104.38**
25	25	60.60	30.62	29.98	1.62	0.82	0.80	102.14
26	26	60.03	30.61	29.43	1.61	0.82	0.79	104.01
27	27	54.09	27.67	26.42	1.45	0.74	0.71	104.72
28	28	58.36	29.98	28.39	1.56	0.80	0.76	105.62
29	29	49.62	25.51	24.11	1.33	0.68	0.65	105.77
30-34	**Aged 30-34**	**254.27**	**130.62**	**123.65**	**6.81**	**3.50**	**3.31**	**105.64**
30	30	48.69	25.15	23.54	1.30	0.67	0.63	106.83
31	31	50.70	26.17	24.54	1.36	0.70	0.66	106.65
32	32	50.87	26.08	24.79	1.36	0.70	0.66	105.19
33	33	48.02	24.55	23.47	1.29	0.66	0.63	104.62
34	34	55.99	28.68	27.31	1.50	0.77	0.73	104.99
35-39	**Aged 35-39**	**329.31**	**169.13**	**160.18**	**8.82**	**4.53**	**4.29**	**105.59**
35	35	56.95	29.05	27.90	1.53	0.78	0.75	104.13
36	36	62.94	32.16	30.78	1.69	0.86	0.82	104.48
37	37	67.63	34.74	32.89	1.81	0.93	0.88	105.62
38	38	70.76	36.41	34.35	1.90	0.98	0.92	105.99
39	39	71.03	36.78	34.26	1.90	0.99	0.92	107.35
40-44	**Aged 40-44**	**339.00**	**175.28**	**163.72**	**9.08**	**4.70**	**4.39**	**107.07**
40	40	74.83	38.65	36.18	2.00	1.04	0.97	106.81
41	41	68.13	35.19	32.94	1.83	0.94	0.88	106.83
42	42	74.80	38.71	36.09	2.00	1.04	0.97	107.27
43	43	57.61	29.76	27.85	1.54	0.80	0.75	106.86
44	44	63.65	32.98	30.66	1.71	0.88	0.82	107.55
45-49	**Aged 45-49**	**295.73**	**152.97**	**142.76**	**7.92**	**4.10**	**3.82**	**107.15**
45	45	60.99	31.73	29.26	1.63	0.85	0.78	108.47
46	46	62.46	32.21	30.25	1.67	0.86	0.81	106.48
47	47	73.71	38.24	35.46	1.97	1.02	0.95	107.84
48	48	59.28	30.63	28.65	1.59	0.82	0.77	106.90
49	49	39.29	20.15	19.14	1.05	0.54	0.51	105.31

4-9 续表 continued

年 龄	Age	常住人口(万人) Usual Resident Population(10 000persons)			占常住人口比重(%) Percent to Usual Resident Population(%)			性别比 (女=100) Sex Patio (female=100)
		合计 Total	男 Male	女 Female	合计 Total	男 Male	女 female	
50-54	**Aged 50-54**	**248.86**	**128.80**	**120.06**	**6.67**	**3.45**	**3.22**	**107.28**
50	50	52.89	27.41	25.48	1.42	0.73	0.68	107.61
51	51	45.07	23.43	21.64	1.21	0.63	0.58	108.31
52	52	50.26	26.14	24.12	1.35	0.70	0.65	108.36
53	53	53.67	27.80	25.87	1.44	0.74	0.69	107.46
54	54	46.97	24.01	22.96	1.26	0.64	0.62	104.59
55-59	**Aged 55-59**	**226.96**	**115.32**	**111.65**	**6.08**	**3.09**	**2.99**	**103.29**
55	55	50.02	25.75	24.27	1.34	0.69	0.65	106.10
56	56	48.00	24.33	23.67	1.29	0.65	0.63	102.77
57	57	44.31	22.43	21.88	1.19	0.60	0.59	102.53
58	58	45.77	23.25	22.53	1.23	0.62	0.60	103.20
59	59	38.86	19.56	19.30	1.04	0.52	0.52	101.37
60-64	**Aged 60-64**	**161.30**	**81.98**	**79.32**	**4.32**	**2.20**	**2.12**	**103.36**
60	60	38.19	19.52	18.67	1.02	0.52	0.50	104.57
61	61	34.70	17.82	16.88	0.93	0.48	0.45	105.57
62	62	29.40	15.02	14.39	0.79	0.40	0.39	104.40
63	63	30.33	15.39	14.94	0.81	0.41	0.40	103.01
64	64	28.68	14.23	14.44	0.77	0.38	0.39	98.56
65-69	**Aged 65-69**	**121.98**	**60.75**	**61.23**	**3.27**	**1.63**	**1.64**	**99.21**
65	65	26.22	12.93	13.29	0.70	0.35	0.36	97.32
66	66	26.31	13.24	13.08	0.70	0.35	0.35	101.21
67	67	23.90	11.91	11.99	0.64	0.32	0.32	99.36
68	68	22.91	11.44	11.47	0.61	0.31	0.31	99.73
69	69	22.64	11.23	11.41	0.61	0.30	0.31	98.45
70-74	**Aged 70-74**	**94.59**	**46.41**	**48.18**	**2.53**	**1.24**	**1.29**	**96.32**
70	70	21.59	10.67	10.93	0.58	0.29	0.29	97.64
71	71	18.09	8.77	9.32	0.48	0.24	0.25	94.15
72	72	19.70	9.67	10.03	0.53	0.26	0.27	96.49
73	73	18.62	9.24	9.37	0.50	0.25	0.25	98.64
74	74	16.59	8.05	8.54	0.44	0.22	0.23	94.25
75-79	**Aged 75-79**	**59.70**	**29.09**	**30.61**	**1.60**	**0.78**	**0.82**	**95.04**
75	75	14.63	7.02	7.61	0.39	0.19	0.20	92.28
76	76	13.08	6.29	6.79	0.35	0.17	0.18	92.63
77	77	12.14	5.99	6.14	0.33	0.16	0.16	97.54
78	78	10.53	5.16	5.37	0.28	0.14	0.14	96.00
79	79	9.33	4.63	4.70	0.25	0.12	0.13	98.64
80-84	**Aged 80-84**	**27.26**	**13.14**	**14.12**	**0.73**	**0.35**	**0.38**	**93.07**
80	80	7.87	3.92	3.96	0.21	0.10	0.11	98.96
81	81	5.61	2.75	2.86	0.15	0.07	0.08	95.98
82	82	5.76	2.72	3.04	0.15	0.07	0.08	89.52
83	83	4.39	2.08	2.31	0.12	0.06	0.06	89.92
84	84	3.63	1.68	1.95	0.10	0.04	0.05	86.09
85-89	**Aged 85-89**	**11.32**	**4.97**	**6.35**	**0.30**	**0.13**	**0.17**	**78.33**
85	85	3.41	1.55	1.86	0.09	0.04	0.05	83.32
86	86	2.80	1.23	1.57	0.07	0.03	0.04	78.79
87	87	2.07	0.90	1.17	0.06	0.02	0.03	76.50
88	88	1.63	0.70	0.93	0.04	0.02	0.02	75.74
89	89	1.41	0.59	0.82	0.04	0.02	0.02	71.69
90-94	**Aged 90-94**	**2.83**	**1.11**	**1.72**	**0.08**	**0.03**	**0.05**	**64.44**
90	90	1.02	0.41	0.61	0.03	0.01	0.02	67.02
91	91	0.65	0.26	0.39	0.02	0.01	0.01	64.72
92	92	0.50	0.19	0.31	0.01	0.01	0.01	61.26
93	93	0.37	0.14	0.23	0.01		0.01	61.88
94	94	0.29	0.11	0.18	0.01			63.82
95-99	**Aged 95-99**	**0.68**	**0.27**	**0.41**	**0.02**	**0.01**	**0.01**	**65.87**
95	95	0.21	0.08	0.13	0.01			59.24
96	96	0.17	0.07	0.10				65.60
97	97	0.13	0.05	0.08				66.71
98	98	0.10	0.04	0.06				76.22
99	99	0.07	0.03	0.04				72.42
100岁及以上	**Aged 100 and over**	**0.03**	**0.01**	**0.02**				**48.47**

4-10 常住人口增长情况
Growth of Usual Resident Population

单位：万人 (10 000 persons)

地 区	Region	2000年普查常住人口 National Population at 2000 Census	2010年普查常住人口 National Population at 2010 Census	2000-2010年 From 2000 to 2010 增加人数 Growth in Persons	增长率(%) Growth Rate (%)	年均增长率(%) Annual Growth Rate (%)
全 省	**Shaanxi**	**3604.77**	**3732.74**	**127.97**	**3.55**	**0.35**
西安市	Xi'an	741.14	846.78	105.64	14.25	1.34
铜川市	Tongchuan	80.81	83.44	2.63	3.26	0.32
宝鸡市	Baoji	366.47	371.67	5.20	1.42	0.14
咸阳市	Xianyang	483.88	489.48	5.60	1.16	0.12
渭南市	Weinan	539.48	528.61	-10.87	-2.02	-0.20
延安市	Yan'an	205.59	218.70	13.11	6.38	0.62
汉中市	Hanzhong	347.86	341.62	-6.24	-1.79	-0.18
榆林市	Yulin	319.90	335.14	15.24	4.77	0.47
安康市	Ankang	266.57	262.99	-3.58	-1.34	-0.14
商洛市	Shangluo	239.01	234.17	-4.84	-2.02	-0.20
杨凌示范区	Yangling	17.30	20.12	2.82	16.31	1.52

4-11 常住人口和性别比（2010年，人口普查数）
Usual Resident Population and Sex Ratio (National Population Census in 2010)

地 区	Region	常住人口(万人) Usual Resident Population (10 000 persons) 合计 Total	男 Male	女 Femal	占常住人口比重(%) Percent to Usual Resident Population (%) 男 Male	女 Female	性别比(女性人口=100) Sex Ratio (female=100)
全 省	**Shaanxi**	**3732.74**	**1928.76**	**1803.98**	**51.67**	**48.33**	**106.92**
西安市	Xi'an	846.78	434.08	412.70	51.26	48.74	105.18
铜川市	Tongchuan	83.44	43.22	40.22	51.80	48.20	107.45
宝鸡市	Baoji	371.67	191.83	179.84	51.61	48.39	106.66
咸阳市	Xianyang	489.48	251.25	238.23	51.33	48.67	105.54
渭南市	Weinan	528.61	268.27	260.34	50.75	49.25	103.05
延安市	Yan'an	218.70	114.91	103.79	52.54	47.46	110.71
汉中市	Hanzhong	341.62	175.65	165.97	51.42	48.58	105.84
榆林市	Yulin	335.14	176.97	158.17	52.80	47.20	111.88
安康市	Ankang	262.99	138.97	124.03	52.84	47.16	112.05
商洛市	Shangluo	234.17	123.19	110.98	52.61	47.39	111.01
杨凌示范区	Yangling	20.12	10.41	9.70	51.77	48.23	107.32

4-12 家庭户与集体户的户数和常住人口（2010年，人口普查数）
Residents and Households of the Sixth National Population Census (National Population Census in 2010)

地 区	Region	家庭户 Family Household		集体户 Collective Household		家庭户人口占常住人口比重(%) Family Household Population as Percentage to Usual Residents(%)	平均家庭户规模(人/户) Average Family Size (person/household)
		户数(户) Household (household)	人口(人) Population (person)	户数(户) Household (household)	人口(人) Population (person)		
全 省	**Shaanxi**	**10718565**	**34462114**	**365953**	**2865264**	**92.32**	**3.22**
西安市	Xi'an	2504155	7396064	193556	1071773	87.34	2.95
铜川市	Tongchuan	253315	782855	4218	51582	93.82	3.09
宝鸡市	Baoji	1028579	3475578	17779	241153	93.51	3.38
咸阳市	Xianyang	1311025	4585246	38130	309588	93.68	3.50
渭南市	Weinan	1445151	4979970	24682	306107	94.21	3.45
延安市	Yan'an	646054	2030604	17880	156405	92.85	3.14
汉中市	Hanzhong	1093481	3247029	14748	169167	95.05	2.97
榆林市	Yulin	988769	3064142	30057	287295	91.43	3.10
安康市	Ankang	773547	2548802	6339	81104	96.92	3.29
商洛市	Shangluo	631571	2204171	8252	137571	94.13	3.49
杨凌示范区	Yangling	42918	147653	10312	53519	73.40	3.44

4-13 人口年龄结构（2010年，人口普查数）
Age Structure of Population (National Population Census in 2010)

地 区	Region	常住人口(万人) Usual Resident Population (10 000 persons)	年龄别人口(万人) Population by Age Group(10 000 persons)			占常住人口比重(%) Percent to Usual Resident Population (%)		
			0-14岁 Aged 0-14	15-64岁 Aged 15-64	65岁及以上 Aged 65 and over	0-14岁 Aged 0-14	15-64岁 Aged 15-64	65岁及以上 Aged 65 and over
全 省	**Shaanxi**	**3732.74**	**548.94**	**2865.41**	**318.38**	**14.71**	**76.76**	**8.53**
西安市	Xi'an	846.78	109.13	666.02	71.64	12.89	78.65	8.46
铜川市	Tongchuan	83.44	10.91	64.72	7.81	13.07	77.56	9.36
宝鸡市	Baoji	371.67	54.62	285.32	31.74	14.69	76.77	8.54
咸阳市	Xianyang	489.48	74.64	372.84	42.00	15.25	76.17	8.58
渭南市	Weinan	528.61	74.33	407.61	46.68	14.06	77.11	8.83
延安市	Yan'an	218.70	36.78	167.97	13.95	16.82	76.80	6.38
汉中市	Hanzhong	341.62	52.79	252.20	36.62	15.45	73.83	10.72
榆林市	Yulin	335.14	53.36	256.99	24.79	15.92	76.68	7.40
安康市	Ankang	262.99	43.64	195.77	23.59	16.59	74.44	8.97
商洛市	Shangluo	234.17	36.15	179.75	18.28	15.44	76.76	7.81
杨凌示范区	Yangling	20.12	2.60	16.24	1.28	12.93	80.70	6.37

4-14　各种受教育程度人口（2010年，人口普查数）
Various Education Population(National Population Census in 2010)

地　区	Region	六岁及以上人口数（万人） Aged 6 and over Population(10 000 persons)					占六岁及以上人口比重（%） Aged 6 and over Population (%)			
		合　计 Total	大专及以上 Junior College and Above	高　中 Senior School	初　中 Junior Secondray School	小　学 Primary School	大专及以上 Junior College and Above	高　中 Senior School	初　中 Junior Secondray School	小　学 Primary School
全　省	**Shaanxi**	**3518.72**	**394.03**	**588.77**	**1498.15**	**874.10**	**11.20**	**16.73**	**42.58**	**24.84**
西安市	Xi'an	804.08	186.33	174.96	302.04	123.94	23.17	21.76	37.56	15.41
铜川市	Tongchuan	79.53	6.75	16.12	36.12	16.82	8.48	20.27	45.41	21.15
宝鸡市	Baoji	351.87	29.87	62.73	156.65	87.73	8.49	17.83	44.52	24.93
咸阳市	Xianyang	461.13	41.87	80.58	217.50	101.55	9.08	17.47	47.17	22.02
渭南市	Weinan	500.37	31.75	81.32	258.79	110.78	6.34	16.25	51.72	22.14
延安市	Yan'an	202.72	18.80	32.28	79.65	63.83	9.27	15.92	39.29	31.49
汉中市	Hanzhong	322.26	21.45	43.71	131.36	103.44	6.66	13.56	40.76	32.10
榆林市	Yulin	312.24	25.63	44.57	119.70	95.67	8.21	14.27	38.34	30.64
安康市	Ankang	246.16	12.62	25.43	91.62	98.81	5.13	10.33	37.22	40.14
商洛市	Shangluo	219.32	12.95	24.12	98.30	68.47	5.90	11.00	44.82	31.22
杨凌示范区	Yangling	19.05	6.02	2.95	6.43	3.04	31.60	15.51	33.76	15.97

4-15　每十万人拥有的各种受教育程度人口（人口普查数）
Various Education Population Attainment Per 100 000 Persons (National Population Census)

单位：人　　(person)

地　区	Region	大专及以上 Junior College and Above		高　中 Senior School		初　中 Junior Secondray School		小　学 Primary School	
		2000	2010	2000	2010	2000	2010	2000	2010
全　省	**Shaanxi**	**4138**	**10556**	**12246**	**15773**	**33203**	**40135**	**34475**	**23417**
西安市	Xi'an	10931	22004	19039	20662	35702	35669	23583	14636
铜川市	Tongchuan	3341	8084	16116	19323	35132	43285	30490	20159
宝鸡市	Baoji	2975	8037	13264	16877	34674	42148	33597	23605
咸阳市	Xianyang	2862	8554	12201	16462	37827	44434	32534	20747
渭南市	Weinan	1932	6006	10962	15384	39882	48956	34161	20957
延安市	Yan'an	2677	8594	10606	14758	27397	36418	38574	29186
汉中市	Hanzhong	2333	6279	9988	12795	31550	38452	38516	30280
榆林市	Yulin	1912	7647	8008	13299	25923	35717	42770	28547
安康市	Ankang	1712	4799	7006	9670	21535	34836	44835	37572
商洛市	Shangluo	1476	5528	7289	10299	28343	41976	44183	29238
杨凌示范区	Yangling	17449	29922	16166	14685	31998	31962	23132	15125

注：2000年人口普查高中含中专学历。
a)The national population census of senior school in 2000 including secondary technical school

4-16 文盲人口（人口普查数）
Illiterate Population (National Population Census)

地 区	Region	文盲人口（万人） Illiterate Population (10 000 persons) 2000	2010	文盲率(%) Illiterate Rate (%) 2000	2010
全 省	**Shaanxi**	**262.95**	**139.78**	**7.29**	**3.74**
西安市	Xi'an	26.31	13.59	3.55	1.60
铜川市	Tongchuan	5.40	3.28	6.68	3.93
宝鸡市	Baoji	22.54	11.71	6.15	3.15
咸阳市	Xianyang	30.53	16.99	6.31	3.47
渭南市	Weinan	27.25	14.45	5.05	2.73
延安市	Yan'an	25.50	6.02	12.40	2.75
汉中市	Hanzhong	23.93	19.63	6.88	5.75
榆林市	Yulin	40.32	24.91	12.60	7.43
安康市	Ankang	37.05	14.55	13.90	5.53
商洛市	Shangluo	23.39	14.16	9.79	6.05
杨凌示范区	Yangling	0.73	0.50	5.19	2.48

4-17 城镇人口（2010年，人口普查数）
Urban Population(National Population Census in 2010)

地 区	Region	常住人口（万人） Usual Resident Population (10 000 persons)	城镇人口（万人） Urban Population (10 000 persons)	城镇人口占常住人口比重（%） Percent to Usual Resident Population (%)
全 省	**Shaanxi**	**3732.74**	**1705.86**	**45.70**
西安市	Xi'an	846.78	584.28	69.00
铜川市	Tongchuan	83.44	48.31	57.89
宝鸡市	Baoji	371.67	153.84	41.39
咸阳市	Xianyang	489.48	200.79	41.02
渭南市	Weinan	528.61	166.93	31.58
延安市	Yan'an	218.70	105.72	48.34
汉中市	Hanzhong	341.62	126.67	37.08
榆林市	Yulin	335.14	158.89	47.41
安康市	Ankang	262.99	90.99	34.60
商洛市	Shangluo	234.17	63.93	27.30
杨凌示范区	Yangling	20.12	10.50	52.17

主要统计指标解释

人口数 指一定时点、一定地区范围内有生命的个人总和。

年度统计的年末人口数指每年 12 月 31 日 24 时的人口数。年度统计的全国人口总数内未包括香港、澳门特别行政区和台湾省以及海外华侨人数。

城镇人口和乡村人口 城镇人口是指居住在城镇范围内的全部常住人口；乡村人口是除上述人口以外的全部人口。

出生率(又称粗出生率) 指在一定时期内(通常为一年)一定地区的出生人数与同期内平均人数(或期中人数)之比，用千分率表示。本资料中的出生率指年出生率，其计算公式为:

$$出生率=\frac{年出生人数}{年平均人数}\times1000‰$$

式中：出生人数指活产婴儿，即胎儿脱离母体时(不管怀孕月数)，有过呼吸或其他生命现象。年平均人数指年初、年底人口数的平均数，也可用年中人口数代替。

死亡率(又称粗死亡率) 指在一定时期内(通常为一年)一定地区的死亡人数与同期内平均人数(或期中人数)之比，用千分率表示。本资料中的死亡率指年死亡率，其计算公式为:

$$死亡率=\frac{年死亡人数}{年平均人数}\times1000‰$$

人口自然增长率 指在一定时期内(通常为一年)人口自然增加数(出生人数减死亡人数)与该时期内平均人数(或期中人数)之比，用千分率表示。计算公式为:

$$人口自然增长率=\frac{本年出生人数-本年死亡人数}{年平均人数}\times1000‰$$

$$=人口出生率-人口死亡率$$

总抚养比 也称总负担系数。指人口总体中非劳动年龄人口数与劳动年龄人口数之比。通常用百分比表示。说明每 100 名劳动年龄人口大致要负担多少名非劳动年龄人口。用于从人口角度反映人口与经济发展的基本关系。计算公式为:

$$GDR=\frac{P_{0\sim14}+P_{65^+}}{P_{15\sim64}}\times100\%$$

其中：GDR 为总抚养比；

$P_{0\sim14}$ 为 0 ~ 14 岁少年儿童人口数；

P_{65^+} 为 65 岁及 65 岁以上的老年人口数；

$P_{15\sim64}$ 为 15 ~ 64 岁劳动年龄人口数。

老年人口抚养比 也称老年人口抚养系数。指某一人口中老年人口数与劳动年龄人口数之比。通常用百分比表示。用以表明每 100 名劳动年龄人口要负担多少名老年人。老年人口抚养比是从经济角度反映人口老化社会后果的指标之一。计算公式为:

$$ODR=\frac{P_{65^+}}{P_{15\sim64}}\times100\%$$

其中：ODR 为老年人口抚养比；

P_{65^+} 为 65 岁及 65 岁以上的老年人口数；

$P_{15\sim64}$ 为 15 ~ 64 岁的劳动年龄人口数。

少年儿童抚养比 也称少年儿童抚养系数。指某一人口中少年儿童人口数与劳动年龄人口数之比。通常用百分比表示。以反映每 100 名劳动年龄人口要负担多少名少年儿童。计算公式为:

$$CDR=\frac{P_{0\sim14}}{P_{15\sim64}}\times100\%$$

其中：CDR 为少年儿童抚养比；

$P_{0\sim14}$ 为 0 ~ 14 岁少年儿童人口数；

$P_{15\sim64}$ 为 15 ~ 64 岁劳动年龄人口数。

Explanatory Notes on Main Statistical Indicators

Total Population refers to the total number of people alive at a certain point of time within a given area.

The annual statistics on total population is taken at midnight, the 31st of December, not including residents in Taiwan province, Hong Kong SAR and Macao SAR and Chinese national residing abroad.

Urban Population and Rural Population Urban population refers to all people residing in cities and towns, while rural population refers to population other than urban population.

Birth Rate (or Crude Birth Rate) refers to the ratio of the number of births to the average population (or mid-period population) during a certain period of time (usually a year), expressed in ‰. Birth rate in the chapter refers to annual birth rate. The following formula is used:

$$\text{Birth Rate} = \frac{\text{Number of Births}}{\text{Annual Average Population}} \times 1000‰$$

Number of births in the formula refers to live births, i.e. when a baby has breathed or showed any vital phenomena regardless of the length of pregnancy.

Annual average population is the average of the number of population at the beginning of the year and that at the end of the year. Sometimes it is substituted by the mid-year population.

Death Rate (or Crude Death Rate) refers to the ratio of the number of deaths to the average population (or mid-period population) during a certain period of time (usually a year), expressed in ‰. Death rate in the chapter refers to annual death rate. The following formula is used:

$$\text{Death Rate} = \frac{\text{Number of Deaths}}{\text{Annual Average Population}} \times 1000‰$$

Natural Growth Rate of Population refers to the ratio of natural increase in population (number of births minus number of deaths) in a certain period of time (usually a year) to the average population (or mid-period population) of the same period, expressed in ‰. The following formula is applied:

$$\begin{array}{c}\text{Natural Growth}\\ \text{Rate of Population}\end{array} = \frac{\text{Number of Births - Number of Deaths}}{\text{Annual Average Population}} \times 1000‰$$

Natural Growth Rate of Population = Birth Rate-Death Rate

Gross Dependency Ratio also called gross dependency coefficient, refers to the ratio of non-working-age population to the working-age population, express in %. Describing in general the number of non-working-age population that every 100 people at working ages will take care of, this indicator reflects the basic relation between population and economic development from the demographic perspective. The gross dependency ratio is calculated with the following formula:

$$GDR = \frac{P_{0\sim14} + P_{65^+}}{P_{15\sim64}} \times 100\%$$

Where: GDR is the gross dependency ratio,

$P_{0\text{-}14}$ is the population of children aged 0-14,

P_{65+} is the elderly population aged 65 and over, and

$P_{15\text{-}64}$ is the working-age population aged 15-64.

Old Dependency Ratio also called old dependency coefficient, refers to the ratio of the elderly population to the working-age population, express in %. It describes the number of the elderly population that every 100 people at working ages will take care of. Old dependency ratio is one of the indicators reflecting the social implication of population aging from the economic perspective. The old dependency ratio is calculated with the following formula:

$$ODR = \frac{P_{65^+}}{P_{15\sim64}} \times 100\%$$

Where: ODR is the old dependency ratio,

P_{65+} is the elderly population aged 65 and over, and

$P_{15\text{-}64}$ is the working-age population aged 15-64.

Children Dependency Ratio also called children dependency coefficient, refers to the ratio of the children population to the working-age population, express in %. It describes the number of children population that every 100 people at working ages will take care of. The children dependency ratio is calculated with the following formula:

$$CDR = \frac{P_{0\sim14}}{P_{15\sim64}} \times 100\%$$

Where: CDR is the children dependency ratio,

$P_{0\text{-}14}$ is the children population aged 0-14, and

$P_{15\text{-}64}$ is the working-age population aged 15-64.

五、就业人员和职工工资

Employment and Wages

资料整理：张维维

简 要 说 明

一、本篇资料反映陕西劳动就业与工资的基本情况。主要内容包括全社会就业人员数、城镇单位在岗职工人数、城镇私营企业和个体工商业就业人数、在岗职工工资总额、平均工资、城镇登记失业率、社会保障情况等。

二、本篇资料中，城镇登记失业人数及失业率、社会保障情况、城镇私营及个体就业人员资料由省人力资源和社会保障厅、省民政厅、省工商行政管理局等部门提供并加工整理。

三、本篇资料中的城镇就业人员、在岗职工及其工资统计范围只包括城镇以上国有、集体及其他经济类型单位，不包括私营企业和个体。

Brief Introduction

Ⅰ. This chapter reflects the basic conditions of labor employment and wages of Shaanxi Province, mainly including the number of all employed persons, number of fully employed staff and workers in units in urban areas, number of the persons employed in urban private enterprises and self-employed persons in industry and commerce, total wages and average wage of fully employed staff and workers and registered urban unemployment rate, social security and etc.

Ⅱ. The data on registered urban unemployment and unemployment rate, social security, number of the persons employed in urban private enterprises and self-employed persons in industry and commerce are processed and prepared from figures provided by Shaanxi Provincial Department of Labor and Social Security, Shaanxi Provincial Department of Civil Affairs, Shaanxi Provincial Administration for Industry and Commerce and etc.

Ⅲ. The statistical coverage of urban employed persons, fully employed staff and workers, staff and workers and wages in this chapter only includes state-owned units, collective-owned units and other types of ownership in urban areas, but excludes private enterprises and self-employed individuals.

5.就业人员和职工工资

2011 年全省

年底就业人员	2059	万人	比上年下降 0.7%
#城镇单位在岗职工人数	371	万人	比上年增长 8.3%
城镇单位在岗职工工资总额	1484.27	亿元	比上年增长 26.2%
城镇登记失业率	3.59	%	

在岗职工年末人数

（万人）

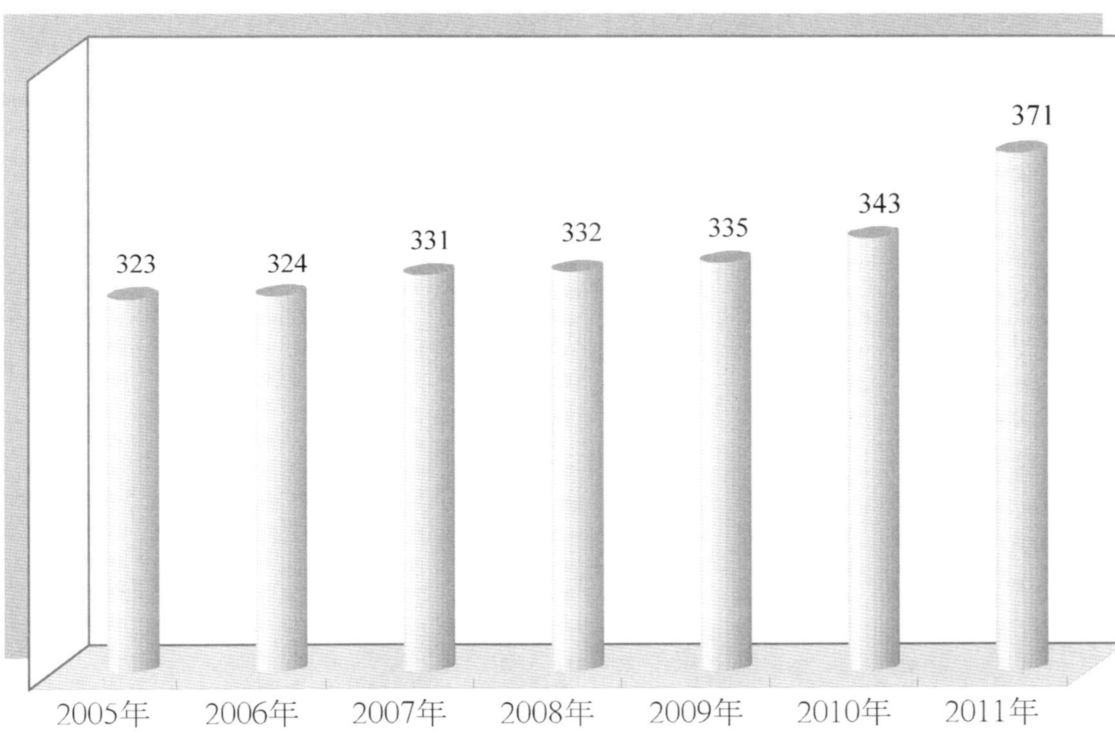

5-1 就业人员人数
Number of Employed Persons

单位：万人 (10 000 persons)

年 份 Year	就业人员 人 数 Number of Employed Persons	第一产业 Primary Industry	第二产业 Secondary Industry	第三产业 Tertiary Industry	年末职工 人 数 Number of Staff & Workers at Year-end	#国有单位 State-owned Units	#城镇集体单 位 Urban Collective-owned Units	城镇私营及个体就业人员 Employed Persons in Private Enterprises, Self-employed Individuals in Urban Areas	乡 村 就业人员 Rural Employed Persons	其他就业 人 员 Others
1978	1078	766	193	119	257	222	35	…	821	
1979	1105	794	191	120	264	225	40		840	
1980	1158	831	199	128	282	239	43	1	875	
1981	1202	874	188	140	297	250	47	2	903	
1982	1250	904	198	148	309	258	50	3	939	
1983	1285	925	199	161	312	261	51	4	969	
1984	1337	936	217	184	324	260	63	7	1007	
1985	1375	888	287	200	337	271	65	9	1029	
1986	1409	874	303	232	350	282	67	10	1049	
1987	1449	905	311	233	358	289	68	14	1077	
1988	1494	950	299	245	366	298	68	15	1112	
1989	1529	973	298	258	374	304	68	17	1138	
1990	1576	1010	302	264	379	311	67	17	1180	
1991	1640	1054	314	272	390	321	68	18	1232	
1992	1672	1069	321	283	395	326	67	19	1258	
1993	1708	1061	335	312	398	326	66	24	1272	14
1994	1720	1055	333	332	392	327	60	32	1283	13
1995	1748	1056	341	351	395	333	56	42	1298	13
1996	1776	1053	341	382	398	336	54	59	1308	11
1997	1792	1053	339	400	396	335	52	63	1322	11
1998	1788	1055	300	433	335	270	36	99	1342	12
1999	1808	1052	304	452	335	271	32	109	1353	11
2000	1813	1010	299	504	328	265	29	133	1343	9
2001	1785	994	297	494	324	258	27	118	1333	9
2002	1874	1003	308	563	322	253	25	179	1363	10
2003	1912	997	364	551	319	246	23	185	1397	11
2004	1941	965	361	615	319	243	22	184	1425	13
2005	1976	957	368	651	323	242	21	205	1437	11
2006	1986	956	375	655	324	247	21	227	1425	11
2007	2013	933	401	679	331	240	19	257	1414	11
2008	2039	909	420	710	332	240	19	275	1420	12
2009	2060	876	493	691	335	233	16	282	1425	17
2010	2074	856	561	657	343	239	14	333	1376	22
2011	2059	824	585	650	371	251	14	359	1307	22

注：本表职工人数1998年及以后为在岗职工数。

a) Data in this table refer to number of staff and workers since 1998.

5-2 分行业就业人员人数(2011年)

Number of Employed Persons by Sector (2011)

单位：万人 (10 000 persons)

行业	Sector	合计 Total	国有单位 State-owned Units	城镇集体单位 Urban Collective-owned Units	其他单位 Units of Other Types of Ownership	私营单位 Private Units	城镇个体 Urban Self-employed Individuals	乡村就业人员 Rural Employed Persons
总计	**Total**	**2059.0**	**263.5**	**15.2**	**114.9**	**206.7**	**151.9**	**1306.7**
第一产业	Primary Industry	824.2	4.1	0.1	0.1	3.0	0.6	816.4
农、林、牧、渔业	Agriculture, Forestry, Animal Husbandry and Fishery	824.2	4.1	0.1	0.1	3.0	0.6	816.4
第二产业	Secondary Industry	585.3	74.4	8.4	75.5	108.6	9.9	308.5
采矿业	Mining	39.1	21.5	0.7	6.8	10.0	0.2	
制造业	Manufacturing	301.1	32.4	1.8	50.9	66.4	9.3	140.3
电力、燃气及水生产和供应业	Production and Distribution of Electricity,Gas and Water	10.5	5.8	0.1	3.8	0.8	0.0	
建筑业	Construction	234.6	14.8	5.8	14.0	31.4	0.4	168.2
第三产业	Tertiary Industry	649.5	185.0	6.8	39.4	95.1	141.4	181.9
交通运输、仓储和邮政业	Traffic, Transport, Storage and Post	88.9	15.6	0.4	3.7	7.1	1.8	60.3
信息传输、计算机服务和软件业	Information Transmission, Computer Servicesand Software	20.9	4.2	0.0	3.5	2.6	0.6	10.0
批发和零售业	Wholesale and Retail Trades	191.6	4.8	1.4	8.7	28.0	87.1	61.6
住宿和餐饮业	Hotels and Catering Services	97.4	2.1	0.3	5.0	13.8	26.3	50.0
金融业	Financial Intermediation	14.3	4.1	1.9	8.1	0.3		
房地产业	Real Estate	13.9	1.3	0.4	4.6	7.0	0.5	
租赁和商务服务业	Leasing and Business Services	13.4	2.2	0.8	1.1	6.3	3.0	
科学研究、技术服务和地质勘查业	Scientific Research, Technical Service and Geologic Prospecting	17.7	13.0	0.1	1.3	3.3	0.0	
水利、环境和公共设施管理业	Management of Water Conservancy, Environment and Public Facilities	9.0	8.2	0.1	0.2	0.5	0.0	
居民服务和其他服务业	Services to Households and Other Services	23.8	0.5	0.4	0.4	2.9	19.5	
教育	Education	64.8	55.4	0.1	1.2	8.2	0.0	
卫生、社会保障和社会福利业	Health, Social Security and Social Welfare	24.0	19.5	0.8	0.3	3.1	0.2	
文化、体育和娱乐业	Culture, Sports and Entertainment	7.3	3.5	0.1	1.3	1.4	0.9	
公共管理和社会组织	Public Management and Social Organization	61.0	50.6	0.0	0.0	10.5		
其他行业	Others	1.5					1.5	

5-3 城镇单位企业、事业、机关人数和工资(2011年)
Persons and Wages of Urban Enterprises, Institutions and State Organs (2011)

指标	Item	合计 Total	企业 Enterprises	事业 Institutions	机关 Agencies & Organizations	民间非盈利组织 Civil Non-profit Organization	其他 Others
一、城镇单位就业人员年末人数 (人)	Employed Persons in Urban Units at Year-end (person)	3936961	2420414	1026823	483750	4550	1424
# 女性	Female	1397071	772919	483213	138131	1991	817
# 在岗职工人数	Number of Staff and Workers	3712830	2265110	982785	459357	4154	1424
1.国有单位	State-owned Units	2505745	1074740	971648	459357		
2.城镇集体单位	Urban Collective-owned Units	140194	131621	8487		66	20
3.其他单位	Units of Other Types of Ownership	1066891	1058749	2650		4088	1404
二、城镇单位就业人员劳动报酬 (万元)	Earning of Employed Persons in Urban Units (10 000 yuan)	15369671	9487765	4067863	1792165	18378	3500
# 在岗职工工资总额	Number of Staff and Workers	14842733	9068967	3996376	1755969	17921	3500
三、城镇单位就业人员平均劳动报酬 (元)	Average Earning of Employed Persons in Urban Units (yuan)	38143	37726	39741	36988	37211	23175
四、在岗职工平均工资(元)	Average Wage of Staff and Workers(yuan)	39043	38510	40772	38131	39666	23175
1.国有单位	State-owned Units	41291	42916	40881	38131		
2.城镇集体单位	Urban Collective-owned Units	27336	27206	29518		15652	15750
3.其他单位	Units of Other Types of Ownership	35257	35251	36219		40022	23275

注：本表不含城镇私营单位和个体。
私营单位就业人员：2010年1902827人，2011年2067214人；私营单位就业人员平均工资：2010年16052元，2011年18844元。
a) Data in this table do not include urban private enterprises and self-employed individuals.
b) Employlees in private enterprises:1 902 827 persons in 2010,2 067 214 persons in 2011.
c) The average wage of employlees in private enterprises in private enterprises:16 052 yuan in 2010,18 844 yuan in 2011.

5-4 分行业在岗职工年末人数(2011年)
Number of Fully Employed Staff and Workers at Year-end by Sector (2011)

单位：人 (person)

行业	Sector	年末人数 Number at Year-end	国有单位 State-owned Units	城镇集体单位 Urban Collective-owned Units	其他单位 Units of Other Types of Ownership
总计	**Total**	**3712830**	**2505745**	**140194**	**1066891**
农、林、牧、渔业	Agriculture, Forestry, Animal Husbandry and Fishery	41828	40708	516	604
采矿业	Mining	279638	208553	6582	64503
制造业	Manufacturing	829691	315363	17618	496710
电力、燃气及水生产和供应业	Production and Distribution of Electricity, Gas and Water	94389	56177	820	37392
建筑业	Construction	280053	117829	52369	109855
交通运输、仓储和邮政业	Traffic, Transport, Storage and Post	190975	151626	3474	35875
信息传输、计算机服务和软件业	Information Transmission, Computer Services and Software	74479	41234	354	32891
批发和零售业	Wholesale and Retail Trades	144241	46339	12389	85513
住宿和餐饮业	Hotels and Catering Services	71528	20551	2484	48493
金融业	Financial Intermediation	114357	39011	18223	57123
房地产业	Real Estate	57586	11570	4138	41878
租赁和商务服务业	Leasing and Business Services	37868	20367	6667	10834
科学研究、技术服务和地质勘查业	Scientific Research, Technical Service and Geologic Prospecting	138391	125386	792	12213
水利、环境和公共设施管理业	Management of Water Conservancy, Environment and Public Facilities	73377	70745	556	2076
居民服务和其他服务业	Services to Households and Other Services	13463	5176	3967	4320
教育	Education	552012	541066	584	10362
卫生、社会保障和社会福利业	Health, Social Security and Social Welfare	191866	181019	7812	3035
文化、体育和娱乐业	Culture, Sports and Entertainment	47530	33532	823	13175
公共管理和社会组织	Public Management and Social Organization	479558	479493	26	39

5-5 各市(区)在岗职工年末人数(2011年)
Number of Fully Employed Staff and Workers at Year-end by City(District)(2011)

单位：人 (person)

地 区	Region	总 计 Total	国有单位 State-owned Units	城镇集体单位 Urban Collective-owned Units	其他单位 Others	# 港澳台投资 Funds from Hong Kong, Macao & Taiwan	# 外商投资 Foreign Funded
全 省	**Shaanxi**	**3712830**	**2505745**	**140194**	**1066891**	**29998**	**110600**
西 安 市	Xi'an	1427059	846737	50223	530099	16014	90226
铜 川 市	Tongchuan	96680	79504	2216	14960	18	494
宝 鸡 市	Baoji	295626	177902	14059	103665	662	2613
咸 阳 市	Xianyang	387279	254724	15515	117040	10087	6348
渭 南 市	Weinan	366858	263101	11361	92396	459	6425
延 安 市	Yan'an	230634	210037	9755	10842		562
汉 中 市	Hanzhong	228533	144115	10594	73824	732	1203
榆 林 市	Yulin	252538	203693	10322	38523	220	637
安 康 市	Ankang	130071	94075	7285	28711	1468	536
商 洛 市	Shangluo	128882	93860	8478	26544		812
杨凌示范区	Yangling	33519	14792	386	18341	338	744

注：全省数据含省级直报单位。
a)The data of Shaanxi is include the direct reporting organization。

5-6 在岗职工人数和工资总额
Total Persons and Wages of Fully Employed Staff and Workers

指 标	Item	在岗职工人数(人) Number of Staff and Workers (person)		工资总额(万元) Total Wages Bill (10 000 yuan)		平均工资(元) Average Wage (yuan)	
		2010	2011	2010	2011	2010	2011
总 计	**Total**	**3427709**	**3712830**	**11763328**	**14842733**	**34299**	**39043**
国有单位	State-owned Units	2393640	2505745	8563164	10609279	35495	41291
城镇集体单位	Urban Collective-owned Units	139888	140194	304099	383545	20650	27336
其他单位	Units of Other Types of Ownership	894181	1066891	2896065	3849909	33292	35257
(一)内 资	Domestic Funds	772010	926293	2451318	3307745	32550	35307
1.股份合作制	Cooperative	20747	20405	54560	67818	26631	32552
2.联 营	Joint Ownership	11227	6722	47847	25667	43596	37763
3.有限责任公司	Limited Liability Corporations	569428	689314	1686307	2301975	30336	32931
4.股份有限公司	Share-holding Corporations Ltd.	166875	199712	646412	857545	39863	43069
5.其 它	Others	3733	10140	16193	54739	45092	49377
(二)港、澳、台投资	Funds from Hong Kong, Macao & Taiwan	32066	29998	113435	97079	35566	30839
(三)外商投资	Foreign Funded	90105	110600	331312	445086	39024	36001

5-7 职工平均工资和指数

Average Wage of Staff and Workers and Related Indices

年 份 Year	职工平均工资(元) Average Wage of Staff and Workers (yuan)	指数(1978年=100) Indices (1978 year=100)		国有单位职工平均工资(元) Average Wage of Staff and Workers in State-owned Units (yuan)	指数(1978年=100) Indices (1978 year=100)		城镇集体单位职工平均工资(元) Average Wage of Staff and Workers in Urban Collective-owned Units (yuan)	指数(1978年=100) Indices (1978 year=100)	
		货币工资 Money Wage	实际工资 Real Wage		货币工资 Money Wage	实际工资 Real Wage		货币工资 Money Wage	实际工资 Real Wage
1978	654	100.0	100.0	669	100.0	100.0	558	100.0	100.0
1979	705	107.8	106.3	728	108.8	107.3	570	102.2	100.7
1980	785	120.0	112.3	811	121.2	113.4	636	114.0	106.6
1981	780	119.3	107.7	812	121.4	109.6	609	109.1	98.6
1982	797	121.9	109.1	831	124.2	111.2	619	110.9	99.3
1983	824	126.0	111.0	857	128.1	112.9	652	116.8	102.9
1984	973	148.8	126.7	1024	153.1	130.4	757	135.7	115.6
1985	1122	171.6	135.8	1182	176.7	139.9	869	155.7	123.3
1986	1291	197.4	146.7	1363	203.7	151.4	987	176.9	131.4
1987	1409	215.4	146.6	1493	223.2	151.8	1054	188.9	128.5
1988	1680	256.9	145.5	1788	267.3	151.4	1206	216.2	122.5
1989	1856	283.8	136.7	1975	295.2	142.2	1319	236.4	113.9
1990	2042	312.2	146.6	2174	325.0	152.6	1425	255.4	119.9
1991	2198	336.1	147.1	2332	348.6	152.6	1554	278.5	121.9
1992	2434	372.2	146.5	2594	387.7	152.6	1634	292.8	115.2
1993	2890	441.9	152.5	3077	459.9	158.8	1918	343.7	118.6
1994	3803	581.5	156.6	4050	605.4	163.0	2299	412.0	110.9
1995	4396	672.2	153.4	4639	693.4	158.2	2795	500.9	114.3
1996	4882	746.5	154.4	5142	768.6	159.0	3082	552.3	114.3
1997	5184	792.7	155.9	5452	814.9	160.2	3177	569.4	111.9
1998	6029	921.9	185.5	6257	935.3	188.2	3823	685.1	137.9
1999	6931	1059.8	219.4	7162	1070.6	221.6	4318	773.8	160.2
2000	7804	1193.3	246.3	8043	1202.2	248.2	4920	881.7	182.0
2001	9120	1394.5	287.6	9440	1411.1	291.0	5293	948.6	195.6
2002	10351	1582.7	332.4	10700	1599.4	335.9	6080	1089.6	228.8
2003	11461	1752.4	365.1	11833	1768.8	368.5	6858	1229.0	256.0
2004	13024	1991.4	402.8	13333	1992.9	403.1	7373	1321.3	267.2
2005	14796	2262.3	453.5	15223	2275.5	456.1	7926	1420.4	284.7
2006	16918	2586.8	507.9	17139	2561.9	501.5	9086	1628.3	318.6
2007	21296	3256.3	607.7	21653	3236.6	604.1	11289	2023.1	377.6
2008	25942	3966.7	697.1	26516	3963.5	696.6	13523	2423.5	425.9
2009	30185	4615.4	790.6	31537	4710.1	807.5	16415	2941.8	503.9
2010	34299	5244.5	888.8	35495	5305.7	899.1	20650	3700.7	627.1
2011	39043	5969.9	957.2	41291	6172.0	989.6	27336	4898.9	785.5

注：本表不含城镇私营单位和个体，1998年及以后数据为在岗职工平均工资，指数据此推算。

a) Data in this table do not include urban private enterprises and self-employed individuals. The data refer to average wage of fully employed staff and workers since 1998 and the indices was calculated on it.

5-8 城镇单位就业人员分行业劳动报酬(2011年)
Earnings of Employed Persons by Sector in Urban Units (2011)

单位：万元 (10 000 yuan)

行 业	Sector	劳动报酬 Earnings	国有单位 State-owned Units	城镇集体单位 Urban Collective-owned Units	其他单位 Others
总 计	**Total**	**15369671**	**10886243**	**411005**	**4072424**
农、林、牧、渔业	Agriculture, Forestry, Animal Husbandry and Fishery	118619	116147	1192	1281
采矿业	Mining	1556416	1207631	24023	324762
制造业	Manufacturing	3034101	1335672	43753	1654676
电力、燃气及水生产和供应业	Production and Distribution of Electricity, Gas and Water	470536	250122	2357	218058
建筑业	Construction	1061974	517072	133863	411038
交通运输、仓储和邮政业	Traffic, Transport, Storage and Post	808172	670909	9048	128216
信息传输、计算机服务和软件业	Information Transmission, Computer Services and Software	348781	175882	2106	170793
批发和零售业	Wholesale and Retail Trades	423406	154284	24784	244338
住宿和餐饮业	Hotels and Catering Services	158341	48092	5277	104972
金融业	Financial Intermediation	746637	221073	99145	426419
房地产业	Real Estate	203348	37751	10648	154950
租赁和商务服务业	Leasing and Business Services	126635	77875	16014	32745
科学研究、技术服务和地质勘查业	Scientific Research, Technical Service and Geologic Prospecting	797389	727057	2848	67484
水利、环境和公共设施管理业	Management of Water Conservancy, Environment and Public Facilities	227607	219986	878	6743
居民服务和其他服务业	Services to Households and Other Services	33599	14646	6658	12294
教 育	Education	2402625	2333858	2195	66572
卫生、社会保障和社会福利业	Health, Social Security and Social Welfare	813020	780501	24262	8257
文化、体育和娱乐业	Culture, Sports and Entertainment	163861	123253	1865	38744
公共管理和社会组织	Public Management and Social Organization	1874603	1874432	89	82

注：本表不含城镇私营单位和个体,下表同。

a) Data in this table do not include urban private enterprises and self-employed individuals.The same applies to the table following.

5-9 城镇单位就业人员分行业平均劳动报酬(2011年)
Average Earnings of Employed Persons by Sector in Urban Units(2011)

单位：元 (yuan)

行 业	Sector	劳动报酬 Earnings	国有单位 State-owned Units	城镇集体单位 Urban Collective-owned Units	其他单位 Others
总 计	**Total**	**38143**	**40349**	**26670**	**34591**
农、林、牧、渔业	Agriculture, Forestry, Animal Husbandry and Fishery	28159	28382	20135	20961
采矿业	Mining	52368	54047	35855	48424
制造业	Manufacturing	33385	37437	24813	30964
电力、燃气及水生产和供应业	Production and Distribution of Electricity, Gas and Water	47667	42419	27890	56050
建筑业	Construction	28993	31456	22318	28963
交通运输、仓储和邮政业	Traffic, Transport, Storage and Post	41233	42999	25365	35220
信息传输、计算机服务和软件业	Information Transmission, Computer Services and Software	43008	38918	45490	48191
批发和零售业	Wholesale and Retail Trades	27794	31117	16972	27717
住宿和餐饮业	Hotels and Catering Services	21626	22632	19259	21324
金融业	Financial Intermediation	53289	53207	52641	53485
房地产业	Real Estate	31770	28943	23062	33433
租赁和商务服务业	Leasing and Business Services	30804	36030	18346	30412
科学研究、技术服务和地质勘查业	Scientific Research, Technical Service and Geologic Prospecting	56784	57135	33663	54749
水利、环境和公共设施管理业	Management of Water Conservancy, Environment and Public Facilities	26283	26267	15791	29407
居民服务和其他服务业	Services to Households and Other Services	24562	27453	16716	28191
教 育	Education	42176	41970	37589	51217
卫生、社会保障和社会福利业	Health, Social Security and Social Welfare	40075	40680	30522	26985
文化、体育和娱乐业	Culture, Sports and Entertainment	33425	35331	21733	29173
公共管理和社会组织	Public Management and Social Organization	37033	37035	34231	21103

5-10 在岗职工分行业工资总额(2011年)
Total Wages Bill of Fully Employed Staff and Workers by Sector (2011)

单位：万元 (10 000 yuan)

行业	Sector	工资总额 Total Wages Bill	国有单位 State-owned Units	城镇集体单位 Urban Collective-owned Units	其他单位 Others
总计	**Total**	**14842733**	**10609279**	**383545**	**3849909**
农、林、牧、渔业	Agriculture, Forestry, Animal Husbandry and Fishery	117962	115562	1120	1281
采矿业	Mining	1528336	1193443	23999	310894
制造业	Manufacturing	2978060	1314837	42767	1620456
电力、燃气及水生产和供应业	Production and Distribution of Electricity, Gas and Water	465874	246586	2316	216972
建筑业	Construction	860843	416079	116258	328506
交通运输、仓储和邮政业	Traffic, Transport, Storage and Post	798791	664427	8878	125486
信息传输、计算机服务和软件业	Information Transmission, Computer Services and Software	331430	174934	2016	154480
批发和零售业	Wholesale and Retail Trades	416225	150941	22994	242290
住宿和餐饮业	Hotels and Catering Services	154859	47089	4968	102802
金融业	Financial Intermediation	685277	217560	95765	371951
房地产业	Real Estate	193812	36369	10242	147201
租赁和商务服务业	Leasing and Business Services	121935	75433	14102	32400
科学研究、技术服务和地质勘查业	Scientific Research, Technical Service and Geologic Prospecting	783499	714091	2761	66648
水利、环境和公共设施管理业	Management of Water Conservancy, Environment and Public Facilities	214551	207216	878	6458
居民服务和其他服务业	Services to Households and Other Services	33019	14399	6636	11984
教育	Education	2380600	2314342	2195	64063
卫生、社会保障和社会福利业	Health, Social Security and Social Welfare	781280	749388	23766	8127
文化、体育和娱乐业	Culture, Sports and Entertainment	160383	120759	1796	37828
公共管理和社会组织	Public Management and Social Organization	1835996	1835825	89	82

注：本表不含城镇私营单位和个体,下表同。
a) Data in this table do not include urban private enterprises and self-employed individuals.The same applies to the table following.

5-11 在岗职工分行业平均工资(2011年)
Average Wage of Fully Employed Staff and Workers by Sector (2011)

单位：元 (yuan)

行业	Sector	平均工资 Average Wage	国有单位 State-owned Units	城镇集体单位 Urban Collective-owned Units	其他单位 Others
总计	**Total**	**39043**	**41291**	**27336**	**35257**
农、林、牧、渔业	Agriculture, Forestry, Animal Husbandry and Fishery	28636	28843	21663	20961
采矿业	Mining	53220	55041	35856	48842
制造业	Manufacturing	33679	37737	25266	31228
电力、燃气及水生产和供应业	Production and Distribution of Electricity, Gas and Water	48200	42836	28624	56680
建筑业	Construction	28839	31049	21975	29440
交通运输、仓储和邮政业	Traffic, Transport, Storage and Post	41935	43810	25682	35482
信息传输、计算机服务和软件业	Information Transmission, Computer Services and Software	42267	39163	48700	46346
批发和零售业	Wholesale and Retail Trades	28249	31591	17946	27930
住宿和餐饮业	Hotels and Catering Services	21885	22937	20072	21527
金融业	Financial Intermediation	59862	54479	53527	65658
房地产业	Real Estate	33129	31285	23753	34583
租赁和商务服务业	Leasing and Business Services	32504	37251	20913	30796
科学研究、技术服务和地质勘查业	Scientific Research, Technical Service and Geologic Prospecting	57750	58137	35032	55286
水利、环境和公共设施管理业	Management of Water Conservancy, Environment and Public Facilities	28534	28560	15791	31017
居民服务和其他服务业	Services to Households and Other Services	24774	27809	16766	28587
教育	Education	42872	42618	37589	54966
卫生、社会保障和社会福利业	Health, Social Security and Social Welfare	41311	41980	31172	27206
文化、体育和娱乐业	Culture, Sports and Entertainment	33928	36069	22038	29153
公共管理和社会组织	Public Management and Social Organization	38206	38208	34231	21103

5-12 各市(区)城镇单位就业人员劳动报酬和在岗职工工资总额（2011年）

Earnings of Employed Persons and Total Wages Bill of Fully Employed Staff and Workers in Urban Units by City(District)(2011)

单位：万元 (10 000 yuan)

地区	Region	就业人员劳动报酬 Earning of Employed Persons	在岗职工工资总额 Total Wages Bill of Fully Employed Staff and Workers	国有单位 State-owned Units	城镇集体单位 Urban Collective-owned Units	其他单位 Others	# 港澳台投资 Funds from Hong Kong, Macao & Taiwan	# 外商投资 Foreign Funded
全省	**Shaanxi**	**15369671**	**14842733**	**10609279**	**383545**	**3849909**	**97079**	**445086**
西安市	Xi'an	6526198	6232376	4023133	118274	2090969	56269	388737
铜川市	Tongchuan	343683	336818	279520	5619	51680	43	4369
宝鸡市	Baoji	1040123	1030985	684531	37526	308928	1506	8558
咸阳市	Xianyang	1282143	1260936	852372	35079	373485	30318	17057
渭南市	Weinan	1294715	1239451	941232	22859	275361	1202	11748
延安市	Yan'an	1017746	1001561	911647	37408	52506		1596
汉中市	Hanzhong	858801	798756	545226	35957	217572	1760	2587
榆林市	Yulin	1157567	1125503	893432	44238	187833	777	4198
安康市	Ankang	503772	488924	394743	23769	70412	4386	1446
商洛市	Shangluo	404106	389211	303660	21973	63578		2151
杨凌示范区	Yangling	126647	124689	66793	843	57053	819	2639

注：本表不含城镇私营单位和个体；全省数据含省级直报单位。下表同。

a) Data in this table do not include urban private enterprises and self-employed individuals.

b)The data of Shaanxi is include the direct reporting organization。The same applies to the table following.

5-13 各市(区)城镇单位就业人员平均劳动报酬和在岗职工平均工资（2011年）

Average Earnings of Employed Persons and Average Wage of Fully Employed Staff and Workers in Urban Units by City(District)(2011)

单位：元 (yuan)

地区	Region	就业人员平均劳动报酬 Earning of Employed Persons	在岗职工平均工资 Total Wages Bill of Fully Employed Staff and Workers	国有单位 State-owned Units	城镇集体单位 Urban Collective-owned Units	其他单位 Others	# 港澳台投资 Funds from Hong Kong, Macao & Taiwan	# 外商投资 Foreign Funded
全省	**Shaanxi**	**38143**	**39043**	**41291**	**27336**	**35257**	**30839**	**36001**
西安市	Xi'an	40171	41083	44274	23241	37511	33052	37691
铜川市	Tongchuan	32992	33963	34044	25423	34790	33308	89518
宝鸡市	Baoji	34750	35063	38588	27560	29986	20321	32357
咸阳市	Xianyang	32305	32763	33752	22795	31938	29478	27291
渭南市	Weinan	33096	33703	35680	20475	29674	26011	17958
延安市	Yan'an	41636	42676	42562	38557	48662		29128
汉中市	Hanzhong	33614	35119	37943	33839	29756	21563	20984
榆林市	Yulin	43352	45053	44480	42767	48641	35336	66110
安康市	Ankang	36469	37802	42034	33516	24848	28314	26933
商洛市	Shangluo	29220	30287	32498	24733	24281		26785
杨凌示范区	Yangling	37492	37626	45000	21676	31861	22201	32574

5-14 城镇登记失业人数及失业率
Registered Urban Unemployment Persons and Unemployment Rate

年份 Year	年末城镇登记实有失业人数(人) Registered Unemployed Persons in Urban Areas (person)	城镇登记失业率(%) Registered Unemployment Rate in Urban Areas (%)	年份 Year	年末城镇登记实有失业人数(人) Registered Unemployed Persons in Urban Areas (person)	城镇登记失业率(%) Registered Unemployment Rate in Urban Areas (%)
1980	216209	7.1	2000	113861	2.7
1985	67044	1.9	2001	140082	3.2
1990	112345	3.0	2002	135094	3.3
1991	100790	3.0	2003	139490	3.7
1992	90844	3.0	2004	184617	3.8
1993	108306	3.0	2005	215414	4.2
1994	99800	3.3	2006	215432	4.0
1995	85700	3.2	2007	209546	4.0
1996	125700	3.3	2008	208337	3.9
1997	151600	3.4	2009	214757	3.94
1998	122100	3.1	2010	214206	3.85
1999	107000	2.6	2011	209061	3.59

5-15 社会保障基本情况
Basic Statistics on Social Security

指标	Item	2009	2010	2011
城镇居民最低生活保障户数(万户)	Number of Families Receiving Minimum Living Allowance in Urban Areas (10 000 households)	38.31	38.50	38.03
城镇居民最低生活保障人数(万人)	Number of Persons Receiving Minimum Living Allowance in Urban Areas (10 000 persons)	86.44	86.00	84.60
参加失业保险职工人数(万人)	Unemployment Insurance Contributors (10 000 persons)	331.85	335.97	338.67
参加养老保险职工人数(万人)	Pension Insurance Contributors (10 000 persons)	458.84	492.62	530.68
参加医疗保险职工人数(万人)	Medical Care Insurancce Contributors (10 000 persons)	463.28	474.16	540.26
城镇居民基本医疗保险参保人数(万人)	Basic Medical Care Insurancce Contributors in Urban Areas (10 000 persons)	426.76	473.05	550.18
参加工伤保险职工人数(万人)	Work Injury Insurance Contributors (10 000 persons)	264.86	278.59	326.84
参加生育保险职工人数(万人)	Maternity Insurance Contributors (10 000 persons)	164.38	180.08	211.55

5-16 养老基金缴拨情况(2011年)
Render and Allocation of Pension Funds (2011)

单位：万元 (10 000 yuan)

指 标	Item	缴 纳 Render	单 位 Unit	个 人 Person	拨 付 Allocation
总 计	**Total**	**2295017**	**1447359**	**847658**	**2864278**
企 业	Enterprises	2015167	1447359	567808	2747531
其 他	Others	279850		279850	116747

5-17 参加基本养老保险的职工及离退休人员(2011年)
Staff and Workers, Retired and VCSR Joined Basic Pension Insurance(2011)

单位：人 (person)

指 标	Item	职工人数 Number of Employees	离退休职工 Number of Retirees
总 计	**Total**	**3906856**	**1399945**
一、企 业	Enterprises	3158022	1328837
(一)内资企业	Domestic Units	3046968	1325613
1.国有企业	State-owned Units	1730794	1003541
2.集体企业	Collective-owned Units	160166	161276
3.其 他	Others	1156008	160796
(二)港澳台及外资企业	Funds from Hong Kong,Macao,Taiwan and Foreign	111054	3224
二、其 他	Others	748834	633574

5-18 失业保险基本情况
Basic Statistics on Unemployment Insurance

单位：人 (person)

指 标	Item	2009	2010	2011
参加失业保险人数	Unemployment Insurance Contributors	3318538	3359732	3386654
一、企 业	Enterprises	2538581	2567256	2587450
(一)内资企业	Domestic Units	2493504	2516854	2529174
1.国有企业	State-owned Units	1861647	1839317	1798876
2.集体企业	Collective-owned Units	275954	279998	248106
3.其 他	Others	355903	397539	482192
(二)港澳台及外资企业	Funds from Hong Kong,Macao,Taiwan and Foreign	45077	50402	58276
二、事业单位	Institutions	769990	780064	783183
三、其他单位	Others	9967	12412	16021
领取失业保险金人数	Beneficiaries of Unemployment Insurance Fund	139100	121900	89018

5-19 各市、县(市、区)城镇单位就业人员、职工人数及工资（2011年）
Number and Wage of Employed Persons, Staff and Workers in Urban Units by City and County (City and District) (2011)

地区	Region	城镇单位就业人员（人）Number of Employed Persons (person)	# 在岗职工 Number of staff andWorks	在岗职工工资总额（万元）Total Wages of Staff and Workers (10 000 yuan)	在岗职工平均工资（元）Average Wage of Staff and Workers (yuan)
全　省	**Shaanxi**	**3936961**	**3712830**	**14842733**	**39043**
西安市	**Xi'an**	**1532378**	**1427059**	**6232376**	**41083**
新城区	Xincheng	148495	134323	693950	48893
碑林区	Beilin	190905	178827	911451	48483
莲湖区	Lianhu	185226	179204	753715	38681
灞桥区	Baqiao	75835	70614	265181	33898
未央区	Weiyang	170607	138519	626296	41864
雁塔区	Yanta	421138	409264	1809591	42869
阎良区	Yanliang	43326	41301	213361	43671
临潼区	Lintong	47406	43914	154414	31322
长安区	Chang'an	120581	117490	471546	38015
蓝田县	Lantian	23164	21376	65039	30130
周至县	Zhouzhi	22106	21517	64645	29356
户　县	Huxian	35685	32683	94462	28307
高陵县	Gaoling	47904	38027	108727	25221
铜川市	**Tongchuan**	**101633**	**96681**	**336818**	**33963**
王益区	Wangyi	29305	27305	97280	34247
印台区	Yintai	28994	28394	98867	33635
耀州区	Yaozhou	37202	35268	121946	34199
宜君县	Yijun	6132	5714	18725	32770
宝鸡市	**Baoji**	**301184**	**295626**	**1030985**	**35063**
渭滨区	Weibin	79520	77780	317781	40210
金台区	Jintai	56274	55215	194470	35259
陈仓区	Chencang	35601	35293	119524	33922
凤翔县	Fengxiang	22005	21916	71492	32616
岐山县	Qishan	23599	23284	72341	31020
扶风县	Fufeng	21469	20809	60724	29857
眉　县	Meixian	16784	16321	47480	29447
陇　县	Longxian	12187	11751	40307	34828
千阳县	Qianyang	7806	7487	22943	30521
麟游县	Linyou	5891	5888	19452	38904
凤　县	Fengxian	12097	11935	40426	34017
太白县	Taibai	7951	7947	24045	30375
咸阳市	**Xianyang**	**398555**	**387279**	**1260936**	**32763**
秦都区	Qindu	106813	100010	321166	32116
渭城区	Weicheng	57910	55156	171148	31221
三原县	Sanyuan	21727	21621	62318	28926
泾阳县	Jingyang	20280	20239	60589	30023
乾　县	Qianxian	21978	21978	63175	28859
礼泉县	Liquan	21362	21307	58074	28220
永寿县	Yongshou	11880	11617	34495	30180

5-19 续表 1 continued

地　　区	Region	就业人员（人）Number of Employed Persons (person)	# 在岗职工 Number of staff andWorks	在岗职工工资总额（万元）Total Wages of Staff and Workers (10 000 yuan)	在岗职工平均工资（元）Average Wage of Staff and Workers (yuan)
彬　县	Binxian	25359	25025	123291	50829
长武县	Changwu	12745	12738	43556	33647
旬邑县	Xunyi	18017	17913	64521	36153
淳化县	Chunhua	10919	10919	33485	30868
武功县	Wugong	27520	27076	87683	32343
兴平市	Xingping	42045	41680	137435	32970
渭南市	**Weinan**	**389903**	**366858**	**1239451**	**33703**
临渭区	Linwei	111312	100380	341732	34446
华　县	Huaxian	26076	24996	101980	40476
潼关县	Tongguan	16473	14783	37751	25394
大荔县	Dali	24569	23249	64775	27684
合阳县	Heyang	25762	22964	72253	31257
澄城县	Chengcheng	31405	31011	105985	34045
蒲城县	Pucheng	34376	33189	109299	32541
白水县	Baishui	19490	18886	63049	33199
富平县	Fuping	30152	29258	90585	31695
韩城市	Hancheng	47961	46271	183088	38190
华阴市	Huayin	22327	21871	68956	31714
延安市	**Yan'an**	**240504**	**230634**	**1001561**	**42676**
宝塔区	Baota	89611	88535	369076	39662
延长县	Yanchang	9118	8760	39196	44775
延川县	Yanchuan	9661	9652	36308	37501
子长县	Zichang	15157	11710	50669	42969
安塞县	Ansai	12997	12997	48542	37392
志丹县	Zhidan	15653	12600	65593	52979
吴起县	Wuqi	16108	15716	77818	49572
甘泉县	Ganquan	9364	9243	39296	42468
富　县	Fuxian	10844	10073	41318	41018
洛川县	Luochuan	15924	15874	74906	47915
宜川县	Yichuan	6610	6610	28498	43191
黄龙县	Huanglong	5272	5190	19823	38785
黄陵县	Huangling	24185	23674	110519	46684
汉中市	**Hanzhong**	**256605**	**228533**	**798756**	**35119**
汉台区	Hantai	82733	66910	235506	35191
南郑县	Nanzheng	24300	23370	83199	36432
城固县	Chenggu	29901	28746	103575	36138
洋　县	Yangxian	20211	19215	72273	37585
西乡县	Xixiang	13567	12999	48557	37519
勉　县	Mianxian	31901	28421	87045	30802
宁强县	Ningqiang	17153	14876	52223	35264
略阳县	Lueyang	18836	18146	60523	33609
镇巴县	Zhenba	11269	9494	34170	36296
留坝县	Liuba	4039	3912	12580	32158
佛坪县	Foping	2695	2444	9105	37222

5-19 续表 2 continued

地 区	Region	就业人员(人) Number of Employed Persons (person)	# 在岗职工 Number of staff andWorks	在岗职工工资总额(万元) Total Wages of Staff and Workers (10 000 yuan)	在岗职工平均工资(元) Average Wage of Staff and Workers (yuan)
榆 林 市	**Yulin**	**268814**	**252538**	**1125503**	**45053**
榆 阳 区	Yuyang	62852	59732	273118	45472
神 木 县	Shenmu	58916	55651	287782	53881
府 谷 县	Fugu	18031	15697	68965	44693
横 山 县	Hengshan	16606	14120	57330	41262
靖 边 县	Jingbian	25655	25142	112138	44888
定 边 县	Dingbian	19835	19075	80866	42320
绥 德 县	Suide	16824	15956	62330	39145
米 脂 县	Mizhi	10746	10376	41729	40353
佳 县	Jiaxian	9779	9117	36513	40449
吴 堡 县	Wubu	6644	6637	22782	34326
清 涧 县	Qingjian	12599	11056	40785	36906
子 洲 县	Zizhou	10327	9979	41165	41364
安 康 市	**Ankang**	**139054**	**130071**	**488924**	**37802**
汉 滨 区	Hanbin	57573	52421	192298	36584
汉 阴 县	Hanyin	10336	10316	38822	38263
石 泉 县	Shiquan	8237	7473	31184	42398
宁 陕 县	Ningshan	5067	4461	16931	37859
紫 阳 县	Ziyang	10383	10066	37095	37507
岚 皋 县	Langao	7767	7580	24074	31827
平 利 县	Pingli	9741	9521	36690	38678
镇 坪 县	Zhenping	3537	3533	16695	47892
旬 阳 县	Xunyang	18373	18027	66217	37291
白 河 县	Baihe	8040	6673	28920	43692
商 洛 市	**Shangluo**	**138780**	**128882**	**389211**	**30287**
商 州 区	Shangzhou	44476	42209	127260	29934
洛 南 县	Luonan	19244	17337	53446	30847
丹 凤 县	Danfeng	10504	9774	30106	30802
商 南 县	Shangnan	11587	11448	33404	29420
山 阳 县	Shanyang	22121	20971	62962	30396
镇 安 县	Zhen'an	16592	13578	42083	31106
柞 水 县	Zhashui	14256	13565	39950	30044
杨凌示范区	**Yangling**	**34167**	**33519**	**124689**	**37626**

注：本表不含城镇私营单位和个体。全省数据含省级直报单位。
a) Data in this table do not include urban private enterprises and self-employed individuals.
b)The data of Shaanxi is include the direct reporting organization。

主要统计指标解释

就业人员 指在16周岁及以上，从事一定社会劳动并取得劳动报酬或经营收入的人员。这一指标反映了一定时期内全部劳动力资源的实际利用情况，是研究我国基本国情国力的重要指标。

单位就业人员 指在各级国家机关、政党机关、社会团体及企业、事业单位中工作，取得工资或其他形式的劳动报酬的全部人员。包括在岗职工、再就业的离退休人员、民办教师以及在各单位中工作的外方人员和港澳台方人员、兼职人员、借用的外单位人员和第二职业者。不包括离开本单位仍保留劳动关系的职工。各单位的就业人员反映了各单位实际参加生产或工作的全部劳动力。

城镇私营和个体就业人员 城镇私营就业人员指在工商管理部门注册登记，其经营地址设在县城关镇(含县城关镇)以上的私营企业就业人员，包括私营企业投资者和雇工。城镇个体就业人员指在工商管理部门注册登记，并持有城镇户口或在城镇长期居住，经批准从事个体工商经营的就业人员，包括个体经营者和在个体工商户劳动的家庭帮工和雇工。

国有单位 指资产归国家所有的经济组织。包括按《中华人民共和国企业法人登记管理条例》规定登记注册的非公司制的经济组织，以及中央、地方各级国家机关、事业单位和社会团体。

集体单位 指生产资料归集体所有，并按《中华人民共和国企业法人登记管理条例》规定登记注册的经济组织。

其他单位 包括股份合作单位、联营单位、有限责任公司、股份有限公司、港澳台商投资单位以及外商投资单位等其他登记注册类型单位。

在岗职工 指在本单位工作并由单位支付工资的人员，以及有工作岗位，但由于学习、病伤产假等原因暂未工作，仍由单位支付工资的人员。

工资总额 指各单位在一定时期内直接支付给本单位全部就业人员的劳动报酬总额。工资总额的计算原则应以直接支付给就业人员的全部劳动报酬为根据。各单位支付给就业人员的劳动报酬以及其他根据有关规定支付的工资，不论是计入成本的还是不计入成本的，不论是按国家规定列入计征奖金税项目的，还是未列入计征奖金税项目的，不论是以货币形式支付的还是以实物形式支付的，均包括在工资总额内。

平均工资 指企业、事业、机关单位的就业人员在一定时期内平均每人所得的货币工资额。它表明一定时期职工工资收入的高低程度，是反映就业人员工资水平的主要指标。计算公式为:

$$\text{平均工资}=\frac{\text{报告期实际支付的全部就业人员工资总额}}{\text{报告期全部就业人员平均人数}}$$

平均工资指数 指报告期就业人员平均工资与基期就业人员平均工资的比率，是反映不同时期就业人员货币工资水平变动情况的相对数。计算公式为:

$$\text{平均工资指数}=\frac{\text{报告期就业人员平均工资}}{\text{基期就业人员平均工资}}\times 100\%$$

平均实际工资指数 就业人员平均实际工资指扣除物价变动因素后的就业人员平均工资。就业人员平均实际工资指数是反映实际工资变动情况的相对数，表明就业人员实际工资水平提高或降低的程度。计算公式为:

$$\text{平均实际工资指数}=\frac{\text{报告期就业人员平均工资指数}}{\text{报告期城镇居民消费价格指数}}\times 100\%$$

城镇登记失业人员 指有非农业户口，在一定的劳动年龄内(16周岁至退休年龄)，有劳动能力，无业而要求就业，并在当地就业服务机构进行求职登记的人员。

城镇登记失业率 城镇登记失业人员与城镇单位就业人员(扣除使用的农村劳动力、聘用的离退休人员、港澳台及外方人员)、城镇单位中的不在岗职工、城镇私营业主、个体户主、城镇私营企业和个体就业人员、城镇登记失业人员之和的比。计算公式为:

$$\text{城镇登记失业率}=\frac{\text{城镇登记失业人数}}{\begin{gathered}(\text{城镇单位就业人员}-\text{使用的农村劳动力}-\text{聘用的离退休人员}-\text{聘用的港澳台及外方人员})\\+\text{不在岗职工}+\text{城镇私营业主}+\text{城镇个体户主}\\+\text{城镇私营企业及个体就业人员}+\text{城镇登记失业人数}\end{gathered}}\times 100\%$$

Explanatory Notes on Main Statistical Indicators

Employed Persons refer to persons aged 16 and over who are engaged in gainful employment and thus receive remuneration payment or earn business income. This indicator reflects the actual utilization of total labour force during a certain period of time and is often used for the research on China's economic situation and national power.

Persons Employed in Various Units refer to all the persons working in government agencies of various levels, political and party organizations, social organizations, enterprises and institutions, and receiving wages or other forms of payment. They include fully-employed staff and workers, re-employed retirees, teachers in the schools run by the local people, foreigners and Chinese compatriots from Hong Kong, Macao, and Taiwan working in various units, part-time employees, employees of other units working temporarily at current posts, and employees holding the second job, but do not include persons who have left their working units while keeping their labour contract (employment relation) unchanged. This indicator reflects the total number of laborers actually engaged in production or other operations in various units.

Persons Employed in Private Enterprises and Self-Employed Individuals in Urban Areas Persons employed in private enterprises refer to the persons employed in the private enterprises which have been registered at the departments of industrial and commercial administration for which the business operation are situated at a county town (i.e. a town where the county government is located), or at urban areas with administrative hierarchy higher than a county town. The self-employed individuals in urban areas refer to persons who hold the certificates of residence in urban areas or have resided in the urban areas for a long time and have been registered at the departments of industrial and commercial administration and approved to be engaged in individual industrial or commercial business, including self-employed persons as well as helpers and hired labourers who work in individual households.

State-owned Units refer to economic units whose assets are owned by the state, including non-corporation units registered according to *Regulation of the People's Republic of China on the Registration of Enterprises and Corporations*, state organs, institutions and social organizations at the central-level and local levels.

Collective-owned Units refer to economic units registered according to *Regulation of the People's Republic of China on the Registration of Enterprises and Corporations* where the means of production are collectively owned.

Units of Other Types of Ownership refer to units registered with other types of ownership, including cooperative units, joint ownership units, limited liability corporations, share holding corporations, units funded by entrepreneurs from Hong Kong, Macao, and Taiwan, and foreign- funded units.

Employed Staff and Workers refer to persons who work in, and receive wages from their working units, including persons who have their work posts but are temporarily absent from work for reasons of study or on sick, injury or maternal leave and still receive wages from their working units.

Total Wage Bill refers to the total remuneration payment to employed persons in various units during a certain period of time. The calculation of total wage bill is based on the total remuneration payment to employed persons . Therefore, all the wages and salaries and other payments to employed persons are included in the total wage bill regardless of sources, reckoning the cost of production or not, category, listing as items of premium taxation or not, and forms, paying in cash or in kind.

Average Wage refers to the average wage in money terms per person during a certain period of time for employed persons in enterprises, institutions, and government agencies, which reflects the general level of wage income during a certain period of time and is calculated as follows:

$$\text{Average Wage} = \frac{\text{Total Wage Bill of Employed Persons at Reference Time}}{\text{Average Number of Persons Employed at Reference Time}}$$

Average Wage Indices refers to the ratio of average wage of employed persons the reference period to that at the base period, which reflects the change of wage of employed persons at the different period. It is calculated as follows:

$$\text{Average Wage Indices} = \frac{\text{Average Wage of Employed Persons at Reference Time}}{\text{Average Wage of Persons Employeds at Base Period}} \times 100\%$$

Average Real Wage Indices average real wage of employed persons refers to the average wage of employed persons after removing the effects of the price changes and average real wage indices of employed persons refers to the change of real wage, which reflects the relative increasing or decreasing level of real wage of employed persons ,which is calculated as follows:

$$\text{Average Real Wage Indices} = \frac{\text{Average Wage Indices of Employed Persons at the Reference Time}}{\text{Urban Consumer Price Indices at Reference Time}} \times 100\%$$

Registered Unemployed Persons in Urban Areas refer to the persons with non-agricultural household registration at certain working ages (16 years old to retirement age), who are capable of working, unemployed and willing to work, and have been registered at the local employment service agencies to apply for a job.

Registered Unemployment Rate in Urban Areas refers to the ratio of the number of the registered unemployed persons to the sum of the number of persons employed in various units (minus the employed rural labour force, re-employed retirees, and Hong Kong, Macao, Taiwan or foreign employees), laid-off staff and workers in urban units, owners of private enterprises in urban areas, owners of self-employed individuals in urban areas, employees of private enterprises in urban areas, employee of self-employed individuals in urban areas, and the registered unemployed persons in urban areas. The formula is as follows:

$$\text{Registered unemployment rate in urban areas} = \frac{\text{number of registered urban unemployed persons}}{\begin{array}{c}\text{number of persons employed in urban units - employed rural labour force}\\ \text{re - employed retirees - Hong Kong, Macao, Taiwan or foreign employees}\\ \text{+ laid - off staff and workers + owners of urban private enterprises + owners of}\\ \text{urban self - employed individuals + employees of urban private enterprises + employees of}\\ \text{urban self - employed individuals + registered unemployed persons in urban areas}\end{array}} \times 100\%$$

六、固定资产投资

Investment in Fixed Assets

资料整理：张　虹　袁军会　赵　翔
郑　娟　拓丽丽　穆　丹

简要说明

一、本篇资料反映陕西固定资产投资的基本情况，主要包括：全社会固定资产投资，房地产开发投资，商品房及保障房情况。

二、固定资产投资统计的资料来源主要为统计局的全面统计报表。除农户固定资产投资统计采用抽样调查方法外，其他均为全面统计报表。

三、统计口径的变化

自1997年起，除房地产开发投资、非农户投资、农户投资及城镇和工矿区私人建房投资外，固定资产投资的统计起点由5万元提高到50万元。

自2006年起，非农户固定资产投资统计改为按项目统计，调查方法由抽样调查改为全面统计报表，起点提高到50万元。城镇和工矿区私人建房投资改为按项目统计，起点为50万元。

自2011年起，提高固定资产投资统计起点标准，从计划总投资额50万元提高到500万元。投资统计的范围从城镇扩大到农村企事业组织，并将这一统计范围定义为“固定资产投资（不含农户）”。

Brief Introduction

Ⅰ.This chapter reflects the basic conditions of investment in fixed assets of Shaanxi Province, mainly including total investment in fixed assets in the whole province, real estate development,, commercial residential building and security housing.

Ⅱ.The data sources for the statistics of investment in fixed assets mainly come from complete statistical report forms. Investment in fixed assets by farm households are calculated with sample survey, and the others come from complete statistical report forms.

Ⅲ. Changes in Statistical Scope

Since 1997, the cut-off point of projects covered by statistics of investment in fixed assets are raised from an investment of 50,000 yuan to 500,000 yuan, except investment in real estate development, farm household investment, non-farm household investment and private investment in housing construction in urban areas and industrial and mining areas.

Since 2006, statistics on investments in fixed assets of rural non-farm households are changed to project-based. Survey method is changed from sample survey to the system of reporting form with complete enumeration. The cut-off point has been raised to 500,000 yuan. Statistics on private investment in housing construction in urban areas and industrial and mining areas have become project-based. The cut-off point has been raised to 500,000 yuan.

Since 2011, the cut-off point of statistics on investments in fixed assets are raised, amount of intended investment are raised from 500,000 yuan to 5,000,000 yuan. The scope of investment statistics expends from urban to rural enterprises, and this scope of statistics is defined “investments in fixed assets(non-farm)”.

6.固定资产投资

2011年全省

全社会固定资产投资	10023.53	亿元	比上年增长 30.1%
#房地产开发	1410.90	亿元	比上年增长 21.7%
全社会新增固定资产	4860.55	亿元	比上年增长 33.0%
全社会竣工住宅建筑面积	4986.63	万平方米	比上年增长 44.5%

全社会固定资产投资

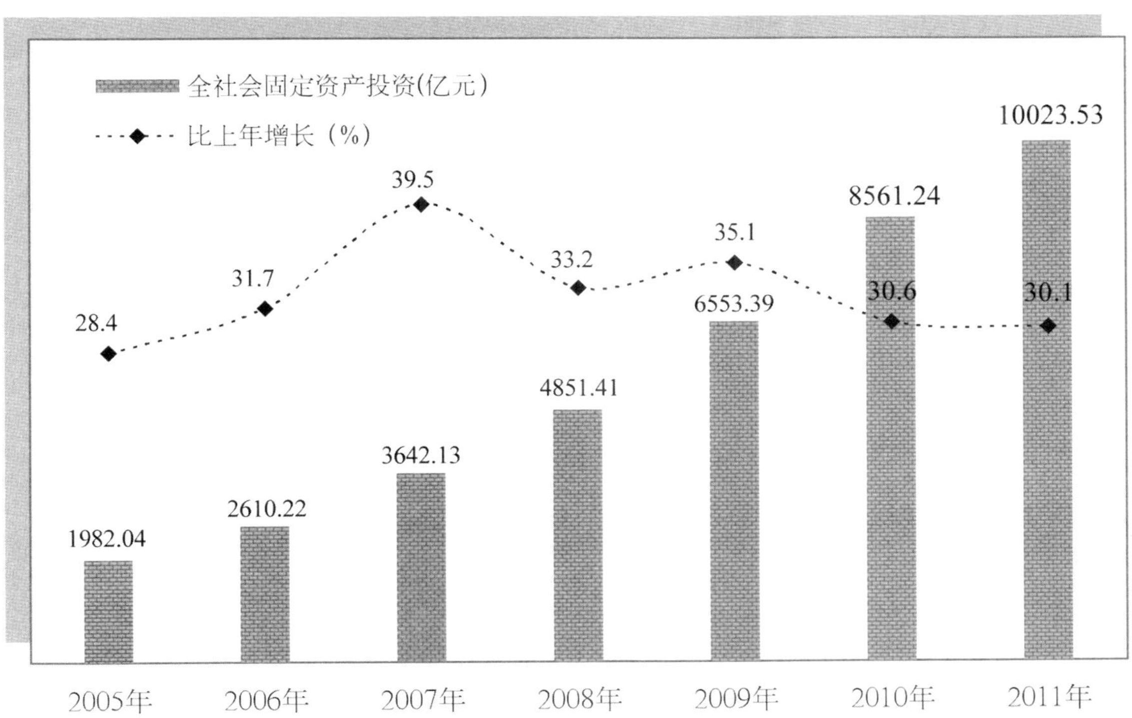

6-1 全社会固定资产投资
Total Investment in Fixed Assets of the Whole Province

单位：亿元 (100 million yuan)

年 份 Year	全社会固定资产投资 Total Investment	固定资产投资 Investment in Fixed Assets	# 房地产开发 Real Estate Development	农户固定资产投资 Rural Investment in Fixed Assets
1978	20.35	19.11		1.24
1979	21.16	19.48		1.68
1980	27.80	25.51		2.29
1981	22.92	19.81		3.11
1982	29.48	26.12		3.36
1983	30.83	26.08		4.74
1984	40.39	31.31		9.08
1985	57.99	44.08		13.91
1986	63.53	51.49		12.04
1987	80.89	65.52		15.37
1988	94.72	75.26		19.46
1989	95.18	73.21		21.97
1990	103.72	80.82		22.90
1991	124.93	94.75		30.18
1992	142.47	116.27		26.20
1993	228.21	197.46		30.74
1994	283.29	235.47	18.19	47.82
1995	324.33	268.78	28.28	55.54
1996	372.00	305.16	30.13	66.84
1997	424.10	353.35	29.53	70.74
1998	544.89	473.78	51.35	71.11
1999	619.27	536.72	68.33	82.55
2000	745.85	675.53	78.89	70.32
2001	850.66	774.12	99.79	76.54
2002	974.63	888.20	123.57	86.43
2003	1278.72	1179.99	188.56	98.73
2004	1544.19	1442.28	231.17	101.91
2005	1982.04	1872.06	298.95	109.98
2006	2610.22	2490.74	394.86	119.48
2007	3642.13	3507.12	535.32	135.01
2008	4851.41	4668.12	762.23	183.29
2009	6553.39	6353.51	943.73	199.88
2010	8561.24	8340.99	1159.47	220.25
2011	10023.53	9701.43	1410.90	322.10

注：2011年起，城镇固定资产投资数据发布口径改为固定资产投资(不含农户)。固定资产投资(不含农户)等于原口径的城镇固定资产投资加上非农户投资(以下相关表同)。

a) Urban Investment in Fixed Assets has changed to Investment in fixed assets (excluding rural households) since 2011. Investment in fixed assets (excluding rural households) is the Urban Investment in Fixed Assets and Non-farm Households(The related tables is the same).

6-2 按经济类型分的全社会固定资产投资

Total Investment in Fixed Assets of the Whole Province by Economic Type

单位：亿元 (100 million yuan)

年 份	合 计	国有经济			集体经济		其他经济	城乡个人	
		单 位	城镇固定资产投资	房地产开 发	单 位	# 农 村	单 位		# 农 村
Year	Total	State-owned Units	Urban Investment in Fixed Assets	Real Estate Development	Collective-owned Units	Rural	Others	Urban and Rural Individuals	Rural
1978	20.35	17.20	17.20		1.91	1.75		1.24	1.23
1979	21.16	17.47	17.47		2.02	1.82		1.68	1.66
1980	27.80	23.25	23.25		2.27	1.89		2.29	2.25
1981	22.92	17.47	17.47		2.34	1.97		3.11	3.05
1982	29.48	23.32	23.32		2.80	2.09		3.36	3.22
1983	30.83	24.99	24.99		1.10	0.59		4.74	4.53
1984	40.39	28.07	28.07		3.24	2.68		9.08	8.76
1985	57.99	39.81	39.81		4.27	2.96		13.91	13.35
1986	63.53	47.25	47.25		4.24	2.75		12.04	11.19
1987	80.89	58.11	58.11		7.41	5.63		15.37	14.34
1988	94.72	67.08	67.08		8.18	6.26		19.46	18.15
1989	95.18	67.13	67.13		6.08	4.55		21.97	20.41
1990	103.72	73.85	73.85		6.96	5.38		22.90	21.51
1991	124.93	85.36	85.36		9.39	7.27		30.18	28.89
1992	142.47	108.71	108.71		7.56	5.06		26.20	24.09
1993	228.21	171.86	162.05	9.81	14.01	9.72	11.60	30.74	26.93
1994	283.29	202.92	190.31	12.61	17.89	13.50	14.66	47.82	43.20
1995	324.33	226.61	211.95	14.67	21.53	12.63	20.64	55.54	51.32
1996	372.00	256.48	239.52	16.96	22.00	15.62	26.68	66.84	61.89
1997	424.10	287.64	271.06	16.57	24.74	17.69	40.98	70.74	67.40
1998	544.89	382.89	350.63	32.26	27.07	21.01	63.83	71.11	55.70
1999	619.27	407.76	367.89	39.87	38.96	30.22	89.99	82.55	63.74
2000	745.85	473.53	426.88	46.65	41.66	31.14	137.11	93.54	70.32
2001	850.66	523.92	484.95	38.97	46.41	34.05	169.14	111.19	76.54
2002	974.63	555.41	506.60	48.80	54.52	33.48	212.91	151.79	86.43
2003	1278.72	713.37	664.71	48.66	62.78	30.91	373.28	129.29	98.73
2004	1544.19	814.51	784.47	30.04	71.15	28.52	515.34	143.20	101.91
2005	1982.04	1017.13	985.00	32.13	77.63	31.34	754.18	133.11	109.98
2006	2610.22	1295.31	1258.48	36.84	132.32	75.50	1059.67	122.92	119.48
2007	3642.13	1779.70	1715.68	50.21	227.13	47.51	1494.01	141.29	135.01
2008	4851.41	2208.95	2155.79	53.16	398.62	144.71	2041.99	201.85	183.29
2009	6553.39	3015.64	2941.63	74.00	392.96	158.65	2912.48	232.32	199.88
2010	8561.24	4223.83	4101.13	122.70	412.17	173.51	3664.17	261.07	220.25
2011	10023.53	4462.54	4380.27	82.27	407.69	140.33	4760.71	392.59	322.10

6-3 全社会新增固定资产
Total Newly Increased Fixed Assets of the Whole Province

单位：亿元 (100 million yuan)

年 份 Year	合 计 Total	国有经济 单 位 State-owned Units	城镇固定资产投资 Urban Investment in Fixed Assets	房地产开发 Real Estate Development	集体经济 单 位 Collective-owned Units	# 农 村 Rural	其他经济 单 位 Others	城乡个人 Urban and Rural Individuals	# 农 村 Rural
1978	30.66	27.97	27.97		1.45	1.33		1.24	1.23
1979	16.66	13.45	13.45		1.53	1.38		1.68	1.66
1980	18.39	14.37	14.37		1.73	1.44		2.29	2.25
1981	18.69	13.77	13.77		1.80	1.50		3.11	3.05
1982	27.82	22.31	22.31		2.15	1.57		3.36	3.22
1983	26.51	20.72	20.72		1.04	0.59		4.74	4.53
1984	34.05	21.77	21.77		3.20	2.68		9.08	8.76
1985	41.35	23.67	23.67		3.78	2.96		13.91	13.35
1986	48.32	32.50	32.50		3.78	2.75		12.04	11.19
1987	62.71	40.25	40.25		7.09	5.63		15.37	14.34
1988	72.09	44.89	44.89		7.74	6.26		19.46	18.15
1989	70.96	43.21	43.21		5.78	4.55		21.97	20.41
1990	97.20	67.42	67.42		6.88	5.38		22.90	21.51
1991	102.48	63.82	63.82		8.49	7.25		30.18	28.89
1992	129.09	96.58	96.58		6.31	4.61		26.20	24.09
1993	144.64	98.85	95.21	3.64	11.80	8.96	3.24	30.74	26.93
1994	201.82	134.43	125.05	9.39	11.30	7.75	8.27	47.82	43.20
1995	247.96	161.77	152.39	9.38	16.79	11.24	13.86	55.54	51.32
1996	278.20	189.25	179.65	9.61	17.29	12.79	7.47	64.19	59.24
1997	288.92	189.49	174.92	14.57	21.42	16.06	7.27	70.74	67.40
1998	374.98	255.96	240.03	15.93	23.16	17.70	30.46	65.40	49.99
1999	520.87	349.21	309.81	39.40	37.41	30.35	58.39	75.86	57.05
2000	607.27	403.96	365.37	38.59	37.96	28.48	79.22	86.13	62.91
2001	683.46	430.00	393.43	36.56	40.01	28.16	116.19	97.26	68.35
2002	717.17	341.10	311.12	29.98	45.06	31.15	189.83	141.19	85.35
2003	851.54	447.63	412.17	35.46	46.26	28.39	230.31	127.33	97.20
2004	883.55	448.02	424.67	23.35	50.68	26.34	243.34	141.51	101.05
2005	1258.49	612.05	594.89	17.15	50.75	23.39	453.40	142.29	118.94
2006	1579.34	844.35	831.14	13.21	88.82	59.25	511.79	134.38	131.71
2007	2144.45	1176.79	1141.89	23.01	138.38	40.19	673.19	156.09	151.83
2008	2545.29	1155.80	1138.63	17.17	292.87	75.11	899.77	196.85	183.29
2009	3202.24	1462.70	1433.33	29.37	334.55	133.95	1175.23	229.77	199.88
2010	3655.85	1649.70	1622.98	26.72	175.73	108.02	1589.13	241.29	220.25
2011	4860.55	2219.49	2199.68	19.81	264.17	186.55	2002.80	374.09	322.10

6-4 全社会竣工住宅建筑面积
Total Floor Space of Residential Buildings Completed of the Whole Province

单位：万平方米 (10 000 sq.m)

年 份 Year	合 计 Total	国有经济 单 位 State-owned Units	城镇固定资产投资 Urban Investment in Fixed Assets	房地产开 发 Real Estate Development	集体经济 单 位 Collective-owned Units	# 农 村 Rural	其他经济 单 位 Others	城乡个人 Urban and Rural Individuals	# 农 村 Rural
1978	706.09	135.61	135.61		32.61	30.33		537.87	535.55
1979	951.05	187.73	187.73		35.90	31.47		727.42	722.78
1980	1277.11	249.08	249.08		39.08	32.84		988.95	979.67
1981	1627.18	250.48	250.48		39.13	34.10		1337.57	1322.56
1982	1598.73	289.49	289.49		32.65	21.77		1276.59	1242.54
1983	2400.03	304.84	304.84		17.81	9.31		2077.38	2032.45
1984	1930.28	290.78	290.78		70.40	63.07		1569.10	1521.75
1985	2622.98	339.80	339.80		84.86	77.06		2198.32	2136.94
1986	2336.38	350.84	350.84		110.02	97.91		1875.52	1801.08
1987	2295.25	305.51	305.51		110.66	103.67		1879.08	1796.30
1988	2943.49	263.75	263.75		65.49	56.85		2614.25	2534.19
1989	1630.46	224.30	224.30		48.26	37.48		1357.90	1290.77
1990	2257.86	250.12	250.12		94.12	85.82		1913.62	1850.44
1991	2583.58	267.14	267.14		60.15	54.00		2256.29	2202.00
1992	1943.91	309.04	309.04		5.32			1629.55	1566.80
1993	2072.95	372.39	308.06	64.33	25.93	10.90	2.97	1671.66	1561.00
1994	2613.12	434.00	334.67	99.33	29.61	11.35	14.09	2135.42	2009.83
1995	3111.15	485.16	375.18	109.98	45.28	10.56	29.86	2550.85	2470.00
1996	2814.39	462.62	349.19	113.43	51.86	15.44	29.97	2269.94	2198.42
1997	2581.69	529.29	393.80	135.49	39.67	9.29	40.19	1972.54	1899.26
1998	2645.52	549.82	402.82	147.00	52.54	20.90	71.73	1971.43	1641.62
1999	3133.31	961.31	549.36	411.95	79.30	42.00	120.57	1972.13	1531.00
2000	4947.36	942.36	566.19	376.17	88.87	44.85	157.30	3758.83	3246.86
2001	4990.18	813.17	543.47	269.70	75.31	18.45	233.44	3868.26	3311.05
2002	4317.24	712.33	470.77	241.56	87.16	10.99	241.10	3276.65	2649.75
2003	4269.44	805.99	581.35	224.64	104.63	17.88	466.63	2892.19	2379.92
2004	3301.31	507.95	384.34	123.61	76.78	28.35	406.56	2310.02	1625.09
2005	3292.40	544.63	440.67	103.96	78.65	6.29	662.86	2006.26	1451.64
2006	2764.55	553.46	455.91	97.55	136.29	54.30	697.17	1377.63	1366.27
2007	3469.95	646.99	546.89	96.99	213.97	25.78	927.84	1681.15	1668.69
2008	4190.59	668.92	575.41	93.51	243.83	92.48	1020.74	2257.10	2242.44
2009	3696.33	694.14	597.95	96.19	177.70	36.85	871.84	1952.65	1880.73
2010	3451.16	401.50	299.83	101.67	74.98	19.79	804.17	2170.51	2155.24
2011	4986.63	478.86	370.75	108.11	210.43	125.83	1434.52	3073.25	3029.77

6-5 全社会固定资产投资主要指标及构成(2011年)
Main Indicators and Composition of Total Investment in Fixed Asset of the Whole Province (2011)

单位：万元 (10 000 yuan)

指　　标	Item	合 计 Total	内 资 Domestic	国 有 State-owned	集 体 Collective-owned
一、投资总额	Total Investment	100235264	94133909	44625421	4076886
1.按隶属关系分	By Jurisdiction of Management				
中 央	Central Investment	9156399	8837415	6086517	
地 方	Local Investment	91078865	85296494	38538904	4076886
2.按构成分	By Use of Funds				
建筑工程	Construction	65892731	61679144	30223183	2999387
安装工程	Installation	8408366	8186725	3386913	437507
设备工器具购置	Purchase of Equipment and Instruments	13709688	12495679	4997585	310419
其他费用	Others	12224479	11772361	6017740	329573
# 土地购置费	Purchase of Land	2642718	2568261	1272353	103457
3.按建设性质分	By Type of Construction				
# 新 建	New Construction	56557494	55051456	30073480	2359861
扩 建	Expansion	13749856	13612675	7225576	338506
改 建	Reconstruction	9613557	9446111	4731686	615746
4.按产业构成分	By Type of Industry				
第一产业	Primary Industry	3443637	3353445	1707439	366161
第二产业	Secondary Industry	37232231	36154818	15416595	735964
第三产业	Tertiary Industry	59559396	54625646	27501387	2974761
二、本年新增固定资产	Newly Increased Fixed Assets This Year	48605480	43607838	22194904	2641753
三、房屋建筑面积及竣工价值	Floor Space and Value of Buildings				
本年施工房屋面积(万平方米)	Floor Space of Buildings under Construction This Year (10 000 sq.m)	27800.95	22794.05	6583.25	1197.04
# 住 宅	Residential Buildings	18725.12	14636.57	3478.22	734.31
本年竣工房屋面积(万平方米)	Floor Space of Buildings Completed This Year (10 000 sq.m)	6426.37	3127.84	934.79	325.59
# 住 宅	Residential Buildings	4986.63	1789.11	449.21	240.49
本年竣工房屋价值	Value of Buildings Completed This Year	9005793	6094893	1699437	722942
# 住 宅	Residential Buildings	6707957	3863742	753824	572155

6-5 续表 continued

单位：万元 (10 000 yuan)

指 标	Item	其 他 Others	港澳台商投资 Funds from Hong Kong, Macao & Taiwan	外商投资 Foreign Funded	个体经济 Self-employed Individual
一、投资总额	Total Investment	45431602	1140645	1034762	3925948
1.按隶属关系分	By Jurisdiction of Management				
中 央	Central Investment	2750898			
地 方	Local Investment	42680704	1140645	1034762	3925948
2.按构成分	By Use of Funds				
建筑工程	Construction	28456574	628276	608230	2977081
安装工程	Installation	4362305	69287	117537	34817
设备工器具购置	Purchase of Equipment and Instruments	7187675	293416	235593	685000
其他费用	Others	5425048	149666	73402	229050
# 土地购置费	Purchase of Land	1192451	12657	10579	51221
3.按建设性质分	By Type of Construction				
# 新 建	New Construction	22618115	636303	362512	507223
扩 建	Expansion	6048593	18897	62504	55780
改 建	Reconstruction	4098679	29698	21222	116526
4.按产业构成分	By Type of Industry				
第一产业	Primary Industry	1279845	42650	3100	44442
第二产业	Secondary Industry	20002259	505673	381268	190472
第三产业	Tertiary Industry	24149498	592322	650394	3691034
二、本年新增固定资产	Newly Increased Fixed Assets This Year	18771181	343252	913518	3740872
三、房屋建筑面积及竣工价值	Floor Space and Value of Buildings				
本年施工房屋面积(万平方米)	Floor Space of Buildings under Construction This Year (10 000 sq.m)	15013.75	302.02	610.59	4094.30
# 住 宅	Residential Buildings	10424.05	209.87	384.57	3494.10
本年竣工房屋面积(万平方米)	Floor Space of Buildings Completed This Year (10 000 sq.m)	1867.46	25.75	109.12	3163.65
# 住 宅	Residential Buildings	1099.41	16.16	108.11	3073.25
本年竣工房屋价值	Value of Buildings Completed This Year	3672514	138470	410923	2361507
# 住 宅	Residential Buildings	2537763	127980	408363	2307872

6-6 各市(区)全社会固定资产投资

Total Investment in Fixed Assets of the Whole Province by City(District)

地　区	Region	投资额(亿元) Total Investment(100 million yuan)					比上年增长(%) Growth Rate(%)			
		2007	2008	2009	2010	2011	2008	2009	2010	2011
西安市	Xi'an	1435.33	1906.19	2500.13	3250.56	3352.12	32.8	31.2	30.0	30.2
铜川市	Tongchuan	57.03	63.40	88.12	117.23	145.96	11.2	39.0	33.0	32.6
宝鸡市	Baoji	316.21	451.03	639.14	835.22	1008.03	42.6	41.7	30.7	31.9
咸阳市	Xianyang	394.17	569.75	801.53	1050.54	1263.10	44.5	40.7	31.2	31.3
渭南市	Weinan	215.99	333.59	509.39	742.25	912.94	54.5	52.7	45.7	30.2
延安市	Yan'an	315.33	406.35	557.48	724.53	815.21	28.9	37.2	30.0	29.2
汉中市	Hanzhong	120.05	163.63	238.43	312.80	411.33	36.3	45.7	31.2	30.2
榆林市	Yulin	452.79	600.52	850.33	1105.46	1378.73	32.6	41.6	30.0	32.1
安康市	Ankang	147.74	200.69	272.77	360.05	304.49	35.8	35.9	32.0	29.2
商洛市	Shangluo	133.19	164.65	220.34	290.07	308.36	23.6	33.8	31.6	30.9
杨凌示范区	Yangling	11.46	16.05	22.26	36.33	55.01	40.1	38.7	63.2	45.5

6-7 全省按国民经济行业及构成分的固定资产投资(2011年)
Investment by Sector and Use of Funds in the Whole Province (2011)

单位：万元 (10 000 yuan)

行业	Sector	投资额 Investment	建筑工程 Construction	安装工程 Installation	设备工器具购置 Purchase of Equipment and Instruments	其他费用 Other Expenses
全省总计	**Total**	**82905251**	**53764505**	**7157273**	**12909480**	**9073993**
农、林、牧、渔业	Agriculture, Forestry, Animal Husbandry and Fishery	3443637	2230187	193691	331279	688480
农业	Farming	1227957	819015	93647	104952	210343
林业	Forestry	535733	245990	19409	32368	237966
畜牧业	Animal Husbandry	710899	465941	39649	83932	121377
渔业	Fishery	58648	25698	3486	17645	11819
农、林、牧、渔服务业	Services in Support of Agriculture	910400	673543	37500	92382	106975
采矿业	Mining	12300220	6706967	1621447	2392556	1579250
煤炭开采和洗选业	Mining and Washing of Coal	6103711	2717658	577011	1828506	980536
石油和天然气开采业	Extraction of Petroleum and Natural Gas	5299542	3444515	1000047	399807	455173
黑色金属矿采选业	Mining and Processing of Ferrous Metal Ores	119567	73250	7746	28562	10009
有色金属矿采选业	Mining and Processing of Non-Ferrous Metal Ores	559443	347227	20308	78373	113535
非金属矿采选业	Mining and Processing of Nonmetal Ores	216757	124317	16255	56218	19967
其他采矿业	Mining of Other Ores	1200		80	1090	30
制造业	Manufacturing	18673484	8135815	1812383	7268200	1457086
农副食品加工业	Processing of Food from Agricultural Products	930487	510946	74808	284063	60670
食品制造业	Manufacture of Foods	493724	303413	36599	120821	32891
饮料制造业	Manufacture of Beverages	336524	163421	38199	94907	39997
烟草制品业	Manufacture of Tobacco	23434	6711	1270	13991	1462
纺织业	Manufacture of Textile	267142	103937	17459	118781	26965
纺织服装、鞋、帽制造业	Manufacture of Textile Wearing Apparel, Footware and Caps	77764	44653	10223	14028	8860
皮革、毛皮、羽毛(绒)及其制品业	Manufacture of Leather, Fur, Feather and Related Products	17121	9941	410	3082	3688
木材加工及木、竹、藤、棕、草制品业	Processing of Timbers, Manufacture of Wood, Bamboo, Rattan, Palm, and Straw Products	245873	87865	26665	115301	16042
家具制造业	Manufacture of Furniture	170346	117662	21574	16878	14232
造纸及纸制品业	Manufacture of Paper and Paper Products	188259	117831	10685	52424	7319
印刷业和记录媒介的复制	Printing, Reproduction of Recording Media	120631	82870	2355	30328	5078
石油加工、炼焦及核燃料加工业	Processing of Petroleum, Coking, Processing Nuclear Fuel	1588446	786117	172252	496790	133287
化学原料及化学制品制造业	Manufacture of Chemical Raw Material and Chemical Products	2845082	691959	340730	1395661	416732
医药制造业	Manufacture of Medicines	354960	178729	33183	106091	36957
化学纤维制造业	Manufacture of Chemical Fibers	16000	5200	1120	7880	1800
橡胶制品业	Manufacture of Rubber	222130	200026	1707	17192	3205
塑料制品业	Manufacture of Plastics	246024	163941	9126	62477	10480
非金属矿物制品业	Manufacture of Non-metallic Mineral Products	1636149	743401	160671	610345	121732
黑色金属冶炼及压延加工业	Smelting and Pressing of Ferrous Metals	854823	197092	125481	460920	71330
有色金属冶炼及压延加工业	Smelting and Pressing of Non-ferrous Metals	1463850	605759	123238	704754	30099
金属制品业	Manufacture of Metal Products	477714	262276	31652	164858	18928
通用设备制造业	Manufacture of General Purpose Machinery	871878	431878	82410	292869	64721

6-7 续表 1 continued

单位：万元 (10 000 yuan)

行　　业	Sector	投资额 Invest-ment	建筑工程 Construc-tion	安装工程 Install-ation	设备工器具购置 Purchase of Equipment and Instruments	其他费用 Other Expenses
专用设备制造业	Manufacture of Special Purpose Machinery	1264839	659438	134081	354616	116704
交通运输设备制造业	Manufacture of Transport Equipment	1361549	599213	72956	583334	106046
电气机械及器材制造业	Manufacture of Electrical Machinery and Equipment	1501868	640572	173386	638023	49887
通信设备、计算机及其他电子设备制造业	Manufacture of Communication Equipment, Computer and Other Electronic Equipment	605070	138961	72683	367643	25783
仪器仪表及文化、办公用机械制造业	Manufacture of Measuring Instrument and Machinery for Cultural Activity and Office Work	300434	191030	27310	71011	11083
工艺品及其他制造业	Manufacture of Artwork and Other Manufacturing	149765	67567	8973	58197	15028
废弃资源和废旧材料回收加工业	Recycling and Disposal of Waste	41598	23406	1177	10935	6080
电力、燃气及水的生产和供应业	Production and Distribution of Electricity, Gas and Water	3083759	1190369	677850	982592	232948
电力、热力的生产和供应业	Production and Supply of Electric Power and Heat Power	2387520	707737	596181	916741	166861
燃气生产和供应业	Production and Supply of Gas	339251	250269	47225	32931	8826
水的生产和供应业	Production and Supply of Water	356988	232363	34444	32920	57261
建筑业	Construction	3174768	2399410	235858	221571	317929
房屋和土木工程建筑业	Construction of Buildings and Civil Engineering	2857256	2180519	197344	194661	284732
建筑安装业	Building Installation	64695	36756	4873	11450	11616
建筑装饰业	Building Decoration	39839	28100	4420	3069	4250
其他建筑业	Other Construction	212978	154035	29221	12391	17331
交通运输、仓储和邮政业	Transport, Storage and Post	10507907	9227215	264401	441431	574860
铁路运输业	Railway Transport	1965948	1681634	31472	106298	146544
道路运输业	Road Transport	6128097	5599331	115001	144826	268939
城市公共交通业	Urban Public Transport	597184	435037	40965	47148	74034
水上运输业	Water Transport	4580	4080			500
航空运输业	Air Transport	1047283	974487	23286	30518	18992
管道运输业	Transport Via Pipelines	117398	76535	19997	8205	12661
装卸搬运和其他运输服务业	Loading, Unloading and Other Transport Services	87399	61124	9960	3700	12615
仓储业	Storage	510626	361621	23574	86836	38595
邮政业	Post	49392	33366	146	13900	1980
信息传输、计算机服务和软件业	Information Transmission, Computer Services and Software	625043	280650	166266	122645	55482
电信和其他信息传输服务业	Telecommunications and Other Information Transmission Services	382705	143488	121492	88676	29049
计算机服务业	Computer Services	70593	12883	35904	19881	1925
软件业	Software	171745	124279	8870	14088	24508
批发和零售业	Wholesale and Retail Trades	2599364	1914278	301730	150490	232866
批发业	Wholesale Trade	1142780	828732	167621	57805	88622
零售业	Retail Trade	1456584	1085546	134109	92685	144244
住宿和餐饮业	Hotels and Catering Services	1266560	914875	248061	45901	57723
住宿业	Hotels	1050724	789024	195462	26697	39541
餐饮业	Catering Services	215836	125851	52599	19204	18182
金融业	Financial Intermediation	28988	26321	555	1735	377
银行业	Bank	16838	14871	455	1135	377
保险业	Insurance	12150	11450	100	600	

6-7 续表 2 continued

单位：万元 (10 000 yuan)

行业	Sector	投资额 Investment	建筑工程 Construction	安装工程 Installation	设备工器具购置 Purchase of Equipment and Instruments	其他费用 Other Expenses
房地产业	Real Estate	6655898	5337564	377336	72541	868457
房地产业	Real Estate	6655898	5337564	377336	72541	868457
租赁和商务服务业	Leasing and Business Services	1105080	819737	135118	47476	102749
租赁业	Leasing	2750	1280	120	1071	279
商务服务业	Business Services	1102330	818457	134998	46405	102470
科学研究、技术服务和地质勘查业	Scientific Research, Technical Service and Geologic Prospecting	560286	409064	27133	103167	20922
研究与试验发展	Research and Experimental Development	165273	126088	3446	30832	4907
专业技术服务业	Professional Technical Services	221551	139259	13697	59758	8837
科技交流和推广服务业	Services of Science and Technology Exchangesand Promotion	33615	25737	500	2100	5278
地质勘查业	Geologic Prospecting	139847	117980	9490	10477	1900
水利、环境和公共设施管理业	Management of Water Conservancy, Environment and Public Facilities	10304529	7361528	424156	301544	2217301
水利管理业	Management of Water Conservancy	1592922	1416722	52232	42439	81529
环境管理业	Environmental Management	647118	487040	45982	86995	27101
公共设施管理业	Management of Public Facilities	8064489	5457766	325942	172110	2108671
居民服务和其他服务业	Services to Households and Other Services	254434	144374	27400	25190	57470
居民服务业	Services to Households	158414	75065	16250	14738	52361
其他服务业	Other Services	96020	69309	11150	10452	5109
教　育	Education	1553510	1254031	97281	123984	78214
教　育	Education	1553510	1254031	97281	123984	78214
卫生、社会保障和社会福利业	Health, Social Security and Social Welfare	1193129	911656	101695	101616	78162
卫　生	Health	954287	712681	84668	97074	59864
社会保障业	Social Security	165828	134097	14455	2160	15116
社会福利业	Social Welfare	73014	64878	2572	2382	3182
文化、体育和娱乐业	Culture, Sports and Entertainment	546902	398726	44271	41847	62058
新闻出版业	Journalism and Publishing Activities	28038	23938	3600	500	
广播、电视、电影和音像业	Broadcasting, Movies, Television and Audiovisual Activities	48936	45569	790	1719	858
文化艺术业	Cultural and Art Activities	216936	157677	5672	13908	39679
体　育	Sports Activities	140142	95235	20995	20060	3852
娱乐业	Entertainment	112850	76307	13214	5660	17669
公共管理和社会组织	Public Management and Social Organization	5027753	4101738	400641	133715	391659
中国共产党机关	Organs of Communist Party of China	187761	186906	801		54
国家机构	Government Agencies	3919084	3083220	362349	126576	346939
群众团体、社会团体和宗教组织	Non-Governmental Organizations, Social Organizations and Religion Organizations	13840	12219	32	1465	124
基层群众自治组织	Grass Roots Self-governing Organizations	907068	819393	37459	5674	44542

6-8 全省国民经济各行业固定资产投资施工、投产项目个数及新增固定资产(2011年)

Number of Investment Projects under Construction and Put into Use and Newly Increased Fixed Assets by Sector in the Whole Province(2011)

行业	Sector	施工项目(个) Number of Projects under Construction (unit)	全部建成投产项目(个) Number of Projects Completed and Put into Use (unit)	施工项目计划总投资(万元) Total Planned Investment of Projects under Construction (10 000 yuan)	本年完成投资额(万元) Investment Completed This Year (10 000 yuan)	本年新增固定资产(万元) Newly Increased Fixed Assets This Year (10 000 yuan)
全省总计	**Total**	**12317**	**6869**	**229807626**	**82905251**	**41772232**
农、林、牧、渔业	Agriculture, Forestry, Animal Husbandry and Fishery	1284	919	7177364	3443637	2454469
农业	Farming	375	254	3113987	1227957	868173
林业	Forestry	183	129	1148668	535733	314379
畜牧业	Animal Husbandry	310	223	1360251	710899	502941
渔业	Fishery	34	21	99919	58648	48794
农、林、牧、渔服务业	Services in Support of Agriculture	382	292	1454539	910400	720182
采矿业	Mining	730	331	29725048	12300220	4825902
煤炭开采和洗选业	Mining and Washing of Coal	350	137	21088060	6103711	2060735
石油和天然气开采业	Extraction of Petroleum and Natural Gas	137	62	6075103	5299542	2250286
黑色金属矿采选业	Mining and Processing of Ferrous Metal Ores	35	15	640000	119567	60700
有色金属矿采选业	Mining and Processing of Non-Ferrous Metal Ores	114	67	1457737	559443	300968
非金属矿采选业	Mining and Processing of Nonmetal Ores	93	49	462648	216757	151713
其他采矿业	Mining of Other Ores	1	1	1500	1200	1500
制造业	Manufacturing	2337	1284	61794018	18673484	10022347
农副食品加工业	Processing of Food from Agricultural Products	244	162	1837011	930487	880193
食品制造业	Manufacture of Foods	110	73	1278664	493724	423906
饮料制造业	Manufacture of Beverages	74	40	676942	336524	216214
烟草制品业	Manufacture of Tobacco	8	3	108394	23434	14426
纺织业	Manufacture of Textile	59	40	630778	267142	263716
纺织服装、鞋、帽制造业	Manufacture of Textile Wearing Apparel, Footware, and Caps	19	11	437263	77764	67992
皮革、毛皮、羽毛(绒)及其制品业	Manufacture of Leather, Fur, Feather and Related Products	5	2	25400	17121	10400
木材加工及木、竹、藤、棕、草制品业	Processing of Timbers, Manufacture of Wood, Bamboo, Rattan, Palm, and Straw Products	19	10	338901	245873	54793
家具制造业	Manufacture of Furniture	24	18	378049	170346	133181
造纸及纸制品业	Manufacture of Paper and Paper Products	40	27	396069	188259	122993
印刷业和记录媒介的复制	Printing, Reproduction of Recording Media	26	16	323776	120631	62793
石油加工、炼焦及核燃料加工业	Processing of Petroleum, Coking, Processing Nuclear Fuel	110	49	8121860	1588446	668770
化学原料及化学制品制造业	Manufacture of Chemical Raw Material and Chemical Products	146	69	14740830	2845082	792094
医药制造业	Manufacture of Medicines	92	52	864587	354960	237793
化学纤维制造业	Manufacture of Chemical Fibers	1	1	23985	16000	16000
橡胶制品业	Manufacture of Rubber	14	7	625781	222130	197435
塑料制品业	Manufacture of Plastics	57	38	464347	246024	193207
非金属矿物制品业	Manufacture of Non-metallic Mineral Products	347	223	4629718	1636149	1316527
黑色金属冶炼及压延加工业	Smelting and Pressing of Ferrous Metals	43	18	1770075	854823	183985
有色金属冶炼及压延加工业	Smelting and Pressing of Non-ferrous Metals	74	30	6203194	1463850	477303
金属制品业	Manufacture of Metal Products	83	48	944384	477714	365447
通用设备制造业	Manufacture of General Purpose Machinery	160	96	1974718	871878	627000

6-8 续表 1 continued

行 业	Sector	施工项目（个）Number of Projects under Construction (unit)	全部建成投产项目（个）Number of Projects Completed and Put into Use (unit)	施工项目计划总投资（万元）Total Planned Investment of Projects under Construction (10 000 yuan)	本年完成投资额（万元）Investment Completed This Year (10 000 yuan)	本年新增固定资产（万元）Newly Increased Fixed Assets This Year (10 000 yuan)
专用设备制造业	Manufacture of Special Purpose Machinery	179	86	3562933	1264839	684878
交通运输设备制造业	Manufacture of Transport Equipment	153	64	4191879	1361549	569142
电气机械及器材制造业	Manufacture of Electrical Machinery and Equipment	130	53	4476904	1501868	852183
通信设备、计算机及其他电子设备制造业	Manufacture of Communication Equipment, Computer and Other Electronic Equipment	55	15	1777931	605070	288558
仪器仪表及文化、办公用机械制造业	Manufacture of Measuring Instrument and Machinery for Cultural Activity and Office Work	26	10	500088	300434	183217
工艺品及其他制造业	Manufacture of Artwork and Other Manufacturing	25	14	354922	149765	80777
废弃资源和废旧材料回收加工业	Recycling and Disposal of Waste	14	9	79635	41598	37424
电力、燃气及水的生产和供应业	Production and Distribution of Electricity, Gas and Water	481	266	10868564	3083759	1661657
电力、热力的生产和供应业	Production and Supply of Electric Power and Heat Power	304	157	9280087	2387520	1003216
燃气生产和供应业	Production and Supply of Gas	59	36	623037	339251	396423
水的生产和供应业	Production and Supply of Water	118	73	965440	356988	262018
建筑业	Construction	762	391	7294431	3174768	1674585
房屋和土木工程建筑业	Construction of Buildings and Civil Engineering	685	345	6663590	2857256	1516087
建筑安装业	Building Installation	16	10	107698	64695	67923
建筑装饰业	Building Decoration	11	8	48473	39839	32059
其他建筑业	Other Construction	50	28	474670	212978	58516
交通运输、仓储和邮政业	Transport, Storage and Post	757	436	29988618	10507907	3833493
铁路运输业	Railway Transport	31	10	7671467	1965948	349993
道路运输业	Road Transport	537	315	15506642	6128097	2755075
城市公共交通业	Urban Public Transport	19	7	3348406	597184	149310
水上运输业	Water Transport	2	1	9500	4580	500
航空运输业	Air Transport	7	4	1202862	1047283	109362
管道运输业	Transport Via Pipelines	14	6	224234	117398	57471
装卸搬运和其他运输服务业	Loading, Unloading and Other Transport Services	17	9	281543	87399	44819
仓储业	Storage	127	83	1670346	510626	366227
邮政业	Post	3	1	73618	49392	736
信息传输、计算机服务和软件业	Information Transmission, Computer Services and Software	92	52	1173027	625043	372682
电信和其他信息传输服务业	Telecommunications and Other Information Transmission Services	63	39	726509	382705	226720
计算机服务业	Computer Services	14	9	102171	70593	57505
软件业	Software	15	4	344347	171745	88457
批发和零售业	Wholesale and Retail Trades	465	295	5050263	2599364	1403426
批发业	Wholesale Trade	196	121	2015489	1142780	589202
零售业	Retail Trade	269	174	3034774	1456584	814224
住宿和餐饮业	Hotels and Catering Services	225	138	2463322	1266560	926009
住宿业	Hotels	141	74	2104840	1050724	762578
餐饮业	Catering Services	84	64	358482	215836	163431
金融业	Financial Intermediation	19	13	78553	28988	40298
银行业	Bank	16	11	50553	16838	18298
保险业	Insurance	3	2	28000	12150	22000

6-8 续表 2 continued

行业	Sector	施工项目(个) Number of Projects under Construction (unit)	全部建成投产项目(个) Number of Projects Completed and Put into Use (unit)	施工项目计划总投资(万元) Total Planned Investment of Projects under Construction (10 000 yuan)	本年完成投资额(万元) Investment Completed This Year (10 000 yuan)	本年新增固定资产(万元) Newly Increased Fixed Assets This Year (10 000 yuan)
房地产业	Real Estate	907	382	19889717	6655898	2776292
房地产业	Real Estate	907	382	19889717	6655898	2776292
租赁和商务服务业	Leasing and Business Services	110	54	3382716	1105080	334884
租赁业	Leasing	4	3	7080	2750	2680
商务服务业	Business Services	106	51	3375636	1102330	332204
科学研究、技术服务和地质勘查业	Scientific Research, Technical Service and Geologic Prospecting	139	64	1548913	560286	400973
研究与试验发展	Research and Experimental Development	40	10	692910	165273	72993
专业技术服务业	Professional Technical Services	44	24	460309	221551	216762
科技交流和推广服务业	Services of Science and Technology Exchanges and Promotion	17	10	58441	33615	25195
地质勘查业	Geologic Prospecting	38	20	337253	139847	86023
水利、环境和公共设施管理业	Management of Water Conservancy, Environment and Public Facilities	1933	1051	28600624	10304529	5628343
水利管理业	Management of Water Conservancy	438	245	3571698	1592922	951624
环境管理业	Environmental Management	223	131	1803766	647118	450842
公共设施管理业	Management of Public Facilities	1272	675	23225160	8064489	4225877
居民服务和其他服务业	Services to Households and Other Services	58	31	491660	254434	157534
居民服务业	Services to Households	39	20	264349	158414	80059
其他服务业	Other Services	19	11	227311	96020	77475
教　育	Education	490	322	4230612	1553510	1520133
教　育	Education	490	322	4230612	1553510	1520133
卫生、社会保障和社会福利业	Health, Social Security and Social Welfare	332	180	2501086	1193129	703478
卫　生	Health	234	128	1989692	954287	543646
社会保障业	Social Security	41	20	314734	165828	74552
社会福利业	Social Welfare	57	32	196660	73014	85280
文化、体育和娱乐业	Culture, Sports and Entertainment	160	82	1502025	546902	366223
新闻出版业	Journalism and Publishing Activities	7	1	161722	28038	2970
广播、电视、电影和音像业	Broadcasting, Movies, Television and Audiovisual Activities	15	10	72700	48936	35660
文化艺术业	Cultural and Art Activities	79	39	751541	216936	126581
体　育	Sports Activities	29	14	254818	140142	138214
娱乐业	Entertainment	30	18	261244	112850	62798
公共管理和社会组织	Public Management and Social Organization	1036	578	12047065	5027753	2669504
中国共产党机关	Organs of Communist Party of China	10	6	239685	187761	182395
国家机构	Government Agencies	914	504	10131158	3919084	2163833
群众团体、社会团体和宗教组织	Non-Governmental Organizations, Social Organizations and Religion Organizations	9	6	28514	13840	13488
基层群众自治组织	Grass Roots Self-governing Organizations	103	62	1647708	907068	309788

6-9 固定资产投资新增生产能力或效益(2011年)
Newly Increased Production Capacity or Project Efficiency through Investment (2011)

名　　称		Item		能力或效益 Capacity or Efficiency
原煤开采	(万吨／年)	Coal Mining	(10 000 tons/year)	3035
洗　煤	(万吨／年)	Coal Washing	(10 000 tons/year)	5695
焦　炭	(万吨／年)	Coke	(10 000 tons/year)	314
天然原油开采	(万吨／年)	Petroleum Extraction	(10 000 tons/year)	1672.1
天然气开采	(亿立方米／年)	Natural Gas Extraction	(100 million cu.m/year)	235.1
铁矿开采(原矿)	(万吨／年)	Iron-Ore Mining	(10 000 tons/year)	351
铁矿成品矿	(万吨／年)	Iron-Ore Mine Finished	(10 000 tons/year)	911.2
热轧钢材	(万吨／年)	Hot-rolled Steel	(10 000 tons/year)	460
铁合金	(折标吨／年)	Iron Alloy	(standard ton/year)	80100
铜采矿(原矿)	(万吨／年)	Copper Ore Mining	(10 000 tons/year)	25.1
锌冶炼	(吨／年)	Zinc Smelting	(ton/year)	30000
铝加工	(吨／年)	Aluminium fabrication	(ton/year)	18325.4
黄　金	(公斤／年)	Gold	(kilogram /year)	8376.64
银选矿：处理原矿	(吨／年)	Silver Ore Dressing	(ton/year)	1000
水力发电	(万千瓦)	Hydraulic Power	(10 000 kw)	404.01
火力发电	(万千瓦)	Fire Power	(10 000 kw)	158.63
输电线路长度(11万伏及以上)	(公里)	Length of Transmission Lines (above 110 000 VA)	(km)	3081.04
水　泥	(万吨／年)	Cement	(10 000 tons/year)	1992.2
平板玻璃	(万重量箱／年)	Plate Glass	(10 000 Weight-boxs/year)	275
石墨及炭素制品	(吨／年)	Graphite and Carbon Products	(ton/year)	4860
氮　肥	(吨／年)	Nitrogen Fertilizers	(ton/year)	88210
磷　肥	(吨／年)	Phosphate Fertilizer	(ton/year)	22600
化学农药原药	(吨／年)	Chemical Fertilizers and Pesticides	(ton/year)	11820
精甲醇	(万吨／年)	Refined methanol	(10 000 tons/year)	20
棉纺锭	(万　锭)	Cotton Spirit	(10 000 unit)	20.5
其他酒	(万吨／年)	Other Alcohols	(10 000 tons/year)	0.53
新建公路	(公里)	Newly Highways	(km)	1762
# 高速公路	(公里)	Expressway	(km)	466
一级公路	(公里)	First Class	(km)	43
二级公路	(公里)	Second Class	(km)	249
改建公路	(公里)	Reconstructed Highways	(km)	2121
# 高速公路	(公里)	Expressway	(km)	203
一级公路	(公里)	First Class	(km)	21
二级公路	(公里)	Second Class	(km)	432
新建独立公路桥梁	(延长米)	Bridge	(m)	7109
新建独立公路桥梁	(座)	Bridge	(unit)	24
新(扩)建客、货运站	(个)	New (expanded) Passenger and Freight Stations	(unit)	15
新(扩)建客、货运站	(平方米)	New (expanded) Passenger and Freight Stations	(sq.m)	421093
城市自来水供水能力	(万吨／日)	Tap Water Supply Capacity in City	(10 000 tons/day)	7.21
城市污水处理能力	(万吨／日)	Waste Water Treated Capacity in City	(10 000 tons/day)	27.1

6-10 八大工业支柱产业投资
Investment of Mainstay Property of 8 Large Industries

行业	Sector	2010		2011	
		投资额(万元) Investment (10 000 yuan)	占八大支柱产业投资比重(%) Rate (%)	投资额(万元) Investment (10 000 yuan)	占八大支柱产业投资比重(%) Rate (%)
八大工业支柱产业投资合计	**Total Investment of Mainstay Property of 8 Large Industries**	**23185267**	**100.0**	**27682886**	**100.0**
通信设备、计算机及其他电子设备制造业	Manufacture of Communication Equipment, Computer and Other Electronic Equipment	1008663	4.4	605070	2.2
能源化工工业	Energy and Chemical Industry	12851343	55.4	16075458	58.1
煤炭工业	Coal Industry	3442365	14.8	6103711	22.0
煤炭开采及洗选业	Mining and Washing of Coal	3442365	14.8	6103711	22.0
石油和天然气工业	Petroleum and Natural Gas Industry	5574525	24.0	6887988	24.9
石油和天然气开采业	Extraction of Petroleum and Natural Gas	4198676	18.1	5299542	19.1
石油加工、炼焦及核燃料加工业	Processing of Petroleum, Coking, Processing of Nuclear Fuel	1375849	5.9	1588446	5.7
电力、燃气及水的生产和供应业	Production and Supply of Electric Power and Gas and water	3834453	16.5	3083759	11.1
装备制造工业	Equipment Manufacturing Industry	4529077	19.5	5778282	20.9
金属制品业	Manufacture of Metal Products	297630	1.3	477714	1.7
通用设备制造业	Manufacture of General Purpose Machinery	750295	3.2	871878	3.1
专用设备制造业	Manufacture of Special Purpose Machinery	922235	4.0	1264839	4.6
交通运输设备制造业	Manufacture of Transport Equipment	1324077	5.7	1361549	4.9
电气机械及器材制造业	Manufacture of Electrical Machinery & Equipment	753405	3.2	1501868	5.4
仪器仪表及文化办公用机械制造业	Manufacture of Measuring Instrument and Machinery for Cultural Activity & Office Work	140497	0.6	300434	1.1
医药制造工业	Manufacture of Medicines Industry	340938	1.5	354960	1.3
食品工业	Foods Industry	1197617	5.2	1424211	5.1
农副食品加工业	Processing of Food from Agricultural Products	836118	3.6	930487	3.4
食品制造业	Manufacture of Foods	361499	1.6	493724	1.8
纺织服装工业	Textile Wearing Apparel Industry	404033	1.7	344906	1.2
纺织业	Manufacture of Textile	315867	1.4	267142	1.0
纺织服装、鞋、帽制造业	Manufacture of Textile Wearing Apparel, Footware, and Caps	88166	0.4	77764	0.3
非金属矿物制品业	Manufacture of Non-metallic Mineral Products	1766596	7.6	1636149	5.9
有色冶金工业	Nonferrous Metallurgy Industry	1087000	4.7	1463850	5.3

6-11 基础设施投资
Investment for Basic Infrastructure

行业	Sector	2010 投资额(万元) Investment (10 000 yuan)	2010 占基础设施投资比重(%) Rate (%)	2011 投资额(万元) Investment (10 000 yuan)	2011 占基础设施投资比重(%) Rate (%)
基础设施投资合计	**Total Investment of Infrastructure**	**20577715**	**100.0**	**21601383**	**100.0**
交通运输、仓储和邮政业	Transport,Storage and Post	10044909	48.8	10507907	48.6
铁路运输业	Railway Transport	3391902	16.5	1965948	9.1
道路运输业	Road Transport	5391524	26.2	6128097	28.4
城市公共交通业	Urban Public Transport	485834	2.4	597184	2.8
水上运输业				4580	0.0
航空运输业	Air Transport	120970	0.6	1047283	4.8
管道运输业	Transport Via Pipelines	104495	0.5	117398	0.5
装卸搬运和其他运输服务业	Loading,Unloading and Other Transport Services	106122	0.5	87399	0.4
仓储业	Storage	439853	2.1	510626	2.4
邮政业	Post	1924	…	49392	0.2
电信和其他信息传输服务业	Telecommunications and Other Information Transmission Services	712517	3.5	382705	1.8
电网建设	Grid Construction	376108	1.8	406242	1.9
水利、环境和公共设施管理业	Management of Water Conservancy, Environment and Public Facilities	9444181	45.9	10304529	47.7
水利管理业	Management of Water Conservancy	977705	4.8	1592922	7.4
环境管理业	Environmental Management	763790	3.7	647118	3.0
公共设施管理业	Management of Public Facilities	7702686	37.4	8064489	37.3

6-12 全社会固定资产投资财务拨款资金来源(2011年)
Source of Funds of Investment in Fixed Assets for Finance Allocation in the Whole Province(2011)

单位: 万元 (10 000 yuan)

指 标	Item	合 计 Total	固定资产投资 Investment in Fixed Assets	房地产开发 Real Estate Development	农户投资 Farm Households
一、本年资金来源合计	Total of Sources of Funds This Year	118141590	91480231	23440383	3220976
1.上年末结余资金	Funds of Last Year-end	7188188	3124984	4063204	
2.本年资金来源小计	Subtotal of Sources of Funds This Year	110953402	88355247	19377179	3220976
国家预算内资金	State Budget	7761483	7761483		
国内贷款	Domestic Loans	12702439	9941717	2337005	423717
债 券	Bond	44126	44126		
利用外资	Foreign Investment	326561	324133	2428	
# 外商直接投资	Foreign Direct Investment	170297	168297	2000	
自筹资金	Self-raising Fund	75010328	65223358	7076245	2710725
# 企事业单位自有资金	Enterprises and Institutions-owned Funds	13929378	10682623	3246755	
其他资金来源	Others	15108465	5060430	9961501	86534
二、本年各项应付款合计	Total Payment of this year	9000065	6772453	2227612	
# 工程款	Project Payment	3605055	2353136	1251919	

6-13 固定资产投资财务拨款资金来源(2011年)
Source of Funds of Investment for Finance Allocation(2011)

单位: 万元 (10 000 yuan)

指 标	Item	总 计 Total	按经济类型分 By Owership		按隶属关系分 By Jurisdiction of Management	
			国有经济单位 State-owned	其他经济单位 Others	中央单位 Central	地方单位 Local
一、本年资金来源合计	Total of Sources of Funds This Year	91480231	48009570	43470661	7752654	83727577
1.上年末结余资金	Funds of Last Year-end	3124984	1891234	1233750	251847	2873137
2.本年资金来源小计	Subtotal of Sources of Funds This Year	88355247	46118336	42236911	7500807	80854440
国家预算内资金	State Budget	7761483	6855969	905514	185293	7576190
国内贷款	Domestic Loans	9941717	6365392	3576325	2454630	7487087
债 券	Bond	44126	42401	1725	6000	38126
利用外资	Foreign Investment	324133	108931	215202		324133
# 外商直接投资	Foreign Direct Investment	168297	13555	154742		168297
自筹资金	Self-raising Fund	65223358	29569321	35654037	4543325	60680033
# 企事业单位自有资金	Enterprises and Institutions-owned Funds	10682623	4477997	6204626	2491653	8190970
其他资金来源	Others	5060430	3176322	1884108	311559	4748871
二、本年各项应付款合计	Total Payment of this Year	6772453	4012222	2760231	713241	6059212
# 工程款	Project Payment	2353136	1586610	766526	169532	2183604

6-14 各市(区)固定资产投资资金来源(2011年)
Source of Funds of Investment by City(District)(2011)

单位：万元 (10 000 yuan)

地区	Region	本年资金来源合计 Total of Sources of Funds This Year	上年末结余资金 Funds of Last Year-end	本年资金来源小计 Subtotal of Sources of Funds This Year	国家预算内资金 State Budget	国内贷款 Domestic Loans	债券 Bond
全省	**Shaanxi**	**91480231**	**3124984**	**88355247**	**7761483**	**9941717**	**44126**
西安市	Xi'an	25576439	1466752	24109687	1509891	1572955	
铜川市	Tongchuan	1512450	16759	1495691	240319	197130	899
宝鸡市	Baoji	9672370	175129	9497241	1179204	1048867	3000
咸阳市	Xianyang	12319830	196322	12123508	851677	921792	2184
渭南市	Weinan	8427135	176853	8250282	679506	790863	1725
延安市	Yan'an	6394044	121577	6272467	479151	175837	
汉中市	Hanzhong	3151609	260205	2891404	524130	191034	30318
榆林市	Yulin	12683119	370605	12312514	1141797	1573674	
安康市	Ankang	2571912	15809	2556103	545824	89002	
商洛市	Shangluo	2684046	158949	2525097	557423	140270	
杨凌示范区	Yangling	320926	24156	296770	18489	12657	
不分地区	Not Classified by Region	8850397	300817	8549580	591495	3367906	6000

6-14 续表 continued

单位：万元 (10 000 yuan)

地区	Region	利用外资 Foreign Investment	#外商直接投资 Foreign Direct Investment	自筹资金 Self-raising Fund	#企事业单位自有资金 Enterprises and Institutions-owned Funds	其他资金来源 Others	本年各项应付款合计 Total Payment of This Year	#工程款 Project Payment
全省	**Shaanxi**	**324133**	**168297**	**65223358**	**10682623**	**5060430**	**6772453**	**2353136**
西安市	Xi'an	109805	73393	19618362	1691010	1298674	1309178	339864
铜川市	Tongchuan	1680		953906	32581	101757	15380	11750
宝鸡市	Baoji	94971	60700	6885660	271193	285539	656501	157971
咸阳市	Xianyang			9661038	3597212	686817	34454	1031
渭南市	Weinan	11911	3050	6556403	1453953	209874	212876	129295
延安市	Yan'an	170		4738631	831683	878678	872724	648430
汉中市	Hanzhong	48319	11187	1824406	189221	273197	548019	269228
榆林市	Yulin	21721		9113148	169508	462174	1118912	542843
安康市	Ankang	15790	15790	1814379	94731	91108	410964	194762
商洛市	Shangluo	15000		1683454	315689	128950	90626	53154
杨凌示范区	Yangling	4766	4177	240951	14409	19907	123510	1823
不分地区	Not Classified by Region			2133020	2021433	623755	1379309	2985

6-15 各市(区)国有经济单位投资资金来源(2011年)

Source of Funds of Investment in State-Owned Units by City(District)(2011)

单位：万元

地 区	Region	本年资金来源合计 Total of Sources of Funds This Year	上年末结余资金 Funds of Last Year-end	本年资金来源小计 Subtotal of Sources of Funds This Year	国家预算内资金 State Budget	国内贷款 Domestic Loans	债券 Bond
全　省	**Shaanxi**	**48009570**	**1891234**	**46118336**	**6855969**	**6365392**	**42401**
西安市	Xi'an	13090604	1044282	12046322	956233	966446	
铜川市	Tongchuan	878028	8914	869114	215489	98827	899
宝鸡市	Baoji	5839778	112245	5727533	1126569	823584	3000
咸阳市	Xianyang	4324322	19130	4305192	835887	528234	2184
渭南市	Weinan	3897249	129368	3767881	632832	588534	
延安市	Yan'an	5127850	23788	5104062	465956	154727	
汉中市	Hanzhong	1590175	152378	1437797	489450	90943	30318
榆林市	Yulin	7064520	275519	6789001	1120434	824238	
安康市	Ankang	1090657	10984	1079673	467324	39240	
商洛市	Shangluo	1260450	39750	1220700	497319	21800	
杨凌示范区	Yangling	109769	8194	101575	18489	12157	
不分地区	Not Classified by Region	3736168	66682	3669486	29987	2216662	6000

6-15 续表 continued

单位：万元 (10 000 yuan)

地 区	Region	利用外资 Foreign Investment	# 外商直接投资 Foreign Direct Investment	自筹资金 Self-raising Fund	# 企事业单位自有资金 Enterprises and Institutions-owned Funds	其他资金来源 Others	本年各项应付款合计 Total Payment of This Year	# 工程款 Project Payment
全　省	**Shaanxi**	**108931**	**13555**	**29569321**	**4477997**	**3176322**	**4012222**	**1586610**
西安市	Xi'an	22912		9528852	698668	571879	645114	215536
铜川市	Tongchuan			471609	27431	82290	9669	7039
宝鸡市	Baoji	39171	4900	3551642	143038	183567	404306	130397
咸阳市	Xianyang			2636610	1027829	302277	13093	
渭南市	Weinan			2484607	790076	61908	153539	110455
延安市	Yan'an	170		3760641	803491	722568	824807	637594
汉中市	Hanzhong	21257	4155	647380	52910	158449	295404	172217
榆林市	Yulin	20921		4458668	40519	364740	651820	159368
安康市	Ankang	4500	4500	515964	27878	52645	241525	124335
商洛市	Shangluo			630224	53475	71357	43099	26529
杨凌示范区	Yangling			56640	11814	14289	51171	155
不分地区	Not Classified by Region			826484	800868	590353	678675	2985

6-16 各市(区)按经济注册类型分的固定资产投资(2011年)
Investment by Registration Status and City (District)(2011)

单位：万元 (10 000 yuan)

地区	Region	合计 Total	内资 Domestic	国有 State-owned	集体 Collective-owned	其他 Other	港澳台商投资 Funds from Hong Kong, Macao and Taiwan	外商投资 Foreign Investment	个体经济 Self-Employed Individual
全省	**Shaanxi**	**82905251**	**81029145**	**43802742**	**3784484**	**33441919**	**690262**	**480872**	**704972**
西安市	Xi'an	21391558	20741251	10805984	1950960	7984307	353998	248879	47430
铜川市	Tongchuan	1161666	1153071	634503	61501	457067	1680		6915
宝鸡市	Baoji	8313381	8281101	4559944	429565	3291592	4698	3450	24132
咸阳市	Xianyang	10056152	9825712	3393542	339592	6092578	182811	36850	10779
渭南市	Weinan	7348517	7179760	3285248	317406	3577106	30396	56033	82328
延安市	Yan'an	6562778	6493965	5457072	168516	868377	9117	8300	51396
汉中市	Hanzhong	2913720	2884205	1533975	114060	1236170	8800	12442	8273
榆林市	Yulin	11599576	11134050	6543366	331086	4259598	92234	8274	365018
安康市	Ankang	2123533	2019027	882031	28382	1108614	6000	20	98486
商洛市	Shangluo	2458592	2351826	1207409	43416	1101001		96551	10215
杨凌示范区	Yangling	370447	359846	131334		228512	528	10073	
不分地区	Not Classified by Region	8605331	8605331	5368334		3236997			

6-17 各市(区)按隶属关系分的固定资产投资(2011年)
Investment in Urban Area by Jurisdiction of Management and City (District)(2011)

单位：万元 (10 000 yuan)

地区	Region	总计 Total	# 地方 Local	省 Province	市 City	县 County	其他 Others
全省	**Shaanxi**	**82905251**	**74256903**	**14638235**	**12870454**	**23206780**	**23541434**
西安市	Xi'an	21391558	20517656	2041755	6896372	4540367	7039162
铜川市	Tongchuan	1161666	1139739	128566	212297	464381	334495
宝鸡市	Baoji	8313381	7723829	423239	1310526	3023841	2966223
咸阳市	Xianyang	10056152	9775571	1756373	1163627	2917059	3938512
渭南市	Weinan	7348517	7162257	1498445	651737	2411938	2600137
延安市	Yan'an	6562778	6151077	2479557	724058	2353822	593640
汉中市	Hanzhong	2913720	2859458	123469	489581	1381248	865160
榆林市	Yulin	11599576	10850031	2819172	970043	3984916	3075900
安康市	Ankang	2123533	2082518	40764	103068	879380	1059306
商洛市	Shangluo	2458592	2453442	121940	253659	1240282	837561
杨凌示范区	Yangling	370447	361785	25415	95486	9546	231338
不分地区	Not Classified by Region	8605331	3179540	3179540			

6-18 各市(区)按国民经济行业分的固定资产投资(2011年)

Investment by Sector and City(District)(2011)

单位：万元 (10 000 yuan)

地区 Region	总计 Total	农、林、牧、渔业 Agriculture, Forestry, Animal Husbandry & Fishery Industry	采矿业 Mining	制造业 Manufacturing	电力燃气及水的生产和供应业 Production and Distribution of Electricity, Gas and Water	建筑业 Construction	交通运输仓储和邮政业 Transport, Storage and Post	信息传输计算机服务和软件业 Information Transmission, Computer Service and Software	批发和零售业 Wholesale and Retail Trades	住宿和餐饮业 Hotels and Catering Services
全 省 Shaanxi	**82905251**	**3443637**	**12300220**	**18673484**	**3083759**	**3174768**	**10507907**	**625043**	**2599364**	**1266560**
西安市 Xi'an	21391558	722266	17280	3417558	191613	861576	1234857	334295	1115102	598856
铜川市 Tongchuan	1161666	78963	106525	373296	31507	10836	62525		37067	17953
宝鸡市 Baoji	8313381	766125	246389	2673264	271074	198082	876654	32096	227617	97210
咸阳市 Xianyang	10056152	406394	1082582	3799034	337169	528233	617698	52147	680289	306426
渭南市 Weinan	7348517	447132	770803	3174049	382530	77928	143371	40693	209227	68875
延安市 Yan'an	6562778	201805	2762393	566974	414539	323122	568411	6940	86579	271
汉中市 Hanzhong	2913720	164198	155728	784368	178040	233010	201417	3000	100570	42453
榆林市 Yulin	11599576	273803	3424120	2787585	593037	727063	1716211	110350	40829	72467
安康市 Ankang	2123533	219786	114787	333165	168959		153393	6607	60720	46689
商洛市 Shangluo	2458592	119497	324408	566992	92417	191689	136134	38915	38899	15360
杨凌示范区 Yangling	370447	43668		129326	16692	7647	23184		2465	
不分地区 Not Classified by Region	8605331		3295205	67873	406182	15582	4774052			

6-18 续表 continued

单位：万元 (10 000 yuan)

地区 Region	金融业 Financial Intermediation	房地产业 Real Estate	租赁和商务服务业 Leasing and Business Services	科学研究技术服务和地质勘查业 Scientific Research, Technical Services, and Geological Prospecting	水利环境和公共设施管理业 Management of Water Conservancy, Environment and Public Facilities	居民服务和其他服务业 Services Households and Other Services	教育 Education	卫生社会保障和社会福利业 Health, Social Securities and Social Welfare	文化体育和娱乐业 Culture, Sports and Entertainment	公共管理和社会组织 Public Management and Social Organization
全 省 Shaanxi	**28988**	**6655898**	**1105080**	**560286**	**10304529**	**254434**	**1553510**	**1193129**	**546902**	**5027753**
西安市 Xi'an	8665	4065329	731207	324583	4905472	73831	674344	289717	160873	1664134
铜川市 Tongchuan	281	42007	590	700	249575	13693	18962	13928	27768	75490
宝鸡市 Baoji	3700	626596	75971	37655	1343305	10280	186518	285133	101116	254596
咸阳市 Xianyang	5663	257293	130200	55002	627791	62657	188302	103994	41271	774007
渭南市 Weinan	2524	80631	20117	4390	1277694	21805	109490	202366	121949	192943
延安市 Yan'an	1210	103150	31440	11714	248741	2466	64248	59233	21705	1087837
汉中市 Hanzhong	4139	70857	46542	4373	454606	4526	92695	55003	22675	295520
榆林市 Yulin		858789	30512	45443	341565	63440	84221	65589	39344	325208
安康市 Ankang	2806	326963	33991	5400	359903	1736	46000	89338	6291	146999
商洛市 Shangluo		156814	4510	25563	461198		45526	25958	3910	210802
杨凌示范区 Yangling		67066		4799	34679		37834	2870		217
不分地区 Not Classified by Region		403		40664			5370			

6-19 各市(区)能源工业投资(2011年)

Investment in Energy Industry by City(District)(2011)

单位：万元 (10 000 yuan)

地区	Region	能源工业投资 Energy Industry	煤炭开采及洗选业 Mining and Washing of Coal	石油和天然气开采业 Extraction of Petroleum and Natural Gas	石油加工、炼焦及核燃料加工业 Processing of Petroleum,Coking, Processing of Nuclear Fuel	电力、燃气及水的生产和供应业 Production and Distribution of Electricity,Gas and Water
全省	**Shaanxi**	**16075458**	**6103711**	**5299542**	**1588446**	**3083759**
西安市	Xi'an	234514		370	42531	191613
铜川市	Tongchuan	148932	102980	400	14045	31507
宝鸡市	Baoji	388070	116996			271074
咸阳市	Xianyang	1566135	1004970	28800	195196	337169
渭南市	Weinan	1237854	502200	140312	212812	382530
延安市	Yan'an	3693625	484105	2278288	516693	414539
汉中市	Hanzhong	223119	28079	14000	3000	178040
榆林市	Yulin	4534197	2825318	550314	565528	593037
安康市	Ankang	197807	21853		6995	168959
商洛市	Shangluo	133126	9063		31646	92417
杨凌示范区	Yangling	16692				16692
不分地区	Not Classified by Region	3701387	1008147	2287058		406182

6-20 各市(区)按构成分的固定资产投资 (2011年)

Investment by Use of Funds and City(District)(2011)

单位：万元 (10 000 yuan)

地区	Region	总计 Total	建筑工程 Construction	安装工程 Installation	设备工具器具购置 Purchase of Equipment and Instruments	其他费用 Others	# 土地购置费 Total Value of Land Purchased
全省	**Shaanxi**	**82905251**	**53764505**	**7157273**	**12909480**	**9073993**	**2599924**
西安市	Xi'an	21391558	14469895	1884182	1761602	3275879	924932
铜川市	Tongchuan	1161666	653107	139021	276436	93102	40111
宝鸡市	Baoji	8313381	5305740	726028	1516377	765236	203756
咸阳市	Xianyang	10056152	6469615	469377	2652564	464596	169053
渭南市	Weinan	7348517	3948499	561242	2060102	778674	209075
延安市	Yan'an	6562778	4625652	1033341	358784	545001	67118
汉中市	Hanzhong	2913720	1732275	198917	549975	432553	224616
榆林市	Yulin	11599576	5986739	1332003	2194671	2086163	567391
安康市	Ankang	2123533	1654121	88795	158396	222221	81120
商洛市	Shangluo	2458592	1792777	91457	452255	122103	60086
杨凌示范区	Yangling	370447	246016	23017	70275	31139	16493
不分地区	Not Classified by Region	8605331	6880069	609893	858043	257326	36173

6-21 各市(区)按建设性质分的固定资产投资(2011年)
Investment by Type of Construction and City(District)(2011)

单位：万元 (10 000 yuan)

地 区	Region	总 计 Total	新 建 New Construction	扩 建 Expansion	改建和技术改造 Reconstruction and Technological Transformation	单纯建造生活设施 Construction of Living Facilities	迁 建 Removal Construction	恢 复 Reestablishment	单纯购置 Purchase of Equipment
全 省	**Shaanxi**	**82905251**	**56557494**	**13749856**	**9613557**	**1473780**	**429939**	**184384**	**896241**
西安市	Xi'an	21391558	15213568	2122642	2203424	1084053	151816	3540	612515
铜川市	Tongchuan	1161666	809432	44074	223358	26641	38925	600	18636
宝鸡市	Baoji	8313381	4986214	2088782	1048297	28621	13751	26511	121205
咸阳市	Xianyang	10056152	7273229	1675308	783512	172811	77648		73644
渭南市	Weinan	7348517	4554326	1665062	1025437	92711	8170	1811	1000
延安市	Yan'an	6562778	4544620	1121674	842408	22603	610	18096	12767
汉中市	Hanzhong	2913720	1094702	333014	1430420	10790	23950	7256	13588
榆林市	Yulin	11599576	9266465	1001133	1232018	11632	59831	4316	24181
安康市	Ankang	2123533	1848708	83265	118923	3477	37030	32130	
商洛市	Shangluo	2458592	1847126	317000	192542	2070	9730	90124	
杨凌示范区	Yangling	370447	318549	24371	11612		8268		7647
不分地区	Not Classified by Region	8605331	4800555	3273531	501606	18371	210		11058

6-22 各市(区)按建设阶段分的固定资产投资(2011年)
Investment by Phase of Construction and City(District)(2011)

单位：万元 (10 000 yuan)

地 区	Region	总 计 Total	筹 建 Prepare to Construction	本年正式施工 Started This Year	本年收尾 Projects Completed This Year	全部停缓建 Ceased and Deferred Projects	单纯购置 Purchase of Equipment
全 省	**Shaanxi**	**82905251**	**471473**	**81450876**	**32539**	**54122**	**896241**
西安市	Xi'an	21391558	440895	20338147		1	612515
铜川市	Tongchuan	1161666	3473	1133137	6420		18636
宝鸡市	Baoji	8313381	1141	8145494	19781	25760	121205
咸阳市	Xianyang	10056152	20864	9961534		110	73644
渭南市	Weinan	7348517		7344717	2800		1000
延安市	Yan'an	6562778		6547865	2146		12767
汉中市	Hanzhong	2913720		2898106	1392	634	13588
榆林市	Yulin	11599576	5100	11570295			24181
安康市	Ankang	2123533		2123533			
商洛市	Shangluo	2458592		2458592			
杨凌示范区	Yangling	370447		362800			7647
不分地区	Not Classified by Region	8605331		8566656		27617	11058

6-23 各市(区)固定资产投资施工、投产项目个数及新增固定资产(2011年)

Number of Investment Projects under Construction and Put into Use and Newly Increased Fixed Assets by City(District)(2011)

地 区	Region	施工项目 (个) Number of Project under Construction (unit)	全部建成投产项目 (个) Number of Project Completed and Put into Use (unit)	施工项目计划总投资 (万元) Total Investment Planned under Construction (10 000 yuan)	本年完成投资额 (万元) Investment Completed This Year (10 000 yuan)	本年新增固定资产 (万元) Newly Increased Fixed Assets of This Year (10 000 yuan)	固定资产交付使用率 (%) Rate of Projects of Fixed Assets Completed and Put into Use (%)
全 省	**Shaanxi**	**12317**	**6869**	**229807626**	**82905251**	**41772232**	**50.39**
西安市	Xi'an	2237	1351	65346622	21391558	10998821	51.42
铜川市	Tongchuan	463	247	4105609	1161666	557010	47.95
宝鸡市	Baoji	1673	1091	17015067	8313381	5682573	68.35
咸阳市	Xianyang	1384	808	24966625	10056152	5866563	58.34
渭南市	Weinan	1491	927	18434182	7348517	4810833	65.47
延安市	Yan'an	736	415	12958900	6562778	4644016	70.76
汉中市	Hanzhong	1066	572	6856752	2913720	1996535	68.52
榆林市	Yulin	1328	609	47328859	11599576	3358780	28.96
安康市	Ankang	1085	529	6080705	2123533	1434092	67.53
商洛市	Shangluo	630	281	6184946	2458592	1175130	47.80
杨凌示范区	Yangling	92	30	1231544	370447	172691	46.62
不分地区	Not Classified by Region	132	9	19297815	8605331	1075188	12.49

6-24 各市(区)固定资产投资房屋建筑面积及造价(2011年)

Floor Space and Cost of Buildings in Investment by City(District)(2011)

地 区	Region	本年施工房屋面积 (万平方米) Floor Space of Buildings under Construction This Year (10 000 sq.m)	# 住宅 Residential Buildings	本年竣工房屋面积 (万平方米) Floor Space of Buildings Completed this Year (10 000 sq.m)	# 住宅 Residential Buildings	本年竣工房屋价值 (万元) Value of Buildings Completed This Year (10 000 yuan)	竣工房屋造价 (元/平方米) Cost of Buildings Completed (yuan/sq.m)
全 省	**Shaanxi**	**11821.22**	**4776.62**	**2218.85**	**828.60**	**3841515**	**4636**
西安市	Xi'an	4138.86	1747.77	623.62	310.07	1273312	4107
铜川市	Tongchuan	194.75	167.21	3.87	1.37	5481	3998
宝鸡市	Baoji	1149.35	451.03	197.88	75.72	364590	4815
咸阳市	Xianyang	1566.57	608.19	468.74	142.67	765802	5368
渭南市	Weinan	1024.12	378.45	310.50	54.67	363955	6657
延安市	Yan'an	824.85	525.77	56.20	28.50	192279	6748
汉中市	Hanzhong	592.70	262.31	169.35	57.21	298356	5215
榆林市	Yulin	1171.71	114.11	77.89	11.96	170099	14219
安康市	Ankang	604.83	375.95	191.18	118.35	252175	2131
商洛市	Shangluo	286.75	104.48	68.93	28.08	132999	4736
杨凌示范区	Yangling	135.89	8.43				
不分地区	Not Classified by Region	76.10	14.91	14.68	3.56	22467	6315

6-25 房地产开发投资主要指标及构成(2011年)
Main Indicators and Composition of Investment for Real Estate Development(2011)

单位：万元 (10 000 yuan)

指标	Item	房地产开发 Real Estate Development	# 地方 Local	# 省属 Province	按登记注册类型分 内资 Domestic Funds	国有 State-holding
一、企业(单位)个数(个)	Number of Enterprises(unit)	1430	1363	59	1399	101
二、本年完成投资	Investment Completed This Year	14109037	13912696	997071	13104764	822679
# 配套工程投资	Investment of Related Project	121501	116489	2085	119734	7678
1.按隶属关系分	Group by Jurisdiction of Management					
地方	Local	13912696	13912696	997071	12908423	805842
# 市县属	City and County Level	12915625	12915625		11912019	708081
2.按构成分	By Composition of Funds					
建筑工程	Construction	10876274	10779315	825010	10099410	665659
安装工程	Installation	1251093	1248173	67128	1171755	70912
设备工器具购置	Purchase of Equipment and Instruments	188336	188070	14543	164619	1984
其他费用	Others	1793334	1697138	90390	1668980	84124
# 旧建筑物购置费	Purchase of Used Buildings	51106	51106		51106	3
土地购置费	Total Value of Land Purchased	1019877	985577	78497	942658	42794
3.按工程用途分	By Use of Projects					
住宅	Residential Buildings	11769311	11616228	777763	10933711	680847
# 别墅、高档公寓	Villas,High-grade Apartments	393676	393676		229188	18775
办公楼	Office Buildings	367589	367589	31281	347484	12860
商业营业用房	Houses for Business Use	1196979	1187861	84921	1090427	50415
其他	Others	775158	741018	103106	733142	78557
三、本年新增固定资产	Newly Increased Fixed Assets of This Year	3612272	3562633	135742	2961192	198077
四、房屋建筑面积及竣工价值	Floor Space of Buildings Completed and Value of Buildings Completed					
施工面积(万平方米)	Floor Space of Buildings under Construction (10 000 sq.m)	12221.95	12097.95	639.95	11494.85	936.18
# 住宅	Residential Buildings	10530.08	10434.07	571.53	9938.72	856.31
竣工面积(万平方米)	Floor Space of Buildings Completed (10 000 sq.m)	1128.26	1112.34	34.96	1004.64	78.46
# 住宅	Residential Buildings	1002.52	990.58	28.49	885.86	77.55
竣工价值	Value of Buildings Completed	295.96	291.00	10.94	242.43	18.53
# 住宅	Residential Buildings	255.47	251.76	8.62	206.35	18.40

6-25 续表 continued

单位：万元 (10 000 yuan)

指标	Item	Status of Registration 集体 Collective-holding	其它 Others	港澳台投资 Funds from Hong Kong, Macao and Taiwan	外商投资 Foreign Investment
一、企业(单位)个数(个)	Number of Enterprises(unit)	33	1265	14	17
二、本年完成投资	Investment Completed This Year	292402	11989683	450383	553890
# 配套工程投资	Investment of Related Project		112056	1500	267
1.按隶属关系分	Group by Jurisdiction of Management				
地　方	Local	292402	11810179	450383	553890
# 市县属	City and County Level	284928	10919010	449716	553890
2.按构成分	By Composition of Funds				
建筑工程	Construction	261509	9172242	330522	446342
安装工程	Installation	15307	1085536	22992	56346
设备工器具购置	Purchase of Equipment and Instruments	6288	156347	23717	
其他费用	Others	9298	1575558	73152	51202
# 旧建筑物购置费	Purchase of Used Buildings		51103		
土地购置费	Total Value of Land Purchased	2750	897114	52530	24689
3.按工程用途分	By Use of Projects				
住　宅	Residential Buildings	231222	10021642	371562	464038
# 别墅、高档公寓	Villas,High-grade Apartments		210413	35533	128955
办公楼	Office Buildings	100	334524	16305	3800
商业营业用房	Houses for Business Use	59661	980351	31913	74639
其　他	Others	1419	653166	30603	11413
三、本年新增固定资产	Newly Increased Fixed Assets of This Year	72915	2690200	131005	520075
四、房屋建筑面积及竣工价值	Floor Space of Buildings Completed and Value of Buildings Completed				
施工面积(万平方米)	Floor Space of Buildings under Construction (10 000 sq.m)	256.81	10301.86	283.80	443.30
# 住　宅	Residential Buildings	217.22	8865.19	206.80	384.57
竣工面积(万平方米)	Floor Space of Buildings Completed (10 000 sq.m)	30.06	896.12	15.51	108.11
# 住　宅	Residential Buildings	28.73	779.58	15.51	101.16
竣工价值	Value of Buildings Completed	6.07	217.83	12.70	40.84
# 住　宅	Residential Buildings	5.63	182.32	12.70	36.43

6-26 房地产开发投资资金来源(2011年)
Sources of Funds of Investment for Real Estate Development (2011)

单位: 万元 (10 000 yuan)

指　标	Item	总计 Total	内资 Domestic	国有 State-owned	集体 Collective-owned	其他 Others	港澳台投资 Funds from Hong Kong, Macao and Taiwan	外商投资 Foreign Investment
一、本年资金来源合计	Total of Sources of Funds This Year	23440383	21636673	1454202	358745	19823726	777682	1026028
1.上年末结余资金	Funds of Last Year-end	4063204	3628093	316319	6413	3305361	205922	229189
2.本年资金来源小计	Subtotal of Sources of Funds This Year	19377179	18008580	1137883	352332	16518365	571760	796839
国内贷款	Domestic Loans	2337005	2137879	208766	1375	1927738	30126	169000
# 银行贷款	Loans from Bank	2048250	1849124	187990	1375	1659759	30126	169000
非银行金融机构贷款	Loans from Non-bank	288755	288755	20776		267979		
利用外资	Foreign Investment	2428	2428			2428		
# 外商直接投资	Foreign Direct Investment	2000	2000			2000		
自筹资金	Self-raising Funds	7076245	6868270	338372	271280	6258618	58299	149676
# 自有资金	Self-owned Funds	3246755	3155135	116629	60719	2977787	54120	37500
其他资金来源	Others	9961501	9000003	590745	79677	8329581	483335	478163
# 定金及预收款	Booked and Prepayed Money	6070661	5496308	350318	40288	5105702	285697	288656
个人按揭贷款	Individual Credit	2601545	2247085	129856	15301	2101928	190568	163892
二、本年各项应付款合计	Total Payment of this year	2227612	2136384	152359	46984	1937041	38987	52241
# 工程款	Project Payment	1251919	1172318	94113	39129	1039076	33027	46574

6-27 各市(区)房地产开发投资和新增固定资产(2011年)
Investment for Real Estate Development and Newly Increased Fixed Assets by City(District)(2011)

单位: 万元 (10 000 yuan)

地　区	Region	计划总投资 Total Investment Planed	自开始建设至本年底累计完成投资 Accumulative Investment Actually Completed Since Start of Construction up to the end of This Year	本年完成投资 Investment Completed This Year	# 配套工程投资 Investment of Related Project	本年新增固定资产 Newly Increased Fixed Assets of This Year
全　省	**Shaanxi**	**60292663**	**35652480**	**14109037**	**121501**	**3612272**
西安市	Xi'an	46185971	26944444	9968097	87628	2552861
铜川市	Tongchuan	895299	466406	203634	2260	5611
宝鸡市	Baoji	2502219	1557146	727104	1527	144189
咸阳市	Xianyang	3167309	2222625	1184821	2600	166755
渭南市	Weinan	1898107	1251966	682149	3630	257552
延安市	Yan'an	314908	253500	80781		40978
汉中市	Hanzhong	2164369	1374892	572137	6926	172054
榆林市	Yulin	1408454	704682	291247	13983	119066
安康市	Ankang	1024558	480391	223246	1151	106914
商洛市	Shangluo	349602	238976	109796	1105	41222
杨凌示范区	Yangling	381867	157452	66025	691	5070

6-28 各市(区)按构成和工程用途分的房地产开发投资(2011年)

Investment for Real Estate Development by Use of Founds and Projects by City(District)(2011)

单位：万元 (10 000 yuan)

地区	Region	按构成分 by Use of Founds				按工程用途分 by Use of Projects				
		建筑安装工程 Construction and Installation Projects	设备工器具购置 Purchase of Equipment and Instruments	其他费用 Others	# 土地购置费 Total Value of Land Purchased	住宅 Residential Buildings	# 别墅、高档公寓 Villas, High-grade Apartments	办公楼 Office Buildings	商业营业用房 Houses for Business Use	其他 Others
全 省	**Shaanxi**	**12127367**	**188336**	**1793334**	**1019877**	**11769311**	**393676**	**367589**	**1196979**	**775158**
西安市	Xi'an	8646385	97873	1223839	623066	8343108	368130	300862	812529	511598
铜川市	Tongchuan	195705	2308	5621	5121	184635	1030	1505	10506	6988
宝鸡市	Baoji	560074	51571	115459	69194	558012	17010	6575	51014	111503
咸阳市	Xianyang	1075452	2047	107322	89464	1131123		730	37700	15268
渭南市	Weinan	560431	22104	99614	68939	498236		33563	132474	17876
延安市	Yan'an	74639	440	5702		42897		18148	17350	2386
汉中市	Hanzhong	458741	3647	109749	61173	468980		2216	62477	38464
榆林市	Yulin	198469	5194	87584	80602	189384	1201	1797	50232	49834
安康市	Ankang	193351	1020	28875	15850	198896	3783	1935	9257	13158
商洛市	Shangluo	103448	290	6058	5788	89550	400	120	12239	7887
杨凌示范区	Yangling	60672	1842	3511	680	64490	2122	138	1201	196

6-29 房地产开发面积及造价(2011年)

Floor Space and Cost of Buildings in Real Estate Development(2011)

地区	Region	施工房屋面积(万平方米) Floor Space of Buildings Construction (10 000 sq.m)	# 住宅 Residential Buildings	竣工房屋面积(万平方米) Floor Space of Buildings Completed (10 000 sq.m)	# 住宅 Residential Buildings	竣工房屋价值(亿元) Value of Buildings Completed (100 million yuan)	# 住宅 Residential Buildings	竣工房屋造价(元/平方米) Cost of Buildings Completed (yuan/sq.m)	# 住宅 Residential Buildings
全 省	**Shaanxi**	**12221.95**	**10530.08**	**1128.26**	**1002.52**	**295.96**	**255.47**	**2623**	**2548**
西安市	Xi'an	8247.69	7108.27	631.03	564.59	213.29	185.31	3380	3282
铜川市	Tongchuan	359.94	323.25	3.18	3.18	0.48	0.48	1498	1498
宝鸡市	Baoji	461.39	415.16	40.22	33.74	8.09	6.61	2012	1958
咸阳市	Xianyang	750.69	670.40	92.45	89.87	13.82	13.37	1495	1488
渭南市	Weinan	651.80	535.10	139.96	121.78	22.30	18.15	1594	1490
延安市	Yan'an	106.60	96.81	0.76	0.75	0.66	0.66	8801	8801
汉中市	Hanzhong	685.12	599.57	103.10	94.10	14.15	12.84	1372	1365
榆林市	Yulin	387.71	268.61	43.41	28.19	11.90	8.02	2741	2845
安康市	Ankang	334.34	294.42	50.21	46.07	7.05	6.42	1403	1393
商洛市	Shangluo	110.73	95.69	21.28	17.84	3.87	3.29	1820	1846
杨凌示范区	Yangling	125.94	122.80	2.66	2.41	0.35	0.32	1311	1321

6-30 商品房屋销售情况(2011年)

Seal of Commercialized Buildings(2011)

地 区	Region	商品房销售面积(平方米) Floor Space of Commercialized Buildings Sold(sq.m)	住宅 Residential Buildings	#别墅、公寓 Villas, High-grade Apartments	办公楼 Office Buildings	商业营业用房 Houses for Business Use	其他 Others
全 省	**Shaanxi**	**30517668**	**28745105**	**602365**	**375324**	**1083602**	**313637**
西安市	Xi'an	17780151	16748518	511865	303375	531242	197016
铜川市	Tongchuan	517555	517134	784		421	
宝鸡市	Baoji	2117769	2050988	39400		64273	2508
咸阳市	Xianyang	2157349	2133758		3700	19891	
渭南市	Weinan	2434890	2119273		33391	244364	37862
延安市	Yan'an	239750	213687		17971	6037	2055
汉中市	Hanzhong	2164491	2051431	18187	3092	87412	22556
榆林市	Yulin	968243	880874			47599	39770
安康市	Ankang	1331398	1243640	32129	13795	63589	10374
商洛市	Shangluo	435954	419705			16249	
杨凌示范区	Yangling	370118	366097			2525	1496

6-30 续表 continued

地 区	Region	商品房销售额(万元) Total Sale of Commercialized Buildings (10 000 yuan)	住宅 Residential Buildings	#别墅、公寓 Villas, High-grade Apartments	办公楼 Office Buildings	商业营业用房 Houses for Business Use	其他 Others
全 省	**Shaanxi**	**15103812**	**13525380**	**543576**	**325473**	**1097056**	**155903**
西安市	Xi'an	10913135	9737148	505147	298510	758123	119354
铜川市	Tongchuan	146098	145863	200		235	
宝鸡市	Baoji	677330	648935	15426		28049	346
咸阳市	Xianyang	820375	804291		2468	13616	
渭南市	Weinan	691932	527025		10249	139992	14666
延安市	Yan'an	102221	79778		8195	13274	974
汉中市	Hanzhong	651469	584140	7318	804	61193	5332
榆林市	Yulin	438430	390241			36364	11825
安康市	Ankang	439632	395296	15485	5247	35833	3256
商洛市	Shangluo	120222	110643			9579	
杨凌示范区	Yangling	102968	102020			798	150

6-31 房地产开发经营情况(2011年)

Operating Statistics on Enterprises for Real Estate Development(2011)

单位：万元 (10 000 yuan)

地　区	Region	主营业务收入 Revenue from Principal Business	土地转让收入 Land Transferred	商品房屋销售收入 Commercialized Building Sold	房屋出租收入 House Leased	其它收入 Others	主营业务成本 Operating Costs of Main Business	主营业务税金及附加 Operating Tax and Extra Charge on Main Business
全　省	**Shaanxi**	**10551944**	**29512**	**10342590**	**47463**	**132379**	**7976291**	**686358**
西安市	Xi'an	8353923	11129	8218332	28846	95616	6266599	553064
铜川市	Tongchuan	66376		65784	287	305	50485	3758
宝鸡市	Baoji	395375		386743	614	8019	309791	21706
咸阳市	Xianyang	356997	12671	341863	1657	805	286062	20091
渭南市	Weinan	275965		268481	2496	4989	213356	15996
延安市	Yan'an	85700		85495	199	6	67526	4996
汉中市	Hanzhong	370101	3392	358267	7736	706	285312	22966
榆林市	Yulin	304956		288873	5279	10804	227325	21626
安康市	Ankang	240112	2319	236550	339	904	185704	15566
商洛市	Shangluo	68911		66264	11	2636	53666	3914
杨凌示范区	Yangling	33528		25937		7590	30468	2676

6-32 房地产开发企业基本情况(2011年)

Basic Statistics on Real Estate Development Enterprises (2011)

地　区	Region	开发公司个数(个) Number of Enterprises for Real Estate Development (unit)	实收资本金总计(万元) Total Capital Held (10 000 yuan)	资产总计(万元) Total Assets (10 000 yuan)	本年折旧(万元) Depreciation This Year (10 000 yuan)	负债合计(万元) Total Liabilities (10 000 yuan)	所有者权益合计(万元) Owners' Equity (10 000 yuan)	全部从业人员年平均人数(人) Average Number of Employed Persons (persons)	本年应付工资总额(万元) Total Wages This Year (10 000 yuan)
全　省	**Shaanxi**	**1430**	**5520320**	**37589366**	**99084**	**29373038**	**8216328**	**59142**	**232555**
西安市	Xi'an	579	4029266	28782284	71770	22834846	5947438	34322	153188
铜川市	Tongchuan	48	59589	319174	632	226437	92737	1249	2491
宝鸡市	Baoji	135	183897	1636045	4829	1405685	230360	3515	14887
咸阳市	Xianyang	92	189155	1254307	4208	907075	347232	4518	13422
渭南市	Weinan	107	181608	950582	2071	704930	245652	4441	10624
延安市	Yan'an	54	122102	674184	2565	538881	135303	1445	4080
汉中市	Hanzhong	176	240394	1477419	3088	1114775	362644	3923	15063
榆林市	Yulin	112	230999	1107646	5344	727849	379798	2256	7912
安康市	Ankang	81	196787	940612	3248	584288	356324	2269	5601
商洛市	Shangluo	29	50063	196931	1077	115391	81541	707	2865
杨凌示范区	Yangling	17	36459	250182	253	212881	37301	497	2423

6-33 保障性安居工程情况(2011年)
The Situation of Affordable Housing Projects (2011)

指 标	Item	合 计 Total	廉租住房 Low-rent Housing	公共租赁住房 Public Rental Housing	经济适用住房 Economically Affordable Housing	限价商品房 Limited Price Commercial Residential Building	棚户区改造 Shanty-town Renovation
一、本年实际供地 (万平方米)	Actual Land Supply This Year (10 000 sq.m)	1913.34	257.73	114.80	813.73	325.27	401.81
二、本年计划新开工套数 (套)	The Number of Planning New Construction This Year	464532	62301	131725	59346	81621	129539
集中新建	New construction Concentrated	365509	47072	118091	55081	74943	70322
配 建	Ancillary Building	53249	14969	12500	4265	6678	14837
改(扩、翻)建	Reconstruction (Expansion, Renovation)	45774	260	1134			44380
本年计划购买套数 (套)	The Number of Suites Planning Purchase This Year (suit)	5975	3958	476	850	300	391
本年计划长期租赁套数(套)	The Number of Suites Planning Long-term Lease This Year (suit)	3119	2288	831			
本年计划货币补贴户数(户)	The Number of Households Planning Monetary Subsidies This Year(household)	28328	27198	360			770
三、本年实际新开工套数 (套)	The Number of Actual New Construction This Year (suit)	512274	68041	139724	91407	85191	127911
集中新建	New construction Concentrated	442888	56634	124499	81995	74647	105113
配 建	Ancillary Building	55730	10407	13341	8116	10070	13796
改(扩、翻)建	Reconstruction (Expansion, Renovation)	13656	1000	1884	1296	474	9002
本年实际购买套数 (套)	The Number of Suites Actual Purchase This Year (suit)	2521	459	890	700	304	168
本年实际长期租赁套数(套)	The Number of Suites Actual Long-term Lease This Year (suit)	1360	1330	30			
本年实际货币补贴户数(套)	The Number of Households Actual Monetary Subsidies This Year (suit)	31259	30506				753
四、本年计划安排资金总额 (亿元)	Total Capital Planning This Year (100 million yuan)	250.88	54.79	86.16			109.93
公共财政预算	Public Finance Budget	111.31	40.67	54.92			15.72
中央预算资金	The Central Budget Funds	63.71	17.24	36.29			10.18
省级预算资金	The Provincial Budget Funds	14.21	9.21	3.00			2.00
市县预算资金	County Budget Funds	33.39	14.22	15.63			3.54
住房公积金增值收益	Housing Reserve Value-added Benefits	0.85	0.81	0.01			0.03
土地出让收益	Land Transfer Revenue	7.81	3.63	3.88			0.30
地方债券收入	Local Bond Revenue	25.32	5.55	9.49			10.28
其他渠道	Ohter Channels	105.59	4.13	17.86			83.60
五、本年实际使用资金总额 (亿元)	Total Capital Actual Use This Year (100 million yuan)	212.43	48.56	58.21			105.66
公共预算	Public Budget	96.95	41.06	47.41			8.48
住房公积金增值收益	Housing Reserve Value-added Benefits	0.84	0.83	0.01			
土地出让收益	Land Transfer Revenue	4.26	3.04	1.22			
其他渠道	Ohter Channels	110.38	3.63	9.57			97.18

注：1.棚户区改造计划和实际使用资金中包括省保障性住房建设工程有限公司的10亿元。

2.农村危旧房改造：2011年计划完成11.71万户，已开工11.66万户，已竣工10.66万户；实际安排资金57.39亿元，其中中央6.89亿元，省级2.76亿元。

a)The planning and actual use capital for Shantytown Renovation include 1 billion yuan from Provincial Affordable Housing Construction Engineering Company Limited

b)Transformation of the danger old houses in countryside: plan to be complete 11.71 ten thousand families,have started 11.66 ten thousand families,have been completed 10.66 ten thousand families; actual capital're 5.739 billion yuan,the central capital're 6.89 ten thousand million yuan,the provincial capital're 2.76 ten thousand million yuan

6-34 各市(区)保障性安居工程投资(2011年)
Affordable Housing Projects Investment by Regions (2011)

单位：亿元 (100 million yuan)

地区	Region	合计 Total	廉租住房 Low-rent Housing	公共租赁住房 Public Rental Housing	经济适用住房 Economically Affordable Housing	限价商品房 Limiited Price Commercial Residential Building	棚户区改造 Shantytown Renovation
全省	**Shaanxi**	**673.03**	**83.40**	**81.61**	**150.07**	**131.29**	**226.66**
西安市	Xi'an	218.54	16.32	13.68	63.65	6.49	118.40
铜川市	Tongchuan	31.37	3.75	2.94	3.04	1.76	19.88
宝鸡市	Baoji	66.62	8.48	15.33	9.41	19.80	13.60
咸阳市	Xianyang	49.61	8.30	11.07	9.20	12.61	8.43
渭南市	Weinan	49.98	12.94	4.94	3.99	14.09	14.02
延安市	Yan'an	48.08	2.75	6.27	15.21	19.43	4.42
汉中市	Hanzhong	50.45	6.66	5.55	24.03	6.05	8.16
榆林市	Yulin	34.06	5.78	7.75	10.15	6.33	4.05
安康市	Ankang	55.40	3.53	4.28	4.93	28.90	13.76
商洛市	Shangluo	46.16	10.73	6.99	5.44	11.23	11.77
杨凌示范区	Yangling	22.76	4.16	2.81	1.02	4.60	10.17

6-35 各市(区)保障性安居工程施工和竣工情况(2011年)
Building Construction and Completed of Affordable Housing Projects by Regions (2011)

地区	Region	住房施工面积(万平方米) Floor Space of Buildings Construction (10 000 sq.m)	# 新开工 New Construction	住房施工套数(万套) Number of Buildings Construction (10 000 suits)	# 新开工 New Construction	住房竣工面积(万平方米) Floor Space of Buildings Completed (10 000 sq.m)	住房竣工套数(万套) Number of Buildings Completed (10 000 suits)
全省	**Shaanxi**	**5188.63**	**3863.32**	**68.23**	**51.23**	**1211.78**	**15.92**
西安市	Xi'an	1623.56	1077.20	20.53	13.51	256.83	2.86
铜川市	Tongchuan	355.17	266.92	4.64	3.45	93.68	1.42
宝鸡市	Baoji	564.72	395.43	7.33	5.07	145.54	1.87
咸阳市	Xianyang	341.36	256.32	5.19	3.92	56.42	0.89
渭南市	Weinan	379.43	302.20	5.61	4.60	62.86	0.90
延安市	Yan'an	385.70	249.90	4.77	3.31	40.42	0.46
汉中市	Hanzhong	421.69	337.04	5.55	4.51	101.58	1.30
榆林市	Yulin	240.57	189.25	3.46	2.75	98.80	1.26
安康市	Ankang	422.13	374.18	4.95	4.37	158.34	1.94
商洛市	Shangluo	302.94	295.65	4.44	4.30	177.74	2.82
杨凌示范区	Yangling	151.36	119.23	1.76	1.44	19.57	0.20

主要统计指标解释

全社会固定资产投资 是以货币形式表现的在一定时期内全社会建造和购置固定资产的工作量以及与此有关的费用的总称。该指标是反映固定资产投资规模、结构和发展速度的综合性指标,又是观察工程进度和考核投资效果的重要依据。全社会固定资产投资按登记注册类型可分为国有、集体、个体、联营、股份制、外商、港澳台商、其他等。

房地产开发投资 指各种登记注册类型的房地产开发公司、商品房建设公司及其他房地产开发法人单位和附属于其他法人单位实际从事房地产开发或经营活动的单位统一开发的包括统代建、拆迁还建的住宅、厂房、仓库、饭店、宾馆、度假村、写字楼、办公楼等房屋建筑物和配套的服务设施,土地开发工程(如道路、给水、排水、供电、供热、通讯、平整场地等基础设施工程)的投资;不包括单纯的土地交易活动。

固定资产投资的资金来源 根据固定资产投资的资金来源不同,分为国家预算内资金、国内贷款、利用外资、自筹资金和其他资金。

(1)国家预算内资金:分为财政拨款和财政安排的贷款两部分。包括中央财政的基本建设基金(分经营性基金和非经营性基金两部分)、专项支出(如煤代油专项等)、收回再贷、贴息资金,财政安排的挖潜改造和新产品试制支出、城建支出、商业部门简易建筑支出、不发达地区发展基金等资金中用于固定资产投资的资金;地方财政中由国家统筹安排的资金等。

(2)国内贷款:指报告期固定资产投资单位向银行及非银行金融机构借入的用于固定资产投资的各种国内借款,包括银行利用自有资金及吸收的存款发放的贷款、上级主管部门拨入的国内贷款、国家专项贷款、地方财政专项资金安排的贷款、国内储备贷款、周转贷款等。

(3)利用外资:指报告期收到的用于固定资产建造和购置的国外资金(包括设备、材料、技术在内)。包括对外借款(外国政府、国际金融组织贷款、出口信贷、外国银行商业贷款、对外发行债券和股票)、外商直接投资及外商其他投资。不包括我国自有外汇资金(国家外汇、地方外汇、留成外汇、调剂外汇和中国银行自有资金发行的外汇贷款等)。计算利用外资时,需要折算成人民币,折算中所使用的外汇汇率按现汇计算,即按使用外汇时的汇率计算。

(4)自筹资金:指固定资产投资单位报告期收到的,由各地区、各部门及企、事业单位筹集用于固定资产投资的预算外资金,包括中央各部门、各级地方和企、事业单位的自筹资金。

(5)其他资金:指在报告期收到的除以上各种资金之外其他用于固定资产投资的资金,包括企业或金融机构通过发行各种债券筹集到的资金、群众集资、个人资金、无偿捐赠的资金及其他单位拨入的资金等。

固定资产投资按国民经济行业分 根据建设项目建成投产后的主要产品或主要用途及社会经济活动性质来确定国民经济行业。一般情况下,一个建设项目或一个企业、事业单位只能属于一种国民经济行业。

固定资产投资按隶属关系分 是按建设单位或企业、事业、行政单位的主管上级机关确定的。

(1)中央:是指中共中央、人大常委会和国务院各部、委、局、总公司以及直属机构直接领导的建设项目和企业、事业、行政单位。这些单位的固定资产投资计划由国务院各部门直接编制和下达,建设中所需物资、主要设备以及建设中的问题都由中央有关部门安排和解决。

(2)地方:是由省(自治区、直辖市)、地区(州、盟、省辖市)、县(旗、县级市)三级政府及业务主管部门直接领导和管理的建设项目、企业、事业、行政单位。地方项目还包括不隶属以上各级政府及主管部门的建设项目和企业、事业单位,如外商投资企业和无主管部门的企业等。

固定资产投资按建设性质分 根据整个建设项目情况来确定。建设项目的性质一般分为新建、扩建、改建和技术改造、迁建、恢复。房地产开发单位、农村投资、城镇工矿区私人建房投资不划分建设性质。

(1)新建:一般指从无到有开始建设的企业、事业和行政单位或建设项目。有的单位原有基础很小,经过建设后新增的固定资产价值超过该企、事业、行政单位原有固定资产价值(原值)三倍以上的也应作为新建。

(2)扩建:指在厂内或其他地点,为扩大原有产品的生产能力(或效益)或增加新的产品生产能力,而增建主要的生产车间(或主要工程)、分厂、独立的生产线。行政、事业单位在原单位增建业务用房(如学校增建教学用房、医院增建门诊部、病房等)也作为扩建。

现有企、事业单位为扩大原有主要产品生产能力或增加新的产品生产能力,增建一个或几个主要生产车间(或主要工程)、分厂,同时进行一些更新改造工程的,也应作为扩建。

(3)改建和技术改造:指现有企业、事业单位,对原有设施进行技术改造或更新(包括相应配套的辅助性生产、生活福利设施)的建设项目。现有企业、事业单位为适应市场变化的需要,而改变企业的主要产品种类(如军工企业转产民用品等)的建设项目,应作为改建。原有产品生产作业线由于各工序(车间)之间能力不平衡,为填平补齐充分发挥原有生产能力而增建不增加本企业主要产品设计能力的车间,也应作为改建。技术改造是指企业、事业单位在现有基础上,用先进的技术代替落后的技术，用先进的工艺和装备代替落后的工艺和装备，以改变企业落后的技术经济面貌，实现以内涵为主的扩大再生产，达到提高产品质量、促进产品更新换代、节约能源、降低消耗、扩大生产规模、全面提高社会经济效益的目的。技术改造具体包括以下内容：机器设备和工具的更新改造；生产工艺改革、节约能源和原材料的改造；厂房建筑和公共设施的改造；劳动条件和生产环境的改造等。

固定资产投资按构成分　固定资产投资活动按其工作内容和实现方式分为建筑安装工程，设备、工具、器具购置，其他费用三个部分。

(1)建筑安装工程(建筑安装工作量)：指各种房屋、建筑物的建造工程和各种设备、装置的安装工程。包括各种房屋建造工程；各种用途设备基础和各种工业窑炉的砌筑工程及金属结构工程；为施工而进行的各种准备工作和临时工程以及完工后的清理工作等；铁路、道路的铺设，矿井的开凿及石油管道的架设等；水利工程；防空地下建筑等特殊工程；列入房屋工程预算内的暖气、卫生、通风、照明、煤气等设备的价值及装设油饰工程；列入建筑工程预算内的各种管道(蒸汽、压缩空气、石油、给排水等管道)、电力、电讯电缆导线等的敷设工程；以及各种机械设备的安装工程；为测定安装工程质量，对设备进行的试运工作；房地产开发单位进行的商品房屋开发建设工程、土地开发工程。

在安装工程中，不包括被安装设备本身的价值。

(2)设备、工具、器具购置：指建设单位或企、事业单位购置或自制的，达到固定资产标准的设备、工具、器具的价值。新建单位及扩建单位的新建车间，按照设计或计划要求购置或自制的全部设备、工具、器具，不论是否达到固定资产标准均计入“设备、工具、器具购置”中。

(3)其他费用：指在固定资产建造和购置过程中发生的，除上述几项内容以外的各种应分摊计入固定资产的费用。

施工项目　指报告期内进行过建筑或安装施工活动的项目。凡是报告期内施过工的建设项目，不论施工时间长短，均作为施工项目统计。施工项目个数可以反映一定时期固定资产投资的实际规模，与同期全部建成投产项目个数相比，可以从建设速度的角度反映固定资产投资的效果。根据建设项目施工活动的不同性质，施工项目又分为：本年正式施工项目、本年收尾项目和以前年度全部停缓建项目。

全部建成投产项目　工业项目指设计文件规定形成生产能力的主体工程及其相应配套的辅助设施全部建成，经负荷试运转，证明具备生产设计规定合格产品的条件，并经过验收鉴定合格或达到竣工验收标准，与生产性工程配套的生活福利设施可以满足近期正常生产的需要，正式移交生产的建设项目。非工业项目指设计文件规定的主体工程和相应的配套工程全部建成，能够发挥设计规定的全部效益，经验收鉴定合格或达到竣工验收标准，正式移交使用的建设项目。

新增生产能力(或工程效益)　指通过固定资产投资活动而增加的设计能力(或工程效益)，该指标是以实物形态表现的反映固定资产投资成果的指标，也是考核投资经济效果的重要依据之一。

新增生产能力(或工程效益)一般有以下几种表现形式：

(1)用产品数量表示，以工程在单位时间内(一般是一年)所能生产的产品数量(即年产量)表示。如原煤开采用万吨／年表示，化学农药用吨／年表示，拖拉机制造用台／年表示等。某些化工产品由于含量差别较大，按其设计含量计算折合量表示，如硫酸、纯碱、烧碱等。

(2)用单位时间内所能处理的原料数量表示，以工程每天(或小时)所能处理原料的数量表示。如机制糖工程日处理原料吨，食用植物油日处理原料吨，城市污水处理能力用万吨／日表示等。

(3)用新增加的主要设备的数量或容量表示，如新增棉布织机、丝织机等台数，毛纺锭等锭数，发电厂新增发电机组容量用千瓦表示等。

(4)用建筑物容积、容量、面积、长度表示，是非工业项目或工程新增效益的一种表现形式。如铁路投产里程、新建公路、水库容量、粮食仓库、学校学生席位、医院病床、有效灌溉面积等。

根据工程的特点，有时需要用两种或两种以上的复合计量单位表示新增生产能力(或工程效益)，如新增内燃机生产能力同时用年产台数、千瓦数表示等。

为了规范新增生产能力(或工程效益)的名称和计算单位，国家统计局制订了《新增生产能力(或工程效益)目录及代码》。各固定资产投资单位在统计新增生产能力(或工程效益)时，必须按目录中规定的名称、计量单位和代码填报。

房屋建筑面积　指房屋建筑物勒脚以上外墙外围的水平截面面积，包括房屋建筑物的有效面积和结构面积。该指标是从实物形态上反映建设规模和建设成果的重要指标之一，也是检查工程形象进度、计算工程造价、分析投资效果、研究施工任务和建筑材料之间平衡情况的重要依据。

住宅建筑面积　指施工和竣工房屋建筑面积中供居住用的房屋建筑面积。

施工面积　指报告期内施工的全部房屋建筑面积。包括本期新开工的面积和上期开工跨入本期继续施工的房屋面积，以及上期已停建在本期恢复施工的房屋面积。本期竣工和本期施工后又停缓建的房屋，其建筑面积仍计入本期房屋施工面积中。

竣工面积　指在报告期内房屋建筑按照设计要求已经全部完工，达到住人和使用条件，经验收鉴定合格(或达到竣工验收标准)，正式移交使用单位的各栋房屋建筑面积的总和。

房屋建筑面积竣工率　指一定时期内房屋竣工面积占同期房屋施工面积的比率。

新增固定资产　指报告期内已经完成建造和购置过程，并已交付生产或使用单位的固定资产价值。该指标是表示固定资产投资成果的价值指标，也是反映建设进度，计算固定资产投资效果的重要指标。

项目建成投产率 指一定时期内全部建成投产项目个数与同期施工项目个数的比率。该指标是从建设单位建设速度的角度反映投资效果的指标。

固定资产交付使用率 指一定时期新增固定资产与同期完成投资额的比率。该指标是反映固定资产动用速度，衡量建设过程中宏观投资效果的综合指标。由于新增固定资产是较长时期内形成的结果，而投资额则是当年完成的，因此，该指标一般适宜于反映较长时期内固定资产的动用情况。

商品房销售面积 指报告期内出售商品房屋的合同总面积(即双方签署的正式买卖合同中所确定的建筑面积)。由现房销售建筑面积和期房销售建筑面积两部分组成。

商品房销售额 指报告期内出售商品房屋的合同总价款(即双方签署的正式买卖合同中所确定的合同总价)。该指标与商品房销售面积同口径，由现房销售额和期房销售额两部分组成。

保障性安居工程 指为增加中低收入家庭住房供应，解决中低收入家庭住房困难，列入当地政府住房保障规划和年度计划，由政府组织实施建设或筹集的住房。在城镇范围内实施的保障性安居工程，主要包括廉租住房、公共租赁住房、经济适用住房、限价商品住房、城市棚户区改造、国有工矿棚户区改造、国有林区棚户区和国有林场危旧房改造、国有垦区危房改造、中央下放地方煤矿棚户区改造等。在农村范围内实施的保障性安居工程，主要包括农村危房改造、游牧民定居工程等。保障性安居工程中，通常将廉租住房、公共租赁住房、经济适用住房和限价商品住房合称为保障性住房。

Explanatory Notes on Main Statistical Indicators

Total Investment in Fixed Assets in the Whole Country refers to the volume of activities in construction and purchases of fixed assets of the whole country and related fees, expressed in monetary terms during the reference period. It is a comprehensive indicator which shows the size, structure and growth of the investment in fixed assets, providing a basis for observing the progress of construction projects and evaluating results of investment. Total investment in fixed assets in the whole country includes, by type of ownership, the investment by State-owned units, collective-owned units, individuals, joint ownership units, share-holding units, as well as investments by entrepreneurs from foreign countries and from Hong Kong, Macao and Taiwan, and by other units.

Investment in Real Estate Development refers to investment by real estate development companies, commercialized buildings construction companies and other real estate development units of various types of ownership in the construction of buildings, such as residential buildings, factory buildings, warehouses, hotels, guesthouses, holiday villages, office buildings, and the complementary service facilities and land development projects, such as roads, water supply, water drainage, power supply, heating supply, telecommunications, land leveling and other infrastructural projects. It does not include activities in pure land transactions.

Sources of Funds for Investment in Fixed Assets are categorized as funds from the State budget, domestic loans, foreign investment, self-raised funds, and others, depending on the sources of investment.

(1) Fund from the State budget consists of budgetary appropriation and loans from the State budget. More specifically, it includes, from the budget of the central government, capital construction fund (operation fund and non-operational fund), special expenses (e.g. expenses on substituting petroleum with coal), loans from repayment, discount fund, expenses on innovation and trial production of new products, expenses on urban construction, expenses on temporary construction from business departments, development fund for less developed areas, as well as local budgetary fund transferred from the central budget.

(2) Domestic loans refer to loans of various forms borrowed by investing units from banks and non-bank financial institutions during the reference period for the purpose of investment in fixed assets, including loans issued by banks from their self-owned funds and deposit, loans appropriated by higher authorities, special loans by government, loans arranged by local government from special funds, domestic reserve loan, and working loan.

(3) Foreign investment refers to foreign funds received during the reference period for the construction and purchase of investment in fixed assets (covering equipment, materials and technology), including foreign borrowings (loans from foreign governments and international financial institutions, export credit, commercial loans from foreign banks, issue of bonds and stocks overseas), foreign direct investment and other foreign investments. Excluded from this category is capital in foreign exchanges owned by China (foreign exchanges owned by the central and local governments, foreign exchanges retained by enterprises, foreign exchanges by enterprises through the regulating mechanism, loans in foreign exchanges issued by the Bank of China with its own fund, etc.). In calculating the utilization of foreign capital, foreign currencies are converted into Chinese Renminbi applying the current exchange rate when the foreign capitals are actually used.

(4) Self-raised funds refer to extra-budgetary funds for investment in fixed assets received during the reference period by investing units from central government ministries, local governments, enterprises and institutions, including their self-raised funds.

(5) Others refer to funds for investment in fixed assets received from sources other than those listed above, including capital raised through issuing bonds by enterprises or financial institutions, funds raised from individuals and through donations, and funds transferred from other units.

Investment in Fixed Assets by Sector The classification of construction projects by sector is determined by the major products or the purpose of the projects when they are put into production or use, and by the nature of their social economic activities. In general, one project or one enterprise or institution can only be classified into one sector.

Investment in Fixed Assets by Jurisdiction of Management refers to the classification of investment by the competent authorities under which investment is made by construction units, enterprises, institutions or administrative units.

(1) Central investment refers to the investment in projects or by enterprises, institutions or administrative units which are under the direct leadership and management of the State Council and of the national commissions, ministries, agencies and State-owned large corporations. Various ministries and departments of the State Council prepare and implement plans for investment in fixed assets by those departments, and arrange and ensure the supply of materials and key equipment required for the projects.

(2) Local investment refers to the investment in projects or by enterprises, institutions or administrative units which are under the direct leadership and management of departments under the provincial, prefecture and county governments. Also included are projects by foreign-invested enterprises and enterprises without competent managing authorities.

Investment in Fixed Assets by Type of Construction

Construction projects in general can be classified, by the type of construction, into new construction, expansion, reconstruction and technical transformation, moving and restoration. However, investment by type of construction is not applied to investment by real-estate development units, investment in rural areas and private investment in housing construction in urban areas and in industrial and mining areas.

(1) New construction in general refers to construction projects, which start from scratch, of enterprises, institutions, administrative agencies. In case the size of the existing unit is quite small, and the value of newly added fixed assets is more than three times of the original value, the expansion will be considered as new construction.

(2) Expansion refers to construction of new major production workshop, branch factory or independent production line within a factory or in other locations, for the purpose of increasing the production capacity (or improving efficiency) or adding new production capacity. Newly constructed accommodation for the operation of institutions and administrative organizations (such as newly constructed buildings for teaching in schools, buildings for clinics or wards in hospitals, etc.) are also classified as expansion.

Also included in expansion are investments by existing enterprises or institutions in building major production line(s) or branch factory(ies) along with some work on innovation, for the purpose of expanding the production capacity of original products or producing new products.

(3) Reconstruction and technical transformation refers to construction projects by existing enterprises or institutions in innovation or technical transformation of the old facilities (including auxiliary production equipment and welfare facilities). Also considered as reconstruction is the construction of new workshops by the existing enterprises or institutions to change the variety of products to meet the market demand (such as the production of civil products by defence industries), or to bring the designed production capacity into full play through a more balanced production process on production lines. Technical transformation refers to replacement of old technology or equipment by new technology or equipment, in order to expand the reproduction through improvement of technology contents in production, to improve product quality, to promote new products, to save energy, to reduce consumption, to expand the production scale and to improve overall social-economic efficiency. Contents of technical transformation include: updating of machinery, equipment and tools; reforming production process by using energy or materials saving technology; construction of factory workshops and transformation of public facilities; improvement of working conditions and environment, etc.

Investment in Fixed Assets by Structure By their contents and the mode of implementation, investment activities are classified into 3 categories, i.e. construction and installation, purchase of equipment and instrument, and other expenses.

(1) Construction and installation (work volume of construction and installation) refers to the construction of houses and buildings and the installation of various kinds of equipment and instruments. They include construction of houses; equipment foundations, industrial kilns and stoves, and metal structure work; preparation works and temporary works for project construction, and clearing up works post project construction; pavement of railways and roads, drilling of mines and putting up of oil pipes; construction of water conservancy; construction of underground air-raid shelters and construction of other special projects; value of equipment for heating, sanitation, ventilation, lighting, gas, painting, etc. that are covered by the budget of housing projects; laying out of various pipelines (for steam, compressed air, petroleum, tap water and sewage) and wiring and cabling for electric power and for communications; installation of various machinery and equipment; testing operation for pre-testing the quality of installation projects, and land and other development work conducted by real estate developers for commercialized housing. The value of equipment installed is itself not included in the value of installation projects.

(2) Purchase of equipment and instruments refers to the total value of equipment, tools, and instruments purchased or self-produced which come up to the cut-off point for fixed assets by the construction units or investing enterprises or institutions. Equipment, tools and instruments purchased or self-produced for new workshops by newly established or expanded units are categorized as "purchase of equipment and instruments" no matter whether they come up to the cut-off point for fixed assets.

(3) Other expenses refer to expenses arising during the construction or purchase of fixed assets other than those mentioned above.

Projects under Construction refer to projects with construction and installation activities undertaken in the reference period. All projects that have construction activities undertaken during the reference period are reported as projects under construction irrespective of the length of construction work. The number of projects under construction can reflect the actual size of investment in fixed assets during a given period, and when compared with the number of projects completed and put into use during the same period, it demonstrates the results of investment in fixed assets from the angle of the speed of the construction. Depending on the nature of construction activities, projects under construction can also be classified into projects beginning construction in current year, winding-up projects in current year and stopped or suspended projects in previous years (with resumption of work in current year).

Projects Completed and Put into Use Industrial projects refer to the major projects and anxilliary facilities having been completed in accordance with the design documents, resulting in forming production capacity and having checked and accepted after relevant tests, while the living and welfare facilities having been completed and being capable of ensuring normal production. Non-industrial projects refer to the major projects and anxilliary facilities which have been completed in accordance with the design documents ; have been checked, accepted after relevant examination; and have been formally delivered for use.

Newly Increased Production Capacity (or Project Efficiency) refers to the increase in design capacity (or project efficiency) through investment in fixed assets, which reflects the accomplishment of investment in fixed assets in physical form and serves as an important basis for evaluating the economic efficiency of investment.

The newly increased production capacity (project efficiency) are usually expressed in one of the following forms:

(1) volume of output of products, i.e. the volume of output that the project can produce during a given period (usually a year). For instance, the capacity in coal mining is expressed in 10,000 tons/year, the capacity in producing chemical pesticides expressed in ton/year, the capacity in producing tractors in tractor/year, etc. For some chemical products where the effective contents differ significantly, the production capacity is expressed as the designed effective content equivalent, such as in the case of sulphuric acid, soda ash, caustic soda, etc;

(2) volume of raw materials processed per unit of time, i.e. the volume of raw materials that could be processed by the project per day (or per hour), such as tons of materials processed per day by a sugar refining project or edible vegetable oil project, or tons of urban sewage processed per day;

(3) number or capacity of major equipment increased, such as number of cotton or silk looms increased, wool spindles increased, or capacity (in kilowatts) of power generators increased; and

(4) physical measures (volume, capacity, area, and length) of construction, which is typical for non-industrial projects, for instance, the length of railways put into operation, the length of highways, the capacity of reservoirs, the capacity of warehouses, the floor space of housing projects, capacity for new students in schools or beds in hospitals, areas under new irrigation project, etc.

The special features of projects may sometimes call for the combined use of two or more measurements to reflect the increase in production capacity (or project efficiency); for instance, the new capacity for the production of internal combustion engines is expressed in sets per year and kilowatts per year simultaneously.

To standardize the nomenclature and unit of measurement for newly increased production capacity (or project efficiency), the National Bureau of Statistics has developed the *Nomenclature and Codes for New Production Capacity (Project Efficiency)*. All reporting units with investment activities are required to follow these two nomenclatures in reporting statistics on new production capacity (project efficiency).

Floor Space of Buildings under Construction refers to the total floor space of the horizontal section of outer walls above the plinth of the building, including the effective area and the area occupied by the structure. This indicator is one of the important indicators in physical terms to reflect the scale and accomplishment of the construction industry and also an important basis for monitoring the progress, calculating the cost, analyzing the efficiency and studying the supply of building materials in relation to the construction projects.

Floor Space of Residential Buildings refers to the floor space of the residential buildings among the total space of buildings under construction or completed.

Floor Space under Construction refers to total floor space of all buildings under construction during the reference period, including floor space of newly started buildings during the reference period, floor space of construction extended from the previous period to the current period, and floor space of construction suspended during the previous period and resumed in the current period. Floor space of construction completed in the current period, and floor space of construction started and then suspended in the current period are also included in the floor space under construction of the current year.

Floor Space Completed refers to the floor space of all buildings completed in the reference period, which have been appraised and accepted (or come up to the designed standards) and have been transferred to owner units.

Completion Rate of Floor Space of Buildings refers to the ratio of the floor space of buildings completed in a certain period of time to the floor space of buildings under construction in the same period.

Newly Increased Fixed Assets refer to the newly increased value of fixed assets, constructed or purchased, that have been transferred to the investors. This is an indicator that demonstrates the results of investment in fixed assets in monetary terms, and an important indicator to reflect the speed of construction and to calculate the efficiency of investment.

Rate of Construction Projects Completed and Put into Use refers to the ratio of the number of construction projects completed and put into use in a certain period of time to the number of projects under construction in the same period. This reflects the investment efficiency from the perspective of the speed of projects construction.

Rate of Projects of Fixed Assets Completed and Put into Operation refers to the ratio of the newly increased fixed assets to the total investment made in the same period. This is a comprehensive indicator reflecting the speed of the employment of fixed assets and the investment efficiency at the macro-level. As the newly increase fixed assets is the result of a long period while the investment is completed in the current year, this indicator is expected to be used to reflect the employment of fixed assets over a long period of time.

Area of Commercialized Housing Sold refers to total contracted area of commercialized housing (i.e. area of floor space as designated in the formal contracts signed by both sides) during the reference time. It constitutes floor space of completed housing and floor space of future housing.

Value of Commercialized Housing Sold refers to the total contracted value (i.e. value of sales/purchase for selling/purchase of commercialized housing as designated in the contract signed by both sides) during the reference time. This indicator has the same coverage as the area of commercialized housing sold, which constitutes floor space of completed housing and floor space of housing yet to be completed.

Affordable Housing Projects refers to increase housing supply by the government offer in order to solve the housing difficulties in low-income families, list in local government Housing Guarantee plan and annual plan. Affordable housing in urban areas mainly include Low-rent housing, public-rent housing, affordable housing, and commodity price housing, the transformation of slum areas in urban and state-owned industrial or mining enterprises, renovation of old or slum in state-owned forests or plantations etc. Affordable housing in rural areas mainly include the countryside dangerous house transformation, nomads settle project etc. The Affordable Housing in Affordable Housing Projects usually include the low-rent housing, public-rent housing, affordable housing, and commodity price housing.

七、能　源

Energy

资料整理：侯　磊

简要说明

一、本篇资料反映陕西能源生产、消费和能耗水平等情况。主要内容有能源生产、消费及品种构成，能源生产和消费弹性系数，分行业、分主要能源品种的消费量，能源加工转换效率及生活用能源消费量、单位生产总值能耗等指标。

二、关于数据口径与计算的说明：

1. 能源生产与消费弹性系数分别以能源生产、消费增长速度与地区生产总值增长速度相比求得。

2. 能源平衡表中，进口量和出口量采用海关统计数据，电力折算标准煤系数按平均发电煤耗计算。

3. 能源加工转换效率表中的电力折算标准煤系数采用当量值计算，每千瓦小时折0.1229千克标准煤。

4. GDP和工业增加值按不变价格计算。

Brief Introduction

Ⅰ. This chapter reflects the energy production, consumption and efficiency of Shaanxi Province, mainly including energy production, consumption and composition, elasticity ratio of energy production and consumption, consumption of energy by sector and by types of energy, efficiency of energy processing and conversion and the consumption of energy for non-production uses, energy consumption of unit gross domestic product.

Ⅱ. Data coverage and calculation:

1. The elasticity ratio of energy production is calculated as the quotient of the growth rate of energy production divided by the growth rate of GDP; and the elasticity ratio of energy consumption is calculated as the quotient of the growth rate of energy consumption divided by the growth rate of GDP.

2. In the energy balance sheet, the data on the imports and exports are data from the customs statistics. The ratio for converting electric power into the standard coal equivalent is calculated according to the average consumption of coal for generating electricity.

3. In the table on the efficiency of energy conversion, the ratio for converting electric power into the standard coal equivalent is calculated on the basis of heat value equivalent. One kilowatt is equal to 0.1229 kg SCE.

4. Gross domestic product and industrial value-added are calculated at constant price.

7. 能 源

2011 年全省			
能源生产总量	37152.64	万吨标准煤（等价值）	比上年增长 14.9%
能源消费总量	9760.77	万吨标准煤（等价值）	比上年增长 9.9%
平均每天消费能源	26.74	万吨标准煤	
# 原 煤	37.37	万 吨	
原 油	5.74	万 吨	
天然气	1711.90	万立方米	
电 力	26916.94	万千瓦小时	

能源生产总量构成

（2011年）

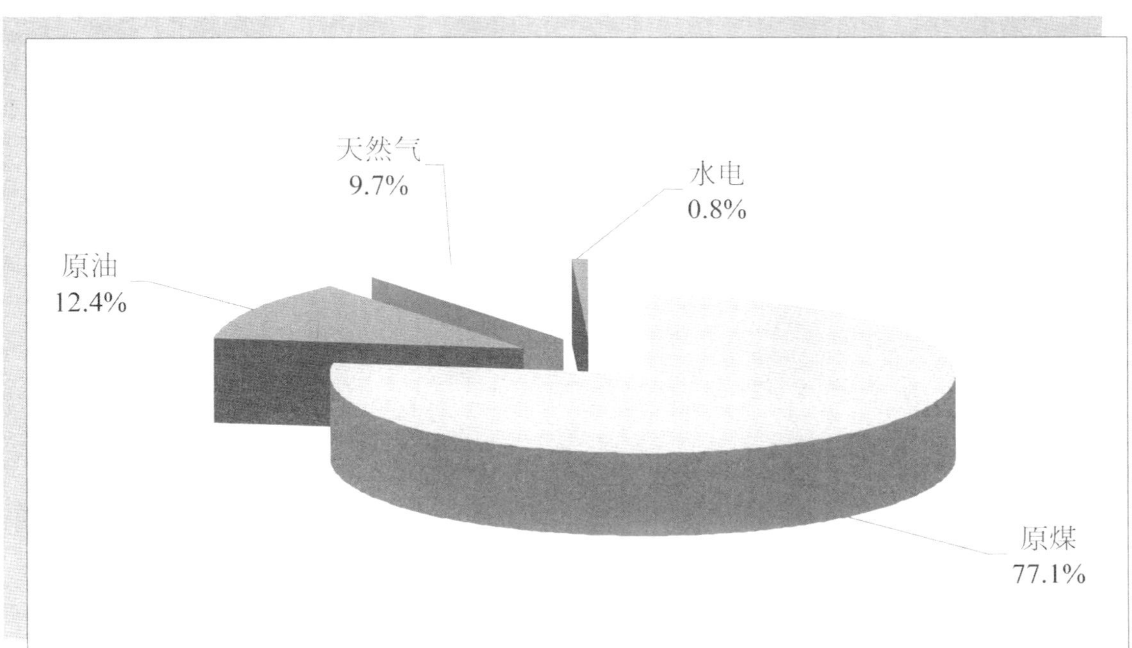

7-1 能源生产、消费总量及构成
Total Production and Consumption of Energy and Its Composition

指 标	Item	2009		2010		2011	
		当量值 Equivalent Weight	等价值 Equivalent Value	当量值 Equivalent Weight	等价值 Equivalent Value	当量值 Equivalent Weight	等价值 Equivalent Value
能源生产总量	**Total Energy Production**	**27563.07**	**27700.64**	**32159.90**	**32331.97**	**36980.36**	**37152.64**
（万吨标准煤）	**(10 000 tons of SCE)**						
原 煤	Coal	21109.03	21109.03	24856.72	24856.72	28643.68	28643.68
原 油	Crude Oil	3851.35	3851.35	4310.49	4310.49	4607.83	4607.83
天然气	Natural Gas	2520.62	2520.62	2885.46	2885.46	3620.42	3620.42
水 电	Hydro-power	82.07	219.64	107.23	279.30	108.43	280.71
能源生产构成(%)	**Energy Production Composition (%)**	**100.00**	**100.00**	**100.00**	**100.00**	**100.00**	**100.00**
原 煤	Coal	76.58	76.20	77.26	76.85	77.46	77.10
原 油	Crude Oil	13.97	13.90	13.42	13.35	12.46	12.40
天然气	Natural Gas	9.14	9.10	8.98	8.94	9.79	9.74
水 电	Hydro-power	0.30	0.79	0.33	0.86	0.29	0.76
能源消费总量	**Total Energy Consumption**	**8254.59**	**8043.60**	**9238.11**	**8882.11**	**10128.41**	**9760.77**
（万吨标准煤）	**(10 000 tons of SCE)**						
煤 品	Coal	6101.42	5752.86	6803.08	6275.01	7562.55	7022.63
油 品	Crude Oil	1405.97	1405.97	1563.51	1563.51	1626.38	1626.38
天然气	Natural Gas	665.12	665.12	764.30	764.30	831.05	831.05
水 电	Hydro-power	82.07	219.64	107.23	279.30	108.43	280.71
能源消费构成(%)	**Energy Consumption Composition (%)**	**100.00**	**100.00**	**100.00**	**100.00**	**100.00**	**100.00**
煤 品	Coal	73.92	71.55	73.64	70.65	74.66	71.95
油 品	Crude Oil	17.03	17.48	16.92	17.60	16.06	16.66
天然气	Natural Gas	8.06	8.27	8.27	8.60	8.21	8.51
水 电	Hydro-power	0.99	2.70	1.16	3.14	1.07	2.88

注：当量值指电力按自身的热功当量换算成标准煤，等价值指电力按当年平均火力发电煤耗换算成标准煤。

a) The equivalent weight refers to the value that electric power converts to standard coal by its heat equivalent, equivalent value refers to the value of average standard coal consumption by thermal power in the current year.

7-2　主要能源平衡情况(2011年)
Main Energy Balance Sheet(2011)

指　标	Item	综合能源(万吨标准煤) Comprehensive Energy (10 000 tons of SCE)	原　煤(万吨) Coal (10 000 tons)	天然气(亿立方米) Natural Gas (100 million cu.m)	电　力(亿千瓦小时) Electricity (100 million kwh)
一、可供本地区消费能源	**Volume of total Energy Available for Consumption**	**10445.14**	**14367.41**	**61.66**	**-188.27**
年初库存	Stock at the Beginning of the Year	606.11	635.34	0.25	
一次能源生产量	Primary Energy Output	37152.64	41135.08	272.21	88.23
外省(区、市)调入量	Inflow from Other Provinces (Regions, Cities)	782.48	930.80		
本省(区、市)调出量(-)	Outflow from this Provinces (Regions, Cities)	-27163.55	-27373.07	-210.42	-276.50
出口量(-)	Exports	-170.44	-249.82		
年末库存(-)	Stock at Year-end	-762.11	-710.92	-0.38	
二、加工转换投入(-)产出(+)量	**Input (—) or Output (+) of Processing and Transformation**	**-687.80**	**-10215.74**	**-1.35**	**1170.74**
火力发电	Thermal Power		-4107.56	-0.83	1170.74
供　热	Heating	-63.76	-385.60	-0.52	
煤炭洗选	Separation Coal	-115.49	-3589.97		
炼　焦	Coke Making	-362.66	-2126.32		
炼油及煤制油	Oil Refining and Coal to Make Oil	-159.44			
煤制品加工	Processing of Coal Products	-0.17	-6.30		
回收能	Recovery of Energy	26.88			
三、损失量	**Loss Volume**				
四、终端消费	**Final Consumption**	**9072.97**	**3423.95**	**61.14**	**982.47**
第一产业	Primary Industry	226.42	25.47		42.54
农、林、牧、渔业	Agriculture, Forestry, Animal Husbandry and Fishery	226.42	25.47		42.54
第二产业	Secondary Industry	5856.69	2713.95	34.68	678.49
工　业	Industry	5695.48	2682.25	34.68	661.91
建筑业	Construction	161.21	31.70		16.58
第三产业	Tertiary Industry	1771.71	429.99	12.71	131.45
交通运输、仓储和邮政业	Transportation, Storage and Post Services	1025.06	55.90	4.60	43.47
批发、零售业和住宿、餐饮业	Wholesale and Retail Trades, Hotels and Catering Services	337.66	97.20	7.79	30.96
其　他	Others	408.99	276.89	0.32	57.02
生活消费	Household Consumption	1218.15	254.54	13.75	129.99
城　镇	Urban Areas	776.86	90.74	13.10	78.23
乡　村	Rural Area	441.29	163.80	0.65	51.76

7-2 续表 continued

指 标	Item	原 油 (万吨) Crude Oil (10 000 tons)	汽 油 (万吨) Gasoline (10 000 tons)	煤 油 (万吨) Kerosene (10 000 tons)	柴 油 (万吨) Diesel Oil (10 000 tons)	燃料油 (万吨) Fuel Oil (10 000 tons)
一、可供本地区消费能源	**Volume of total Energy Available for Consumption**	**1983.79**	**-317.59**	**-12.26**	**-222.28**	**-30.69**
年初库存	Stock at the Beginning of the Year	47.88	19.34	0.54	13.33	0.47
一次能源生产量	Primary Energy Output	3225.42				
外省(区、市)调入量	Inflow from Other Provinces (Regions, Cities)		18.50		75.33	
本省(区、市)调出量(-)	Outflow from this Provinces (Regions, Cities)	-1213.02	-333.67	-12.00	-293.67	-30.90
出口量(-)	Exports					
年末库存(-)	Stock at Year-end	-76.50	-21.76	-0.80	-17.27	-0.26
二、加工转换投入(-)产出(+)量	**Input (—) or Output (+) of Processing and Transformation**	**-1962.57**	**610.81**	**25.69**	**852.58**	**30.90**
火力发电	Thermal Power				-0.66	
供 热	Heating				-0.08	
煤炭洗选	Separation Coal					
炼 焦	Coke Making					
炼油及煤制油	Oil Refining and Coal to Make Oil	-1962.57	610.81	25.69	853.32	30.90
煤制品加工	Processing of Coal Products					
回收能	Recovery of Energy					
三、损失量	**Loss Volume**					
四、终端消费	**Final Consumption**	**133.10**	**279.60**	**9.67**	**573.00**	**0.16**
第一产业	Primary Industry		7.50		43.00	
农、林、牧、渔业	Agriculture, Forestry, Animal Husbandry and Fishery		7.50		43.00	
第二产业	Secondary Industry	133.10	20.64	2.57	97.20	0.16
工 业	Industry	133.10	10.94	2.20	47.80	0.16
建筑业	Construction		9.70	0.37	49.40	
第三产业	Tertiary Industry		164.96	7.10	424.50	
交通运输、仓储和邮政业	Transportation, Storage and Post Services		147.35	7.10	384.40	
批发、零售业和住宿、餐饮业	Wholesale and Retail Trades, Hotels and Catering Services		12.81		28.70	
其 他	Others		4.80		11.40	
生活消费	Household Consumption		86.50		8.30	
城 镇	Urban Areas		68.00		2.60	
乡 村	Rural Area		18.50		5.70	

注：综合能源消费电力按等价值折算。

a) Comprehensive energy consumption Electric power and heat are converted on the basis of equal value.

7-3　能源生产弹性系数
Elasticity Ratio of Energy Production

指　　标	Item	2009	2010	2011
能源生产增长速度(%)	Growth Rate of Energy Production over Preceding Year (%)	20.8	16.7	14.9
电力生产增长速度(%)	Growth Rate of Electricity Production over Preceding Year (%)	5.7	23.4	11.7
生产总值增长速度(%)	Rate of Gross Domestic Product (GDP) over Preceding Year (%)	13.6	14.6	13.9
能源生产弹性系数	Elasticity Ratio of Energy Production	1.53	1.15	1.07
电力生产弹性系数	Elasticity Ratio of Electricity Production	0.42	1.62	0.84

注：生产总值增长速度按不变价计算，能源生产用等价值折算。
a) The growth rates of GDP are calculated at constant prices. Energy production are converted on the basis of equal value.

7-4　平均每万人能源生产量
Energy Production Per 10 000 Population

品　种	Item	2009	2010	2011
生产总量(吨标准煤)	**Total Production (ton of SCE)**	**74414.07**	**86657.65**	**99269.61**
原　煤(吨)	Coal(ton)	79546.36	96928.83	109910.44
原　油(吨)	Crude Oil(ton)	7242.15	8087.07	8618.12
天然气(万立方米)	Natural Gas(10 000 cu. m)	509.12	598.96	727.33
电　力(万千瓦小时)	Electricity(10 000 kwh)	2442.74	3020.58	3363.89

注：能源生产总量用等价值折算。
a) Total energy production are converted on the basis of equal value.

7-5　能源加工转换效率
Efficiency of Energy Conversion

指　　标	Item	2009	2010	2011
总效率(%)	**Total Efficiency (%)**	**70.32**	**71.77**	**75.47**
火力发电	Thermal Power	37.57	38.41	38.63
供　热	Heating	71.67	78.12	76.71
洗　煤	Separation Coal	81.97	90.64	95.37
炼　焦	Coke Making	83.46	82.98	86.69
炼　油	Oil Refining	93.30	93.81	95.55

7-6 单位GDP能耗
Energy Consumption Per Unit of GDP by City (District)

单位：吨标准煤/万元 (ton of SCE/10 000 yuan)

地 区	Region	GDP按2005年价格计算 GDP are calculated at 2005 constant prices						GDP按2010年价格计算 GDP are calculated at 2010 constant prices	
		2005	2006	2007	2008	2009	2010	2010	2011
全 省	**Shaanxi**	**1.416**	**1.368**	**1.306**	**1.228**	**1.172**	**1.129**	**0.877**	**0.846**
西安市	Xi'an	1.030	0.987	0.930	0.869	0.820	0.803	0.633	0.610
铜川市	Tongchuan	2.160	2.123	2.017	1.917	1.798	1.720	1.702	1.641
宝鸡市	Baoji	1.460	1.399	1.328	1.249	1.186	1.162	0.882	0.851
咸阳市	Xianyang	1.380	1.330	1.264	1.201	1.143	1.102	0.779	0.751
渭南市	Weinan	3.510	3.429	3.263	3.085	2.946	2.807	1.782	1.718
延安市	Yan'an	0.980	0.952	0.907	0.865	0.826	0.782	0.691	0.667
汉中市	Hanzhong	1.800	1.739	1.655	1.563	1.494	1.440	1.172	1.130
榆林市	Yulin	2.510	2.426	2.343	2.195	2.072	2.000	1.020	0.983
安康市	Ankang	1.380	1.340	1.276	1.198	1.148	1.103	0.921	0.889
商洛市	Shangluo	1.080	1.066	1.024	0.975	0.926	0.896	0.596	0.575
杨凌示范区	Yangling	0.710	0.695	0.670	0.628	0.597	0.582	0.406	0.393

注：能源消耗按等价值计算。
a) The energy consumption are converted on the basis of equal value.

7-6 续表 continued

地 区	Region	比上年增长(%) Growth Rates over Preceding Year(%)					
		2006	2007	2008	2009	2010	2011
全 省	**Shaanxi**	**-3.41**	**-4.55**	**-5.94**	**-4.56**	**-3.64**	**-3.56**
西安市	Xi'an	-4.15	-5.75	-6.65	-5.56	-2.02	-3.56
铜川市	Tongchuan	-1.70	-5.01	-4.95	-6.21	-4.31	-3.62
宝鸡市	Baoji	-4.20	-5.05	-5.96	-5.06	-2.01	-3.53
咸阳市	Xianyang	-3.63	-4.97	-4.97	-4.81	-3.59	-3.61
渭南市	Weinan	-2.30	-4.85	-5.44	-4.51	-4.72	-3.60
延安市	Yan'an	-2.85	-4.78	-4.56	-4.54	-5.38	-3.50
汉中市	Hanzhong	-3.40	-4.80	-5.6	-4.38	-3.63	-3.61
榆林市	Yulin	-3.35	-3.42	-6.3	-5.6	-3.46	-3.60
安康市	Ankang	-2.90	-4.75	-6.15	-4.2	-3.89	-3.50
商洛市	Shangluo	-1.30	-3.96	-4.78	-5.01	-3.20	-3.51
杨凌示范区	Yangling	-2.10	-3.65	-6.22	-5	-2.48	-3.20

7-7　单位工业增加值能耗
Energy Consumption Per Unit of Value Added of Industry

单位：吨标准煤/万元　　(ton of SCE/10 000 yuan)

地　区	Region	工业增加值按2005年价格计算 VAI are calculated at 2005 constant prices						工业增加值按2010年价格计算 VAI are calculated at 2010 constant prices	
		2005	2006	2007	2008	2009	2010	2010	2011
全　省	**Shaanxi**	**2.620**	**2.460**	**2.270**	**2.009**	**1.892**	**1.770**	**1.323**	**1.249**
西安市	Xi'an	1.220	1.100	1.092	0.915	0.800	0.703	0.593	0.502
铜川市	Tongchuan	4.100	4.150	3.455	4.739	4.142	3.955	2.893	2.623
宝鸡市	Baoji	3.010	2.840	2.101	1.712	1.434	1.374	1.115	1.090
咸阳市	Xianyang	3.090	2.730	2.505	2.158	1.896	1.933	1.329	1.273
渭南市	Weinan	7.760	8.040	7.153	5.742	4.801	4.116	3.898	3.392
延安市	Yan'an	0.640	0.560	0.746	0.737	0.611	0.567	0.561	0.519
汉中市	Hanzhong	4.720	4.210	3.490	2.803	2.563	2.388	2.369	2.009
榆林市	Yulin	3.650	3.800	2.987	2.805	2.464	2.312	1.432	1.421
安康市	Ankang	2.080	1.840	1.583	1.259	1.079	0.952	0.895	0.825
商洛市	Shangluo	2.050	2.410	2.400	2.071	2.015	1.729	0.898	0.799
杨凌示范区	Yangling	1.590	1.620	1.204	0.352	0.277	0.304	0.159	0.130

注：本表统计范围是年主营业务收入2000万元及以上的法人工业企业；能源消耗按当量值计算。

a) Statistical scope in this table is industrial enterprises with annual principal business sales over 20 million yuan. The energy consumption are converted on the basis of equal value.

7-7　续表　continued

地　区	Region	比上年增长(%) Growth Rates over Preceding Year(%)					
		2006	2007	2008	2009	2010	2011
全　省	**Shaanxi**	**-7.09**	**-7.81**	**-11.48**	**-5.82**	**-6.83**	**-5.60**
西安市	Xi'an	-3.04	-12.56	-13.43	-10.48	-12.18	-15.44
铜川市	Tongchuan	-1.09	-8.02	0.70	-15.46	-4.51	-9.33
宝鸡市	Baoji	-11.41	-13.27	-14.07	-22.44	-4.18	-2.30
咸阳市	Xianyang	-11.37	-10.85	-14.06	-11.46	1.92	-4.24
渭南市	Weinan	-2.09	-10.51	-18.84	-3.41	-14.26	-12.98
延安市	Yan'an	-2.61	-8.60	-3.28	-2.71	-7.22	-7.51
汉中市	Hanzhong	-7.34	-11.32	-19.55	-6.57	-6.82	-15.21
榆林市	Yulin	-10.22	1.38	-5.95	0.60	-6.14	-0.72
安康市	Ankang	-9.25	-4.81	-14.97	11.93	-11.72	-7.91
商洛市	Shangluo	19.32	-0.72	-17.14	-10.13	-14.23	-11.08
杨凌示范区	Yangling	1.23	-11.79	-0.06	-41.93	9.95	-18.60

7-8 单位GDP电耗
Electricity Consumption Per Unit of GDP

单位：千瓦时/万元 (kw.h/10 000 yuan)

地区	Region	GDP按2005年价格计算 GDP are calculated at 2005 constant prices						GDP按2010年价格计算 GDP are calculated at 2010 constant prices	
		2005	2006	2007	2008	2009	2010	2010	2011
全 省	**Shaanxi**	**1312.83**	**1296.04**	**1259.79**	**1172.27**	**1078.51**	**1093.94**	**848.74**	**851.80**
西安市	Xi'an	963.34	920.19	856.29	796.92	754.45	761.98	615.07	587.77
铜川市	Tongchuan	3552.00	4625.68	4836.61	4737.56	4093.79	3884.47	3109.86	2752.22
宝鸡市	Baoji	1199.69	1087.22	1022.65	917.48	836.47	817.64	684.80	615.35
咸阳市	Xianyang	1045.24	1020.81	998.65	967.64	917.63	925.00	725.28	685.43
渭南市	Weinan	1996.34	1857.74	1662.79	1572.67	1454.96	1511.39	1227.44	1200.23
延安市	Yan'an	568.39	567.81	560.54	547.07	636.82	611.09	515.65	529.88
汉中市	Hanzhong	1592.44	1573.13	1490.40	1350.57	1335.07	1369.67	1121.27	1089.41
榆林市	Yulin	1570.62	1650.89	1730.61	1443.75	1172.12	1137.68	732.16	798.87
安康市	Ankang	1027.52	1177.00	1167.76	1034.32	1013.64	991.53	828.29	758.44
商洛市	Shangluo	1001.85	1171.75	1260.36	1198.15	1126.15	1301.61	987.86	971.38
杨凌示范区	Yangling	878.69	991.54	1097.50	866.06	917.96	925.34	725.28	685.43

7-8 续表 continued

地区	Region	比上年增长(%) Growth Rates over Preceding Year(%)					
		2006	2007	2008	2009	2010	2011
全 省	**Shaanxi**	**-1.28**	**-2.80**	**-6.95**	**-7.98**	**1.43**	**0.36**
西安市	Xi'an	-4.48	-6.94	-6.93	-5.33	1.00	-4.43
铜川市	Tongchuan	30.23	4.56	-2.05	-13.59	-5.11	-11.50
宝鸡市	Baoji	-9.38	-5.94	-10.28	-8.83	-2.25	-10.14
咸阳市	Xianyang	-2.34	-2.17	-3.11	-5.17	0.80	-5.50
渭南市	Weinan	-6.94	-10.49	-5.42	-7.48	3.88	-2.22
延安市	Yan'an	-0.10	-1.28	-2.40	3.06	-4.04	2.76
汉中市	Hanzhong	-1.21	-5.26	-9.38	-1.15	2.59	-2.84
榆林市	Yulin	5.11	4.83	-16.58	-18.81	-2.94	9.11
安康市	Ankang	14.55	-0.79	-11.43	-2.00	-2.18	-8.43
商洛市	Shangluo	16.96	7.56	-4.94	-6.01	15.58	-1.67
杨凌示范区	Yangling	12.84	10.69	-21.09	5.99	0.80	-5.50

7-9　能源消费弹性系数
Elasticity Ratio of Energy Consumption

指　标	Item	2009	2010	2011
能源消费增长速度(%)	Growth Rate of Energy Consumption over Preceding Year (%)	8.44	10.43	9.86
电力消费增长速度(%)	Growth Rate of Electricity Consumption over Preceding Year (%)	4.53	16.09	14.34
生产总值增长速度(%)	Growth Rate of Gross Domestic Product (GDP) over Preceding Year (%)	13.60	14.46	13.90
能源消费弹性系数	Elasticity Ratio of Energy Consumption	0.62	0.72	0.71
电力消费弹性系数	Elasticity Ratio of Electricity Consumption	0.33	1.11	1.03

注：生产总值增长速度按不变价计算，能源消费用等价值折算。
a) The growth rates of GDP are calculated at constant prices. Energy consumption are converted on the basis of equal value.

7-10　平均每天各种能源消费量
Average Daily Energy Consumption by Variety

品　种	Item	2009	2010	2011
消费总量(万吨标煤)	**Total Consumption (10 000 tons of SCE)**	**22.04**	**24.33**	**26.74**
原　煤　(万吨)	Coal (10 000 tons)	26.85	33.11	**37.37**
焦　炭　(吨)	Coke (ton)	17945	20034	21745
原　油　(吨)	Crude Oil (ton)	51236	57661	57416
汽　油　(吨)	Gasoline (ton)	6808	6993	7660
煤　油　(吨)	Kerosene (ton)	232	245	265
柴　油　(吨)	Diesel Oil (ton)	13515	14562	15719
天然气　(万立方米)	Natural Gas (10 000 cu.m)	1370	1622	1712
电　力(万千瓦小时)	Electricity (10 000 kwh)	20277	23540	26917

注：能源消费总量用等价值折算。
a) Total energy consumption are converted on the basis of equal value.

7-11 全省用电总量
Total Electricity Consumption in the Whole Province

单位：亿千瓦时 (100 million kwh)

指　标	Item	2009	2010	2011
全省用电量总计	**Total Electricity Consumption in the Whole Province**	**740.11**	**859.22**	**982.47**
农、林、牧、渔、水利用电	Electricity Consumption for Agriculture,Forestry, Animal Husbandry, Fishery and Water Conservancy	38.09	39.13	42.54
# 排灌用电	Electricity Consumption for drainage and irrigation	29.40	29.04	30.30
工业用电	Electricity Consumption for Industry	492.24	573.05	661.91
轻工业	Light Industry	53.46	55.58	58.42
重工业	Heavy Industry	438.77	517.47	603.50
# 自来水生产和供应业	Production and Supply of Water	3.43	4.04	4.79
# 电力、热力生产供应业	Production and Supply of Electric Power and Heat Power	109.14	129.28	153.10
# 厂用电量	Electricity Consumption for factory	53.86	67.16	84.00
# 线路损失电量	Loss of power lines	54.20	60.91	67.72
建筑业用电	Construction electricity	12.10	16.46	16.58
交通运输、仓储和邮政业用电	Electricity Consumption for Transport, Storage and Post	36.90	36.67	43.47
交通运输业	Transport	34.63	36.67	41.41
邮政业	Post	0.94	0.78	1.31
仓储业	Storage	1.33	1.16	0.76
信息传输、计算机服务和软件业用电	Electricity Consumption for Information Transmission, Computer Services and Software	5.40	5.48	6.08
商业、住宿和餐饮用电	Electricity Consumption for Commercial, Hotels and Catering Services	21.66	27.11	30.96
批发和零售业	Wholesale and Retail Trades	12.15	16.81	19.47
住宿和餐饮业	Hotels and Catering Services	9.51	10.29	11.49
金融、房地产、商务及其他服务业用电	Electricity Consumption for Financial Intermediation, Real Estate, Business and others Services	15.17	18.51	20.63
公共事业及其管理组织用电	Electricity Consumption for the Non-profit Organization and the Management Organization	29.17	28.48	30.31
城乡居民生活用电	Electricity Consumption for Cities and Rural Areas Residential	89.38	112.38	129.99
乡村用电	Electricity Consumption for Rural Areas	34.98	45.14	51.76
城市用电	Electricity Consumption for Cities	54.40	67.24	78.23

7-12 主要能源按行业分组消费量(2011年)
Consumption of Main Energy by Sector (2011)

行业	Sector	原煤 (万吨) Coal (10 000 tons)	焦炭 (万吨) Coke (10 000 tons)	汽油 (万吨) Gasoline (10 000 tons)	柴油 (万吨) Diesel Oil (10 000 tons)	电力 (亿千瓦时) Electricity (100 million kwh)
采矿业	**Mining**	**3740.19**	**0.24**	**4.38**	**28.92**	**98.94**
煤炭开采和洗选业	Mining and Washing of Coal	3610.35		0.54	6.35	39.19
石油和天然气开采业	Extraction of Petroleum and Natural Gas	106.78		3.69	20.57	27.63
黑色金属矿采选业	Mining and Processing of Ferrous Metal Ores	8.34	0.24	0.06	0.75	9.12
有色金属矿采选业	Mining and Processing of Non-Ferrous Metal Ores	7.90		0.09	0.85	12.35
非金属矿采选业	Mining and Processing of Non-metal Ores	6.83			0.40	5.04
其他采矿业	Mining of Other Ores					5.60
制造业	**Manufacturing**	**4864.09**	**793.41**	**6.11**	**17.51**	**402.49**
农副食品加工业	Processing of Food from Agricultural Products	48.94		0.27	0.34	7.16
食品制造业	Manufacture of Foods	125.85		0.44	0.18	3.14
饮料制造业	Manufacture of Beverages	50.03		0.08	0.07	3.20
烟草制品业	Manufacture of Tobacco	5.49		0.04	0.04	0.55
纺织业	Manufacture of Textile	29.47		0.05	0.01	11.96
纺织服装、鞋、帽制造业	Manufacture of Textile Wearing Apparel, Footware and Caps	0.89	0.02	0.03		0.37
皮革、毛皮、羽毛(绒)及其制品业	Manufacture of Leather, Fur, Feather and Related Products	0.16		0.01		0.03
木材加工及木、竹、藤、棕、草制品业	Processing of Timber, Manufacture of Wood, Bamboo, Rattan, Palm,and Straw Products	1.17		0.04		3.01
家具制造业	Manufacture of Furniture	0.11		0.03	0.03	0.44
造纸及纸制品业	Manufacture of Paper and Paper Products	77.37		0.13	0.06	5.35
印刷业和记录媒介的复制	Printing, Reproduction of Recording Media	0.30		0.09	0.03	1.13
文教体育用品制造业	Manufacture of Articles For Culture, Education and Sport Activities					0.07
石油加工、炼焦及核燃料加工业	Processing of Petroleum, Coking, Processing of Nuclear Fuel	1709.74	5.13	0.04	1.58	26.09
化学原料及化学制品制造业	Manufacture of Raw Chemical Materials and Chemical Products	878.98	140.78	1.01	0.75	72.26
医药制造业	Manufacture of Medicines	29.02		0.47	0.03	2.36
化学纤维制造业	Manufacture of Chemical Fibres	0.78				0.76
橡胶制品业	Manufacture of Rubber	7.86	0.22	0.06	0.01	1.45
塑料制品业	Manufacture of Plastics	7.61		0.04	0.28	2.37
非金属矿物制品业	Manufacture of Non-metallic Mineral Products	1031.91		0.29	6.38	63.30
黑色金属冶炼及压延加工业	Smelting and Pressing of Ferrous Metals	162.37	623.69	0.06	0.72	63.89
有色金属冶炼及压延加工业	Smelting and Pressing of Non-ferrous Metals	568.76	20.41	0.24	2.26	71.03

7-12 续表 continued

行 业	Sector	原 煤 (万吨) Coal (10 000 tons)	焦 炭 (万吨) Coke (10 000 tons)	汽 油 (万吨) Gasoline (10 000 tons)	柴 油 (万吨) Diesel Oil (10 000 tons)	电 力 (亿千瓦时) Electricity (100 million kwh)
金属制品业	Manufacture of Metal Products	5.53	0.12	0.15	0.20	11.99
通用设备制造业	Manufacture of General Purpose Machinery	15.27	2.11	0.35	0.88	10.37
专用设备制造业	Manufacture of Special Purpose Machinery	25.54	0.70	0.56	0.62	10.20
交通运输设备制造业	Manufacture of Transport Equipment	60.65	0.07	1.06	2.28	13.45
电气机械及器材制造业	Manufacture of Electrical Machinery and Equip	6.64		0.26	0.14	4.32
通信设备、计算机及其他电子设备制造业	Manufacture of Communication Equipment, Computers and Other Electronic Equipment	5.21		0.12	0.04	4.32
仪器仪表及文化、办公用机械制造业	Manufacture of Measuring Instruments and Machinery for Cultural Activity and Office Work	1.24		0.17	0.57	0.72
工艺品及其他制造业	Manufacture of Artwork and Other Manufacturi	7.03	0.17	0.03		6.56
废旧资源和废旧材料回收加工业	Recycling and Disposal of Waste	0.18				0.66
电力、燃气及水的生产和供应业	**Electric Power, Gas and Water Production and Supply**	**4293.70**	**0.03**	**0.45**	**2.12**	**160.49**
电力、热力的生产和供应业	Production and Supply of Electric Power and Heat Power	4293.52		0.29	2.09	153.10
燃气生产和供应业	Production and Supply of Gas	0.04		0.10	0.03	2.60
水的生产和供应业	Production and Supply of Water	0.14	0.03	0.05		4.79
建筑业	**Construction**	**31.70**		**9.70**	**49.40**	**16.58**
房屋和土木工程建筑业	Housing and Civil Engineering Construction	31.70		7.04	28.90	16.58
建筑安装业	Building Installation			1.23	15.50	
装修装饰业	Fiting and Decoration			0.41		
其他建筑业	Other Construction			1.02	5.00	
运输邮电业	**Transport and Posts**	**55.90**		**147.35**	**384.40**	**43.47**
铁路运输业	Railway Transport	55.90		10.75		31.77
道路运输业	Road Transport			102.50	336.00	
城市公共交通业	Urban Public Transport			34.10	48.40	0.40
水上运输业	Water Transport					
航空运输业	Air Transport					
管道运输业	Pipeline Transport					4.19
装卸搬运及其他运输服务业	Loading,Unloading and Other Transport Service					5.04
仓储业	Storage					1.31
邮政业	Posts					0.76

注：消费量包括中间消费和损失量。

a) Consumption includes middle expense and stock losses.

7-13 平均每万元工业总产值能源消费量(2011年)
Energy Consumption Per 10 000 Yuan of Gross Industrial Output Value(2011)

行业	Sector	能源消费量(万吨标准煤) Total Energy Consumption (10 000 tons of SCE)	产值能耗(吨标准煤/万元) Output Energy Consumption (ton of SCE/10 000 yuan)
工业	**Industry**	**6344.52**	**0.45**
采矿业	**Mining**	**820.97**	**0.22**
煤炭开采和洗选业	Mining and Washing of Coal	178.48	0.09
石油和天然气开采业	Extraction of Petroleum and Natural Gas	616.75	0.39
黑色金属矿采选业	Mining and Processing of Ferrous Metal Ores	9.32	0.16
有色金属矿采选业	Mining and Processing of Non-Ferrous Metal Ores	12.88	0.09
非金属矿采选业	Mining and Processing of Non-metal Ores	3.54	0.13
制造业	**Manufacturing**	**3095.26**	**0.33**
农副食品加工业	Processing of Food from Agricultural Products	37.58	0.07
食品制造业	Manufacture of Foods	74.02	0.28
饮料制造业	Manufacture of Beverages	34.24	0.13
烟草制品业	Manufacture of Tobacco	3.61	0.02
纺织业	Manufacture of Textile	32.25	0.22
纺织服装、鞋、帽制造业	Manufacture of Textile Wearing Apparel, Footware and Caps	0.87	0.04
皮革、毛皮、羽毛(绒)及其制品业	Manufacture of Leather, Fur, Feather and Related Products	0.17	0.05
木材加工及木、竹、藤、棕、草制品业	Processing of Timber, Manufacture of Wood, Bamboo, Rattan, Palm,and Straw Products	2.03	0.08
家具制造业	Manufacture of Furniture	0.34	0.03
造纸及纸制品业	Manufacture of Paper and Paper Products	44.17	0.57
印刷业和记录媒介的复制	Printing, Reproduction of Recording Media	1.87	0.03
文教体育用品制造业	Manufacture of Articles For Culture, Education and Sport Activities	0.05	0.02
石油加工、炼焦及核燃料加工业	Processing of Petroleum, Coking, Processing of Nuclear Fuel	574.34	0.36
化学原料及化学制品制造业	Manufacture of Raw Chemical Materials and Chemical Products	707.88	1.53
医药制造业	Manufacture of Medicines	20.26	0.07
化学纤维制造业	Manufacture of Chemical Fibres	3.15	0.27
橡胶制品业	Manufacture of Rubber	7.11	0.15
塑料制品业	Manufacture of Plastics	10.12	0.08
非金属矿物制品业	Manufacture of Non-metallic Mineral Products	609.13	1.16
黑色金属冶炼及压延加工业	Smelting and Pressing of Ferrous Metals	506.21	0.78
有色金属冶炼及压延加工业	Smelting and Pressing of Non-ferrous Metals	269.21	0.29
金属制品业	Manufacture of Metal Products	5.75	0.06
通用设备制造业	Manufacture of General Purpose Machinery	17.48	0.04
专用设备制造业	Manufacture of Special Purpose Machinery	27.39	0.06
交通运输设备制造业	Manufacture of Transport Equipment	61.82	0.04
电气机械及器材制造业	Manufacture of Electrical Machinery and Equipment	18.73	0.04
通信设备、计算机及其他电子设备制造业	Manufacture of Communication Equipment, Computers and Other Electronic Equipment	16.81	0.06
仪器仪表及文化、办公用机械制造业	Manufacture of Measuring Instruments and Machinery for Cultural Activity and Office Work	3.03	0.03
工艺品及其他制造业	Manufacture of Artwork and Other Manufacturing	5.56	0.25
废旧资源和废旧材料回收加工业	Recycling and Disposal of Waste	0.09	0.18
电力、燃气及水的生产和供应业	**Electric Power, Gas and Water Production and Supply**	**2428.28**	**2.33**
电力、热力的生产和供应业	Production and Supply of Electric Power and Heat Power	2424.58	2.48
燃气生产和供应业	Production and Supply of Gas	1.54	0.03
水的生产和供应业	Production and Supply of Water	2.16	0.16

注：本表能源消费量为当量值，工业总产值为现价；统计范围是年主营业务收入2000万元及以上的法人工业企业。
a) Energy consumption in this table is the equivalent weight, the gross industrial output value is at current prices.Statistical scope in this table is industrial enterprises with annual principal business sales over 20 million yuan.

7-14 各市(区)规模以上工业企业能源消费量(2011年)

单位：万吨标煤

行业	Sector	西安市 Xi'an	铜川市 Tongchuan	宝鸡市 Baoji
工业	**Industry**	**465.54**	**304.88**	**559.29**
采矿业	**Mining**	**0.90**	**14.50**	**4.50**
煤炭开采和洗选业	Mining and Washing of Coal		14.50	0.74
石油和天然气开采业	Extraction of Petroleum and Natural Gas	0.34		
黑色金属矿采选业	Mining and Processing of Ferrous Metal Ores	0.01		
有色金属矿采选业	Mining and Processing of Non-Ferrous Metal Ores	0.55		3.74
非金属矿采选业	Mining and Processing of Non-metal Ores			0.01
制造业	**Manufacturing**	**265.51**	**164.69**	**337.88**
农副食品加工业	Processing of Food from Agricultural Products	21.32	0.41	2.57
食品制造业	Manufacture of Foods	7.63	0.92	53.83
饮料制造业	Manufacture of Beverages	12.61	0.66	4.31
烟草制品业	Manufacture of Tobacco	0.05		
纺织业	Manufacture of Textile	5.19	0.52	4.90
纺织服装、鞋、帽制造业	Manufacture of Textile Wearing Apparel, Footware and Caps	0.18	0.01	0.01
皮革、毛皮、羽毛(绒)及其制品业	Manufacture of Leather, Fur, Feather and Related Products	0.08		
木材加工及木、竹、藤、棕、草制品业	Processing of Timber, Manufacture of Wood, Bamboo, Rattan, Palm,and Straw Products	1.13		
家具制造业	Manufacture of Furniture	0.15		
造纸及纸制品业	Manufacture of Paper and Paper Products	22.25		10.87
印刷业和记录媒介的复制	Printing, Reproduction of Recording Media	1.55		0.17
文教体育用品制造业	Manufacture of Articles For Culture, Education and Sport Activities	0.03		
石油加工、炼焦及核燃料加工业	Processing of Petroleum, Coking, Processing of Nuclear Fuel	27.61	0.29	
化学原料及化学制品制造业	Manufacture of Raw Chemical Materials and Chemical Products	17.92	0.07	28.66
医药制造业	Manufacture of Medicines	6.78	0.38	2.30
化学纤维制造业	Manufacture of Chemical Fibres	2.61		0.30
橡胶制品业	Manufacture of Rubber	0.29		0.15
塑料制品业	Manufacture of Plastics	6.12	0.06	3.24
非金属矿物制品业	Manufacture of Non-metallic Mineral Products	34.07	118.12	143.11
黑色金属冶炼及压延加工业	Smelting and Pressing of Ferrous Metals	8.08	0.05	9.04
有色金属冶炼及压延加工业	Smelting and Pressing of Non-ferrous Metals	5.09	41.83	53.00
金属制品业	Manufacture of Metal Products	1.79		1.08
通用设备制造业	Manufacture of General Purpose Machinery	5.06	0.01	5.54
专用设备制造业	Manufacture of Special Purpose Machinery	12.83	0.37	5.72
交通运输设备制造业	Manufacture of Transport Equipment	46.01	0.54	5.19
电气机械及器材制造业	Manufacture of Electrical Machinery and Equipment	12.28	0.43	0.69
通信设备、计算机及其他电子设备制造业	Manufacture of Communication Equipment, Computers and Other Electronic Equipment	4.49		2.44
仪器仪表及文化、办公用机械制造业	Manufacture of Measuring Instruments and Machinery for Cultural Activity and Office Work	2.17		0.75
工艺品及其他制造业	Manufacture of Artwork and Other Manufacturing	0.15	0.02	
废旧资源和废旧材料回收加工业	Recycling and Disposal of Waste			
电力、燃气及水的生产和供应业	**Electric Power, Gas and Water Production and Supply**	**199.13**	**125.69**	**216.92**
电力、热力的生产和供应业	Production and Supply of Electric Power and Heat Power	197.36	125.61	216.66
燃气生产和供应业	Production and Supply of Gas	0.71		0.15
水的生产和供应业	Production and Supply of Water	1.06	0.07	0.11

注：本表能源消费量为当量值，统计范围是年主营业务收入2000万元及以上的法人工业企业。

Industrial Enterprises above Designated Size Consumption of Energy by City(District) (2011)

(10 000 tons of SCE)

咸阳市 Xianyang	渭南市 Weinan	延安市 Yan'an	汉中市 Hanzhong	榆林市 Yulin	安康市 Ankang	商洛市 Shangluo	杨凌示范区 Yangling
652.29	**1267.60**	**375.26**	**308.66**	**1734.40**	**69.85**	**45.52**	**2.05**
10.62	**56.98**	**182.63**	**2.40**	**65.56**	**2.47**	**13.44**	
10.62	55.95	40.10	0.03	56.00	0.53	0.01	
		142.53		6.90			
	0.18		2.13		0.22	6.79	
	0.85		0.16		1.00	6.58	
			0.08	2.66	0.72	0.06	
297.03	**663.31**	**177.10**	**274.18**	**811.46**	**66.82**	**32.07**	**2.04**
5.93	3.10	0.14	1.94	0.15	1.24	0.27	0.51
10.24	0.41		0.19	0.62	0.10	0.01	0.07
7.26	5.43	1.02	1.42	1.03	0.27	0.08	0.17
0.37							
15.87	2.15		1.17	0.01	2.40	0.04	
0.50			0.15	0.02			
0.07						0.01	
0.04	0.18				0.03	0.13	0.52
0.15	0.01						0.03
8.12	2.49			0.02	0.42		
0.13							0.01
							0.01
35.66	89.86	175.43	2.43	243.05			
55.36	136.33	0.01	51.87	410.36	5.90	1.28	0.10
3.42	0.37	0.05	2.57	0.19	2.50	1.30	0.40
0.24							
6.28	0.39						
0.24	0.18		0.07		0.14	0.03	0.04
115.91	56.89	0.01	53.81	30.53	42.66	14.02	
4.42	324.78		128.42	23.96	7.46		
0.40	26.74		23.62	101.18	3.51	13.84	
1.87	0.06	0.04	0.61	0.23		0.04	0.03
6.01	0.21		0.63				0.02
1.87	6.15	0.38	0.02		0.02		0.04
4.81	0.03	0.02	4.99	0.09	0.12		0.01
1.92	2.30		0.07		0.02	1.02	
9.72	0.13					0.02	
0.03			0.09				
0.21	5.10						0.08
			0.09				
344.64	**547.31**	**15.53**	**32.08**	**857.38**	**0.56**	**0.02**	**0.01**
343.85	547.27	15.42	31.95	856.94	0.50	0.02	
0.55	0.04	0.02		0.05			0.01
0.24		0.09	0.13	0.39	0.06		

a) Energy consumption in this table is the equivalent weight, Statistical scope in this tableis industrial enterprises with annual principal business sales over 20 million yuan.

7-15 规模以上工业企业主要能源按行业分组消费量(2011年)

行业	Sector	煤炭(万吨) Coal (10 000 tons)	焦炭(万吨) Coke (10 000 tons)	天然气(气态)(亿立方米) Natural Gas (100 million cu.m)
工业	**Industry**	**14933.06**	**473.68**	**33.02**
采矿业	**Mining**	**3694.38**	**0.24**	**23.07**
煤炭开采和洗选业	Mining and Washing of Coal	3596.23		
石油和天然气开采业	Extraction of Petroleum and Natural Gas	80.41		23.04
黑色金属矿采选业	Mining and Processing of Ferrous Metal Ores	6.00	0.24	
有色金属矿采选业	Mining and Processing of Non-Ferrous Metal Ores	5.68		0.02
非金属矿采选业	Mining and Processing of Non-metal Ores	6.06		0.02
制造业	**Manufacturing**	**5585.78**	**473.41**	**9.90**
农副食品加工业	Processing of Food from Agricultural Products	41.17		
食品制造业	Manufacture of Foods	92.05		0.23
饮料制造业	Manufacture of Beverages	35.45		0.05
烟草制品业	Manufacture of Tobacco	3.89		
纺织业	Manufacture of Textile	20.87		
纺织服装、鞋、帽制造业	Manufacture of Textile Wearing Apparel, Footware and Caps	0.63	0.01	
皮革、毛皮、羽毛(绒)及其制品业	Manufacture of Leather, Fur, Feather and Related Products	0.11		
木材加工及木、竹、藤、棕、草制品业	Processing of Timber, Manufacture of Wood, Bamboo, Rattan, Palm,and Straw Products	0.83		
家具制造业	Manufacture of Furniture	0.08		
造纸及纸制品业	Manufacture of Paper and Paper Products	57.20		
印刷业和记录媒介的复制	Printing, Reproduction of Recording Media	0.22		0.02
文教体育用品制造业	Manufacture of Articles For Culture, Education and Sport Activities			
石油加工、炼焦及核燃料加工业	Processing of Petroleum, Coking, Processing of Nuclear Fuel	2859.14	3.06	1.15
化学原料及化学制品制造业	Manufacture of Raw Chemical Materials and Chemical Products	684.66	84.00	5.77
医药制造业	Manufacture of Medicines	20.75		0.08
化学纤维制造业	Manufacture of Chemical Fibres	0.55		
橡胶制品业	Manufacture of Rubber	5.58	0.13	
塑料制品业	Manufacture of Plastics	5.39		
非金属矿物制品业	Manufacture of Non-metallic Mineral Products	740.16		0.12
黑色金属冶炼及压延加工业	Smelting and Pressing of Ferrous Metals	185.97	372.14	0.22
有色金属冶炼及压延加工业	Smelting and Pressing of Non-ferrous Metals	737.37	12.18	0.32
金属制品业	Manufacture of Metal Products	3.92	0.07	0.05
通用设备制造业	Manufacture of General Purpose Machinery	10.82	1.26	0.02
专用设备制造业	Manufacture of Special Purpose Machinery	18.51	0.42	0.38
交通运输设备制造业	Manufacture of Transport Equipment	44.24	0.04	0.54
电气机械及器材制造业	Manufacture of Electrical Machinery and Equipment	4.70		0.37
通信设备、计算机及其他电子设备制造业	Manufacture of Communication Equipment, Computers and Other Electronic Equipment	3.69		0.54
仪器仪表及文化、办公用机械制造业	Manufacture of Measuring Instruments and Machinery for Cultural Activity and Office Work	0.88		0.02
工艺品及其他制造业	Manufacture of Artwork and Other Manufacturing	6.82	0.10	
废旧资源和废旧材料回收加工业	Recycling and Disposal of Waste	0.13		
电力、燃气及水的生产和供应业	**Electric Power, Gas and Water Production and Supply**	**5652.91**	**0.03**	**0.05**
电力、热力的生产和供应业	Production and Supply of Electric Power and Heat Power	5652.64		
燃气生产和供应业	Production and Supply of Gas	0.03		0.02
水的生产和供应业	Production and Supply of Water	0.24	0.03	0.03

注：消费量包括中间消费和损失量；统计范围是年主营业务收入2000万元及以上的法人工业企业；煤炭包括：原煤、洗精煤、其它洗煤、煤制品。

Industrial Enterprises above Designated Size Consumption of Main Energy by Sector (2011)

原 油 (万吨) Crude Oil (10 000 tons)	汽 油 (万吨) Gasoline (10 000 tons)	煤 油 (万吨) Kerosene (10 000 tons)	柴 油 (万吨) Diesel Oil (10 000 tons)	热 力 (万百万千焦) Heat (10 billion kilo-joule)	电 力 (亿千瓦时) Electricity (100 million kwh)
2095.67	**8.54**	**2.20**	**34.55**	**1601.40**	**684.48**
133.10	**3.42**	**0.06**	**20.45**	**87.81**	**88.78**
	0.42	0.02	4.49		33.66
133.10	2.88		14.54	86.09	44.16
	0.05		0.53		3.61
	0.07	0.04	0.60	1.72	6.73
			0.28		0.61
1962.57	**4.78**	**2.14**	**12.42**	**1401.37**	**430.11**
	0.21		0.24	195.18	7.47
	0.34		0.13	37.76	4.37
	0.06		0.05	79.55	4.98
	0.03		0.03	1.15	0.75
	0.04		0.01	51.68	14.32
	0.02				0.33
	0.01			1.46	0.02
	0.03			1.79	1.25
	0.02		0.02		0.18
	0.10		0.04	75.19	4.96
	0.07		0.02	6.92	0.94
					0.04
1962.57	0.03		1.12		31.30
	0.79		0.55	335.22	93.15
	0.37		0.02	22.63	2.85
				66.67	0.39
	0.05		0.01	0.08	2.42
	0.03		0.20	0.38	4.84
	0.23		4.51	11.20	64.52
	0.05		0.51	24.58	49.12
	0.19	0.03	1.60	19.29	90.56
	0.12		0.14	2.67	1.86
	0.27	0.02	0.62	1.38	7.05
	0.44	0.01	0.44	102.96	7.16
	0.83	2.05	1.61	137.47	18.65
	0.20	0.01	0.10	103.49	6.80
	0.09		0.03	107.48	5.04
	0.13		0.40	15.18	0.81
	0.02				3.98
	0.35		**1.68**	**112.22**	**165.59**
	0.23		1.66	112.22	163.16
	0.08		0.02		0.92
	0.04				1.51

a)Consumption covers intermediate consumption and loss. The scope of statistics include corporate industrial enterprises with revenue from principal business over 20 million yuan. The coals include raw coal, cleaned coal, other coal washing and coal products.

主要统计指标解释

能源生产总量 指一定时期内，全国一次能源生产量的总和。该指标是观察全国能源生产水平、规模、构成和发展速度的总量指标。一次能源生产量包括原煤、原油、天然气、水电、核能及其他动力能(如风能、地热能等)发电量，不包括低热值燃料生产量、生物质能、太阳能等的利用和由一次能源加工转换而成的二次能源产量。

能源消费总量 指一定时期内，全国各行业和居民生活消费的各种能源的总和。该指标是观察能源消费水平、构成和增长速度的总量指标。能源消费总量包括原煤和原油及其制品、天然气、电力，不包括低热值燃料、生物质能和太阳能等的利用。能源消费总量分为终端能源消费量、能源加工转换损失量和能源损失量三部分。

(1)终端能源消费量：指一定时期内，全国生产和生活消费的各种能源在扣除了用于加工转换二次能源消费量和损失量以后的数量。

(2)能源加工转换损失量：指一定时期内，全国投入加工转换的各种能源数量之和与产出各种能源产品之和的差额。该指标是观察能源在加工转换过程中损失量变化的指标。

(3)能源损失量：指一定时期内，能源在输送、分配、储存过程中发生的损失和由客观原因造成的各种损失量，不包括各种气体能源放空、放散量。

能源生产弹性系数 是研究能源生产增长速度与国民经济增长速度之间关系的指标。计算公式:

$$\text{能源生产弹性系数}=\frac{\text{能源生产总量年平均增长速度}}{\text{国民经济年平均增长速度}}$$

国民经济年平均增长速度，可根据不同的目的或需要，用国民生产总值、国内生产总值等指标来计算，本年鉴是采用国内生产总值指标计算的。

电力生产弹性系数 是研究电力生产增长速度与国民经济增长速度之间关系的指标。一般来说，电力的发展应当快于国民经济的发展，也就是说电力应超前发展。计算公式为:

$$\text{电力生产弹性系数}=\frac{\text{电力生产量年平均增长速度}}{\text{国民经济年平均增长速度}}$$

能源消费弹性系数 反映能源消费增长速度与国民经济增长速度之间比例关系的指标。计算公式为:

$$\text{能源消费弹性系数}=\frac{\text{能源消费量年平均增长速度}}{\text{国民经济年平均增长速度}}$$

电力消费弹性系数 反映电力消费增长速度与国民经济增长速度之间比例关系的指标。计算公式为:

$$\text{电力消费弹性系数}=\frac{\text{电力消费量年平均增长速度}}{\text{国民经济年平均增长速度}}$$

能源加工转换效率 指一定时期内，能源经过加工、转换后，产出的各种能源产品的数量与同期内投入加工转换的各种能源数量的比率。该指标是观察能源加工转换装置和生产工艺先进与落后、管理水平高低等的重要指标。计算公式为:

$$\text{能源加工转换效率}=\frac{\text{能源加工转换产出量}}{\text{能源加工转换投入量}}\times 100\%$$

单位生产总值能耗 指一定时期内，一个国家或地区每生产一个单位的生产总值所消耗的能源。计算公式为:

$$\text{单位生产总值能耗}=\frac{\text{能源消费总量}}{\text{生产总值}}$$

单位生产总值电耗 指一定时期内，一个国家或地区每生产一个单位的生产总值所消耗的电力。计算公式为:

$$\text{单位生产总值电耗}=\frac{\text{全社会用电量}}{\text{生产总值}}$$

单位工业增加值能耗 指一定时期内，一个国家或地区每生产一个单位的工业增加值所消耗的能源。计算公式为:

$$\text{单位工业增加值能耗}=\frac{\text{工业能源消费量}}{\text{工业增加值}}$$

Explanatory Notes on Main Statistical Indicators

Total Energy Production refers to the total production of primary energy by all energy producing enterprises in the country in a given period of time. It is a comprehensive indicator to show the level, scale, composition and pace of development of energy production of the country. The production of primary energy includes that of coal, crude oil, natural gas, hydro-power and electricity generated by nuclear energy and other means such as wind power and geothermal power. However, it does not include the production of fuels of low calorific value, bio-energy, solar energy and secondary energy converted from primary energy.

Total Energy Consumption refers to the total consumption of energy of various kinds by the production sectors and the households in the country in a given period of time. It is a comprehensive indicator to show the scale, composition and pace of increase of energy consumption. Total energy consumption includes that of coal, crude oil and their products, natural gas and electricity. However, it does not include the consumption of fuel of low calorific value, bio-energy and solar energy. Total energy consumption can be divided into three parts: end-use energy consumption; loss during the process of energy conversion; and energy loss.

(1)End-use Energy Consumption: It refers to the total energy consumption by the production sectors and the households in the country (region) in a given period of time. It does not include the consumption during the conversion of primary energy into secondary energy and the loss in the process of energy conversion.

(2)Loss During the Process of Energy Conversion: It refers to the total input of various kinds of energy for conversion, minus the total output of various kinds of energy in the country in a given period of time. It is an indicator to show the loss that occurs during the process of energy conversion.

(3)Energy Loss: It refers to the total of the loss of energy during the course of energy transport, distribution and storage and the loss caused by any objective reason in a given period of time. The loss of various kinds of gas due to gas discharges and stocktaking is not included.

Elasticity Ratio of Energy Production is an indicator to show the relationship between the growth rate of energy production and the growth rate of the national economy. The formula is:

$$\text{Elasticity Ratio of Energy Production} = \frac{\text{Average Annual Growth Rate of Energy Production}}{\text{Average Annual Growth Rate of National Economy}}$$

The average annual growth rate of the national economy can be measured by indicators such as the Gross National Product and the Gross Domestic Product, depending on the purposes or needs. The Gross Domestic Product has been used in the calculation of the ratio in this Yearbook.

Elasticity Ratio of Electricity Production is an indicator to show the relationship between the growth rate of electricity production and the growth rate of the national economy. Generally speaking, the growth rate of electricity production should be higher than that of the national economy.

Its formula is:

$$\text{Elasticity Ratio of Electricity Production} = \frac{\text{Average Annual Growth Rate of Electricity Production}}{\text{Average Annual Growth Rate of National Economy}}$$

Elasticity Ratio of Energy Consumption is an indicator to show the relationship between the growth rate of energy consumption and the growth rate of the national economy. The formula is:

$$\text{Elasticity Ratio of Energy Consumption} = \frac{\text{Average Annual Growth Rate of Energy Consumption}}{\text{Average Annual Growth Rate of National Economy}}$$

Elasticity Ratio of Electricity Consumption is an indicator to show the relationship between the growth rate of electricity consumption and the growth rate of the national economy. The formula is:

$$\text{Elasticity Ratio of Electricity Consumption} = \frac{\text{Average Annual Growth Rate of Electricity Consumption}}{\text{Average Annual Growth Rate of National Economy}}$$

Efficiency of Energy Processing and Conversion refers to the ratio of the total output of energy products of various kinds after processing and conversion to the total input of energy of various kinds for processing and conversion in the same reference period. It is an important indicator to show the current conditions of energy processing and conversion equipment, production technique and management. The formula is:

$$\text{Efficiency of Energy Processing \& Conversion} = \frac{\text{Output of Energy After Processing \& Conversion}}{\text{Input of Energy for Processing \& Conversion}} \times 100\%$$

Energy Consumption per Unit of GDP refers to the energy consumption per unit of Gross Domestic Product in a country or the Gross Regional Product in a region in the same reference period. The formula is:

$$\text{Energy Consumption per Unit of GDP} = \frac{\text{Total Energy Consumption}}{\text{Gross Domestic Product}}$$

Electricity Consumption per Unit of GDP refers to the electricity consumption per unit of Gross Domestic Product in a country or the Gross Regional Product in a region in the same reference period. The formula is:

$$\text{Electricity Consumption per Unit of GDP} = \frac{\text{Total Electricity Consumption}}{\text{Gross Domestic Product}}$$

Energy Consumption per Unit of Industrial Value-added refers to the energy consumption per unit of industrial value-added in a country or region in the same reference period. The formula is:

$$\text{Energy Consumption per Unit of Industrial Value-added} = \frac{\text{Total Energy Consumption}}{\text{Industrial Value-added}}.$$

八、财　政

Government Finance

资料整理：郭秦川

简 要 说 明

一、本篇资料反映陕西财政收支情况，内容包括财政总收入、一般预算收入及分项目收人，分项目支出。

二、本篇资料由省财政厅提供。

Brief Introduction

Ⅰ.This chapter reflects the basic situation of local government general budgetary revenue and expenditure of Shaanxi Province, mainly including total revenue, general budget revenue, item of income and item of expenditure.

Ⅱ.The data are provided by Finance Department of Shaanxi Provincial.

8. 财 政

2011年全省

财政收入	2579.30 亿元	比上年增长	43.2%
# 地方财政收入	1500.18 亿元	比上年增长	56.6%
财政支出	2930.81 亿元	比上年增长	32.1%

财政收支（亿元）

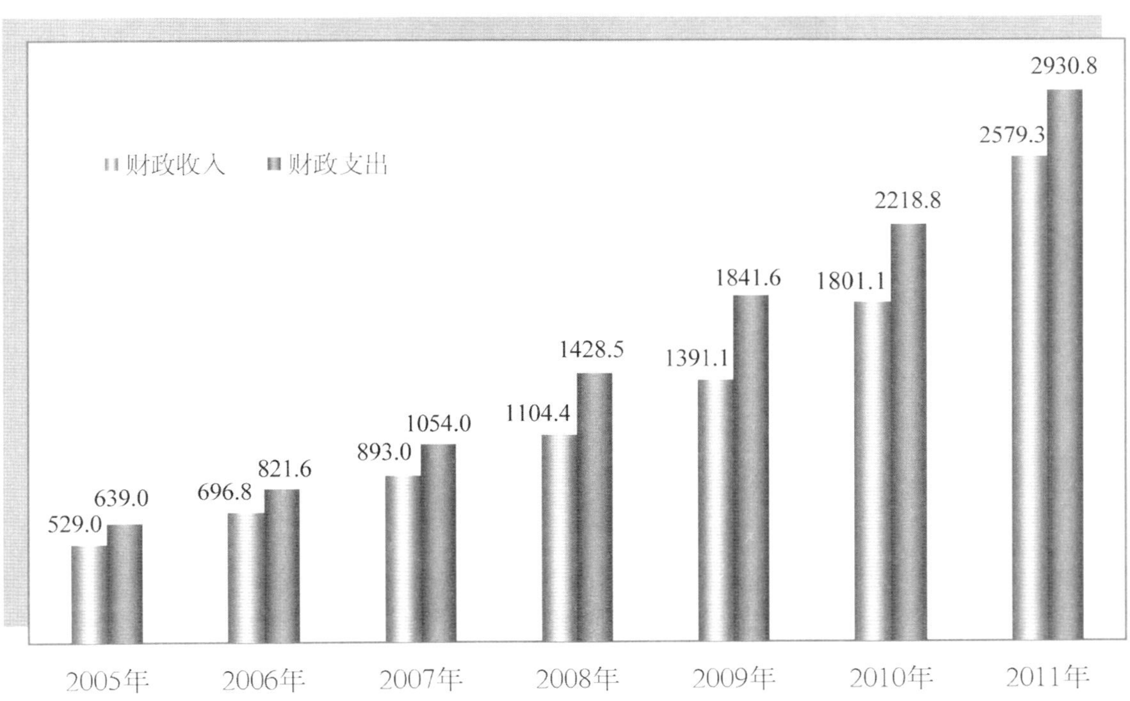

8-1 财政收支总额
Government Revenue and Expenditure

单位：万元 (10 000 yuan)

年 份 Year	财政收入 Government Revenue	# 地方一般预算收入 Local General Bugetary Revenue	财政支出 Government Expenditure	收支差额 Balance of Payment	比上年增长(%) Increase Rates(%) 财政收入 Government Revenue	地方一般预算收入 Local General Bugetary Revenue	财政支出 Government Expenditure
1978	197587		183026	14561	31.5		32.4
1979	168010		195617	-27607	-15.0		6.9
1980	158105		182837	-24732	-5.9		-6.5
1981	134538		163887	-29349	-14.9		-10.4
1982	135622		172993	-37371	0.8		5.6
1983	145407		188076	-42669	7.2		8.7
1984	153124		227471	-74347	5.3		20.9
1985	202967		275007	-72040	32.6		20.9
1986	240907		355931	-115024	18.7		29.4
1987	281805		378051	-96246	17.0		6.2
1988	338788		445835	-107047	20.2		17.9
1989	389603		507870	-118267	15.0		13.9
1990	411901		539062	-127161	5.7		6.1
1991	451391		582781	-131390	9.6		8.1
1992	509539		652654	-143115	12.9		12.0
1993	628982		753985	-125003	23.4		15.5
1994	833111	425886	855158	-22047	32.5	41.0	13.4
1995	951946	513011	1026917	-74971	14.3	20.5	20.1
1996	1172231	676022	1217909	-45678	23.1	31.8	18.6
1997	1400474	841178	1445338	-44864	19.5	24.4	18.7
1998	1569228	933309	1661955	-92727	12.0	11.0	15.0
1999	1729712	1064033	2065173	-335461	10.2	14.0	24.3
2000	1870019	1149711	2717597	-847578	8.1	8.1	31.6
2001	2259822	1358109	3500506	-1240684	20.8	18.1	28.8
2002	2522809	1502934	4049114	-1526305	11.6	10.7	15.7
2003	3269421	1773300	4182008	-912587	29.6	18.0	3.3
2004	4154957	2149586	5163052	-1008095	27.1	21.2	23.5
2005	5290241	2753183	6389627	-1099386	27.3	28.1	23.8
2006	6967712	3621295	8215522	-1247810	31.7	31.5	28.6
2007	8930217	4752398	10539665	-1609448	28.2	31.2	28.3
2008	11043550	5914750	14285208	-3241658	23.7	24.5	35.5
2009	13911343	7352704	18416388	-4505045	26.0	24.3	28.9
2010	18011071	9582065	22188283	-4177212	29.5	30.3	20.5
2011	25793001	15001838	29308100	-3515099	43.2	56.6	32.1

8-2　财政分项目收支
Government Revenue and Expenditure by Item

单位：万元　　(10 000 yuan)

项　目	Item	2009	2010	2011
地方一般预算收入	**Local General Bugetary Revenue**	**7352704**	**9582065**	**15001838**
税收收入	Total Tax Revenue	5327984	7105654	9338372
增值税	Value Added Tax	1112316	1402708	1760466
营业税	Business Tax	1944930	2659418	3328833
企业所得税	Corporate Income Tax	642021	848112	1241276
企业所得税退税	Corporate Income Tax Drawback	-1242	-301	-70
个人所得税	Individual Income Tax	268744	355408	444181
资源税	Resource Tax	178973	222972	494441
固定资产投资方向调节税	Fixed Assets Investment Orientation Regulation Tax			
城市维护建设税	City Maintenance and Construction Tax	407403	502231	647423
房产税	House Property Tax	136078	153521	200405
印花税	Stamp Tax	80134	100111	120774
城镇土地使用税	Urban Land Use Tax	154484	157314	192067
土地增值税	Land Appreciation Tax	73220	154285	221923
车船税	Tax on Vehicles and Boat Operation	51652	69318	87535
耕地占用税	Farm Land Occupation Tax	124533	223211	289917
契　税	Deed Tax	139382	241337	291680
烟叶税	Tobacco Leaf Tax	15356	15913	17521
其他税收收入	Other Tax Revenue		96	
非税收入	Total Non-tax Revenue	2024720	2476411	5663466
专项收入	Special Program Receipts	704634	883976	3651631
行政事业性收费收入	Charge of Administrative and Institutional Units	245332	390206	696033
罚没收入	Penalty Receipts	206764	220604	249907
国有资本经营收入	Operation Income of State-owned Assets	620759	763473	611560
国有资源(资产)有偿使用收入	Income from Use of State-owned Resources (Assets)	144136	149700	319496
其他收入	Other Non-tax Receipts	103095	68452	134839
一般预算支出	**General Bugetary Expenditure**	**18416388**	**22188283**	**29308100**
一般公共服务	Expenditure for General Public Services	2615479	2872897	3413214
外　交	Expenditure for Foreign Affairs			
国　防	Expenditure for National Defense	24236	28960	33598
公共安全	Expenditure for Public Security	945271	1115019	1280558
教　育	Expenditure for Education	3109646	3777877	5294599
科学技术	Expenditure for Science and Technology	208371	252498	290053
文化体育与传媒	Expenditure for Culture, Sport and Media	408872	478599	612659
社会保障和就业	Expenditure for Social Safety Net and Employment Effort	2870973	3156139	3654323
医疗卫生	Expenditure for Medical and Health Care	1258329	1566560	1976141
环境保护	Expenditure for Environment Protection	795011	828806	961304
城乡社区事务	Expenditure for Urban and Rural Community Affairs	970734	1268445	1471330
农林水事务	Expenditure for Agriculture, Forestry and Water Conservancy	2207212	2671563	3337852
交通运输	Expenditure for Transportation	1093997	1290573	3134164
工业商业金融等事务	Expenditure for Industry, Commerce and Banking	1600064	349628	
其他支出	Other Expenditure	308193	2530719	3848305

8-3 各市、县（市、区）财政收支（2011年）
Government Revenue and Expenditure by City and County (City and District) (2011)

单位：万元 (10 000 yuan)

地 区	Region	地方一般预算收入 Local General Bugetary Revenue	一般预算支出 General Bugetary Expenditure	收支差额 Balance of Payment
西安市	**Xi'an**	**3185486**	**4945750**	**-1760264**
市本级	City level	1401060	2737085	-1336025
新城区	Xincheng	205654	170555	35099
碑林区	Beilin	267590	144602	122988
莲湖区	Lianhu	281296	194774	86522
灞桥区	Baqiao	131500	144121	-12621
未央区	Weiyang	174578	143641	30937
雁塔区	Yanta	264486	164006	100480
阎良区	Yanliang	65023	109707	-44684
临潼区	Lintong	62604	194348	-131744
长安区	Chang'an	180176	304227	-124051
蓝田县	Lantian	21224	155355	-134131
周至县	Zhouzhi	15510	181790	-166280
户 县	Huxian	44754	177764	-133010
高陵县	Gaoling	70031	123775	-53744
铜川市	**Tongchuan**	**188944**	**643424**	**-454480**
市本级	City level	108914	282197	-173283
王益区	Wangyi	14333	67297	-52964
印台区	Yintai	10693	77776	-67083
耀州区	Yaozhou	44948	145866	-100918
宜君县	Yijun	10056	70288	-60232
宝鸡市	**Baoji**	**514389**	**1637365**	**-1122976**
市本级	City level	278204	570355	-292151
渭滨区	Weibin	33207	84366	-51159
金台区	Jintai	29109	82453	-53344
陈仓区	Chencang	29556	141916	-112360
凤翔县	Fengxiang	29501	136611	-107110
岐山县	Qishan	20044	100872	-80828
扶风县	Fufeng	16088	125680	-109592
眉 县	Meixian	13143	88370	-75227
陇 县	Longxian	14485	89032	-74547
千阳县	Qianyang	5615	50412	-44797
麟游县	Linyou	6890	45305	-38415
凤 县	Fengxian	33633	81526	-47893
太白县	Taibai	4914	40467	-35553
咸阳市	**Xianyang**	**585573**	**1901867**	**-1316294**
市本级	City level	217670	379512	-161842
秦都区	Qindu	53846	115940	-62094
渭城区	Weicheng	45067	99786	-54719
三原县	Sanyuan	22840	126058	-103218
泾阳县	Jingyang	22223	127369	-105146
乾 县	Qianxian	14510	130190	-115680
礼泉县	Liquan	16893	124209	-107316

8-3　续表 1　continued

单位：万元 (10 000 yuan)

地　区	Region	地方一般预算收入 Local General Bugetary Revenue	一般预算支出 General Bugetary Expenditure	收支差额 Balance of Payment
永寿县	Yongshou	8048	76796	-68748
彬　县	Binxian	89354	189528	-100174
长武县	Changwu	27761	83851	-56090
旬邑县	Xunyi	24070	113002	-88932
淳化县	Chunhua	6043	84086	-78043
武功县	Wugong	8663	110030	-101367
兴平市	Xingping	28585	141510	-112925
渭南市	**Weinan**	**442968**	**1973240**	**-1530272**
市本级	City level	115192	292758	-177566
临渭区	Linwei	38611	226591	-187980
华　县	Huaxian	45000	150001	-105001
潼关县	Tongguan	14680	80018	-65338
大荔县	Dali	10510	165158	-154648
合阳县	Heyang	14021	125800	-111779
澄城县	Chengcheng	22899	135383	-112484
蒲城县	Pucheng	36000	196775	-160775
白水县	Baishui	14105	114208	-100103
富平县	Fuping	22211	203315	-181104
韩城市	Hancheng	87065	189025	-101960
华阴市	Huayin	22674	94208	-71534
延安市	**Yan'an**	**1207259**	**2238160**	**-1030901**
市本级	City level	343746	639727	-295981
宝塔区	Baota	94053	145627	-51574
延长县	Yanchang	28259	90619	-62360
延川县	Yanchuan	19200	103900	-84700
子长县	Zichang	92697	153731	-61034
安塞县	Ansai	90067	134439	-44372
志丹县	Zhidan	177127	207264	-30137
吴起县	Wuqi	207389	234699	-27310
甘泉县	Ganquan	32018	63242	-31224
富　县	Fuxian	17051	93900	-76849
洛川县	Luochuan	16927	104149	-87222
宜川县	Yichuan	7119	88595	-81476
黄龙县	Huanglong	1809	56487	-54678
黄陵县	Huangling	79797	121781	-41984
汉中市	**Hanzhong**	**235544**	**1592541**	**-1356997**
市本级	City level	49534	336234	-286700
汉台区	Hantai	56689	141726	-85037
南郑县	Nanzheng	35128	166598	-131470
城固县	Chenggu	12160	153850	-141690
洋　县	Yangxian	14119	141333	-127214
西乡县	Xixiang	12582	136382	-123800
勉　县	Mianxian	21825	135055	-113230
宁强县	Ningqiang	9121	112026	-102905

8-3 续表 2 continued

单位：万元 (10 000 yuan)

地 区	Region	地方一般预算收入 Local General Bugetary Revenue	一般预算支出 General Bugetary Expenditure	收支差额 Balance of Payment
略阳县	Lueyang	14870	91625	-76755
镇巴县	Zhenba	6128	99108	-92980
留坝县	Liuba	2036	42789	-40753
佛坪县	Foping	1352	35815	-34463
榆林市	**Yulin**	**1802477**	**3161366**	**-1358889**
市本级	City level	699181	773285	-74104
榆阳区	Yuyang	139158	271719	-132561
神木县	Shenmu	420152	528048	-107896
府谷县	Fugu	236423	297134	-60711
横山县	Hengshan	20295	156051	-135756
靖边县	Jingbian	131051	234968	-103917
定边县	Dingbian	132001	230704	-98703
绥德县	Suide	5188	158000	-152812
米脂县	Mizhi	4444	111380	-106936
佳县	Jiaxian	5429	109301	-103872
吴堡县	Wubu	2015	62537	-60522
清涧县	Qingjian	3282	107085	-103803
子洲县	Zizhou	3858	121154	-117296
安康市	**Ankang**	**173447**	**1271508**	**-1098061**
市本级	City level	57312	186041	-128729
汉滨区	Hanbin	29790	261279	-231489
汉阴县	Hanyin	10898	106689	-95791
石泉县	Shiquan	6853	80695	-73842
宁陕县	Ningshan	3858	50504	-46646
紫阳县	Ziyang	13308	110864	-97556
岚皋县	Langao	5648	79249	-73601
平利县	Pingli	6860	91805	-84945
镇坪县	Zhenping	3308	39349	-36041
旬阳县	Xunyang	28524	176522	-147998
白河县	Baihe	7088	88511	-81423
商洛市	**Shangluo**	**164942**	**1067786**	**-902844**
市本级	City level	28704	156897	-128193
商州区	Shangzhou	26407	141135	-114728
洛南县	Luonan	27219	157805	-130586
丹凤县	Danfeng	16101	119188	-103087
商南县	Shangnan	19647	120861	-101214
山阳县	Shanyang	17807	151231	-133424
镇安县	Zhen'an	14189	131414	-117225
柞水县	Zhashui	14868	89255	-74387
杨凌示范区	**Yangling**	**35401**	**144856**	**-109455**
市本级	City level	23162	95688	-72526
杨陵区	Yangling	12239	49168	-36929

主要统计指标解释

财政收入　指国家财政参与社会产品分配所取得的收入，是实现国家职能的财力保证。主要包括：

（1）各项税收：包括国内增值税、国内消费税、进口货物增值税和消费税、出口货物退增值税和消费税、营业税、企业所得税、个人所得税、资源税、城市维护建设税、房产税、印花税、城镇土地使用税、土地增值税、车船税、船舶吨税、车辆购置税、关税、耕地占用税、契税、烟叶税等。

（2）非税收入：包括专项收入、行政事业性收费、罚没收入和其他收入。

财政支出　指国家财政将筹集起来的资金进行分配使用，以满足经济建设和各项事业的需要。主要包括：

（1）一般公共服务：指政府提供基本公共管理与服务的支出，包括人大事务、政协事务、政府办公厅（室）及相关机构事务、发展与改革事务、统计信息事务、财政事务、税收事务、审计事务、海关事务、人力资源事务、纪检监察事务、人口与计划生育事务、商贸事务、知识产权事务、工商行政管理事务、国土资源事务、海洋管理事务、测绘事务、地震事务、气象事务、民族事务、宗教事务、港澳台侨事务、档案事务、共产党事务、民主党派事务及工商联事务、群众团体事务、彩票事务等。

（2）外交：指政府外交事务支出，包括外交行政管理、驻外机构、对外援助、国际组织、对外合作与交流、边界勘界联检等方面的支出。

（3）国防：指政府用于国防方面的支出，包括用于现役部队、预备役部队、民兵、国防科研事业、专项工程、国防动员等方面的支出。

（4）公共安全：指政府维护社会公共安全方面的支出，包括武装警察、公安、国家安全、检察、法院、司法行政、监狱、劳教、国家保密、缉私警察等。

（5）教育：指政府教育事务支出，包括教育行政管理、学前教育、小学教育、初中教育、普通高中教育、普通高等教育、初等职业教育、中专教育、技校教育、职业高中教育、高等职业教育、广播电视教育、留学生教育、特殊教育、干部继续教育、教育机关服务等。

（6）科学技术：指用于科学技术方面的支出，包括科学技术管理事务、基础研究、应用研究、技术研究与开发、科技条件与服务、社会科学、科学技术普及、科技交流与合作等。

（7）文化教育与传媒：指政府在文化、文物、体育、广播影视、新闻出版等方面的支出。

（8）社会保障和就业：指政府在社会保障与就业方面的支出，包括社会保障和就业管理事务、民政管理事务、财政对社会保险基金的补助、补充全国社会保障基金、行政事业单位离退休、企业改革补助、就业补助、抚恤、退役安置、社会福利、残疾人事业、城市居民最低生活保障、其他城镇社会救济、农村社会救济、自然灾害生活救助、红十字事务等。

（9）医疗卫生：指政府医疗卫生方面的支出，包括医疗卫生管理事务支出、医疗服务支出、医疗保障支出、疾病预防控制支出、卫生监督支出、妇幼保健支出、农村卫生支出等。

（10）环境保护：指政府环境保护支出，包括环境保护管理事务支出、环境监测与监察支出、污染治理支出、自然生态保护支出、天然林保护工程支出、退耕还林支出、风沙荒漠治理支出、退牧还草支出、已垦草原退耕还草、能源节约利用、污染减排、可再生能源和资源综合利用等支出。

（11）城乡社区事务：指政府城乡社区事务支出，包括城乡社区管理事务支出、城乡社区规划与管理支出、城乡社区公共设施支出、城乡社区住宅支出、城乡社区环境卫生支出、建设市场管理与监督支出等。

（12）农林水事务：指政府农林水事务支出，包括农业支出、林业支出、水利支出、扶贫支出、农业综合开发支出等。

（13）交通运输：指政府交通运输和邮政业方面的支出，包括公路运输支出、水路运输支出、铁路运输支出、民用航空运输支出、邮政业支出等。

（14）工业商业金融等事务：指政府对工业、商业及金融等方面的支出，包括采掘业支出、制造业支出、建筑业支出、工业和信息产业监管支出、国有资产监管支出、商业流通事务支出、金融业监管支出、旅游业管理与服务支出等。

中央财政收入和地方财政收入　指按现行分税制财政体制划分的中央本级收入和地方本级收入。属于中央财政的收入包括关税，进口货物增值税和消费税，出口货物退增值税和消费税，消费税，铁道部门、各银行总行、各保险公司总公司等集中交纳的营业税和城市维护建设税，增值税75%部分，纳入共享范围的企业所得税60%部分，未纳入共享范围的中央企业所得税、中央企业上交的利润，个人所得税60%部分，车辆购置税，船舶吨税，证券交易印花税97%部分，海洋石油资源税，中央非税收入等。属于地方财政的收入包括营业税（不含铁道部门、各银行总行、各保险公司总公司集中交纳的营业税），地方企业上交利润，城市维护建设税（不含铁道部门、各银行总行、各保险公司总公司集中交纳的部分），房产税，城镇土地使用税，土地增值税，车船税，耕地占用税，契税，烟叶税，印花税，增值税25%部分，纳入共享范围的企业所得税40%部分，个人所得税40%部分，证券交易印花税3%部分，海洋石油资源税以外的其他资源税，地方非税收入等。

Explanatory Notes on Main Statistical Indicators

Government Revenue refers to income for the government finance through participating in the distribution of social products. It is the financial guarantee to ensure government functioning. The contents of government revenue include the following main items:

(1) Various tax revenues, including domestic value added tax (VAT), domestic consumption tax, VAT and consumption tax from imports, VAT and consumption tax rebate for exports, business tax, corporate income tax, individual income tax, resource tax, city maintenance and construct tax, house property tax, stamp tax, urban land use tax, land appreciation tax, tax on vehicles and boat operation, ship tonnage tax, vehicle purchase tax, tariffs, farm land occupation tax, deed tax, and tobacco leaf tax, etc.

(2) Non-tax revenue, including special program receipts, charge of administrative and institutional units, penalty receipts and others non-tax receipts.

Government Expenditure refers to the distribution and use of the funds which the government finance has raised, so as to meet the needs of economic construction and various causes. It includes the following main items:

(1) Expenditure for general public services: It refers to the spending on the basic public management and services which provided by governments, including the expense on affairs of People's Congress, affairs of People's Political Consultative Conference, affairs of government general office and relative institutions, affairs of development and reform, affairs of statistics, affairs of finance, affairs of taxation, affairs of audit, affairs of customs, affairs of human resources and social security, affairs of discipline inspection and supervision, affairs of population and family planning, affairs of commerce and trade, affairs of intellectual property, affairs of administration for industry and commerce, affairs of land and resources, affairs of oceanic administration, affairs of surveying and mapping, affairs of earthquake, ethnic affairs, religious affairs, affairs of Hong Kong, Macao, Taiwan, and Overseas Chinese, affairs of archives administration, affairs of Chinese Communist Party, affairs of democratic parties and federation of industry and commerce, affairs of mass organization, and affairs of lottery, etc.

(2) Expenditure for foreign affairs: It refers to the spending of government on foreign affairs, including the expense on administration of foreign affairs, missions overseas, external assistance, international organizations, foreign cooperation and communication, surveying and joint inspection on borderline, etc.

(3) Expenditure for national defence: It refers to the spending of government on national defence, including the expense on active force, reserve force, militia, scientific research on national defence, special projects, mobilization of national defence, etc.

(4) Expenditure for public security: It refers to the spending of government on maintaining social and public security, including the expense on armed police force, public security, state security, prosecution, courts, justice, prison, labour education and rehabilitation, protection of state secrecy, anti-smuggling police, etc.

(5) Expenditure for education: It refers to the spending of government on education, including the expense on the administration of education, pre-primary education, primary education, secondary education, high school education, regular higher education, primary vocational education, secondary vocational education, technical school education, vocational high school education and higher vocational education, radio and television education, student abroad education, special education, on the job training of cadres, education authorities services, etc.

(6) Expenditure for science and technology: It refers to the spending of government on science and technology (S&T), including the expense on the administration of S&T, basic research, applied research, research and development, conditions and services of S&T, popularization of social science, science and technology, exchanges and cooperation of S&T, etc.

(7) Expenditure for culture, sport and media: It refers to the spending of government on culture, cultural heritage, sports, radio, film, television, press and publication, etc.

(8) Expenditure for social safety net and employment effort: It refers to the spending of government on social safety net and employment, including the expense on administration of social safety net and employment, civil affairs, budgetary subsidy on the social insurance funds, subsidy on National Social Security Fund, retirees of administrative units and institutions, subsidy on enterprise reform, subsidy on employment effort, pension, placement of ex-serviceman, social welfare, the handicapped undertakings, the system of cost of living allowances for urban residents, other urban social relief, rural social relief, living relief of natural disasters, affairs of Red Cross Society, etc.

(9) Expenditure for medical and health care: It refers to the spending of government on medical and health care, including the expense on administration of medical and health care, medical services, health care, disease prevention and control, health inspection and supervision, women and children's health, rural health care, etc.

(10) Expenditure for environment protection: It refers to the spending of government on environment protection, including the expense on administration of environment protection, environment monitoring and supervision, pollution control, natural ecology protection, project of virgin forests

protection, reforesting farmland, controlling the sources of dust storms, returning pastureland to grassland, returning pastureland to grassland, returning cultivated land to grassland, energy conservation, emissions reduction, comprehensive utilization of renewable energy and resources, etc.

(11) Expenditure for urban and rural community affairs: It refers to the spending of government on urban and rural community affairs, including the expense on administration of urban and rural community, planning and management of urban and rural community, public facilities of urban and rural community, housing of urban and rural community, sanitation of urban and rural community, management and supervision on the construction market, etc.

(12) Expenditure for agriculture, forestry and water conservancy: It refers to the spending of government on agriculture, forestry and water conservancy, including the expense on agriculture, forestry, water conservancy, poverty alleviation, comprehensive agricultural development, etc.

(13) Expenditure for transportation: It refers to the spending of government on transportation and postal services, including the expense on road transportation, waterway transportation, railway transportation, civil aviation transportation, and postal services.

(14) Expenditure for industry, commerce and banking: It refers to the spending of government on industry, commerce and banking, including the expense on mining, manufacturing, construction, industry and information technology supervision and administration, State-owned assets supervision and administration, commerce and circulation affairs, financial intermediation supervision and administration, tourism administration and service, etc.

Revenue of the Central Government and Revenue of the Local Governments refers to the revenue collected by the Central Government and that by the local governments as defined by the decentralized taxation system. In accordance with this system, the revenue of the Central Government includes tariff, VAT and consumption tax from imports, VAT and consumption tax rebate for exports, consumption tax, business tax and city maintenance and construct tax from the Ministry of Railways, head offices of banks, head offices of insurance company, which are handed over to the government in a centralized way, 75% of the value added tax, 60% the share part of the corporate income tax, unshared part of corporate income tax of the central enterprises, profit handed in by the central enterprises, 60% of individual income tax, vehicle purchase tax, ship tonnage tax, 97% of stamp tax on securities transactions, resource tax on the offshore petroleum resources. The revenue of the local governments includes business tax (excluding the part of the Ministry of Railways, head offices of banks, head offices of insurance company, which are handed over to the government in a centralized way), profit handed in by the local enterprises, city maintenance and construct tax (excluding the part of the Ministry of Railways, head offices of banks, head offices of insurance company, which are handed over to the government in a centralized way), house property tax, urban land use tax, land appreciation tax, tax on vehicles and boat operation, farm land occupation tax, deed tax, and tobacco leaf tax, stamp tax, 25% of the value added tax, 40% the share part of the corporate income tax, 40% of individual income tax, 3% of stamp tax on securities transactions, resource tax other than the tax on offshore petroleum resources, local non-tax revenue, etc.

九、价格指数

Price Indices

资料整理：王国强　邹　悦　种都权

简 要 说 明

一、本篇资料反映生产、流通、消费与投资等环节的价格变动情况。主要包括居民消费价格指数、商品零售价格指数、农业生产资料价格指数、生产者价格指数、农产品生产价格指数、固定资产投资价格指数和房地产价格指数。

二、本篇资料由国家统计局陕西调查总队提供。

三、居民消费价格指数、商品零售价格指数采用抽样调查和重点调查相结合的方法编制，即选择不同经济区域的市、县以及有代表性的商品和服务项目作为样本，对其市场价格进行定期调查，以样本推断总体。

四、生产者价格指数采用重点调查与典型调查相结合的方法统计。重点调查对象为规模以上工业企业，典型调查对象为规模以下工业企业。

五、固定资产投资价格指数采用重点调查与典型调查相结合的方法统计。

六、农产品生产价格指数采用抽样调查和重点调查相结合的调查方法进行统计。

Brief Introduction

Ⅰ. This chapter reflects price changes in production, circulation, consumption and investment, mainly including consumer price indices, retail price indices, price indices of means of agricultural production, industrial producers price indices, producers' price indices for farm products, price indices for investment in fixed assets and real estate price indices.

Ⅱ. The data are provided by NBS Survey Office in Shaanxi.

Ⅲ. The data for the calculation of consumer price indices and retail price indices in the province are collected through stratified random sampling. Cities and counties distributed in different economic regions of the province are selected as sample areas, and representative commodities and services are selected as sample commodities and services. Regular surveys are conducted to collect data on market prices. The data on the population are estimated on the basis of the sample.

Ⅳ. The industrial producers price indices are collected through key-point survey combined with typical survey. The key investigation objects are the industrial enterprises above designated size. The typical investigation objects are the industrial enterprises below designated size.

Ⅴ. The data for the calculation of price indices of investment in fixed assets are collected through key-point survey combined with typical survey.

VI. The data for the calculation of producers' price indices of farm products are collected through sampling survey combined with key-point survey.

9.价格指数

2011年全省	
商品零售价格指数(上年=100)	104.8
#城 市	104.8
居民消费价格指数(上年=100)	105.7
#城 市	105.7

居民消费价格指数

(上年=100)

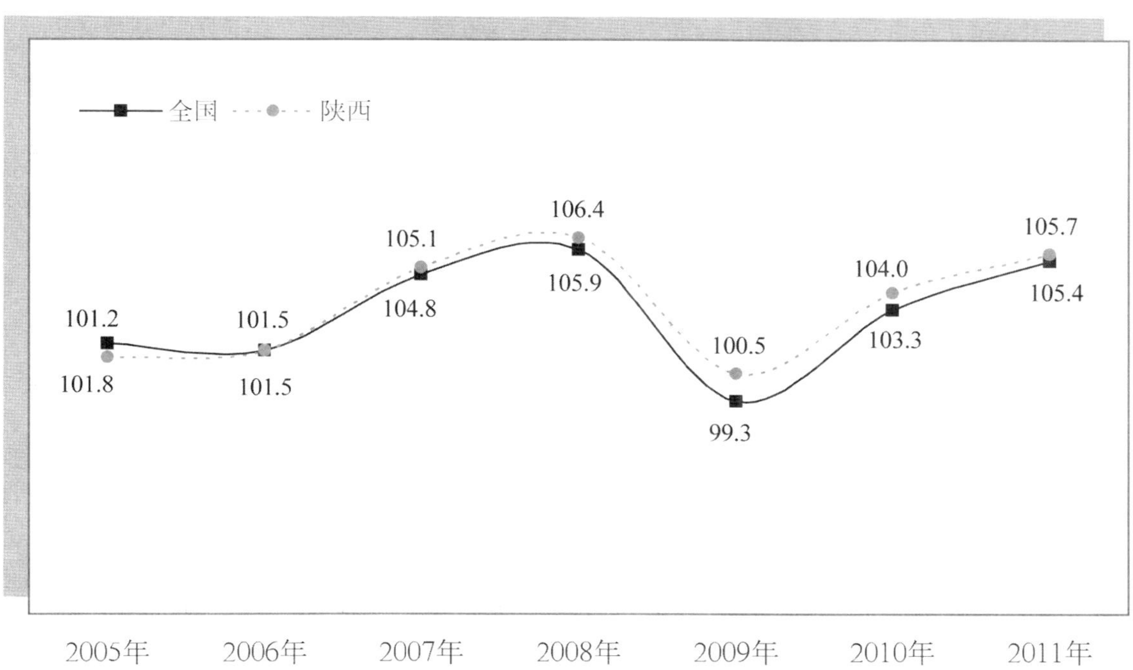

9-1 商品零售价格和居民消费价格指数
Retail Price Indices and Consumer Price Indices

年 份 Year	上年价格=100 preceding year=100			1978年价格=100 1978=100		
	商品零售价格指数 Retail Price Index	居民消费价格指数 Consumer Price Index	# 城市居民 Urban Household	商品零售价格指数 Retail Price Index	居民消费价格指数 Consumer Price Index	# 城市居民 Urban Household
1979	101.6	101.7	101.4	101.6	101.7	101.4
1980	104.7	105.3	105.4	106.4	107.1	106.9
1981	103.0	103.6	103.6	109.6	111.0	110.7
1982	101.0	101.4	100.4	110.7	112.6	111.7
1983	101.5	101.5	102.2	112.4	114.3	113.5
1984	103.9	103.0	103.4	116.8	117.7	117.4
1985	106.5	107.0	107.6	124.4	125.9	126.3
1986	105.2	106.0	106.6	130.9	133.5	134.6
1987	108.6	108.6	109.2	142.2	145.0	147.0
1988	119.0	119.1	120.1	169.2	172.7	176.5
1989	118.8	118.3	117.6	201.0	204.3	207.6
1990	101.6	101.3	102.6	204.2	207.0	213.0
1991	105.8	106.0	107.3	216.0	219.4	228.5
1992	109.5	109.7	111.2	236.5	240.7	254.1
1993	111.8	111.8	114.0	264.4	269.1	289.7
1994	125.9	126.7	128.2	332.9	340.9	371.4
1995	117.0	119.0	118.0	389.5	405.7	438.3
1996	108.1	109.7	110.3	421.0	445.1	483.4
1997	101.6	104.8	105.2	427.7	466.5	508.6
1998	96.2	98.4	97.7	411.4	459.0	496.9
1999	97.5	97.8	97.2	401.1	448.9	483.0
2000	98.3	99.5	100.3	394.3	446.7	484.4
2001	99.1	101.0	100.1	390.8	451.2	484.9
2002	98.6	98.9	98.2	385.3	446.2	476.2
2003	100.5	101.7	100.8	387.2	453.8	480.0
2004	102.5	103.1	103.0	396.9	467.9	494.4
2005	100.1	101.2	100.9	397.3	473.5	498.8
2006	101.8	101.5	102.1	404.5	480.6	509.3
2007	105.0	105.1	105.2	424.7	505.1	535.8
2008	106.9	106.4	106.2	454.0	537.4	569.0
2009	99.9	100.5	100.0	453.5	540.1	569.0
2010	103.6	104.0	103.7	469.8	561.7	590.1
2011	104.8	105.7	105.7	492.4	593.7	623.7

9-2 商品零售价格分类指数(2011年)
Retail Price Indices by Category (2011)

(上年价格=100) (preceding year=100)

项　　目	Item	全　省 Provincial Indices	城　市 Urban Indices	农　村 Rural Indices
商品零售价格总指数	**Retail Price Index**	**104.8**	**104.8**	**104.8**
一、食　品	**Food**	**112.3**	**112.4**	**111.5**
1.粮　食	Grain	110.3	110.7	108.1
2.淀　粉	Starches	115.7	113.7	124.5
3.干豆类及豆制品	Bean and Its Products	101.9	101.6	103.9
4.油　脂	Oil or Fat	113.1	113.2	112.4
5.肉禽及其制品	Meat, Poultry and Processed Products	127.8	128.0	126.1
(1)食用畜肉及副产品	Starches	135.8	135.9	134.8
(2)禽	Bean and Its Products	114.8	114.6	116.4
(3)肉禽加工制品	Poultry Product	112.3	112.9	107.1
6.蛋	Eggs	113.1	113.0	113.8
7.水产品	Aquatic Products	111.3	111.5	109.3
(1)鱼	Fish	111.6	111.6	111.5
(2)其它水产品	Others	110.5	111.3	102.1
8.菜	Vegetables	104.8	105.1	102.7
9.调味品	Flavoring	108.8	108.9	108.1
10.糖	Sugar	112.0	112.1	111.4
11.干鲜瓜果	Dried and Fresh Melons and Fruits	115.8	115.3	119.9
12.糕点饼干面包	Cake, Biscuit and Bread	108.4	108.7	105.5
13.液体乳及乳制品	Milk and Its Products	110.3	110.8	104.8
14.在外用膳食品	Outward Dinner Food	107.5	107.3	109.4
15.其它食品	Other Foods	106.2	107.1	102.8
二、饮料、烟酒	**Beverages, Tobacco and Liquor**	**103.6**	**103.8**	**101.9**
1.茶及饮料	Tea and Beverages	106.8	107.5	102.6
(1)茶　叶	Tea	113.3	115.0	103.7
(2)饮　料	Beverages	103.3	103.5	101.8
2.烟　草	Tobacco	100.7	100.8	100.1
3.酒	Liquor	105.3	105.5	104.1
三、服装、鞋帽	**Garments, Shoes and Hats**	**102.9**	**103.0**	**102.1**
1.服　装	Garments	104.6	104.8	102.6
(1)男式服装	Man's Garments	103.2	103.3	102.1
(2)女式服装	Woman's Garments	105.8	106.2	102.2
(3)儿童服装	Children's Garments	104.1	104.0	104.4
2.鞋袜帽	Footgear and Hats	98.6	98.2	101.3
(1)鞋	Shoes	97.7	97.2	101.2
(2)袜　子	Socks and Stockings	106.5	108.1	101.4
(3)帽　子	Hats	103.7	103.9	103.0
3.其　它	Others	107.4	108.6	99.9

9-2 续表 continued

(上年价格=100) (preceding year=100)

项 目	Item	全 省 Provincial Indices	城 市 Urban Indices	农 村 Rural Indices
四、纺织品	**Textiles**	**101.8**	**100.9**	**107.4**
1.衣着材料	Clothing	104.9	104.0	109.3
2.床上用品	Bedding	99.9	99.0	105.8
五、家用电器及音像器材	**Household Appliances, Music and Video Equipment**	**95.1**	**94.6**	**98.6**
1.家庭设备	Household Facilities	98.8	98.4	101.0
2.文娱用耐用消费品	Durable Consumer Goods for Recreation	89.3	88.2	95.5
3.音像器材	Audiovisual Articles	96.0	95.9	100.1
六、文化办公用品	**Cultural and Office Appliances**	**96.3**	**95.9**	**99.3**
七、日用品	**Articles for Daily Use**	**102.1**	**102.1**	**101.8**
1.日用百货	General Merchandise for Daily Use	102.8	103.0	101.9
2.日用杂品	Miscellaneous for Daily Use	101.5	101.5	101.7
3.洗涤用品	Washing Goods	102.2	102.2	102.0
4.其它日用品	Others	101.4	101.4	101.5
八、体育娱乐用品	**Sports and Recreation Articles**	**101.9**	**102.0**	**101.2**
1.体育用品	Sports Articles	100.7	100.8	100.0
2.娱乐用品	Recreational Articles	103.1	103.1	102.4
九、交通、通信用品	**Transportation and Communication Appliances**	**92.4**	**92.4**	**93.1**
1.交通运输机械	Means of Transportation	95.2	94.9	100.1
2.通讯器材	Means of Communication	85.1	83.6	89.2
十、家 具	**Furniture**	**105.1**	**105.7**	**100.3**
十一、化妆品	**Cosmetics**	**101.5**	**101.4**	**101.5**
十二、金银珠宝	**Gold, Silver and Jewelry**	**114.6**	**114.0**	**119.4**
十三、中西药品及医疗保健用品	**Traditional Chinese and Western Medicines and Health Care Articles Care Articles**	**105.7**	**105.9**	**104.4**
1.医疗器具及用品	Medical Apparatus and Article	116.9	119.1	101.3
2.中药材及中成药	Traditional Chinese Medicinal Materials and Medicines	116.0	116.6	111.8
3.西 药	Western Medicines	98.9	98.7	100.3
4.保健器具及用品	Health Care Equipment and Articles	102.7	103.0	100.7
十四、书报杂志及电子出版物	**Books, Newspapers, Magazines and Electronic Publications**	**99.6**	**99.5**	**100.5**
1.教材及参考书	Teaching Materials and Reference Books	100.5	100.3	101.5
2.书报杂志	Newspapers and Magazines	100.2	100.1	100.6
3.电子音像制品	Electronic Audiovisual Products	96.8	96.5	98.5
十五、燃 料	**Fuels**	**111.7**	**111.9**	**110.7**
1.煤炭及制品	Coal and Coal Products	110.6	110.7	109.9
2.石油及制品	Petroleum and its Products	112.1	112.3	111.0
十六、建筑材料及五金电料	**Building Materials and Hardware**	**105.4**	**105.3**	**105.8**
1.建筑装璜材料	Building Decoration Materials	105.8	105.5	107.3
2.五金电料	Hardware	104.4	104.8	102.1

9-3 居民消费价格分类指数(2011年)
Consumer Price Indices by Category (2011)

(上年价格=100) (preceding year=100)

项　　目	Item	全　省 Provincial Indices	城　市 Urban Indices	农　村 Rural Indices
居民消费价格总指数	**Consumer Price Index**	**105.7**	**105.7**	**105.6**
非食品价格指数	Non-food Price Index	102.9	102.9	102.8
服务项目价格指数	Services Price Index	104.2	104.6	103.4
扣除鲜菜鲜果总指数	Index net of Fresh Vegetables and Fruit	105.5	105.6	105.4
消费品价格指数	Consumer Price Index	106.3	106.2	106.4
一、食　品	**Food**	**111.9**	**112.1**	**111.6**
1.粮　食	Grain	109.8	110.6	108.5
2.淀　粉	Starches and Tubers	119.3	114.5	126.3
3.干豆类及豆制品	Beans and Bean Products	102.1	101.4	103.5
4.油　脂	Oil or Fat	112.9	113.6	111.9
5.肉禽及其制品	Meat, Poultry and Processed Products	127.9	128.3	126.9
(1)食用畜肉及副产品	Poultry Meat and By-product	136.1	136.3	135.7
(2)禽	Poultry	115.5	114.3	117.5
(3)加工肉禽	Poultry Product	111.5	112.9	107.8
6.蛋	Eggs	113.3	113.1	113.9
7.水产品	Aquatic Products	110.7	111.2	109.3
(1)鱼	Fish	111.2	111.3	111.1
(2)其它水产品	Others	109.3	110.8	103.6
8.菜	Vegetables	104.4	105.0	103.0
9.调味品	Flavoring	108.8	109.1	108.4
10.糖	Carbohydrate	112.5	112.9	111.9
11.茶及饮料	Tea and Beverages	105.7	106.4	103.1
(1)茶　叶	Tea	111.6	114.0	105.1
(2)饮　料	Beverages	103.1	103.3	102.0
12.干鲜瓜果	Dried and Fresh Melons and Fruits	116.7	115.5	119.7
13.糕点饼干面包	Cake, Biscuit and Bread	108.0	109.0	105.6
14.液体乳及乳制品	Milk and Its Products	109.7	110.9	105.3
15.在外用膳食品	Dining Out	108.3	107.6	110.2
16.其它食品	Other Foods	107.1	109.3	103.4
二、烟　酒	**Tobacco and Liquor**	**102.3**	**102.5**	**101.7**
1.烟　草	Tobacco	100.6	100.8	100.0
2.酒	Liquor	104.9	105.2	104.4
三、衣　着	**Clothing**	**103.2**	**103.3**	**102.8**
1.服　装	Garments	104.3	105.0	102.5
(1)男式服装	Man's Garments	103.0	103.5	101.7
(2)女式服装	Woman's Garments	105.2	106.1	102.3
(3)儿童服装	Children's Garments	104.6	104.8	104.3
2.衣着材料	Clothing Material	107.6	103.6	110.9
3.鞋袜帽	Footgear and Hats	99.2	98.3	101.5
(1)鞋	Shoes	98.4	97.2	101.4
(2)袜　子	Socks and Stockings	105.2	107.5	101.9
(3)帽　子	Hats	103.2	103.5	102.9
4.衣着加工服务费	Clothing Manufacturing Services	108.5	112.2	103.0

9-3 续表 continued

(上年价格=100) (preceding year=100)

项 目	Item	全 省 Provincial Indices	城 市 Urban Indices	农 村 Rural Indices
四、家庭设备用品及维修服务	**Household Facilities, Articles and Services**	**102.1**	**101.9**	**102.7**
1.耐用消费品	Durable Consumer Goods	101.1	101.2	100.9
(1)家 具	Furniture	103.9	105.3	100.7
(2)家庭设备	Household Facilities	99.3	98.6	101.0
2.室内装饰品	Interior Decorations	101.2	100.1	103.4
3.床上用品	Bed Articles	102.0	100.0	106.0
4.家庭日用杂品	Daily Use Household Articles	101.6	101.5	102.0
5.家庭服务及加工维修服务	Household Services and Maintenance and Renovation	111.6	111.4	112.3
五、医疗保健和个人用品	**Health Care and Personal Articles**	**104.6**	**105.0**	**103.7**
1.医疗保健	Health Care	104.0	104.2	103.6
(1)医疗器具及用品	Medical Instrument and Articles	108.9	116.0	100.8
(2)中药材及中成药	Traditional Chinese Medicine	115.3	116.5	112.7
(3)西 药	Western Medicine	99.3	98.8	100.4
(4)保健器具及用品	Health Care Appliances and Articles	102.5	103.3	100.5
(5)医疗保健服务	Health Care Services	99.9	99.9	100.0
2.个人用品及服务	Personal Articles and Services	106.0	107.1	103.8
(1)化妆美容用品	Cosmetics	101.7	101.7	101.5
(2)清洁化妆用品	Sanitation Articles	101.4	101.4	101.4
(3)个人饰品	Personal Ornaments	109.0	110.7	106.5
(4)个人服务	Personal Services	112.3	115.4	105.7
六、交通和通信	**Transportation and Communication**	**100.0**	**99.6**	**100.9**
1.交 通	Transportation	104.6	104.6	104.6
(1)交通工具	Transportation Facility	101.6	101.2	102.1
(2)车用燃料及零配件	Fuels and Parts	109.5	109.9	108.9
(3)车辆使用及维修费	Fees for Vehicles Use and Maintenance	104.6	104.6	104.5
(4)市区公共交通费	Incity Traffic Fare	104.3	103.8	106.3
(5)城市间交通费	Intercity Traffic Fare	105.7	105.9	105.3
2.通 信	Communication	95.9	95.4	97.1
(1)通信工具	Communication Facility	83.2	80.1	89.7
(2)通信服务	Communication Service	100.0	99.9	100.1
七、娱乐教育文化用品及服务	**Recreation, Education and Culture Articles**	**100.5**	**100.4**	**100.9**
1.文娱用耐用消费品及服务	Durable Consumer Goods for Cultural and Recreational Use and Services	90.9	88.8	95.8
2.教 育	Education	101.7	101.3	102.4
(1)教材及参考书	Teaching Materials and Reference Books	100.5	100.6	100.4
(2)教育服务	Education Services	101.9	101.5	102.9
3.文化娱乐	Cultural and Recreational Articles	102.2	102.4	101.7
(1)文化娱乐用品	Cultural Articles	100.8	100.5	101.5
(2)书报杂志	Newspapers and Magazines	100.2	100.1	100.3
(3)文娱费	Expenditure on Culture and Recreation	104.4	104.8	103.0
4.旅 游	Touring and Outing	108.1	110.2	101.5
八、居 住	**Residence**	**105.5**	**105.7**	**104.9**
1.建房及装修材料	Building and Building Decoration Materials	103.8	102.6	106.3
2.住房租金	Renting	106.9	106.4	108.5
3.自有住房	Private Housing	106.5	107.5	104.2
4.水、电、燃料	Water, Electricity and Fuels	104.7	104.8	104.5

9-4 十九个市、县商品零售价格分类指数(2011年)

Retail Price Indices by Category of 19 Cities and Counties(2011)

(上年价格=100) (preceding year=100)

地区	Region	总指数 General Index	一、食品 Food	二、饮料烟酒 Beverages, Tobacco and Liquor	三、服装鞋帽 Garments, Shoes and Hats	四、纺织品 Textiles	五、家用电器及音像器材 Household Appliances, Music and Video Equipment	六、文化办公用品 Cultural and Office Appliances	七、日用品 Articles for Daily Use	八、体育娱乐用品 Sports and Recreation Articles
全　省	**Shaanxi**	**104.8**	**112.3**	**103.6**	**102.9**	**101.8**	**95.1**	**96.3**	**102.1**	**101.9**
国家调查点	**National Survey Points**									
西安市	Xi'an	104.4	111.7	105.5	103.7	97.7	93.0	93.7	102.1	102.5
宝鸡市	Baoji	105.9	113.7	106.2	97.7	114.3	96.5	97.5	101.7	103.4
汉台区	Hantai	104.3	113.7	100.9	102.6	102.8	95.7	98.1	100.0	100.5
咸阳市	Xianyan	104.4	111.6	99.0	104.2	107.1	101.1	95.3	103.8	96.5
榆阳区	Yuyang	105.2	110.3	101.2	103.4	100.1	101.2	99.7	101.5	101.0
汉滨区	Hanbin	104.3	112.2	103.5	102.5	103.4	98.2	95.7	100.4	98.7
三原县	Sanyuan	103.8	112.1	102.9	100.9	123.7	95.0	95.5	102.9	109.9
商州区	Shangzhou	103.5	109.3	101.2	99.9	108.9	95.3	102.1	100.5	100.8
省级调查点	**Provincial Survey Points**									
铜川市	Tongchuan	104.1	111.3	102.6	104.8	107.5	89.9	94.1	100.1	100.3
宝塔区	Baota	104.9	113.3	104.4	98.1	110.8	99.0	97.1	100.5	99.9
临渭区	Linwei	105.8	112.2	101.1	102.8	109.9	97.1	102.2	101.7	104.0
西乡县	Xixiang	104.9	113.0	103.8	100.3	111.7	100.6	103.9	102.3	103.3
陇　县	Longxian	105.6	112.5	101.5	102.1	123.4	95.5	98.3	108.0	102.6
洛南县	Luonan	105.6	113.7	103.3	104.6	106.1	93.9	100.4	101.7	101.8
蒲城县	Puchneng	105.7	111.7	101.5	100.6	105.3	99.6	98.2	102.1	100.0
户　县	Huxian	105.3	110.7	101.3	103.9	105.8	101.4	101.3	101.2	100.2
绥德县	Suide	106.0	112.7	100.2	99.9	113.3	101.0	100.0	101.1	99.7
华阴市	Huayin	104.4	111.3	102.4	103.3	101.9	100.9	98.4	101.3	100.0
略阳县	Lueyang	105.0	113.8	102.7	100.7	104.6	96.9	98.2	102.6	100.3

9-4 续表 continued

(上年价格=100) (preceding year=100)

地区	Region	九、交通通信用品 Transportation and Communication Appliances	十、家具 Furniture	十一、化妆品 Cosmetics	十二、金银珠宝 Gold, Silver and Jewelry	十三、中西药品及医疗保健用品 Traditional Chinese and Western Medicines and Health	十四、书报杂志及电子出版物 Books, Newspapers, Magazines and Electronic Publications	十五、燃料 Fuels	十六、建筑材料及五金电料 Building Materials and Hardware
全　省	**Shaanxi**	**92.4**	**105.1**	**101.5**	**114.6**	**105.7**	**99.6**	**111.7**	**105.4**
国家调查点	**National Survey Points**								
西安市	Xi'an	91.3	108.3	101.6	112.4	105.0	99.2	112.3	104.9
宝鸡市	Baoji	92.7	104.7	103.0	116.5	111.2	101.8	113.6	106.7
汉台区	Hantai	93.4	106.1	100.4	111.3	98.4	101.2	106.3	104.3
咸阳市	Xianyan	99.8	85.5	99.6	105.6	98.9	94.0	111.5	103.8
榆阳区	Yuyang	98.7	100.3	104.0	125.5	104.0	103.0	109.8	105.4
汉滨区	Hanbin	91.7	99.7	100.9	127.9	99.3	99.7	109.0	106.3
三原县	Sanyuan	76.3	97.6	104.4	118.3	107.5	96.6	112.8	106.6
商州区	Shangzhou	90.8	100.1	100.5	120.5	108.3	100.0	106.2	104.8
省级调查点	**Provincial Survey Points**								
铜川市	Tongchuan	92.4	98.5	100.8	116.7	106.5	99.3	113.7	102.8
宝塔区	Baota	95.9	93.7	101.3	110.9	104.7	99.4	108.6	106.1
临渭区	Linwei	98.8	100.0	103.0	113.1	106.1	100.8	111.2	107.2
西乡县	Xixiang	88.1	106.2	95.3	112.1	104.5	98.1	110.3	105.0
陇　县	Longxian	91.0	96.5	97.0	114.4	109.2	99.6	112.9	104.2
洛南县	Luonan	88.7	103.2	100.3	121.4	104.1	100.0	109.9	109.0
蒲城县	Puchneng	102.0	101.3	100.0	119.1	105.3	100.0	113.2	102.7
户　县	Huxian	96.8	101.9	101.8	115.7	103.2	100.8	111.4	107.1
绥德县	Suide	99.0	100.9	102.2	112.1	107.1	102.6	110.1	107.2
华阴市	Huayin	89.9	104.0	102.8	124.7	100.9	100.7	111.8	102.9
略阳县	Lueyang	94.1	100.4	103.2	122.4	102.1	99.8	110.8	102.4

9-5 十九个市、县居民消费价格分类指数(2011年)
Consumer Price Indices by Category and Region of 19 Cities and Counties(2011)

(上年价格=100) (preceding year=100)

地　区	Region	总指数 General Index	一、食品 Food	二、烟酒及用品 Tobacco, Liquor and Articles	三、衣着 Clothing	四、家庭设备用品及维修服务 Household Facilities, Articles and Services	五、医疗保健和个人用品 Health Care and Personal Articles	六、交通和通讯 Transportation and Communication	七、娱乐教育文化用品及服务 Recreation, Education and Culture Articles	八、居住 Residence
全　省	**Shaanxi**	**105.7**	**111.9**	**102.3**	**103.2**	**102.1**	**104.6**	**100.0**	**100.5**	**105.5**
国家调查点	**National Survey Points**									
西安市	Xi'an	105.6	111.3	103.0	104.0	101.8	105.3	100.3	101.0	105.1
宝鸡市	Baoji	105.9	112.6	101.8	99.4	104.5	106.3	98.5	100.9	106.3
汉台区	Hantai	105.6	113.3	100.1	102.6	100.8	99.7	98.9	100.6	106.9
咸阳市	Xianyan	105.4	112.4	99.6	105.5	99.9	100.4	100.7	100.4	105.1
榆阳区	Yuyang	105.6	111.0	100.3	103.5	101.7	103.4	100.5	100.9	106.4
汉滨区	Hanbin	105.7	111.9	104.8	103.1	101.6	101.8	99.2	105.2	103.8
三原县	Sanyuan	106.1	112.3	102.3	101.5	103.1	105.4	101.3	100.7	106.1
商州区	Shangzhou	104.7	108.9	100.5	102.3	99.8	105.1	100.7	99.3	106.5
省级调查点	**Provincial Survey Points**									
铜川市	Tongchuan	104.9	110.9	103.1	105.0	99.7	104.6	95.2	101.7	104.2
宝塔区	Baota	105.4	113.1	103.2	98.5	99.9	103.5	98.8	105.6	102.4
临渭区	Linwei	105.2	111.5	101.0	103.2	103.1	104.0	102.3	99.4	103.0
西乡县	Xixiang	105.8	113.3	102.7	100.7	106.0	104.6	100.8	99.4	103.7
陇　县	Longxian	106.5	111.2	101.1	103.1	107.0	107.2	99.8	100.6	108.2
洛南县	Luonan	105.9	113.5	101.6	105.0	101.7	102.8	99.5	100.0	103.7
蒲城县	Puchneng	105.4	111.9	101.6	101.9	101.1	103.4	103.0	99.4	104.3
户　县	Huxian	105.7	111.7	101.5	104.3	103.9	102.6	101.8	100.2	104.9
绥德县	Suide	105.9	112.6	100.4	99.8	107.4	104.5	102.4	99.6	104.8
华阴市	Huayin	105.2	111.2	100.4	103.6	102.7	102.7	101.7	101.4	103.2
略阳县	Lueyang	105.7	113.1	101.9	100.8	101.2	103.5	101.3	101.4	103.9

9-6 农业生产资料价格指数
Price Indices for Means of Agricultural Production

(上年价格=100)

类　别	Item	2010	2011
总指数	**General Index**	**105.3**	**110.3**
一、农用手工工具	Farm Handtools	103.1	103.4
二、饲　料	Forage	108.9	104.8
混合饲料	Mixed Forage	106.4	105.3
其　他	Others	112.2	103.9
三、产品畜	Commodity Animals	100.4	143.2
幼禽家畜	Poultry and Livestock	100.4	143.2
四、半机械化农具	Semi-mechanized Farm Tools	98.9	102.6
五、机械化农具	Mechanized Farm Machinery	100.0	104.7
农用机械	Farm Machinery	100.0	104.7
六、化学肥料	Chemical Fertilizer	108.2	112.2
氮　肥	Nitrogenous Fertilizer	114.9	113.8
磷　肥	Phosphate Fertilizer	99.7	106.7
钾　肥	Potash Fertilizer	95.9	113.8
复合肥料	Compound Fertilizer	94.6	112.5
七、农药及农药械	Pesticide and Its Appliances	100.7	101.6
化学农药	Chemical Pesticide	100.5	100.6
杀虫剂	Insecticide	100.1	101.0
杀菌剂	Bactericide	101.1	101.0
除草剂	Herbicide	101.0	98.6
农药器械	Appliances for Pesticide	102.3	107.2
八、农用机油	Oil for Farm Machinery	107.8	108.9
九、其他农业生产资料	Other Means of Agricultural Production	105.8	109.8
农用种子	Seeds for Farming	108.9	113.2
其　他	Others	102.0	104.8
农用薄膜	Pellicle for Farming	103.3	105.8
其　他	Others	99.1	102.1
十、农业生产服务	Service for Agricultural Production	104.6	112.6
排灌费	Expenditure of Irrigation and Drainage	102.6	104.8
机械作业费	Expenditure of Mechanical Operations	108.1	109.5
农业用电	Agricultural Electricity		100.2
农业用工	Agricultural Labor		120.1

9-7 工业生产者出厂价格指数
Producer Price Index for Industrial Products

(上年价格=100)

类　别	Item	2010	2011
总指数	**General Index**	**108.7**	**107.2**
按轻重工业分	Grouped by Light & Heavy Industries		
轻工业	Light Industry	102.2	105.3
以农产品为原料	Agricultural Products as Raw Materials	103.5	105.9
以非农产品为原料	Non-agricultural Products as Raw Materials	100.2	102.5
重工业	Heavy Industry	109.9	107.5
采掘工业	Mining & Quarrying Industry	111.1	111.2
原料工业	Raw Materials Industry	114.0	111.7
加工工业	Processing Industry	101.9	101.9
按用途分	Grouped by Use		
生产资料	Means of Production	109.5	107.7
采掘工业	Mining & Quarrying Industry	111.2	111.2
原料工业	Raw Materials Industry	114.0	111.7
加工工业	Processing Industry	101.9	102.2
生活资料	Consumer Goods	102.2	104.1
食　品	Food	102.4	105.9
衣　着	Clothing	102.6	112.9
一般工业品	Articles for Daily Use	100.8	103.4
耐用消费品	Durable Consumer Goods	101.9	98.7
按工业部门分	By Department of Industry		
1.冶金工业	Metallurgical Industry	116.1	109.4
2.电力工业	Power Industry	103.0	103.7
3.煤炭及炼焦工业	Coal and Coking Industry	111.6	110.3
4.石油工业	Petroleum Industry	114.6	114.2
5.化学工业	Chemical Industry	104.0	109.2
6.机械工业	Machine Industry	101.3	99.7
7.建筑材料工业	Building Materials Industry	98.4	99.9
8.森林工业	Forestry Industry	101.8	102.8
9.食品工业	Food Industry	102.5	106.0
10.纺织工业	Textile Industry	114.0	107.3
11.缝纫工业	Tailoring Industry	102.6	114.3
12.皮革工业	Leather Industry	99.7	96.7
13.造纸工业	Paper Making Industry	100.6	100.2
14.文教艺术用品工业	Cultural, Education & Handicrafts Article	100.8	99.8
15.其它工业	Other Industry	99.8	106.0

9-8 工业生产者购进价格指数
Purchasing Price Index for Industrial Products

(上年价格=100) (preceding year=100)

类　别	Item	2010	2011
总指数	**General Index**	**109.7**	**109.6**
一、燃料、动力类	Fuels	111.9	114.2
二、黑色金属材料类	Ferrous Metal Materials	105.5	107.1
钢　材	Steel	104.6	106.0
其　它	Others	107.2	109.0
三、有色金属材料类和电线类	Non-ferrous Metals	117.3	109.3
四、化工原材料类	Chemical Raw Materials	107.8	109.0
五、木材及纸浆类	Timber and Paper Pulp	103.4	105.1
六、建筑材料类及非金属矿类	Building Materials and Non-metal Mineral	95.3	100.1
七、其它工业原材料及半成品	Other Industrial Raw Materials and Half-products	103.6	103.3
八、农副产品类	Farm Products	109.4	109.8
九、纺织原材料类	Textile Raw Materials	109.9	107.7

9-9 固定资产投资价格指数
Price Index of Investment in Fixed Assets

(上年价格=100) (preceding year=100)

类　别	Item	2010	2011
总指数	**General Index**	**103.6**	**105.9**
一、建筑安装工程	Construction and Installation	105.3	107.9
1.材料费	Material	104.6	106.2
钢　材	Steel	105.4	108.5
木　材	Timber	103.7	103.0
水　泥	Cement	102.4	100.4
地方材料	Local Construction Material	104.5	105.7
化工材料	Chemical Material	107.4	105.3
电　料	Electric Material	103.6	103.5
其它材料	Others	103.9	104.9
2.人工费	Labour	111.2	113.1
3.机械使用费	Machinery	102.3	106.0
二、设备工器具购置	Purchase of Equipment,Tools and Instruments	100.4	100.8
三、其它费用	Others	100.8	102.8

9-10 农产品生产价格指数
Producers' Price Indices for Farm Products

(上年价格=100) (preceding year=100)

类　别	Item	2010	2011
总指数	**General Index**	**121.7**	**113.8**
一、农业产品	Planting Products	126.1	108.0
#小　麦	Wheat	111.1	102.4
玉　米	Corn	126.9	106.3
油　料	Oil-bearing Crops	107.7	108.7
水　果	Fruit	129.8	112.0
二、林业产品	Forestry Products	133.8	107.5
三、饲养动物及其产品	Animal Feeding and Products	110.4	128.6
#活　猪	Live pigs	96.6	141.7
鸡　蛋	Eggs	108.4	121.9
四、渔业产品	Fishery Products	121.2	99.0

9-11 房地产价格指数
Price Index of Real Estate

(上年价格=100) (preceding year=100)

类　别	Item	2011
土地交易价格指数	**Price Index of Land Deal**	**108.6**
居住用地	Land of Residential Buildings	108.6
1.经济适用房	Economical Houses	103.8
2.商品住宅	Commercial Residential Buildings	108.5
普通住宅	Ordinary Residential Building	108.8
高档住宅	Magnificent Residential Buildings	101.7
工业用地	Land of Industry	110.6
商业营业用地	Land of Commerce	109.1
其他用地	Other Land	102.7
房屋租赁价格指数	**Price Index of Renting Houses**	**104.4**
1.经济适用房	Economical Houses	100.0
2.廉租房	Lower-rent Houses	110.7
3.商品住宅	Commercial Residential Buildings	104.2
普通住宅	Ordinary Residential Building	104.3
高档住宅	Magnificent Residential Buildings	104.4
物业管理指数	**Price Index of Estate Management Fee**	**100.3**
1.经济适用房	Economical Houses	100.0
2.商品住宅	Commercial Residential Buildings	100.4
普通住宅	Ordinary Residential Building	100.4
高档住宅	Magnificent Residential Buildings	100.0
新建住宅销售价格指数	**Sales Price Index of New Residential Buildings**	**104.9**
保障性住房	Indemnificatory Housing	102.4
新建商品住宅	New Commercialized Residential Buildings	105.1
1.90平方米以下	Less Than 90 Sq.m	107.5
2.90－144平方米	90-144 Sq.m	105.1
3.144平方米以上	144 Sq.m and more	101.8
二手住宅销售价格指数	**Sales Price Index of Second-hand House**	**110.8**
1.90平方米以下	Less Than 90 Sq.m	112.7
2.90－144平方米	90-144 Sq.m	110.6
3.144平方米以上	144 Sq.m and more	103.4

主要统计指标解释

居民消费价格指数 是反映一定时期内城乡居民所购买的生活消费品价格和服务项目价格变动趋势和程度的相对数，是对城市居民消费价格指数和农村居民消费价格指数进行综合汇总计算的结果。该指数可以观察和分析消费品的零售价格和服务项目价格变动对城乡居民实际生活费支出的影响程度。

城市居民消费价格指数 是反映一定时期内城市居民家庭所购买的生活消费品价格和服务项目价格变动趋势和程度的相对数。该指数可以观察和分析消费品的零售价格和服务项目价格变动对城镇职工货币工资的影响，作为研究职工生活和确定工资政策的依据。

农村居民消费价格指数 是反映一定时期内农村居民家庭所购买的生活消费品价格和服务项目价格变动趋势和程度的相对数。该指数可以观察农村消费品的零售价格和服务项目价格变动对农村居民生活消费支出的影响，直接反映农村居民生活水平的实际变化情况，为分析和研究农村居民生活问题提供依据。

商品零售价格指数 是反映一定时期内城乡商品零售价格变动趋势和程度的相对数。商品零售价格的变动直接影响到城乡居民的生活支出和国家的财政收入，影响居民购买力和市场供需的平衡，影响到消费与积累的比例关系。因此，该指数可以从一个侧面对上述经济活动进行观察和分析。

农业生产资料价格指数 指反映一定时期内农业生产资料价格变动趋势和程度的相对数。其编制目的是了解农业生产中物质资料投入价格的变动状况，服务于国民经济核算。1994 年以前，农业生产资料价格指数仅仅是商品零售价格指数的一个类别，此后，从商品零售价格指数中分离出来，单独编制。

农产品生产价格指数 是反映一定时期内，农产品生产者出售农产品价格水平变动趋势及幅度的相对数。该指数可以客观反映全国农产品生产价格水平和结构变动情况，满足农业与国民经济核算需要。其中某代表品生产价格指数是通过对全部有出售该产品行为的调查单位的个体指数进行几何平均求得的，类价格指数是通过对其所属的类（或代表品）的价格指数进行加权平均求得的。季度累计价格指数的计算方法与分季指数的计算方法相同。

工业生产者价格 包括工业企业产品第一次出售时的出厂价格和企业作为中间投入的原材料、燃料、动力购进价格（简称工业生产者购进价格）。

工业生产者出厂价格指数 是反映一定时期内全部工业产品出厂价格总水平的变动趋势和程度的相对数，包括工业企业销售给本企业以外所有单位的各种产品和直接售给居民用于生活消费的产品。该指数可以观察出厂价格变动对工业总产值及增加值的影响。

工业生产者购进价格指数 是反映工业企业作为生产投入，而从物资交易市场和能源、原材料生产企业购买原材料、燃料和动力产品时，所支付的价格水平变动趋势和程度的统计指标，是扣除工业企业物质消耗成本中的价格变动影响的重要依据。

固定资产投资价格指数 是反映一定时期内固定资产投资品及取费项目的价格变动趋势和程度的相对数。固定资产投资额是由建筑安装工程投资完成额、设备工器具购置投资完成额和其他费用投资完成额三部分组成的。编制固定资产投资价格指数应首先分别编制上述三部分投资的价格指数，然后采用加权算术平均法求出固定资产投资价格总指数。

该指数可以准确地反映固定资产投资中涉及的各类投资品和取费项目价格变动趋势和变动幅度，消除按现价计算的固定资产投资指标中的价格变动因素，真实地反映固定资产投资的规模、速度、结构和效益，为国家科学地制定、检查固定资产投资计划并提高宏观调控水平，为完善国民经济核算体系提供科学的、可靠的依据。

房地产价格指数 是反映一定时期内房地产价格变动趋势和程度的相对数，包括房屋销售价格指数、房屋租赁价格指数、土地交易价格指数和物业管理价格指数。这四套指数的计算方法相似，均采用超级汇总的方法。

Explanatory Notes on Main Statistical Indicators

Consumer Price Indices reflect the trend and degree of changes in prices of consumer goods and services purchased by urban and rural households during a given period. They are obtained by combining Consumer Price Indices of Urban Household and Consumer Price Indices of Rural Household. The Indices enable the observation and analysis of the degree of impact of the changes in the prices of retailed goods and services on the actual living expenses of urban and rural residents.

Consumer Price Indices of Urban Household reflect the trend and degree of changes in prices of consumer goods and services purchased by urban households during a given period. It can be used to observe and analyze the impact of price changes in consumer goods and services on wages (in monetary terms) of urban staff and workers, and provide a basis for research on the livelihood of staff and workers and policy-making concerning wages.

Consumer Price Indices of Rural Household reflect the trend and degree of changes in prices of consumer goods and services purchased by rural households during a given period. It can be used to observe the impact of change in retail prices of consumer goods and service prices in rural areas on living expenditure of rural households, and to show the changes in the living standard of rural households. It provides a basis for analysis and research on the condition of life in rural areas.

Retail Price Indices reflect the trend and degree of change in retail prices of commodities during a given period. The change in retail prices of commodities directly affect the living expenses of urban and rural residents, government revenue, purchasing power of residents and the equilibrium of market supply and demand, and the ratio of consumption to accumulation. Therefore, the retail price indices are useful from an oblique perspective for observing and analyzing the changes of the above economic activities.

Price Indices for Means of Agricultural Production reflect the trend and degree of changes in the prices of the means of agricultural production during a given period. Compilation of these indices helps to understand the changes in prices of input into agricultural production and facilitate the compilation of national accounts statistics. Before 1994, price indices for means of agricultural production were a sub-category in the retail price indices for commodities, and it has been compiled separately since 1994.

Producer Prices Indices for Farm Products reflect the trend and degree of changes in producers' prices received by farmers when they sell farm products during a given period. These indices depict the change in the level and structure of producer prices for farm products of the country and meet the needs of agricultural statistics and national accounts statistics. The producer price index for a given product is calculated as the geometrical mean of individual indices for all surveyed units which sell such product, and the indices for a product category is obtained as the weighted mean of price indices for all products in the category. Method for calculating accumulative quarterly indices is the same as for calculating the individual quarterly indices.

Industrial Producer Price includes the ex-factory price when the products were first sold and the purchasing price of raw materials, fuel and power as intermediate input by enterprises(short for Industrial Producer Price).

Ex-factory Price Indices of Industrial Producer are to reflect ex-factory general price leverl of all industrial products in a given period the number of fluctuant trend and degree, including products sold to other units by industrial enterprises and products sold to residents for living. The index shows that ex-factory price changes influence on gross industrial output value and value-added.

Purchase price Indices of Industrial Producer are the statistical Indices to reflect the fluctuant trend and degree of the price as production inputs by industrial enterprises, which are paid for raw materials, fuel and power products, purchasing from material trading market and energy and raw materials production enterprises. It's the important basis of subtracting effects from price changes of industrial enterprises material cost.

Price Indices for Real Estate reflect the trend and degree of changes in prices of real estate during a given period, including sale price indices for houses, price indices for renting houses, price indices for land transactions and price indices for management of properties. The methods for the compilation of these four sets of indices are similar in that they all use the super-collecting approach.

十、人民生活

People's Livelihood

资料整理：李晓利　于秋白　何晓红　董文佳　孙士梅

简要说明

一、本篇资料反映陕西城乡居民生活状况，分为城镇居民生活和农村居民生活两部分。

二、本篇资料来源:

全省城镇居民和农村居民生活状况数据来源于国家统计局陕西调查总队城镇住户抽样调查和农村住户抽样调查，主要内容包括家庭人口、家庭现金收支、主要商品购买数量及支出金额、劳动就业状况、居住状况和耐用消费品拥有量等。

各市（区）城乡居民收入及县（市、区）城乡居民收入由省统计局地方经济调查中心调查统计。

Brief Introduction

Ⅰ. This chapter reflects the people's living conditions in Shaanxi, consisting of two parts, on the life of urban and rural households respectively.

Ⅱ. Sources of Data:

The data on the livelihood of urban residents are obtained from sample surveys on urban households conducted by the Division of Urban Household Survey under Shaanxi Survey Office of the National Bureau of Statistics. The main content of the surveys includes household composition, cash income and expenditure of households, purchases of and expenditures on major commodities, employment of household members, housing conditions and possession of durable consumer goods, etc.

The incomes of both urban and rural residents of cities(districts) and counties(cities, districts) are collected by the local economic survey center of the Statistic Bureau of Shaanxi Province.

10.人民生活

2011 年全省				
农村居民人均纯收入	5028	元	比上年增长	22.5%
农民人均生活消费支出	4496	元	比上年增长	18.5%
城镇居民人均可支配收入	18245	元	比上年增长	16.2%
城镇居民人均消费支出	13783	元	比上年增长	16.6%
城乡居民年末人均储蓄存款	24447	元	比上年增长	15.0%

城乡居民收入(元)

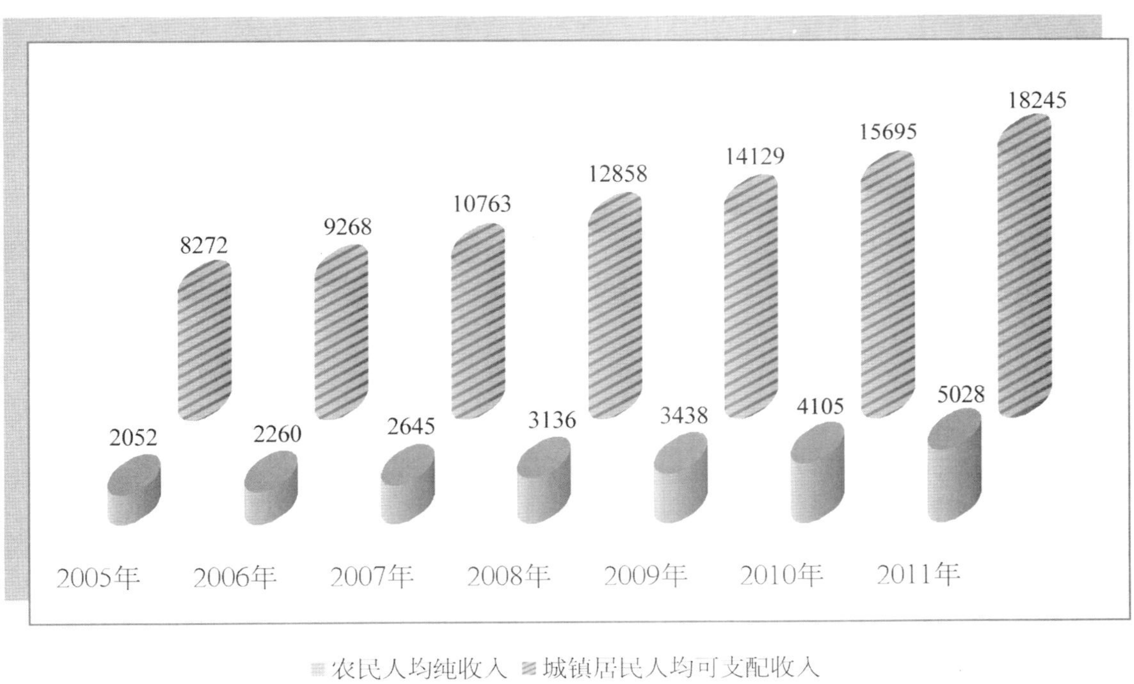

10-1 人民生活基本情况
Basic Statistics on People's Living Conditions

指　　标	Item	2009	2010	2011
一、就　业	**Employment**			
城镇居民家庭每户就业人口 (人)	Average Number of Employed Persons per Urban Household (person)	1.4	1.5	1.5
农村居民家庭每户整、半劳动力 (人)	Average Number of Full/Semi Laborer per Rural Household (person)	2.9	2.9	2.8
每一农村劳动力负担人数 (人)	Number of Dependents per Laborer of Rural Household (person)	1.5	1.4	1.4
每一城镇就业者负担人数 (人)	Number of Dependents per Employee of Urban Household (person)	2.0	1.9	1.9
城镇登记失业率 (%)	Registered Urban Unemployment Rate (%)	3.94	3.85	3.59
二、收入与支出	**Income and Expenditure**			
城镇居民人均可支配收入 (元)	Annual Per Capita Disposable Income of Urban Households (yuan)	14129	15695	18245
农村居民人均纯收入 (元)	Annual Per Capita Net Income of Rural Households (yuan)	3438	4105	5028
城镇居民人均消费支出 (元)	Annual Per Capita Consumption Expenditure of Urban Households (yuan)	10706	11822	13783
农村居民人均生活消费支出 (元)	Annual Per Capita Living Expenditure of Rural Households (yuan)	3349	3794	4496
三、储　蓄	**Savings**			
年末储蓄存款余额 (亿元)	Urban and Rural Household Saving Deposit (100 million yuan)	6732.03	7941.81	9149.70
平均每人储蓄存款余额 (元)	Per Capita Balance of Saving Deposit (yuan)	18063	21263	24447
四、生活质量	**Life Quality**			
居民家庭恩格尔系数 (%)	Household's Engel's Coefficient (%)			
城　镇	Urban	37.3	37.1	36.6
农　村	Rural	35.1	34.2	30.0
居住条件	Residence Condition			
城镇居民人均住房使用面积 (平方米)	Per Capita Building Space in Urban Areas (sq.m)	21.0	21.0	22.0
农村人均住房面积 (平方米)	Per Capita Living Space in Rural Areas (sq.m)	30.4	31.7	37.2
通讯条件	Communication Condition			
平均每百人拥有固定电话数 (部)	Telephone Popularization Rate (set/100 persons)	21.87	20.93	20.72
平均每百人拥有移动电话数 (部)	Popularization Rate of Mobile Telephone (set/100 persons)	62.71	67.42	77.67

10-1 续表 continued

指　　标	Item	2009	2010	2011
交通状况	Traffic Condition			
城市人均拥有道路面积 (平方米)	Per Capita Area of Paved Roads in City (sq.m)	12.86	13.38	13.72
城镇每百户拥有汽车 (辆)	Number of Automobile Per 100 Urban Households (unit)	5.72	7.07	12.22
农村每百户拥有摩托车 (辆)	Number of Motor Cycles Per 100 Rural Households (unit)	47.34	49.68	54.77
城市公用设施普及占有率	City Public Utility Rate			
城市平均每人每天生活用水量(升)	Urban Domestic Water Consumption per Person per Day (liter)	165	166	163
用水普及率 (%)	Coverage Rate of Population with Access to Tap Water(%)	98.06	99.39	95.72
燃气普及率 (%)	Coverage Rate of Population with Access to Gas (%)	89.64	90.39	92.09
人均公园绿地面积 (平方米)	Per Capita Area of Parks and Green Land (sq.m)	9.34	10.67	11.41
五、文　化	**Culture**			
广播人口覆盖率 (%)	Radio Coverage Rate of the Population (%)	96.32	96.71	97.02
电视人口覆盖率 (%)	TV Coverage Rate of the Population (%)	97.51	97.70	97.87
每百户彩色电视机拥有量 (台)	Number of Color TV per 100 Households (set)			
城　镇	Urban	125	124	120
农　村	Rural	104	109	112
每百户家用电脑拥有量 (台)	Number of Computer per 100 Households (set)			
城　镇	Urban	62.3	68.1	82.4
农　村	Rural	4.6	6.7	16.6
每百人每天拥有报纸 (份)	Every hundred People a Day with Newspapers (copy)	4.8	4.6	4.9
每人每年拥有图书杂志 (册)	Everyone has Books and Magazines Each Year (cpoy)	7.0	7.3	6.5
居民家庭文教娱乐支出比重 (%)	Percentage of Household Expenditure on Education, Culture and Entertainment (%)			
城　镇	Urban	13.4	13.5	13.5
农　村	Rural	11.4	10.5	9.0
六、教　育	**Education**			
每万人口在校大学生数 (人)	Number of University Students per 10 000 People (person)	240	248	254
七、卫　生	**Health Care**			
每万人口医院床位数 (张)	Number of Beds of Hospitals per 10 000 Population (bed)	35	37	39
每万人口医生数 (人)	Number of Doctors per 10 000 Population (person)	16	17	18
居民家庭医疗保健支出比重 (%)	Percentage of Resident Expenditure on Health Care (%)			
城　镇	Urban	8.1	7.9	8.0
农　村	Rural	9.8	9.9	11.9

10-2 城乡居民人均收入及恩格尔系数
Per Capita Annual Income and Engel's Coefficient of Urban and Rural Households

年份 Year	农村居民家庭人均纯收入 Per Capita Annual Net Income of Rural Households		城镇居民家庭人均可支配收入 Per Capita Annual Disposable Income of Urban Households		农村居民家庭恩格尔系数(%) Engel's Coefficient of Rural Households (%)	城镇居民家庭恩格尔系数(%) Engel's Coefficient of Urban Households (%)
	绝对数(元) Value (yuan)	指数(1978年=100) Index	绝对数(元) Value (yuan)	指数(1978年=100) Index		
1978	134	100.0	310	100.0	59.0	
1979	150	111.0			59.8	
1980	142	102.8	407	122.8	59.8	
1981	177	126.1	427	124.4	62.0	53.0
1982	218	153.4	452	130.5	62.8	54.8
1983	236	164.8	488	138.7	60.1	55.0
1984	263	179.5	552	151.7	60.4	54.5
1985	295	191.4	650	166.0	57.4	48.9
1986	299	185.3	814	195.1	55.8	49.6
1987	329	192.5	905	198.6	55.4	51.0
1988	404	205.3	1040	190.1	52.3	46.7
1989	434	184.1	1239	192.5	51.9	50.5
1990	530	191.9	1369	207.3	58.5	51.9
1991	534	184.7	1498	211.5	55.8	50.9
1992	559	181.4	1705	216.5	58.4	51.6
1993	653	192.6	2102	234.1	57.1	47.9
1994	805	187.4	2684	233.1	60.1	47.5
1995	963	186.2	3310	243.6	59.3	47.2
1996	1165	204.8	3810	254.2	56.8	45.5
1997	1285	209.6	4001	253.8	52.8	43.0
1998	1406	237.1	4220	274.0	50.0	41.1
1999	1456	252.7	4654	310.8	47.6	37.3
2000	1470	261.0	5124	341.2	43.5	35.8
2001	1520	264.3	5484	364.8	41.9	34.3
2002	1596	276.5	6331	428.9	37.9	34.1
2003	1676	282.6	6806	457.4	39.3	34.6
2004	1867	300.4	7492	488.9	42.4	35.9
2005	2052	321.1	8272	534.9	42.9	36.1
2006	2260	346.5	9268	586.9	39.0	34.3
2007	2645	381.1	10763	648.5	36.8	36.4
2008	3136	421.5	12858	729.6	37.4	36.7
2009	3438	460.3	14129	801.8	35.1	37.3
2010	4105	515.5	15695	858.7	34.2	37.1
2011	5028	589.3	18245	944.6	30.0	36.6

注：本表绝对数按当年价格计算，指数按可比价格计算。

a) Level data in this table are calculated at current prices while indices at constant prices.

10-3 各市(区)城乡居民人均收入
Per Capita Income in Urban and Rural Households by City(District)

单位：元 (yuan)

地 区	Region	城镇居民人均可支配收入 Per Capita Annual Disposable Income of Urban Households			农村居民人均纯收入 Per Capita Annual Net Income of Rural Households		
		2010	2011	2011年比2010年增长% Increase of 2011 over 2010 (%)	2010	2011	2011年比2010年增长% Increase of 2011 over 2010 (%)
西安市	Xi'an	22244	25981	16.8	7750	9788	26.3
铜川市	Tongchuan	15884	18775	18.2	4789	6077	26.9
宝鸡市	Baoji	18978	22337	17.7	5040	6340	25.8
咸阳市	Xianyang	18914	22224	17.5	5056	6401	26.6
渭南市	Weinan	15918	18768	17.9	4372	5571	27.4
延安市	Yan'an	17880	21188	18.5	5173	6565	26.9
汉中市	Hanzhong	14509	17019	17.3	4183	5283	26.3
榆林市	Yulin	17545	20721	18.1	5113	6520	27.5
安康市	Ankang	14642	17365	18.6	3976	5009	26.0
商洛市	Shangluo	14811	17344	17.1	3605	4586	27.2
杨凌示范区	Yangling	22297	25999	16.6	7128	9110	27.8

10-4 城乡居民储蓄存款余额
Savings Deposit of Urban and Rural Households at Year-end

年 份 Year	城乡居民年末储蓄存款余额(亿元) Savings Deposit of Urban and Rural Households (100 million yuan)	定 期 Time Deposits	活 期 Demand Deposits	城乡居民年末人均储蓄存款余额(元) Per Capita Balance of Saving Deposit (yuan)
1978	7.79			28
1980	13.51			48
1985	44.77	35.45	9.32	149
1990	204.57	170.02	34.55	617
1995	734.04	590.11	143.93	2089
1996	942.21	751.85	190.36	2659
1997	1090.43	250.70	839.73	3054
1998	1241.63	320.46	921.17	3453
1999	1371.88	344.92	1026.96	3792
2000	1522.53	1101.50	421.03	4178
2001	1768.47	1254.87	513.60	4841
2002	2107.83	1460.26	647.57	5756
2003	2519.93	1749.76	770.17	6863
2004	2948.34	2070.47	877.87	8010
2005	3533.97	2434.18	1099.79	9577
2006	4067.57	2695.41	1372.16	10996
2007	4273.59	2649.94	1623.65	11525
2008	5485.24	3380.08	2105.16	14753
2009	6732.03	4011.40	2720.63	18063
2010	7941.81	4475.28	3466.53	21263
2011	9149.70			24447

10-5 城镇居民家庭基本情况
Basic Conditions of Urban Households

指　　标	Item	2009	2010	2011
一、调查户数 (户)	Number of Households Surveyed (household)	1500	1500	1500
二、平均每户家庭人口数 (人)	Average Household Size (person)	2.89	2.84	2.88
三、平均每户就业人口数 (人)	Average Number of Employed Persons Per Household (person)	1.44	1.46	1.50
四、平均每一就业者负担人数 (人)	Number of Dependents per Employee (person)	2.01	1.95	1.92
五、平均每户就业面 (%)	Proportion of Employment per Household (%)	49.83	51.41	52.08
六、平均每人每月可支配收入 (元)	Per Capita Per Month Annual Disposable Income (yuan)	1177.40	1307.93	1520.44
七、按每人每月可支配收入分组户数占总户数的比例 (%)	Percentage of Households Grouped by Per Capita Annual Per Month Disposable Income (%)	100	100	100
200元及以下	Less Than 200 Yuan	1.58	1.15	1.27
200—400元	200-400 Yuan	6.38	4.58	2.44
400—600元	400-600 yuan	12.62	9.66	5.80
600—800元	600-800 yuan	15.37	10.87	8.90
800—1000元	800-1000 yuan	14.81	13.39	11.26
1000—1500元	1000-1500 yuan	25.53	29.14	27.57
1500—2000元	1500-2000 yuan	12.04	14.26	19.58
2000—2500元	2000-3000 yuan	5.26	6.00	9.84
2500—3000元	2500-3000 yuan	2.80	3.58	5.18
3000—4000元	3000-4000 yuan	2.06	2.23	3.26
4000—5000元	4000-5000 yuan	0.85	1.02	0.89
5000元以上	5000 yuan and over	0.70	0.69	0.91
八、平均每人每月消费性支出 (元)	Per Capita Per Month Annual Consumption Expenditure (yuan)	892.14	985.16	1148.56
九、平均每人住房使用面积(平方米)	Per Capita Annual Housing Area (sq.m)	20.95	21.04	22.00

10-6 城镇居民家庭人均现金收入
Per Capita Cash Income of Urban Households

单位：元 (yuan)

指　　标	Item	2009	2010	2011
现金收入	**Cash Income**	**18868.15**	**21019.95**	**25227.66**
一、家庭总收入	Total Income	15311.29	17064.71	20069.87
# 可支配收入	Disposable Income	14128.76	15695.21	18245.23
(一)工资性收入	Wages Income	10775.37	12078.35	14051.28
1.工资及补贴收入	Wage and Subsidy Income	10636.88	11947.14	13860.76
2.其它劳动收入	Other Labor Income	138.49	131.21	190.52
(二)经营净收入	Net Income from Business	544.30	573.19	771.75
(三)财产性收入	Property Income	152.30	187.39	214.18
1.利息收入	Interest	33.88	32.46	46.62
2.股息与红利收入	Dividend and Bonus	7.13	20.07	14.82
3.保险收益	Insurance Profits	3.09	5.03	3.22
4.其它投资收入	Other Investment Income	0.16	0.34	6.38
5.出租房屋收入	Income from Renting House	107.24	128.90	139.65
6.知识产权收入	Income From Intellectual Property Right			
7.其它财产性收入	Other Property Income	0.81	0.59	3.50
(四)转移性收入	Transfer Income	3839.30	4225.78	5032.65
1.养老金或离退休金	Pension for Old-age for Retired Persons	3235.77	3615.37	4269.56
2.社会救济收入	Social Relief	58.41	61.52	63.51
3.辞退金	Dismissal Income	10.77	4.69	
4.赔偿收入	Income from Compensation	1.27	0.01	0.67
5.保险收入	Income from Insurance	14.07	9.95	10.70
6.赡养收入	Supporting Income	167.96	175.62	147.25
7.捐赠收入	Giving Income	217.88	181.11	308.02
8.提取住房公积金	Withdraw Housing Collective Accumulation Fund	18.98	21.88	33.58
9.记帐补贴	Account Subsidy	90.92	107.91	109.18
10.其它转移性收入	Other Transfer Income	23.27	47.73	90.17
二、出售财物收入	Income from Selling Belongings	4.47	140.01	6.39
1.出售住房收入	Income from Selling House		135.60	0.34
2.出售其它物品收入	Income from Selling Other Goods	4.47	4.41	6.05
三、借贷收入	Loan Income	3552.39	3815.23	5151.40
1.提取储蓄存款	Withdraw Saving Deposit	2927.34	3453.99	4793.33
2.借入款	Cash Borrowed	416.70	235.35	128.99
3.收回借出款	Paid-back Loan	91.35	34.88	50.68
4.收回储蓄性保险本	Withdraw Saving Premium	9.76	0.35	2.10
5.兑售有价证券	Securities Cashed and Sold	0.68	5.24	
6.收回投资本金	Withdraw Investment Principal	6.45		
7.住房贷款	Housing Loan	72.78	46.30	103.80
8.汽车贷款	Personal Auto Loan		10.66	23.55
9.教育贷款	Education Loan	0.75	3.93	
10.其它贷款	Other Loans	9.72	4.20	7.36
11.其它借贷收入	Other Loan Income	16.88	20.33	41.59

10-7 城镇居民家庭人均消费支出
Per Capita Consumption Expenditure of Urban Households

单位：元 (yuan)

指　标	Item	2009	2010	2011
消费支出	**Total Living Expenditure**	**10705.67**	**11821.88**	**13782.75**
# 服务性消费支出	Service Consumption Expenditure	2957.73	3278.70	3807.84
一、食　品	**Food**	**3988.57**	**4381.40**	**5040.47**
# 粮　食	Grain	325.45	390.19	419.44
淀粉和薯类	Starch and Potato	39.60	53.95	63.77
干豆类及制品	Dry Beans and Products	61.18	69.59	72.72
油脂类	Oil and Fats	109.60	110.86	132.78
肉禽及制品	Meat,Poultry and Related Products	503.12	533.01	642.23
蛋　类	Eggs	72.60	79.56	96.75
水产品类	Aquatic Products	84.59	86.70	94.89
蔬菜类	Vegetables	391.78	443.78	481.61
二、衣　着	**Clothing**	**1209.96**	**1428.20**	**1673.24**
# 服　装	Garments	872.29	1035.04	1224.95
鞋　类	Footwear	278.66	335.04	380.84
三、居　住	**Residence**	**1018.23**	**1126.92**	**1193.81**
# 住　房	Housing	243.32	271.64	291.67
水电燃料及其它	Water, Electricity, Fuels and Others	703.08	782.49	806.63
四、家庭设备用品及服务	**Household Facilities,Articles and Services**	**683.51**	**723.73**	**914.26**
# 耐用消费品	Durable Consumer Goods	319.11	288.92	365.93
家庭日用杂品	Household Articles of Daily Use	250.74	329.15	397.72
家庭服务	Household Services	31.18	25.94	47.89
五、医疗保健	**Medicine and Medical Services**	**863.36**	**935.38**	**1100.51**
# 药品费	Drugs Fee	488.64	520.36	606.11
医疗费	Medical Expenses	295.01	323.55	394.62
六、交通和通讯	**Transportation and Communications**	**1071.48**	**1194.77**	**1502.44**
交　通	Transportation	517.58	571.79	818.74
通　信	Communications	553.89	622.98	683.70
七、教育文化娱乐服务	**Recreation, Education and Culture Services**	**1430.22**	**1595.80**	**1857.60**
文化娱乐用品	Recreation Articles	345.85	378.36	439.89
文化娱乐服务	Recreation Services	404.45	465.40	544.49
# 健身活动	Fitness Activities	11.53	10.99	16.73
教　育	Education	679.91	752.05	873.23
八、杂项商品和服务	**Miscellaneous Commodities and Services**	**440.35**	**435.67**	**500.42**

10-8 城镇居民家庭人均购买主要商品数量
Per Capita Annual Purchases of Major Commodities of Urban Households

品 名	Item	2009	2010	2011
大 米 (公斤)	Rice (kg)	21.94	20.26	21.10
面 粉 (公斤)	Flour (kg)	22.12	21.17	22.62
食用植物油 (公斤)	Edible Vegetable Oil (kg)	8.99	8.70	9.26
猪 肉 (公斤)	Pork (kg)	12.77	13.08	12.37
牛 肉 (公斤)	Beef (kg)	1.18	1.29	1.21
羊 肉 (公斤)	Mutton (kg)	1.04	0.98	0.86
鸡 肉 (公斤)	Chicken (kg)	3.37	3.40	3.94
鸭 肉 (公斤)	Duck (kg)	0.24	0.22	0.30
鲜 蛋 (公斤)	Fresh Eggs (kg)	9.51	9.34	9.64
鱼 (公斤)	Fish (kg)	3.79	3.56	3.41
虾 (公斤)	Shrimp (kg)	0.54	0.47	0.40
鲜 菜 (公斤)	Fresh Vegetables (kg)	112.21	113.46	111.22
白 酒 (公斤)	Liquor (kg)	1.07	1.08	1.06
果 酒 (公斤)	Wine (kg)	0.19	0.40	0.19
啤 酒 (公斤)	Beer (kg)	3.42	3.65	3.02
碳酸饮料 (公斤)	Carbonated beverages(kg)	2.22	1.99	1.73
茶 叶 (公斤)	Tea (kg)	0.26	0.27	0.22
鲜 果 (公斤)	Fresh Fruit (kg)	44.76	43.75	43.33
鲜 瓜 (公斤)	Fresh melon (kg)	19.48	21.54	20.22
糕 点 (公斤)	Cake (kg)	5.67	5.90	6.70
鲜乳品 (公斤)	Fresh Dairy Products (kg)	17.95	19.41	16.93
奶 粉 (公斤)	Milk Powder (kg)	0.71	0.57	0.64
酸 奶 (公斤)	Yogurt (kg)	4.77	5.04	5.52
服 装 (件)	Clothing (piece)	9.10	9.33	9.89
鞋 类 (双)	Footwear (pair)	3.17	3.18	3.18
煤 炭 (公斤)	Coal (kg)	70.88	62.25	44.57
罐装液化石油气(公斤)	Bottled LPG (kg)	5.29	4.58	3.71
管道燃气 (立方米)	Gas pipeline (cu.m)	43.28	56.00	60.32

10-9 城镇居民不同收入层次家庭基本情况及耐用消费品拥有量（2011年）

Basic Conditions and Major Durable Consumer Goods Owned of Urban Households by Revenue (2011)

指标	Item	总平均 Average	低收入户 Low Income Households	中等偏下户 Lower Middle Income Households	中等收入户 Middle Income Households	中等偏上户 Upper Middle Income Households	高收入户 High Income Households
一、调查户数 (户)	Number of Households Surveyed (household)	1500	297	301	303	299	299
各组户数所占比重 (%)	Proportion (%)	100	20	20	20	20	20
二、户均家庭人数 (人)	Average Household Size (person)	2.88	3.24	3.04	3.00	2.75	2.51
三、户均有收入者人数 (人)	Number of Households Had Incomes (person)	2.05	1.77	1.94	2.18	2.13	2.14
1.户均就业人口数 (人)	Average Number of Employed Persons per Household (person)	1.50	1.43	1.51	1.53	1.52	1.51
2.户均离退休人数 (人)	Number of Retirees per Household(person)	0.50	0.21	0.38	0.62	0.58	0.62
3.户均其它有收入者人数(人)	Number of Other Income per Household (person)	0.05	0.14	0.05	0.04	0.03	0.02
四、家庭人口在外用餐 (人次)	Dining Out Household (Person / times)	27.13	21.74	22.91	27.42	28.74	32.85
五、就业者负担系数 (人)	Employee Factor (person)	1.92	2.27	2.01	1.96	1.81	1.66
六、消费品年末百户拥有量	Consumption Goods Owned per 100 Households at Year-end						
1.摩托车 (辆)	Motorcycle (unit)	15.11	18.62	17.79	12.59	14.84	12.71
2.助力车 (辆)	Strength-aid Cycle (unit)	20.97	22.94	19.78	26.33	23.40	13.52
3.家用汽车 (辆)	Automobile (unit)	12.22	2.60	5.48	10.18	14.19	24.90
4.洗衣机 (台)	Washing Machine (unit)	98.32	95.19	96.03	98.40	100.15	100.77
5.电冰箱 (台)	Refrigerator (unit)	94.27	83.07	93.71	94.84	98.47	98.55
6.彩色电视机 (台)	Color TV Set (unit)	119.51	108.76	112.53	119.39	120.96	132.08
7.家用电脑 (台)	Computer (unit)	82.43	58.86	66.76	87.74	89.36	101.83
8.组合音响 (套)	Music Center (set)	19.39	9.08	12.49	20.83	23.66	27.51
9.摄像机 (架)	Pickup Camera (unit)	9.05	2.04	4.01	6.65	11.52	18.21
10.照相机 (架)	Camera (unit)	50.21	18.84	39.42	48.04	61.64	73.53
11.钢琴 (架)	Piano (unit)	2.66	1.35	0.46	3.08	2.96	4.83
12.其它中高档乐器 (件)	Other High-end Instruments (unit)	5.89	1.60	4.82	2.21	7.22	11.90
13.微波炉 (台)	Microwave Oven (unit)	52.32	27.64	38.19	57.53	64.53	66.30
14.空调器 (台)	Air Conditioner (unit)	113.68	64.36	88.05	107.40	132.31	159.50
15.淋浴热水器 (台)	Warmer (unit)	88.45	68.90	81.16	91.56	95.38	99.76
16.消毒碗柜 (台)	Sterilizing Cupboard (unit)	6.68	0.95	3.29	3.37	7.37	15.99
17.洗碗机 (台)	Dish Washer (unit)	0.31	0.14	0.14	0.14		1.04
18.健身器材 (套)	Setting-up Apparatus (set)	3.21	1.13	1.45	1.83	1.59	8.96
19.固定电话 (部)	Ordinary Telephone (unit)	62.00	52.24	52.05	67.68	65.69	69.13
20.移动电话 (部)	Mobile Telephone (unit)	219.03	203.26	214.63	228.26	224.44	221.22
七、信息化调查 (每百户)	Information Survey (per hundred)						
1.接入互联网的移动电话(部)	Mobile Internet Access (unit)	14.61	10.06	12.42	11.08	17.15	20.49
2.接入有线电视网络的电视机 (台)	Number of Cable TV Network Access (unit)	98.20	84.52	90.86	99.99	102.27	109.06
3.接入互联网的计算机 (台)	Computer Connected to the Internet (unit)	66.83	47.71	55.08	72.74	72.69	80.13

10-10 城镇居民不同收入层次家庭人均现金收入（2011年）
Per Capita Cash Income of Urban Households by Revenue(2011)

单位：元 (yuan)

指　　标	Item	总平均 Average	低收入户 Low Income House-holds	中等偏下户 Lower Middle Income House-holds	中等收入户 Middle Income House-holds	中等偏上户 Upper Middle Income House-holds	高收入户 High Income House-holds
现金收入	**Cash Income**	**25227.7**	**11244.3**	**17442.5**	**22223.2**	**27849.3**	**46862.9**
一、总收入	Total Income	20069.9	8877.3	14004.1	17951.0	23040.5	35998.5
# 可支配收入	Disposable Income	18245.2	7865.0	12517.0	16340.0	20966.0	33096.5
(一)工资性收入	Wages Income	14051.3	6230.3	10269.2	12618.1	16314.8	24462.9
1.工资及补贴收入	Wage and Subsidy Income	13860.8	5941.0	10173.4	12422.0	16170.5	24224.9
2.其它劳动收入	Other Labor Income	190.5	289.3	95.9	196.1	144.3	237.9
(二)经营净收入	Net Income from Business	771.8	701.2	552.2	571.9	549.2	1510.1
(三)财产性收入	Property Income	214.2	70.1	65.6	85.7	374.1	471.9
1.利息收入	Interest	46.6	15.6	21.9	10.4	45.5	141.0
2.股息与红利收入	Dividend and Bonus	14.8	1.7	7.1	5.3	1.9	58.8
3.保险收益	Insurance Profits	3.2		0.3			16.0
4.其它投资收入	Other Investment Income	6.4				0.6	31.8
5.出租房屋收入	Income from Renting House	139.7	37.0	36.3	67.8	326.1	223.9
6.知识产权收入	Income from Intellectual Property Right						
7.其它财产收入	Other Property Income	3.5	15.8		2.3		0.4
(四)转移性收入	Transfer Income	5032.7	1875.8	3117.0	4675.2	5802.4	9553.7
1.养老金或离退休金	Pension for Old-age for Retired Persons	4269.6	1214.0	2559.1	4165.3	5161.8	8086.5
2.社会救济收入	Social Relief	63.5	207.7	89.8	24.0	2.0	7.2
# 最低生活保障收入	Minimum Living Guarantee Income	52.1	184.4	65.7	15.1	0.5	7.2
3.辞退金	Dismissal Income						
4.赔偿收入	Income from Compensation	0.7					3.4
5.保险收入	Income from Insurance	10.7	36.6	7.0	12.0		
# 失业保险金	Unemployment Insurance	8.0	36.2	6.4			
6.赡养收入	Supporting Income	147.3	102.3	179.7	106.3	140.6	206.4
7.捐赠收入	Giving Income	308.0	170.2	163.2	233.8	259.7	716.7
8.提取住房公积金	Withdraw Housing Collective Accumulation Fund	33.6					170.7
9.记帐补贴	Account Subsidy	109.2	93.9	100.1	101.7	117.5	132.2
10.其它转移性收入	Other Transfer Income	90.2	51.2	18.0	32.2	121.0	230.6
二、出售财物收入	Income from Selling Belongings	6.4	2.2	9.4	3.6	8.0	8.5
1.出售住房收入	Income from Selling House	0.3	0.2			1.5	
2.出售其他物品收入	Income from Selling Other Goods	6.1	2.0	9.4	3.6	6.5	8.5
三、储蓄借贷收入	Loan Income	5151.4	2364.8	3429.0	4268.6	4800.8	10855.8
1.提取储蓄存款	Withdraw Saving Deposit	4793.3	2094.6	3266.9	3548.7	4522.7	10512.5
2.借入款	Cash Borrowed	129.0	183.0	51.0	185.9	197.7	26.5
3.收回借出款	Paid-back Loan	50.7	47.1	55.0	36.3	36.4	79.9
4.收回储蓄性保险本	Withdraw Saving Premium	2.1		3.1	0.1		7.4
5.兑售有价证券	Securities Cashed and Sold						
6.收回投资本金	Withdraw Investment Principal						
7.住房贷款	Housing Loan	103.8			487.4		10.7
8.汽车贷款	Personal Auto Loan	23.6				34.2	83.8
9.教育贷款	Education Loan						
10.其它贷款	Other Loans	7.4	19.2	13.9		4.8	
11.其它借贷收入	Other Loan Income	41.6	21.0	39.2	10.3	5.0	135.0

10-11 城镇居民不同收入层次家庭人均现金支出（2011年）
Per Capita Cash Expenditure of Urban Households by Revenue(2011)

单位：元 (yuan)

指　标	Item	总平均 Average	低收入户 Low Income Households	中等偏下户 Lower Middle Income Households	中等收入户 Middle Income Households	中等偏上户 Upper Middle Income Households	高收入户 High Income Households
一、消费支出	Total Living Expenditure	13782.8	7894.6	10619.6	12430.7	15829.3	21878.2
# 服务性消费支出	Service Consumption Expenditure	3807.8	2077.7	2777.4	3295.5	4544.9	6270.8
1.食　品	Food	5040.5	3304.5	4288.2	4805.1	5752.0	6954.4
2.衣　着	Clothing	1673.2	818.6	1272.8	1536.3	1841.4	2859.9
3.居　住	Residence	1193.8	733.7	879.3	950.2	1403.8	1989.8
4.家庭设备用品及服务	Household Facilities,Articles and Services	914.3	445.0	675.6	809.6	965.4	1659.7
5.医疗保健	Medicine and Medical Services	1100.5	733.6	887.8	1036.7	1086.0	1748.4
6.交通和通信	Transportation and Communications	1502.4	640.7	955.9	1244.1	1866.0	2770.6
7.教育文化娱乐服务	Recreation, Education and Culture Services	1857.6	1020.1	1360.6	1652.7	2369.3	2839.8
8.杂项商品和服务	Miscellaneous Commodities and Services	500.4	198.3	299.5	396.1	545.5	1055.6
二、购房与建房支出	Expenditure from Buying and Constructing House	691.8		59.5	1094.4	230.7	2052.4
# 购　房	Buying House	668.4		59.5	986.0	230.7	2048.1
三、财产性支出	Property Expenditure	45.3	18.9	10.5	73.0	48.5	73.5
四、转移性支出	Transfer Expenditure	2289.6	897.1	1429.5	1721.7	2418.8	4955.1
1.交纳的个人所得税	Paid Taxes	92.5	8.2	39.6	62.5	111.2	238.5
2.捐赠支出	Expenditure Presented	1391.6	605.9	864.4	1238.2	1626.9	2591.4
3.购买彩票	Buying Lottery Tickets	13.6	6.8	14.4	10.0	7.6	29.4
4.赡养支出	Expenditure of Alimony	680.5	222.5	464.2	313.4	565.1	1845.0
# 在外就学子女费用	Cost of Schooling Children Outside	433.8	146.8	280.9	118.4	262.1	1376.2
5.各种非储蓄性保险支出	Non-saving Premium	66.8	15.0	25.3	52.7	70.4	169.4
# 车辆保险支出	Vehicle Insurance Expenses	36.5	0.2	2.7	18.0	37.0	124.6
6.其他转移性支出	Other Transfer Expenditure	44.7	38.6	21.5	45.0	37.6	81.5
五、社会保障支出	Social Protection Expenditure	1623.0	910.2	1347.4	1446.9	1845.9	2531.4
1.个人交纳的养老基金	Personal Contribution to Pension Funds	769.7	561.7	680.5	687.0	839.7	1071.9
2.个人交纳的住房公积金	Individual Housing Provident Fund Paid	562.2	204.5	401.0	473.3	679.1	1036.7
3.个人交纳的医疗基金	Personal Contribution to the Health Funds	217.9	112.9	204.7	213.2	249.2	302.4
4.个人交纳的失业基金	Personal Contribution to the Unemployment Fund	61.4	25.2	47.7	59.4	66.2	106.7
5.其他社会保障支出	Other Social Protection Expenditure	11.9	5.9	13.5	13.9	11.7	13.8
六、借贷支出	Loan Expenditure	6072.3	1122.4	3434.6	4555.0	6553.2	14558.5
1.存入储蓄款	Depositing Money	5441.1	910.0	3167.6	4025.6	5802.9	13173.9
2.借出款	Cash Lent	35.1	23.3	6.7	119.5	8.9	13.8
3.归还借款	Returning Borrowed Cash	118.8	38.2	88.0	77.3	145.0	243.1
4.储蓄性保险支出	Saving Premium Expenditure	141.8	36.6	86.2	71.0	155.6	358.7
5.购买有价证券	Buying Securities	10.3			0.2	43.2	6.8
6.其它投资支出	Other Investment Expenditure	7.8		16.1	11.8	1.5	9.2
7.归还住房贷款	Returning Housing Loan	268.6	47.9	68.7	241.2	330.6	646.7
8.归还汽车贷款	Returning Automobile Loan	14.4				29.0	42.7
9.归还教育贷款	Returning Education Loan	0.4					2.1
10.归还其他贷款	Returning Other Loans	3.8	2.1	0.4	2.0	12.0	2.3
11.其他借贷支出	Other Loan Expenditure	30.2	64.3	1.0	6.6	24.5	59.2

10-12 城镇居民不同收入层次家庭人均消费支出(2011年)
Per Capita Consumption Expenditure of Urban Households by Revenue (2011)

单位：元 (yuan)

指　标	Item	总平均 Average	低收入户 Low Income Households	中等偏下户 Lower Middle Insome Households	中等收入户 Middle Insome Households	中等偏上户 Upper Middle Insome Households	高收入户 High Insome Households
消费支出	**Total Living Expenditure**	**13782.8**	**7894.6**	**10619.6**	**12430.7**	**15829.3**	**21878.2**
# 服务性消费支出	Service Consumption Expenditure	3807.8	2077.7	2777.4	3295.5	4544.9	6270.8
一、食　品	**Food**	**5040.5**	**3304.5**	**4288.2**	**4805.1**	**5752.0**	**6954.4**
(一) 粮油类	Grain and Oil	688.7	601.5	660.2	661.5	728.8	787.1
1.粮　食	Grain	419.4	360.0	405.9	401.8	450.1	476.0
2.淀粉及薯类	Starch and Potato	63.8	58.5	59.7	61.6	64.8	74.2
3.干豆类及豆制品	Dry Beans and Products	72.7	60.7	66.4	70.1	79.2	86.6
4.油脂类	Oil and Fats	132.8	122.2	128.2	128.0	134.9	150.4
(二)肉禽蛋水产品类	Meat, Poultry, Eggs, Aquatic Products	833.9	590.6	728.9	816.7	932.9	1085.5
1.肉　类	Meat	520.3	374.3	458.0	507.3	588.9	663.9
2.禽　类	Poultry	121.9	89.1	110.5	119.5	137.2	151.1
3.蛋　类	Eggs	96.8	75.0	85.0	97.5	104.8	120.2
4.水产品类	Aquatic Products	94.9	52.2	75.4	92.4	102.1	150.3
(三)蔬菜类	Vegetables	481.6	373.9	460.1	471.3	531.7	563.5
# 鲜　菜	Fresh Vegetables	437.4	343.2	417.8	427.4	485.6	506.5
(四)调味品	Condiment	79.1	61.1	72.8	73.8	89.3	97.8
(五)糖烟酒饮料类	Sugar, Tobacco and Alcohol Beverages	564.7	358.7	457.7	509.5	658.9	828.6
(六)干鲜瓜果类	Fresh and Dried Fruit Category	486.7	282.9	404.9	458.4	571.0	704.3
二、衣　着	**Clothing**	**1673.2**	**818.6**	**1272.8**	**1536.3**	**1841.4**	**2859.9**
# 服　装	Garments	1225.0	575.5	925.5	1109.9	1353.3	2132.7
三、居　住	**Residence**	**1193.8**	**733.7**	**879.3**	**950.2**	**1403.8**	**1989.8**
# 1.住　房	Housing	291.7	127.9	129.6	120.9	333.1	750.9
2.水电燃料其它	Water,Electricity,Fuels and Others	806.6	563.7	683.1	748.5	955.5	1068.5
四、设备用品及服务	**Household Facilities,Articles and Services**	**914.3**	**445.0**	**675.6**	**809.6**	**965.4**	**1659.7**
# 1.耐用消费品	Durable Consumer Goods	365.9	130.2	276.3	316.7	374.8	723.3
2.家庭日用杂品	Household Articles of Daily Use	397.7	252.7	313.1	383.5	424.9	608.1
3.家庭服务	Household Services	47.9	12.6	19.9	38.1	64.7	102.8
五、医疗保健	**Medicine and Medical Services**	**1100.5**	**733.6**	**887.8**	**1036.7**	**1086.0**	**1748.4**
# 药品费	Drugs Fee	606.1	424.1	535.4	608.4	596.3	858.4
六、交通和通讯	**Transportation and Communications**	**1502.4**	**640.7**	**955.9**	**1244.1**	**1866.0**	**2770.6**
1.交　通	Transportation	818.7	253.6	386.1	633.3	1052.6	1749.0
2.通　信	Communications	683.7	387.1	569.8	610.9	813.5	1021.6
七、教育文化娱乐服务	**Recreation, Education and Culture Services**	**1857.6**	**1020.1**	**1360.6**	**1652.7**	**2369.3**	**2839.8**
1.文化娱乐用品	Recreation Articles	439.9	191.7	267.6	392.8	543.1	793.1
2.文化娱乐服务	Recreation Services	544.5	191.1	297.4	409.9	681.7	1131.1
3.教　育	Education	873.2	637.4	795.6	850.0	1144.5	915.5
八、其他商品和服务	**Miscellaneous Goods and Services**	**500.4**	**198.3**	**299.5**	**396.1**	**545.5**	**1055.6**
# 其他商品	Miscellaneous Goods	319.4	122.6	200.9	262.0	331.8	674.8

10-13 城镇居民不同收入层次家庭主要商品人均购买数量(2011年)
Per Capita Purchase of the Number of Major Commodities by Families of Different Income Levels of Urban Residents (2011)

品名	Item	总平均 Average	低收入户 Low Income Households	中等偏下户 Lower Middle Income Households	中等收入户 Middle Income Households	中等偏上户 Upper Middle Income Households	高收入户 High Income Households
大米 (公斤)	Rice (kg)	21.10	18.95	22.10	20.40	21.85	22.05
面粉 (公斤)	Flour (kg)	22.62	23.86	20.18	21.53	24.05	23.62
食用植物油(公斤)	Edible Vegetable Oil (kg)	9.26	8.94	9.14	9.01	9.30	9.89
猪肉 (公斤)	Pork (kg)	12.37	9.72	11.79	12.43	13.43	14.26
牛肉 (公斤)	Beef (kg)	1.21	0.83	0.91	1.27	1.37	1.65
羊肉 (公斤)	Mutton (kg)	0.86	0.65	0.70	0.78	0.98	1.19
鸡 (公斤)	Chicken (kg)	3.94	3.18	3.85	3.79	4.24	4.60
鸭 (公斤)	Duck (kg)	0.30	0.27	0.38	0.28	0.26	0.32
蛋类 (公斤)	Fresh Eggs (kg)	9.64	7.59	8.62	9.80	10.47	11.60
鱼 (公斤)	Fish (kg)	3.41	2.20	3.12	3.50	3.56	4.59
虾 (公斤)	Shrimp (kg)	0.40	0.17	0.26	0.38	0.46	0.70
鲜菜 (公斤)	Fresh Vegetables (kg)	111.22	92.08	106.14	109.10	121.70	125.71
白酒 (公斤)	Liquor (kg)	1.06	0.74	0.96	0.96	1.23	1.41
果酒 (公斤)	Wine (kg)	0.19	0.13	0.16	0.15	0.19	0.31
啤酒 (公斤)	Beer (kg)	3.02	2.09	3.08	3.31	3.22	3.32
碳酸饮料 (公斤)	Carbonated Beverages(kg)	1.73	1.10	1.41	1.50	2.13	2.50
茶叶 (公斤)	Tea (kg)	0.22	0.16	0.20	0.20	0.27	0.25
鲜果 (公斤)	Fresh Fruit (kg)	43.33	27.45	38.00	42.30	50.79	57.05
鲜瓜 (公斤)	Fresh melon (kg)	20.22	12.61	16.81	20.46	22.81	27.93
糕点 (公斤)	Cake (kg)	6.70	4.79	6.29	6.83	7.45	7.97
鲜乳品 (公斤)	Fresh Dairy Products (kg)	16.93	11.93	14.44	15.88	20.30	21.80
奶粉 (公斤)	Milk Powder (kg)	0.64	0.73	0.64	0.71	0.42	0.69
酸奶 (公斤)	Yogurt (kg)	5.52	3.94	5.17	5.35	6.17	6.85
服装 (件)	Clothing (piece)	9.89	6.09	8.05	9.43	10.76	14.96
鞋类 (双)	Footwear (pair)	3.18	2.41	2.84	3.32	3.38	3.92
水 (吨)	Water (ton)	28.43	21.86	25.37	27.38	30.01	37.21
电 (度)	Electricity (kwh)	559.27	424.14	464.56	551.06	629.49	719.33
煤炭 (公斤)	Coal (kg)	44.57	78.76	46.81	38.94	29.53	31.85
液化石油气(公斤)	LPG (kg)	3.78	4.98	3.90	3.78	3.07	3.28
管道燃气(立方米)	Piped Gas (cu.m)	60.32	42.58	49.70	62.52	74.38	70.92

10-14　城镇居民家庭居住情况(2011年末)
Housing Conditions of Urban Households (2011)

指　　标		Item		2011
调查户数	(户)	Number of Households Surveyed	(household)	1500
平均每户居住人口	(人)	Average Number of Resident Population	(person)	2.87
平均每人建筑面积	(平方米)	The Average Floor Area Per Person	(sq.m)	29.33
平均每人使用面积	(平方米)	The average area per person	(sq.m)	22.00
一、按房屋产权分)	(%)	By Household Property Right	(%)	100
租赁公房		Rent Public Houses		2.90
租赁私房		Rent Private Houses		4.81
原有私房		Private Houses		5.21
房改私房		Reform Private Houses		56.97
商品房		Commercial Houses		24.83
其　他		Others		5.28
二、按住宅建筑式样分	(%)	By Style of Resident Building	(%)	100
单栋住宅		Dependent Resident		2.09
四居室		Four Bedrooms		1.94
三居室		Three Bedrooms		31.68
二居室		Two Beedrooms		56.46
一居室		One Beedroom		1.85
普通楼房		Ordinary Building		2.81
平房及其他		Single Storey Houses and Others		3.17
三、按装修状况分	(%)	Decoration Condition	(%)	100
有装修		Decoration		73.35
未装修		No Decoration		26.65
如果装修过，最近一次装修花费(元/户)		If Renovated, the Most Recent Improvements HaveTaken	(yuan/household)	23871.05
四、现有住房按市场价估计值	(元/户)	Estimated Market Price of Existing Homes(yuan/household)		246199.06
五、按饮水情况分	(%)	Water Drinking	(%)	100
自来水		Tap Water		90.85
矿泉水		Mineral Water		1.94
纯净水		Pure Water		6.94
井、河水		Well or River Water		0.27
六、按用水情况分	(%)	Water Usage	(%)	100
独用自来水		Tap Water Owned Per Household		99.03
公用自来水		Public Tap Water		0.51
井、河水		Well or River Water		0.46
七、按卫生设备分	(%)	Health Facilities	(%)	100
无卫生设备		Without Toilet Room		1.59
有厕所浴室		Bathroom and Toilet Room Owned Per Household		88.29
有厕所无浴室		Toilet Room Owned Per Household and Without Bath Room		8.11
公　用		Public Toilet Room		2.01
八、按取暖设备分	(%)	Heating Facilities	(%)	100
无取暖设备		Without Heating Equipment		7.34
空调设备		Air Coditioner Owned		5.94
暖　气		Central Heating		65.56
其　他		Others		21.16
九、按炊用燃料使用情况分	(%)	Cooking Fuel	(%)	100
管道燃气		Pipeline Gas		61.37
罐装液化石油气		Natural Gas		18.82
煤		Coal		4.74
其　他		Others		15.07
十、通信设备使用情况		The Use of Communications Equipment		
百户固定电话拥有量	(部)	One Hundred Fixed-line Ownership	(unit)	62.00
百户移动电话拥有量	(部)	One Hundred Mobile Phone Ownership(unit)		219.03
百户使用互联网计算机	(台)	One Hundred Computers Using the Internet (unit)		66.83
十一、户均现住房房租折算	(元)	Discounted Housing Rent Per Household	(yuan)	7650.77
十二、除了现住房，户均还有几处其他住房	(套)	In Addition to Existing Homes, the Average Household There are Several Other Housing	(unit)	0.13

10-15 调查市县(区)城镇住户调查主要指标(2011年)
Main Indicators of Urban Household Survey by Survey Cities and Counties (2011)

地 区	Region	调查户数 (户) Number of Households Surveyed (household)	户均家庭人口 (人) Average Household Size (person)	户均就业人口 (人) Average Number of Employees Per Household (person)	人均总收入 (元) Per Capita Total Income (yuan)	人均可支配收入 (元) Per Capita Disposable Income (yuan)	人均消费支出 (元) Per Capita Consumption Expenditure (yuan)	人均食品支出 (元) Per Capita Food Expenditure (yuan)
全 省	**Shaanxi**	**1500**	**2.88**	**1.50**	**20070**	**18245**	**13783**	**5040**
西 安	Xi'an	350	2.96	1.58	23233	21239	16458	5748
户 县	Huxian	50	2.72	1.41	18487	16304	11570	4061
铜 川	Tongchuan	100	2.73	1.34	15765	14065	11312	4776
宝 鸡	Baoji	150	2.70	1.35	21810	18459	12896	5026
陇 县	Longxian	50	3.18	1.54	13987	13606	8806	3048
咸 阳	Xianyang	100	2.84	1.45	20103	18378	13488	5180
三 原	Sanyuan	50	2.79	1.33	15847	15021	9963	3735
临 渭	Linwei	50	2.75	1.27	17155	16185	12167	4097
蒲 城	Pucheng	50	3.07	1.66	16438	15631	10804	3760
华 阴	Huayin	50	2.86	1.61	16016	15232	10820	4220
宝 塔	Baota	50	2.90	1.39	18595	16831	13377	4520
汉 台	Hantai	100	2.89	1.43	16767	15157	11174	4640
西 乡	Xixiang	50	2.88	1.58	14870	13762	10849	4396
略 阳	Lueyang	50	2.97	1.60	15103	13212	10521	4758
榆 阳	Yuyang	50	3.11	1.46	17833	16993	13710	4534
绥 德	Suide	50	2.99	1.24	13650	13138	8771	2713
汉 滨	Hanbin	50	2.85	1.51	16177	15038	12292	4753
商 州	Shangzhou	50	2.85	1.61	17450	16138	11333	4128
洛 南	Luonan	50	2.98	1.65	16060	15369	11878	4072

10-16 农村居民家庭基本情况
Basic Conditions of Rural Households

指 标	Item	2009	2010	2011
调查户数 (户)	Number of Households Surveyed (household)	2220	2220	2220
调查户人口 (人)	Number of Residents in the Household Surveyed (person)			
1.常住人口	Permanent Residents	9247	9163	8841
2.平均每户常住人口	Average Household Size	4.2	4.1	4.0
3.平均每户整、半劳动力	Ablebodied and Semiablebodied Labours Per Households	2.9	2.9	2.8
4.平均每劳动力负担人口	Average Number of Persons Supported by a Laborer	1.5	1.4	1.4
平均每人全年的收入 (元)	Annual Income Per Capita (yuan)			
1.总收入	Total Revenue	4830.7	5793.6	7045.4
2.现金收入	Cash Income	4270.4	5032.7	6313.2
3.纯收入	Net Income	3437.5	4105.0	5027.8
平均每人全年的支出 (元)	Annual Expenditure Per Capita (Yuan)			
1.总支出	Total Expenditure	5245.7	5998.1	7189.5
# 家庭经营费用支出	Expenditure of Household Business	1210.7	1489.4	1727.7
生活消费支出	Expenditure of Living Consumption	3349.2	3793.8	4495.6
2.现金支出	Cash Expenditure	4847.6	5562.3	6840.5
# 生产费用支出	Expenditure of Production	1384.4	1629.0	1836.8
生活消费支出	Expenditure of Living Consumption	3088.3	3506.2	4255.0
平均每人年末住房面积(平方米)	Housing Area per Capita at Year-end (sq.m)	30.4	31.7	37.2
# 砖瓦结构面积	Brick Cottage Area	15.0	15.8	15.8
钢筋混凝土结构面积	Building Area	9.8	10.5	14.5
年末住房价值 (元/平方米)	Housing Value at Year-end (yuan/sq.m)	274.3	295.2	617.6

10-17 农村居民家庭人均总收入和纯收入
Rural Households Per Capita Total Income and Net Income

单位：元 (yuan)

指 标	Item	2009	2010	2011
一、全年总收入	**Total Annual Income**	**4830.7**	**5793.6**	**7045.4**
1.工资性收入	Wages Income	1428.5	1734.5	2384.0
2.家庭经营收入	Household Business Income	2921.6	3533.7	3947.0
3.财产性收入	Property Income	92.6	97.0	165.3
4.转移性收入	Transfer Income	388.0	428.4	549.1
二、全年纯收入	**Annual net income**	**3437.5**	**4105.0**	**5027.8**
1.工资性收入	Wages Income	1428.5	1734.5	2384.0
2.家庭经营纯收入	Household Business Income	1570.2	1882.2	2028.5
(1)第一产业收入	Primary Industry	1264.5	1537.2	1603.6
农业收入	Farming	1050.0	1318.0	1326.7
林业收入	Forestry	36.7	29.3	52.8
牧业收入	Animal Husbandary	175.9	186.7	219.5
渔业收入	Fishing income	1.9	3.1	4.6
(2)第二产业收入	Secondary Industry	56.7	56.4	58.1
工业收入	Industry	23.1	27.8	31.4
建筑业收入	Construction	33.6	28.6	26.7
(3)第三产业收入	Tertiary Industry	249.0	288.6	366.8
交通、运输和邮电业收入	Traffic,Transportation and Post	86.5	93.2	135.3
批发和零售贸易、餐饮业收入	Wholesale and Retail Trade ,Catering Trade	99.1	117.0	166.6
社会服务业收入	Social Service	23.8	39.0	37.6
文教卫生业收入	Culture,Education and Public Health	15.5	16.0	17.0
其他家庭经营收入	Others	24.1	23.4	10.2
3.财产性收入	Property Income	92.6	97.0	165.3
4.转移性收入	Transfer Income	346.3	391.3	450.0

10-18 农村居民家庭按人均纯收入分组基本情况(2011年)
Rural Households Grouped by per Capita Annual Net Income (2011)

指标	Item	总计 Total	200-300元 200-300 yuan	300-400元 300-400 yuan	400-500元 400-500 yuan	500-600元 500-600 yuan	600-800元 600-800 yuan	800-1000元 800-1000 yuan
调查户数 (户)	Number of Households Surveyed (household)	2220	3	2	3	4	13	15
比重 (%)	Percentage (%)		0.1	0.1	0.1	0.2	0.6	0.7
常住人口 (人)	Permanent Residents (person)	8841	10	6	15	20	54	69
比重 (%)	Percentage (%)		0.1	0.1	0.2	0.2	0.6	0.8
平均每户常住人口 (人)	Average Number of Permanent Residents per Household (person)	4.0	3.3	3.0	5.0	5.1	4.1	4.6
户均整、半劳动力 (人)	Average Number of Able-bodied and Semi-able-bodied Laborers per Household(person)	2.8	3.0	2.5	3.3	3.0	2.9	2.9
劳动力负担人口 (人)	Average Number of Persons Supported by a Laborer (person)	1.4	1.1	1.2	1.5	1.7	1.4	1.6
平均每人全年收入 (元)	Per Capita Annual Income (yuan)							
总收入	Total Revenue	**7045.4**	**2442.3**	**1729.8**	**1859.3**	**1688.6**	**2843.8**	**4220.3**
现金收入	Cash Income	6313.2	1490.0	1431.1	1703.9	1409.5	1998.5	3635.0
纯收入	Net Income	5027.8	265.6	323.2	447.2	577.0	710.6	904.7
(1)工资性收入	Wages Income	2384.0	19.0	146.7	244.0	74.1	367.3	327.2
(2)家庭经营收入	Household Business Income	2028.5	246.6	106.6	180.4	355.2	252.1	440.9
(3)财产性收入	Property Income	165.3		22.8			21.3	25.0
(4)转移性收入	Transfer Income	450.0		47.2	22.8	147.7	69.9	111.7
平均每人全年支出 (元)	Per Capita Annual Expenditures (yuan)							
总支出	Total Expenditure	**7189.5**	**5117.7**	**3172.2**	**6574.2**	**8675.6**	**5828.1**	**6242.7**
现金支出	Cash Expenditure	4495.6	2666.4	1468.8	5667.7	7028.9	4136.2	3092.8
生活支出	Expendititure for Consumption	6840.5	4997.9	2872.4	6416.5	8441.0	5622.8	5988.8
人均年末住房面积(平方米)	Housing Area per Capita at Year-end (sq.m)	37.2	40.0	48.3	31.5	29.9	33.6	26.6
# 砖瓦平房面积	Brick Cottage Area	15.8	22.0		18.1	3.0	8.2	13.2
楼房面积	Building Area	14.5	14.0	33.3	12.0	25.7	15.7	1.4
年末住房价值 (元/平方米)	Housing Value at Year-end (yuan/sq.m)	617.6	537.5	275.9	434.3	605.0	511.4	316.0

10-18 续表 1 continued

指 标	Item	1000–1200元 1000–1200yuan	1200–1300元 1200–1300yuan	1300–1500元 1300–1500yuan	1500–1700元 1500–1700yuan	1700–2000元 1700–2000yuan	2000–2500元 2000–2500yuan
调查户数 (户)	Number of Households Surveyed (household)	27	16	36	51	68	139
比重 (%)	Percentage (%)	1.2	0.7	1.6	2.3	3.1	6.2
常住人口 (人)	Permanent Residents (person)	112	63	167	199	315	617
比重 (%)	Percentage (%)	1.3	0.7	1.9	2.3	3.6	7.0
平均每户常住人口 (人)	Average Number of Permanent Residents per Household (person)	4.1	3.9	4.6	3.9	4.6	4.5
户均整、半劳动力 (人)	Average Number of Able-bodied and Semi-able-bodied Laborers per Household(person)	3.0	2.9	3.3	2.7	3.1	2.9
劳动力负担人口 (人)	Average Number of Persons Supported by a Laborer (person)	1.4	1.4	1.4	1.4	1.5	1.6
平均每人全年收入 (元)	Per Capita Annual Income (yuan)						
总收入	Total Revenue	**2017.0**	**2103.7**	**2464.7**	**2339.3**	**3299.0**	**3420.9**
现金收入	Cash Income	1590.0	1754.2	1838.1	1941.5	2731.9	2791.9
纯收入	Net Income	1102.3	1238.9	1411.2	1604.5	1864.4	2238.7
(1)工资性收入	Wages Income	662.9	494.2	575.3	738.1	758.2	1016.0
(2)家庭经营收入	Household Business Income	274.9	516.7	651.0	625.9	911.0	968.5
(3)财产性收入	Property Income	42.9	82.1	8.1	67.3	10.7	23.2
(4)转移性收入	Transfer Income	121.5	145.9	176.7	173.1	184.5	231.0
平均每人全年支出 (元)	Per Capita Annual Expenditures (yuan)						
总支出	Total Expenditure	**4752.0**	**4306.4**	**4111.9**	**3776.0**	**4896.8**	**4447.6**
现金支出	Cash Expenditure	3747.0	3333.0	3003.3	2526.2	3111.3	2983.2
生活支出	Expendititure for Consumption	4546.3	3905.8	3831.8	3556.3	4627.8	4144.8
人均年末住房面积(平方米)	Housing Area per Capita at Year-end (sq.m)	28.7	29.9	26.1	33.2	32.3	28.5
# 砖瓦平房面积	Brick Cottage Area	14.1	9.5	10.5	18.2	12.5	11.3
楼房面积	Building Area	8.4	14.6	8.2	10.2	12.8	10.5
年末住房价值 (元/平方米)	Housing Value at Year-end (yuan/sq.m)	530.6	627.7	443.7	527.8	516.7	560.6

10-18 续表 2 continued

指 标	Item	2500-3000元 2500-3000yuan	3000-3500元 3000-3500yuan	3500-4000元 3500-4000yuan	4000-4500元 4000-4500yuan	4500-5000元 4500-5000yuan	5000元以上 5000Yuan and over
调查户数 (户)	Number of Households Surveyed (household)	152	168	199	163	189	956
比重 (%)	Percentage (%)	6.8	7.6	8.9	7.3	8.5	43.1
常住人口 (人)	Permanent Residents (person)	658	729	861	691	756	3429
比重 (%)	Percentage (%)	7.4	8.2	9.7	7.8	8.6	38.8
平均每户常住人口 (人)	Average Number of Permanent Residents per Household (person)	4.3	4.3	4.3	4.2	4.0	3.6
户均整、半劳动力 (人)	Average Number of Able-bodied and Semi-able-bodied Laborers per Household(person)	2.9	3.0	2.9	3.0	2.9	2.7
劳动力负担人口 (人)	Average Number of Persons Supported by a Laborer (person)	1.5	1.5	1.5	1.4	1.4	1.3
平均每人全年收入 (元)	Per Capita Annual Income (yuan)						
总收入	Total Revenue	4023.8	4646.9	5133.0	6020.9	6475.3	10900.2
现金收入	Cash Income	3358.2	4012.6	4444.0	5269.7	5699.4	10043.9
纯收入	Net Income	2766.4	3241.6	3738.7	4263.2	4753.5	8125.4
(1)工资性收入	Wages Income	1267.9	1608.6	1762.7	2208.5	2322.1	3778.8
(2)家庭经营收入	Household Business Income	1159.0	1261.1	1541.0	1682.8	1849.3	3323.4
(3)财产性收入	Property Income	42.9	71.4	48.6	75.3	93.2	337.6
(4)转移性收入	Transfer Income	296.5	300.4	386.4	296.5	488.9	685.6
平均每人全年支出 (元)	Per Capita Annual Expenditures (yuan)						
总支出	Total Expenditure	5277.1	5520.7	5676.3	6102.5	6550.5	9700.4
现金支出	Cash Expenditure	3420.6	3700.0	3642.0	3791.4	4024.8	5942.8
生活支出	Expendititure for Consumption	4949.3	5189.6	5313.0	5729.3	6201.8	9311.4
人均年末住房面积(平方米)	Housing Area per Capita at Year-end (sq.m)	29.2	34.3	33.1	35.5	34.4	44.5
# 砖瓦平房面积	Brick Cottage Area	11.6	15.5	13.3	15.3	14.5	19.2
楼房面积	Building Area	9.2	12.1	13.1	13.1	12.7	18.6
年末住房价值 (元/平方米)	Housing Value at Year-end (yuan/sq.m)	543.2	537.4	608.6	577.5	628.9	672.0

10-19 农村居民家庭人均生活消费支出
Per Capita Living Expenditure of Rural Households

单位：元 (yuan)

指标	Item	2005	2009	2010	2011
生活消费性总支出	**Consumption Expenditure**	**1896.48**	**3349.17**	**3793.80**	**4495.62**
# 生活消费现金支出	Cash Consumption Expenditure	1642.78	3088.32	3506.16	4255.04
1.食品	Food	812.93	1175.29	1299.22	1348.86
# 在外饮食	Dining Out	136.17	252.48	255.15	230.53
2.衣着	Clothing	124.36	208.00	237.87	285.37
# 服装	Clothing	84.45	147.93	170.32	205.62
3.居住	Residence	211.71	697.37	837.54	1108.58
# 电费	Electricity	26.85	89.87	64.89	69.61
4.家庭设备用品及服务	Household Facilities, Articles and Services	83.61	195.92	233.37	279.80
# 床上用品	Bedding	9.18	16.16	16.88	20.99
家庭日用杂品	Daily Use Household Articles	32.28	53.53	55.72	64.56
5.交通和通讯	Transport and Communications	163.17	300.32	336.22	406.71
# 交通工具	Transport	38.59	76.28	86.57	123.80
交通费	Transportation Fees	42.83			
通讯工具	Communication Tools	23.70	29.20	29.31	33.93
邮电费	Postal Fees	58.05			
6.文化教育娱乐用品及服务	Cultural, Educational and Recreational Articles and Services	297.33	380.38	397.61	405.56
# 文化教育娱乐用品	Cultural, Educational and Recreational Articles	68.13	82.06	81.72	103.52
文化教育娱乐服务	Cultural, Educational and Recreational Services	224.89	278.30	295.36	266.34
7.医疗保健	Health Care and Medical Services	165.82	329.26	376.20	533.44
# 医疗卫生保健用品	Medical and Health Care Supplies	104.99	142.64	134.56	209.61
医疗保健服务费	Health Care Costs	60.83	186.63	241.64	323.83
8.其他商品及服务	Miscellaneous Goods and Services	37.55	62.63	75.77	127.24
商品性支出	Commodity Expenditures	17.79	35.82	41.91	65.81
服务性支出	Service Expenditure	19.76	26.81	33.86	61.43

10-20 农村居民家庭人均生活消费支出(2011年，按纯收入分组)
Per Capita Living Expenditure of Rural Households(2010, Group by Net Income)

单位：元 (yuan)

指标	Item	总计 Total	200–300元 200-300 yuan	300–400元 300-400 yuan	400–500元 400-500 yuan	500–600元 500-600 yuan	600–800元 600-800 yuan	800–1000元 800–1000 yuan
生活消费总支出	**Consumption Expenditure**	**4495.6**	**2666.4**	**1468.8**	**5667.7**	**7028.9**	**4136.2**	**3092.8**
1.食品	Food	1348.9	1087.4	892.6	1269.1	942.4	1008.6	842.9
2.衣着	Clothing	285.4	256.1	167.0	176.6	139.4	210.1	123.2
3.居住	Residence	1108.6	191.0	120.0	3199.8	4924.9	1590.7	141.4
4.家庭设备用品及服务	Household Facilities, Articles and Services	279.8	152.9	49.2	52.5	56.5	314.7	123.2
5.交通和通讯	Transport and Communications	406.7	146.4	152.9	362.9	180.4	249.2	258.1
6.文化教育娱乐用品及服务	Education, Cultural and Recreation and Services	405.6	187.9		397.6	285.3	184.0	124.2
7.医疗保健	Health Care and Medical Services	533.4	521.2	66.7	60.2	466.6	522.5	1406.9
8.其他商品和服务	Miscellaneous Goods and Services	127.2	123.6	20.3	149.0	33.5	56.5	72.9
生活消费现金性支出	**Cash Consumption Expenditure**	**4255.0**	**2546.6**	**1169.0**	**5568.7**	**6817.7**	**3952.4**	**2874.5**
1.食品	Food	1112.2	972.6	594.0	1170.9	733.5	831.1	629.6
2.衣着	Clothing	285.3	256.1	167.0	176.6	139.4	210.1	123.2
3.居住	Residence	1104.7	185.9	118.9	3198.9	4922.5	1584.5	136.3
4.家庭设备用品及服务	Household Facilities, Articles and Services	279.9	152.9	49.2	52.5	56.5	314.7	123.2
5.交通和通讯	Transport and Communications	406.7	146.4	152.9	362.9	180.4	249.2	258.1
6.文化教育娱乐用品及服务	Education, Cultural and Recreation and Services	405.6	187.9		397.6	285.3	184.0	124.2
7.医疗保健	Health Care and Medical Services	533.4	521.2	66.7	60.2	466.6	522.5	1406.9
8.其他商品及服务	Miscellaneous Goods and Services	127.2	123.6	20.3	149.0	33.5	56.5	72.9

10-20 续表 1 continued

单位：元 (yuan)

指 标	Item	1000-1200元 1000-1200 yuan	1200-1300元 1200-1300 yuan	1300-1500元 1300-1500 yuan	1500-1700元 1500-1700 yuan	1700-2000元 1700-2000 yuan	2000-2500元 2000-2500 yuan
生活消费总支出	**Consumption Expenditure**	**3747.0**	**3333.0**	**3003.3**	**2526.2**	**3111.3**	**2983.2**
1.食 品	Food	1004.6	1051.0	913.4	987.0	1012.2	1046.5
2.衣 着	Clothing	244.4	141.5	151.5	165.1	139.5	192.0
3.居 住	Residence	1360.2	1187.8	952.3	392.9	402.1	539.7
4.家庭设备用品及服务	Household Facilities, Articles and Services	183.4	86.1	120.2	129.7	183.6	143.2
5.交通和通讯	Transport and Communications	342.2	150.5	194.3	196.3	205.2	276.2
6.文化教育娱乐用品及服务	Education, Cultural and Recreation and Services	213.7	104.9	167.7	227.0	178.8	221.6
7.医疗保健	Health Care and Medical Services	328.9	479.2	457.9	348.1	780.2	481.5
8.其他商品和服务	Miscellaneous Goods and Services	69.6	131.9	46.0	80.2	209.7	82.5
生活消费现金性支出	**Cash Consumption Expenditure**	**3574.3**	**3047.4**	**2773.3**	**2324.2**	**2881.0**	**2749.4**
1.食 品	Food	837.0	771.6	688.3	789.6	785.2	816.9
2.衣 着	Clothing	244.4	141.5	151.5	165.1	139.5	192.0
3.居 住	Residence	1355.0	1181.7	947.4	388.3	398.8	535.5
4.家庭设备用品及服务	Household Facilities, Articles and Services	183.4	86.1	120.2	129.7	183.6	143.2
5.交通和通讯	Transport and Communications	342.2	150.5	194.3	196.3	205.2	276.2
6.文化教育娱乐用品及服务	Education, Cultural and Recreation and Services	213.7	104.9	167.7	227.0	178.8	221.6
7.医疗保健	Health Care and Medical Services	328.9	479.2	457.9	348.1	780.2	481.5
8.其他商品及服务	Miscellaneous Goods and Services	69.6	131.9	46.0	80.2	209.7	82.5

10-20 续表 2 continued

单位：元 (yuan)

指 标	Item	2500-3000元 2500-3000 yuan	3000-3500元 3000-3500 yuan	3500-4000元 3500-4000 yuan	4000-4500元 4000-4500 yuan	4500-5000元 4500-5000 yuan	5000元以上 5000 Yuan and over
生活消费总支出	**Consumption Expenditure**	**3420.6**	**3700.0**	**3642.0**	**3791.4**	**4024.8**	**5942.8**
1.食 品	Food	1144.2	1226.9	1265.2	1273.3	1317.2	1620.6
2.衣 着	Clothing	199.8	214.1	262.5	252.9	280.4	382.0
3.居 住	Residence	865.7	1054.5	708.5	668.9	735.7	1585.6
4.家庭设备用品及服务	Household Facilities, Articles and Services	214.1	223.2	186.7	247.2	265.0	400.6
5.交通和通讯	Transport and Communications	263.2	295.0	313.8	356.5	343.5	586.8
6.文化教育娱乐用品及服务	Education, Cultural and Recreation and Services	286.9	267.2	366.2	347.9	425.5	574.3
7.医疗保健	Health Care and Medical Services	377.2	306.3	456.3	549.7	533.0	628.4
8.其他商品和服务	Miscellaneous Goods and Services	69.6	112.9	82.8	95.0	124.6	164.5
生活消费现金性支出	**Cash Consumption Expenditure**	**3179.3**	**3437.6**	**3384.5**	**3528.0**	**3762.8**	**5710.2**
1.食 品	Food	907.0	968.1	1012.1	1013.7	1059.2	1391.5
2.衣 着	Clothing	199.8	214.1	262.5	252.9	280.4	381.9
3.居 住	Residence	861.6	1050.8	704.1	665.1	731.7	1582.1
4.家庭设备用品及服务	Household Facilities, Articles and Services	214.1	223.2	186.7	247.2	265.0	400.6
5.交通和通讯	Transport and Communications	263.2	295.0	313.8	356.5	343.5	586.8
6.文化教育娱乐用品及服务	Education, Cultural and Recreation and Services	286.9	267.2	366.2	347.9	425.5	574.3
7.医疗保健	Health Care and Medical Services	377.2	306.3	456.3	549.7	533.0	628.4
8.其他商品及服务	Miscellaneous Goods and Services	69.6	112.9	82.8	95.0	124.6	164.5

10-21 农村居民家庭平均每人主要实物消费量和每百户耐用物品拥有量
Rural Households Per Capita Consumption of the Main Physical and Possession of Durable Goods for Every One Hundred

指 标		Item		2009	2010	2011
实物消费量	**(公斤)**	**Consumption in Kind**	**(kg)**			
粮 食		Food		169.6	149.6	153.4
油脂类		Fats and Oils		6.5	6.6	7.2
蔬菜及菜制品		Vegetables and Vegetable Products		107.6	52.6	52.7
水果及水果制品		Fruits		11.6	10.0	10.5
肉禽及其制品		Meat and Poultry		8.4	9.0	9.4
蛋类及蛋制品		Eggs and Egg Products		2.5	2.6	3.5
奶和奶制品		Milk and Milk Products		3.9	4.1	5.7
食 糖		Sugar		0.7	0.6	0.6
酒		Wine		4.5	4.3	4.7
耐用物品每百户拥有量		**Possession of Durable Goods per One Hundred**				
洗衣机	(台)	Washing Machine	(unit)	69.0	74.1	84.7
电冰箱	(台)	Refrigerator	(unit)	19.2	27.0	48.5
空调机	(台)	Air Conditioner	(unit)	4.4	6.0	9.8
抽油烟机	(台)	Hood	(unit)	2.0	1.8	5.3
微波炉	(台)	Microwave Oven	(unit)	2.6	3.2	4.1
热水器	(台)	Warmer	(unit)	9.5	13.0	25.8
自行车	(辆)	Bicycle	(unit)	112.3	114.0	81.8
摩托车	(辆)	Motorcycle	(unit)	47.3	49.7	54.8
汽车(生活用)	(辆)	Motorcar（in life）	(unit)	1.8	2.3	4.4
固定电话机	(部)	Ordinary Telephone	(unit)	57.5	55.4	36.2
移动电话	(部)	Mobile Telephone	(unit)	140.8	160.6	221.5
彩色电视机	(台)	Color TV Set	(unit)	104.4	109.0	111.9
黑白电视机	(台)	Black and White TV	(unit)	9.8	8.3	1.4
照相机	(台)	Camera	(unit)	2.3	2.4	3.5
家用计算机	(台)	Computer	(unit)	4.6	6.7	16.6

10-22 农村居民家庭平均每人主要实物消费量和每百户耐用物品拥有量(2011年，按纯收入分组)

Rural Households Per Capita Consumption of the Main Physical and Possession of Durable Goods for Every One Hundred(2010,Group by Net Income)

单位：元 (yuan)

指 标	Item	总计 Total	200-300元 200-300 yuan	300-400元 300-400 yuan	400-500元 400-500 yuan	500-600元 500-600 yuan	600-800元 600-800 yuan	800-1000元 800-1000 yuan
实物消费量 （公斤）	**Consumption in Kind (kg)**							
粮 食	Food	153.4	188.3	189.2	99.2	136.9	123.3	149.5
油脂类	Fats and Oils	7.2	9.4	13.3	6.9	9.5	8.1	6.9
蔬菜及菜制品	Vegetables and Vegetable Products	52.7	44.8	35.8	63.8	52.2	55.4	39.5
水果类	Fruits	10.5	3.5	8.3	6.7	9.9	6.4	4.0
肉禽及其制品	Meat and Poultry	9.4	3.7	3.6	4.5	3.6	5.5	5.5
蛋类及蛋制品	Eggs and Egg Products	3.5	4.4	4.4	4.2	2.9	3.5	2.7
奶和奶制品	Milk and Milk Product	5.7	12.0	2.6	1.7	2.1	4.5	2.2
食 糖	Sugar	0.6	0.6	4.6	0.7	0.0	0.5	0.5
酒	Wine	4.7	3.7	1.8	4.9	1.1	2.0	4.4
耐用物品每百户拥有量	**Possession of Durable Goods Per One Hundred**							
洗衣机 （台）	Washing Machine (unit)	84.7	100.0	50.0	133.3	50.0	76.9	60.0
电冰箱 （台）	Refrigerator (unit)	48.5	33.3	50.0	33.3	25.0	30.8	26.7
空调机 （台）	Air Conditioner (unit)	9.8					7.7	6.7
抽油烟机 （台）	Hood (unit)	5.3						
微波炉 （台）	Microwave Oven (unit)	4.1						
热水器 （台）	Warmer (unit)	25.8		50.0			23.1	6.7
自行车 （辆）	Bicycle (unit)	81.8	133.3	50.0	100.0	100.0	92.3	66.7
摩托车 （辆）	Motorcycle (unit)	54.8	33.3	50.0	66.7	50.0	38.5	46.7
汽车(生活用) （辆）	Motorcar（in life） (unit)	4.4						6.7
固定电话机 （部）	Ordinary Telephone (unit)	36.2	66.7	50.0	33.3	50.0	46.2	46.7
移动电话 （部）	Mobile Telephone (unit)	221.5	100.0	100.0	266.7	175.0	184.6	193.3
彩色电视机 （台）	Color TV Set (unit)	111.9	100.0	100.0	133.3	150.0	107.7	100.0
黑白电视机 （台）	Black and White TV (unit)	1.4					7.7	
照相机 （台）	Camera (unit)	3.5						
家用计算机 （台）	Computer (unit)	16.6			33.3			20.0

10-22 续表 1 continued

单位：元 (yuan)

指　　标	Item	1000-1200元 1000-1200 yuan	1200-1300元 1200-1300 yuan	1300-1500元 1300-1500 yuan	1500-1700元 1500-1700 yuan	1700-2000元 1700-2000 yuan	2000-2500元 2000-2500 yuan
实物消费量　（公斤）	**Consumption in Kind (kg)**						
粮　食	Food	142.0	193.3	141.7	148.8	140.0	144.8
油脂类	Fats and Oils	6.3	8.0	6.4	6.5	6.5	6.0
蔬菜及菜制品	Vegetables and Vegetable Products	42.5	52.0	50.2	46.6	48.7	41.4
水果类	Fruits	5.6	10.4	7.5	6.7	5.8	7.4
肉禽及其制品	Meat and Poultry	4.9	7.3	6.3	5.3	7.7	6.9
蛋类及蛋制品	Eggs and Egg Products	3.3	4.5	2.9	2.9	2.6	2.9
奶和奶制品	Milk and Milk Product	4.2	3.5	1.8	3.9	5.8	5.1
食　糖	Sugar	0.4	0.7	0.6	0.4	0.6	0.3
酒	Wine	1.7	3.5	5.3	3.1	4.6	4.2
耐用物品每百户拥有量	**Possession of Durable Goods Per One Hundred**						
洗衣机　（台）	Washing Machine (unit)	81.5	75.0	69.4	68.6	75.0	79.8
电冰箱　（台）	Refrigerator (unit)	55.6	25.0	47.2	31.4	41.2	40.4
空调机　（台）	Air Conditioner (unit)	3.7	6.3		3.9	4.4	7.9
抽油烟机　（台）	Hood (unit)					1.5	2.2
微波炉　（台）	Microwave Oven (unit)			2.8		2.9	2.2
热水器　（台）	Warmer (unit)	14.8	12.5	13.9	13.7	22.1	15.5
自行车　（辆）	Bicycle (unit)	85.2	62.5	61.1	90.2	83.8	72.2
摩托车　（辆）	Motorcycle (unit)	70.4	31.3	66.7	37.3	45.6	56.0
汽车(生活用)　（辆）	Motorcar（in life） (unit)					2.9	2.9
固定电话机　（部）	Ordinary Telephone (unit)	22.2	18.8	38.9	25.5	50.0	36.5
移动电话　（部）	Mobile Telephone (unit)	218.5	150.0	208.3	158.8	179.4	206.5
彩色电视机　（台）	Color TV Set (unit)	111.1	106.3	127.8	105.9	98.5	111.6
黑白电视机　（台）	Black and White TV (unit)			2.8			2.2
照相机　（台）	Camera (unit)					4.4	1.4
家用计算机　（台）	Computer (unit)	18.5		16.7	11.8	10.3	9.0

10-22 续表 2 continued

单位：元 (yuan)

指　　标	Item	2500-3000元 2500-3000 yuan	3000-3500元 3000-3500yuan	3500-4000元 3500-4000 yuan	4000-4500元 4000-4500 yuan	4500-5000元 4500-5000 yuan	5000元以上 5000 Yuan and over
实物消费量　（公斤）	**Consumption in Kind　(kg)**						
粮　食	Food	143.0	144.4	147.9	148.2	157.1	162.6
油脂类	Fats and Oils	6.5	7.0	6.8	7.2	6.9	8.0
蔬菜及菜制品	Vegetables and Vegetable Products	46.8	49.3	50.6	51.2	51.3	59.2
水果类	Fruits	8.7	10.1	8.7	9.5	10.1	13.5
肉禽及其制品	Meat and Poultry	8.1	9.6	8.9	9.4	9.2	11.2
蛋类及蛋制品	Eggs and Egg Products	3.3	3.2	3.0	3.3	3.6	4.1
奶和奶制品	Milk and Milk Product	5.2	5.2	4.9	5.3	5.2	6.9
食　糖	Sugar	0.6	0.6	0.6	0.6	0.6	0.6
酒	Wine	3.8	5.6	4.0	6.2	4.5	5.1
耐用物品每百户拥有量	**Possession of Durable Goods Per One Hundred**						
洗衣机　（台）	Washing Machine　(unit)	79.9	82.7	86.9	88.3	83.6	88.5
电冰箱　（台）	Refrigerator　(unit)	37.3	51.8	41.1	47.9	43.4	56.1
空调机　（台）	Air Conditioner　(unit)	5.9	4.2	5.8	6.4	10.8	14.4
抽油烟机　（台）	Hood　(unit)		2.1	5.5	1.2	5.0	9.1
微波炉　（台）	Microwave Oven　(unit)	3.3	1.8	5.0	4.9	3.4	5.5
热水器　（台）	Warmer　(unit)	12.2	22.9	24.2	24.8	22.0	33.6
自行车　（辆）	Bicycle　(unit)	77.2	67.6	76.6	81.9	74.1	89.8
摩托车　（辆）	Motorcycle　(unit)	47.9	61.3	62.0	56.1	52.1	54.7
汽车(生活用)　（辆）	Motorcar（in life）　(unit)	1.3	3.9	3.0	1.2	5.3	6.5
固定电话机　（部）	Ordinary Telephone　(unit)	35.3	38.4	38.5	36.2	33.6	35.4
移动电话　（部）	Mobile Telephone　(unit)	218.8	221.4	220.2	241.1	228.8	230.1
彩色电视机　（台）	Color TV Set　(unit)	109.9	112.2	115.4	103.7	110.8	114.0
黑白电视机　（台）	Black and White TV　(unit)	2.0	2.4	1.0	4.3	1.6	0.8
照相机　（台）	Camera　(unit)	4.6	5.1	1.5	1.2	1.3	5.1
家用计算机　（台）	Computer　(unit)	10.6	13.4	9.1	10.4	14.0	22.9

10-23 各县(市、区)城乡居民人均收入(2011年)
Per Capita Income in Urban and Rural Households by County (City and District)(2011)

单位：元 (yuan)

地　区	Region	城镇居民人均可支配收入 Per Capita Annual Disposable Income of Urban Households	农村居民人均纯收入 Per Capita Annual Net Income of Rural Households
西安市	**Xi'an**		
新城区	Xincheng	26498	
碑林区	Beilin	27025	
莲湖区	Lianhu	26962	
灞桥区	Baqiao	24817	11291
未央区	Weiyang	26041	12383
雁塔区	Yanta	27601	12585
阎良区	Yanliang	26839	11426
临潼区	Lintong	21271	9109
长安区	Chang'an	22918	9421
蓝田县	Lantian	17309	6704
周至县	Zhouzhi	17353	6615
户　县	Huxian	19532	8265
高陵县	Gaoling	20313	9053
铜川市	**Tongchuan**		
王益区	Wangyi	18845	6878
印台区	Yintai	18305	5843
耀州区	Yaozhou	21399	6799
宜君县	Yijun	17866	5466
宝鸡市	**Baoji**		
渭滨区	Weibin	22736	8785
金台区	Jintai	22112	7893
陈仓区	Chencang	22544	7462
凤翔县	Fengxiang	23096	7896
岐山县	Qishan	22681	7884
扶风县	Fufeng	20902	6438
眉　县	Meixian	22765	7021
陇　县	Longxian	17739	5717
千阳县	Qianyang	19536	5958
麟游县	Linyou	18384	5684
凤　县	Fengxian	23387	7621
太白县	Taibai	17658	5640
咸阳市	**Xianyang**		
秦都区	Qindu	24530	7948
渭城区	Weicheng	24462	7831
三原县	Sanyuan	22908	7190
泾阳县	Jingyang	22915	7205
乾　县	Qianxian	21516	7155
礼泉县	Liquan	21501	7181
永寿县	Yongshou	18355	5457
彬　县	Binxian	21516	6601
长武县	Changwu	18869	5645
旬邑县	Xunyi	18324	5617
淳化县	Chunhua	17450	5622
武功县	Wugong	20758	7035
兴平市	Xingping	23488	7273
渭南市	**Weinan**		
临渭区	Linwei	19679	5820
华　县	Huaxian	19293	5480
潼关县	Tongguan	18196	5382
大荔县	Dali	18147	5969
合阳县	Heyang	17902	4867
澄城县	Chengcheng	18759	5007
蒲城县	Pucheng	19031	5555
白水县	Baishui	17959	5250
富平县	Fuping	18673	5524
韩城市	Hancheng	21308	7499
华阴市	Huayin	18712	5389

10-23 续表 continued

单位：元 (yuan)

地 区	Region	城镇居民人均可支配收入 Per Capita Annual Disposable Income of Urban Households	农村居民人均纯收入 Per Capita Annual Net Income of Rural Households
延安市	**Yan'an**		
宝塔区	Baota	21906	6379
延长县	Yanchang	19305	5378
延川县	Yanchuan	17977	4970
子长县	Zichang	22669	6277
安塞县	Ansai	22706	6936
志丹县	Zhidan	22678	6792
吴起县	Wuqi	22781	6878
甘泉县	Ganquan	19750	6594
富 县	Fuxian	18454	6981
洛川县	Luochuan	19875	7978
宜川县	Yichuan	19668	6477
黄龙县	Huanglong	15181	5813
黄陵县	Huangling	20904	7723
汉中市	**Hanzhong**		
汉台区	Hantai	17768	6984
南郑县	Nanzheng	17353	6125
城固县	Chenggu	17346	6199
洋 县	Yangxian	16784	4885
西乡县	Xixiang	17065	4905
勉 县	Mianxian	17378	5624
宁强县	Ningqiang	17183	4914
略阳县	Lueyang	17107	4824
镇巴县	Zhenba	16252	4687
留坝县	Liuba	16044	4700
佛坪县	Foping	16040	4698
榆林市	**Yulin**		
榆阳区	Yuyang	22359	8428
神木县	Shenmu	26064	10798
府谷县	Fugu	25312	9927
横山县	Hengshan	20515	6701
靖边县	Jingbian	24915	9689
定边县	Dingbian	21655	8010
绥德县	Suide	19492	5623
米脂县	Mizhi	19998	6407
佳 县	Jiaxian	18262	5458
吴堡县	Wubu	18975	5582
清涧县	Qingjian	18718	5465
子洲县	Zizhou	18921	5621
安康市	**Ankang**		
汉滨区	Hanbin	18710	5099
汉阴县	Hanyin	17289	5123
石泉县	Shiquan	17573	5101
宁陕县	Ningshan	16794	**4815**
紫阳县	Ziyang	17130	5112
岚皋县	Langao	17552	4948
平利县	Pingli	17159	5362
镇坪县	Zhenping	17154	4828
旬阳县	Xunyang	17697	5096
白河县	Baihe	17033	5007
商洛市	**Shangluo**		
商州区	Shangzhou	18194	4584
洛南县	Luonan	17707	4719
丹凤县	Danfeng	17788	4664
商南县	Shangnan	17327	4678
山阳县	Shanyang	17098	**4723**
镇安县	Zhen'an	17452	4721
柞水县	Zhashui	17459	4580
杨凌示范区	**Yangling**		
杨陵区	Yangling	25999	9110

主要统计指标解释

一、城镇住户

城镇家庭人口 指居住在一起，经济上合在一起共同生活的家庭成员。凡计算为家庭人口的成员其全部收支都包括在本家庭中。

城镇就业面 指就业人口占家庭人口的百分比。

城镇就业者负担人数 指家庭人口与就业人口之比。

城镇家庭总收入 指家庭成员得到的工薪收入、经营净收入、财产性收入、转移性收入之和，不包括出售财物收入和借贷收入。

城镇家庭可支配收入 指家庭成员得到可用于最终消费支出和其它非义务性支出以及储蓄的总和，即居民家庭可以用来自由支配的收入。它是家庭总收入扣除交纳的个人所得税、个人交纳的社会保障支出以及记账补贴后的收入。计算公式为:

可支配收入=家庭总收入-交纳个人所得税-个人交纳的社会保障支出-记账补贴

城镇家庭总支出 指除借贷支出以外的全部家庭支出。包括消费性支出、购房建房支出、转移性支出、财产性支出、社会保障支出。

城镇家庭消费性支出 指家庭用于日常生活的支出，包括食品、衣着、居住、家庭设备用品及服务、医疗保健、交通和通信、娱乐教育文化服务、其他商品和服务等八大类支出。

恩格尔系数 指食物支出金额在消费性总支出金额中所占的比例。计算公式为:

$$恩格尔系数=\frac{食品支出金额}{消费性总支出金额}\times100\%$$

二、农村住户

农村住户 指农村常住户。农村常住户指长期(一年以上)居住在乡镇(不包括城关镇)行政管理区域内的住户，以及长期居住在城关镇所辖行政村范围内的农村住户。户口不在本地而在本地居住一年及以上的住户也包括在本地农村常住户范围内；有本地户口，但举家外出谋生一年以上的住户，无论是否保留承包耕地都不包括在本地农村住户范围内。

常住人口 指全年经常在家或在家居住6个月以上，而且经济和生活与本户连成一体的人口。外出从业人员在外居住时间虽然在6个月以上，但收入主要带回家中，经济与本户连为一体，仍视为家庭常住人口；在家居住，生活和本户连成一体的国家职工、退休人员也为家庭常住人口。但是现役军人、中专及以上(走读生除外)的在校学生、以及常年在外(不包括探亲、看病等)且已有稳定的职业与居住场所的外出从业人员，不算家庭常住人口。家庭常住人口主要作为计算农村住户平均每人收入、消费和积累水平及分析家庭人口状况的依据。

整、半劳动力 整劳动力指男子18周岁到50周岁，女子18周岁到45周岁；半劳动力指男子16周岁到17周岁，51周岁到60周岁；女子16周岁到17周岁，46周岁到55周岁，同时具有劳动能力的人。虽然在劳动年龄之内，但已丧失劳动能力的人，不应算为劳动力；超过劳动年龄，但能经常参加劳动，计入半劳动力数内。常住人口中的职工，若这些职工为劳动力，就包括在本户的整半劳动力中。

总收入 指调查期内农村住户和住户成员从各种来源渠道得到的收入总和。按收入的性质划分为工资性收入、家庭经营收入、财产性收入和转移性收入。

工资性收入 指农村住户成员受雇于单位或个人，靠出卖劳动而获得的收入。

家庭经营收入 指农村住户以家庭为生产经营单位进行生产筹划和管理而获得的收入。农村住户家庭经营活动按行业划分为农业、林业、牧业、渔业、工业、建筑业、交通运输业邮电业、批发和零售贸易餐饮业、社会服务业、文教卫生业和其他家庭经营。

财产性收入 指金融资产或有形非生产性资产的所有者向其他机构单位提供资金或将有形非生产性资产供其支配，作为回报而从中获得的收入。

转移性收入 指农村住户和住户成员无须付出任何对应物而获得的货物、服务、资金或资产所有权等，不包括无偿提供的用于固定资本形成的资金。一般情况下，是指农村住户在二次分配中的所有收入。

现金收入 指农村住户和住户成员在调查期内得到以现金形态表现的收入。按来源分成工资性收入、家庭经营现金收入、财产性收入、转移性收入。

纯收入 指农村住户当年从各个来源得到的总收入相应地扣除所发生的费用后的收入总和。计算方法:

纯收入=总收入-税费支出-家庭经营费用支出-生产性固定资产折旧-赠送农村内部亲友支出

纯收入主要用于再生产投入和当年生活消费支出，也可用于储蓄和各种非义务性支出。“农民人均纯收入”是按人口平均的纯收入水平，反映的是一个地区农村居民的平均收入水平。

总支出 指农村住户用于生产、生活和再分配的全部支出。包括家庭经营费用支出、购置生产性固定资产支出、税费支出、生活消费支出、财产性支出和转移性支出。

Explanatory Notes on Main Statistical Indicators

I. Urban Households

Population of Urban Households refer to members of households living and sharing economically together in the urban areas. All the income and expenditure of all the members of such households are included in the income and expenditure of the household.

Proportion of Urban Employment refers to the proportion of employed population to the population of urban households.

Number of Dependents per Urban Employee refers to the ratio between number of persons in an urban household and the number of employed persons.

Total Income of Urban Households refers to the sum of wage and salary; net business income; income from properties; and income from transfers of members of the households. Income from selling of properties and income from borrowing are not included..

Disposable Income of Urban Households refers to the actual income at the disposal of members of the households which can be used for final consumption, other non-compulsory expenditure and savings. This equals to total income minus income tax, personal contribution to social security and subsidy for keeping diaries in being a sample household. The following formula is used:

Disposable income = total household income - income tax - personal contribution to social security - subsidy for keeping diaries for a sampled household

Total Expenditure of Urban Households refers to all expenditure of households except expenditure on lending. It includes expenditure on consumption; on purchasing or building houses; on transfers; on properties; and on social security.

Consumption Expenditure of Urban Households refers to total expenditure of households for consumption in daily life, including expenditure on the eight categories of food; clothing; housing; household appliances and services; health care and medical services; transport and communications; recreation, education and cultural services; and miscellaneous goods and services.

Expenditure of Urban Households on Consumption of Services refers to expenditure of households on various kinds of non-commercial services provided by society.

Engel's Coefficient refers to the percentage of expenditure on food in the total consumption expenditure, using the following formula:

$$\text{Engel's Coefficient}=\frac{\text{expenditure on food}}{\text{total consumption expenditure}}\times 100\%$$

II. Rural Household

Rural Households refer to usual resident households in rural areas. Usual resident households in rural areas are households residing on a long term basis(for more than one year) in the areas under the administration of township governments (not including county towns), and in the areas under the administration of villages in county towns. Households residing in the current addresses for over one year with their household registration in other places are still considered as resident households of the locality. For households with their household registration in one place but all members of the households having moved away to make a living in another place for over one year, they will not be included in the rural households of the area where they are registered, irrespective of whether they still keep their contracted land.

Usual Resident Population refers to persons staying at home regularly or for over 6 months during a year and integrated with the household economically and in terms of living.. Members of the household staying away from the household for over 6 months but keeping a close economic relation with the household by sending the majority of income to the household are regarded as usual resident of the household. Government staff and workers or retirees living as close members of the household are also considered as usual resident. However, servicemen, students of secondary technical schools or schools of higher education and persons with stable jobs and residence outside the household (excluding those visiting relatives or seeking medical service) are not included as resident population of the household. Resident population is used in calculating income, consumption, accumulation on per capita basis of rural households and in analyzing composition of rural households.

Full/Semi Labour Force Full labour force refers to persons capable of work, aged 18-50 for males and 18-45 for females. Semi labour force refers to persons capable of work, aged 16-17 and 51-60 for males and 16-17 and 46-55 for females. Persons at their working ages but not capable of work are not to be included as labour force. Persons not at working ages but participating regularly in work are included in semi labour force. For staff and workers who are usual residents, are included as full or semi labour force of the household if they are in the labour force.

Total Income refers to the sum of income earned from various sources by the rural households and their members during the reference period, and is classified as income from wages and salaries, income from household operations, income from properties and income from transfers.

Income from Wages and Salaries refers to income from labour earned by the members of rural households employed by other units or individuals.

Income from Household Operations refers to income by the rural households as units of production and operation.

Operations by rural households are classified according to their economic activities namely agriculture, forestry, animal husbandry, fishery, manufacturing, construction, transportation, post and telecommunications, wholesale, retail and catering, social service, culture, education, health, and other household operations.

Income from Properties refers to the income received as returns by owners of financial assets or tangible non-productive assets by providing capitals or tangible non-productive assets to other institutional units.

Income from Transfers refers to the receipt by rural households and their members of goods, services, capital or rights of assets without giving or repaying accordingly, excluding capital provided to them for the formation of fixed assets. In general, it refers to all income received by rural households through redistribution.

Cash Income refers to income received by rural households and their members in the form of cash during the reference period. It is classified, by source of income, into income from wages and salaries, cash income from household operations, income from properties and income from transfers.

Net Income refers to the total income of rural households from all sources minus all corresponding expenses. The formula for calculation is as follows:

Net income = total income - taxes and fees paid - household operation expenses - taxes and fees depreciation of fixed assets for production - gifts to non-rural relatives

Net income is mainly used as input for reinvestment in production and as consumption expenditure of the year, and also used for savings and non-compulsory expenses of various forms. "Per capita net income of farmers" is the level of net income averaged by population, reflecting the average income level of rural households in a given area.

Total Expenditure refers to total expenses of rural households on production, consumption and redistribution, including expenditure on household operations; purchase of productive fixed assets; taxes and fees; expenses on household consumption; expenses on properties; and expenses on transfers.

十一、环境和城市

Environment and Cities

资料整理：冉妮平　梁珠荣

简 要 说 明

一、本篇资料主要反映陕西环境保护事业发展情况和城市公用事业基本情况。

环境保护事业发展情况主要包括供水、用水情况以及工业废水和生活污水的排放及治理情况；城市空气质量，废气排放及处理情况；工业固体废物的产生、处理及利用情况；城市生活垃圾清运及处理情况；城市道路交通和区域环境噪声监测情况；造林及自然保护基本情况；地质、地震、海洋、森林灾害及突发环境事件情况；环境污染治理投资等情况。

城市公用事业基本情况主要包括城市建设、供水、供气、供热、市政设施、城市绿化、环境卫生等情况。

二、本篇资料由省国土资源厅、省环境保护厅、省住房和城乡建设厅、省水利厅、省林业厅提供。

Brief Introduction

I. This chapter reflects the development of environment protection and public utilities in Shaanxi Province.

The development of environment protection mainly include water supply and utilization, discharge and treatment of industrial and other waste water; urban air quality, emission and treatment of waste gas; production, treatment and utilization of industrial solid wastes, collection and disposal of consumption wastes in cities; national monitoring of road traffic noise and urban environmental noise in key cities; forestation, grassland construction and natural protection; incidences of geological, seismic, marine and forest disasters, environmental emergency investment in environment pollution treatment, etc.

The public utilities mainly include urban construction, water supply, gas supply, heat supply, public facilities, urban greening and environmental hygiene, etc.

Ⅱ. The data resources are provided by Shaanxi Province Department of Land and Resources, Shaanxi Province Environmental Protection Department, Shaanxi Province Housing and Urban-Rural Development, Shaanxi Province Department of Water Resources and Shaanxi Province Forestry Department.

11.环境和城市

2011年全省13个城市(不包括市辖县)		
人均公园绿地面积	11.41	平方米
人均城市道路面积	13.72	平方米
人均日生活用水量	163	升
用水普及率	95.72	%
燃气普及率	92.09	%

城市人均公园绿地面积(平方米)

(2011年)

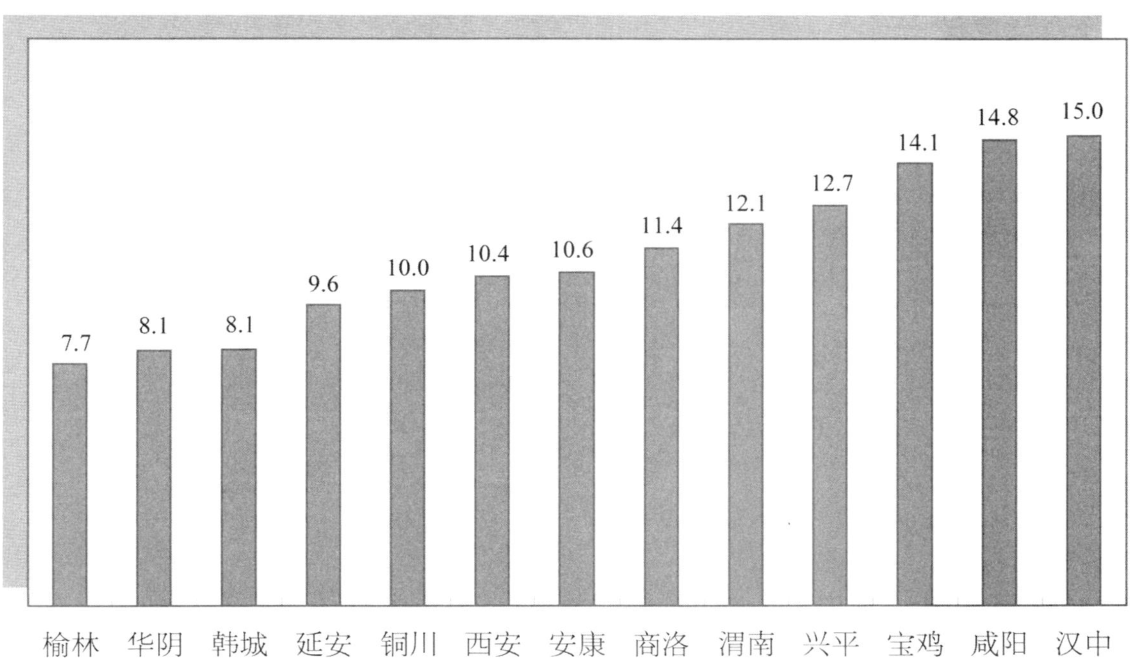

11-1 环境保护基本情况
Basic Statistics on Environmental Protection

指　标		Item		2010	2011
水环境		**Water Environment Conditions**			
水资源总量	(亿立方米)	Total Amount of Water Resources	(100 million cu. m)	507.49	604.43
地表水资源量		Surface Water		482.54	575.51
地下水资源量		Ground-Water		142.84	164.28
地表水与地下水资源重复量		Duplicated Measurement between Surface and Underground		117.89	135.36
人均水资源量	(立方米/人)	Per Capita Water Resources	(cu.m/person)	1360.20	1616.59
用水总量	(亿立方米)	Water Consumption	(100 million cu. m)	83.40	87.76
# 农业用水		Water Consumption of Agriculture		57.42	58.21
工业用水		Water Consumption of Industry		13.92	15.62
生活用水		Water Consumption of Consumption		11.02	11.84
生态环境补水		Water Consumption of Ecological Protection		1.03	2.10
废水排放总量	(万吨)	Total Volume of Waste Water Discharged	(10 000 tons)	119095.54	121814.67
# 工业废水排放量		Volume of Industrial Waste Water Discharged		48049.52	40806.28
城镇生活污水排放量		Volume of Consumption Waste Water Discharged		71046.02	80932.72
集中式治理设施污水排放量		Volume of Sewage Discharged from Centralized Treatment Facilities			75.67
化学需氧量(COD)排放量	(吨)	COD Discharge	(ton)	307745	556424
# 工业废水中COD排放量		COD Discharge by Industrial Waste Water		106073	106370
农业COD排放量		COD Discharge by Agriculture			201299
城镇生活污水中COD排放量		COD Discharge by Consumption Waste Water		201673	243341
集中式治理设施COD排放量		Volume of COD Discharged by Centralized Treatment Facilities			5415
氨氮排放量	(吨)	Ammonia Nitrogen Discharge	(ton)	32937	63357
# 工业废水中氨氮排放量		Ammonia Nitrogen Discharge by Industrial Waste Water		7983	8695
农业氨氮排放量		Ammonia Nitrogen Discharge by Agriculture			15605
生活污水中氨氮排放量		Ammonia Nitrogen Discharge by Consumption Waste Water		24953	38140
集中式治理设施氨氮排放量		Volume of Ammonia Nitrogen Discharged by Centralized Treatment Facilities			918
大气环境		**Atmospheric Environment Conditions**			
二氧化硫(SO_2)排放量	(吨)	Sulphur Dioxide (SO_2) Emission	(ton)	778649	916839
# 工业SO_2排放量		Volume of Sulphur Dioxide Emission by Industry		706960	831222
城镇生活SO_2排放量		Volume of Sulphur Dioxide Emission by Consumption		71689	85614
集中式治理设施SO_2排放量		Volume of SO_2 Discharged by Centralized Treatment Facilities			3
氮氧化物排放量	(吨)	Volume of Nitrogen oxides		530752	831939
# 工业氮氧化物排放量		Volume of Nitrogen oxides by Industry		481812	633708
城镇生活氮氧化物排放量		Volume of Nitrogen oxides by Consumption		48940	19205
机动车氮氧化物排放量		Volume of Nitrogen oxides by Motor Vehicles			179015
集中式治理设施氮氧化物排放量		Volume of Nitrogen oxides by Centralized Treatment Facilities			11
烟(粉)尘排放量	(吨)	Volume of Soot Emission	(ton)	356824	463475
# 工业烟(粉)尘排放量		Volume of Industrial Soot Emission		304447	396997
城镇生活烟尘排放量		Volume of Consumption Soot Emission		52377	43342
机动车烟尘排放量		Volume of Soot Emission by Motor Vehicles			23135
集中式治理设施烟尘排放量		Volume of Soot Emission by Centralized Treatment Facilities			1

11-1 续表 1 continued

指　　标		Item		2010	2011
固体废物		**Solid Wastes**			
工业固体废物产生量	（万吨）	Volume of Industrial Solid Wastes Produced	(10 000 tons)	6986.08	7170.57
工业固体废物综合利用量	（万吨）	Volume of Industrial Solid Wastes Utilized	(10 000 tons)	3824.92	4311.51
# 综合利用往年贮存量		the Comprehensive Utilization Stored Quantity in Early Years		10.92	4.62
工业固体废物综合利用率	（%）	Ratio of Industrial Solid Wastes Utilized	(%)	54.66	60.13
工业固体废物处置量	（万吨）	Volume of Industrial Solid Wastes Treated	(10 000 tons)	2194.20	1843.32
# 处置往年贮存量		Stored Quantity Treated in Early Years		0.02	0.75
工业固体废物处置率	（%）	Ratio of Industrial Solid Wastes Treated	(%)	31.41	25.71
工业固体废物贮存量	（万吨）	Industrial Solid Wastes Stored Quantity	(10 000 tons)	1030.97	1007.85
危险废物产生量	（吨）	Volume of Hazardous Wastes	(ton)	255554	332539
危险废物综合利用量	（吨）	Volume of Hazardous Wastes Utilized	(ton)	147886	173220
危险废物综合利用率	（%）	Ratio of Hazardous Wastes Utilized	(%)	58.00	51.00
危险废物处置量	（吨）	Volume of Hazardous Wastes Treated	(ton)	107851	98614
危险废物处置率	（%）	Ratio of Hazardous Wastes Treated	(%)		30.00
危险废物贮存量	（吨）	Hazardous Wastes Stored Quantity	(ton)	51211	60631
生态环境		**Ecological Environment Conditions**			
森林面积	（千公顷）	Area of Forest	(10 000 hectares)	853.24	853.24
森林覆盖率	（%）	Forest Coverage Rate	(%)	41.42	41.42
累计水土流失治理面积	（千公顷）	Accumulative Area of Water and Soil Conservation		9308.00	9407.09
当年造林面积	（公顷）	The Area of Afforestation	(hectares)	364312	325752
# 人工造林		Man-made Forests		199534	200151
飞播造林		Afforestation by Air Seeding		40000	40000
无林地和疏林地新封山育林		Non-forest Land and Close Hillsides to Facilitate Afforestation		124778	85601
自然保护区数	（个）	Number of Nature Reserves	(unit)	56	57
# 国家级		Nation Level		15	15
自然保护区面积	（万公顷）	Area of Nature Reserves	(10 000 hectares)	114.5	115.6
自然灾害		**Natural Disasters**			
地质灾害次数	（次）	Number of Geologic Hazards	(time)	1186	667
地质灾害人员伤亡	（人）	Geologic Hazard Casualties	(person)	318	85
地质灾害直接经济损失	（万元）	Direct Economic Losses of Geologic Hazard	(10 000 yuan)	96052	21864
森林火灾次数	（次）	Number of Forest Fires	(time)	95	125
森林火灾受害森林面积	（公顷）	Danaged Forest Area	(hectares)	84	265
环境污染与治理		**Investment in the Treatment of Environmental Pollution**			
突发环境事件次数	（次）	Environmental Disasters	(time)	9	17
环境污染治理投资总额	（万元）	Total Investment in the Treatment of Environmental Pollution	(10 000 yuan)	1816939	756635
城市环境基础设施投资		Investment in Urban Environmental Infrastructure		1090668	517699
燃　气		Gas		34435	50435
集中供热		Centralized Heating		79313	43395
排　水		Drainage Works		150391	111479
园林绿化		Gardening and Greening		758271	275778
市容环境卫生		Environmental Sanitation		68258	36612

11-1 续表 2 continued

指　　标		Item	2010	2011
工业污染防治投资		Investment in the Treatment of Industrial Pollution	336520	238936
治理废水		Treatment of Waste Water	71479	160499
治理废气		Treatment of Waste Gas	178851	62078
治理固体废物		Treatment of Solid Waste	1950	5948
治理噪声		Treatment of Noise Pollution	1259	1418
治理其他		Treatment of Other Pollution	82982	8994
完成环保验收项目环保投资	（万元）	Investment in Completion Acceptance of Environmental Protection (10 000 yuan)		3934639
环境污染治理投资占GDP比重	（%）	Total Investment in the Treatment of Environmental Pollution as Percent of GDP (%)	1.79	0.61
工业废气治理设施运行费用	（万元）	Operating Costs of Industrial Waste Gas Treatment Facilities(10 000	181976	223923
工业废水治理设施运行费用	（万元）	Operating Costs of Industrial Waste Water Treatment Facilities(10 00	89169	120108
排污费收入总额	（万元）	Total Pollution Charges (10 000 yuan)	47818	54400
本年完成营林投资额	（万元）	Investment Completed This Year for Afforestation (10 000 yuan)	400155	498242
# 生态建设与保护		Ecological Construction and Protection		368071
林业支撑与保障		Forestry Support and Protection		17532
林业产业发展		Development of Forestry		31209
其　他		Others		81430
城市环境		**Urban Environmental**		
城区面积	（平方公里）	Total Urban Area (sq.km)	1240.00	1373.40
# 建成区面积		Developed Areas	758.48	809.01
城市建设用地面积	（平方公里）	City Areas and Floor Space of Buildings (sq.km)	704.86	706.48
城市供水总量	（万立方米）	Total Water Supply (10 000 cu.m)	81335	76780
# 生活用水量		Consumption of Tap Water for Residential Use	33803	32344
城市用水普及率	（%）	Coverage Rate of Urban Population with Access to Tap Water (%)	96.29	95.72
城市污水排放量	（万立方米）	Volume of City Sewage (10 000 cu.m)	68104	67366
城市污水处理量	（万立方米）	Disposal of City Sewage (10 000 cu.m)	50522	56561
城市污水处理率	（%）	Treatment Rate of City Sewage (%)	67.65	82.31
城市生活垃圾清运量)	（万吨）	Urban Consumption Wastes Collected and Transported (10 000 tons)	368.87	428.27
城市生活垃圾无害化处理量	（万吨）	Volume of City Consumption Wastes (10 000 tons)	310.02	386.61
城市生活垃圾无害化处理率	（%）	Treatment Rate of City Consumption Wastes (%)	79.84	90.27
城市燃气普及率	（%）	Coverage Rate of Urban Population with Access to Gas(%)	90.39	92.09
城市集中供热面积	（万平方米）	Area of Centralized Heating in Urban (10 000 sq.m)	9263.4	10069.3
人均公园绿地面积	（平方米）	Per Capita Public Green Area (sq.m)	10.67	11.41
建成区绿化覆盖率	（%）	Green Covered Area as % of Completed Area (%)	38.29	38.68

11-2 各市(区)工业固体废物排放及处理情况(2011年)

Production and Treatment of Industrial Solid Wastes by City(District)(2011)

地 区	Region	一般工业固体废物产生量(万吨) Volume of Industrial Solid Wastes Produced (10 000 tons)	#危险废物产生量 Volume of Hazardous Wastes Produced (10 000 tons)	一般工业固体废物贮存量(万吨) Volume of Industrial Solid Wastes in Stocks (10 000 tons)	#危险废物贮存量 Volume of Hazardous Wastes in Stocks (10 000 tons)	一般工业固体废物处置量(万吨) Volume of Industrial Solid Wastes Disposed (10 000 tons)	#危险废物处置量 Volume of Hazardous Wastes Disposed (10 000 tons)	#处置往年贮存量 stored quantity Treated in early years (10 000 tons)	一般工业固体废物综合利用量(万吨) Volume of Industrial Solid Wastes Utilized (10 000 tons)
全 省	**Shaanxi**	**7170.57**	**33.25**	**1007.85**	**6.06**	**1843.32**	**9.86**	**0.75**	**4311.51**
西安市	Xi'an	277.97	0.92	1.50	0.00	5.15	0.86		271.30
铜川市	Tongchuan	213.90	0.01	19.82		20.01	0.00		173.61
宝鸡市	Baoji	504.38	1.11	0.13	0.00	204.59	0.28		299.66
咸阳市	Xianyang	570.80	0.57	0.10		62.92	0.42		507.49
渭南市	Weinan	2848.87	14.64	38.49		1375.47	0.47	0.00	1434.92
延安市	Yan'an	71.39	7.22	0.01		0.34	5.81		63.89
汉中市	Hanzhong	436.25	5.79	220.76	5.75	5.28	0.05	0.45	211.61
榆林市	Yulin	1335.75	1.95	20.66	0.01	166.30	1.82		1147.00
安康市	Ankang	89.92	0.16	4.59		1.33	0.16	0.00	83.34
商洛市	Shangluo	820.15	0.89	701.73	0.30	1.92		0.30	117.57
杨凌示范区	Yangling	1.19	0.00	0.07					1.12

11-3 各市(区)工业废水排放及处理量(2011年)

Discharge and Treatment of Industrial Waste Water by City(District)(2011)

地 区	Region	工业用水总量(万吨) Total Water Use in Industry (10 000 tons)	工业废水排放总量(万吨) Total Volume of Industrial Waste Water Discharged (10 000 tons)	化学需氧量排放量(吨) COD Discharge (ton)	氨氮排放量(吨) Ammonia Nitrogen Discharge (ton)	工业废水处理量(万吨) Volume of Treated Industrial Waste Water (10 000 tons)	废水治理设施数(套) Number of Facilities for Treatment of Waste Water (set)	废水治理设施处理能力(万吨/日) Treatment Capacity of Facilities for Treatment of Waste Water (10 000 tons/day)	废水治理设施运行费用(万元) Operate Expenditure for Facilities for Treatment of Waste Water (10 000 yuan)
全 省	**Shaanxi**	**422468.40**	**40806.28**	**106369.61**	**8694.46**	**73090.67**	**2274**	**387.91**	**120108.40**
西安市	Xi'an	36651.93	13274.21	32728.60	1346.96	12973.82	315	67.61	15803.30
铜川市	Tongchuan	18771.97	350.25	1342.73	7.35	488.27	46	3.87	1470.30
宝鸡市	Baoji	67008.48	4820.68	14061.88	1268.39	7512.94	301	57.71	24693.40
咸阳市	Xianyang	25830.96	7000.48	14841.35	1467.27	5651.44	180	53.46	12719.50
渭南市	Weinan	166499.78	3254.93	21313.60	1141.34	13535.62	254	47.81	10759.00
延安市	Yan'an	5754.63	2029.28	4623.45	252.34	5809.89	304	15.63	20500.80
汉中市	Hanzhong	24505.83	2810.23	5355.67	1198.43	12034.43	248	47.62	5106.70
榆林市	Yulin	68952.85	4892.23	3325.97	575.15	9348.95	403	42.86	21368.70
安康市	Ankang	2854.58	355.48	3670.43	246.13	894.97	102	4.68	1137.60
商洛市	Shangluo	5420.48	1879.97	4750.36	1182.73	4734.46	111	46.15	6128.30
杨凌示范区	Yangling	216.91	138.55	355.58	8.37	105.87	10	0.51	420.80

注：本表工业用水总量包括重复用水。

a) Total water use in industry in this table includes repeated water.

11-4 各市(区)工业废气排放及处理情况(2011年)
Emission and Treatment of Industrial Waste Gas by City(District)(2011)

地区 Region	工业废气排放总量(亿立方米) Total Volume of Industrial Waste Gas Emission (100 million cu.m)	二氧化硫排放量(吨) Volume of Industrial Sulphur Dioxide Emission (ton)	氮氧化物排放量(吨) Volume of Nitrogen Oxides Emission (ton)	烟(粉)尘排放量(吨) Volume of Soot Emission (ton)	废气治理设施数(套) Number of Facilities for Treatment of Waste Gas (set)	废气治理设施处理能力(万立方米/时) Treatment Capacity of Facilities for Treatment of Waste Gas (10 000 cu.m/hour)	废气治理设施运行费用(万元) Operate Expenditure for Facilities for Treatment of Waste Gas (10 000 yuan)	空气日报优良率(%) Air Quality Fine Rate (%)
全省 Shaanxi	**15704.27**	**831221.87**	**633708.40**	**396996.91**	**4848**	**28078.54**	**223923.00**	**89.7**
西安市 Xi'an	996.43	97884.02	48678.15	17294.70	748	3675.47	27587.60	83.6
铜川市 Tongchuan	1359.86	20133.47	54940.83	39330.12	427	1439.14	3357.30	89.9
宝鸡市 Baoji	1119.63	43711.03	61592.14	14940.32	893	2387.84	18279.50	86.8
咸阳市 Xianyang	1848.65	69779.27	86067.25	30309.97	497	3272.73	23819.00	87.1
渭南市 Weinan	4800.21	305986.85	170036.75	45609.06	736	7796.25	84227.00	86.0
延安市 Yan'an	235.50	17587.44	4451.92	7452.93	210	423.15	4702.90	86.6
汉中市 Hanzhong	1106.93	30769.86	22964.32	19649.97	442	1691.70	13964.00	94.2
榆林市 Yulin	3629.53	212252.02	173600.05	203564.71	462	5770.90	36994.50	91.5
安康市 Ankang	414.06	9816.09	6295.37	8392.54	255	1311.69	3918.90	99.2
商洛市 Shangluo	182.28	22788.26	4909.61	10231.95	156	277.53	6882.30	86.2
杨凌示范区 Yangling	11.19	513.57	172.00	220.66	22	32.15	190.00	86.0

11-5 城市设施水平(2011年)
Level of Public Facilities in Cities(2011)

城市 City	人均公园绿地面积(平方米) Per Capita Public Green Area (sq.m)	人均城市道路面积(平方米) Per Capita Area of Paved Roads (sq.m)	人均日生活用水量(升) Per Capita Daily Consumption of Tap Water for Residential Use (liter)	用水普及率(%) Coverage Rate of Population with Access to Tap Water (%)	燃气普及率(%) Coverage Rate of Population with Access to Gas (%)
全省 Shaanxi	**11.41**	**13.72**	**163**	**95.72**	**92.09**
西安市 Xi'an	10.44	16.02	200	100.00	99.87
铜川市 Tongchuan	10.01	11.16	72	93.83	71.46
宝鸡市 Baoji	14.06	15.49	120	99.87	98.70
咸阳市 Xianyang	14.82	10.13	194	92.77	91.64
兴平市 Xingping	12.70	11.75	97	95.98	94.02
渭南市 Weinan	12.13	18.83	160	99.50	81.27
韩城市 Hancheng	8.14	11.44	112	99.41	70.43
华阴市 Huayin	8.09	8.09	108	92.73	48.18
延安市 Yan'an	9.55	5.12	113	86.37	94.01
汉中市 Hanzhong	14.95	6.91	148	81.86	83.71
榆林市 Yulin	7.69	13.23	103	95.14	90.00
安康市 Ankang	10.59	13.85	116	80.65	81.47
商洛市 Shangluo	11.36	14.12	175	75.98	61.40

11-6 城市市政设施(2011年)

Municipal Infrastructure in Cities(2011)

城　市	City	道路长度 (公里) Length of Paved Roads (km)	道路面积 (万平方米) Area of Paved Roads (10 000 sq.m)	城市桥梁 (座) City Bridges (set)	#立交桥 Flyover	城市道路照明灯盏数 (盏) Number of Street Lights (units)	城市排水管道长度 (公里) Length of City Sewage Pipes (km)
全　省	**Shaanxi**	**4963.57**	**10965.82**	**600**	**119**	**552852**	**5808.78**
西安市	Xi'an	2473.00	5502.00	368	90	294968	3587.40
铜川市	Tongchuan	289.85	459.08	57	9	19723	193.06
宝鸡市	Baoji	485.00	1278.00	50		55865	510.00
咸阳市	Xianyang	238.87	895.01	32	11	41756	230.00
兴平市	Xingping	162.60	222.06	12	3	10912	58.30
渭南市	Weinan	312.19	758.69	4	4	19628	294.00
韩城市	Hancheng	104.70	192.67			4036	95.00
华阴市	Huayin	64.20	89.00	21		4119	74.00
延安市	Yan'an	111.07	189.77	4		26427	90.00
汉中市	Hanzhong	186.67	261.54	5	1	13203	132.02
榆林市	Yulin	244.42	463.00	17		37020	364.00
安康市	Ankang	184.00	471.00	6		18495	115.00
商洛市	Shangluo	107.00	184.00	24	1	6700	66.00

11-7 城市供水情况(2011年)

Basic Statistics on Tap Water Supply in Cities (2011)

城　市	City	综合生产能力 (万立方米/日) Production Capacity (10 000 cu.m/day)	# 地下水 Groundwater	全年供水总量 (万立方米) Annual Volume of Tap Water Supply (10 000 cu.m)	#生产运营用水 Water Consumption of Production and Operations	#公共服务用水 Water Consumption of Public Services	#居民家庭用水 Water Consumption of Household
全　省	**Shaanxi**	**375.90**	**175.49**	**76780.38**	**19505.27**	**12944.43**	**32344.32**
西安市	Xi'an	186.72	51.66	36715.37	5028.75	6291.00	18771.12
铜川市	Tongchuan	12.03	2.40	1626.00	296.00	152.90	856.20
宝鸡市	Baoji	28.40	8.00	6933.00	2296.00	725.00	2873.00
咸阳市	Xianyang	53.90	53.90	12777.76	6407.22	2592.40	3211.73
兴平市	xingping	11.50	11.50	3928.18	2857.80	27.49	616.76
渭南市	Weinan	19.50	12.83	4258.40	1306.13	894.87	1172.00
韩城市	hancheng	9.60	4.85	962.00	159.00	45.00	638.00
华阴市	huayin	8.75	8.75	1070.00	499.00	132.00	269.00
延安市	Yan'an	5.00		1647.67	36.37	651.77	662.51
汉中市	Hanzhong	11.00	11.00	2367.00	37.00	581.00	1083.00
榆林市	Yulin	9.50	4.50	1792.00	266.00	498.00	753.00
安康市	Ankang	13.90		1786.00	241.00	213.00	946.00
商洛市	Shangluo	6.10	6.10	917.00	75.00	140.00	492.00

11-8 城市燃气情况(2011年)
Basic Statistics on Supply of Gas in Cities(2011)

城市	City	天然气 Natural Gas 供气总量(万立方米) Volume of Gas Supply (10 000 cu.m)	销售气量(万立方米) Volume of Gas Sold (10 000 cu.m)	#居民家庭 Consumption for Residential Use	用气人口(万人) Population with Access to Gas (10 000 persons)	液化石油气 Liquefied Petroleum Gas 供气总量(吨) Volume of Gas Supply (ton)	销售气量(吨) Volume of Gas Sold (ton)	#居民家庭 Consumption for Residential Use	用气人口(万人) Population with Access to Gas (10 000 persons)
全　省	**Shaanxi**	**182495**	**176690**	**46669**	**593.53**	**34059**	**33613**	**30529**	**142.65**
西安市	Xi'an	116649	111340	21047	341.96	2110	2100	850	1.00
铜川市	Tongchuan	5704	5704	1745	25.89	1779	1761	941	3.51
宝鸡市	Baoji	16103	15975	3893	65.75	1465	1450	980	15.66
咸阳市	Xianyang	17941	17900	14300	61.00	11100	11100	11100	20.00
兴平市	xingping	1411	1411	540	11.10	950	950	850	6.67
渭南市	Weinan	5123	4895	207	25.07	2333	2323	2312	7.68
韩城市	hancheng	2583	2559	807	2.96	440	440	420	8.90
华阴市	huayin					660	660	498	5.30
延安市	Yan'an	7114	7042	3249	16.60	6094	6034	6034	18.23
汉中市	Hanzhong	69	69	40	6.70	3880	3600	3400	25.00
榆林市	Yulin	9368	9368	804	31.50				
安康市	Ankang					2500	2450	2400	27.70
商洛市	Shangluo	430	428	37	5.00	749	745	745	3.00

11-9 城市园林绿化情况(2011年)
Basic Statistics on Parks, Gardens and Green Areas in Cities(2011)

城市	City	园林绿化覆盖面积(公顷) Covered area of Gardening and Greening (hectare)	# 建成区 Developed Areas	园林绿地面积(公顷) Areas of Green Land (hectare)	公园绿地面积(公顷) Capita Public Green Area (hectare)	公园个数(个) Number of Parks (unit)	公园面积(公顷) Area of Parks (hectare)
全　省	**Shaanxi**	**35566**	**31292**	**28164**	**9118**	**130**	**3217**
西安市	Xi'an	15103	14097	12108	3584	62	1465
铜川市	Tongchuan	2485	1748	1784	412	7	58
宝鸡市	Baoji	3540	3458	3378	1160	16	795
咸阳市	Xianyang	2865	2707	2540	1310	2	165
兴平市	xingping	706	617	573	240	1	52
渭南市	Weinan	1563	1517	1479	489	3	45
韩城市	hancheng	872	677	629	137	5	19
华阴市	huayin	535	535	490	89	7	48
延安市	Yan'an	1358	1358	1296	354	12	259
汉中市	Hanzhong	1433	1280	1043	566	3	78
榆林市	Yulin	2468	1642	1451	269	2	100
安康市	Ankang	1256	1124	903	360	4	24
商洛市	Shangluo	1382	532	490	148	6	109

11-10 城市环境卫生情况(2011年)

Basic Statistics on Urban Sanitation in Cities(2011)

城市	City	道路清扫保洁面积(万平方米) Area of Paved Roads under Cleaning Program (10 000 sq.m)	#机械清扫 Machinery cleaning	生活垃圾清运量(万吨) Consumption Wastes Collected and Transported (10 000 tons)	粪便清运量(万吨) Volume of Disposal of Excrement and Urine (10 000 tons)	公厕数量(座) Number of Public Lavatories (set)	#三类以上 Third Grade 'and Above	市容环卫专用车辆设备总数(辆) Number of Special Vehicles for Environmental Sanitation (coach)
全省	**Shaanxi**	**11567**	**4360**	**428.27**	**37.16**	**2816**	**2581**	**2009**
西安市	Xi'an	6009	2671	233.53	3.50	1442	1442	1156
铜川市	Tongchuan	371	138	17.01	3.69	199	84	52
宝鸡市	Baoji	1050	429	24.83	1.38	215	215	166
咸阳市	Xianyang	803	246	27.83	3.05	207	207	161
兴平市	xingping	223	43	7.26		20	20	21
渭南市	Weinan	409	81	16.33	0.09	36	30	58
韩城市	hancheng	58		7.30		23	23	19
华阴市	huayin	41		6.00		37	26	7
延安市	Yan'an	470	128	12.27	2.20	147	114	93
汉中市	Hanzhong	372	67	11.67	0.05	102	93	44
榆林市	Yulin	1433	456	22.23	12.70	207	149	111
安康市	Ankang	212	68	36.00	10.50	121	121	83
商洛市	Shangluo	116	33	6.01		60	57	38

11-11 国家级风景名胜区(2011年)

State Scenic Spots at National Level (2011)

风景区名称	Name of Scenic Spots	风景区面积(平方公里) Area of Scenic Spots (sq.km)	#供游览面积 Area of Visiting	游人量(万人次) Number of Visitor (10 000 person-times)	#境外游人 Number of Oversea Visitor Arrivals
总计	**Total**	**760**	**323**	**430.6**	**8.1**
华山	Mountain Hua	148	50	150.0	1.1
骊山风景区	LishanHill Scenic Spot	120	55	36.3	1.8
黄河壶口瀑布	The Yellow River Hu-kou Falls	178	12	84.3	5.2
宝鸡天台山	BaojiTiantaishan	134	40	2.0	
黄帝陵	The Huangdi Tomb	3	1	128.0	
合阳洽川风景区	Heyangqiachuan Scenic Spot	177	165	30.0	

主要统计指标解释

水资源总量 指评价区内降水形成的地表和地下产水总量，即地表产流量与降水入渗补给地下水量之和，不包括过境水量。

地表水资源量 指评价区内河流、湖泊、冰川等地表水体中可以逐年更新的动态水量，即当地天然河川径流量。

地下水资源量 指评价区内降水和地表水对饱水岩土层的补给量，包括降水入渗补给量和河道、湖库、渠系、渠灌田间等地表水体的入渗补给量。

地表水与地下水资源重复量 指地表水和地下水相互转化的部分，即天然河川径流量中的地下水排泄量和地下水补给量中来源于地表水的入渗补给量。

用水总量 指分配给各类用户的包括输水损失在内的毛用水量之和，不包括海水直接利用量。

农业用水 指农田灌溉用水、林果地灌溉用水、草地灌溉用水和鱼塘补水。

工业用水 指工矿企业在生产过程中用于制造、加工、冷却、空调、净化、洗涤等方面的用水，按新水取用量计，不包括企业内部的重复利用水量。

生活用水 包括城镇生活用水和农村生活用水。城镇生活用水由居民用水和公共用水（含第三产业及建筑业等用水）组成；农村生活用水除居民生活用水外，还包括牲畜用水在内。

生态补水 仅包括人为措施供给的城镇环境用水和部分河湖、湿地补水，而不包括降水、径流自然满足的水量。

工业废水排放量 指经过企业厂区所有排放口排到企业外部的工业废水量。包括生产废水、外排的直接冷却水、超标排放的矿井地下水和与工业废水混排的厂区生活污水，不包括外排的间接冷却水(清污不分流的间接冷却水应计算在内)。

工业废水排放达标量 指报告期内废水中各项污染物指标都达到国家或地方排放标准的外排工业废水量，包括未经处理外排达标的，经废水处理设施处理后达标排放的，以及经污水处理厂处理后达标排放的。

生活污水排放量 指城镇居民每年排放的生活污水。用人均系数法测算。测算公式为：

$$\frac{\text{生活污水}}{\text{排放量}}=\frac{\text{城镇生活污水}}{\text{排放系数}}\times\frac{\text{市镇非}}{\text{农业人口}}\times 365$$

化学需氧量(COD) 指用化学氧化剂氧化水中有机污染物时所需的氧量。COD 值越高，表示水中有机污染物污染越重。

工业废气排放量 指报告期内企业厂区内燃料燃烧和生产工艺过程中产生的各种排入大气的含有污染物的气体的总量，以标准状态(273K，101325Pa)计算。测算公式为：

$$\frac{\text{工业废气}}{\text{排放量}}=\frac{\text{燃料燃烧过程}}{\text{中废气排放量}}+\frac{\text{生产工艺过程}}{\text{中废气排放量}}$$

生活及其他 SO_2 排放量 以生活及其他煤炭消费量和其含硫量为基础，根据以下公式计算：

$$\frac{\text{生活及其他}}{SO_2\text{排放量}}=\frac{\text{生活及其他}}{\text{煤炭消费量}}\times\text{含硫量}\times 0.8\times 2$$

工业 SO_2 排放量 指报告期内企业在燃料燃烧和生产工艺过程中排入大气的 SO_2 总量，计算公式为：

$$\frac{\text{工业}SO_2}{\text{排放量}}=\frac{\text{燃料燃烧过程}}{\text{中}SO_2\text{排放量}}+\frac{\text{生产工艺过程}}{\text{中}SO_2\text{排放量}}$$

工业烟尘排放量 指企业厂区内燃料燃烧过程中产生的烟气中夹带的颗粒物排放量。

生活及其他烟尘排放量 指除工业生产活动以外的所有社会、经济活动及公共设施的经营活动中燃烧所排放的烟尘纯重量。以生活及其他煤炭消费量为基础进行测算。

工业粉尘排放量 指企业在生产工艺过程中排放的能在空气中悬浮一定时间的固体颗粒物排放量。如钢铁企业的耐火材料粉尘、焦化企业的筛焦系统粉尘、烧结机的粉尘、石灰窑的粉尘、建材企业的水泥粉尘等。不包括电厂排入大气的烟尘。

工业固体废物产生量 指报告期内企业在生产过程中产生的固体状、半固体状和高浓度液体状废弃物的总量，包括危险废物、冶炼废渣、粉煤灰、炉渣、煤矸石、尾矿、放射性废物和其他废物等；不包括矿山开采的剥离废石和掘进废石(煤矸石和呈酸性或碱性的废石除外)。酸性或碱性废石指采掘的废石其流经水、雨淋水的 pH 值小于 4 或 pH 值大于 10.5 者。

危险废物 指列入国家危险废物名录或根据国家规定的危险废物鉴别标准和鉴别方法认定的，具有爆炸性、易燃性、易氧化性、毒性、腐蚀性、易传染疾病等危险特性之一的废物。

工业固体废物综合利用量 指报告期内企业通过回收、加工、循环、交换等方式，从固体废物中提取或者使其转化为可以利用的资源、能源和其他原材料的固体废物量(包括当年利用往年的工业固体废物贮存量)，如用作农业肥料、生产建筑材料、筑路等。综合利用量由原产生固体废物的单位统计。

工业固体废物综合利用率 指工业固体废物综合利用量占工业固体废物产生量(包括综合利用往年贮存量)的百分率。计算公式为：

$$\text{工业固体废物综合利用率}=\frac{\text{工业固体废物综合利用量}}{\text{工业固体废物产生量}+\text{综合利用往年贮存量}}\times 100\%$$

工业固体废物贮存量 指报告期内企业以综合利用或处置为目的，将固体废物暂时贮存或堆存在专设的贮存设施或专设的集中堆存场所内的数量。专设的固体废物贮存场所或贮存设施必须有防扩散、防流失、防渗漏、防止污染大气、水体的措施。

工业固体废物处置量 指报告期内企业将固体废物焚烧或者最终置于符合环境保护规定要求的场所，并不再回取的工业固体废物量(包括当年处置往年的工业固体废物贮存量)。处置方式有填埋(其中危险废物应安全填埋)、焚烧、专业贮存场(库)封场处理、深层灌注、回填矿井及海洋处置(经海洋管理部门同意投海处置)等。

工业固体废物排放量 指报告期内企业将所产生的固体废物排到固体废物污染防治设施、场所以外的数量，不包括矿山开采的剥离废石和掘进废石(煤矸石和呈酸性或碱性的废石除外)。

“三废”综合利用产品产值 指报告期内利用“三废”作为主要原料生产的产品价值(现行价)；已经销售或准备销售的应计算产品价值，留作生产自用的不应计算产品价值。

自然保护区 指为了保护自然环境和自然资源，促进国民经济的持续发展，将一定面积的陆地和水体划分出来，并经各级人民政府批准而进行特殊保护和管理的区域个数。根据保护对象，自然保护区分为自然生态系统类、野生生物类、自然遗迹类。风景名胜区、文物保护区不计在内。

湿地 指天然或人工、长久或暂时性的沼泽地、泥炭地或水域地带，包括静止或流动、淡水、半咸水、咸水体，低潮时水深不超过 6 米的水域以及海岸地带地区的珊瑚滩和海草床、滩涂、红树林、河口、河流、淡水沼泽、沼泽森林、湖泊、盐沼及盐湖。

环境突发事件 指由于违反环境保护法规的经济、社会活动与行为，以及意外因素的影响或不可抗拒的自然灾害等原因，致使环境受到污染，国家重点保护的野生动植物、自然保护区受到破坏，人体健康受到危害，社会经济和人民财产受到损失，造成不良社会影响的突发性事件。

环境污染治理投资 指在污染源治理和城市环境基础设施建设的资金投入中，用于形成固定资产的资金，其中污染源治理投资包括工业污染源治理投资和“三同时”项目环保投资两部分。环境污染治理投资为城市环境基础设施投资、工业污染源治理投资与“三同时”项目环保投资之和。

城市桥梁 指为跨越天然或人工障碍物而修建的构筑物。包括跨河桥、立交桥、人行天桥以及人行地下通道等。按使用年限分为永久性桥和半永久性桥。

城市园林绿地面积 指报告期末用作园林和绿化的各种绿地面积。包括公园绿地、生产绿地、防护绿地、附属绿地和其他绿地的面积。

Explanatory Notes on Main Statistical Indicators

Total Water Resources refers to total volume of water resources measured as run-off for surface water from rainfall and recharge for groundwater in a given area, excluding transit water.

Surface Water Resources refers to total renewable resources which exist in rivers, lakes, glaciers and other collectors from rainfall and are measured as run-off of rivers.

Groundwater Resources refers to replenishment of aquifers with rainfall and surface water.

Duplicated Measurement between Surface Water and Groundwater refers to mutual exchange between surface water and groundwater, i.e. run-off of rivers includes some depletion into groundwater while groundwater includes some replenishment from surface water.

Water Use refers to gross water use distributed to users, including loss during transportation, broken down into use by agriculture, industry, living consumption and ecological protection.

Water Use by Agriculture includes uses of water by irrigation of farming fields and by forestry, animal husbandry and fishing. Water use by forestry, animal husbandry and fishery includes irrigation of forestry and orchards, irrigation of grassland and replenishment of fishing farms.

Water Use by Industry refers to new withdrawals of water, excluding reuse of water within enterprises.

Water Use by Living Consumption includes use of water for living consumption in both urban and rural areas. Urban water use by living consumption is composed of household use and public use (including services, commerce, restaurants, cargo transportation, posts, telecommunications and construction). Rural water use by living consumption includes both households and animals.

Water Use by Ecological Protection includes replenishment of rivers and lakes and use for urban environment.

Waste Water Discharged by Industry refers to the volume of waste water discharged by industrial enterprises through all their outlets, including waste water from production process, directly cooled water, groundwater from mining wells which does not meet discharge standards and sewage from households mixed with waste water produced by industrial activities, but excluding indirectly cooled water discharged (It should be included if the discharge is not separated from waste water).

Industrial Waste Water Meeting Discharge Standards refers to volume of industrial waste water discharge which, with or without treatment, reaches national or local standards with regard to all pollutants.

Urban Non-industrial Waste Water Discharge refers to annual discharge of non-industrial waste water by urban households. It is estimated by per capita coefficient using the formula:

$$\begin{matrix}\text{Urban non-industrial}\\ \text{waste water discharge}\end{matrix} = \begin{matrix}\text{urban non-industrial waste}\\ \text{water discharge coefficient}\end{matrix} \times \begin{matrix}\text{urban non-agricultural}\\ \text{population}\end{matrix} \times 365$$

Chemical Oxygen Demand (COD) refers to the amount of oxygen required when chemical oxidants are used to oxidize organic pollutants in water. A higher value of COD corresponds to more serious pollution by organic pollutants.

Industrial Waste Air Emission refers to the discharge into atmosphere of waste air containing pollutants generated from fuel burning and production processes in enterprises within a given period of time. It is calculated at standard status (273K, 101325Pa) as:

$$\begin{matrix}\text{Industrial waste}\\ \text{air emission}\end{matrix} = \begin{matrix}\text{emission through}\\ \text{fuel burning}\end{matrix} + \begin{matrix}\text{emission through}\\ \text{production process}\end{matrix}$$

SO_2 Emission through Non-industrial and Other Activities is calculated on the basis of consumption of coal by households and other activities and the sulphur content of coal with the following formula:

$$\begin{matrix}SO_2\text{ emission}\\ \text{through non-}\\ \text{industrial and}\\ \text{other activities}\end{matrix} = \begin{matrix}\text{of coal by}\\ \text{households}\\ \text{and other}\\ \text{activities}\end{matrix} \times \begin{matrix}\text{sulphur}\\ \text{content}\end{matrix} \times 0.8 \times 2$$

SO_2 Emission through Industrial Activities refers to volume of sulphur dioxide emission from fuel burning and production process by enterprises during a given period of time. It is calculated as:

$$\begin{matrix}SO_2\text{ emission}\\ \text{through industrial}\\ \text{activities}\end{matrix} = \begin{matrix}SO_2\text{ emission from}\\ \text{fuel burning}\end{matrix} + \begin{matrix}SO_2\text{ emission from}\\ \text{production process}\end{matrix}$$

Industrial Soot Emission refers to the volume of soot in smoke emitted in the process of fuel burning in the premises of enterprises.

Soot Emission by Consumption and Others refers to the net volume of soot emitted by fuel burning from all social and economic activities and operations of public facilities other than industrial activities. It is calculated on the basis of coal consumption by households and others.

Industrial Dust Emission refers to volume of dust emitted by production process of enterprises and suspended in the air for a given period of time, including dust from refractory material of iron and steel works, dust from coke-screening systems and sintering machines of coke plants, dust from lime kilns and dust from cement production in building material enterprises, but excluding soot and dust emitted from power plants.

Industrial Solid Wastes Produced refers to total volume of solid, semi-solid and high concentration liquid residues produced by industrial enterprises from production process in a given period of time, including hazardous wastes, slag, coal ash, gangue, tailings, radioactive residues and other wastes, but excluding stones stripped or dug out in mining - gangue and acid or alkaline stones not included (a stone is acid or alkaline according to the pH value of the water being below 4 or above 10.5 when the stone is in, or soaked by water).

Hazardous Wastes refers to those included in the national hazardous wastes catalogue or specified as any one of the following properties in the national hazardous wastes identification standards: explosive, ignitable, oxidizable, toxic, corrosive or liable to cause infectious diseases or lead to other dangers.

Industrial Solid Wastes Utilized refers to volume of solid wastes from which useful materials can be extracted or which can be converted into usable resources, energy or other materials by means of reclamation, processing, recycling and exchange (including utilizing in the year the stocks of industrial solid wastes of the previous year). Examples of such utilizations include fertilizers, building materials and road materials. The information shall be collected by the producing units of the wastes.

Rate of Utilization of Industrial Solid Wastes refers to the percentage of industrial solid wastes utilized over industrial solid wastes produced (including stocks of the previous years). It is calculated as:

$$\text{Rate of utilization of industrial solid wastes} = \frac{\text{volume of industrial solid wastes utilized}}{\text{industrial solid wastes produced} + \text{stock of previous years}} \times 100\%$$

Stock of Industrial Solid Wastes refers to the volume of solid wastes placed in special facilities or special sites for purposes of utilization or disposal. The sites or facilities should take measures against dispersion, loss, seepage, and air and water contamination.

Industrial Solid Wastes Disposed refers to the quantity of industrial solid wastes which are burnt or placed ultimately in the sites meeting the requirements for environmental protection and not salvaged or recycled (including disposition in the year of those wastes of previous years). The disposition includes landfill (Safe landfills should be conducted for hazardous wastes), incineration, containment spaces, deep underground disposal, backfill in mining pits and disposal at sea.

Natural Reserves refer to certain areas of land, waters or sea demarked and approved by relevant governments at all levels to put under special protection and management in order to protect the natural environment and natural resources and to promote the sustainable development of the national economy. According to the objects be protected, the natural reserves are classified into classes of natural ecosystem, wild life and natural heritage. Scenic spots and cultural preservation zones are not included.

Wetlands refer to marshland and peat bog, whether natural or man-made, permanent or temporary; water covered areas, whether stagnant or flowing, with fresh or semi-fresh or salty water that is less than 6 meters deep at low tide; as well as coral beach, weed beach, mud beach, mangrove, river outlet, rivers, fresh-water marshland, marshland forests, lakes, salty bog and salt lakes along the coastal areas.

Sudden Accidents Effecting Environment refer to sudden accidents, due to economic or social activities that are contrary to environment protection laws or due to unforeseen factors or natural disasters, that lead to environment pollution, destruction of protected wild animals, plants or nature reserves, damage to human health, economic and property losses, and other negative impacts on the society.

Investment in Environment Pollution Harnessing Projects refers to the proportion of investment in fixed assets in the total investment in harnessing pollution and in the construction of urban environment infrastructure facilities. The investment in harnessing pollution It includes investment in harnessing sources of industrial pollution and investment in environment protection facilities designed concurrently with construction projects. Investment in environment pollution harnessing is the total of investment in harnessing pollution and investment in urban environment infrastructure facilities.

Urban Bridges refer to bridges built to cross over natural or man-made barriers, including bridges over rivers, overpasses for traffic and for pedestrians, underpasses for pedestrians, etc. Both permanent and semi-permanent bridges are included.

Area of Parks and Green Land refers to the total area occupied for green projects at the end of the reference period, including park green land, production green land, protection green land, green land attached to institutions, and other green areas.

十二、农　业

Agriculture

资料整理：孔庆惠　郑月霞　姜亦武　赵国辉

简 要 说 明

一、本篇资料反映陕西农业生产和农村经济的基本情况，内容主要包括耕地、农林牧渔业产值、主要农产品产量、造林、水利水保、农业机械拥有量、农业基地县等方面的统计资料。

二、农业统计范围包括除县城关镇以外所有乡镇的社会经济活动。

三、粮食播种面积及产量、主要畜禽产品产量全省为抽样调查数。

四、造林情况及2010年以后林产品产量由省林业厅提供，水利水保情况由省水利厅提供，灾情由省民政厅提供。

Brief Introduction

I. This chapter reflects the basic conditions of agricultural production and rural economy of Shaanxi Province, mainly including cultivated land, output of agriculture, forestry, animal husbandry and fishery, output of major products, forestation, water conservancy and protection, quantity of agricultural machinery and agricultural base county.

Ⅱ.Rural social and economic statistics cover social and economic activities in all townships except county towns.

Ⅲ.The sown area and output of grain and output of main animal products of Shaanxi Province are collected with sample survey.

Ⅳ.The forestation situation and output of forest product after 2010 are provided by Shaanxi Province Forestry Department. The situation of water conservancy and protection are provided by Shaanxi Province Department of Water Resources Department. The data on disasters are provided by Shaanxi Provincial Department of Civil Affairs.

12.农　业

2011年全省

年末常用耕地面积	2860.98	千公顷	占全省土地面积	13.9%
农林牧渔业总产值	2058.60	亿　元	比上年增长	5.6%
农作物播种面积	4181.04	千公顷		
粮食产量	1194.70	万　吨		
水果产量	1332.68	万　吨		

果园面积和水果产量

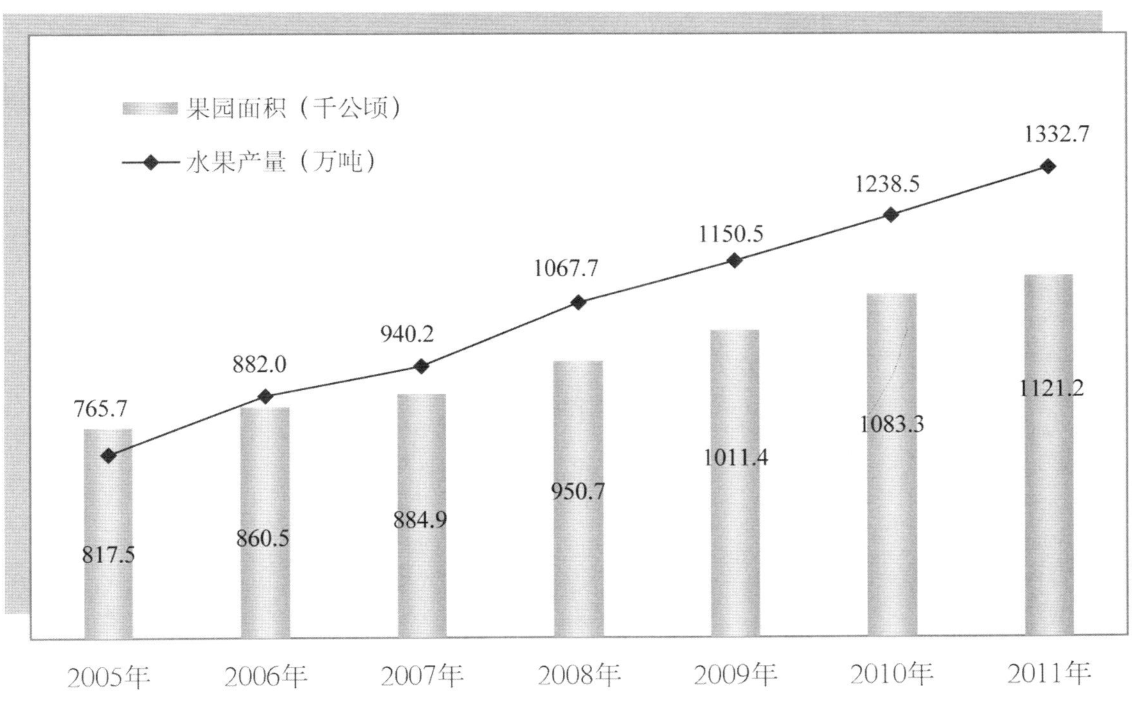

12-1 常用耕地面积
Area of Cultivated Land

年 份 Year	年末常用耕地面积(千公顷) Area of Cultivated Land (1 000 hectares)	# 水田 Paddy Field	# 水浇地 Irrigated Field	每一乡村人口占有耕地(公顷) The Average Area of Cultivated Land per Rural Person (hectare)	# 水田、水浇地 Paddy Field and Irrigated Field
1978	3853.60	170.07	1047.93	0.16	0.05
1980	3815.67	169.93	1095.80	0.16	0.05
1985	3627.07	166.13	1003.33	0.15	0.05
1990	3533.00	171.47	998.20	0.13	0.04
1995	3393.44	176.04	995.59	0.12	0.04
1996	3358.98	173.54	996.37	0.12	0.04
1997	3325.01	174.00	976.83	0.12	0.04
1998	3302.47	171.09	992.42	0.12	0.04
1999	3238.28	170.88	1007.75	0.12	0.04
2000	3113.96	172.53	997.22	0.11	0.04
2001	2965.83	163.95	968.66	0.11	0.04
2002	2854.81	159.27	974.22	0.10	0.04
2003	2795.82	154.22	916.21	0.10	0.04
2004	2795.52	156.68	897.56	0.10	0.04
2005	2788.45	155.04	926.44	0.10	0.04
2006	2783.30	153.45	921.44	0.10	0.04
2007	2840.73	152.64	900.97	0.10	0.04
2008	2848.37	151.69	899.50	0.10	0.04
2009	2860.04	148.22	906.41	0.10	0.04
2010	2860.53	146.65	900.43	0.10	0.04
2011	2860.98	144.65	934.44	0.10	0.04

12-2 各市(区)常用耕地面积(2011年)
Area of Cultivated Land by City(District)(2011)

地 区	Region	年末常用耕地面积(千公顷) Cultivated Land (1 000 hectares)	# 水田 Paddy Field	# 水浇地 Irrigated Field	每一乡村人口占有耕地(公顷) The Average Area of Cultivated Land per Rural Person (hectare)	# 水田、水浇地 Paddy Field and Irrigated Field
全 省	**Shaanxi**	**2860.98**	**144.65**	**934.44**	**0.10**	**0.04**
西 安 市	Xi'an	251.40	2.54	168.97	0.06	0.04
铜 川 市	Tongchuan	63.32	0.07	5.76	0.15	0.01
宝 鸡 市	Baoji	305.72	0.55	86.78	0.11	0.03
咸 阳 市	Xianyang	359.27	0.17	195.60	0.09	0.05
渭 南 市	Weinan	521.65	0.30	314.82	0.12	0.07
延 安 市	Yan'an	235.29	1.31	7.10	0.15	0.01
汉 中 市	Hanzhong	204.62	97.45	5.28	0.07	0.03
榆 林 市	Yulin	575.00	5.37	111.73	0.19	0.04
安 康 市	Ankang	197.10	34.72	1.04	0.08	0.01
商 洛 市	Shangluo	133.23	2.16	25.26	0.07	0.01
杨凌示范区	Yangling	5.79		5.79	0.05	0.05

12-3　农林牧渔业总产值
Gross Output Value of Agriculture, Forestry, Animal Husbandry and Fishery

单位：万元　　(10 000 yuan)

年份 Year	农林牧渔业总产值 Total	农业 Farming	林业 Forestry	牧业 Animal Husbandry	渔业 Fishery	农林牧渔服务业 Service in Support of Agriculture
1978	362748	309084	11717	41802	145	
1980	418773	349984	16625	51996	168	
1985	795777	611883	50751	131815	1328	
1990	1699568	1243236	90170	357676	8486	
1995	3816465	2578674	168848	1046501	22442	
1996	4484603	3229267	190692	1036321	28323	
1997	4555898	3214059	186349	1124778	30712	
1998	4793422	3408731	192286	1158870	33535	
1999	4524685	3276525	222862	989843	35455	
2000	4648889	3277761	272175	1063900	35053	
2001	4788356	3374163	235930	1140722	37541	
2002	5090762	3532131	266225	1251170	41236	
2003	5112543	3343544	268260	1455952	44787	
2004	6512051	4137371	263525	1794364	51236	265555
2005	7307239	4729047	250070	1989982	54879	283261
2006	8215406	5234189	289488	2141302	34427	516000
2007	10028501	6293403	337745	2740463	42427	614463
2008	12778611	7758512	414721	3852637	60582	692159
2009	13372200	8236000	456300	3879000	65000	735900
2010	16660575	11072354	351824	4349944	82909	803544
2011	20586024	13606649	423402	5534045	106249	915679

注：1.2002年及以前农林牧渔业总产值含农民家庭兼营工业产值，按当年市场价格计算。
　　2.2003年及以后不含农民家庭兼营工业产值，按生产者价格计算，2004年及以后含农林牧渔服务业产值.

a) Before 2002 Gross Output Value of Agriculture, Forestry, Animal Husbandry and Fishery included commodity industry run by Rural Household, Data in this table are calculated at current prices.

b) Since 2003 it exclude commodity industry run by Rural Household,Data in this table are calculated at producer's price. Since 2004 it include services for Agriculture, Forestry,Animal Husbandry and Fishery.

12-4　各市(区)农林牧渔业总产值(2011年)
Gross Output Value of Agriculture, Forestry, Animal Husbandry and Fishery by City(District)(2011)

单位：万元　　(10 000 yuan)

地区	Region	农林牧渔业总产值 Total	农业 Farming	林业 Forestry	牧业 Animal Husbandry	渔业 Fishery	农林牧渔服务业 Service in Support of Agriculture
全　省	**Shaanxi**	**20586024**	**13606649**	**423402**	**5534045**	**106249**	**915679**
西安市	Xi'an	2726608	1729295	34453	754593	14856	193411
铜川市	Tongchuan	308995	231091	3787	60924	1703	11490
宝鸡市	Baoji	2157164	1153182	58516	851044	8487	85935
咸阳市	Xianyang	4180201	3111345	45402	829059	10521	183874
渭南市	Weinan	2837132	1982169	47430	672839	18028	116666
延安市	Yan'an	1522912	1182368	38829	263422	3414	34879
汉中市	Hanzhong	2455587	1345033	94155	889875	30668	95856
榆林市	Yulin	1870555	927822	42655	823397	7451	69230
安康市	Ankang	1246677	728921	63491	383132	32106	39027
商洛市	Shangluo	1247614	638548	62378	500001	2782	43905
杨凌示范区	Yangling	87682	53508	5574	23155		5445

注：本表按当年价格计算。

a) Data in this table are calculated at current prices.

12-5 农林牧渔业总产值指数(1978年=100)

Indices of Gross Output Value of Agriculture, Forestry, Animal Husbandry and Fishery (year of 1978=100)

年 份 Year	农林牧渔业总产值 Total	农 业 Farming	林 业 Forestry	牧 业 Animal Husbandry	渔 业 Fishery	农林牧渔服务业 Service in Support of Agriculture
1978	100.0	100.0	100.0	100.0	100.0	
1980	97.0	92.0	123.3	107.7	113.7	
1985	148.2	152.7	189.0	159.6	303.5	
1990	191.7	204.0	176.7	231.9	992.9	
1995	250.8	250.8	251.7	364.6	1834.7	
1996	277.1	294.5	263.1	346.4	2144.8	
1997	281.5	294.8	249.6	373.4	2348.5	
1998	306.6	321.9	274.1	402.6	2463.6	
1999	306.0	324.5	305.3	378.0	2803.6	
2000	320.0	336.8	322.1	403.7	2795.2	
2001	328.0	341.5	328.6	426.3	2937.7	
2002	348.4	361.7	363.4	452.3	3193.3	
2003	366.1	371.8	389.2	503.4	3404.1	
2004	399.8	416.8	383.6	526.1	3482.4	
2005	432.2	448.9	359.7	587.1	3844.6	
2006	463.8	484.4	367.9	627.1	4063.7	
2007	487.0	508.1	409.9	652.1	4336.0	
2008	525.4	547.7	446.8	707.6	4713.2	
2009	551.2	568.5	499.0	755.0	5080.8	
2010	583.1	605.7	512.4	789.1	5540.0	
2011	615.8	645.7	562.1	788.3	6925.0	

注：本表按可比价格计算。

a) Data in this table are calculated at constant prices.

12-6 农林牧渔业总产值指数(上年=100)

Indices of Gross Output Value of Agriculture, Forestry, Animal Husbandry and Fishery (preceding year=100)

年 份 Year	农林牧渔业总产值 Total	农 业 Farming	林 业 Forestry	牧 业 Animal Husbandry	渔 业 Fishery	农林牧渔服务业 Service in Support of Agriculture
1978	102.7	101.6	94.4	100.5	94.3	
1980	85.9	81.2	109.2	95.7	100.6	
1985	102.8	100.8	113.7	115.6	148.9	
1990	106.1	107.6	93.8	108.6	115.3	
1995	104.0	104.8	100.0	102.8	113.1	
1996	110.5	117.4	104.5	95.0	116.9	
1997	101.6	100.1	94.9	107.8	109.5	
1998	108.9	109.2	109.8	107.8	104.9	
1999	99.8	100.8	111.4	93.9	113.8	
2000	104.6	103.8	105.5	106.8	99.7	
2001	102.5	101.4	102.0	105.6	105.1	
2002	106.2	105.9	110.6	106.1	108.7	
2003	105.1	102.8	107.1	111.3	106.6	
2004	109.2	112.1	98.6	104.5	102.3	
2005	108.1	107.7	93.8	111.6	110.4	104.2
2006	107.3	107.9	102.3	106.8	105.7	105.8
2007	105.0	104.9	111.4	104.0	106.7	106.1
2008	107.9	107.8	109.0	108.5	108.7	106.2
2009	104.9	103.8	111.7	106.7	107.8	105.5
2010	105.8	106.5	102.7	104.5	109.0	105.2
2011	105.6	106.6	109.7	99.9	125.0	107.0

注：本表按可比价格计算。

a) Data in this table are calculated at constant prices.

12-7 农林牧渔业分项产值

Gross Output Value of Agriculture, Forestry, Animal Husbandry and Fishery by Item

单位：万元 (10 000 yuan)

指 标	Item	2009	2010	2011
农林牧渔业总产值	**Gross Output Value of Agriculture, Forestry, Animal Husbandry and Fishery**	**13372200**	**16660575**	**20586024**
一、农业总产值	Output Value of Farming	8236000	11072354	13606649
# 粮食作物	Grain	2669196	3103357	3385911
(一) 谷物及其他作物	Cereals and Other Crops	3209452	3859367	4301323
1.谷 物	Cereal	2013306	2342859	2546428
2.薯 类	Tubers	462850	548719	588160
3.豆 类	Beans	193040	211779	251323
4.油 料	Oil-bearing	244108	295515	396254
5.棉 花	Cotton	106639	95603	96634
6.麻 类	Fiber Crops	494	333	737
7.糖 料	Sugar Crops	164	403	216
8.烟 草	Tobacco	72855	95736	115371
9.其他农作物	Others	115996	268420	306200
(二)蔬菜、园艺作物	Vegetables Gardening Crops	2257688	2912902	3712867
# 1.蔬 菜	Vegetables	2210566	2860449	3635456
2.花 卉	Flowers	22452	52453	31929
(三)水果、坚果、茶叶和香料作物	Fruits,Nuts Tea and Spices Crops	2468243	3928041	5120495
# 1.水 果	Fruits	2358690	3536584	4537842
# 园林水果	Garden Fruit	2154229	3203009	4114382
# 苹 果	Apples	1399510	2188454	2877250
果用瓜类	Melon	204461	333575	423460
2.坚 果	Nuts		137565	252597
3.茶 叶	Tea	109553	153710	183000
4.香料作物	Spices Crops		100182	147056
(四)中药材	Chinese Herbal Medicines	300617	372044	471964
二、林业产值	Output Value of Forestry	456300	351824	423402
(一)林木的培育和种植	Cultivation and Planting of Trees	165155	198270	232767
(二)竹木采运	Logging andTransport of Bamboo	22961	31304	42459
(三)林产品	Forestry Products	268184	122250	148176
三、牧业产值	Output Value of Animal Husbandry	3879000	4349944	5534045
(一)牲畜的饲养	Stock Breeding	1245685	1589937	1922945
1.牛的饲养	Cattle	267739	326123	435484
2.羊的饲养	Sheep	389930	423122	551843
3.其他牲畜饲养	Others	17548	23689	35456
4.奶产品	Milk Products	535562	764107	826649
5.毛绒产品	Feather and Cashmere Products	34906	52896	73513
(二)猪的饲养	Pigs Breeding	1973492	1965196	2703848
(三)家 禽	Poultry Breeding	571509	645022	690133
# 禽 蛋	Egg	374546	412596	469131
(四)狩猎和捕捉动物	Animal Hunting and Trapping	5133	4138	6217
(五)其它畜牧业	Other Animal Husbandry	83181	145651	210902
四、渔业产值	Output Value of Fishery	65000	82909	106249
五、农林牧渔服务业	Service in Support of Agriculture	735900	803544	915679

注：1.本表按当年生产者价格计算。
2.由于核算制度的变化，2010年起林产品不含核桃板栗和花椒等。

a) Data in this table are calculated at producer's price.

b) Because the changes of national accounts, forestry Products exclude walnuts, chestnuts and pepper etc.

12-8 农林牧渔业增加值

Value Added of Agriculture, Forestry, Animal Husbandry and Fishery

单位：万元 (10 000 yuan)

指　标	Item	2009	2010	2011
农林牧渔业增加值	**Total**	**7896400**	**9884525**	**12209264**
农　业	Farming	5094000	6848658	8415524
林　业	Forestry	287500	223675	269181
牧　业	Animal Husbandry	2085900	2336965	2974000
渔　业	Fishery	37000	47194	60279
农林牧渔服务业	Service in Support of Agriculture	392000	428033	490280

12-9 各市(区)农林牧渔业增加值(2011年)

Value Added of Farming, Forestry, Animal Husbandry Fishery by City(District)(2011)

单位：万元 (10 000 yuan)

地　区	Region	农林牧渔业 Total	农　业 Farming	林　业 Forestry	牧　业 Animal Husbandry	渔　业 Fishery	农林牧渔服务业 Service in Support of Agriculture	农林牧渔业增加值比上年增长% Growth Rate as Last Year (%)
全　省	**Shaanxi**	**12209264**	**8415524**	**269181**	**2974000**	**60279**	**490280**	**5.9**
西安市	Xi'an	1731398	1161248	18808	428169	7678	115495	6.7
铜川市	Tongchuan	174068	130106	2112	34642	957	6251	7.3
宝鸡市	Baoji	1286373	691388	36228	501723	4584	52450	6.1
咸阳市	Xianyang	2524638	1927251	24192	454439	6136	112620	7.2
渭南市	Weinan	1604700	1094567	27215	399882	11056	71980	7.0
延安市	Yan'an	866872	683177	22189	140462	1958	19086	7.4
汉中市	Hanzhong	1422941	831844	61359	458964	18068	52706	6.6
榆林市	Yulin	1119128	585158	26086	463276	4382	40226	6.0
安康市	Ankang	720053	446443	34019	201301	19858	18432	6.5
商洛市	Shangluo	706095	388247	39586	250951	1606	25705	6.5
杨凌示范区	Yangling	53134	37081	1819	12165		2069	8.1

注：本表按当年价格计算,增长速度按可比价计算。

a) Data in this table are calculated at current prices. Growth rate are calculated at constant prices.

12-10 主要农作物播种面积
Total Sown Areas of Major Farm Crops

单位：千公顷 (1 000 hectares)

年 份 Year	总播种面积 Total Sown Area	粮食作物播种面积 Sown Area of Grain Crops	夏粮 Summer Grain	#小麦 Wheat	秋粮 Autumn Grain	#稻谷 Rice	#玉米 Corn	#大豆 Soja
1978	5254.67	4488.00	1949.33	1604.67	2493.33	160.00	1090.67	206.00
1980	5072.67	4310.37	1906.67	1590.67	2404.00	162.67	1076.67	211.33
1985	4663.33	3965.33	1928.00	1693.33	2037.33	156.67	950.67	202.00
1990	4860.00	4134.67	1925.33	1690.67	2209.33	159.33	1024.67	288.67
1995	4496.85	3807.73	1805.33	1600.23	2002.40	139.35	902.63	240.51
1996	4777.32	4052.85	1813.62	1597.84	2239.23	156.87	1087.38	277.12
1997	4504.04	3811.46	1810.73	1602.80	2000.74	153.86	915.92	255.85
1998	4697.17	4030.12	1820.73	1610.54	2209.39	159.97	1065.18	291.77
1999	4726.34	4026.97	1787.79	1589.45	2239.17	154.59	1123.41	273.24
2000	4555.49	3821.59	1716.62	1537.26	2104.97	144.81	1056.96	246.96
2001	4264.84	3517.63	1590.29	1424.24	1927.34	140.78	1005.06	229.06
2002	4198.37	3397.29	1512.25	1356.75	1885.04	130.52	999.93	224.25
2003	4090.26	3157.28	1402.71	1255.11	1754.57	123.35	940.53	198.19
2004	4303.04	3362.01	1324.90	1152.70	2037.11	135.25	1132.56	237.58
2005	4391.24	3453.33	1389.53	1211.53	2063.77	133.79	1148.37	232.51
2006	3983.48	3081.27	1338.76	1181.61	1742.51	106.50	1041.63	180.77
2007	4044.74	3099.81	1329.43	1167.22	1770.38	109.70	1060.32	171.21
2008	4274.45	3234.70	1317.33	1140.00	1917.37	119.01	1112.90	184.25
2009	4154.10	3133.97	1319.33	1145.97	1814.64	125.33	1164.00	187.33
2010	4185.58	3159.70	1320.67	1148.90	1839.03	121.60	1182.40	178.60
2011	4181.04	3134.87	1314.67	1136.67	1820.20	120.93	1177.80	151.79

12-10 续表 continued

单位：千公顷 (1 000 hectares)

年 份 Year	棉 花 Cotton	油 料 Oil-bearing	#油菜籽 Rapeseeds	#花生 Peanuts	麻 类 Fiber Crops	糖 料 Sugar Crops	烤 烟 Flue-cured Tobacco	蔬 菜 Vegetables	瓜 类 Melon
1978	252.67	130.00	73.33	4.7	7.13	2.60	7.60	78.67	14.67
1980	242.00	160.00	89.33	8.7	3.73	3.30	3.33	79.33	20.27
1985	94.67	240.00	114.00	47.67	2.20	4.33	34.67	121.33	30.60
1990	112.67	269.33	132.00	39.56	2.88	3.53	72.13	145.33	22.87
1995	72.75	302.18	169.77	32.87	1.50	2.28	48.33	174.23	27.63
1996	59.55	312.91	168.20	31.26	1.40	2.20	62.36	194.28	26.68
1997	39.86	296.68	160.29	28.17	1.20	3.50	87.04	182.74	25.26
1998	35.22	284.72	136.76	31.56	1.10	2.10	54.03	193.12	34.19
1999	27.74	308.15	153.47	31.78	1.01	1.77	46.73	216.95	31.91
2000	30.09	303.63	163.75	33.45	0.91	1.43	47.08	228.71	33.49
2001	50.38	291.14	167.70	30.86	0.75	1.52	40.60	219.43	37.07
2002	42.81	280.63	166.05	29.63	0.68	1.27	31.26	263.70	37.56
2003	65.06	285.58	165.82	29.51	0.51	0.33	30.95	276.80	43.52
2004	80.09	283.32	173.21	28.04	0.76	0.24	30.40	301.30	44.87
2005	70.23	276.86	178.71	29.55	1.06	0.10	32.58	331.70	51.04
2006	85.30	249.21	160.60	28.87	1.05	0.09	32.93	356.38	59.92
2007	89.13	252.12	163.39	27.57	0.68	0.09	31.18	368.91	61.84
2008	85.15	277.16	178.31	32.56	0.51	0.19	33.42	385.59	58.60
2009	61.84	295.48	194.63	31.14	0.38	0.06	36.81	428.67	64.83
2010	50.88	301.24	201.78	31.15	0.49	0.07	31.06	443.99	70.37
2011	50.28	300.84	203.32	32.05	0.49	0.05	35.74	458.28	78.42

注：2009年及以后粮食播种面积为抽样调查数。
a) Since 2009 sown area of grain crops are sample survey data.

12-11 各市(区)主要农作物播种面积(2011年)
Total Sown Areas of Major Farm Crops by City(District)(2011)

单位：千公顷 (1 000 hectares)

地区	Region	总播种面积 Total Sown Area	粮食作物播种面积 Sown Area of Grain Crops	夏粮 Summer Grain	#小麦 Wheat	秋粮 Autumn Grain	#稻谷 Rice	#玉米 Corn	#大豆 Soja
全　省	**Shaanxi**	**4181.04**	**3134.87**	**1314.67**	**1136.67**	**1820.20**	**120.93**	**1177.80**	**151.79**
西安市	Xi'an	469.42	382.08	206.10	202.18	175.98	0.83	162.05	7.70
铜川市	Tongchuan	79.33	58.72	25.57	25.54	33.15	0.02	28.77	2.77
宝鸡市	Baoji	420.34	335.39	190.55	186.06	144.84	0.74	124.77	7.67
咸阳市	Xianyang	519.27	398.88	227.32	226.68	171.56		170.40	0.13
渭南市	Weinan	721.79	538.00	315.19	313.94	222.81		202.25	10.51
延安市	Yan'an	239.42	196.25	11.23	6.23	185.02	1.29	71.31	19.79
汉中市	Hanzhong	432.95	267.00	90.17	44.47	176.83	78.47	70.73	15.16
榆林市	Yulin	563.38	466.29	18.07	4.04	448.22	1.72	115.99	58.23
安康市	Ankang	440.64	267.81	118.91	51.16	148.90	29.53	79.53	10.35
商洛市	Shangluo	275.25	208.44	103.23	72.39	105.21	0.75	72.94	19.11
杨凌示范区	Yangling	7.31	5.16	2.73	2.73	2.43		2.40	

12-11 续表 continued

单位：千公顷 (1 000 hectares)

地区	Region	棉花 Cotton	油料 Oil-bearing	#油菜籽 Rapeseeds	#花生 Peanuts	麻类 Fiber Crops	糖料 Sugar Crops	烤烟 Flue-cured Tobacco	蔬菜 Vegetables
全　省	**Shaanxi**	**50.28**	**300.84**	**203.32**	**32.05**	**0.49**	**0.05**	**35.74**	**458.28**
西安市	Xi'an	3.98	5.88	4.73	0.22				64.62
铜川市	Tongchuan		7.52	7.45				0.76	6.30
宝鸡市	Baoji	0.07	13.00	11.61	0.01	0.22		5.35	49.35
咸阳市	Xianyang	0.44	25.02	23.51	0.08			2.84	83.00
渭南市	Weinan	44.65	31.16	18.88	9.14			0.74	69.87
延安市	Yan'an	0.62	11.59	2.51	2.08			2.70	20.57
汉中市	Hanzhong		82.93	76.31	4.08	0.01	0.02	3.40	56.47
榆林市	Yulin	0.23	45.50		5.98	0.09			22.07
安康市	Ankang	0.05	66.92	53.22	5.87	0.14	0.02	12.07	64.86
商洛市	Shangluo	0.01	11.10	5.08	4.41	0.03		7.87	19.28
杨凌示范区	Yangling		0.02	0.02					1.83

注：本表全省粮食面积为抽样调查数。

a) The sown area of grain crops of Shaanxi in this table are sample survey data.

12-12 主要农作物产品产量
Output of Major Farm Products

单位：万吨 (10 000 tons)

年份 Year	粮食 Grain	夏粮 Summer Grain	#小麦 Wheat	秋粮 Autumn Grain	#稻谷 Rice	#玉米 Corn	#大豆 Soja
1978	800.00	293.50	251.00	542.00	81.50	292.00	19.95
1980	757.00	264.00	229.90	493.00	75.70	274.70	17.86
1985	951.90	459.20	423.30	492.70	88.30	291.60	18.35
1990	1070.70	501.70	463.70	569.00	100.40	333.80	30.75
1995	913.40	457.80	410.40	455.60	64.20	282.30	20.46
1996	1217.30	433.90	405.70	783.40	104.70	472.30	39.80
1997	1044.40	584.90	562.70	459.50	93.40	271.40	17.30
1998	1303.10	525.90	504.20	777.20	101.30	481.10	41.10
1999	1081.60	432.70	405.50	648.90	86.10	440.40	29.30
2000	1089.10	445.50	418.60	643.60	94.70	413.70	22.20
2001	976.61	432.74	406.63	543.87	92.05	352.81	19.60
2002	1005.60	440.10	405.30	565.50	80.30	374.50	21.20
2003	968.40	440.60	395.50	527.80	75.50	373.20	15.90
2004	1160.36	449.00	407.90	711.40	80.83	475.36	30.18
2005	1139.50	436.80	401.20	702.70	79.30	470.10	31.79
2006	1041.90	429.39	392.63	612.51	66.36	448.57	22.12
2007	1067.91	393.29	356.99	674.62	66.93	498.77	22.93
2008	1150.90	438.80	391.50	712.10	67.88	504.31	24.56
2009	1131.40	426.00	383.10	705.40	82.50	526.10	42.36
2010	1164.90	449.30	403.80	715.60	81.01	532.20	39.71
2011	1194.70	455.10	410.10	739.60	84.50	550.70	24.39

12-12 续表 continued

单位：万吨 (10 000 tons)

年份 Year	棉花 Cotton	油料 Oil-bearing	#油菜籽 Rapeseeds	#花生 Peanuts	麻类 Fiber Crops	糖料 Sugar Crops	烤烟 Flue-cured Tobacco	蔬菜 Vegetables
1978	10.54	5.65	4.01	0.51	0.50	1.89	1.38	
1980	8.08	10.97	7.72	1.15	0.27	3.11	0.57	
1985	4.30	29.86	16.40	10.05	0.24	7.85	6.26	297.16
1990	7.78	33.39	19.25	7.03	0.18	5.92	12.32	367.30
1995	3.99	38.15	25.45	6.02	0.11	1.03	6.34	362.86
1996	3.12	37.42	19.05	6.63	0.12	2.75	11.09	430.93
1997	2.06	36.71	25.77	4.66	0.08	3.43	12.17	391.14
1998	2.29	35.48	17.58	6.94	0.10	4.96	8.53	459.58
1999	1.95	31.92	16.75	6.68	0.09	1.81	7.46	500.11
2000	2.74	38.76	22.40	7.33	0.09	1.79	7.36	556.53
2001	4.98	37.54	23.13	7.09	0.07	1.94	6.29	525.46
2002	4.30	41.08	24.58	7.01	0.11	3.10	5.10	660.48
2003	5.27	41.33	27.05	6.90	0.07	0.80	4.88	708.94
2004	8.23	46.06	29.45	7.18	0.11	0.67	5.32	785.34
2005	7.78	45.35	30.33	7.58	0.09	0.30	5.88	869.93
2006	8.83	41.36	27.29	7.55	0.14	0.24	5.99	848.48
2007	8.98	39.15	26.97	6.94	0.08	0.31	5.56	928.10
2008	10.07	49.46	33.35	8.20	0.06	0.30	7.14	1067.12
2009	8.58	54.38	35.63	9.71	0.05	0.17	7.31	1257.59
2010	6.92	56.08	37.27	8.98	0.06	0.20	6.73	1384.02
2011	6.74	58.97	38.36	9.28	0.06	0.16	7.67	1432.50

注：2009年及以后粮食产量为抽样调查数。
a) Since 2009 grain products are sample survey data.

12-13 各市(区)主要农产品产量(2011年)
Output of Major Farm Products by City(District)(2011)

地 区	Region	粮食(万吨) Grain (10 000 tons)	夏粮 Summer Grain	# 小麦 Wheat	秋粮 Autumn Grain	# 稻谷 Rice	# 玉米 Corn	# 大豆 Soja
全　省	**Shaanxi**	**1194.70**	**455.10**	**410.10**	**739.60**	**84.50**	**550.70**	**24.39**
西安市	Xi'an	182.04	90.54	88.94	91.50	0.67	85.30	1.70
铜川市	Tongchuan	21.44	6.65	6.63	14.79	0.01	13.75	0.43
宝鸡市	Baoji	142.52	77.38	75.73	65.14	0.43	61.56	0.73
咸阳市	Xianyang	186.15	94.74	94.49	91.41		90.54	0.03
渭南市	Weinan	210.47	103.93	103.68	106.54		101.07	2.18
延安市	Yan'an	68.47	3.07	1.58	65.40	1.08	41.71	4.16
汉中市	Hanzhong	95.14	22.38	11.74	72.76	47.55	20.49	1.51
榆林市	Yulin	142.03	4.85	0.78	137.18	1.16	64.97	8.68
安康市	Ankang	80.13	26.74	11.27	53.39	20.84	22.77	1.90
商洛市	Shangluo	59.80	22.87	15.17	36.93	0.49	29.24	2.97
杨凌示范区	Yangling	3.05	1.59	1.59	1.46		1.44	

12-13 续表 continued

地 区	Region	棉花(吨) Cotton (ton)	油料(吨) Oil-bearing (ton)	# 油菜籽 Rapeseeds	# 花生 Peanuts	麻类(吨) Fiber Crops (ton)	糖料(吨) Sugar Crops (ton)	烤烟(吨) Flue-cured Tobacco (ton)	蔬菜(万吨) Vegetables (10 000 tons)
全　省	**Shaanxi**	**67447**	**589665**	**383621**	**92771**	**654**	**1556**	**76749**	**1432.50**
西安市	Xi'an	5649	11722	9505	570	5			261.52
铜川市	Tongchuan		9590	9513				1903	13.36
宝鸡市	Baoji	89	22627	20822	23	252		9131	112.61
咸阳市	Xianyang	317	61836	43811	177			6553	346.79
渭南市	Weinan	60070	66322	29972	31151			2050	201.35
延安市	Yan'an	514	22986	4470	3667			4919	93.01
汉中市	Hanzhong	3	176689	161438	11330	3	747	8686	179.41
榆林市	Yulin	113	69821		17866	190			58.83
安康市	Ankang	47	125759	97469	15334	195	809	25617	113.76
商洛市	Shangluo	12	21603	6567	11997	9		17890	41.05
杨凌示范区	Yangling		54	54					10.58

注：全省粮食产量为抽样调查数。

a) The sown area of grain crops of Shaanxi in this table are sample survey data.

12-14 主要农产品单位面积产量
Output of Major Farm Products Per Hectare

单位：公斤/公顷 (kg/hectare)

年 份 Year	粮 食 Grain	夏 粮 Summer Grain	# 小 麦 Wheat	秋 粮 Autumn Grain	# 稻 谷 Rice	# 玉 米 Corn	# 大 豆 Soja
1978	1785	1395	1470	2175	5130	2520	970
1980	1755	1380	1440	2055	4650	2550	844
1985	2400	2385	2550	2415	5640	3060	908
1990	2595	2610	2745	2580	6300	3255	1066
1995	2399	2536	2565	2275	4609	3128	851
1996	3003	2392	2539	3498	6674	4343	1436
1997	2740	3230	3511	2297	6070	2963	676
1998	3233	2888	3131	3518	6332	4517	1408
1999	2686	2420	2551	2898	5570	3920	1072
2000	2850	2595	2723	3057	6540	3914	899
2001	2776	2721	2855	2822	6539	3510	856
2002	2960	2910	2987	3000	6153	3745	945
2003	3067	3141	3151	3008	6121	3968	802
2004	3452	3389	3539	3492	5977	4197	1270
2005	3300	3144	3312	3405	5927	4094	1367
2006	3381	3207	3323	3515	6231	4307	1224
2007	3445	2958	3059	3811	6203	4704	1339
2008	3558	3331	3434	3714	5704	4531	1333
2009	3610	3229	3343	3887	6582	4520	2261
2010	3687	3402	3515	3891	6662	4501	2223
2011	3811	3462	3608	4063	6988	4676	1607

12-14 续表 continued

单位：公斤/公顷 (kg/hectare)

年 份 Year	棉 花 Cotton	油 料 Oil-bearing	# 油菜籽 Rapeseeds	# 花 生 Peanuts	麻 类 Fiber Crops	糖 料 Sugar Crops	烤 烟 Flue-cured Tobacco	蔬 菜 Vegetables
1978	420	435	555	1080	1065	7260	1815	
1980	330	690	855	1320	735	9600	1830	
1985	450	1245	1440	2155	1095	18210	1815	24450
1990	690	1245	1455	1770	615	16755	1710	25245
1995	548	1263	1499	1830	726	4531	1312	20827
1996	524	1196	1133	2120	841	12399	1777	22180
1997	516	1237	1608	1654	712	9805	1398	21404
1998	650	1246	1285	2199	927	23370	1579	23798
1999	704	1036	1092	2103	899	10211	1596	23052
2000	911	1277	1368	2192	985	12578	1564	24334
2001	989	1290	1379	2297	960	12724	1550	23946
2002	1004	1464	1480	2367	1573	24389	1628	25047
2003	811	1447	1631	2340	1283	24147	1576	25612
2004	1027	1626	1700	2563	1451	27630	1749	26066
2005	1107	1638	1697	2563	883	29208	1805	26227
2006	1035	1660	1699	2615	1453	28565	1820	23808
2007	1007	1553	1650	2517	1240	33468	1783	25158
2008	1183	1785	1871	2520	1110	15898	2137	27675
2009	1395	1840	1831	3120	1275	28755	2040	29340
2010	1361	1861	1847	2884	1139	28144	2175	31172
2011	1341	1960	1887	2895	1335	31120	2147	31258

注：2009年及以后粮食单产为抽样调查数。

a) Since 2009 grain products per hectare are sample survey data.

12-15 各市(区)主要农作物单位面积产量(2011年)
Output of Major Farm Products Per Hectare by City(District)(2011)

单位: 公斤/公顷 (kg/hectare)

地　区	Region	粮 食 Grain	夏 粮 Summer Grain	# 小 麦 Wheat	秋 粮 Autumn Grain	# 稻 谷 Rice	# 玉 米 Corn	# 大 豆 Soja
全　省	**Shaanxi**	**3811**	**3462**	**3608**	**4063**	**6988**	**4676**	**1607**
西 安 市	Xi'an	4764	4393	4399	5199	8072	5264	2208
铜 川 市	Tongchuan	3651	2601	2596	4462	5000	4779	1552
宝 鸡 市	Baoji	4249	4061	4070	4497	5811	4934	952
咸 阳 市	Xianyang	4667	4168	4168	5328		5313	2308
渭 南 市	Weinan	3912	3297	3303	4782		4997	2074
延 安 市	Yan'an	3489	2734	2536	3535	8372	5849	2102
汉 中 市	Hanzhong	3563	2482	2640	4115	6060	2897	996
榆 林 市	Yulin	3046	2684	1931	3061	6744	5601	1491
安 康 市	Ankang	2992	2249	2203	3586	7057	2863	1836
商 洛 市	Shangluo	2869	2215	2096	3510	6533	4009	1554
杨凌示范区	Yangling	5911	5824	5824	6008		6000	

12-15 续表 continued

单位: 公斤/公顷 (kg/hectare)

地　区	Region	棉 花 Cotton	油 料 Oil-bearing	# 油菜籽 Rapeseeds	# 花 生 Peanuts	麻 类 Fiber Crops	糖 料 Sugar Crops	烤 烟 Flue-cured Tobacco	蔬 菜 Vegetables
全　省	**Shaanxi**	**1341**	**1960**	**1887**	**2895**	**1335**	**31120**	**2147**	**31258**
西 安 市	Xi'an	1419	1994	2010	2591				40471
铜 川 市	Tongchuan		1275	1277				2504	21207
宝 鸡 市	Baoji	1271	1741	1793	2300	1145		1707	22818
咸 阳 市	Xianyang	720	2471	1864	2213			2307	41782
渭 南 市	Weinan	1345	2128	1588	3408			2770	28818
延 安 市	Yan'an	829	1983	1781	1763			1822	45215
汉 中 市	Hanzhong		2131	2116	2777	300	37350	2555	31771
榆 林 市	Yulin	491	1535		2988	2111			26657
安 康 市	Ankang	940	1879	1831	2612	1393	40450	2122	17539
商 洛 市	Shangluo	1200	1946	1293	2720	300		2273	21289
杨凌示范区	Yangling		2700	2700					57829

注：全省粮食单产为抽样调查数。

a) The grain products per hectare of Shaanxi in this table are sample survey data.

12-16 茶、桑、果面积及产量
Areas and Output of Tea Plantation, Cocoon, Orchards

年 份 Year	茶园面积 (千公顷) Area of Tea Plantations (1 000 hectares)	茶叶产量 (吨) Output of Tea (ton)	桑园面积 (千公顷) Area of Mulberry Field (1 000 hectares)	果园面积 (千公顷) Area of Orchards (1 000 hectares)	水果产量 (万吨) Output of Fruits (10 000 tons)	# 苹果 Apples	# 柑桔 Citrus
1978	31.07	1408	12.00	98.60	33.41	9.92	0.12
1980	24.00	1428	17.40	104.27	28.00	8.93	0.30
1985	26.16	2822	46.75	109.93	33.53	14.09	0.52
1990	29.19	4548	37.31	304.78	62.03	34.93	0.89
1995	30.64	5252	76.83	685.35	283.96	233.76	1.12
1996	30.96	5831	74.99	702.19	362.15	295.89	1.52
1997	28.06	6316	66.03	691.23	326.55	263.65	2.01
1998	28.49	6288	53.86	663.84	430.77	347.35	2.77
1999	30.33	6215	53.81	649.32	493.49	399.27	2.96
2000	35.28	6126	58.76	664.76	493.79	388.57	3.52
2001	38.23	6273	65.59	680.11	534.19	408.57	5.85
2002	43.28	7003	71.43	703.75	577.35	440.59	6.40
2003	50.86	7952	75.23	750.51	621.14	461.79	9.86
2004	56.34	10239	78.30	788.47	735.61	555.21	11.75
2005	59.47	11382	79.83	817.45	765.74	560.12	16.76
2006	62.94	12827	97.50	860.49	881.95	649.98	16.32
2007	67.33	14400	91.75	884.91	940.23	701.57	22.43
2008	69.06	16025	104.47	950.69	1067.67	745.51	23.73
2009	78.12	20153	105.96	1011.36	1150.45	805.17	30.80
2010	85.38	25052	105.83	1083.33	1238.50	856.01	28.68
2011	90.79	28430	101.59	1121.24	1332.68	902.93	34.28

12-17 水果生产情况
Production of Fruit

品 种	Item	2009		2010		2011	
		面 积 (公顷) Area of Orchards (hectare)	产 量 (吨) Output (ton)	面 积 (公顷) Area of Orchards (hectare)	产 量 (吨) Output (ton)	面 积 (公顷) Area of Orchards (hectare)	产 量 (吨) Output (ton)
水果合计	**Total**	**1011361**	**11504464**	**1083326**	**12385021**	**1121235**	**13326763**
1.苹 果	Apples	564933	8051728	601518	8560132	623188	9029316
2.柑 桔	Citrus	28861	308028	33944	286765	35498	342801
3.梨	Pears	51605	629939	48954	799909	49202	881483
4.葡 萄	Grapes	23846	258829	28839	322292	31619	363839
5.桃	Peach	31368	485471	31192	593502	30442	567449
6.红 枣	Jujube	145239	594350	162479	500320	171754	637270
7.杏	Apricot	63619	176650	60672	149347	58619	170002
8.柿 子	Persimmon	31425	299547	31786	320383	31726	341867
9.猕猴桃	Kiwi	38342	500286	47239	629341	50303	735748
10.石 榴	Pomegranate	3203	52633	3083	59409	3726	47469
11.其他水果	Others	28920	147003	33619	163621	35159	209519

注：本表为果业监测结果。
a) Data in this table are the results of fruits monitoring.

12-18 各市(区)茶、桑、果面积及产量(2011年)

Areas and Output of Tea Plantation, Cocoon, Orchards by City(District)(2011)

地区	Region	茶园面积(公顷) Area of Tea Plantations (Hectares)	茶叶产量(吨) Output of Tea (ton)	桑园面积(公顷) Area of Orchards (Hectares)	果园面积(公顷) Area of Orchards (Hectares)	水果产量(吨) Output of Fruits (ton)	苹果 Apples	柑桔 Citrus
全省	**Shaanxi**	**90786**	**28430**	**101585**	**1121235**	**13326763**	**9029316**	**342801**
西安市	Xi'an				49515	911361	34313	
铜川市	Tongchuan				58794	629490	605229	
宝鸡市	Baoji	7		2824	59555	1185605	639827	
咸阳市	Xianyang				270809	5328370	4400670	
渭南市	Weinan				157087	2738925	1929095	
延安市	Yan'an			3953	269761	2565509	2438139	
汉中市	Hanzhong	46323	17092	10464	36474	382869	4806	297859
榆林市	Yulin			17285	186612	701276	149227	
安康市	Ankang	27530	9489	60489	27631	189243	5133	72664
商洛市	Shangluo	16926	1849	6569	4023	69847	9701	2100
杨凌示范区	Yangling				974	34552	5128	

12-18 续表 continued

地区	Region	梨 Pears	葡萄 Grapes	桃 Peach	红枣 Jujube	杏 Apricot	柿子 Persimmon	猕猴桃 Kiwi	石榴 Pomegranate	其它水果 Others
全省	**Shaanxi**	**881483**	**363839**	**567449**	**637270**	**170002**	**341867**	**735748**	**47469**	**209519**
西安市	Xi'an	48026	69003	137683	41055	64276	35028	357066	30932	93979
铜川市	Tongchuan	1047	355	3994	375	1073	11928		8	5481
宝鸡市	Baoji	12833	32223	50628	16	5477	27711	412548	31	4311
咸阳市	Xianyang	287289	142232	229136	35156	52842	95224	6963	16115	62743
渭南市	Weinan	362822	99928	91084	125690	18267	90018	3506	155	18360
延安市	Yan'an	41232	7253	6684	60203	5939	4014			2045
汉中市	Hanzhong	20582	1661	15664	547	2330	13489	8945		16986
榆林市	Yulin	18689	7180	8986	488429	13627				15138
安康市	Ankang	6732	1341	18753	1276	4257	24035	1319	46	53687
商洛市	Shangluo	1481	1753	4015	677	1893	40420	899	182	6726
杨凌示范区	Yangling	20	910	822		20		27588		63

注：本表全省水果产量为果业监测数据。

a) Data in this table are the results of fruits monitoring.

12-19　主要林产品产量
Output of Major Forest Products

单位：吨　　(ton)

年　份 Year	生　漆 Lacquer	油桐籽 Tung-oil Seeds	五倍籽 Chinese Gall	棕　片 Palm Sheet	核　桃 Walnuts	板　栗 Chestnut	花　椒 Pepper
1978	668	14800	50		28275	3460	577
1980	930	17685	83		25700	2715	539
1985	635	17718	337	1448	12826	1777	694
1990	685	18672	1589	2265	16833	4770	2501
1995	773	15460	2922	3015	30599	8019	7135
1996	978	15409	2260	3358	30433	10635	8411
1997	1222	14265	2432	3078	26222	8116	
1998	1223	11046	1771	3217	32519	18385	9747
1999	1027	12456	1009	2735	33257	14689	9747
2000	1176	12968	863	2962	34866	20098	16298
2001	893	13003	968	3060	10474	11211	16471
2002	821	9278	934	3183	34779	21352	25112
2003	975	9634	1034	3177	44091	24022	22781
2004	995	12068	1513	3059	54243	26290	28441
2005	1060	12562	1963	3044	55206	27855	28178
2006	1613	11631	2241	3333	43492	29232	31507
2007	1851	11496	2383	3511	46717	35778	34904
2008	1697	14534	2785	4164	74069	40435	44000
2009	2552	17871	3386	3989	88773	46315	48571
2010	1915	17096	3152	3202	60453	52037	44789
2011	2434	19664	3441	3147	141362	69132	52974

注：2010年以后为林业部门统计数据。
a) Data in this table are from forestry authorities.

12-20　各市(区)主要林产品产量(2011年)
Output of Major Forest Products by City(District)(2011)

单位：吨　　(ton)

地　区	Region	生　漆 Lacquer	油桐籽 Tung-oil Seeds	五倍籽 Chinese Gall	棕　片 Palm Sheet	核　桃 Walnut	板　栗 Chestnut	花　椒 Pepper
全　省	**Shaanxi**	**2434**	**19664**	**3441**	**3147**	**141362**	**69132**	**52974**
西安市	Xi'an	4				13235	8229	889
铜川市	Tongchuan					12300		2992
宝鸡市	Baoji	49				24761	2038	6340
咸阳市	Xianyang					7094		639
渭南市	Weinan					11405	631	38543
延安市	Yan'an					5647	230	1055
汉中市	Hanzhong	635	1747	2078	2127	15940	12113	767
榆林市	Yulin					35		4
安康市	Ankang	1566	12973	1189	1010	14333	29626	1012
商洛市	Shangluo	180	4944	174	10	36612	16265	733
杨凌示范区	Yangling							

12-21　各市(区)造林情况(2011年)
Area of Afforestation by City(District)(2011)

地　区	Region	荒山荒(沙)地造林面积(公顷) Afforestation of Barren Hills and Wasteland Area (hectare)	按造林方式分 By Approach		按林种用途分 By Function of Forest		按经济成份分	
			# 人工造林 Manual Planting	# 飞播造林 Airplane Planting	# 经济林 By-product Forests	# 防护林 Protection Forests	公有经济造　林	非公有经济造　林
全　省	**Shaanxi**	**335803**	**218468**	**40668**	**88760**	**242493**	**259372**	**76431**
西安市	Xi'an	6944	4411		3412	3532	6372	572
铜川市	Tongchuan	13378	8311		5067	8310	7822	5556
宝鸡市	Baoji	27619	11819	4667	3970	22782	23563	4056
咸阳市	Xianyang	28587	15786	2667	8486	20101	17980	10607
渭南市	Weinan	36501	22101		10881	25307	20999	15502
延安市	Yan'an	54853	33187	5333	4493	50360	49121	5732
汉中市	Hanzhong	24398	13062	5334	8496	15301	17696	6702
榆林市	Yulin	72575	65908	6667	4467	68108	56420	16155
安康市	Ankang	41600	26467	8001	26598	13366	37133	4467
商洛市	Shangluo	29149	17216	8000	12756	15260	22267	6883
杨凌示范区	Yangling	200	200		133	67		200

12-21　续表　continued

地　区	Region	四旁(零星)植　树(万株) Four-side Tree Planting (10 000 trees)	幼林抚育作业面积(公顷) Area of Tending Growing Forest (hectares)	育苗面积(公顷) Area of Tending Seedlings (hectares)	当年苗木产　量(万株) Output of Nursery Stock (10 000 trees)	年末核桃面　积(公顷) Walnut Acreage (hectares)	年末板栗面　积(公顷) Chestnut Acreage (hectares)	年末花椒面　积(公顷) Pepper Acreage (hectares)
全　省	**Shaanxi**	**11681**	**417708**	**20679**	**235744**	**496467**	**351608**	**137448**
西安市	Xi'an	537	3560	6619	4009	16924	4273	1585
铜川市	Tongchuan	607		178	1023	62226		20280
宝鸡市	Baoji	1074	6303	1386	21468	70399	7169	50373
咸阳市	Xianyang	878	6667	2465	12842	25495		3218
渭南市	Weinan	1309	5533	1574	10750	15433	200	39861
延安市	Yan'an	939	175849	2523	64443	23351	1333	14087
汉中市	Hanzhong	1404	2657	1423	20945	103597	104084	2260
榆林市	Yulin	1019	149061	2677	62758	187		3
安康市	Ankang	1727	52109	757	16683	40759	63558	1991
商洛市	Shangluo	2181	15969	459	9863	138096	170992	3789
杨凌示范区	Yangling	5		617	10960			

注：本表为林业部门统计数据。
a) Data in this table are from forestry authorities.

12-22　畜牧业和渔业生产情况
Production of Animal Husbandry and Fishery

指　　标		Item		2009	2010	2011
一、牲畜年末头数		**Number of Large Animals**	**(year-end)**			
(一)大牲畜	(万头)	Large Animals	(10 000 heads)	193.02	186.35	170.14
1.牛		Cattle and Buffaloes		169.00	165.00	150.10
# 奶　牛		Muich Cows		43.50	41.30	45.20
2.马		Horses		0.78	0.71	0.72
3.驴		Donkeys		16.82	15.23	14.16
4.骡		Mules		6.42	5.41	5.12
(二)猪存栏数	(万头)	Hogs	(10 000 heads)	920.30	884.40	880.00
# 母　猪		Sow		88.80	80.00	85.00
(三)羊存栏数	(万只)	Sheep and Goats	(10 000 heads)	670.20	635.20	643.00
1.山　羊		Goats		539.92	526.70	529.51
# 奶山羊		Muich Goats		117.40	101.81	99.76
2.绵　羊		Sheep		130.28	108.50	113.49
(四)家禽存栏数	(万只)	Poultry	(10 000 heads)	5592.50	5726.71	6255.00
(五)养蜂箱数	(万箱)	Bee	(10 000 heads)	30.46	32.16	36.91
(六)家兔存栏数	(万只)	Rabbit	(10 000 heads)	254.37	297.02	267.74
二、畜产品产量		**Output of Livestock Products**				
肉类总产量	(万吨)	Output of Meat	(10 000 tons)	98.71	102.64	99.60
# 猪　肉		Pork		75.00	79.10	77.30
牛　肉		Beef		7.80	7.30	7.39
羊　肉		Mutton		7.30	7.30	6.70
奶类产量	(万吨)	Milk	(10 000 tons)	185.83	177.62	182.37
# 牛　奶		Cow Milk		149.20	137.50	140.50
山羊毛产量	(吨)	Goat Wool	(ton)	2151	2320	2233
绵羊毛产量	(吨)	Sheep Wool	(ton)	5650	6921	6062
羊绒产量	(吨)	Cashmere	(ton)	1217	1497	1639
禽蛋产量	(万吨)	Poultry Eggs	(10 000 tons)	48.10	47.07	50.30
蜂蜜产量	(吨)	Honey	(ton)	4065	4272	4220
蚕茧产量	(吨)	Silkworm Cocoon	(ton)	25845	25477	20266
三、渔　业		**Fisheries**				
1.水产品产量	(吨)	Output of Aquatic Products	(ton)	56000	60373	81800
2.水产养殖面积	(公顷)	Cultivatable area of Aquatic Products	(hectare)	35632	39838	45531

注：本表主要畜禽存栏和畜禽产品产量为抽样调查数。

a) The number of main livestock and the output of livestock products are sample survey data.

12-23 各市(区)牲畜存栏情况（2011年）
Livestock by City(District)(2011)

地区	Region	大牲畜年末头数(头) Large Animals (year-end) (head)	牛 Cattle and Buffaloes	# 奶牛 Dairy cow	马 Horses	驴 Donkeys	骡 Mules	家禽(万只) Poultry (10 000 heads)
全省	**Shaanxi**	**1701430**	**1501000**	**452000**	**7211**	**141637**	**51219**	**6255.00**
西安市	Xi'an	212351	211334	117149	496	71	450	1153.76
铜川市	Tongchuan	80328	80318	15900		10		174.58
宝鸡市	Baoji	495664	489996	188401	1533	3191	944	887.77
咸阳市	Xianyang	450399	446634	232183	601	360	2804	1056.46
渭南市	Weinan	278084	276747	99967	394	362	581	1030.98
延安市	Yan'an	196127	140910	2359	310	41101	13806	361.83
汉中市	Hanzhong	296051	295058	3320	844	74	75	1062.39
榆林市	Yulin	276157	144240	25257	2890	96468	32559	535.18
安康市	Ankang	237002	236859	57	143			892.91
商洛市	Shangluo	125390	125390	376				607.15
杨凌示范区	Yangling	12039	12039	7500				29.00

12-23 续表 continued

地区	Region	猪年末头数(头) Hogs (year-end) (head)	# 母猪 Sow	羊(只) Sheep and Goats (head)	# 山羊 Goats	# 奶山羊 Dairy Goat	蜂(箱) Bee (box)	兔(万只) Rabbit (10 000 heads)
全省	**Shaanxi**	**8800000**	**850000**	**6430000**	**5295050**	**997587**	**369069**	**267.74**
西安市	Xi'an	943987	101332	295995	288346	245118	17567	15.4
铜川市	Tongchuan	75800	11460	70351	69889	16895	27	0.5
宝鸡市	Baoji	1086047	109535	529249	507740	303021	75754	11.41
咸阳市	Xianyang	1924134	173562	1117613	958677	628577	6131	124.59
渭南市	Weinan	2107015	198104	969411	609423	500243	19851	30.79
延安市	Yan'an	687046	69313	579352	514838	6631	22826	12.2
汉中市	Hanzhong	2749579	215706	326447	324298	1964	117141	19.89
榆林市	Yulin	965917	125843	5881690	4638102	19933	19083	23.33
安康市	Ankang	2387372	229858	881669	907669		68469	7.26
商洛市	Shangluo	1042874	113340	352433	344136	2591	21786	22.37
杨凌示范区	Yangling	36193	11250	2388	1705	1411		

注：本表全省主要畜禽存栏为抽样调查数。

a) The number of main livestock of Shaanxi in this table are sample survey data.

12-24 各市(区)主要畜产品和水产品产量(2011年)
Output of Livestock and Aquatic Products by City(District)(2011)

地区	Region	肉类总产量(吨) Output of Meat (ton)	#猪肉 Pork	#牛肉 Beef	#羊肉 Mutton	#禽肉 Poultry	奶类产量(吨) Milk (ton)	牛奶 Cow Milk	羊奶 Sheep Milk
全 省	**Shaanxi**	**995990**	**773000**	**73900**	**67000**	**69000**	**1823689**	**1405000**	**418689**
西安市	Xi'an	144631	104816	11860	3645	19390	647978	509777	138201
铜川市	Tongchuan	15453	7219	4946	1042	2069	27650	25522	2128
宝鸡市	Baoji	164944	104893	31775	7506	16404	612834	545959	66875
咸阳市	Xianyang	193468	144814	13841	9934	15134	736835	644572	92263
渭南市	Weinan	196762	158926	12500	9257	14316	363871	230575	133296
延安市	Yan'an	68355	49683	6047	5200	5157	7563	5427	2136
汉中市	Hanzhong	297264	256772	14153	3914	20081	13783	12171	1612
榆林市	Yulin	164523	94696	5211	54625	7209	83232	77927	5305
安康市	Ankang	249971	203851	10997	14601	19156	320	320	
商洛市	Shangluo	134281	108711	8740	5977	10174	1660	1598	62
杨凌示范区	Yangling	4415	3573	275	27	540	26320	26320	

12-24 续表 continued

地区	Region	山羊毛(吨) Goat Wool (ton)	绵羊毛(吨) Sheep Wool (ton)	羊绒(公斤) Cashmere (kg)	禽蛋(吨) Poultry Eggs (ton)	蜂蜜(公斤) Honey (kg)	蚕茧(吨) Silkworm Cocoon (ton)	水产品(吨) Aquatic Products (ton)	水产养殖面积(公顷) Water Area for Breeding Aquatics(hactare)
全 省	**Shaanxi**	**2233**	**6062**	**1638574**	**503000**	**4220419**	**20266**	**81800**	**45531**
西安市	Xi'an				125639	217632		13350	1864
铜川市	Tongchuan	7			15796	131		1210	564
宝鸡市	Baoji	19	5	10	74969	605111	1441	6932	2940
咸阳市	Xianyang	58	196	52194	104327	93840		8764	2076
渭南市	Weinan	30	406	11830	97722	279346		17115	3605
延安市	Yan'an	167	94	126525	25933	451578	396	2705	1341
汉中市	Hanzhong				69111	1243715	2154	23594	6202
榆林市	Yulin	1942	5355	1447495	48101	398279	42	7699	12110
安康市	Ankang				34052	719569	14778	28496	14266
商洛市	Shangluo	10	8	520	61961	211218	1456	1900	563
杨凌示范区	Yangling				2224				

注：本表全省主要畜禽产品产量为抽样调查数。

a) The output of livestock products of Shaanxi in this table are sample survey data.

12-25 粮食生产大县情况
Large County of Food Production

县 区	Region	2009 播种面积（千公顷）Sown Area (1 000 hectares)	2009 产 量（万吨）Output (10 000 tons)	2010 播种面积（千公顷）Sown Area (1 000 hectares)	2010 产 量（万吨）Output (10 000 tons)	2011 播种面积（千公顷）Sown Area (1 000 hectares)	2011 产 量（万吨）Output (10 000 tons)
全 省	**Shaanxi**	**3133.97**	**1131.40**	**3159.70**	**1164.90**	**3134.87**	**1194.70**
生产大县合计	Total of Large Counties	1626.88	784.38	1640.80	819.01	1532.15	679.76
生产大县占全省%	As Percentage of Shaanxi	51.9	69.3	51.9	70.3	56.9	48.7
阎良区	Yanliang	15.40	9.60	14.94	9.60	13.68	8.11
临潼区	Lintong	78.96	38.56	79.15	40.10	73.98	32.03
长安区	Changan	81.36	41.57	79.98	41.49	73.78	34.62
蓝田县	Lantian	69.45	33.11	69.44	33.53	64.07	26.58
周至县	Zhouzhi	59.81	28.23	58.49	28.86	52.59	22.60
户 县	Huxian	62.35	35.79	61.87	37.15	57.77	30.27
高陵县	Gaoling	29.69	21.06	29.38	20.90	28.06	20.03
陈仓区	Chencang	60.40	27.19	59.81	29.11	57.06	21.05
凤翔县	Fengxiang	62.29	29.89	62.53	30.88	57.52	26.10
岐山县	Qishan	50.71	29.18	49.40	29.03	47.14	26.35
扶风县	Fufeng	50.36	29.01	50.81	28.99	47.31	26.43
眉 县	Meixian	30.01	15.14	27.22	14.40	25.34	13.21
千阳县	Qianyang	18.94	6.43	19.82	6.95	19.39	5.36
三原县	Sanyuan	42.52	21.74	45.18	23.60	41.86	19.31
泾阳县	Jingyang	54.83	27.74	55.29	28.79	53.51	24.87
乾 县	Qianxian	60.53	29.37	60.57	30.57	58.88	27.70
武功县	Wugong	44.81	22.98	44.62	24.29	41.85	20.66
兴平市	Xingping	46.73	23.69	46.90	25.22	46.60	23.09
临渭区	Linwei	93.86	39.67	95.57	43.00	87.15	34.32
华 县	Huaxian	30.42	15.03	31.02	14.79	28.27	10.87
大荔县	Dali	64.49	31.57	68.20	34.60	63.64	27.33
合阳县	Heyang	57.31	24.75	57.15	27.49	53.36	20.18
澄城县	Chengcheng	47.43	18.25	49.41	21.20	46.04	16.43
蒲城县	Pucheng	90.55	39.26	94.91	40.64	87.18	33.65
富平县	Fuping	91.91	41.39	93.27	44.17	84.76	36.39
韩城市	Hancheng	27.14	7.95	27.19	8.73	25.04	7.75
汉台区	Hantai	18.92	11.43	18.94	11.66	17.65	9.71
南郑县	Nanzheng	36.03	15.94	36.28	16.59	33.94	13.80
城固县	Chenggu	28.72	15.10	28.85	15.70	26.94	13.10
洋 县	Yangxian	34.92	16.75	35.28	17.66	32.98	14.70
勉 县	Mianxian	32.61	14.48	32.74	15.05	30.59	12.51
汉滨区	Hanbin	53.44	22.54	56.59	24.24	54.26	20.61

注：全省为抽样调查数。
a) The data of Shaanxi are sample survey data.

12-26 商品棉基地县情况
Base County of Marketable Cotton

县 区	Region	2009 播种面积(公顷) Sown Area (hectare)	2009 产量(吨) Output (ton)	2010 播种面积(公顷) Sown Area (hectare)	2010 产量(吨) Output (ton)	2011 播种面积(公顷) Sown Area (hectare)	2011 产量(吨) Output (ton)
全 省	**Shaanxi**	**61840**	**85846**	**50876**	**69240**	**50277**	**67447**
基地县合计	Total of Base Counties	50049	65035	39456	52828	37970	49463
基地县占全省%	As Percentage of Shaanxi	80.9	75.8	77.6	76.3	75.5	73.3
阎良区	Yanliang	3079	4555	3092	4344	2973	4230
临潼区	Lintong	929	1347	788	1142	733	1052
临渭区	Linwei	8445	12414	7010	10409	6078	8661
华 县	Huaxian	1453	1852	727	926	564	676
大荔县	Dali	20810	22162	15353	16811	14514	15240
蒲城县	Pucheng	14180	21270	11689	18000	12332	18498
富平县	Fuping	1153	1435	798	1196	776	1106

12-27 烤烟主产县情况
Base County of Flue-cured Tobacco

县 区	Region	2009 播种面积(公顷) Sown Area (hectare)	2009 产量(吨) Output (ton)	2010 播种面积(公顷) Sown Area (hectare)	2010 产量(吨) Output (ton)	2011 播种面积(公顷) Sown Area (hectare)	2011 产量(吨) Output (ton)
全 省	**Shaanxi**	**35953**	**73083**	**31063**	**67331**	**35741**	**76749**
基地县合计	Total of Base Counties	24929	49858	21636	46417	23453	52003
基地县占全省%	As Percentage of Shaanxi	69.3	68.2	69.7	68.9	65.6	67.8
宜君县	Yijun	112	278	135	312	120	307
陇 县	Longxian	4461	8154	3886	7333	3328	6254
乾 县	Qianxian	367	737	402	814		
永寿县	Yongshou	333	650	333	700	295	620
彬 县	Binxian	435	1045	413	1052	363	981
长武县	Changwu	536	1286	400	1050	576	1573
旬邑县	Xunyi	1007	2161	1333	2980	1609	3379
合阳县	Heyang	69	218	129	405	55	185
澄城县	Chengcheng	390	859	373	1029	433	1105
宝塔区	Baota	10	8	7	6	222	659
富 县	Fuxian	1267	2280	1200	2250	1333	1676
洛川县	Luochuan	100	225				
宜川县	Yichuan	767	1918	711	1784	677	1626
黄龙县	Huanglong	515	917	509	1172	471	958
洋 县	Yangxian	181	1102	275	1681	559	3271
西乡县	Xixiang	620	1225	487	1096	774	1706
平利县	Pingli	592	1199	478	1263	630	1456
旬阳县	Xunyang	8092	14938	6655	13298	7121	14373
洛南县	Luonan	5075	10658	3908	8192	4887	11874

12-28　苹果基地县情况
Base County of Apple

县　区	Region	2009 苹果园面积(公顷) Area of Apple Orchards (hectare)	2009 产　量(吨) Output (ton)	2010 苹果园面积(公顷) Area of Apple Orchards (hectare)	2010 产　量(吨) Output (ton)	2011 苹果园面积(公顷) Area of Apple Orchards (hectare)	2011 产　量(吨) Output (ton)
全　省	**Shaanxi**	**564933**	**8051728**	**601518**	**8560132**	**623188**	**9029316**
基地县合计	Total of Base Counties	478893	6895258	507135	7451893	511951	8223002
基地县占全省%	As Percentage of Shaanxi	84.8	85.6	84.3	87.1	82.2	91.1
印台区	Yintai	17468	154235	20474	179782	20433	205882
耀州区	Yaozhou	12611	124695	15019	152982	2060	207227
宜君县	Yijun	11456	118768	13200	141603	16378	207227
陈仓区	Chencang	5720	87273	5727	88273	6330	89388
凤翔县	Fengxiang	4791	71648	5704	98048	6174	119401
岐山县	Qishan	4320	101671	4962	102980	2511	83093
扶风县	Fufeng	4533	158363	4907	161180	6758	254032
陇　县	Longxian	2774	18798	3469	20750	4129	25443
千阳县	Qianyang	1695	11626	1726	10393	1688	13574
乾　县	Qianxian	22847	452100	24683	489400	25513	466500
礼泉县	Liquan	30015	950000	30015	1010000	30376	1138125
永寿县	Yongshou	24733	352000	24670	363000	24461	395970
彬　县	Binxian	19736	297639	19308	321640	18938	394155
长武县	Changwu	14333	220000	16000	240000	16920	259000
旬邑县	Xunyi	33533	468000	33533	505000	33533	520030
淳化县	Chunhua	36667	685800	36667	725000	40000	800000
合阳县	Heyang	16788	251689	16772	284673	16306	291700
澄城县	Chengcheng	17950	286262	19630	292909	21812	325468
蒲城县	Pucheng	9662	164589	10219	168519	11260	174494
白水县	Baishui	21265	512400	21632	486000	21699	518000
富平县	Fuping	8847	175343	9002	189112	9158	211995
韩城市	Hancheng	4702	80040	4702	80230	4714	94064
宝塔区	Baota	26176	217000	27533	241400	29133	261600
延长县	Yanchang	14199	109000	18667	140000	19833	175885
延川县	Yanchuan	6984	33711	7556	40741	8393	44310
安塞县	Ansai	19511	61300	23342	65000	25022	80000
富　县	Fuxian	23473	335000	24166	433000	23886	450000
洛川县	Luochuan	33565	685000	33593	676500	33703	745000
宜川县	Yichuan	15704	278279	16761	333949	17332	361200
黄陵县	Huangling	12832	200000	13498	225000	13498	250000

注：本表基地县产量为监测推算结果。
a) The outputs of Base Counties are calculateed results by monitoring.

12-29　梨基地县情况

Base County of Pear

县　区	Region	2009 梨园面积(公顷) Area of Pears Orchards (hectare)	2009 产量(吨) Output (ton)	2010 梨园面积(公顷) Area of Pears Orchards (hectare)	2010 产量(吨) Output (ton)	2011 梨园面积(公顷) Area of Pears Orchards (hectare)	2011 产量(吨) Output (ton)
全　省	**Shaanxi**	**51605**	**629939**	**48954**	**799909**	**49202**	**881483**
基地县合计	Total of Base Counties	26350	452611	27010	485283	27225	536986
基地县占全省%	As Percentage of Shaanxi	51.1	71.9	55.2	60.7	3.7	60.9
秦都区	Qindu	1132	36568	800	29900	895	27826
乾　县	Qianxian	1533	27600	1533	30000	1533	30000
礼泉县	Liquan	4303	120000	4303	160000	3982	146387
彬　县	Binxian	1396	33285	1301	6438	1616	22360
临渭区	Linwei	3176	75725	3163	77419	3252	74027
蒲城县	Pucheng	6856	111390	8030	112645	8753	117313
富平县	Fuping	680	17850	683	20665	725	23528
子长县	Zichang	3806	12176	3800	11926	3700	9300
宜川县	Yichuan	1575	6078	1480	3908	1084	8630
洋　县	Yangxian	1894	10426	1918	12302	1685	12137

注：本表基地县产量为监测推算结果。
a) The outputs of Base Counties are calculateed results by monitoring.

12-30　猕猴桃基地县情况

Base County of Kiwi

县　区	Region	2009 猕猴桃园面积(公顷) Area of Kiwi Orchards (hectare)	2009 产量(吨) Output (ton)	2010 猕猴桃园面积(公顷) Area of Kiwi Orchards (hectare)	2010 产量(吨) Output (ton)	2011 猕猴桃园面积(公顷) Area of Kiwi Orchards (hectare)	2011 产量(吨) Output (ton)
全　省	**Shaanxi**	**38342**	**500286**	**47239**	**629341**	**50303**	**735748**
基地县合计	Total of Base Counties	30211	363007	38042	556112	41505	674687
基地县占全省%	As Percentage of Shaanxi	78.8	72.6	80.5	88.4	82.5	91.7
灞桥区	Baqiao	549	19405	552	19222	541	17851
长安区	Chang'an	274	4268	261	4951	268	5504
周至县	Zhouzhi	17467	186081	21400	246519	22800	304551
户　县	Huxian	880	20480	914	22771	919	25997
眉　县	Meixian	10733	170500	14467	250964	16503	338810
城固县	Chenggu	308	5441	449	5672	473	5912

注：本表基地县产量为监测推算结果。
a) The outputs of Base Counties are calculateed results by monitoring.

12-31 各市(区)灾情(2011年)
Conditions in Natural Disaster by City(District)(2011)

地　区	Region	受灾人口(万人次) Disaster Population Covered (10 000 persons-times)	死亡失踪人口(人) Population of Death and Abscondence (persons)	农作物受灾面积(千公顷) Disaster Areas of Farm Crops (1 000 hectares)	农作物绝收面积(千公顷) Disaster Areas of Farm Crops of No Harvest (1 000 hectares)	倒塌民房(万间) Broken Civil Buildings (10 000 units)	直接经济损失(亿元) Direct Economic Losses (100 million yuan)
全　省	**Shaanxi**	**1273.56**	**87**	**1212.89**	**142.69**	**19.61**	**160.91**
西安市	Xi'an	139.78	36	116.80	14.61	1.85	14.67
铜川市	Tongchuan	23.57	1	52.37	0.93	0.44	5.08
宝鸡市	Baoji	101.77	10	73.67	4.73	4.31	16.72
咸阳市	Xianyang	94.25	7	76.78	3.87	2.39	12.29
渭南市	Weinan	246.05		308.11	53.56	3.85	29.57
延安市	Yan'an	138.19	3	145.10	20.72	0.49	16.25
汉中市	Hanzhong	118.13		179.86	18.26	0.50	10.00
榆林市	Yulin	103.55	21	69.68	9.96	2.26	21.57
安康市	Ankang	128.85	2	113.46	12.26	2.27	22.94
商洛市	Shangluo	178.43	7	76.61	3.79	1.16	11.34
杨凌示范区	Yangling	0.99		0.38		0.09	0.48

12-32 各市(区)水利水保(2011年)
Water Conservancy Facilities and Soil Conservation by City(District)(2011)

地　区	Region	水库座数(座) Number of Reservoirs (unit)	水库库容(万立方米) Capacity of Reservoirs (10 000 cu.m)	有效灌溉面积(千公顷) Area of Irrigated (1 000 hectares)	旱涝保收面积(千公顷) Farmland Area of Stable Yields Despite Drought or Excessive Rain (1 000 hectares)	当年完成水保治理面积(千公顷) Area of Soil Conservation in the Year (1 000 hectares)	#水土保持林面积 Area of Forest for Soil Water and Conservation	#封山育林面积 Area of Close Hillsides to Facilitate Afforestation
全　省	**Shaanxi**	**1041**	**770063**	**1274.34**	**812.83**	**658.73**	**240.87**	**199.46**
西安市	Xi'an	92	38514	174.88	143.08	26.75	7.15	9.61
铜川市	Tongchuan	29	4056	15.15	4.80	16.12	5.15	4.72
宝鸡市	Baoji	105	58663	159.32	114.12	32.10	10.92	11.22
咸阳市	Xianyang	65	31119	229.83	145.23	41.95	15.24	12.29
渭南市	Weinan	115	32526	315.48	170.24	35.18	9.70	9.62
延安市	Yan'an	28	53745	32.22	19.93	110.04	33.33	23.67
汉中市	Hanzhong	332	44678	124.32	84.75	95.00	37.38	40.15
榆林市	Yulin	94	118014	111.14	65.73	121.97	45.51	18.84
安康市	Ankang	119	321529	60.63	31.40	97.77	43.40	36.74
商洛市	Shangluo	52	14293	39.35	22.74	81.32	32.91	32.41
杨凌示范区	Yangling			5.45	4.38	0.53	0.18	0.19

12-33 农业现代化情况
Agriculture Modernization

指 标	Item	2009	2010	2011
农业机械总动力合计 （亿瓦特）	**Total Agricultural Machinery Power (10 000 kw)**	**177.85**	**188.93**	**203.66**
大中型拖拉机 (台)	Number of Large and Medium Tractors (unit)	68957	78261	81707
(亿瓦特)	Capacity of Large and Medium Tractors (10 000 kw)	22.40	25.10	26.56
小型拖拉机 (万台)	Number of Small Tractors (10 000 units)	17.58	17.47	17.05
(亿瓦特)	Capacity of Small Tractors (10 000 kw)	19.21	18.89	18.30
大中型拖拉机配套农具 (万部)	Large and Medium Tractors Towing Farm Machinery (10 000 units)	11.50	12.99	15.14
小型拖拉机配套农具 (万部)	Small Tractors Towing Farm Machinery (10 000 kw)	24.80	25.27	27.26
农用柴油机 (万台)	Number of Diesel Engines (10 000 units)	4.12	4.68	5.11
(亿瓦特)	Capacity of Diesel Engines (10 000 kw)	3.70	3.98	4.10
农用电动机 (万台)	Number of Agricultural Motor (10 000 units)	25.30	28.19	29.26
(亿瓦特)	Capacity of Agricultural Motor (10 000 kw)	14.87	15.67	16.56
农用水泵 (万台)	Number of Agricultural Pumps (10 000 units)	30.88	29.14	29.09
节水灌溉类机械 (套)	Watersaving Irrigation Machinery (unit)	10580	9972	16735
联合收割机 (台)	Number of Combine Harvesters (unit)	20624	23357	26770
(亿瓦特)	Capacity of Combine Harvesters (10 000 kw)	9.25	10.38	12.59
机动脱粒机 (万台)	Number of Mobile Thresher (10 000 units)	19.84	24.65	30.34
农用运输车 (辆)	Number of Farm Vehicles (unit)	618499	501505	466888
(亿瓦特)	Capacity of Farm vehicles (10 000 kw)	72.05	68.94	66.68
# 机动三轮车 (辆)	Number of Motor Tricycle (unit)	434360	394369	396319
当年机耕地面积 (千公顷)	Area Cultivated by Mechanical (1 000 hectares)	2039.2	2078.6	2199.3
当年机械播种面积 (千公顷)	Area Sown by Mechanical (1 001 hectares)	1738.7	1740.6	1799.3
当年机械收获面积 (千公顷)	Mechanical harvest Area (1 000 hectares)	1136.4	1243.5	1390.3
农用化肥施用量(折纯量) (万吨)	Consumption of Chemical Fertilizers (10 000 tons)	181.32	196.79	207.27
氮 肥	Nitrogenous Fertilizer	87.24	87.67	91.37
磷 肥	Phosphate Fertilizer	19.73	17.98	17.79
钾 肥	Potash Fertilizer	15.84	19.99	21.77
复合肥	Compound Fertilizer	43.52	56.43	62.77
农用塑料薄膜使用量 (万吨)	Plastic Film Consumption (10 000 tons)	34970	36811	37912
# 地膜使用量	Film Consumption	21445	19547	19894
地膜覆盖面积 (万吨)	Film Coverage Area (10 000 tons)	462.8	427.1	426.6
农用柴油使用量 (万吨)	Diesel Consumption (10 000 tons)	77.59	70.36	79.97
农药使用量 (万吨)	Pesticides Consumption (10 000 tons)	13149	12408	12410
年末沼气池个数 (万吨)	Digesters (unit)	72.66	98.54	101.84

12-34 各市(区)农业现代化情况（2011）
Agriculture Modernization by City(District) (2011)

地 区	Region	农用机械总动力合计(万千瓦) Total Agricultural Machinery Power (10 000 kw)	大中型拖拉机(台) Large and Medium Tractors (unit)	小型拖拉机(台) Small Tractors (unit)	大中型机配农具(部) Large and Medium Tractors Towing Farm Machinery (unit)	小型机配农具(部) Small Tractors Towing Farm Machinery (unit)	农用柴油机(台) Diesel Engines (unit)	农用电动机(台) Agricultural Motor (unit)	农用水泵(台) Pumps (unit)
全 省	**Shaanxi**	**2036.60**	**81707**	**170453**	**151403**	**272560**	**51138**	**292621**	**290860**
西安市	Xi'an	289.00	12585	13008	36209	29624	2639	87461	75426
铜川市	Tongchuan	41.50	1969	4992	4021	7833	176	898	906
宝鸡市	Baoji	209.40	13718	31605	27111	49530	2289	19908	20317
咸阳市	Xianyang	262.50	11072	8224	24061	17662	5026	36009	35919
渭南市	Weinan	421.80	18078	50167	42847	91828	10942	53046	35389
延安市	Yan'an	172.10	3711	30952	5238	42266	5974	8103	7770
汉中市	Hanzhong	150.80	7112	3560	2895	4136	5242	31213	31620
榆林市	Yulin	272.60	11602	22161	6907	22235	6001	31244	45518
安康市	Ankang	127.80	789	2053	537	2559	11616	12507	17682
商洛市	Shangluo	76.90	544	2933	673	3455	1104	11585	19464
杨凌示范区	Yangling	9.90	428	668	739	1327			

12-34 续表 continued

地 区	Region	节水灌溉类机械(套) Watersaving Irrigation Machinery (unit)	联合收割机(台) Combine Harvesters (unit)	机动脱粒机(台) Mobile Thresher (unit)	农用运输车(辆) Farm Vehicles (unit)	#机动三轮车 Motor Tricycle (unit)	化肥施用折纯量(吨) Consumption of Chemical Fertilizers (ton)	农用塑料薄膜使用量(吨) Plastic Film Consumption (ton)	年末沼气池(个) Digesters (unit)
全 省	**Shaanxi**	**16735**	**26770**	**303446**	**466888**	**396319**	**2072738**	**37912**	**1018448**
西安市	Xi'an	1733	7854	13407	51838	42770	239497	2533	62208
铜川市	Tongchuan	1593	139	2261	18283	16861	51657	631	31376
宝鸡市	Baoji	144	4613	21684	28983	26764	235273	1766	81159
咸阳市	Xianyang	1866	5306	14955	86701	80350	463643	7028	156416
渭南市	Weinan	967	7936	20383	97261	87800	507773	11630	86066
延安市	Yan'an	6241	40	2047	53462	43592	118883	3730	170355
汉中市	Hanzhong	780	351	73932	19787	9856	148072	2132	120864
榆林市	Yulin	406	164	18741	72235	64179	134445	3951	119476
安康市	Ankang	105	95	68167	16058	4569	96908	2616	109544
商洛市	Shangluo	2885	15	67845	21804	19254	62448	1242	72724
杨凌示范区	Yangling		203		354	284	7035	596	8260

12-35 各市、县(市、区)农村经济主要指标(2011年)
Main Indicators of Rural Economy by City and County (City and District) (2011)

地 区	Region	农林牧渔业总产值(万元) Gross Output Value of Farming, Forestry, Animal Husbandry and Fishery (10 000 yuan)	农林牧渔业增加值(万元) Value Added of Farming, Forestry, Animal Husbandry and Fishery (10 000 yuan)	年末常用耕地面积(公顷) Area of Cultivated Land (hectares)	农用机械总动力(千瓦) Total Agricultural Machinery Power (kw)	农用化肥施用折纯量(吨) Consumption of Chemical Fertilizers (ton)	农用塑料薄膜使用量(吨) Plastic Film Consumption (ton)
全 省	**Shaanxi**	**20586024**	**12209264**	**2860980**	**20366206**	**2072738**	**37912**
西安市	**Xi'an**	**2726608**	**1731398**	**251399**	**2890247**	**239497**	**2533**
新城区	Xincheng						
碑林区	Beilin						
莲湖区	Lianhu						
灞桥区	Baqiao	219746	144069	10700	173226	8810	155
未央区	Weiyang	37534	23133	3180	44694	1480	15
雁塔区	Yanta	36907	26127	1056	98899	411	
阎良区	Yanliang	259395	176091	15795	159853	18409	913
临潼区	Lintong	447588	282650	47732	530420	39377	211
长安区	Chang'an	438545	289715	45757	513544	33270	144
蓝田县	Lantian	337450	204908	40533	291670	36610	176
周至县	Zhouzhi	329966	202996	33195	396587	45100	96
户 县	Huxian	340026	212391	38196	448481	32009	613
高陵县	Gaoling	279451	169318	15254	232873	24021	212
铜川市	**Tongchuan**	**308995**	**174068**	**63319**	**415222**	**51657**	**631**
王益区	Wangyi	16060	9140	3895	61567	1832	13
印台区	Yintai	66520	37997	8846	84072	8211	102
耀州区	Yaozhou	143828	79831	32732	184101	29148	209
宜君县	Yijun	82587	47100	17846	85482	12466	307
宝鸡市	**Baoji**	**2157164**	**1286373**	**305717**	**2093727**	**235273**	**1766**
渭滨区	Weibin	55170	32035	6523	69539	4827	24
金台区	Jintai	34273	21368	10797	122540	5993	4
陈仓区	Chencang	340796	193035	45072	316671	30077	186
凤翔县	Fengxiang	317811	192559	46131	366384	34249	228
岐山县	Qishan	293567	184344	35253	237770	21256	167
扶风县	Fufeng	269670	162092	34091	373859	52800	40
眉 县	Meixian	243345	133300	23950	184798	38944	46
陇 县	Longxian	240760	144456	35292	111636	11792	466
千阳县	Qianyang	124780	79606	17824	108136	14090	107
麟游县	Linyou	87669	55231	34652	51021	12829	250
凤 县	Fengxian	83353	47316	9467	91600	4837	151
太白县	Taibai	65970	41031	6665	59773	3579	98
咸阳市	**Xianyang**	**4180201**	**2524638**	**359269**	**2624626**	**463643**	**7028**
秦都区	Qindu	216778	127758	11233	183649	12744	392
渭城区	Weicheng	173773	107424	14048	183005	9921	47
三原县	Sanyuan	404796	235004	33168	227101	29053	409
泾阳县	Jingyang	576531	352267	44427	387130	41050	2410
乾 县	Qianxian	366942	223287	51128	297306	78793	176
礼泉县	Liquan	601820	373559	30818	279661	106770	1228

注：全省粮食和猪牛羊禽相关数据为抽样调查数据。
a) The Shaanxi data of grain, pig, cattle, sheep are sample survey data.

12-35 续表 1 continued

地 区	Region	农林牧渔业总产值(万元) Gross Output Value of Farming, Forestry, Animal Husbandry and Fishery (10 000 yuan)	农林牧渔业增加值(万元) Value Added of Farming, Forestry, Animal Husbandry and Fishery (10 000 yuan)	年末常用耕地面积(公顷) Area of Cultivated Land (hectares)	农用机械总动力(千瓦) Total Agricultural Machinery Power (kw)	农用化肥施用折纯量(吨) Consumption of Chemical Fertilizers (ton)	农用塑料薄膜使用量(吨) Plastic Film Consumption (ton)
永寿县	Yongshou	171254	108152	19445	124468	30063	108
彬 县	Binxian	219964	125992	29884	77301	24133	340
长武县	Changwu	179082	109018	10914	112043	30051	680
旬邑县	Xunyi	352962	211777	27766	90679	19447	700
淳化县	Chunhua	332235	193270	24221	168464	39287	378
武功县	Wugong	276303	167284	26501	228007	25792	65
兴平市	Xingping	307761	189846	35715	265812	16539	95
渭南市	**Weinan**	**2837132**	**1604700**	**521653**	**4218311**	**507773**	**11630**
临渭区	Linwei	476007	265002	68702	727768	60960	898
华 县	Huaxian	121850	69961	24043	216150	26394	371
潼关县	Tongguan	45705	26054	11449	80343	10661	41
大荔县	Dali	435449	236792	75493	879585	80594	1540
合阳县	Heyang	240399	131513	58342	259266	27139	906
澄城县	Chengcheng	271788	152792	45494	266077	28946	770
蒲城县	Pucheng	335754	196835	99261	624980	64670	5081
白水县	Baishui	273846	160233	28533	330198	45410	686
富平县	Fuping	355447	206045	71132	511547	139669	886
韩城市	Hancheng	205574	115352	26406	266367	18201	240
华阴市	Huayin	75313	44121	12798	56030	5129	211
延安市	**Yan'an**	**1522912**	**866872**	**235287**	**1721123**	**118883**	**3730**
宝塔区	Baota	166710	100504	32153	145216	7312	232
延长县	Yanchang	104211	58913	16510	76576	4466	90
延川县	Yanchuan	74289	42805	24838	74886	4060	173
子长县	Zichang	111102	64739	29994	108660	6080	846
安塞县	Ansai	92326	51725	27200	70477	4138	313
志丹县	Zhidan	69157	43631	21252	130326	2604	268
吴起县	Wuqi	68180	40320	20263	154996	3909	816
甘泉县	Ganquan	53936	30523	9586	74882	3406	281
富 县	Fuxian	171521	87305	9847	144791	13324	320
洛川县	Luochuan	322117	179939	11322	230472	38187	87
宜川县	Yichuan	132110	77094	11748	213468	13099	91
黄龙县	Huanglong	57232	34493	11636	51757	9917	112
黄陵县	Huangling	100021	54881	8938	244616	8381	100
汉中市	**Hanzhong**	**2455587**	**1422941**	**204615**	**1507809**	**148072**	**2132**
汉台区	Hantai	222837	129514	15056	108417	9172	204
南郑县	Nanzheng	295814	165567	30250	161000	22777	417
城固县	Chenggu	549088	322656	24328	172234	36895	208
洋 县	Yangxian	288202	170042	27859	169202	19712	429
西乡县	Xixiang	236337	136203	21746	293798	13997	165
勉 县	Mianxian	272296	150715	25591	120719	21204	139
宁强县	Ningqiang	227324	135828	21136	134149	11273	159

12-35 续表 2 continued

地 区	Region	农林牧渔业总产值(万元) Gross Output Value of Farming, Forestry, Animal Husbandry and Fishery (10 000 yuan)	农林牧渔业增加值(万元) Value Added of Farming, Forestry, Animal Husbandry and Fishery (10 000 yuan)	年末常用耕地面积(公顷) Area of Cultivated Land (hectares)	农用机械总动力(千瓦) Total Agricultural Machinery Power (kw)	农用化肥施用折纯量(吨) Consumption of Chemical Fertilizers (ton)	农用塑料薄膜使用量(吨) Plastic Film Consumption (ton)
略阳县	Lueyang	117544	66607	10074	226239	3466	109
镇巴县	Zhenba	191925	114866	23693	82753	8265	237
留坝县	Liuba	37885	22136	3080	21038	868	49
佛坪县	Foping	16335	8807	1800	18260	443	16
榆林市	**Yulin**	**1870555**	**1119128**	**574999**	**2726228**	**134445**	**3951**
榆阳区	Yuyang	330869	194396	51689	347931	20415	220
神木县	Shenmu	164526	96677	45153	276930	6895	207
府谷县	Fugu	75455	45366	43204	298033	7210	72
横山县	Hengshan	184325	108494	59540	230000	14983	200
靖边县	Jingbian	251958	146946	77966	424617	9119	1194
定边县	Dingbian	233905	132860	132692	481036	29589	769
绥德县	Suide	136345	84331	41517	138717	14821	147
米脂县	Mizhi	77104	47349	27794	136000	5304	19
佳 县	Jiaxian	120924	76902	31346	98730	6353	350
吴堡县	Wubu	31629	19933	8120	64174	878	18
清涧县	Qingjian	146992	92538	26244	136480	4309	311
子洲县	Zizhou	116523	73336	29735	93580	14569	443
安康市	**Ankang**	**1246677**	**720053**	**197095**	**1277631**	**96908**	**2616**
汉滨区	Hanbin	277629	165518	43457	352111	32880	491
汉阴县	Hanyin	150879	88836	23279	164000	10598	204
石泉县	Shiquan	87323	50759	13051	102478	5461	207
宁陕县	Ningshan	52611	29910	3372	48611	405	59
紫阳县	Ziyang	165342	94923	24277	119064	5274	178
岚皋县	Langao	81412	46749	16844	65809	4954	380
平利县	Pingli	129839	71530	18149	105162	5313	416
镇坪县	Zhenping	38838	20972	4936	37663	1264	52
旬阳县	Xunyang	170433	96652	35891	167313	23906	428
白河县	Baihe	92371	54204	13840	115420	6853	202
商洛市	**Shangluo**	**1247614**	**706095**	**133232**	**769421**	**62448**	**1242**
商州区	Shangzhou	190741	111455	21609	147297	11633	140
洛南县	Luonan	271748	152527	31296	143843	17843	366
丹凤县	Danfeng	165999	90905	12307	51791	5986	160
商南县	Shangnan	182457	97823	14224	70467	5122	122
山阳县	Shanyang	176457	107574	24005	163840	8590	161
镇安县	Zhen'an	172292	96734	21324	128576	7497	173
柞水县	Zhashui	87920	49077	8467	63607	5777	119
杨凌示范区	**Yangling**	**87682**	**53134**	**5787**	**98988**	**7035**	**596**

12-35 续表 3 continued

地 区	Region	粮食播种面积(公顷) Sown Area of Grain (hectares)	粮食产量(吨) Output of Grain (ton)	油料产量(吨) Output of Oil-bearing (ton)	棉花产量(吨) Output of Cotton (ton)	蔬菜产量(吨) Output of Vegetables (ton)	水果产量(吨) Output of Fruits (ton)	# 苹果 Output of Apples
全 省	**Shaanxi**	**31348700**	**11947000**	**589665**	**67447**	**14325047**	**13326763**	**9029316**
西安市	**Xi'an**	**382084**	**1820357**	**11722**	**5649**	**2615243**	**911361**	**34313**
新城区	Xincheng							
碑林区	Beilin							
莲湖区	Lianhu							
灞桥区	Baqiao	13928	57059	631	81	250173	89650	3
未央区	Weiyang	4167	20508	22		49380	10924	351
雁塔区	Yanta	83	337			32748	5800	560
阎良区	Yanliang	13677	81075	121	4230	573021	62708	5551
临潼区	Lintong	73979	320266	2277	1052	366206	44216	2835
长安区	Chang'an	73775	346214	2767	28	540811	73682	3247
蓝田县	Lantian	64067	265829	3035	254	144892	118403	11512
周至县	Zhouzhi	52587	226032	2007		171535	364174	3424
户 县	Huxian	57766	302724	862	4	263916	90470	4945
高陵县	Gaoling	28055	200313			222561	51334	1885
铜川市	**Tongchuan**	**58722**	**214448**	**9590**		**133601**	**629490**	**605229**
王益区	Wangyi	3727	9516	203		13600	37004	32875
印台区	Yintai	9815	34462	890		18931	211155	205882
耀州区	Yaozhou	29405	86461	5177		78112	220751	207227
宜君县	Yijun	15775	84010	3320		22958	160580	159245
宝鸡市	**Baoji**	**335390**	**1425205**	**22627**	**89**	**1126056**	**1185605**	**639827**
渭滨区	Weibin	7693	21460	1098	1	25234	22173	1255
金台区	Jintai	11579	31238	1083	1	2765	3314	846
陈仓区	Chencang	57057	210511	2828	11	121130	123918	89388
凤翔县	Fengxiang	57519	261013	5904		141384	129260	119401
岐山县	Qishan	47138	263544	3191	8	141080	152562	83093
扶风县	Fufeng	47305	264287	1505	66	29981	278642	254032
眉 县	Meixian	25335	132125	1347	2	30460	366939	2744
陇 县	Longxian	33704	101013	2490		102018	39297	25443
千阳县	Qianyang	19387	53625	947		77106	15978	13574
麟游县	Linyou	20473	53998	1326		6997	670	540
凤 县	Fengxian	6229	26122	608		76098	49926	49192
太白县	Taibai	1971	6269	300		371803	2926	319
咸阳市	**Xianyang**	**398878**	**1861477**	**61836**	**317**	**3467918**	**5328370**	**4400670**
秦都区	Qindu	13945	60046	455	30	232580	92648	53170
渭城区	Weicheng	19724	90058	17475	24	113087	74392	31500
三原县	Sanyuan	41858	193134	3741		822279	185239	96872
泾阳县	Jingyang	53510	248685	2811	256	1584630	151970	33890
乾 县	Qianxian	58881	276961	8709		31845	541760	466500
礼泉县	Liquan	27758	115603	4422		59565	1447154	1138125

12-35 续表 4 continued

地 区	Region	粮食播种面积(公顷) Sown Area of Grain (hectares)	粮食产量(吨) Output of Grain (ton)	油料产量(吨) Output of Oil-bearing (ton)	棉花产量(吨) Output of Cotton (ton)	蔬菜产量(吨) Output of Vegetables (ton)	水果产量(吨) Output of Fruits (ton)	# 苹果 Output of Apples
永寿县	Yongshou	18591	75780	3294		18048	431845	395970
彬 县	Binxian	24764	119392	9108		37459	454491	394155
长武县	Changwu	10731	49743	1381		14351	277645	259000
旬邑县	Xunyi	19056	98749	1450		63298	538297	520030
淳化县	Chunhua	21604	95825	5426		29790	890000	800000
武功县	Wugong	41851	206590	2486	7	167017	86684	75118
兴平市	Xingping	46604	230911	1078		293969	156245	136340
渭南市	**Weinan**	**538004**	**2104660**	**66322**	**60070**	**2013540**	**2738925**	**1929095**
临渭区	Linwei	88944	350510	6197	8661	480511	240968	75393
华 县	Huaxian	28267	108749	2057	676	533966	23731	1534
潼关县	Tongguan	13392	43106	5223	934	16086	11874	10655
大荔县	Dali	63640	273329	26438	15240	343346	500327	224880
合阳县	Heyang	53361	201833	3583	6729	164242	337377	291700
澄城县	Chengcheng	46043	164266	8020	6789	38683	399335	325468
蒲城县	Pucheng	87178	336481	4320	18498	69564	297362	174494
白水县	Baishui	28876	111129	3858	5	53786	520614	518000
富平县	Fuping	84757	363948	4383	1106	183220	294027	211995
韩城市	Hancheng	25042	77541	901	23	92370	105898	94064
华阴市	Huayin	18504	73768	1342	1409	37766	7412	912
延安市	**Yan'an**	**196247**	**684746**	**22986**	**514**	**930065**	**2565509**	**2438139**
宝塔区	Baota	27996	82648	951		124377	265397	261600
延长县	Yanchang	9213	33263	2381	385	78193	188000	175885
延川县	Yanchuan	15527	40212	1387	109	22100	108448	44310
子长县	Zichang	25791	67727	6793		98210	22000	11038
安塞县	Ansai	26893	59918	2660		182756	90130	80000
志丹县	Zhidan	17659	46012	3210		45360	13292	8000
吴起县	Wuqi	15697	49699	300		66500	8928	8000
甘泉县	Ganquan	9247	37119	172		116000	5316	4800
富 县	Fuxian	6524	36807	640		88200	450901	450000
洛川县	Luochuan	12351	88175	1110		30772	747446	745000
宜川县	Yichuan	7676	33715	950	20	43000	373819	361200
黄龙县	Huanglong	10461	67014	145		3591	38606	38306
黄陵县	Huangling	11213	42437	2287		31006	253226	250000
汉中市	**Hanzhong**	**266997**	**951358**	**176689**	**3**	**1794085**	**382869**	**4806**
汉台区	Hantai	17649	97100	15592		171255	25099	10
南郑县	Nanzheng	33937	138018	33068		134340	9573	240
城固县	Chenggu	26944	131008	24080		558968	250388	176
洋 县	Yangxian	32980	147023	27067		560981	64373	1246
西乡县	Xixiang	29863	92056	23042	2	74685	5387	24
勉 县	Mianxian	30593	125106	26395	1	95857	6953	25
宁强县	Ningqiang	30681	77003	11083		36822	3738	377

12-35 续表 5 continued

地 区	Region	粮食播种面积(公顷) Sown Area of Grain (hectares)	粮食产量(吨) Output of Grain (ton)	油料产量(吨) Output of Oil-bearing (ton)	棉花产量(吨) Output of Cotton (ton)	蔬菜产量(吨) Output of Vegetables (ton)	水果产量(吨) Output of Fruits (ton)	# 苹果 Output of Apples
略阳县	Lueyang	20124	44004	4504		45441	7845	1612
镇巴县	Zhenba	38274	81011	10512		83873	8150	719
留坝县	Liuba	3169	11013	915		20563	707	213
佛坪县	Foping	2783	8016	431		11300	656	164
榆林市	**Yulin**	**466285**	**1420305**	**69821**	**113**	**588314**	**701276**	**149227**
榆阳区	Yuyang	43501	222432	2194		58020	6300	2751
神木县	Shenmu	30982	111824	3180		13168	32915	105
府谷县	Fugu	30282	63181	2300	35	39147	12474	1068
横山县	Hengshan	61243	141099	3622		28658	19356	6830
靖边县	Jingbian	50816	210964	5964		195404	6361	4300
定边县	Dingbian	109261	261791	8866		104310	2123	1141
绥德县	Suide	25218	80621	19226		50580	132511	75068
米脂县	Mizhi	26068	75834	4430		10729	38231	18574
佳 县	Jiaxian	24319	69325	799		13699	159013	1502
吴堡县	Wubu	5421	16346	1241	30	9846	41932	712
清涧县	Qingjian	27777	65721	8159	48	42661	229729	23344
子洲县	Zizhou	31398	101167	9840		22092	20331	13832
安康市	**Ankang**	**267813**	**801310**	**125759**	**47**	**1137575**	**189243**	**5133**
汉滨区	Hanbin	54258	206118	36016	34	301117	48303	753
汉阴县	Hanyin	25284	92555	25341	13	166334	31751	93
石泉县	Shiquan	18937	62700	11647		50868	5055	578
宁陕县	Ningshan	4622	19049	866		38539	2277	284
紫阳县	Ziyang	41840	100798	10476		161623	5045	116
岚皋县	Langao	24543	60598	5626		113286	3254	135
平利县	Pingli	24612	69502	10927		85126	7450	367
镇坪县	Zhenping	9104	26047	1432		29334	1369	307
旬阳县	Xunyang	46074	111346	17788		118011	46579	2087
白河县	Baihe	18539	52597	5640		73337	38160	413
商洛市	**Shangluo**	**208444**	**598030**	**21603**	**12**	**410457**	**69847**	**9701**
商州区	Shangzhou	36677	99556	395		48686	14983	919
洛南县	Luonan	49152	150530	801	10	136160	8516	493
丹凤县	Danfeng	21856	61370	1304		19971	9176	1538
商南县	Shangnan	19088	57476	10555		67203	5476	509
山阳县	Shanyang	36449	101795	2454		60930	10459	1153
镇安县	Zhen'an	33084	87688	5776	2	59599	13775	4158
柞水县	Zhashui	12139	39615	318		17908	7462	931
杨凌示范区	**Yangling**	**5162**	**30486**	**54**		**105827**	**34552**	**5128**

12-35 续表 6 continued

地 区	Region	肉类产量(吨) Output of Meat (ton)	禽蛋产量(吨) Output of Poultry Eggs (ton)	奶类产量(吨) Output of Milk (ton)	牛存栏(万头) Stocked Cattle (10 000 heads)	#奶牛 Dairy cow	猪存栏(万头) Stocked Hogs (10 000 heads)	羊存栏(万只) Stocked (10 000 heads)	家禽存栏(万只) Stocked (10 000 heads)
全 省	**Shaanxi**	**995990**	**503000**	**1823689**	**150.10**	**45.20**	**880.00**	**643.00**	**6255.00**
西安市	**Xi'an**	**144631**	**125639**	**647978**	**21.13**	**11.71**	**94.40**	**29.60**	**1153.76**
新城区	Xincheng								
碑林区	Beilin								
莲湖区	Lianhu								
灞桥区	Baqiao	7155	5134	62124	1.26	1.22	4.78	1.16	41.07
未央区	Weiyang	3656	492	25313	0.64	0.62	3.93	0.11	7.99
雁塔区	Yanta	2408	240	1290	0.03	0.03			1.80
阎良区	Yanliang	5478	6590	84957	1.71	1.50	3.68	5.01	54.94
临潼区	Lintong	37447	27770	338123	6.98	6.23	24.17	11.64	264.42
长安区	Chang'an	19423	37399	22130	0.73	0.39	10.00	1.50	293.04
蓝田县	Lantian	17590	9959	37722	4.56	0.24	7.80	6.94	163.70
周至县	Zhouzhi	26585	9900	12986	3.29	0.29	19.99	1.29	89.80
户 县	Huxian	18010	16576	34131	1.17	0.64	15.05	0.65	133.00
高陵县	Gaoling	6879	11579	29202	0.78	0.56	4.99	1.29	104.00
铜川市	**Tongchuan**	**15453**	**15796**	**27650**	**8.03**	**1.59**	**7.58**	**7.04**	**174.58**
王益区	Wangyi	1333	850	2490	0.45	0.14	1.18	0.41	23.00
印台区	Yintai	4936	9126	3629	1.24	0.16	2.59	1.51	95.00
耀州区	Yaozhou	4785	5428	21468	3.92	1.29	2.84	2.76	36.90
宜君县	Yijun	4399	392	63	2.43	0.00	0.98	2.36	19.68
宝鸡市	**Baoji**	**164944**	**74969**	**612834**	**49.00**	**18.84**	**108.60**	**52.92**	**887.77**
渭滨区	Weibin	2398	1981	3616	0.37	0.11	1.31	0.46	24.98
金台区	Jintai	3161	728	8450	0.89	0.23	2.35	1.14	12.89
陈仓区	Chencang	51877	22490	69917	7.15	1.57	28.58	3.79	192.99
凤翔县	Fengxiang	20501	10293	81619	8.70	2.31	9.26	7.42	112.26
岐山县	Qishan	19659	19746	67740	5.94	2.64	20.03	4.49	103.55
扶风县	Fufeng	19973	11101	37274	2.43	1.07	18.90	3.55	246.72
眉 县	Meixian	14099	3956	29533	1.96	1.07	14.27	3.07	69.33
陇 县	Longxian	9102	1905	181935	8.65	6.10	2.55	6.85	23.56
千阳县	Qianyang	6660	1584	132640	5.54	3.73	1.89	6.96	20.75
麟游县	Linyou	6612	405	18	4.98	0.00	1.03	11.74	26.67
凤 县	Fengxian	8336	234		1.29		7.08	1.58	45.92
太白县	Taibai	2566	546	92	1.09	0.00	1.35	1.88	8.15
咸阳市	**Xianyang**	**193468**	**104327**	**736835**	**44.66**	**23.22**	**192.41**	**111.76**	**1056.46**
秦都区	Qindu	8492	3629	19404	0.79	0.75	7.46	0.79	39.64
渭城区	Weicheng	7900	12386	58415	1.33	1.31	6.58	0.85	89.00
三原县	Sanyuan	14152	20496	45754	4.74	0.77	12.82	16.75	173.46
泾阳县	Jingyang	22521	15394	210982	7.25	7.22	19.82	18.26	205.00
乾 县	Qianxian	15575	4263	125578	4.97	4.56	17.12	4.95	48.00
礼泉县	Liquan	7990	2162	29582	1.83	1.14	7.83	9.66	22.38

12-35 续表 7 continued

地 区	Region	肉类产量(吨) Output of Meat (ton)	禽蛋产量(吨) Output of Poultry Eggs (ton)	奶类产量(吨) Output of Milk (ton)	牛存栏(万头) Stocked Cattle (10 000 heads)	#奶牛 Dairy Cow	猪存栏(万头) Stocked Hogs (10 000 heads)	羊存栏(万只) Stocked (10 000 heads)	家禽存栏(万只) Stocked (10 000 heads)
永寿县	Yongshou	9127	2144	10164	5.44	0.10	6.04	15.38	36.03
彬 县	Binxian	5438	5240	5764	2.23	0.08	3.63	4.27	30.5
长武县	Changwu	4274	2980	13100	2.54	0.55	2.37	6.95	48.24
旬邑县	Xunyi	24719	5420	7763	3.97	0.15	24.54	9.98	49.75
淳化县	Chunhua	12337	8731	35499	2.69	0.75	8.77	17.98	89.56
武功县	Wugong	21490	8096	152170	4.92	4.84	28.60	2.96	91.00
兴平市	Xingping	39453	13386	22660	1.96	1.02	46.83	2.99	133.90
渭南市	**Weinan**	**196762**	**97722**	**363871**	**27.67**	**10.00**	**210.70**	**96.94**	**1030.98**
临渭区	Linwei	30197	28789	110309	8.07	3.38	27.23	9.65	257.19
华 县	Huaxian	7245	5032	9127	1.05	0.26	7.28	2.83	86.30
潼关县	Tongguan	5215	549	80	0.40	0.01	6.72	0.57	11.96
大荔县	Dali	37120	16013	14222	6.09	0.67	37.58	22.63	120.14
合阳县	Heyang	10514	4214	51450	3.03	2.62	12.39	4.62	55.45
澄城县	Chengcheng	49752	8491	757	0.93	0.02	60.77	4.02	72.00
蒲城县	Pucheng	13193	5637	34670	1.84	0.86	15.09	7.79	123.42
白水县	Baishui	13110	1259	1743	0.85	0.03	16.80	3.77	30.62
富平县	Fuping	18030	21132	136403	3.40	2.00	15.90	33.70	203.90
韩城市	Hancheng	8988	2670	1803	1.34	0.06	7.89	5.75	35.00
华阴市	Huayin	3398	3936	3307	0.69	0.10	3.07	1.63	35.00
延安市	**Yan'an**	**68355**	**25933**	**7563**	**14.09**	**0.24**	**68.70**	**57.94**	**361.83**
宝塔区	Baota	6775	3510	3123	1.78	0.10	4.46	2.73	54.11
延长县	Yanchang	3017	1440	80	1.82	0.01	2.02	6.28	23.00
延川县	Yanchuan	2862	1241	268	1.01	0.01	3.09	3.07	19.14
子长县	Zichang	8447	2218	433	2.99	0.03	7.32	7.31	25.01
安塞县	Ansai	2757	1792	166	0.62	0.01	3.41	6.15	24.29
志丹县	Zhidan	3005	1480	90	0.50	0.01	3.30	12.50	23.00
吴起县	Wuqi	5348	1453	1107	0.51	0.05	3.87	12.09	21.21
甘泉县	Ganquan	4134	6080	145	0.75	0.00	2.28	5.20	86.80
富 县	Fuxian	2817	1678	46	1.54	0.00	2.30	0.11	22.70
洛川县	Luochuan	21534	1263	1613	0.50	0.01	29.32	0.65	17.20
宜川县	Yichuan	2370	1280	47	0.52	0.01	2.46	0.81	13.81
黄龙县	Huanglong	2395	875		0.75		1.78	0.60	13.36
黄陵县	Huangling	2894	1623	445	0.80	0.00	3.09	0.42	18.20
汉中市	**Hanzhong**	**297264**	**69111**	**13783**	**29.51**	**0.33**	**274.96**	**32.64**	**1062.39**
汉台区	Hantai	16478	9521	6418	0.89	0.16	11.61	0.20	129.37
南郑县	Nanzheng	32547	6399	920	3.04	0.03	32.38	2.15	89.00
城固县	Chenggu	44209	10576	783	3.30	0.04	31.75	1.52	162.21
洋 县	Yangxian	40548	7911	1325	6.80	0.03	40.19	5.42	107.03
西乡县	Xixiang	45810	4429	40	2.90	0.00	45.02	5.62	68.06
勉 县	Mianxian	38768	12217	4297	2.66	0.07	37.83	0.69	152.70
宁强县	Ningqiang	30053	5920		3.80		31.15	1.88	102.69

12-35 续表 8 continued

地 区	Region	肉类产量(吨) Output of Meat (ton)	禽蛋产量(吨) Output of Poultry Eggs (ton)	奶类产量(吨) Output of Milk (ton)	牛存栏(万头) Stocked Cattle (10 000 heads)	#奶牛 Dairy Cow	猪存栏(万头) Stocked Hogs (10 000 heads)	羊存栏(万只) Stocked (10 000 heads)	家禽存栏(万只) Stocked (10 000 heads)
略阳县	Lueyang	13910	8467		2.01		9.90	2.26	167.17
镇巴县	Zhenba	29529	2814		3.50		30.85	12.58	64.97
留坝县	Liuba	3254	626		0.51		2.91	0.21	13.69
佛坪县	Foping	2158	231		0.10		1.36	0.13	5.50
榆林市	**Yulin**	**164523**	**48101**	**83232**	**14.42**	**2.53**	**96.59**	**588.17**	**535.18**
榆阳区	Yuyang	55802	8540	16554	3.47	0.50	38.68	118.26	117.00
神木县	Shenmu	16871	5560	15569	3.82	0.46	7.53	87.26	40.90
府谷县	Fugu	5643	2799	849	1.09	0.02	3.35	20.11	26.27
横山县	Hengshan	18242	7049	2166	0.67	0.06	6.85	86.18	57.35
靖边县	Jingbian	26651	5882	11588	0.86	0.35	16.11	115.13	71.00
定边县	Dingbian	18048	3628	16464	0.64	0.54	10.00	76.55	42.24
绥德县	Suide	3743	3913	6495	0.68	0.18	1.95	13.17	44.59
米脂县	Mizhi	4041	3241	1991	0.82	0.07	1.79	15.10	49.92
佳 县	Jiaxian	3989	3282	1415	1.02	0.04	2.30	16.14	26.51
吴堡县	Wubu	804	1102	307	0.09	0.01	0.52	2.86	7.80
清涧县	Qingjian	4831	1410	2676	0.77	0.06	3.65	10.95	21.10
子洲县	Zizhou	5857	1695	7158	0.50	0.24	3.87	26.47	30.50
安康市	**Ankang**	**249971**	**34052**	**320**	**23.69**	**0.01**	**238.74**	**88.17**	**892.91**
汉滨区	Hanbin	51979	7516	320	4.58	0.01	51.22	12.24	182.58
汉阴县	Hanyin	30395	6560		3.22		29.02	4.75	121.24
石泉县	Shiquan	18698	2262		3.10		18.55	5.37	64.59
宁陕县	Ningshan	4116	557		0.42		4.12	2.46	21.46
紫阳县	Ziyang	29578	3590		0.76		29.26	9.72	81.33
岚皋县	Langao	19618	3850		0.21		20.08	8.01	115.00
平利县	Pingli	27503	2394		0.78		21.09	13.81	69.63
镇坪县	Zhenping	14144	411		0.35		13.73	2.23	33.85
旬阳县	Xunyang	40349	3886		9.27		39.00	20.99	142.89
白河县	Baihe	13591	3026		0.99		12.66	8.60	60.34
商洛市	**Shangluo**	**134281**	**61961**	**1660**	**12.54**	**0.04**	**104.29**	**35.24**	**637.11**
商州区	Shangzhou	17740	6697	1491	1.74	0.03	16.01	1.88	50.00
洛南县	Luonan	33237	9116	75	4.61	0.00	30.13	4.65	92.00
丹凤县	Danfeng	20625	7177	75	1.39	0.00	16.56	2.70	159.00
商南县	Shangnan	19300	14612		1.40		12.09	3.12	104.00
山阳县	Shanyang	20974	11978		1.10		14.13	10.61	100.00
镇安县	Zhen'an	14006	6811	19	1.35		10.82	8.50	55.00
柞水县	Zhashui	8399	5570		0.95		4.56	3.78	77.11
杨凌示范区	**Yangling**	**4415**	**2224**	**26320**	**1.20**	**0.75**	**3.62**	**0.24**	**29.00**

主要统计指标解释

农林牧渔业总产值 指以货币表现的农、林、牧、渔业全部产品和对农林牧渔业生产活动进行的各种支持性服务活动的价值总量，它反映一定时期内农林牧渔业生产总规模和总成果。1957 年以前的农林牧渔业总产值中包括了厩肥和农民自给性手工业(如农民自制衣服、鞋、袜，自己从事粮食初步加工等)。1958 年及以后，林业中增加了村及村以下竹木采伐产值；牧业中取消了厩肥产值；副业中取消了农民自给性手工业产值，增加了村及村以下办的工业产值；渔业中增加了海洋捕捞水产品产值。1980 年及以后，在副业中增加了农民家庭兼营工业商品部分的产值。从 1984 年起村及村以下工业产值划归工业。从 1993 年起取消副业，将野生动物的捕猎划入牧业，野生植物采集和农民家庭兼营商品性工业划归农业。从 2003 年起，执行新的国民经济行业分类标准，农林牧渔业总产值中包括了农林牧渔服务业产值。林业中增加了森林采运业产值。农业中取消了家庭兼营商品性工业产值，将野生林产品的采集划归林业。第一次农业普查以后，由于畜牧业产品年报数据与普查数据之间存在一定的差距，根据农业普查结果对畜牧业年报数据进行了修正，对畜牧业产值进行了相应修正。

农林牧渔业总产值的计算方法通常是按农、林、牧、渔业产品及其副产品的产量分别乘以各自单位产品价格求得；少数生产周期较长，当年没有产品或产品产量不易统计的，则采用间接方法匡算其产值；然后将四业产品产值及农林牧渔服务业产值相加即为农林牧渔业总产值。

粮食产量 指全社会的产量。包括国有经济经营的、集体统一经营的和农民家庭经营的粮食产量，还包括工矿企业办的农场和其他生产单位的产量。粮食除包括稻谷、小麦、玉米、高粱、谷子及其他杂粮外，还包括薯类和豆类。其产量计算方法，豆类按去豆荚后的干豆计算；薯类(包括甘薯和马铃薯，不包括芋头和木薯)1963 年以前按每 4 公斤鲜薯折 1 公斤粮食计算，从 1964 年开始改为按 5 公斤鲜薯折 1 公斤粮食计算。城市郊区作为蔬菜的薯类(如马铃薯等)按鲜品计算，并且不作粮食统计。其他粮食一律按脱粒后的原粮计算。1989 年以前全国粮食产量数据主要靠全面报表取得，1989 年开始使用抽样调查数据。

棉花产量 指全社会的产量。包括春播棉和夏播棉。产量按皮棉计算。不包括木棉。

油料产量 指全部油料作物的生产量。包括花生、油菜籽、芝麻、向日葵籽、胡麻籽（亚麻籽）和其他油料。不包括大豆、木本油料和野生油料。花生以带壳干花生计算。

水产品产量 指人工养殖的水产品和天然生长的水产品的捕捞量。包括海水的鱼类、虾蟹类、贝类和藻类以及内陆水域的鱼类、虾蟹类和贝类，不包括淡水生植物。水产品产量是通过各级水产和统计部门逐级上报取得数据。1995 年及以前，贝类中牡蛎按鲜肉计算；蚶、蛤、蛏按 5 斤鲜品折 1 斤计算。1996 年以后则统一按鲜品计算。

猪、牛、羊肉产量 指当年出栏并已屠宰、除去头蹄下水后带骨肉(即胴体重)的重量。包括全社会范围内的产量。1996 年前为各级逐级上报数据。1996 年第一次农业普查以后，由于畜牧业产品年报数据与普查数据之间存在一定的差距，根据普查结果对畜牧业年报数据进行了修正。1999 年以后，国家统计局在部分地区开展了猪、牛、羊、禽等主要畜禽品种的抽样调查，并用抽样数据作为国家定案数据使用。未开展抽样调查的地区和品种，仍使用各级统计部门逐级上报数据。2007 年，根据第二次农业普查结果，对 2000——2006 年畜牧业年报数据进行了修正。2008 年，建立了主要畜禽监测调查制度，猪、牛、羊、禽等主要畜牧业数据均以抽样调查数为法定数据。

期初(末)畜禽存栏头(只)数 指报告期初(末)农村各种合作经济组织和国营农场、农民个人、机关、团体、学校、工矿企业、部队等单位以及城镇居民饲养的大牲畜、猪、羊、家禽等畜禽的存栏数。数据上报方式及数据调整情况同猪、牛、羊肉产量。

农作物播种面积 指实际播种或移植有农作物的面积。凡是实际种植有农作物的面积，不论种植在耕地上还是种植在非耕地上，均包括在农作物播种面积中。在播种季节基本结束后，因遭灾而重新改种和补种的农作物面积，也包括在内。它是反映我国耕地面积利用情况的一个重要指标。目前，农作物播种面积主要包括粮食、棉花、油料、糖料、麻类、烟叶、蔬菜和瓜类、药材和其他农作物九大类。

有效灌溉面积 指具有一定的水源，地块比较平整，灌溉工程或设备已经配套，在一般年景下，当年能够进行正常灌溉的耕地面积。在一般情况下，有效灌溉面积应等于灌溉工程或设备已经配备，能够进行正常灌溉的水田和水浇地面积之和。它是反映我国耕地抗旱能力的一个重要指标。

农用化肥施用量 指本年内实际用于农业生产的化肥数量，包括氮肥、磷肥、钾肥和复合肥。化肥施用量要求按折纯量计算数量。折纯量是指把氮肥、磷肥、钾肥分别按含氮、含五氧化二磷、含氧化钾的百分之百成份进行折算后的数量。复合肥按其所含主要成分折算。公式为:

折纯量=实物量 × 某种化肥有效成份含量的百分比

农业机械总动力 指主要用于农、林、牧、渔业的各种动力机械的动力总和。包括耕作机械、排灌机械、收获机械、农用运输机械、植物保护机械、牧业机械、林业机械、渔业机械和其他农业机械〔内燃机按引擎马力折成瓦(特)计算、电动机按功率折成瓦(特)计算〕。不包括专门用于乡、镇、村、组办工业、基本建设、非农业运输、科学试验和教学等非农业生产方面用的动力机械与作业机械。这个指标的统计数据主要来源于农机部门。

Explanatory Notes on Main Statistical Indicators

Gross Output Value of Agriculture, Forestry, Animal Husbandry and Fishery refers to the total value of products of agriculture, forestry, animal husbandry and fishery, and total value of services in support of agriculture, forestry, animal husbandry and fishery activities. It reflects the total scale and results of agricultural production during a given period. Prior to 1957, China's gross agricultural output value included barnyard manure and handicraft products for self-consumption (clothes, shoes, stockings, and initial grain processing undertaken by peasants). Since 1958, cutting and felling of bamboo and trees by villages and other cooperative organizations under villages have been included in forestry; value of barnyard manure has been excluded from animal husbandry; self consumed handicrafts have not been included from sideline occupations, while the output value of industries run by villages and cooperative organizations under village has been included in sideline occupations; and the output value of fish catches by motor fishing boats has been added to fishery. Since 1980, the value of handicraft products made for sale by individuals in households has been added to sideline occupations. Since 1984, industries run by villages and under villages have been included in the sector of industry. Since 1993, the subdivision of sideline occupations has been cancelled, and the hunting of wild animals has been classified into animal husbandry, and the gathering of wild plants and commodity industry run by rural household have been included in farming. A new industrial classification of economic activities was introduced in 2003. Under the new classification, value of services to agriculture, forestry, animal husbandry and fishery is included in the gross output value of agriculture, value of wood felling and transport is included in forestry, value of industrial output by rural households is not included in agriculture, and the collection of wild forest products is taken from agriculture and included in forestry. The First Agriculture Census of China revealed some discrepancy between the production of animal products from the annual reports and that from the census. According to the result of the First Agriculture census, efforts were made to adjust the output value of animal husbandry to make the figures from the annual reports consistent with the census data.

Gross output value of agriculture is obtained by multiplying the output of each product or by-product by its price, resulting in the output value of each single item. For a small number of products, annual output of which is not available or difficult to get due to the long production (growing) process involved, the output value is estimated through an indirect approach. The sum of output values of all products of agriculture, forestry, animal husbandry and fishery and services in support to those industries is then equal to the gross output value of agriculture.

Grain Output refers to the total output in the whole country including grains produced by State farms, collective units, rural households, as well as by farms affiliated to industrial and mining enterprises and other production units. Grain includes rice, wheat, corn, sorghum, millet and other miscellaneous grains as well as tubers and beans. Output of beans refers to dry beans without pods. The output of tubers (sweet potatoes and potatoes, not including taros and cassava) are converted into that of grain at the ratio 4:1, i.e. 4 kilograms of fresh tubers were equivalent to 1 kilogram of grain up to 1963. Since 1964 the ratio for conversion has been 5:1. Tubers supplied as vegetables (such as potatoes) in cities and suburbs are calculated as fresh vegetables and their output is not included in the output of grain. Output of all other grains refers to husked grain. Data on grain production before 1989 were obtained through the Comprehensive Statistical Reporting System. Since 1989, data from sample surveys are used.

Cotton Output refers to cotton production in the whole country including cotton planted in spring and in autumn. Output is measured as the weight of ginned cotton. Ceiba is not included.

Output of Oil-bearing Crops refers to the total production of oil-bearing crops of various kinds, including peanuts (dry, in shell), rapeseeds, sesame, sunflower seeds, flax seeds, and other oil-bearing crops. Soybeans, oil-bearing woody plants, and wild oil-bearing crops are not included.

Output of Aquatic Products refers to catches of both artificially cultured and naturally grown aquatic products, including fish, shrimps, crabs and shellfish in sea and inland water as well as seaweed. Freshwater plants are not included. Data on output of aquatic products are reported by aquatic product and statistical agencies level by level. Before 1995, among the shellfish, oyster was counted as fresh meat; 5 kilograms of ark shell, clams and frogs are equivalent to 1 kilogram of fresh aquatic products; they have all been counted as fresh aquatic products since 1996.

Output of Pork, Beef, and Mutton refers to the meat of slaughtered hogs, cattle, sheep and goats with head, feet, and offal taken away. Data refers to the production of the whole country. The First Agricultural Census of China in 1996 revealed some discrepancy between the production of animal products from the annual reports and that from the census. Efforts were made to adjust the output value of animal husbandry to make the figures from the annual reports consistent with the census data. Since 1999, the NBS conducted sample surveys for the major animal husbandry products, such as hogs, cattle, sheep and goats and fowls, and the data from sample surveys are used as national finalized data. Those products, which are not covered by the sample survey, are still reported by statistical agencies level by level. In 2007, the data on animal husbandry from 2000 to 2006 were revised according to the results of the Second Agriculture Census of China. In 2008, A Monitoring and Survey Program was set up on main livestock, the data on the main livestock such as hog, cattle, sheep and poultry became the official data based on the sampling survey.

Number of Livestock or Poultry in Stock at Beginning (or End) of Period refers to the total number of large animals, pigs, sheep, fowls, etc. raised by rural cooperative organizations, State farms, rural individuals, government agencies, schools, industrial and mining enterprises, army, and urban residents at the beginning (or end) of the reference period. Data reporting system and data adjustment are the same as that in the output of pork, beef and mutton.

Sown Area of Crops refers to area of land sown or transplanted with crops regardless of being in cultivated area or non-cultivated area. Area of land re-sown due to natural disasters is also included. This is an important indicator that can reflect the utilization condition of the cultivated land in China. At present, the sown area of crops mainly include the following 9 categories of crops: grain, cotton, oil-bearing crops, sugar crops, flax crops, tobacco, vegetables and melons, medicinal materials and other farm crops.

Irrigated Area refers to area of land that are effectively irrigated, i.e. relatively level land, where there are water sources or complete sets of irrigation facilities to lift and move adequate water for irrigation purpose under normal conditions. Under normal situations, irrigated area is the sum of watered fields and irrigated fields where irrigation systems or equipment have been installed for regular irrigation purpose. This important indicator reflects drought resistance capacity of the cultivated land in China.

Consumption of Chemical Fertilizers in Agriculture refers to the quantity of chemical fertilizers applied in agriculture in the year, including nitrogenous fertilizer, phosphate fertilizer, potash fertilizer, and compound fertilizer. The consumption of chemical fertilizers is calculated in terms of volume of effective components by means of converting the gross weight of the respective fertilizers into weight containing effective component (e.g. nitrogen content in nitrogenous fertilizer, phosphorous pentoxide contents in phosphate fertilizer, and potassium oxide contents in potash fertilizer). Compound fertilizer is converted in regard to its major components. The formula is:

Volume of effective component= physical quantity × effective component of certain chemical fertilizer (%)

Total Power of Agricultural Machinery refers to total mechanical power of machinery used in agriculture, forestry, animal husbandry and fishery, including machinery for ploughing, irrigation and drainage, harvesting, transport, plant protection, animal husbandry, forestry and fishery and other agricultural machineries. (For the power of internal combustion engines, it is converted from its horsepower into watts while for electric motors the output power is converted into watts.) Machinery employed for non-agricultural purposes, such as the machines used in township-run and village-run industry, construction, non-agricultural transport, scientific experiments and teaching, are not included. Data are mainly from agricultural machinery agencies.

十三、工　业

Industry

资料整理：杨　琨

简 要 说 明

一、本篇资料反映陕西工业经济方面的基本情况，内容包括全部工业总产值，规模以上工业企业按企业登记注册类型、轻重工业、企业规模、工业行业大类分组的主要经济指标和经济效益指标，主要工业产品产量。

二、规模以上工业企业统计范围

1998年至2006年为全部国有及年主营业务收入在500万元以上非国有工业企业。

2007至2010年为年主营业务收入在500万元以上工业企业。

2011年起提高到年主营业务收入在2000万元以上工业企业。

三、工业行业分类按《国民经济行业分类》(GB_T_4754-2011)标准划分。

Brief Introduction

I. This chapter reflects the basic conditions of the industrial sector, mainly including economic indicators of industrial enterprises above designated size; as well as their economic indicators, efficiency indicators, output and production capacity of key industrial products classified by type of registration, by light and heavy industries, by size of enterprise, by branch of industry.

II. The Scopes of Industrial Statistics

The scopes of industrial statistics are all State-owned industrial enterprises and non-State-owned industrial enterprises with revenue from principal business over 5 million yuan from 1998 to 2006.

The scopes of industrial statistics are all industrial enterprises with revenue from principal business over 5 million yuan form 2007 to 2010.

The scopes of industrial statistics are raised to all industrial enterprises with revenue from principal business over 20 million yuan from 2011.

III. Industry classification are divided by the standards of "Classification of national economic industries" (GB_T_4754-2011).

13.工 业

2011年全省		
规模以上工业企业单位数	3684	个
# 大中型工业企业	860	个
全部工业总产值	15811.48	亿元
# 规模以上工业	14283.48	亿元

规模以上工业企业利税总额（亿元）

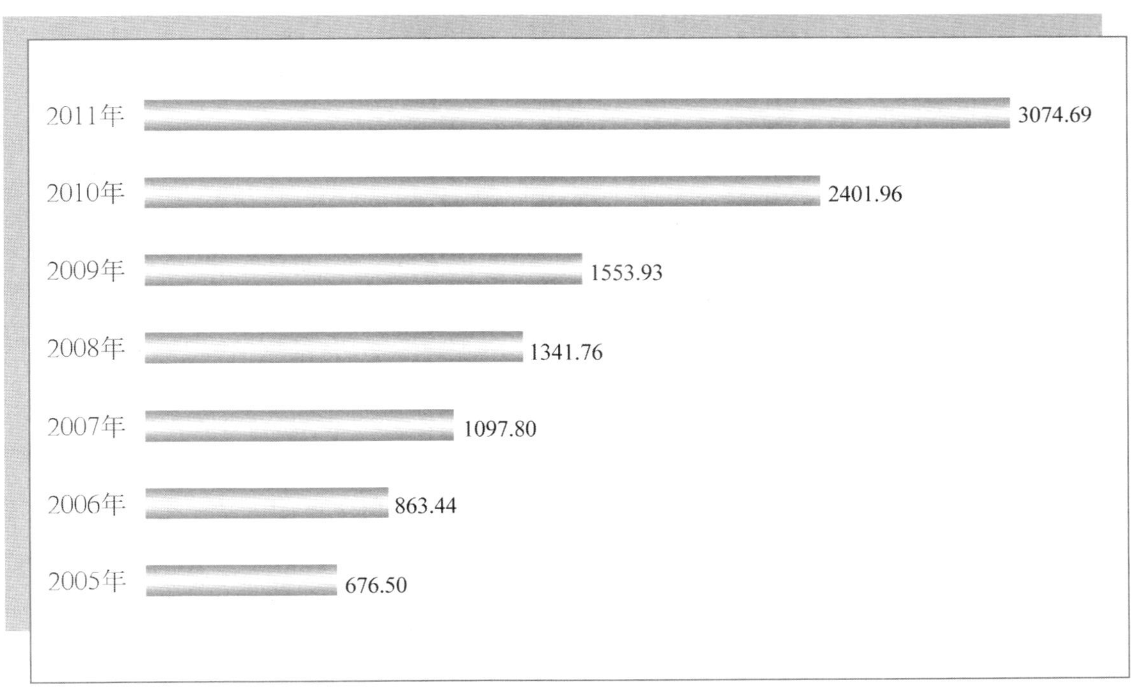

13-1 全部工业总产值
Gross Industrial Output Value

单位：亿元 (100 million yuan)

年 份 Year	全部工业总产值 Gross Industrial Output Value	国有工业 State-owned Enterprises	集体工业 Collective-owned Enterprises	其他经济类型工业 Other Enterprises	城乡个体工业 Urban and Rural Individual-owned Enterprises	轻工业 Light Industry	重工业 Heavy Industry
1978	96.48	81.26	15.22			43.06	53.42
1979	105.79	90.19	15.61			47.23	58.56
1980	109.96	92.57	17.37	0.02		55.09	54.86
1981	108.64	91.22	17.32	0.10		59.24	49.39
1982	117.71	98.16	19.41	0.13		58.99	58.72
1983	131.77	110.38	21.24	0.15		61.86	69.90
1984	150.70	119.65	29.14	0.22	1.68	64.55	86.14
1985	192.08	145.69	42.39	0.29	3.72	80.11	111.98
1986	219.26	159.66	51.48	0.53	7.60	92.44	126.82
1987	258.44	185.25	60.79	0.81	11.59	108.09	150.35
1988	331.74	235.54	78.10	1.11	16.99	139.95	191.79
1989	406.71	284.91	94.48	2.36	24.95	168.70	238.01
1990	442.58	304.17	102.86	3.72	31.83	188.02	254.55
1991	508.81	348.64	114.40	8.17	37.59	214.41	294.40
1992	599.54	396.02	137.54	15.07	50.92	239.85	359.69
1993	793.78	483.97	194.74	37.70	77.37	281.03	512.75
1994	1009.76	585.08	257.39	57.81	109.48	370.67	639.08
1995	1068.71	627.99	266.78	112.73	61.21	398.13	670.58
1996	1168.54	671.48	309.90	115.30	71.87	426.52	742.02
1997	1284.14	680.18	335.03	172.10	96.82	489.77	794.37
1998	1318.81	727.42	361.64	140.92	88.82	508.72	810.09
1999	1501.05	839.29	401.43	159.79	100.54	581.16	919.90
2000	1714.18	974.75	446.00	183.38	110.04	602.35	1111.82
2001	1946.94	1106.23	483.07	233.73	123.91	674.97	1271.98
2002	2205.98	1247.29	521.63	299.00	138.05	736.57	1469.42
2003	2708.86	1526.71	603.29	424.87	153.99	816.83	1892.03
2004	3389.88	1878.00	687.52	651.98	172.38	932.13	2457.75
2005	4109.32	2332.47	785.71	822.00	169.15	988.16	3121.16
2006	5248.39	3165.22	954.71	936.98	191.49	1152.02	4096.37
2007	6587.41	4010.54	1136.90	1227.20	212.76	1371.40	5216.01
2008	8358.86	4900.65	1463.22	1748.76	246.24	1639.11	6719.76
2009	9553.70	5221.58	1642.76	2431.86	257.50	1920.50	7633.20
2010	12421.80	6900.46	1955.27	3275.61	290.46	2345.73	10076.07
2011	15811.48	8797.96	2338.01	4312.30	363.21	2958.11	12853.37

13-2 规模以上工业企业主要经济指标(1998-2011年)

Main Indicators of Industrial Enterprises above Designated Size (1998-2011)

单位：亿元 (100 million yuan)

年 份 Year	企业单位数 (个) Number of Enterprises (unit)	工业总产值 Gross Industrial Output Value	资产总计 Total Assets	主营业务收入 Revenue from Principal Business	利润总额 Total Profits	税金总额 Total Taxes
1998	2685	960.81	2158.36	867.48	-11.40	64.71
1999	2589	1097.45	2514.49	950.36	6.92	81.34
2000	2553	1268.43	2683.07	1133.82	63.80	91.71
2001	2440	1457.62	3071.06	1292.71	62.96	99.09
2002	2461	1667.10	3227.24	1503.30	93.18	119.94
2003	2493	2118.17	3672.72	1843.33	158.62	151.96
2004	3012	2735.22	4432.45	2632.18	253.90	212.45
2005	2997	3397.71	5085.90	3302.50	400.70	275.80
2006	3375	4442.81	6130.02	4380.18	523.95	339.49
2007	3372	5692.33	7494.03	5512.63	691.83	405.97
2008	3526	7480.79	9163.02	6944.88	872.63	469.13
2009	4480	8470.40	12119.26	8188.52	854.11	699.82
2010	4564	11199.84	14688.70	10888.80	1469.57	932.39
2011	3684	14283.48	17234.61	13790.12	1933.92	1140.77

13-3 规模以上工业企业主要经济效益指标(1998-2011年)

Main Indicators on Economic Benefit of Industrial Enterprises above Designated Size(1998-2011)

年 份 Year	总资产贡献率 (%) Ratio of Total Assets to Industrial Output Value (%)	资产负债率 (%) Assets-Liability Ratio (%)	流动资产周转次数 (次/年) Number of Times of Annual of Turnover Working Capitals (times/year)	成本费用利润率 (%) Ratio of Profits to Industrial Cost (%)	全员劳动生产率 (元/人·年) Overall Labor Productivity (yuan/person·year)	产品销售率 (%) Proportion of Products Sold (%)
1998	5.0	71.5	1.0	-1.3	20031	95.8
1999	6.1	68.9	1.0	0.7	25479	96.0
2000	7.8	68.2	1.1	6.1	32879	96.7
2001	7.6	66.0	1.2	5.2	39812	97.2
2002	8.4	65.8	1.3	6.7	46866	97.7
2003	10.4	63.9	1.3	9.7	60144	97.6
2004	14.1	65.4	1.6	10.9	74082	97.4
2005	15.4	62.2	1.7	14.5	111094	97.7
2006	16.6	59.8	1.9	14.0	149433	98.2
2007	17.3	57.4	2.0	14.5	192005	97.5
2008	17.3	55.8	1.9	14.8	244655	96.6
2009	13.6	56.0	1.6	12.3	228593	95.9
2010	17.1	56.8	1.7	16.1	279914	96.9
2011	18.8	56.6	1.8	17.0	353168	96.5

13-4 规模以上工业企业主要经济指标(2011年)

单位：万元

分　　组	Item	企业单位数(个) Number of Enterprises (unit)	# 亏损企业 Unprofitable Enterprises	工业总产值 Gross Industrial Output Value (at current prices)	工业销售产值 Sales Output Value (at current prices)
总　　计	**Total**	**3684**	**628**	**142834835**	**137864470**
按登记注册类型分	**By Status of Registration**				
内资企业	Domestic Funded	3481	591	131029201	126460600
国有企业	State-owned Enterprises	253	57	24015171	22494932
中央企业	Central	81	18	14105441	13286157
地方企业	Local	172	39	9909730	9208775
集体企业	Collective-owned Enterprises	104	22	1257956	1221810
股份合作企业	Cooperative Enterprises	50	5	950210	936025
联营企业	Joint Ownership Enterprises	18	2	736898	710749
国有联营企业	State Joint Ownership Enterprises	4		459404	455289
集体联营企业	Collective Joint Ownership Enterprises	4		121672	114609
国有与集体联营企业	Joint State-collective Enterprises	5		38477	33333
其他联营企业	Other Joint Ownership Enterprises	5	2	117345	107519
有限责任公司	Limited Liability Corporations	1558	311	58899963	57368071
国有独资公司	State Sole Funded Corporations	64	19	18037194	17913477
其他有限责任公司	Other Limited Liability Corporations	1494	292	40862769	39454594
股份有限公司	Share-holding Corporations Limited	229	35	27219734	26709560
私营企业	Private Enterprises	1177	136	15905565	15017866
私营独资企业	Private-funded Enterprises	219	22	2537211	2403260
私营合作企业	Private Partnership Enterprises	101	4	2625891	2500059
私营有限责任公司	Private Limited Liability Corporations	774	101	9355527	8806364
私营股份有限公司	Private Share-holding Corporations Ltd.	83	9	1386937	1308182
其他企业	Other Enterprises	92	23	2043704	2001588
港、澳、台商投资企业	Enterprises with Funds from Hong Kong, Macao and Taiwan	51	14	2068887	2000962
合资经营企业(港或澳、台资)	Joint-venture Enterprises	29	8	1072556	1056515
合作经营企业(港或澳、台资)	Cooperative Enterprises	2		226354	224591
港澳台商独资经营企业	Enterprises with Sole Investment	18	5	740799	688937
港澳台商投资股份有限公司	Share-holding Corporations Ltd.	2	1	29179	30919
外商投资企业	Foreign Funded Enterprises	152	23	9736747	9402909
中外合资经营企业	Joint-venture Enterprises	101	16	7521741	7212230
中外合作经营企业	Cooperation Enterprises	4	2	156009	154212
外资企业	Enterprises with Sole Funds	41	5	1674905	1627803
外商投资股份有限公司	Share-holding Corporations Ltd.	6		384093	408664

Main Indicators of Industrial Enterprises above Designated Size(2011)

(10 000 yuan)

资产总计 Total Assets	流动资产合计 Total Working Capitals	# 应收账款 Accounts Receivable	# 存货 Inventories	# 产成品 Finished products	固定资产合计 Total of Fixed Assets	固定资产原价 Original Value of Fixed Assets	累计折旧 Total Depreciation
172346080	**75873307**	**11679191**	**16962586**	**6484480**	**76058317**	**106434028**	**39092151**
163625671	71919239	10845004	15771038	6010191	72352061	100853590	36948173
34690747	14251070	3251828	3163209	1203913	16830196	22324650	7298244
20635851	7554250	2147612	1788654	651897	12107911	16097246	5305808
14054897	6696820	1104216	1374555	552016	4722285	6227404	1992436
617846	340017	101183	63349	33023	243898	331532	99791
1422067	673186	124109	118453	32313	560379	592801	79485
1001786	252658	62474	11710	7524	717669	1017583	330801
809810	116417	37065	6527	4717	687506	976639	317013
62342	29270	13006	1658	1102	10404	12563	2158
27620	24805	2113	2555	1140	2516	3395	1473
102014	82166	10291	969	565	17243	24987	10156
69935096	37143734	5331908	9318663	3380583	23142077	29569990	11372734
27434346	14661687	1356751	2856957	921619	8348133	9176056	3544263
42500751	22482048	3975158	6461706	2458964	14793945	20393934	7828471
42965532	12762190	788647	1555472	536418	26297434	40979359	15953225
10322189	5608196	1048815	1416058	765111	3622079	4858319	1542161
1263550	687261	122560	152288	99879	452850	681734	254931
1995226	1257081	201807	70737	50270	549335	680405	148462
5960252	3174325	615051	1068124	545320	2164352	2943231	1010395
1103162	489529	109397	124909	69643	455542	552949	128372
2670408	888189	136039	124124	51307	938328	1179356	271733
1311763	641909	109597	168132	57968	430467	1220724	803390
523955	263861	69689	64657	21524	130746	250941	131733
195154	109657	22584	15042		42098	586093	543995
553650	251355	11002	84715	33887	242333	360655	119915
39004	17036	6322	3719	2556	15291	23037	7746
7408646	3312158	724590	1023416	416321	3275789	4359714	1340588
5282130	2429320	487158	668197	233618	2174304	2799929	837534
119418	28133	18497	1990	832	83504	154889	75134
1545841	603022	182570	189562	73753	827762	1131936	352997
461258	251683	36365	163667	108118	190219	272959	74922

13-4 续表 1

单位: 万元

分 组	Item	企业单位数(个) Number of Enterprises (unit)	# 亏损企业 Unprofitable Enterprises	工业总产值 Gross Industrial Output Value (at current prices)	工业销售产值 Sales Output Value (at current prices)
按经济组织类型分	**By Economic Type of Orgnization**				
独资企业	Appropratorship	635	111	30226040	28436742
国有企业	State-owned Enterprises	253	57	24015171	22494932
集体企业	Collective-owned Enterprises	104	22	1257956	1221810
私营独资企业	Private-funded Enterprises	219	22	2537211	2403260
港澳台商独资经营企业	Enterprises with Sole Investment	18	5	740799	688937
外资企业	Enterprises with Sole Funds	41	5	1674905	1627803
合作、合伙企业	Partnership	267	36	6739065	6527224
股份合作企业	Cooperative Enterprises	50	5	950210	936025
国有联营企业	State Joint Ownership Enterprises	4		459404	455289
集体联营企业	Collective Joint Ownership Enterprises	4		121672	114609
国有与集体联营企业	Joint State-collective Enterprises	5		38477	33333
其他联营企业	Other Joint Ownership Enterprises	5	2	117345	107519
私营合伙企业	Private Partnership Enterprises	101	4	2625891	2500059
合作经营企业(港或澳、台资)	Cooperative Enterprises	2		226354	224591
中外合作经营企业	Cooperation Enterprises	4	2	156009	154212
其他企业(内资)	Other Enterprises	92	23	2043704	2001588
股份有限公司	Share-holding Corporations Limited	320	45	29019942	28457325
股份有限公司(内资)	Share-holding Corporations Ltd.	229	35	27219734	26709560
私营股份有限公司	Private Share-holding Corporations Ltd.	83	9	1386937	1308182
港澳台商投资股份有限公司	Share-holding Corporations Ltd.with Funds from Hong Kong, Macao and Taiwan	2	1	29179	30919
外商投资股份有限公司	Share-holding Corporations Ltd.with Foreign Investment	6		384093	408664
有限责任公司	Limited Liability Corporations	2462	436	76849787	74443179
国有独资公司	State Sole Funded Corporations	64	19	18037194	17913477
私营有限责任公司	Private Limited Liability Corporations	774	101	9355527	8806364
合资经营企业(港或澳、台资)	Joint-venture Enterprises	29	8	1072556	1056515
中外合资经营企业	Joint-venture Enterprises	101	16	7521741	7212230
其他有限责任公司	Other Corporations	1494	292	40862769	39454594
按轻重行业分	**Grouped by Light & Heavy Industries**				
轻工业	Light Industry	1094	140	21031890	20410212
重工业	Heavy Industry	2590	488	121802945	117454258
按企业规模分	**Grouped by Size of Enterprises**				
大型企业	Large Enterprises	88	13	67126531	65430209
中型企业	Medium-sized Enterprises	772	129	44683763	42811860
小型企业	Small Enterprises	2824	486	31024540	29622402

continued

(10 000 yuan)

资产总计 Total Assets	流动资产合计 Total Working Capitals	#应收账款 Accounts Receivable	#存货 Inventories	#产成品 Finished products	固定资产合计 Total of Fixed Assets	固定资产原价 Original Value of Fixed Assets	累计折旧 Total Depreciation
38671634	16132725	3669143	3653122	1444454	18597040	24830507	8125878
34690747	14251070	3251828	3163209	1203913	16830196	22324650	7298244
617846	340017	101183	63349	33023	243898	331532	99791
1263550	687261	122560	152288	99879	452850	681734	254931
553650	251355	11002	84715	33887	242333	360655	119915
1545841	603022	182570	189562	73753	827762	1131936	352997
7404058	3208904	565510	342056	142246	2891312	4211127	1449610
1422067	673186	124109	118453	32313	560379	592801	79485
809810	116417	37065	6527	4717	687506	976639	317013
62342	29270	13006	1658	1102	10404	12563	2158
27620	24805	2113	2555	1140	2516	3395	1473
102014	82166	10291	969	565	17243	24987	10156
1995226	1257081	201807	70737	50270	549335	680405	148462
195154	109657	22584	15042		42098	586093	543995
119418	28133	18497	1990	832	83504	154889	75134
2670408	888189	136039	124124	51307	938328	1179356	271733
44568955	13520437	940731	1847768	716736	26958486	41828304	16164266
42965532	12762190	788647	1555472	536418	26297434	40979359	15953225
1103162	489529	109397	124909	69643	455542	552949	128372
39004	17036	6322	3719	2556	15291	23037	7746
461258	251683	36365	163667	108118	190219	272959	74922
81701433	43011241	6503807	11119641	4181045	27611479	35564090	13352397
27434346	14661687	1356751	2856957	921619	8348133	9176056	3544263
5960252	3174325	615051	1068124	545320	2164352	2943231	1010395
523955	263861	69689	64657	21524	130746	250941	131733
5282130	2429320	487158	668197	233618	2174304	2799929	837534
42500751	22482048	3975158	6461706	2458964	14793945	20393934	7828471
13321956	7035004	1124175	2660203	1046544	4819892	7201528	2971206
159024124	68838303	10555016	14302382	5437936	71238425	99232500	36120945
102410171	44677340	5028590	9324783	3123648	46421812	65976779	25537799
45701212	18845835	3708830	4849080	2013020	20091134	29177614	10542138
24234697	12350132	2941771	2788723	1347812	9545371	11279634	3012214

13-4 续表 2

单位：万元

分　组	Item	负债合计 Total Liabilities	# 流动负债 Total Working Liabilities	所有者权益合计 Owners' Equity	主营业务收入 Revenue from Principal Business
总　计	**Total**	**97558586**	**67565551**	**74628609**	**137901187**
按登记注册类型分	**By Status of Registration**				
内资企业	Domestic Funded	92872742	63881419	70598746	127328922
国有企业	State-owned Enterprises	21791424	15598680	12865063	22544149
中央企业	Central	12758963	8844133	7876887	13331002
地方企业	Local	9032461	6754548	4988177	9213146
集体企业	Collective-owned Enterprises	286868	244511	329129	1255748
股份合作企业	Cooperative Enterprises	722648	522105	694790	977419
联营企业	Joint Ownership Enterprises	890658	270232	111046	647959
国有联营企业	State Joint Ownership Enterprises	787014	180996	22797	389587
集体联营企业	Collective Joint Ownership Enterprises	22862	20848	39450	111689
国有与集体联营企业	Joint State-collective Enterprises	15230	5315	12391	27450
其他联营企业	Other Joint Ownership Enterprises	65554	63072	36408	119233
有限责任公司	Limited Liability Corporations	39738108	29554367	30118015	58742359
国有独资公司	State Sole Funded Corporations	13246520	9681459	14187375	17845302
其他有限责任公司	Other Limited Liability Corporations	26491589	19872909	15930640	40897057
股份有限公司	Share-holding Corporations Limited	22786293	12814633	20185891	26167420
私营企业	Private Enterprises	4942847	3962196	5353021	15024125
私营独资企业	Private-funded Enterprises	525978	319757	728546	2390070
私营合作企业	Private Partnership Enterprises	859041	656515	1135795	2486663
私营有限责任公司	Private Limited Liability Corporations	3010792	2537570	2934118	8881164
私营股份有限公司	Private Share-holding Corporations Ltd.	547035	448354	554563	1266229
其他企业	Other Enterprises	1713896	914696	941791	1969743
港、澳、台商投资企业	Enterprises with Funds from Hong Kong, Macao and Taiwan	581179	478542	730494	1211568
合资经营企业(港或澳、台资)	Joint-venture Enterprises	272001	232024	251865	359073
合作经营企业(港或澳、台资)	Cooperative Enterprises	50504	49415	144649	222939
港澳台商独资经营企业	Enterprises with Sole Investment	234443	174076	319207	599148
港澳台商投资股份有限公司	Share-holding Corporations Ltd.	24231	23026	14773	30408
外商投资企业	Foreign Funded Enterprises	4104666	3205590	3299368	9360697
中外合资经营企业	Joint-venture Enterprises	3049987	2254260	2228612	7179248
中外合作经营企业	Cooperation Enterprises	69962	67316	49456	154212
外资企业	Enterprises with Sole Funds	703466	618852	841294	1626551
外商投资股份有限公司	Share-holding Corporations Ltd.	281252	265162	180006	400686

continued

(10 000 yuan)

主营业务成本 Cost of Principal Business	主营业务税金及附加 Taxes and Other Charges on Principal Business	营业费用 Operating Expenses	管理费用 Manage-ment Expenses	财务费用 Financial Expenses	利润总额 Total Profits	亏损企业亏损额 Losses of Unprofitable Enterprises	利税总额 Total Profits and Taxes	本年应交增值税 Value Added Tax Payable	全部从业人员年平均人数(人) Annual Average Employed Persons (person)
100514065	**4200776**	**3436533**	**8418450**	**1596703**	**19339198**	**1667128**	**30746853**	**7206879**	**1565224**
92025565	4063777	2889818	7995402	1520225	18369837	1615445	29223105	6789491	1453259
18519053	277026	525344	1884271	371988	1811302	287550	3201485	1113157	308932
11521487	184502	245211	822651	270478	606197	225016	1318435	527737	135257
6997567	92524	280133	1061620	101509	1205105	62535	1883050	585420	173675
952611	18950	42752	56714	6681	178508	3888	268707	71249	26488
616944	12463	26027	73682	15952	246488	6896	335470	76520	9749
445883	12218	12902	29140	30609	123437	69	189633	53978	3722
302409	3289	942	13511	30522	47825		71611	20498	1771
53287	5707	9316	7948	22	34947		57287	16632	654
21130	291	346	2466	50	3006		3659	362	527
69058	2932	2297	5214	15	37659	69	57077	16486	770
44411779	2413051	1354325	3021648	748837	6317530	333818	11364325	2633743	654837
11693285	2143693	246813	936470	178644	2601491	44736	5791106	1045922	165632
32718494	269358	1107513	2085178	570193	3716040	289082	5573219	1587821	489205
14916912	1099987	317164	2189981	147748	7018402	950191	9907770	1789381	226938
11001290	208392	545381	639831	164968	2262772	25534	3370597	899432	204233
1608070	42266	94861	112747	16554	422752	2981	640836	175819	32509
1129869	81276	182618	177626	15612	877301	721	1312464	353887	19098
7284410	73121	239009	313983	112964	771781	20641	1163286	318384	136223
978941	11729	28894	35475	19838	190939	1190	254010	51342	16403
1161093	21689	65923	100135	33443	411398	7500	585119	152031	18360
997616	12674	60734	81245	4934	78992	12646	136941	45275	20611
275052	6645	21714	20864	5286	22330	8648	40508	11533	10323
204927	993		6853	-1743	13163		23805	9649	2502
489078	4999	38412	51040	1129	44178	2006	72332	23155	7005
28559	37	608	2488	262	-678	1993	297	938	781
7490884	124326	485981	341804	71544	890369	39037	1386807	372112	91354
5730728	114027	357973	238048	53814	651159	28151	1039396	274210	67325
93671	426	428	4373	2645	9915	4868	17705	7365	982
1327176	7974	110589	71890	7402	183462	6019	252743	61306	20012
339309	1900	16991	27493	7683	45832		76964	29231	3035

13-4 续表 3

单位：万元

分 组	Item	负债合计 Total Liabilities	# 流动负债 Total Working Liabilities	所有者权益合计 Owners' Equity	主营业务收入 Revenue from Principal Business
按经济组织类型分	**By Economic Type of Orgnization**				
独资企业	Appropratorship	23542178	16955876	15083239	28415665
国有企业	State-owned Enterprises	21791424	15598680	12865063	22544149
集体企业	Collective-owned Enterprises	286868	244511	329129	1255748
私营独资企业	Private-funded Enterprises	525978	319757	728546	2390070
港澳台商独资经营企业	Enterprises with Sole Investment	234443	174076	319207	599148
外资企业	Enterprises with Sole Funds	703466	618852	841294	1626551
合作、合伙企业	Partnership	4306709	2480278	3077527	6458936
股份合作企业	Cooperative Enterprises	722648	522105	694790	977419
国有联营企业	State Joint Ownership Enterprises	787014	180996	22797	389587
集体联营企业	Collective Joint Ownership Enterprises	22862	20848	39450	111689
国有与集体联营企业	Joint State-collective Enterprises	15230	5315	12391	27450
其他联营企业	Other Joint Ownership Enterprises	65554	63072	36408	119233
私营合伙企业	Private Partnership Enterprises	859041	656515	1135795	2486663
合作经营企业(港或澳、台资)	Cooperative Enterprises	50504	49415	144649	222939
中外合作经营企业	Cooperation Enterprises	69962	67316	49456	154212
其他企业(内资)	Other Enterprises	1713896	914696	941791	1969743
股份有限公司	Share-holding Corporations Limited	23638812	13551174	20935233	27864743
股份有限公司(内资)	Share-holding Corporations Ltd.	22786293	12814633	20185891	26167420
私营股份有限公司	Private Share-holding Corporations Ltd.	547035	448354	554563	1266229
港澳台商投资股份有限公司	Share-holding Corporations Ltd.with Funds from Hong Kong, Macao and Taiwan	24231	23026	14773	30408
外商投资股份有限公司	Share-holding Corporations Ltd.with Foreign Investment	281252	265162	180006	400686
有限责任公司	Limited Liability Corporations	46070888	34578222	35532610	75161844
国有独资公司	State Sole Funded Corporations	13246520	9681459	14187375	17845302
私营有限责任公司	Private Limited Liability Corporations	3010792	2537570	2934118	8881164
合资经营企业(港或澳、台资)	Joint-venture Enterprises	272001	232024	251865	359073
中外合资经营企业	Joint-venture Enterprises	3049987	2254260	2228612	7179248
其他有限责任公司	Other Corporations	26491589	19872909	15930640	40897057
按轻重行业分	**Grouped by Light & Heavy Industries**				
轻工业	Light Industry	6603065	5580573	6683648	19091829
重工业	Heavy Industry	90955521	61984978	67944961	118809358
按企业规模分	**Grouped by Size of Enterprises**				
大型企业	Large Enterprises	57529647	39984639	44846719	65969193
中型企业	Medium-sized Enterprises	27171923	18070991	18479909	42267196
小型企业	Small Enterprises	12857017	9509922	11301981	29664798

continued

(10 000 yuan)

主营业务成本 Cost of Principal Business	主营业务税金及附加 Taxes and Other Charges on Principal Business	营业费用 Operating Expenses	管理费用 Manage-ment Expenses	财务费用 Financial Expenses	利润总额 Total Profits	亏损企业亏损额 Losses of Unprofitable Enterprises	利税总额 Total Profits and Taxes	本年应交增值税 Value Added Tax Payable	全部从业人员年平均人数(人) Annual Average Employed Persons (person)
22895989	351214	811957	2176662	403754	2640201	302443	4436102	1444687	394946
18519053	277026	525344	1884271	371988	1811302	287550	3201485	1113157	308932
952611	18950	42752	56714	6681	178508	3888	268707	71249	26488
1608070	42266	94861	112747	16554	422752	2981	640836	175819	32509
489078	4999	38412	51040	1129	44178	2006	72332	23155	7005
1327176	7974	110589	71890	7402	183462	6019	252743	61306	20012
3652387	129065	287898	391808	96517	1681702	20053	2464196	653430	54413
616944	12463	26027	73682	15952	246488	6896	335470	76520	9749
302409	3289	942	13511	30522	47825		71611	20498	1771
53287	5707	9316	7948	22	34947		57287	16632	654
21130	291	346	2466	50	3006		3659	362	527
69058	2932	2297	5214	15	37659	69	57077	16486	770
1129869	81276	182618	177626	15612	877301	721	1312464	353887	19098
204927	993		6853	-1743	13163		23805	9649	2502
93671	426	428	4373	2645	9915	4868	17705	7365	982
1161093	21689	65923	100135	33443	411398	7500	585119	152031	18360
16263721	1113654	363656	2255437	175531	7254495	953374	10239040	1870892	247157
14916912	1099987	317164	2189981	147748	7018402	950191	9907770	1789381	226938
978941	11729	28894	35475	19838	190939	1190	254010	51342	16403
28559	37	608	2488	262	-678	1993	297	938	781
339309	1900	16991	27493	7683	45832		76964	29231	3035
57701968	2606844	1973022	3594543	920901	7762800	391258	13607515	3237870	868708
11693285	2143693	246813	936470	178644	2601491	44736	5791106	1045922	165632
7284410	73121	239009	313983	112964	771781	20641	1163286	318384	136223
275052	6645	21714	20864	5286	22330	8648	40508	11533	10323
5730728	114027	357973	238048	53814	651159	28151	1039396	274210	67325
32718494	269358	1107513	2085178	570193	3716040	289082	5573219	1587821	489205
14609550	836524	990214	920121	163355	1563209	83368	3185312	785579	308581
85904516	3364253	2446319	7498330	1433349	17775989	1583760	27561541	6421299	1256643
46117607	2997443	1188355	4675455	628618	10322372	929843	16835231	3515416	664217
31310395	864196	1285340	2445542	630961	5674523	553710	8793207	2254487	538997
23086063	339137	962838	1297453	337125	3342303	183575	5118415	1436975	362010

13-5 规模以上工业企业分行业主要经济指标(2011年)

单位：万元

行 业	Sector	企 业 单位数（个） Number of Enterprises (unit)	# 亏损企业 Unprofitable Enterprises	工业总产值 Gross Industrial Output Value (at current prices)
总 计	**Total**	**3684**	**628**	**142834835**
煤炭开采和洗选业	Mining and Washing of Coal	440	51	18686041
石油和天然气开采业	Extraction of Petroleum and Natural Gas	5	2	15414956
黑色金属矿采选业	Mining and Processing of Ferrous Metal Ores	35	8	575021
有色金属矿采选业	Mining and Processing of Non-Ferrous Metal Ores	104	19	1380935
非金属矿采选业	Mining and Processing of Nonmetal Ores	40	8	269515
开采辅助活动	Mining Supporting Activities	25	2	638125
农副食品加工业	Processing of Food from Agricultural Products	305	31	5365649
食品制造业	Manufacture of Foods	140	11	2687661
酒、饮料和精制茶制造业	Manufacture of Wine,Beverages and Refined Tea	122	16	2587606
烟草制品业	Manufacture of Tobacco	3		1522752
纺织业	Manufacture of Textile	114	38	1482394
纺织服装、服饰业	Manufacture of Textile and Clothing	21		233377
皮革、毛皮、羽毛及其制品和制鞋业	Manufacture of Leather, Fur, Feather and Related Products, and Shoes	3		32951
木材加工和木、竹、藤、棕、草制品业	Processing of Timber, Manufacture of Wood, Bamboo, Rattan, Palm and Straw Products	15		257101
家具制造业	Manufacture of Furniture	14		115291
造纸和纸制品业	Manufacture of Paper and Paper Products	60	9	794696
印刷和记录媒介复制业	Printing, Reproduction of Recording Media	31	5	553002
文教、工美、体育和娱乐用品制造业	Manufacture of Culture, Education,Articles,Sports and Entertainment Supplies	8	2	90910
石油加工、炼焦及核燃料加工业	Processing of Petroleum, Coking, Processing of Nuclear Fuel	93	34	16583763
化学原料和化学制品制造业	Manufacture of Raw Chemical Materials and Chemical Products	235	63	4737365
医药制造业	Manufacture of Medicines	162	13	2776416
化学纤维制造业	Manufacture of Chemical Fibers	5	2	117286
橡胶和塑料制品业	Manufacture of Rubber and Plastics	86	10	1754683
非金属矿物制品业	Manufacture of Non-metallic Mineral Products	381	93	5390554
黑色金属冶炼及压延加工业	Smelting and Pressing of Ferrous Metals	101	20	6826470
有色金属冶炼及压延加工业	Smelting and Pressing of Non-ferrous Metals	148	24	9195703
金属制品业	Manufacture of Metal Products	107	14	1669326
通用设备制造业	Manufacture of General Purpose Machinery	144	19	3930406
专用设备制造业	Manufacture of Special Purpose Machinery	171	24	4026912
汽车制造业	Automotive Industry	67	13	8831288
铁路、船舶、航空航天和其他运输设备制造业	Manufacture of Railway,Shipping,Aerospace and Other Transport Equipments	71	7	4870387
电气机械和器材制造业	Manufacture of Electrical Machinery and Equipment	137	17	4046349
计算机、通信和其他电子设备制造业	Manufacture of Computers,Communication and Other Electronic Equipment	85	16	3035844
仪器仪表制造业	Manufacture of Instrument and Apparatus	45	3	1176054
其他制造业	Other Manufacturing	11	2	183352
废弃资源综合利用业	Comprehensive Utilization Industry of Waste Resources	1		5178
金属制品、机械和设备修理业	Industry of Metalwork,Machinery, and Equipment Repair	10	2	363261
电力、热力的生产和供应业	Production and Supply of Electric Power and Heat Power	101	44	9987399
燃气生产和供应业	Production and Supply of Gas	20	2	5035805
水的生产和供应业	Production and Supply of Water	18	4	1352766

Main Indicators of Industrial Enterprises above Designated Size by Industrial Sector (2011)

(10 000 yuan)

工业销售产值 Sales Output Value (at current prices)	工业增加值 Value Added of Industry	资产总计 Total Assets	流动资产合计 Total Working Capitals	#应收账款 Accounts Receivable	#存货 Inventories	#产成品 Finished products	固定资产合计 Total of Fixed Assets	固定资产原价 Original Value of Fixed Assets	累计折旧 Total Depreciation	负债合计 Total Liabilities	#流动负债 Total Working Liabilities
137864470	**55278783**	**172346080**	**75873307**	**11679191**	**16962586**	**6484480**	**76058317**	**106434028**	**39092151**	**97558586**	**67565551**
18077257	12667501	24954030	13068583	1319090	698245	215860	6451591	9119824	3118859	10122391	7000897
15384903	10092036	29022604	4960845	50465	402381	89275	22601770	36262617	14052586	17407496	9057934
523815	202585	634981	273665	62470	36532	21155	234061	312110	158333	389755	302292
1263849	683289	1198046	524805	66497	143310	116713	464521	563527	225353	619564	517351
258489	107080	174600	48904	10137	15734	10428	69898	86251	21191	85868	51392
542011	234511	2127377	1138681	119369	91789	23086	834332	1158837	326386	681782	537794
5144723	1277821	2240949	1249323	111659	624287	262250	769499	1052423	369067	1244658	1077465
2562828	799390	1147078	556625	149357	147143	63024	446618	653681	208966	534444	420088
2681735	1004965	2080657	1031519	133880	424485	245739	819408	1111323	356129	1115148	952139
1521539	1181565	1270546	801871	83863	464865	16340	371546	623180	251634	422014	418568
1410914	454494	1001558	464090	38507	244343	110981	389125	648515	298905	583717	473259
226203	79302	158223	102717	17769	31519	11012	48326	102915	60868	92023	74495
34907	7894	46260	19758	698	6861	5038	4770	7123	2561	25958	16946
242634	86660	224636	66523	8862	25508	8900	148561	181158	43612	76669	33389
111232	40959	44936	23509	5952	5518	2305	19331	21783	8735	17727	16811
768429	246147	449932	194803	78470	60597	34640	231851	304496	94874	220691	182915
549218	239948	603021	308874	42603	77008	28074	208585	361485	188815	218401	173288
90502	21079	48912	19862	6424	4431	3189	26904	26036	7764	31525	20333
16602533	6006642	16710911	9077978	437104	1202289	574318	5031620	4749591	1612686	8431472	6403619
4558311	1320214	6671569	2293377	383359	517867	266483	2973780	4157108	1384949	4461710	2294729
2600014	962123	1993776	1138018	244225	356540	190313	582821	1118279	599628	843214	717175
115251	28671	81695	36687	6877	8191	4591	35404	71707	36697	12615	12615
1565425	538897	1472611	572317	143337	155066	92939	559138	695608	256975	932278	435073
5183559	1786326	4563803	1592408	348074	453821	187715	2483435	3475912	1158814	2629371	2304989
6353048	1562274	5009057	2974025	382197	737113	370410	1790192	1957390	481953	3862247	3449914
8365829	2169378	8602403	4762823	408994	1824662	778216	2420574	3361566	1199358	4314502	3156398
1598610	436256	2280493	1018817	304121	323130	133663	1133864	972525	381118	1201796	746181
3695394	1109095	4527948	3145047	625715	812267	299011	1017039	1593387	726142	2702943	2434660
3707889	1090243	4830180	3216943	1000311	1136119	486398	1248796	1473936	510455	2722619	2398687
8663793	1746893	6642686	3789825	712882	1239218	742891	1982180	2379761	995019	3990522	3550916
4621377	1355186	8918145	5870487	1299040	2322201	277023	2443804	2836344	1273995	5357678	4593434
3833888	859150	5755084	3849804	1122506	1014708	458719	1683751	1791208	775718	3072026	2560865
2848189	688832	4452843	2312392	611216	630518	233889	1184801	1565628	628614	2533459	1713753
1077946	413405	1940952	1252334	429510	292683	82556	521698	763053	327787	980382	821415
181039	84137	169229	88344	29519	6405	3753	73669	96042	24907	56263	32856
5351	1571	8009	2709	421	1199	999	5300	6625	1325	2654	929
354907	97956	621276	352345	151628	107649	9613	218218	250642	43371	459506	371001
9903597	3360790	18557858	3185847	684462	294211	22445	14004192	19757370	6554657	14579862	7857036
5009242	157872	6691583	2936451	212920	206104	5206	3226778	4027829	1238598	3432433	2741188
1324093	75648	4380493	1921798	263298	15623	55	2006674	3602834	1994861	1783933	1078317

13-5 续表

单位：万元

行业	Sector	所有者权益合计 Owners' Equity	主营业务收入 Revenue from Principal Business	主营业务成本 Cost of Principal Business
总计	**Total**	**74628609**	**137901187**	**100514065**
煤炭开采和洗选业	Mining and Washing of Coal	14781712	18671146	8999858
石油和天然气开采业	Extraction of Petroleum and Natural Gas	11615108	14337580	6524375
黑色金属矿采选业	Mining and Processing of Ferrous Metal Ores	245345	501661	393414
有色金属矿采选业	Mining and Processing of Non-Ferrous Metal Ores	575455	1231079	918545
非金属矿采选业	Mining and Processing of Nonmetal Ores	88715	255232	195763
开采辅助活动	Mining Supporting Activities	1445595	949193	928363
农副食品加工业	Processing of Food from Agricultural Products	984786	5043638	4429492
食品制造业	Manufacture of Foods	609446	2435740	2054295
酒、饮料和精制茶制造业	Manufacture of Wine,Beverages and Refined Tea	966729	2583144	1877838
烟草制品业	Manufacture of Tobacco	848532	1516102	532072
纺织业	Manufacture of Textile	402933	1355003	1157472
纺织服装、服饰业	Manufacture of Textile and Clothing	66201	246762	186747
皮革、毛皮、羽毛及其制品和制鞋业	Manufacture of Leather, Fur, Feather and Related Products, and Shoes	20302	35133	30684
木材加工和木、竹、藤、棕、草制品业	Processing of Timber, Manufacture of Wood, Bamboo, Rattan, Palm and Straw Products	147867	199983	180744
家具制造业	Manufacture of Furniture	26868	111954	77899
造纸和纸制品业	Manufacture of Paper and Paper Products	226162	763664	629271
印刷和记录媒介复制业	Printing, Reproduction of Recording Media	384447	532350	377250
文教、工美、体育和娱乐用品制造业	Manufacture of Culture, Education,Articles,Sports and Entertainment Supplies	17387	86982	75403
石油加工、炼焦及核燃料加工业	Processing of Petroleum, Coking, Processing of Nuclear Fuel	8252328	16567850	11574711
化学原料和化学制品制造业	Manufacture of Raw Chemical Materials and Chemical Products	2223581	4653620	3854462
医药制造业	Manufacture of Medicines	1148719	2389953	1496297
化学纤维制造业	Manufacture of Chemical Fibers	69080	115535	97790
橡胶和塑料制品业	Manufacture of Rubber and Plastics	539116	1579816	1206785
非金属矿物制品业	Manufacture of Non-metallic Mineral Products	1909226	4974640	4133140
黑色金属冶炼及压延加工业	Smelting and Pressing of Ferrous Metals	1141463	7122283	5924827
有色金属冶炼及压延加工业	Smelting and Pressing of Non-ferrous Metals	4287560	9245267	8405964
金属制品业	Manufacture of Metal Products	1077112	1848510	1543574
通用设备制造业	Manufacture of General Purpose Machinery	1821648	3582812	2792463
专用设备制造业	Manufacture of Special Purpose Machinery	2093668	3851259	2950192
汽车制造业	Automotive Industry	2651555	7955141	7036555
铁路、船舶、航空航天和其他运输设备制造业	Manufacture of Railway,Shipping,Aerospace and Other Transport Equipments	3560300	5059078	4201511
电气机械和器材制造业	Manufacture of Electrical Machinery and Equipment	2682842	3532980	2965969
计算机、通信和其他电子设备制造业	Manufacture of Computers,Communication and Other Electronic Equipment	1917647	2492282	2110229
仪器仪表制造业	Manufacture of Instrument and Apparatus	960397	1172027	916297
其他制造业	Other Manufacturing	112965	193443	149519
废弃资源综合利用业	Comprehensive Utilization Industry of Waste Resources	5355	6131	5047
金属制品、机械和设备修理业	Industry of Metalwork,Machinery, and Equipment Repair	161770	347280	278472
电力、热力的生产和供应业	Production and Supply of Electric Power and Heat Power	3973518	9795639	8869775
燃气生产和供应业	Production and Supply of Gas	3259150	4314991	3267134
水的生产和供应业	Production and Supply of Water	2592563	1277974	1042862

continued

(10 000 yuan)

主营业务税金及附加 Taxes and Other Charges on Principal Business	营业费用 Operating Expenses	管理费用 Management Expenses	财务费用 Financial Expenses	利润总额 Total Profits	亏损企业亏损额 Losses of Unprofitable Enterprises	利税总额 Total Profits and Taxes	本年应交增值税 Value Added Tax Payable	全部从业人员年平均人数(人) Annual Average Employed Persons (person)
4200776	**3436533**	**8418450**	**1596703**	**19339198**	**1667128**	**30746853**	**7206879**	**1565224**
443603	611844	1721097	170583	6145569	30986	8857062	2267891	197351
550247	10494	1567394	74313	5320610	763970	7072374	1201517	110495
6837	15306	24356	9314	40855	1096	82515	34822	8714
14698	8522	110092	8095	268668	5545	374034	90668	22404
4254	18235	14976	1871	20523	912	36515	11739	6188
21089	3664	51722	-14445	34873	5758	100816	44854	20489
12436	98532	107452	47517	277710	16191	379770	89625	47709
13232	141508	121801	7905	167636	6304	239045	58177	33210
77280	177840	161860	19213	266064	12425	467709	124365	29487
680462	21270	130367	1680	167571		1021114	173082	9701
9994	17425	50111	18470	89470	20340	135943	36479	64803
3898	9652	11601	3562	28841		39747	7008	7798
82	762	918	216	1974		2305	248	901
1402	7114	6303	4653	15008		31406	14997	2424
1574	5108	4544	652	12338		18423	4511	3204
3621	16666	24632	9435	59564	648	80322	17137	22409
4335	19594	55757	6956	75299	2451	107538	27905	11330
578	1199	2922	706	5487	259	7718	1652	945
1966523	193524	380609	169614	2126045	252704	4959678	867110	44779
20501	181599	278011	86287	287586	79378	467912	159825	75445
19751	410656	126429	27802	299613	2312	501055	181691	38575
406	744	3389	40	13972	101	17629	3251	960
11011	45996	104443	13571	157281	5768	205915	37623	29295
34972	125322	206905	71096	440265	50365	663721	188484	82176
19231	154350	279974	83701	228456	8481	354095	106408	41004
28487	142885	376147	92304	548246	16009	781435	204702	68274
6280	36659	116125	14733	71122	13463	120671	43269	35757
14354	131507	329955	11099	282796	4575	406835	109686	53983
16216	150923	309281	32683	227284	19309	338196	94696	58319
100096	230333	257390	44571	335892	11375	604410	168421	103619
15828	104289	431166	58702	312679	3787	408858	80351	103575
23973	187041	269801	33368	57648	92676	207442	125820	56912
10510	70314	221525	25230	141933	36250	204637	52194	50179
5412	32584	147635	6600	88590	2146	151391	57389	27725
1128	3416	6525	2310	35249	1181	45254	8878	1296
12	156	225	109	582		678	84	33
1135	6435	36183	10676	15634	6664	23525	6756	7024
50375	12946	318432	438220	601807	191695	1135492	483309	74631
35523	239885	308792	13135	597727	1892	772634	139384	5852
14053	61327	195154	19800	86859	18185	164071	63159	6249

13-6 国有及国有控股工业企业主要经济指标(2011年)

单位：万元

行业	Sector	企业单位数（个） Number of Enterprises (unit)	# 亏损企业 Unprofitable Enterprises	工业总产值 Gross Industrial Output Value (at current prices)
总计	**Total**	**632**	**148**	**87979598**
煤炭开采和洗选业	Mining and Washing of Coal	64	6	10114546
石油和天然气开采业	Extraction of Petroleum and Natural Gas	4	1	15401634
黑色金属矿采选业	Mining and Processing of Ferrous Metal Ores	5	1	158760
有色金属矿采选业	Mining and Processing of Non-Ferrous Metal Ores	18	1	457482
非金属矿采选业	Mining and Processing of Nonmetal Ores	5	2	32114
开采辅助活动	Mining Supporting Activities	3	1	485130
农副食品加工业	Processing of Food from Agricultural Products	13	4	149722
食品制造业	Manufacture of Foods	6	1	253007
酒、饮料和精制茶制造业	Manufacture of Wine,Beverages and Refined Tea	13	1	664912
烟草制品业	Manufacture of Tobacco	3		1522752
纺织业	Manufacture of Textile	14	10	323422
纺织服装、服饰业	Manufacture of Textile and Clothing	2		12930
皮革、毛皮、羽毛及其制品和制鞋业	Manufacture of Leather, Fur, Feather and Related Products, and Shoes	1		19702
木材加工和木、竹、藤、棕、草制品业	Processing of Timber, Manufacture of Wood, Bamboo, Rattan, Palm and Straw Products	1		2303
家具制造业	Manufacture of Furniture	1		9152
印刷和记录媒介复制业	Printing, Reproduction of Recording Media	4		241180
石油加工、炼焦及核燃料加工业	Processing of Petroleum, Coking, Processing of Nuclear Fuel	9	4	13462387
化学原料和化学制品制造业	Manufacture of Raw Chemical Materials and Chemical Products	49	16	2103326
医药制造业	Manufacture of Medicines	13	1	160101
化学纤维制造业	Manufacture of Chemical Fibers	2	1	85302
橡胶和塑料制品业	Manufacture of Rubber and Plastics	11	2	384514
非金属矿物制品业	Manufacture of Non-metallic Mineral Products	35	13	619933
黑色金属冶炼及压延加工业	Smelting and Pressing of Ferrous Metals	9	2	4301642
有色金属冶炼及压延加工业	Smelting and Pressing of Non-ferrous Metals	38	4	6036024
金属制品业	Manufacture of Metal Products	25	4	892859
通用设备制造业	Manufacture of General Purpose Machinery	31	5	2504078
专用设备制造业	Manufacture of Special Purpose Machinery	40	11	2560799
汽车制造业	Automotive Industry	16	4	5209241
铁路、船舶、航空航天和其他运输设备制造业	Manufacture of Railway,Shipping,Aerospace and Other Transport Equipments	45	3	4625155
电气机械和器材制造业	Manufacture of Electrical Machinery and Equipment	21	7	2056224
计算机、通信和其他电子设备制造业	Manufacture of Computers,Communication and Other Electronic Equipment	32	7	2117093
仪器仪表制造业	Manufacture of Instrument and Apparatus	12		852226
金属制品、机械和设备修理业	Industry of Metalwork,Machinery, and Equipment Repair	3		199875
电力、热力的生产和供应业	Production and Supply of Electric Power and Heat Power	64	32	9499745
燃气生产和供应业	Production and Supply of Gas	6		3390356
水的生产和供应业	Production and Supply of Water	14	4	1212934

Main Indicators of State-owned and State-holding Industrial Enterprises (2011)

(10 000 yuan)

工业销售产值 Sales Output Value (at current prices)	资产总计 Total Assets	流动资产合计 Total Working Capitals	# 应收账款 Accounts Receivable	# 存货 Inventories	# 产成品 Finished products	固定资产合计 Total of Fixed Assets	固定资产原价 Original Value of Fixed Assets	累计折旧 Total Depreciation	负债合计 Total Liabilities	# 流动负债 Total Working Liabilities
85625505	**131811093**	**55295340**	**7631952**	**11697286**	**4073810**	**61295224**	**86119128**	**31455351**	**76204886**	**50977213**
9933681	17745115	8403665	762073	385286	63655	4914389	7376470	2748900	7082946	4950663
15371787	28978823	4953221	50333	401432	89275	22565614	36224686	14050811	17384515	9056169
138418	332441	146529	36724	11496	7181	80812	137966	58289	250639	184409
449824	526944	237556	42419	57528	46508	234297	269375	127136	324231	247302
29068	65638	12491	2168	3340	1691	14153	22302	8305	43479	12926
389016	1811904	1002145	76456	88252	22058	671018	959555	288538	580846	452630
138917	136411	71044	4198	32274	10752	53274	66831	21165	90775	65855
248871	55038	22662	9472	8929	1137	28394	57139	29531	32452	29397
784390	590443	365201	34025	54761	23069	159315	235451	86888	250051	186691
1521539	1270546	801871	83863	464865	16340	371546	623180	251634	422014	418568
304678	341276	168708	13888	85069	44447	91680	220328	134953	186432	162015
12000	6062	5024	1186	1759	306	742	961	218	1799	1388
22175	37946	12600	408	4024	2968	3622	5351	1729	18896	11379
2113	3952	1257	112	638	322	2441	2922	481	490	490
8417	1242	683	63	115	70	560	589	40	224	224
249165	293532	154543	6864	38320	11086	113420	198970	114145	69932	53651
13496037	13733483	7691107	171082	745761	349378	3786881	3307606	1352155	6594028	4819147
2054391	4225893	1272941	195301	284190	144106	2202610	3014163	951956	2872613	1332421
139914	140116	91393	17209	32329	16372	33075	52419	19986	66206	58932
84653	69412	27189	5690	4860	1509	32646	68659	36013	8349	8349
368941	646929	345508	73142	92904	58430	228589	194713	56818	441729	276865
600938	1071184	293730	75137	76947	29805	653441	872213	256811	762814	669900
3954529	3825557	2373349	308395	512441	265850	1245039	1190364	185579	3075883	2750753
5501575	6557119	3694557	225186	1395335	559240	1697294	2099032	614186	3053511	2152858
878950	1388705	756137	199577	270587	113962	553931	715896	269715	803782	573737
2327788	3484000	2530654	454589	594866	220984	765172	952297	314045	2194180	2033546
2308256	3350382	2329542	718301	873395	390526	773937	929692	291288	2008277	1805104
5124994	4740211	2859300	585230	1009903	665106	1232967	1491899	707131	2834529	2508018
4371083	8624347	5652797	1201057	2281515	261254	2398186	2768575	1244001	5233756	4474695
1974056	3944954	2779823	823156	750013	357510	1124311	1018730	357060	1931596	1577842
1990159	3641355	1834643	425701	541926	203080	900404	1117350	446431	2169546	1450201
764660	1551400	949814	283898	242019	67339	465727	683874	303029	823791	678770
195779	283756	221051	102855	74431	8459	62696	84055	31081	195703	180375
9427721	17490035	2843707	618708	256870	19442	13434951	18579882	5841524	13981753	7497213
3379158	4634580	2238363	130983	174616	5861	2162740	2429260	630239	2590507	2073108
1191076	3814826	1650663	103883	14476	55	1818220	3327091	1907560	1540714	874202

13-6 续表

单位：万元

行 业	Sector	所有者权益合计 Owners' Equity	主营业务收入 Revenue from Principal Business	主营业务成本 Cost of Principal Business
总 计	**Total**	**55582933**	**85878061**	**60648090**
煤炭开采和洗选业	Mining and Washing of Coal	10628365	10257844	4673088
石油和天然气开采业	Extraction of Petroleum and Natural Gas	11594309	14324465	6513362
黑色金属矿采选业	Mining and Processing of Ferrous Metal Ores	81802	126611	94958
有色金属矿采选业	Mining and Processing of Non-Ferrous Metal Ores	202675	445532	338940
非金属矿采选业	Mining and Processing of Nonmetal Ores	22160	30339	15349
开采辅助活动	Mining Supporting Activities	1231058	794375	833618
农副食品加工业	Processing of Food from Agricultural Products	45467	138667	127360
食品制造业	Manufacture of Foods	22586	248520	205226
酒、饮料和精制茶制造业	Manufacture of Wine,Beverages and Refined Tea	340370	779613	506657
烟草制品业	Manufacture of Tobacco	848532	1516102	532072
纺织业	Manufacture of Textile	154844	305621	293392
纺织服装、服饰业	Manufacture of Textile and Clothing	4263	12000	9410
皮革、毛皮、羽毛及其制品和制鞋业	Manufacture of Leather, Fur, Feather and Related Products, and Shoes	19050	22401	19556
木材加工和木、竹、藤、棕、草制品业	Processing of Timber, Manufacture of Wood, Bamboo, Rattan, Palm and Straw Products	3462	2113	1796
家具制造业	Manufacture of Furniture	718	9236	6628
印刷和记录媒介复制业	Printing, Reproduction of Recording Media	223601	246984	164300
石油加工、炼焦及核燃料加工业	Processing of Petroleum, Coking, Processing of Nuclear Fuel	7135655	13248027	8767391
化学原料和化学制品制造业	Manufacture of Raw Chemical Materials and Chemical Products	1369737	2210489	1822274
医药制造业	Manufacture of Medicines	73910	118331	76106
化学纤维制造业	Manufacture of Chemical Fibers	61063	84556	71098
橡胶和塑料制品业	Manufacture of Rubber and Plastics	205199	355932	298125
非金属矿物制品业	Manufacture of Non-metallic Mineral Products	307474	593497	512347
黑色金属冶炼及压延加工业	Smelting and Pressing of Ferrous Metals	749674	4672751	3812934
有色金属冶炼及压延加工业	Smelting and Pressing of Non-ferrous Metals	3503607	6493576	6197302
金属制品业	Manufacture of Metal Products	584923	806880	690169
通用设备制造业	Manufacture of General Purpose Machinery	1289805	2229260	1726924
专用设备制造业	Manufacture of Special Purpose Machinery	1341693	2353459	1758328
汽车制造业	Automotive Industry	1905682	4490815	3988511
铁路、船舶、航空航天和其他运输设备制造业	Manufacture of Railway,Shipping,Aerospace and Other Transport Equipments	3390585	4822797	4027640
电气机械和器材制造业	Manufacture of Electrical Machinery and Equipment	2013358	1725684	1473211
计算机、通信和其他电子设备制造业	Manufacture of Computers,Communication and Other Electronic Equipment	1471543	1637352	1433550
仪器仪表制造业	Manufacture of Instrument and Apparatus	727609	868255	714601
金属制品、机械和设备修理业	Industry of Metalwork,Machinery, and Equipment Repair	88054	186503	138656
电力、热力的生产和供应业	Production and Supply of Electric Power and Heat Power	3508283	9327446	8482733
燃气生产和供应业	Production and Supply of Gas	2044073	2773851	2241261
水的生产和供应业	Production and Supply of Water	2274111	1146436	963558

continued

(10 000 yuan)

主营业务税金及附加 Taxes and Other Charges on Principal Business	营业费用 Operating Expenses	管理费用 Management Expenses	财务费用 Financial Expenses	利润总额 Total Profits	亏损企业亏损额 Losses of Unprofitable Enterprises	利税总额 Total Profits and Taxes	本年应交增值税 Value Added Tax Payable	全部从业人员年平均人数(人) Annual Average Employed Persons (person)
3618435	**1461848**	**6164897**	**1077986**	**13081083**	**1427833**	**21445498**	**4745981**	**874377**
195015	187499	1141018	110920	3605404	17328	5040378	1239959	124995
550247	9766	1567062	73613	5320902	763677	7072666	1201517	110304
2540	8054	7788	6712	8756	41	23877	12582	2127
5472	1272	49827	1884	109216	352	154233	39545	8645
1053	6645	3595	494	2540	98	5230	1637	866
16693	524	38185	-18951	-1426	4702	53856	38589	16643
176	3790	3833	1949	2431	1967	7692	5085	2070
651	27673	15791	92	145	1637	5145	4348	2493
44429	67940	99219	874	74942	10	156164	36793	5739
680462	21270	130367	1680	167571		1021114	173082	9701
1161	4141	22858	3245	-7497	11173	2956	9291	32748
20	146	293	95	1976		2220	225	711
58	710	863	215	1411		1469		724
	95	148		74		74		56
843	231	185	92	1162		2837	831	120
3137	5505	27363	133	47776		65941	15029	3267
1948509	83800	306093	119287	1932872	220046	4624214	742832	23218
9277	71572	171375	54300	112584	66817	209907	88045	39241
645	19153	8263	1791	13369	41	20584	6571	2995
324	211	2678	-137	10976	85	13734	2434	435
6803	22246	23241	4369	10440	5327	29150	11907	15114
3036	22716	47235	17646	1090	22450	26894	22768	14080
10989	123987	228215	63938	84501	2394	141780	46289	12148
15287	91877	299687	61135	265200	2574	403960	123473	38083
2590	18973	84703	9130	16939	11955	41843	22314	24771
8077	68996	270226	2173	152708	2895	229907	69122	30441
8610	87873	218272	17335	112495	15025	170911	49805	33101
11418	185577	172335	23605	122470	6842	232304	98416	54002
14001	97798	411533	57852	278420	2446	358850	66429	97812
15239	125114	177335	12157	-62013	70138	16675	63449	29300
6747	50575	172819	19690	28151	27072	67533	32635	35364
3263	15230	115739	5249	36250		84192	44679	22320
298	1674	25330	4398	17505		20080	2277	5571
47625	9562	284278	421239	568681	168923	1075272	458966	66233
23980	143063	197091	-18867	372451		489329	92898	3308
13399	53485	174358	16673	58145	18185	129234	57690	5631

13-7 外商及港澳台商投资工业企业主要经济指标(2011年)

单位：万元

行业	Sector	企业单位数(个) Number of Enterprises (unit)	#亏损企业 Unprofitable Enterprises	工业总产值 Gross Industrial Output Value (at current prices)
总　计	**Total**	**203**	**37**	**11805634**
煤炭开采和洗选业	Mining and Washing of Coal	3		195201
非金属矿采选业	Mining and Processing of Nonmetal Ores	1	1	2453
农副食品加工业	Processing of Food from Agricultural Products	10	1	485853
食品制造业	Manufacture of Foods	17	4	1436860
酒、饮料和精制茶制造业	Manufacture of Wine,Beverages and Refined Tea	23	4	1149616
纺织业	Manufacture of Textile	4	3	79141
纺织服装、服饰业	Manufacture of Textile and Clothing	1		12409
木材加工和木、竹、藤、棕、草制品业	Processing of Timber, Manufacture of Wood, Bamboo, Rattan, Palm and Straw Products	1		2303
造纸和纸制品业	Manufacture of Paper and Paper Products	5		81267
印刷和记录媒介复制业	Printing, Reproduction of Recording Media	2	1	29883
石油加工、炼焦及核燃料加工业	Processing of Petroleum, Coking, Processing of Nuclear Fuel	2		41498
化学原料和化学制品制造业	Manufacture of Raw Chemical Materials and Chemical Products	9	2	227115
医药制造业	Manufacture of Medicines	16	3	756454
化学纤维制造业	Manufacture of Chemical Fibers	1		82831
橡胶和塑料制品业	Manufacture of Rubber and Plastics	6	1	557565
非金属矿物制品业	Manufacture of Non-metallic Mineral Products	18		823802
黑色金属冶炼及压延加工业	Smelting and Pressing of Ferrous Metals	3		140800
有色金属冶炼及压延加工业	Smelting and Pressing of Non-ferrous Metals	4	1	118127
金属制品业	Manufacture of Metal Products	5		19629
通用设备制造业	Manufacture of General Purpose Machinery	7		142136
专用设备制造业	Manufacture of Special Purpose Machinery	9	1	335371
汽车制造业	Automotive Industry	4	1	2609163
铁路、船舶、航空航天和其他运输设备制造业	Manufacture of Railway,Shipping,Aerospace and Other Transport Equipments	4	1	76001
电气机械和器材制造业	Manufacture of Electrical Machinery and Equipment	15	4	540744
计算机、通信和其他电子设备制造业	Manufacture of Computers,Communication and Other Electronic Equipment	13	3	985125
仪器仪表制造业	Manufacture of Instrument and Apparatus	7	1	100239
其他制造业	Other Manufacturing	3	1	70366
金属制品、机械和设备修理业	Industry of Metalwork,Machinery, and Equipment Repair	2	1	26775
电力、热力的生产和供应业	Production and Supply of Electric Power and Heat Power	4	3	443577
燃气生产和供应业	Production and Supply of Gas	2		2253837
水的生产和供应业	Production and Supply of Water	2		79481

Main Indicators of Industrial Enterprises with Hong Kong, Macao, Taiwan and Foreign Funds (2011)

(10 000 yuan)

工业销售产值 Sales Output Value (at current prices)	资产总计 Total Assets	流动资产合计 Total Working Capitals	# 应收账款 Accounts Receivable	# 存货 Inventories	# 产成品 Finished products	固定资产合计 Total of Fixed Assets	固定资产原价 Original Value of Fixed Assets	累计折旧 Total Depreciation	负债合计 Total Liabilities	# 流动负债 Total Working Liabilities
11403871	**8720409**	**3954067**	**834187**	**1191548**	**474289**	**3706256**	**5580438**	**2143978**	**4685845**	**3684131**
170887	182822	104870	9819	3430	2696	71631	87059	15998	25678	9530
2265	11004	1462	110	807	456	8307	11218	2984	3626	3626
471115	163693	74495	11559	33539	2567	50835	79948	32055	81626	81214
1345428	590382	299907	91103	64243	18901	192105	339758	133278	259136	216863
1162941	993065	422495	65340	254409	171456	465586	646616	207391	586387	558027
82748	78665	37706	-1114	28024	6827	31120	81060	52139	58327	55527
11530	5885	875	317	302	253	5010	6499	1489	443	
2113	3952	1257	112	638	322	2441	2922	481	490	490
81098	35815	18472	12108	3570	859	15304	17071	4400	11209	9812
30830	72205	32540	9454	8323	4539	13998	25156	12522	50182	39441
41243	22036	15566	543	10486	672	5898	9266	3435	8064	8064
231231	179725	97860	40630	22880	12606	75021	103998	36815	57347	48345
739428	530614	326605	68562	106314	71789	159819	265325	117038	200948	187697
82182	44250	22377	5190	4497	1489	21174	57086	35913	8240	8240
450992	468877	95641	32835	12614	1916	127817	155349	29791	363745	57730
786861	969418	267215	27458	72548	29057	615092	801086	213902	512467	475956
130349	97793	71337	6155	40867	21380	25191	60150	34959	42034	33878
110463	66581	51781	13113	16627	11760	12027	23297	13217	32393	23376
19070	23746	16074	5213	3944	1590	6498	17110	11586	11331	11331
140673	131392	102698	27765	33092	16133	24022	52974	30498	37187	37017
320643	273406	183037	32045	101263	23227	54784	108955	54171	128345	106260
2542953	1364019	589215	23296	122387	23095	584034	609823	148870	865812	795709
74253	86632	73073	29670	16149	4025	9773	28157	18384	56885	56884
529822	352770	251837	100511	66938	25015	70702	116455	49922	196679	146660
976901	497757	285365	91621	99125	19250	193537	281882	106925	264539	204793
98332	113993	91896	32734	18445	1770	15117	24731	10496	47807	43560
69645	71417	41500	15663	989	536	28119	37370	9276	8256	8256
23153	18823	17702	10724	2972		762	1322	560	13200	13144
442140	861537	162695	50721	24084		637927	1335471	710669	525231	243346
2246361	3745479	1766561	54449	179951	1051	1771076	1841028	410934	2121727	1845962
79481	335888	198599	154882	507		54982	92219	37237	160595	147595

13-7 续表

单位：万元

行　　业	Sector	所有者权益合计 Owners' Equity	主营业务收入 Revenue from Principal Business	主营业务成本 Cost of Principal Business
总　　计	**Total**	**4029863**	**10572265**	**8488501**
煤炭开采和洗选业	Mining and Washing of Coal	157144	170887	48430
非金属矿采选业	Mining and Processing of Nonmetal Ores	7378	2274	1837
农副食品加工业	Processing of Food from Agricultural Products	81034	518488	431348
食品制造业	Manufacture of Foods	331186	1257698	1093278
酒、饮料和精制茶制造业	Manufacture of Wine,Beverages and Refined Tea	406626	1119694	845883
纺织业	Manufacture of Textile	20338	66423	63298
纺织服装、服饰业	Manufacture of Textile and Clothing	5443	10562	4236
木材加工和木、竹、藤、棕、草制品业	Processing of Timber, Manufacture of Wood, Bamboo, Rattan, Palm and Straw Products	3462	2113	1796
造纸和纸制品业	Manufacture of Paper and Paper Products	22607	79743	60508
印刷和记录媒介复制业	Printing, Reproduction of Recording Media	22022	26548	20141
石油加工、炼焦及核燃料加工业	Processing of Petroleum, Coking, Processing of Nuclear Fuel	13214	37500	35136
化学原料和化学制品制造业	Manufacture of Raw Chemical Materials and Chemical Products	121960	234887	190805
医药制造业	Manufacture of Medicines	329643	716514	384902
化学纤维制造业	Manufacture of Chemical Fibers	36010	82182	68543
橡胶和塑料制品业	Manufacture of Rubber and Plastics	105132	486213	332299
非金属矿物制品业	Manufacture of Non-metallic Mineral Products	456918	761385	575615
黑色金属冶炼及压延加工业	Smelting and Pressing of Ferrous Metals	55759	130646	115643
有色金属冶炼及压延加工业	Smelting and Pressing of Non-ferrous Metals	34188	107767	91864
金属制品业	Manufacture of Metal Products	12415	19735	15080
通用设备制造业	Manufacture of General Purpose Machinery	94204	156365	135823
专用设备制造业	Manufacture of Special Purpose Machinery	145061	331541	282184
汽车制造业	Automotive Industry	498207	2474681	2208705
铁路、船舶、航空航天和其他运输设备制造业	Manufacture of Railway,Shipping,Aerospace and Other Transport Equipments	29747	72925	52370
电气机械和器材制造业	Manufacture of Electrical Machinery and Equipment	156091	515018	443921
计算机、通信和其他电子设备制造业	Manufacture of Computers,Communication and Other Electronic Equipment	232914	319590	252284
仪器仪表制造业	Manufacture of Instrument and Apparatus	66186	97313	61324
其他制造业	Other Manufacturing	63161	78943	50222
金属制品、机械和设备修理业	Industry of Metalwork,Machinery, and Equipment Repair	5623	25228	20642
电力、热力的生产和供应业	Production and Supply of Electric Power and Heat Power	336306	442023	415430
燃气生产和供应业	Production and Supply of Gas	1623752	2195673	1796042
水的生产和供应业	Production and Supply of Water	175107	78110	53497

continued

(10 000 yuan)

主营业务税金及附加 Taxes and Other Charges on Principal Business	营业费用 Operating Expenses	管理费用 Management Expenses	财务费用 Financial Expenses	利润总额 Total Profits	亏损企业亏损额 Losses of Unprofitable Enterprises	利税总额 Total Profits and Taxes	本年应交增值税 Value Added Tax Payable	全部从业人员年平均人数(人) Annual Average Employed Persons (person)
137000	**546715**	**423049**	**76478**	**969361**	**51683**	**1523748**	**417387**	**111965**
6298	19323	7242	-64	88982		121417	26137	738
14	56	581	2	-89	89	160	235	113
655	9363	7412	688	20861	167	31533	10017	3432
4151	103336	81573	-3150	67805	3496	101396	29440	9848
13491	72023	32534	8652	135264	5768	210748	61993	10715
379	1374	3449	2814	-3506	3522	-863	2264	4945
58	1771	1246	1389	1626		1920	236	442
	95	148		74		74		56
212	1045	1351	128	10185		12933	2535	1206
162	1565	2196	1520	1783	2055	3105	1160	837
273	770	834	-44	379		1384	733	132
1482	7556	8604	1486	29022	191	36769	6266	1762
6422	225589	39719	6796	56318	540	154462	91721	8111
324	181	2109	-27	11061		13819	2434	265
155	4920	42763	2264	60933	43	65203	4116	2304
6107	9643	28128	9987	150926		198771	41738	6119
112	3614	9961	530	9631		12178	2434	640
489	1748	4087	709	6786	666	10964	3689	1004
161	457	2097	-18	1903		3029	965	698
208	5644	6400	557	11763		13980	2009	1801
766	8053	19131	-150	23513	22	34601	10322	3767
85741	21977	38570	11514	129134	3722	259606	44731	32849
900	1445	5795	-93	11873	1057	19349	6576	554
905	15486	20227	3575	29878	3297	52087	21305	4145
2333	10328	15799	1295	41742	5390	53532	9457	7347
181	7516	10564	524	18863	676	22440	3396	1338
834	1541	1973	84	28555	1175	33109	3721	463
94	1348	2153	112	959	243	1806	753	269
1897		9680	28047	-10634	19565	11655	20392	3135
21584	89521	158064	-28090	322978		407284	62722	2677
402		9206	1605	14737		18528	3389	253

13-8 大中型工业企业主要经济指标(2011年)

单位：万元

行 业	Sector	企业单位数(个) Number of Enterprises (unit)	# 亏损企业 Unprofitable Enterprises	工业总产值 Gross Industrial Output Value (at current prices)
总 计	**Total**	**860**	**142**	**111810294**
煤炭开采和洗选业	Mining and Washing of Coal	105	5	13128684
石油和天然气开采业	Extraction of Petroleum and Natural Gas	3	1	15389925
黑色金属矿采选业	Mining and Processing of Ferrous Metal Ores	9		343760
有色金属矿采选业	Mining and Processing of Non-Ferrous Metal Ores	19		549672
开采辅助活动	Mining Supporting Activities	5	1	542088
农副食品加工业	Processing of Food from Agricultural Products	29	2	1881571
食品制造业	Manufacture of Foods	27	4	1805818
酒、饮料和精制茶制造业	Manufacture of Wine,Beverages and Refined Tea	22	4	1495899
烟草制品业	Manufacture of Tobacco	2		1518128
纺织业	Manufacture of Textile	41	17	962478
纺织服装、服饰业	Manufacture of Textile and Clothing	6		92907
皮革、毛皮、羽毛及其制品和制鞋业	Manufacture of Leather, Fur, Feather and Related Products, and Shoes	1		19702
木材加工和木、竹、藤、棕、草制品业	Processing of Timber, Manufacture of Wood, Bamboo, Rattan, Palm and Straw Products	2		148767
造纸和纸制品业	Manufacture of Paper and Paper Products	16	2	450141
印刷和记录媒介复制业	Printing, Reproduction of Recording Media	13	2	436510
石油加工、炼焦及核燃料加工业	Processing of Petroleum, Coking, Processing of Nuclear Fuel	25	6	14604320
化学原料和化学制品制造业	Manufacture of Raw Chemical Materials and Chemical Products	62	16	3158285
医药制造业	Manufacture of Medicines	33	1	1727736
橡胶和塑料制品业	Manufacture of Rubber and Plastics	19	2	1220223
非金属矿物制品业	Manufacture of Non-metallic Mineral Products	56	15	2395973
黑色金属冶炼及压延加工业	Smelting and Pressing of Ferrous Metals	20	2	5639795
有色金属冶炼及压延加工业	Smelting and Pressing of Non-ferrous Metals	51	8	7905321
金属制品业	Manufacture of Metal Products	17	4	828024
通用设备制造业	Manufacture of General Purpose Machinery	31	2	3086853
专用设备制造业	Manufacture of Special Purpose Machinery	46	5	3159203
汽车制造业	Automotive Industry	30	5	8463066
铁路、船舶、航空航天和其他运输设备制造业	Manufacture of Railway,Shipping,Aerospace and Other Transport Equipments	37	1	4438640
电气机械和器材制造业	Manufacture of Electrical Machinery and Equipment	33	8	3159133
计算机、通信和其他电子设备制造业	Manufacture of Computers,Communication and Other Electronic Equipment	36	8	2526000
仪器仪表制造业	Manufacture of Instrument and Apparatus	10		886044
金属制品、机械和设备修理业	Industry of Metalwork,Machinery, and Equipment Repair	3	1	304864
电力、热力的生产和供应业	Production and Supply of Electric Power and Heat Power	42	18	9087314
燃气生产和供应业	Production and Supply of Gas	5		3643910
水的生产和供应业	Production and Supply of Water	4	2	890616

Main Indicators of Large and Medium-sized Industrial Enterprises(2011)

(10 000 yuan)

工业销售产值 Sales Output Value (at current prices)	资产总计 Total Assets	流动资产合计 Total Working Capitals	# 应收账款 Accounts Receivable	# 存货 Inventories	# 产成品 Finished products	固定资产合计 Total of Fixed Assets	固定资产原价 Original Value of Fixed Assets	累计折旧 Total Depreciation	负债合计 Total Liabilities	# 流动负债 Total Working Liabilities
108242068	**148111383**	**63523175**	**8737420**	**14173862**	**5136668**	**66512946**	**95154394**	**36079937**	**84701569**	**58055629**
12818668	20489663	9985542	868422	529278	101947	5544219	8106880	2912885	8459867	5809703
15360078	28972635	4952395	49674	401338	89275	22560450	36203020	14034309	17375661	9047315
313467	496805	202801	50514	15975	10380	188314	242817	131397	308066	241362
501856	620870	276404	46365	66033	55327	242326	305377	140839	363635	295105
445345	1934380	1056083	91012	88560	20928	729231	1032640	303409	619305	500450
1790728	945667	616181	35969	322101	135687	259892	375460	130003	635055	563823
1716106	712112	380993	111834	80907	27115	278750	450323	160412	322608	246094
1638860	1378646	694731	98609	272041	162396	548261	766358	242035	774013	668071
1516709	1258896	793245	82365	463908	15938	369139	618385	249246	415611	412164
920277	734699	355497	21139	183669	80994	248716	488401	267399	466155	367729
93260	110970	75624	7001	22557	7024	31973	38919	11865	72821	59378
22175	37946	12600	408	4024	2968	3622	5351	1729	18896	11379
143775	157390	32391	-15	12404	4643	117168	134034	26922	60403	22403
436078	292784	127441	56869	40078	25736	150981	202750	67478	151658	124863
438133	535154	279116	32959	68733	23918	178611	324496	176828	184526	145955
14596800	15183519	8272950	280298	953641	420885	4438404	4004159	1428241	7566504	5598555
3032994	5597906	1752594	255132	390928	204475	2550507	3629266	1238196	3834215	1792020
1651166	1198287	702657	143196	212085	131864	316147	755558	466040	465795	399413
1064093	1227494	465446	112792	120238	70933	442081	554572	216243	830351	361612
2318805	2830820	817596	91095	225087	83579	1690797	2404079	826530	1675935	1510345
5239445	4493539	2671828	325484	600257	293910	1592406	1695034	406509	3575425	3205238
7130416	7791178	4301336	314217	1679375	696720	2177026	3036554	1094316	3839061	2761416
832009	1391220	754282	200410	255614	103991	543666	700993	261108	773261	547203
2885338	3833808	2688487	467083	670363	242542	855349	1377201	655454	2308267	2104425
2868352	3895293	2643574	799255	969827	425738	985257	1219730	439671	2154995	1895984
8302115	6384291	3626162	673127	1201621	728734	1907925	2279751	958471	3884796	3466490
4210632	8453175	5497131	1061966	2279783	264633	2392499	2758929	1242926	5064096	4307072
3007914	5096020	3401943	943329	917750	423277	1534718	1526498	642550	2751627	2288057
2367490	3883490	1915165	501605	521045	184418	1052563	1369059	555995	2265296	1484184
803706	1555456	961061	283180	234264	65376	471187	693690	308263	796165	652566
300768	577321	323575	137322	102907	8459	207342	238370	40750	434295	349967
9023098	15347786	2569273	571533	246768	22189	11586408	17102158	6193492	11904740	6539921
3631284	4974639	2406608	142703	198334	6717	2184005	2631300	811013	2633534	2170152
882873	1946988	764082	90024	8709		986088	2504537	1673248	851164	583544

13-8 续表

单位：万元

行　　业	Sector	所有者权益合计 Owners' Equity	主营业务收入 Revenue from Principal Business	主营业务成本 Cost of Principal Business
总　　计	**Total**	**63326628**	**108236389**	**77428002**
煤炭开采和洗选业	Mining and Washing of Coal	11995939	13423769	6276286
石油和天然气开采业	Extraction of Petroleum and Natural Gas	11596975	14312719	6508946
黑色金属矿采选业	Mining and Processing of Ferrous Metal Ores	188739	305715	225203
有色金属矿采选业	Mining and Processing of Non-Ferrous Metal Ores	256835	485152	343010
开采辅助活动	Mining Supporting Activities	1315076	847123	869543
农副食品加工业	Processing of Food from Agricultural Products	308115	1763751	1561503
食品制造业	Manufacture of Foods	389503	1609108	1356196
酒、饮料和精制茶制造业	Manufacture of Wine,Beverages and Refined Tea	604633	1585847	1122645
烟草制品业	Manufacture of Tobacco	843285	1509127	527522
纺织业	Manufacture of Textile	257303	879024	770786
纺织服装、服饰业	Manufacture of Textile and Clothing	38150	108512	76715
皮革、毛皮、羽毛及其制品和制鞋业	Manufacture of Leather, Fur, Feather and Related Products, and Shoes	19050	22401	19556
木材加工和木、竹、藤、棕、草制品业	Processing of Timber, Manufacture of Wood, Bamboo, Rattan, Palm and Straw Products	96987	120710	115891
造纸和纸制品业	Manufacture of Paper and Paper Products	139126	432724	359262
印刷和记录媒介复制业	Printing, Reproduction of Recording Media	350573	423283	291066
石油加工、炼焦及核燃料加工业	Processing of Petroleum, Coking, Processing of Nuclear Fuel	7606553	14478973	9632178
化学原料和化学制品制造业	Manufacture of Raw Chemical Materials and Chemical Products	1778995	3178161	2607327
医药制造业	Manufacture of Medicines	732492	1454556	797798
橡胶和塑料制品业	Manufacture of Rubber and Plastics	396153	1112522	826555
非金属矿物制品业	Manufacture of Non-metallic Mineral Products	1134908	2214195	1831226
黑色金属冶炼及压延加工业	Smelting and Pressing of Ferrous Metals	914412	5918392	4850133
有色金属冶炼及压延加工业	Smelting and Pressing of Non-ferrous Metals	3952048	8092223	7394224
金属制品业	Manufacture of Metal Products	617960	753580	650162
通用设备制造业	Manufacture of General Purpose Machinery	1522526	2798547	2150865
专用设备制造业	Manufacture of Special Purpose Machinery	1730384	2942254	2204899
汽车制造业	Automotive Industry	2499495	7583068	6733091
铁路、船舶、航空航天和其他运输设备制造业	Manufacture of Railway,Shipping,Aerospace and Other Transport Equipments	3389078	4648356	3876395
电气机械和器材制造业	Manufacture of Electrical Machinery and Equipment	2344393	2731043	2319379
计算机、通信和其他电子设备制造业	Manufacture of Computers,Communication and Other Electronic Equipment	1617889	1979931	1727423
仪器仪表制造业	Manufacture of Instrument and Apparatus	759291	899035	728297
金属制品、机械和设备修理业	Industry of Metalwork,Machinery, and Equipment Repair	143026	292336	236120
电力、热力的生产和供应业	Production and Supply of Electric Power and Heat Power	3443045	8945951	8131701
燃气生产和供应业	Production and Supply of Gas	2341105	3018913	2299478
水的生产和供应业	Production and Supply of Water	1095824	824127	761528

continued

(10 000 yuan)

主营业务税金及附加 Taxes and Other Charges on Principal Business	营业费用 Operating Expenses	管理费用 Manage-ment Expenses	财务费用 Financial Expenses	利润总额 Total Profits	亏损企业亏损额 Losses of Unpro-fitable Enterprises	利税总额 Total Profits and Taxes	本年应交增值税 Value Added Tax Payable	全部从业人员年平均人数(人) Annual Average Employed Persons (person)
3861640	**2473695**	**7120997**	**1259578**	**15996895**	**1483553**	**25628438**	**5769903**	**1203214**
266467	325759	1377144	140454	4580432	16375	6462631	1615731	156669
547905	9531	1566261	73446	5317121	763677	7066392	1201365	110109
3630	10548	14862	7106	30683		57173	22860	5405
4818	1817	67851	2859	122505		162098	34776	12902
18779	1021	39821	-17018	9874	4702	72103	43451	18135
2103	44134	36499	21763	64817	9138	96935	30015	15629
6632	116020	88891	-356	120554	4301	171436	44250	16877
58750	143996	129237	10485	166815	6454	316574	91008	17472
680390	21182	128696	1683	166902		1019778	172485	9471
5913	9750	36935	12673	40387	17107	70582	24282	52436
3101	5439	6709	2261	12138		18323	3085	3462
58	710	863	215	1411		1469		724
497	4798	3981	3855	7116		20297	12684	991
1824	8971	12599	7386	34095	558	44501	8583	16223
3789	15129	49028	5619	66578	2173	94504	24136	8694
1960578	132260	342981	156679	2114387	237227	4903715	828749	37115
11004	119202	222448	68220	196831	63320	303452	95617	56155
13016	337463	76048	15932	216332	651	371981	142634	23933
8111	35586	77363	7038	118824	5234	150175	23241	21274
10611	62392	120307	45458	204097	30638	298741	84032	40031
14485	139961	252010	75028	172155	4022	267165	80525	30703
22918	126907	333107	82333	472724	11590	661717	166075	56546
2552	19845	81514	8024	8926	12081	32310	20832	24565
9974	93908	283075	5216	232516	494	327685	85195	37711
12257	127371	261625	21941	177701	11446	262224	72266	42739
98907	219701	240464	42027	300353	10863	553118	153859	97566
13291	90888	407608	55946	273123	1616	344172	57758	98798
19074	152309	227165	24541	-3278	91528	115985	100188	44555
7107	46590	179143	21002	86310	28203	129659	36242	42892
3427	18519	121387	5078	44348		93191	45416	22855
505	4063	32294	9721	10752	6421	15852	4595	5967
45286	8423	263693	342925	583811	142351	1059412	430316	66426
28072	160760	254619	1241	446885		566182	91225	4162
10737	34278	139277	-853	8688	13810	64725	45300	4022

13-9 八大工业支柱产业主要经济指标(2011年)

单位：万元

行业	Sector	企业单位数(个) Number of Enterprises (unit)	#亏损企业 Unprofitable Enterprises	工业总产值 Gross Industrial Output Value (at current prices)
全省总计	**Provincial Total**	**3684**	**628**	**142834835**
八大工业合计	Total Mainstay Property of 8 Large Industries	3456	594	139563672
八大工业占全省比重(%)	Mainstay Property of 8 Large Industries Rate in Total (%)	93.8	94.6	97.7
1.通信设备、计算机及其他电子设备制造业	Manufacture of Communication Equipment, Computer and Other Electronic Equipment	85	16	3035844
2.能源化工工业	Energy and Chemical Industry	990	208	67919617
3.装备制造工业	Equipment Manufacturing Industry	742	97	28550721
4.医药制造业	Manufacture of Medicines Industry	162	13	2776416
5.食品工业	Foods Industry	570	58	12163668
6.纺织服装工业	Textile Wearing Apparel Industry	138	38	1748722
7.非金属矿物制品业	Manufacture of Non-metallic Mineral Products	381	93	5390554
8.有色冶金工业	Non-ferrous Metallurgy Industry	388	71	17978129

13-9 续表

单位：万元

行业	Sector	所有者权益合计 Owners' Equity	主营业务收入 Revenue from Principal Business	主营业务成本 Cost of Principal Business
全省总计	**Provincial Total**	**74628609**	**137901187**	**100514065**
八大工业合计	Total Mainstay Property of 8 Large Industries	72871901	134844872	98113697
八大工业占全省比重(%)	Mainstay Property of 8 Large Industries Rate in Total (%)	97.7	97.8	97.6
1.通信设备、计算机及其他电子设备制造业	Manufacture of Communication Equipment, Computer and Other Electronic Equipment	1917647	2492282	2110229
2.能源化工工业	Energy and Chemical Industry	42900038	66670379	42056119
3.装备制造工业	Equipment Manufacturing Industry	14847521	27001807	22406562
4.医药制造业	Manufacture of Medicines Industry	1148719	2389953	1496297
5.食品工业	Foods Industry	3409493	11578624	8893697
6.纺织服装工业	Textile Wearing Apparel Industry	489435	1636898	1374904
7.非金属矿物制品业	Manufacture of Non-metallic Mineral Products	1909226	4974640	4133140
8.有色冶金工业	Non-ferrous Metallurgy Industry	6249823	18100290	15642749

Main Indicators of Industrial Enterprises(2011)

(10 000 yuan)

工业销售产值 Sales Output Value (at current prices)	工业增加值 Value Added of Industry	资产总计 Total Assets	流动资产合计 Total Working Capitals	#应收账款 Accounts Receivable	#存货 Inventories	#产成品 Finished products	固定资产合计 Total of Fixed Assets	固定资产原价 Original Value of Fixed Assets	累计折旧 Total Depreci-ation	负债合计 Total Liabilities	#流动负债 Total Working Liabilities
137864470	**55278783**	**172346080**	**75873307**	**11679191**	**16962586**	**6484480**	**76058317**	**106434028**	**39092151**	**97558586**	**67565551**
134669336	54119727	168894322	74281609	11297553	16636364	6382052	74532655	104336444	38334212	95867647	66300686
97.7	97.9	98.0	97.9	96.7	98.1	98.4	98.0	98.0	98.1	98.3	98.1
2848189	688832	4452843	2312392	611216	630518	233889	1184801	1565628	628614	2533459	1713753
66749288	34249262	99598655	34334315	3144063	3370040	1288998	52491826	75972661	27343795	56629606	33599698
27198898	7010228	34895488	22143257	5494085	7140326	2480261	10031131	11810213	4990234	20027965	17106157
2600014	962123	1993776	1138018	244225	356540	190313	582821	1118279	599628	843214	717175
11910825	4263740	6739230	3639338	478760	1660780	587352	2407072	3440606	1185796	3316265	2868260
1672024	541690	1206042	586564	56974	282723	127031	442221	758553	362334	701698	564701
5183559	1786326	4563803	1592408	348074	453821	187715	2483435	3475912	1158814	2629371	2304989
16506541	4617525	15444486	8535317	920157	2741617	1286494	4909348	6194592	2064997	9186069	7425954

continued

(10 000 yuan)

主营业务税金及附加 Taxes and Other Charges on Principal Business	营业费用 Operating Expenses	管理费用 Manage-ment Expenses	财务费用 Financial Expenses	利润总额 Total Profits	亏损企业亏损额 Losses of Unpro-fitable Enterprises	利税总额 Total Profits and Taxes	本年应交增值税 Value Added Tax Payable	全部从业人员年平均人数(人) Annual Average Employed Persons (person)
4200776	**3436533**	**8418450**	**1596703**	**19339198**	**1667128**	**30746853**	**7206879**	**1565224**
4177781	3328489	8215988	1556042	19031057	1653007	30301804	7092966	1498270
99.5	96.9	97.6	97.5	98.4	99.2	98.6	98.4	95.7
10510	70314	221525	25230	141933	36250	204637	52194	50179
3063755	1060810	4425097	938182	14687742	1330359	22816878	5065380	553445
182158	873335	1861353	201755	1376012	147331	2237802	679633	439890
19751	410656	126429	27802	299613	2312	501055	181691	38575
783409	439150	521480	76315	878982	34920	2107639	445248	120107
13974	27840	62631	22248	120285	20340	177994	43736	73502
34972	125322	206905	71096	440265	50365	663721	188484	82176
69253	321062	790569	193415	1086225	31131	1592079	436601	140396

13-10 规模以上工业企业主要经济效益指标(2011年)
Main Indicators on Economic Benefit of Industrial Enterprises above Designated Size (2011)

分　组	Item	总资产贡献率(%) Ratio of Total Assets to Industrial Output Value (%)	资　产负债率(%) Assets-Liability Ratio (%)	流动资产周转率(次/年) Ratio of Turnover of Working Capitals (times/year)	成本费用利润率(%) Ratio of Profits to Industrial Cost (%)	工业产品销售率(%) Proportion of Products Sold (%)
总　计	**Total**	**18.84**	**56.61**	**1.82**	**16.97**	**96.52**
按登记注册类型分	**By Status of Registration**					
内资企业	Domestic Funded	18.86	56.76	1.77	17.59	96.51
国有企业	State-owned Enterprises	10.43	62.82	1.58	8.50	93.67
中央企业	Central	7.86	61.83	1.76	4.71	94.19
地方企业	Local	14.21	64.27	1.38	14.28	92.93
集体企业	Collective-owned Enterprises	44.47	46.43	3.69	16.86	97.13
股份合作企业	Cooperative Enterprises	24.84	50.82	1.45	33.65	98.51
联营企业	Joint Ownership Enterprises	22.75	88.91	2.56	23.80	96.45
国有联营企业	State Joint Ownership Enterprises	13.56	97.18	3.35	13.77	99.10
集体联营企业	Collective Joint Ownership Enterprises	91.93	36.67	3.82	49.52	94.19
国有与集体联营企业	Joint State-collective Enterprises	13.37	55.14	1.11	12.53	86.63
其他联营企业	Other Joint Ownership Enterprises	55.97	64.26	1.45	49.17	91.63
有限责任公司	Limited Liability Corporations	17.31	56.82	1.58	12.75	97.40
国有独资公司	State Sole Funded Corporations	21.88	48.28	1.22	19.93	99.31
其他有限责任公司	Other Limited Liability Corporations	14.36	62.33	1.82	10.19	96.55
股份有限公司	Share-holding Corporations Limited	23.65	53.03	2.05	39.94	98.13
私营企业	Private Enterprises	33.96	47.89	2.68	18.32	94.42
私营独资企业	Private-funded Enterprises	51.99	41.63	3.48	23.07	94.72
私营合作企业	Private Partnership Enterprises	66.40	43.05	1.98	58.26	95.21
私营有限责任公司	Private Limited Liability Corporations	21.09	50.51	2.80	9.71	94.13
私营股份有限公司	Private Share-holding Corporations Ltd.	24.21	49.59	2.59	17.96	94.32
其他企业	Other Enterprises	23.05	64.18	2.22	30.24	97.94
港、澳、台商投资企业	Enterprises with Funds from Hong Kong, Macao and Taiwan	11.14	44.31	1.89	6.90	96.72
合资经营企业(港或澳、台资)	Joint-venture Enterprises	8.69	51.91	1.36	6.92	98.50
合作经营企业(港或澳、台资)	Cooperative Enterprises	12.23	25.88	2.03	6.27	99.22
港澳台商独资经营企业	Enterprises with Sole Investment	13.75	42.34	2.38	7.62	93.00
港澳台商投资股份有限公司	Share-holding Corporations Ltd.	1.48	62.12	1.78	-2.12	105.96
外商投资企业	Foreign Funded Enterprises	19.75	55.40	2.83	10.61	96.57
中外合资经营企业	Joint-venture Enterprises	20.76	57.74	2.96	10.21	95.89
中外合作经营企业	Cooperation Enterprises	17.04	58.59	5.48	9.81	98.85
外资企业	Enterprises with Sole Funds	16.94	45.51	2.70	12.09	97.19
外商投资股份有限公司	Share-holding Corporations Ltd.	18.25	60.97	1.59	11.71	106.40

13-10 续表 continued

分 组	Item	总资产贡献率(%) Ratio of Total Assets to Industrial Output Value (%)	资产负债率(%) Assets-Liability Ratio (%)	流动资产周转率(次/年) Ratio of Turnover of Working Capitals (times/year)	成本费用利润率(%) Ratio of Profits to Industrial Cost (%)	工业产品销售率(%) Proportion of Products Sold (%)
按经济组织类型分	**By Economic Type of Orgnization**					
独资企业	Appropratorship	12.64	60.88	1.76	10.04	94.08
国有企业	State-owned Enterprises	10.43	62.82	1.58	8.50	93.67
集体企业	Collective-owned Enterprises	44.47	46.43	3.69	16.86	97.13
私营独资企业	Private-funded Enterprises	51.99	41.63	3.48	23.07	94.72
港澳台商独资经营企业	Enterprises with Sole Investment	13.75	42.34	2.38	7.62	93.00
外资企业	Enterprises with Sole Funds	16.94	45.51	2.70	12.09	97.19
合作、合伙企业	Partnership	34.66	58.17	2.01	37.97	96.86
股份合作企业	Cooperative Enterprises	24.84	50.82	1.45	33.65	98.51
国有联营企业	State Joint Ownership Enterprises	13.56	97.18	3.35	13.77	99.10
集体联营企业	Collective Joint Ownership Enterprises	91.93	36.67	3.82	49.52	94.19
国有与集体联营企业	Joint State-collective Enterprises	13.37	55.14	1.11	12.53	86.63
其他联营企业	Other Joint Ownership Enterprises	55.97	64.26	1.45	49.17	91.63
私营合伙企业	Private Partnership Enterprises	66.40	43.05	1.98	58.26	95.21
合作经营企业(港或澳、台资)	Cooperative Enterprises	12.23	25.88	2.03	6.27	99.22
中外合作经营企业	Cooperation Enterprises	17.04	58.59	5.48	9.81	98.85
其他企业(内资)	Other Enterprises()	23.05	64.18	2.22	30.24	97.94
股份有限公司	Share-holding Corporations Limited	23.59	53.04	2.06	38.06	98.06
股份有限公司(内资)	Share-holding Corporations Ltd. (Domestic Investment)	23.65	53.03	2.05	39.94	98.13
私营股份有限公司	Private Share-holding Corporations Ltd.	24.21	49.59	2.59	17.96	94.32
港澳台商投资股份有限公司	Share-holding Corporations Ltd. With Funds from Hong Kong, Macao and Taiwan	1.48	62.12	1.78	-2.12	105.96
外商投资股份有限公司	Share-holding Corporations Ltd. with Foreign Investment	18.25	60.97	1.59	11.71	106.40
有限责任公司	Limited Liability Corporations	17.75	56.39	1.75	12.09	96.87
国有独资公司	State Sole Funded Corporations	21.88	48.28	1.22	19.93	99.31
私营有限责任公司	Private Limited Liability Corporations	21.09	50.51	2.80	9.71	94.13
合资经营企业(港或澳、台资)	Joint-venture Enterprises	8.69	51.91	1.36	6.92	98.50
中外合资经营企业	Joint-venture Enterprises	20.76	57.74	2.96	10.21	95.89
其他有限责任公司	Other Corporations	14.36	62.33	1.82	10.19	96.55
按轻重行业分	**Grouped by Light & Heavy Industries**					
轻工业	Light Industry	25.08	49.57	2.71	9.37	97.04
重工业	Heavy Industry	18.32	57.20	1.73	18.27	96.43
按企业规模分	**Grouped by Size of Enterprises**					
大型企业	Large Enterprises	17.23	56.18	1.48	19.62	97.47
中型企业	Medium-sized Enterprises	20.60	59.46	2.24	15.91	95.81
小型企业	Small Enterprises	22.33	53.05	2.40	13.01	95.48

13-11 规模以上工业企业分行业主要经济效益指标(2011年)
Main Indicators on Economic Benefit of Industrial Enterprises above Designated Size by Industrial Sector (2011)

行业	Sector	总资产贡献率(%) Ratio of Total Assets to Industrial Output Value (%)	资产负债率(%) Assets-Liability Ratio (%)	流动资产周转率(次/年) Ratio of Turnover of Working Capitals (times/year)
总计	**Total**	**18.84**	**56.61**	**1.82**
煤炭开采和洗选业	Mining and Washing of Coal	36.12	40.56	1.43
石油和天然气开采业	Extraction of Petroleum and Natural Gas	25.00	59.98	2.89
黑色金属矿采选业	Mining and Processing of Ferrous Metal Ores	13.34	61.38	1.83
有色金属矿采选业	Mining and Processing of Non-Ferrous Metal Ores	31.92	51.71	2.35
非金属矿采选业	Mining and Processing of Nonmetal Ores	21.98	49.18	5.22
开采辅助活动	Mining Supporting Activities	5.32	32.05	0.83
农副食品加工业	Processing of Food from Agricultural Products	18.96	55.54	4.04
食品制造业	Manufacture of Foods	21.89	46.59	4.38
酒、饮料和精制茶制造业	Manufacture of Wine,Beverages and Refined Tea	23.42	53.60	2.50
烟草制品业	Manufacture of Tobacco	80.58	33.22	1.89
纺织业	Manufacture of Textile	15.34	58.28	2.92
纺织服装、服饰业	Manufacture of Textile and Clothing	26.43	58.16	2.40
皮革、毛皮、羽毛及其制品和制鞋业	Manufacture of Leather, Fur, Feather and Related Products, and Shoes	5.47	56.11	1.78
木材加工和木、竹、藤、棕、草制品业	Processing of Timber, Manufacture of Wood, Bamboo, Rattan, Palm and Straw Products	15.71	34.13	3.01
家具制造业	Manufacture of Furniture	42.21	39.45	4.76
造纸和纸制品业	Manufacture of Paper and Paper Products	19.87	49.05	3.92
印刷和记录媒介复制业	Printing, Reproduction of Recording Media	18.53	36.22	1.72
文教、工美、体育和娱乐用品制造业	Manufacture of Culture, Education,Articles,Sports and Entertainment Supplies	17.18	64.45	4.38
石油加工、炼焦及核燃料加工业	Processing of Petroleum, Coking, Processing of Nuclear Fuel	30.61	50.45	1.83
化学原料和化学制品制造业	Manufacture of Raw Chemical Materials and Chemical Products	8.27	66.88	2.03
医药制造业	Manufacture of Medicines	26.20	42.29	2.10
化学纤维制造业	Manufacture of Chemical Fibers	21.84	15.44	3.15
橡胶和塑料制品业	Manufacture of Rubber and Plastics	14.89	63.31	2.76
非金属矿物制品业	Manufacture of Non-metallic Mineral Products	15.91	57.61	3.12
黑色金属冶炼及压延加工业	Smelting and Pressing of Ferrous Metals	8.61	77.11	2.39
有色金属冶炼及压延加工业	Smelting and Pressing of Non-ferrous Metals	10.24	50.15	1.94
金属制品业	Manufacture of Metal Products	5.92	52.70	1.81
通用设备制造业	Manufacture of General Purpose Machinery	9.48	59.69	1.14
专用设备制造业	Manufacture of Special Purpose Machinery	7.79	56.37	1.20
汽车制造业	Automotive Industry	9.85	60.07	2.10
铁路、船舶、航空航天和其他运输设备制造业	Manufacture of Railway,Shipping,Aerospace and Other Transport Equipments	5.35	60.08	0.86
电气机械和器材制造业	Manufacture of Electrical Machinery and Equipment	4.24	53.38	0.92
计算机、通信和其他电子设备制造业	Manufacture of Computers,Communication and Other Electronic Equipment	5.22	56.90	1.08
仪器仪表制造业	Manufacture of Instrument and Apparatus	8.29	50.51	0.94
其他制造业	Other Manufacturing	26.95	33.25	2.19
废弃资源综合利用业	Comprehensive Utilization Industry of Waste Resources	9.82	33.14	2.26
金属制品、机械和设备修理业	Industry of Metalwork,Machinery, and Equipment Repair	5.51	73.96	0.99
电力、热力的生产和供应业	Production and Supply of Electric Power and Heat Power	8.52	78.56	3.07
燃气生产和供应业	Production and Supply of Gas	11.81	51.29	1.47
水的生产和供应业	Production and Supply of Water	4.04	40.72	0.66

13-11 续表 continued

行　业	Sector	成本费用利润率(%) Ratio of Profits to Industrial Cost (%)	工业全员劳动生产率(元/人) Overall Labor Productivity (yuan/person)	工业产品销售率(%) Proportion of Products Sold (%)
总　计	**Total**	**16.97**	**353168**	**96.52**
煤炭开采和洗选业	Mining and Washing of Coal	53.42	641877	96.74
石油和天然气开采业	Extraction of Petroleum and Natural Gas	65.07	913348	99.81
黑色金属矿采选业	Mining and Processing of Ferrous Metal Ores	9.24	232482	91.09
有色金属矿采选业	Mining and Processing of Non-Ferrous Metal Ores	25.70	304985	91.52
非金属矿采选业	Mining and Processing of Nonmetal Ores	8.89	173045	95.91
开采辅助活动	Mining Supporting Activities	3.60	114457	84.94
农副食品加工业	Processing of Food from Agricultural Products	5.93	267836	95.88
食品制造业	Manufacture of Foods	7.21	240708	95.36
酒、饮料和精制茶制造业	Manufacture of Wine,Beverages and Refined Tea	11.90	340816	103.64
烟草制品业	Manufacture of Tobacco	24.45	1217982	99.92
纺织业	Manufacture of Textile	7.20	70135	95.18
纺织服装、服饰业	Manufacture of Textile and Clothing	13.63	101695	96.93
皮革、毛皮、羽毛及其制品和制鞋业	Manufacture of Leather, Fur, Feather and Related Products, and Shoes	6.06	87619	105.93
木材加工和木、竹、藤、棕、草制品业	Processing of Timber, Manufacture of Wood, Bamboo, Rattan, Palm and Straw Products	7.55	357507	94.37
家具制造业	Manufacture of Furniture	13.99	127837	96.48
造纸和纸制品业	Manufacture of Paper and Paper Products	8.76	109843	96.69
印刷和记录媒介复制业	Printing, Reproduction of Recording Media	16.39	211781	99.32
文教、工美、体育和娱乐用品制造业	Manufacture of Culture, Education,Articles,Sports and Entertainment Supplies	6.84	223057	99.55
石油加工、炼焦及核燃料加工业	Processing of Petroleum, Coking, Processing of Nuclear Fuel	17.26	1341397	100.11
化学原料和化学制品制造业	Manufacture of Raw Chemical Materials and Chemical Products	6.54	174990	96.22
医药制造业	Manufacture of Medicines	14.54	249416	93.65
化学纤维制造业	Manufacture of Chemical Fibers	13.70	298658	98.27
橡胶和塑料制品业	Manufacture of Rubber and Plastics	11.47	183955	89.21
非金属矿物制品业	Manufacture of Non-metallic Mineral Products	9.71	217378	96.16
黑色金属冶炼及压延加工业	Smelting and Pressing of Ferrous Metals	3.55	381005	93.06
有色金属冶炼及压延加工业	Smelting and Pressing of Non-ferrous Metals	6.08	317746	90.98
金属制品业	Manufacture of Metal Products	4.16	122006	95.76
通用设备制造业	Manufacture of General Purpose Machinery	8.66	205453	94.02
专用设备制造业	Manufacture of Special Purpose Machinery	6.60	186945	92.08
汽车制造业	Automotive Industry	4.44	168588	98.10
铁路、船舶、航空航天和其他运输设备制造业	Manufacture of Railway,Shipping,Aerospace and Other Transport Equipments	6.52	130841	94.89
电气机械和器材制造业	Manufacture of Electrical Machinery and Equipment	1.67	150961	94.75
计算机、通信和其他电子设备制造业	Manufacture of Computers,Communication and Other Electronic Equipment	5.85	137275	93.82
仪器仪表制造业	Manufacture of Instrument and Apparatus	8.03	149109	91.66
其他制造业	Other Manufacturing	21.79	649203	98.74
废弃资源综合利用业	Comprehensive Utilization Industry of Waste Resources	10.51	476099	103.33
金属制品、机械和设备修理业	Industry of Metalwork,Machinery, and Equipment Repair	4.71	139460	97.70
电力、热力的生产和供应业	Production and Supply of Electric Power and Heat Power	6.24	450321	99.16
燃气生产和供应业	Production and Supply of Gas	15.61	269775	99.47
水的生产和供应业	Production and Supply of Water	6.58	121056	97.88

13-12 国有及国有控股工业企业主要经济效益指标(2011年)

Main Indicators on Economic Benefit of State-owned and State-holding Industrial Enterprises(2011)

行业	Sector	总资产贡献率(%) Ratio of Total Assets to Industrial Output Value (%)	资产负债率(%) Assets-Liability Ratio (%)	流动资产周转率(次/年) Ratio of Turnover of Working Capitals (times/year)	成本费用利润率(%) Ratio of Profits to Industrial Cost (%)	工业产品销售率(%) Proportion of Products Sold (%)
总计	**Total**	**17.24**	**57.81**	**1.55**	**18.86**	**97.32**
煤炭开采和洗选业	Mining and Washing of Coal	29.02	39.91	1.22	58.98	98.21
石油和天然气开采业	Extraction of Petroleum and Natural Gas	25.04	59.99	2.89	65.18	99.81
黑色金属矿采选业	Mining and Processing of Ferrous Metal Ores	7.25	75.39	0.86	7.45	87.19
有色金属矿采选业	Mining and Processing of Non-Ferrous Metal Ores	29.74	61.53	1.88	27.87	98.33
非金属矿采选业	Mining and Processing of Nonmetal Ores	8.73	66.24	2.43	9.74	90.51
开采辅助活动	Mining Supporting Activities	3.42	32.06	0.79	-0.17	80.19
农副食品加工业	Processing of Food from Agricultural Products	5.58	66.55	1.95	1.78	92.78
食品制造业	Manufacture of Foods	9.55	58.96	10.97	0.06	98.37
酒、饮料和精制茶制造业	Manufacture of Wine,Beverages and Refined Tea	26.84	42.35	2.13	11.11	117.97
烟草制品业	Manufacture of Tobacco	80.58	33.22	1.89	24.45	99.92
纺织业	Manufacture of Textile	1.61	54.63	1.81	-2.32	94.20
纺织服装、服饰业	Manufacture of Textile and Clothing	38.17	29.68	2.39	19.87	92.81
皮革、毛皮、羽毛及其制品和制鞋业	Manufacture of Leather, Fur, Feather and Related Products, and Shoes	4.46	49.80	1.78	6.61	112.55
木材加工和木、竹、藤、棕、草制品业	Processing of Timber, Manufacture of Wood,Bamboo, Rattan, Palm and Straw Products	1.88	12.40	1.68	3.64	91.76
家具制造业	Manufacture of Furniture	229.72	18.01	13.53	16.29	91.96
印刷和记录媒介复制业	Printing, Reproduction of Recording Media	22.78	23.82	1.60	24.21	103.31
石油加工、炼焦及核燃料加工业	Processing of Petroleum, Coking, Processing of Nuclear Fuel	34.56	48.01	1.72	20.84	100.25
化学原料和化学制品制造业	Manufacture of Raw Chemical Materials and Chemical Products	6.34	67.98	1.74	5.31	97.67
医药制造业	Manufacture of Medicines	15.92	47.25	1.29	12.69	87.39
化学纤维制造业	Manufacture of Chemical Fibers	19.84	12.03	3.11	14.86	99.24
橡胶和塑料制品业	Manufacture of Rubber and Plastics	5.22	68.28	1.03	3.00	95.95
非金属矿物制品业	Manufacture of Non-metallic Mineral Products	4.04	71.21	2.02	0.18	96.94
黑色金属冶炼及压延加工业	Smelting and Pressing of Ferrous Metals	5.29	80.40	1.97	2.00	91.93
有色金属冶炼及压延加工业	Smelting and Pressing of Non-ferrous Metals	7.28	46.57	1.76	3.99	91.15
金属制品业	Manufacture of Metal Products	3.64	57.88	1.07	2.11	98.44
通用设备制造业	Manufacture of General Purpose Machinery	7.01	62.98	0.88	7.38	92.96
专用设备制造业	Manufacture of Special Purpose Machinery	5.85	59.94	1.01	5.40	90.14
汽车制造业	Automotive Industry	5.50	59.80	1.57	2.80	98.38
铁路、船舶、航空航天和其他运输设备制造业	Manufacture of Railway,Shipping,Aerospace and Other Transport Equipments	4.93	60.69	0.85	6.06	94.51
电气机械和器材制造业	Manufacture of Electrical Machinery and Equipment	0.78	48.96	0.62	-3.47	96.00
计算机、通信和其他电子设备制造业	Manufacture of Computers,Communication and Other Electronic Equipment	2.49	59.58	0.89	1.68	94.00
仪器仪表制造业	Manufacture of Instrument and Apparatus	5.94	53.10	0.91	4.26	89.73
金属制品、机械和设备修理业	Industry of Metalwork,Machinery, and Equipment Repair	8.61	68.97	0.84	10.29	97.95
电力、热力的生产和供应业	Production and Supply of Electric Power and Heat Power	8.60	79.94	3.28	6.18	99.24
燃气生产和供应业	Production and Supply of Gas	10.87	55.90	1.24	14.53	99.67
水的生产和供应业	Production and Supply of Water	3.65	40.39	0.69	4.81	98.20

13-13 外商及港澳台商投资工业企业主要经济效益指标(2011年) Main Indicators on Economic Benefit of Industrial Enterprises with Hong Kong, Macao, Taiwan and Foreign Funds (2011)

行业	Sector	总资产贡献率(%) Ratio of Total Assets to Industrial Output Value (%)	资产负债率(%) Assets-Liability Ratio (%)	流动资产周转率(次/年) Ratio of Turnover of Working Capitals (times/year)	成本费用利润率(%) Ratio of Profits to Industrial Cost (%)	工业产品销售率(%) Proportion of Products Sold (%)
总计	**Total**	**18.45**	**53.73**	**2.67**	**10.17**	**96.60**
煤炭开采和洗选业	Mining and Washing of Coal	66.45	14.05	1.63	118.75	87.54
非金属矿采选业	Mining and Processing of Nonmetal Ores	1.47	32.95	1.56	-3.60	92.31
农副食品加工业	Processing of Food from Agricultural Products	20.82	49.87	6.96	4.65	96.97
食品制造业	Manufacture of Foods	17.43	43.89	4.19	5.32	93.64
酒、饮料和精制茶制造业	Manufacture of Wine,Beverages and Refined Tea	22.16	59.05	2.65	14.10	101.16
纺织业	Manufacture of Textile	2.42	74.15	1.76	-4.94	104.56
纺织服装、服饰业	Manufacture of Textile and Clothing	32.63	7.52	12.07	18.82	92.92
木材加工和木、竹、藤、棕、草制品业	Processing of Timber,Manufacture of Wood, Bamboo, Rattan, Palm and Straw Products	1.88	12.40	1.68	3.64	91.76
造纸和纸制品业	Manufacture of Paper and Paper Products	36.98	31.30	4.32	16.16	99.79
印刷和记录媒介复制业	Printing, Reproduction of Recording Media	6.69	69.50	0.82	7.01	103.17
石油加工、炼焦及核燃料加工业	Processing of Petroleum, Coking, Processing of Nuclear Fuel	6.29	36.60	2.41	1.03	99.38
化学原料和化学制品制造业	Manufacture of Raw Chemical Materials and Chemical Products	20.97	31.91	2.40	13.92	101.81
医药制造业	Manufacture of Medicines	29.41	37.87	2.19	8.57	97.75
化学纤维制造业	Manufacture of Chemical Fibers	31.32	18.62	3.67	15.62	99.22
橡胶和塑料制品业	Manufacture of Rubber and Plastics	14.40	77.58	5.08	15.94	80.89
非金属矿物制品业	Manufacture of Non-metallic Mineral Products	21.60	52.86	2.85	24.21	95.52
黑色金属冶炼及压延加工业	Smelting and Pressing of Ferrous Metals	13.01	42.98	1.83	7.42	92.58
有色金属冶炼及压延加工业	Smelting and Pressing of Non-ferrous Metals	17.57	48.65	2.08	6.90	93.51
金属制品业	Manufacture of Metal Products	13.18	47.72	1.23	10.80	97.16
通用设备制造业	Manufacture of General Purpose Machinery	10.85	28.30	1.52	7.93	98.97
专用设备制造业	Manufacture of Special Purpose Machinery	12.63	46.94	1.81	7.60	95.61
汽车制造业	Automotive Industry	19.97	63.48	4.20	5.66	97.46
铁路、船舶、航空航天和其他运输设备制造业	Manufacture of Railway,Shipping,Aerospace and Other Transport Equipments	22.97	65.66	1.00	19.95	97.70
电气机械和器材制造业	Manufacture of Electrical Machinery and Equipment	15.82	55.75	2.05	6.18	97.98
计算机、通信和其他电子设备制造业	Manufacture of Computers,Communication and Other Electronic Equipment	11.12	53.15	1.12	14.92	99.17
仪器仪表制造业	Manufacture of Instrument and Apparatus	20.10	41.94	1.06	23.60	98.10
其他制造业	Other Manufacturing	46.48	11.56	1.90	53.06	98.98
金属制品、机械和设备修理业	Industry of Metalwork,Machinery, and Equipment Repair	10.21	70.13	1.43	3.96	86.47
电力、热力的生产和供应业	Production and Supply of Electric Power and Heat Power	4.83	60.96	2.72	-2.35	99.68
燃气生产和供应业	Production and Supply of Gas	10.92	56.65	1.24	16.02	99.67
水的生产和供应业	Production and Supply of Water	5.99	47.81	0.39	22.92	100.00

13-14 大中型工业企业主要经济效益指标(2011年)
Main Indicators on Economic Benefit of Large and Medium-sized Industrial Enterprises(2011)

行业	Sector	总资产贡献率(%) Ratio of Total Assets to Industrial Output Value (%)	资产负债率(%) Assets-Liability Ratio (%)	流动资产周转率(次/年) Ratio of Turnover of Working Capitals (times/year)	成本费用利润率(%) Ratio of Profits to Industrial Cost (%)	工业产品销售率(%) Proportion of Products Sold (%)
总计	**Total**	**18.27**	**57.19**	**1.70**	**18.12**	**96.81**
煤炭开采和洗选业	Mining and Washing of Coal	32.19	41.29	1.34	56.41	97.64
石油和天然气开采业	Extraction of Petroleum and Natural Gas	25.02	59.97	2.89	65.18	99.81
黑色金属矿采选业	Mining and Processing of Ferrous Metal Ores	11.58	62.01	1.51	11.91	91.19
有色金属矿采选业	Mining and Processing of Non-Ferrous Metal Ores	26.73	58.57	1.76	29.48	91.30
开采辅助活动	Mining Supporting Activities	4.23	32.02	0.80	1.11	82.15
农副食品加工业	Processing of Food from Agricultural Products	12.62	67.15	2.86	3.90	95.17
食品制造业	Manufacture of Foods	24.67	45.30	4.22	7.72	95.03
酒、饮料和精制茶制造业	Manufacture of Wine,Beverages and Refined Tea	23.90	56.14	2.28	11.86	109.56
烟草制品业	Manufacture of Tobacco	81.22	33.01	1.90	24.58	99.91
纺织业	Manufacture of Textile	11.32	63.45	2.47	4.87	95.62
纺织服装、服饰业	Manufacture of Textile and Clothing	17.25	65.62	1.43	13.32	100.38
皮革、毛皮、羽毛及其制品和制鞋业	Manufacture of Leather, Fur, Feather and Related Products, and Shoes	4.46	49.80	1.78	6.61	112.55
木材加工和木、竹、藤、棕、草制品业	Processing of Timber, Manufacture of Wood, Bamboo, Rattan, Palm and Straw Products	14.97	38.38	3.73	5.54	96.64
造纸和纸制品业	Manufacture of Paper and Paper Products	17.57	51.80	3.40	8.78	96.88
印刷和记录媒介复制业	Printing, Reproduction of Recording Media	18.29	34.48	1.52	18.45	100.37
石油加工、炼焦及核燃料加工业	Processing of Petroleum, Coking, Processing of Nuclear Fuel	33.26	49.83	1.75	20.60	99.95
化学原料和化学制品制造业	Manufacture of Raw Chemical Materials and Chemical Products	6.67	68.49	1.81	6.52	96.03
医药制造业	Manufacture of Medicines	31.98	38.87	2.07	17.63	95.57
橡胶和塑料制品业	Manufacture of Rubber and Plastics	12.82	67.65	2.39	12.55	87.20
非金属矿物制品业	Manufacture of Non-metallic Mineral Products	12.05	59.20	2.71	9.91	96.78
黑色金属冶炼及压延加工业	Smelting and Pressing of Ferrous Metals	7.52	79.57	2.22	3.24	92.90
有色金属冶炼及压延加工业	Smelting and Pressing of Non-ferrous Metals	9.69	49.27	1.88	5.96	90.20
金属制品业	Manufacture of Metal Products	2.91	55.58	1.00	1.18	100.48
通用设备制造业	Manufacture of General Purpose Machinery	8.99	60.21	1.04	9.18	93.47
专用设备制造业	Manufacture of Special Purpose Machinery	7.47	55.32	1.11	6.79	90.79
汽车制造业	Automotive Industry	9.40	60.85	2.09	4.15	98.10
铁路、船舶、航空航天和其他运输设备制造业	Manufacture of Railway,Shipping,Aerospace and Other Transport Equipments	4.83	59.91	0.85	6.16	94.86
电气机械和器材制造业	Manufacture of Electrical Machinery and Equipment	2.83	54.00	0.80	-0.12	95.21
计算机、通信和其他电子设备制造业	Manufacture of Computers,Communication and Other Electronic Equipment	3.94	58.33	1.03	4.37	93.72
仪器仪表制造业	Manufacture of Instrument and Apparatus	6.49	51.19	0.94	5.08	90.71
金属制品、机械和设备修理业	Industry of Metalwork,Machinery, and Equipment Repa	4.44	75.23	0.90	3.81	98.66
电力、热力的生产和供应业	Production and Supply of Electric Power and Heat Powe	9.22	77.57	3.48	6.67	99.29
燃气生产和供应业	Production and Supply of Gas	11.64	52.94	1.25	16.45	99.65
水的生产和供应业	Production and Supply of Water	3.33	43.72	1.08	0.93	99.13

13-15 主要工业产品产量
Output of Major Industrial Products

产品名称	Item	2009	2010	2011
原 煤 (万吨)	Coal (10 000 tons)	29611.13	36115.50	41135.08
洗 煤 (万吨)	Coal Washing (10 000 tons)	924.12	1137.31	3027.14
天然原油 (万吨)	Crude Petroleum Oil (10 000 tons)	2695.89	3017.28	3225.42
天然气 (亿立方米)	Natural Gas (100 million cu.m)	189.52	223.47	272.21
铁矿石原矿 (万吨)	Crude Quantity of Iron Ore (10 000 tons)	368.20	372.95	991.80
锌金属含量 (万吨)	Zinc Metal Content (10 000 tons)	18.16	20.44	27.23
钼精矿折合量 (万吨)	Reduced Quantity of Molybdenum Concentrate(10 000 tons)	3.66	3.82	3.96
发电量 (亿千瓦小时)	Electricity (100 million kwh)	899.22	1101.91	1208.82
小麦粉 (万吨)	Wheat Meal (10 000 tons)	272.70	319.03	358.05
精制食用植物油 (万吨)	Refined Edible Vegetable Oil (10 000 tons)	51.89	67.92	88.15
饲 料 (万吨)	Feed (10 000 tons)	128.90	161.43	195.54
乳制品 (万吨)	Dairy Products (10 000 tons)	117.15	147.97	160.20
白 酒 (万千升)	Spirits (10 000 kiloliter)	7.04	8.33	7.99
啤 酒 (万千升)	Beer (10 000 kiloliter)	89.98	94.26	98.98
软饮料 (万吨)	Soft Drinks (10 000 tons)	217.59	215.79	383.54
卷 烟 (亿支)	Cigarettes (100 million pieces)	805.00	830.00	860.00
化学纤维 (吨)	Chemical Fiber (ton)	24400.00	23070.00	23140.00
纱 (万吨)	Yarn (10 000 tons)	24.67	27.12	27.44
布 (万米)	Cloth (10 000 m)	74552.95	75248.40	61422.20
印染布 (万米)	Dyed Fabric (10 000 m)	7013.60	8390.82	6830.90
服 装 (万件)	Garments (10 000 cases)	1202.42	1933.06	1556.60
机制纸及纸板 (万吨)	Machine-made Paper and Paperboard (10 000 tons)	74.37	86.63	92.76
纸制品 (万吨)	Paper Products (10 000 tons)	35.32	34.56	37.97
原油加工量 (万吨)	crude runs (10 000 tons)	1801.87	1979.94	1962.57
# 汽 油	Gasoline	526.21	572.49	610.81
柴 油	Diesel Oil	801.61	854.44	853.32
机械化焦炉生产的焦炭(万吨)	Coke (10 000 tons)	1323.80	1485.10	1790.29
硫酸(折100%) (万吨)	Sulfuric Acid (10 000 tons)	94.83	132.33	147.72
氢氧化钠(烧碱) (万吨)	Caustic Soda (10 000 tons)	24.62	22.67	44.02
碳化钙(电石) (万吨)	Soda Ash (10 000 tons)	91.61	104.91	115.59
合成氨 (万吨)	Synthetic Ammonia (10 000 tons)	119.65	122.28	114.02
化肥总计 (万吨)	Chemical Fertilizers (10 000 tons)	86.82	82.74	92.01
氮 肥	Nitrogen Fertilizers	66.76	68.30	61.76
磷 肥	Phosphate Fertilizers	20.06	14.45	24.79

13-15 续表 continued

产品名称		Item		2009	2010	2011
合成洗涤剂	(吨)	Synthetic Detergents	(ton)	107574	111495	127383
化学药品原药	(吨)	Chemical Medicines	(ton)	5458	7767	10065
精甲醇	(万吨)	Extract Methanol	(10 000 tons)	150.16	149.02	164.16
中成药	(吨)	Traditional Chinese Medicine	(ton)	57304	28559	26741
塑料制品	(吨)	Plastic Articles	(ton)	182020	728117	129970
水　泥	(万吨)	Cement	(10 000 tons)	4464.66	5463.79	6430.63
平板玻璃	(万重量箱)	Plain Glass	(10 000 weight cases)	1336.54	1291.57	1302.83
生　铁	(万吨)	Pig Iron	(10 000 tons)	512.48	513.85	717.59
粗　钢	(万吨)	Crude Steel	(10 000 tons)	522.50	604.82	751.49
钢　材	(万吨)	Rolled Steel	(10 000 tons)	887.34	994.89	1025.29
铝　材	(吨)	Rolled Aluminum	(ton)	45914	84829	125829
铁合金	(万吨)	Ferroalloy	(10 000 tons)	22.82	28.87	50.97
十种有色金属	(万吨)	Ten Kinds of Nonferrous Metals	(10 000 tons)	89.61	112.71	129.59
原铝(电解铝)	(万吨)	Electrolyzed Aluminum	(10 000 tons)	29.55	29.54	31.31
锌	(万吨)	Zinc Metal	(10 000 tons)	37.93	54.49	65.62
金属切削机床	(台)	Metal-cutting Machine Tools	(unit)	13353	24479	31108
# 数控机床		Computer Numerical Control Machine Tools		6596	13166	15317
金属成型机床(锻压设备)	(台)	Metal Forming Machines(Forging Equipment)	(unit)	531	823	1144
采矿专用设备	(万吨)	Mining Special-purpose Equipments	(10 000 tons)	18.22	20.32	
缝纫机	(万架)	Sewing Machines	(10 000 units)	36.09	58.17	
汽　车	(万辆)	Motor Vehicles	(unit)	50.68	65.21	55.67
# 基本型乘用车(轿车)		Basic Type Passenger Vehicle(Car)		42.77	52.12	38.68
载货汽车		Trucks		7.75	12.35	9.67
家用电冰箱	(万台)	Home Refrigerators	(10 000 sets)	27.05	35.68	32.33
交流电动机	(万千瓦)	Alternating Current Motors	(10 000 kw)	624.05	469.14	578.02
变压器	(万千伏安)	Transformers	(10 000 KVA)	11513.83	11944.88	11936.61
光　缆	(芯千米)	Fiber Optic Cable	(Core.km)	2257552	2053881	1569274
电子元件	(万只)	Electronic Components	(10 000 units)	141052.76	307790.50	41475.30
彩色显像管	(万只)	Color CRT	(10 000 units)	763.26	704.08	190.72

13-16 各市(区)规模以上工业企业工业总产值(1995-2011年)
Gross Industrial Output Value above Designated Size by City(District)(1995-2011)

单位：万元 (10 000 yuan)

年 份 Year	全 省 Shaanxi	西安市 Xi'an	铜川市 Tongchuan	宝鸡市 Baoji	咸阳市 Xianyang	渭南市 Weinan
1995	7613506	2406323	158020	1158410	1350196	747409
1996	8148193	2815082	219826	1232887	1517800	799893
1997	9007821	3039411	254717	1242612	1730358	874010
1998	9608077	3551471	269653	1256244	1822207	896023
1999	10974536	3767168	292076	1262080	2028925	957938
2000	12684270	4334325	308393	1399813	2087001	1002737
2001	14576246	5050246	301070	1551252	2172445	1129300
2002	16671030	5462372	333759	1837590	2312246	1360425
2003	21181717	6769267	421318	2529488	2861285	1917421
2004	27352159	8925979	599093	3154728	3096500	2577856
2005	33977121	9521805	704878	4099535	3591620	3377111
2006	44428130	11946041	995302	5366691	4585160	3776332
2007	56923313	16238532	1243389	6722000	5656065	4742677
2008	74807894	20307558	1668372	8957707	8602445	6380027
2009	84704021	24905022	1950164	9959908	10388304	7672207
2010	111998440	31301507	2490501	13404531	14019246	10398278
2011	142834835	35522125	3357563	17017967	18545396	13600263

13-16 续表 continued

单位：万元 (10 000 yuan)

年 份 Year	延安市 Yan'an	汉中市 Hanzhong	榆林市 Yulin	安康市 Ankang	商洛市 Shangluo	杨凌示范区 Yangling
1995	333916	533297	167483	124879	56137	16119
1996	569597	566167	181856	161311	64269	19506
1997	753271	629114	201528	190417	69224	23159
1998	698345	637962	224830	159259	79231	12853
1999	839000	625807	246015	163667	94500	12821
2000	1310000	684263	366073	200575	114700	20747
2001	1607800	763090	682012	206260	141900	35841
2002	1885200	891087	1191958	250288	164000	55176
2003	2559324	1100693	1422655	304476	220000	133418
2004	3481031	1427630	2783899	377136	268206	162898
2005	5369961	1654086	3600362	435691	327618	165326
2006	7640697	2043707	5281992	562836	413922	195710
2007	9051965	2411085	7738680	815649	600831	281698
2008	10535085	2606029	12698637	974765	744292	347363
2009	9695023	3107922	13925550	1324745	1045609	402961
2010	12273122	4044127	19176980	1921549	1769929	400939
2011	15048598	5454228	26135294	3092223	2650726	602606

13-17 各市(区)规模以上工业企业工业增加值(1995-2011年)
Value Added of Industry above Designated Size by City(District)(1995-2011)

单位：万元 (10 000 yuan)

年 份 Year	全 省 Shaanxi	西安市 Xi'an	铜川市 Tongchuan	宝鸡市 Baoji	咸阳市 Xianyang	渭南市 Weinan
1995	1889293	538846	51806	337560	304904	263335
1996	2573746	852285	79130	324360	460351	288355
1997	2807119	854491	81893	423112	486934	295920
1998	3010532	1011990	91456	433061	507131	299000
1999	3753460	1050224	99301	461852	516264	322262
2000	4550721	1311876	102156	511143	570478	340073
2001	5218236	1454987	107091	563729	651887	412753
2002	6198828	1655212	127758	736421	706666	462238
2003	8053516	1960048	153580	956381	918192	631210
2004	10398512	2812851	225377	1130364	990834	878029
2005	13216746	2866086	230237	1462910	949483	1341020
2006	18309964	3715425	391805	1895516	1382363	1407178
2007	23829722	5089806	535518	2420181	1888974	1875501
2008	29629068	6052488	641279	2995129	2760858	1966639
2009	31475844	7003054	781117	3393343	3106077	2227347
2010	42290429	8622805	988268	4461224	4222577	3083126
2011	55278783	10125765	1219067	5507440	5509638	4316743

13-17 续表 continued

单位：万元 (10 000 yuan)

年 份 Year	延安市 Yan'an	汉中市 Hanzhong	榆林市 Yulin	安康市 Ankang	商洛市 Shangluo	杨凌示范区 Yangling
1995	125100	162358	53641	32933	16823	1987
1996	197023	201895	73645	70970	21428	4306
1997	255982	221813	78803	78512	25427	4232
1998	268237	213025	89021	67925	27401	2285
1999	288400	191032	96535	59402	35100	3294
2000	720000	214362	149352	91277	41404	6664
2001	903800	217113	285334	79076	54400	9164
2002	1040000	259355	454374	97741	69700	14698
2003	1402800	328066	822646	121441	90800	36384
2004	1766770	425548	1527538	150327	79699	44417
2005	2726034	499003	2098312	157853	102454	41197
2006	3988184	632774	3326022	234793	117222	59305
2007	4786190	759782	4684179	357052	191830	109323
2008	5621114	782881	7651018	408633	241929	109333
2009	4900000	875141	8255730	507473	286336	133800
2010	6306344	1224088	11565892	751521	496517	147374
2011	8224348	1690433	15812498	1254752	751693	198265

13-18 各市(区)规模以上工业企业主要经济指标(2011年)

Main Indicators of Industrial Enterprises above Designated Size by City(District)(2011)

单位：万元 (10 000 yuan)

地 区	Sector	企业单位数(个) Number of Enterprises (unit)	#亏损企业 Unprofitable Enterprises	资产总计 Total Assets	负债合计 Total Liabilities	所有者权益合计 Owners' Equity	主营业务收入 Revenue from Principal Business	主营业务成本 Cost of Principal Business
全 省	**Shaanxi**	**3684**	**628**	**172346080**	**97558586**	**74628609**	**137901187**	**100514065**
西安市	Xi'an	890	138	38586159	22213876	16355314	33102386	28149495
铜川市	Tongchuan	121	31	3973673	2503957	1440178	3619073	3079837
宝鸡市	Baoji	386	88	15108568	9213166	5889615	15442948	12407731
咸阳市	Xianyang	553	43	14057236	7705386	6304561	16892920	12745818
渭南市	Weinan	342	79	16381801	10357224	6013526	13775432	11648931
延安市	Yan'an	91	21	24720490	13908580	10807835	14560897	7893375
汉中市	Hanzhong	254	55	6118216	4159027	1960134	5248464	4519809
榆林市	Yulin	569	114	39226994	19833244	19364057	25437491	13482022
安康市	Ankang	304	22	2459325	1342692	1111246	2915739	2249731
商洛市	Shangluo	120	24	2854872	1941385	903549	2112541	1866388
杨凌示范区	Yangling	49	11	615770	307004	308665	482140	400468

13-18 续表 continued

单位：万元 (10 000 yuan)

地 区	Sector	主营业务税金及附加 Taxes and Other Charges on Principal Business	营业费用 Operating Expenses	管理费用 Management Expenses	财务费用 Financial Expenses	利润总额 Total Profits	亏损企业亏损额 Losses of Unprofitable Enterprises	本年应交增值税 Value Added Tax Payable	全部从业人员年平均人数(人) Annual Average Employed Persons (person)
全 省	**Shaanxi**	**4200776**	**3436533**	**8418450**	**1596703**	**19339198**	**1667128**	**7206879**	**1565224**
西安市	Xi'an	325405	1271629	1902211	298127	1714319	285445	1047921	480521
铜川市	Tongchuan	32100	73098	253249	66383	110210	47269	149346	51368
宝鸡市	Baoji	392204	451625	1334743	152359	958316	58590	404734	182400
咸阳市	Xianyang	533485	329458	710563	177296	1987893	195227	673988	229809
渭南市	Weinan	90857	220436	544213	251244	782155	109941	391540	166670
延安市	Yan'an	1432671	118864	1489844	147068	3202076	608197	1248576	112671
汉中市	Hanzhong	187662	82792	235390	84612	199466	25699	151135	79888
榆林市	Yulin	931173	734874	1588604	313713	7951632	300169	2523546	139348
安康市	Ankang	72902	73535	121294	54927	398296	5839	191328	41842
商洛市	Shangluo	18279	41473	79960	41901	97070	24692	91305	26012
杨凌示范区	Yangling	2562	35437	23332	6630	30204	3121	22705	6804

主要统计指标解释

工业 指从事自然资源的开采，对采掘品和农产品进行加工和再加工的物质生产部门。具体包括：(1)对自然资源的开采，如采矿、晒盐等(但不包括禽兽捕猎和水产捕捞)；(2)对农副产品的加工、再加工，如粮油加工、食品加工、缫丝、纺织、制革等；(3)对采掘品的加工、再加工，如炼铁、炼钢、化工生产、石油加工、机器制造、木材加工等，以及电力、自来水、煤气的生产和供应等；(4)对工业品的修理、翻新，如机器设备的修理、交通运输工具(如汽车)的修理等。

轻工业 指主要提供生活消费品和制作手工工具的工业。按其所使用的原料不同，可分为两大类：(1)以农产品为原料的轻工业，是指直接或间接以农产品为基本原料的轻工业。主要包括食品制造、饮料制造、烟草加工、纺织、缝纫、皮革和毛皮制作、造纸以及印刷等工业；(2)以非农产品为原料的轻工业，是指以工业品为原料的轻工业。主要包括文教体育用品、化学药品制造、合成纤维制造、日用化学制品、日用玻璃制品、日用金属制品、手工工具制造、医疗器械制造、文化和办公用机械制造等工业。

重工业 指为国民经济各部门提供物质技术基础的主要生产资料的工业。按其生产性质和产品用途，可以分为下列三类：(1)采掘(伐)工业，是指对自然资源的开采，包括石油开采、煤炭开采、金属矿开采、非金属矿开采等工业；(2)原材料工业，指向国民经济各部门提供基本材料、动力和燃料的工业。包括金属冶炼及加工、炼焦及焦炭、化学、化工原料、水泥、人造板以及电力、石油和煤炭加工等工业；(3)加工工业，是指对工业原材料进行再加工制造的工业。包括装备国民经济各部门的机械设备制造工业、金属结构、水泥制品等工业，以及为农业提供的生产资料如化肥、农药等工业。

根据上述划分原则，修理业中以重工业产品为修理作业对象的划为重工业，反之划为轻工业。

国有及国有控股企业 指国有企业加上国有控股企业。国有企业(即原全民所有制工业或国营工业)指企业全部资产归国家所有，并按《中华人民共和国企业法人登记管理条例》规定登记注册的非公司制的经济组织。包括国有企业、国有独资公司和国有联营企业。1957 年以前的公私合营和私营工业，后均改造为国营工业，1992 年改为国有工业，这部分工业的资料不单独分列时，均包括在国有企业内。国有控股企业是对混合所有制经济的企业进行的“国有控股”分类。它是指这些企业的全部资产中国有资产(股份)相对其他所有者中的任何一个所有者占资(股)最多的企业。该分组反映了国有经济控股情况。

工业总产值

(1)定义：

工业总产值是以货币形式表现的，工业企业在一定时期内生产的工业最终产品或提供工业性劳务活动的总价值量。它反映一定时间内工业生产的总规模和总水平。

(2)计算原则：

工业生产的原则，即凡是企业在报告期生产的经检验合格的产品，不管是否在报告期销售，均包括在内。

最终产品的原则，即凡是计入工业总产值的产品，必须是本企业生产的经检验合格的，不需要再进行任何加工的最终产品。如果企业有中间产品(半成品)对外销售，则对外销售的中间产品应视为企业的最终产品。

工厂法原则，即工业总产值是以工业企业作为基本计算(核算)单位，即按企业的最终产品计算工业总产值。按这种方法计算的工业总产值，不允许同一产品价值在企业内部重复计算，不能把企业内部各个车间(分厂)生产的成果相加，但允许企业间的重复计算。

(3)内容及计算方法：

1995 年全国工业普查对工业总产值(原规定)的内容及计算原则和方法做了某些修订，修订后的工业总产值(新规定)包括三项内容：即本期生产成品价值、对外加工费收入、在制品半成品期末期初差额价值三部分。

工业增加值 指工业企业在报告期内以货币表现的工业生产活动的最终成果。

工业增加值有两种计算方法：一是生产法，即工业总产出减去工业中间投入加上应交增值税；二是收入法，即从收入的角度出发，根据生产要素在生产过程中应得到的收入份额计算，具体构成项目有固定资产折旧、劳动者报酬、生产税净额、营业盈余，这种方法也称要素分配法。本年鉴中的工业增加值是以生产法计算的。

生产法工业增加值的计算方法为：

工业增加值=工业总产出-工业中间投入+应交增值税

资产总计 指企业拥有或控制的能以货币计量的经济资源，包括各种财产、债权和其他权利。资产按流动性分为流动资产、长期投资、固定资产、无形资产、递延资产和其他资产。该指标根据企业会计“资产负债表”中“资产总计”项目的期末数增列。

流动资产 指企业可以在一年内或者超过一年的一个生产周期内变现或者耗用的资产，包括现金及各种存款、短期投资，应收及预付款项、存货等。

流动资产平均余额 指企业在报告期内全部流动资产的平均余额。

固定资产原价 指企业在建造、购置、安装、改建、扩建、技术改造某项固定资产时所支出的全部货币总额。它一般包括买价、包装费、运杂费和安装费等。

固定资产净值年平均余额 指固定资产净值在报告期内余额的平均数。计算公式为:

$$\text{固定资产净值年平均余额}=\frac{\text{1至12月各月月初、月末固定资产净值之和}}{24}$$

固定资产净值 指固定资产原价减去历年已提折旧额后的净额。计算公式为:

固定资产净值=固定资产原价-累计折旧

负债合计 指企业所承担的能以货币计量,将以资产或劳务偿付的债务,偿还形式包括货币、资产或提供劳务。负债一般按偿还期长短分为流动负债和长期负债。根据会计"资产负债表"中"负债合计"的年末数填列。

所有者权益 指企业投资人对企业净资产的所有权。企业净资产等于企业全部资产减去全部负债后的余额,包括企业投资人对企业的最初投入的实际到位的资产及资本公积金、盈余公积金和未分配利润。所有者权益合计数小于零,表示企业资不抵债。

主营业务收入 指会计"利润表"中对应指标的本年累计数。未执行2001年《企业会计制度》的企业,用"产品销售收入"的本期累计数代替。

主营业务成本 指会计"利润表"中对应指标的本年累计数。未执行2001年《企业会计制度》的企业,用"产品销售成本"的本期累计数代替。

主营业务税金及附加 指会计"利润表"中对应指标的本年累计数。未执行2001年《企业会计制度》的企业,用"产品销售税金及附加" 的本期累计数代替。

利润总额 指企业生产经营活动的最终成果,是企业在一定时期内实现的盈亏相抵后的利润总额(亏损以"-"号表示),它等于营业利润加上补贴收入加上投资收益加上营业外净收入再加上以前年度损益调整。

本年应交增值税 指企业在报告期内应交纳的增值税额。它等于本年销项税额加上出口退税加上进项税额转出数减去本年进项税额。小规模纳税企业直接按全年计税销售额乘以征收率计算取得。

从业人员平均人数 是指报告期内每天拥有的从业人员人数。其计算公式为:

$$\text{月平均人数}=\frac{\text{报告月内每天实有人数之和}}{\text{报告月日历日数}}$$

$$\text{季平均人数}=\frac{\text{季内各月平均人数之和}}{3}$$

$$\text{年平均人数}=\frac{\text{年内各月平均人数之和}}{12}$$

总资产贡献率 反映企业全部资产的获利能力,是企业经营业绩和管理水平的集中体现,是评价和考核企业盈利能力的核心指标。计算公式为:

$$\text{总资产贡献率(\%)}=\frac{\text{利润总额}+\text{税金总额}+\text{利息支出}}{\text{平均资金总额}}\times100\%$$

公式中:税金总额为产品销售税金及附加与应交增值税之和;平均资产总额为期初期末资产之和的算术平均值。

资产负债率 该指标既反映企业经营风险的大小,也反映企业利用债权人提供的资金从事经营活动的能力。计算公式为:

$$\text{资产负债率(\%)}=\frac{\text{负债总额}}{\text{资产总额}}\times100\%$$

资产与负债均为报告期期末数。

流动资产周转次数 指一定时期内流动资产完成的周转次数,反映投入工业企业流动资金的周转速度。计算公式为:

$$\text{流动资产周转次数}=\frac{\text{产品销售收入}}{\text{全部流动资产平均余额}}$$

公式中:全部流动资产平均余额为期初和期末的流动资产之和的算术平均值。

成本费用利润率 反映企业投入的生产成本及费用的经济效益,同时也反映企业降低成本所取得的经济效益。计算公式为:

$$\text{成本费用利润率(\%)}=\frac{\text{利润总额}}{\text{成本费用总额}}\times100\%$$

公式中:成本费用总额为产品销售成本、销售费用、管理费用、财务费用之和。

产品销售率 该指标反映工业产品已实现销售的程度,是分析工业产销衔接情况,研究工业产品满足社会需求的指标。计算公式为:

$$\text{产品销售率(\%)}=\frac{\text{工业销售产值}}{\text{工业总产值(现价)}}\times100\%$$

Explanatory Notes on Main Statistical Indicators

Industry refers to the material production sector which is engaged in the extraction of natural resources and processing and reprocessing of minerals and agricultural products, including (1) extraction of natural resources, such as mining, salt production (but not including hunting and fishing); (2) processing and reprocessing of farm and sideline produces, such as rice husking, flour milling, wine making, oil pressing, silk reeling, spinning and weaving, and leather making; (3) manufacture of industrial products, such as steel making, iron smelting, chemicals manufacturing, petroleum processing, machine building, timber processing; water and gas production and electricity generation and supply; (4)repairing of industrial products such as the repairing of machinery and means of transport (including cars).

Light Industry refers to the industry that produces consumer goods and hand tools. It consists of two categories, depending on the materials used:

(1) Industries using farm products as raw materials. These are the branches of light industry which directly or indirectly use farm products as basic raw materials, including the manufacture of food and beverages, tobacco processing, textile, clothing, fur and leather manufacturing, paper making, printing, etc.

(2) Industries using non-farm products as raw materials. These are the branches of light industry which use manufactured goods as raw materials, including the manufacture of cultural, educational articles and sports goods, chemicals, synthetic fibre, chemical products for daily use, glass products for daily use, metal products for daily use, hand tools, medical apparatus and instruments, and the manufacture of cultural and office machinery.

Heavy Industry refers to the industry which produces capital goods, and provides various sectors of the national economy with necessary material and technical basis for production. It consists of the following three branches according to the purpose of production or the use of products:

(1) Mining, quarrying and logging industry, which refers to the industry that extracts natural resources, including extraction of petroleum, coal, metal and non-metal ores.

(2) Raw materials industry refers to the industry that provides various sectors of the national economy with raw materials, fuels and power. It includes smelting and processing of metals, coking and coke chemistry, chemical materials and building materials such as cement, plywood, and power, petroleum refining and coal dressing.

(3) Manufacturing industry which refers to the industry that processes raw materials. It includes machine-building industries which equip sectors of the national economy; industries producing metal structure and cement products; and industries producing means of agricultural production, such as chemical fertilizers and pesticides.

In accordance with the above principles of classification, the repairing trades, which are engaged primarily in repairing products of heavy industry, are classified as heavy industry while those which are engaged in repairing products of light industry are classified as light industry.

State-owned and State-holding Enterprises refer to state-owned enterprises plus State-holding enterprises. State-owned enterprises (originally known as State-run enterprises with ownership by the whole society) are non-corporate economic entities registered in accordance with the *Regulation of the People's Republic of China on the Management of Registration of Legal Enterprises*, where all assets are owned by the State. Included in this category are State-owned enterprises, State-funded corporations and State-owned joint-operation enterprises. Joint State-private industries and private industries, which existed before 1957, were transformed into state-run industries since 1957, and into State-owned industries after 1992. Statistics on those enterprises are included in the State-owned industries instead of being grouped them separately. State-holding enterprises are a sub-classification of enterprises with mixed ownership, referring to enterprises where the percentage of State assets (or shares by the State) is larger than any other single share holder of the same enterprise. This sub-classification illustrates the control of the State over a particular industry.

Gross Industrial Output Value

(1) Definition: Gross industrial output value is the total volume of final industrial products produced and industrial services provided during a given period. It reflects the total achievements and overall scale of industrial production during a given period.

(2) Principles for calculation:

Statistics on industrial production follow the principle that all products produced by the enterprises and accepted through quality check during the reference period are to be included no matter whether they are sold or not during the reference period.

Determination of final products follows the principle that all products that are included in the calculation of gross industrial output value are the final products of the enterprise which have been accepted through quality check and require no further processing. If an enterprise has intermediate (semi-finished) products to sell, these intermediate products are considered as the final products of the enterprise.

Gross industrial output value is calculated following the principle of factory approach, i.e. industrial enterprise is used as the basic accounting unit in calculating the gross industrial output value. By this approach, value of the same product is not to be double-counted, and the output value of different workshops (branch factories) within the enterprise should not be added. However, this approach allows the possibility of double counting between enterprises.

(3) Content and method of calculation: The old definition of gross industrial output value was modified during the 1995 National Industrial Census. The revised (new) definition of gross industrial output value consists of 3 components: value of the finished products during the reference period, income from processing for external parties, and value of change in semi-finished products between the end and the beginning of the reference period.

Value-added of Industry refers to the final results of industrial production of industrial enterprises in money terms during the reference period.

Industrial value-added can be calculated by two approaches: the production approach, i.e. gross industrial output value minus intermediate input plus value-added tax, and the income approach, i.e. income for various factors used in the course of production, including depreciation of fixed assets, remuneration of labourers, net of production tax, and operating surplus. Value-added of industry in the Yearbook is calculated by the production approach as follows:

Value-added of industry = gross industrial output - industrial intermediate input + value-added tax

Total Assets refer to all economic resources, in monetary term, these are owned or controlled by enterprises, including properties, creditor's equity and other economic rights of all forms. Classified by the degree of liquidity, total assets include working capitals, long-term investment, fixed assets, intangible assets, deferred assets and other assets. Data on this indicator can be obtained by the year-end figures of total assets in the *Assets and Liability Table* of accounting records of enterprises.

Working Capital refers to capital that an enterprise can cash or use during one year or one production cycle that may exceed one year, including cash and savings deposits of various forms, short-term investment, money receivable and prepaid money, inventories, etc.

Annual Average Value of Working Capital refers to the average value of all working capital of the enterprise during the reference period.

Original Value of Fixed Assets refers to the total value, in monetary terms, that an enterprise spent on fixed assets, through construction, purchase, installation, transformation, expansion or technical upgrading. Generally, it covers cost of purchase, packing, transportation and installation, etc.

Annual Average of Net Value of Fixed Assets refers to the average of the net value of fixed assets during the reference period, calculated with the following formula:

$$\text{Annual Average of Net Value of Fixed Assets} = \frac{\text{sum of net value of fixed assets at the beginning and at the end of each month from January to December}}{24}$$

Net value of fixed assets refers to the original value of fixed assets minus depreciation over the years, i.e.:

Net value of fixed assets = original value of fixed assets - cumulative depreciation

Total Liabilities refer to payable liabilities of enterprises that have to be repaid in terms of money, assets or labour services. In terms of payment, it can be divided into liquid liabilities and long-term liabilities. Data on this item is obtained from the ending figures on total liabilities from the Assets and Liability Table from the enterprises.

Owner's Equity refers to the ownership of net assets of enterprise by its investors. Net assets equal total assets minus total liabilities of the enterprise, including the actual assets invested into the enterprise by investors, accumulation of capital and operating surplus and non-distributed profits. The enterprise's assets are less than its liabilities if the sum of owner's equity is smaller than zero.

Revenue from Principal Business refers to the annual accumulation of the corresponding item in the "profit table" of the accountant. For enterprises that do not follow the *2001 Enterprise Accounting Standards*, the year-end accumulation of revenue from the sales of products is used as a substitute.

Cost of Principal Business refers to the annual accumulation of the corresponding item in the "profit table" of the accountant. For enterprises that do not follow the *2001 Enterprise Accounting Standards*, the year-end accumulation of cost for the sales of products is used as a substitute.

Tax and Extra Charges from Principal Business refer to the annual accumulation of the corresponding item in the "profit table" of the accountant. For enterprises that do not follow the *2001 Enterprise Accounting Standards*, the year-end accumulation of tax and extra charges from the sales of products is used as a substitute.

Total Profits refer to the final achievement of production and operation activities of the enterprises, represented by total profits after deducting losses (loss is expressed by the negative figure). It is the sum of profits from operation, income from subsidies, investment earnings, net income from activities other than operation, and adjustment of profits and losses of previous years.

Value-added Tax Payable in the Current Year refers to the amount of the value-added tax which should be paid by the enterprises during the reference period. It is the sum of tax on sales, export rebate, and transferred tax on purchases of the current year, minus the tax on purchases of the current year. Value-added tax payable of small-size enterprises is determined by the taxable sales of the year multiplied by the tax rate.

Average Annual Number of Employed Persons Employed persons refer to all those who are employed in enterprises and receive remunerations there from, including currently working employees, retirees who are re-employed, teachers of local-run schools, as well as foreigners, staff from Hong Kong, Macao and Taiwan, part-time employees and persons with second job who are employed by the enterprise, and employees of other units temporarily working in the enterprises, but excluding former employees who left the enterprise with their employment records still being kept by the enterprises.

Average number of employed persons refers to the number of employee everyday during the reference period, calculated with the following formula:

$$\text{Monthly average number} = \frac{\text{sum of actual employees everyday in reference month}}{\text{number of calendar dates in reference month}}$$

$$\text{Quarterly average number} = \frac{\text{sum of monthly average number in reference quarter}}{3}$$

$$\text{Annual average number} = \frac{\text{sum of monthly average number in reference year}}{12}$$

Ratio of Profits, Taxes and Interests to Average Assets reflects the profit-making capability of all assets of the enterprise and is a key indicator manifesting the performance and management and evaluating the profit-making potential of the enterprise. It is calculated as follows:

$$\text{Ratio of Profits, Taxes and Interests to Average Assets (\%)} = \frac{\text{total profits + total taxes + interest payment}}{\text{average assets}} \times 100\%$$

In the above formula, total taxes is the sum of tax and extra charges on the sales of products and value-added tax payable; and average assets is the arithmetic mean of the sum of beginning assets and ending assets.

Ratio of Debts to Assets reflects both the operation risk and the capability of the enterprise in making use of the capital from the creditors. It is calculated as follows:

$$\text{Ratio of Debts to Assets (\%)} = \frac{\text{total debts}}{\text{total assets}} \times 100\%$$

Both assets and debts are figures at the end of the reference period.

Turnover of Working Capital refers to the number of times of turnover of working capital in a given period of time, which reflects the speed of the turnover of working capital of industrial enterprises, and is calculated as follows:

$$\text{Turnover of Working Capital} = \frac{\text{sales revenue of products}}{\text{average balance of total working capital}}$$

In the above formula, average balance of total working capital refers to the arithmetic mean of the sum of working capital at the beginning and at the end of the reference period.

Ratio of Profits to Total Industrial Costs refers to the ratio of profits realized in a given period to the total costs in the same period, which reflects the economic efficiency of input cost and is calculated as follows:

$$\text{Ratio of Profits to Total Industrial Cost (\%)} = \frac{\text{total profits}}{\text{total costs}} \times 100\%$$

Total costs in the above formula are the sum of cost of products sold, marketing cost, management cost and financial cost.

Sales Ratio of Products is an indicator reflecting the actual sale of industrial products, analyzing the production-selling and supply-demand relations. It is calculated as:

$$\text{Sales Ratio of Products (\%)} = \frac{\text{value of industrial sales}}{\text{gross industrial output value (current prices)}} \times 100\%$$

十四、建筑业

Construction

资料整理：郭　涛　陈晓峰　龚小晶

简 要 说 明

一、本篇资料反映陕西建筑业概况和发展情况。内容包括建筑业企业基本情况和生产经营情况。主要指标有企业个数、从业人员数、建筑业总产值、建筑业增加值、房屋建筑面积、利润税金、劳动生产率等。此外，还包括勘察设计企业基本情况。

二、建筑业统计范围为具有建筑业资质的独立核算建筑业企业。

三、勘察设计企业资料由省住房和城乡建设厅提供。

Brief Introduction

I. This chapter reflects the general situation and the development of the construction industry of Shaanxi Province. They cover the situation of production and management of the construction enterprises, including the number of enterprises, number of employed persons, gross output value and value added of the construction industry, floor space of buildings under construction, profits and taxes and labour productivity etc. They also cover main indicators on the situation of prospecting and designing institutions and personnel.

II. The scope of Statistics is all the construction enterprises of various types of ownership with qualification certificates and independent accounting systems.

III. Data on prospecting and designing institutions are provided by Shaanxi Province Housing and Urban-Rural Development.

14.建筑业

2011年全省具有建筑业资质等级的建筑施工企业		
企业个数	1145	个
#国有及国有控股企业	202	个
总产值	3498.50	亿 元
#国有及国有控股企业	2451.84	亿 元
房屋建筑竣工面积	5895.96	万平方米
房屋建筑面积竣工率	42.3	%

建筑业总产值（亿元）

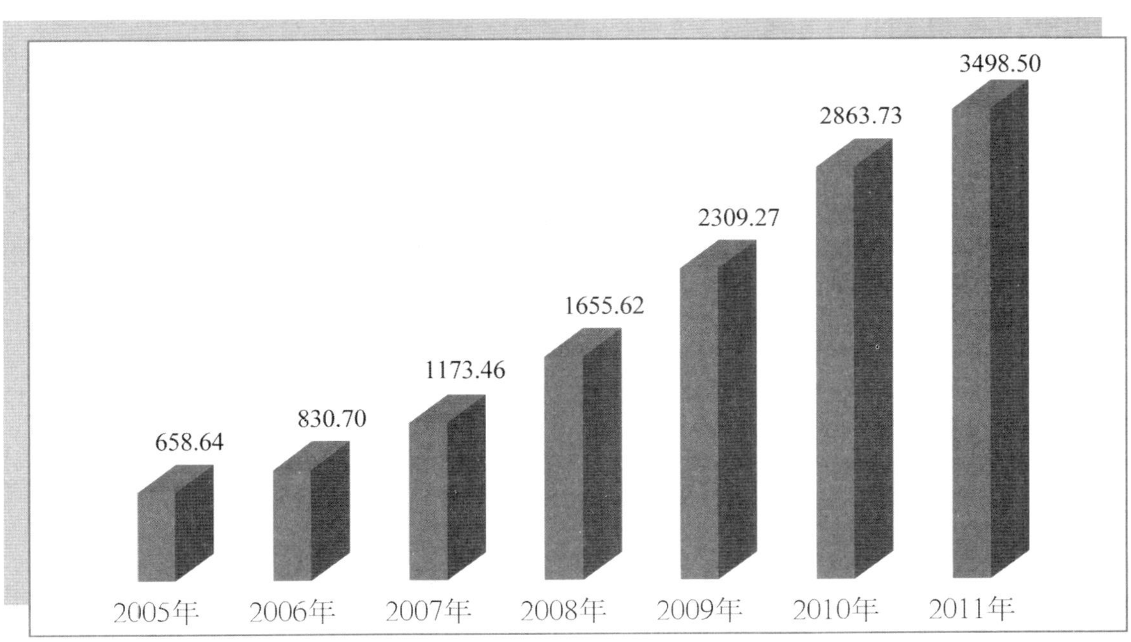

14-1 建筑业总产值
Gross Output Value of Construction

单位：万元 (10 000 yuan)

年 份 Year	建筑业总产值 Gross Output Value of Construction	# 地方属企业 Local-owned	国有企业 State-owned	集体企业 Collective-owned
1978	86642	60131	75082	11560
1979	91932	66057	77854	14078
1980	97607	71142	80505	17102
1981	82528	65171	65789	16739
1982	98176	70799	79749	18427
1983	110401	75874	85828	24573
1984	139234	92633	111271	27963
1985	164405	100322	132119	32286
1986	183081	112965	150795	38357
1987	208180	125264	165971	42209
1988	242409	134927	197920	44489
1989	273554	144417	230069	43485
1990	325034	155840	278358	46676
1991	360774	173400	306098	54676
1992	479806	228929	410445	69361
1993	751613	331449	650865	100649
1994	980260	414949	856685	121941
1995	1065612	501076	914782	143870
1996	1294502	735145	940012	335948
1997	1642493	928341	1158205	461272
1998	1879804	983440	1399161	394712
1999	2183009	1188225	1640515	432628
2000	2423046	1205275	1843456	439089
2001	2797388	1424557	1970842	479810
2002	3473536	1735125	2474524	490351
2003	4409564	2076800	3138878	456851
2004	5231639	2688405	3878423	439996
2005	6586411	3011102	5068215	443869
2006	8306966	3918215	6108524	686188
2007	11734648	5906626	7794313	931517
2008	16556239	8501607	11138979	1036447
2009	23092674	11391659	16741395	1201810
2010	28637317	15426858	20021853	2220240
2011	34984999	20712510	24518351	3152250

注：1.1996年以后建筑业年报统计范围由往年的县及县以上(含县级建制镇)各种经济类型的建筑企业，改为具有建筑业资质等级四级及以上的各种经济类型的建筑施工企业；2002年改为具有建筑业资质等级的各种经济类型的建筑施工企业。

2.1998年以后国有经济为国有及国有控股企业。

3.本表资料含劳务分包企业。

a) Since 1996, the statistical range of construction annual report have changed from construction enterprises of all economic types in counties and above counties level (contain county towns) to the construction enterprises of all economic types at fourth or higher quality grades, since 2002 which have changed to the all economic types construction enterprises which possess qualification grades.

b) Since 1998, the state-owned enterprises are the state-owned and the state holding enterprises.

c) Data in the table include the subcontractor of labour services.

14-2 具有资质等级的建筑业企业主要指标(2011年)

指 标	Item	企业数 (个) Number of Enterprises (unit)	总产值 (万元) Total Output Value (10 000 yuan)	#建筑工程产值 Output Value of Construction	#安装工程产值 Output Value of Installation	从业人员年平均人数(人) Annual Average of Persons Employed (person)
总 计	**Total**	**1145**	**34984999**	**31832882**	**2714554**	**908812**
# 国有及国有控股企业	State-owned and State-holding Enterprises	202	24518351	22530107	1649321	459567
按登记注册类型分	**By Status of Registration**					
内资企业	Domestic Funded	1143	34983613	31831564	2714486	908741
国有企业	State-owned Enterprises	133	10908241	9903789	873115	233780
集体企业	Collective-owned Enterprises	143	1747960	1647305	78724	83122
股份合作企业	Cooperative Enterprises	7	113521	113521		6193
联营企业	Joint Ownership Enterprises	3	82546	70436	8803	1392
集体联营企业	Collective Joint Ownership Enterprises	1	42512	31242	7963	1092
国有与集体联营企业	Joint State-collective Enterprises	2	40035	39195	840	300
有限责任公司	Limited Liability Corporations	456	17876651	16143575	1543410	408062
国有独资公司	State Sole Funded Corporations	5	472848	417515	35157	4455
其他有限责任公司	Other Limited Liability Corporations	451	17403803	15726060	1508253	403607
股份有限公司	Share-holding Corporations Limited	52	1369626	1303403	15871	36970
私营企业	Private Enterprises	337	2863809	2632724	190168	137638
私营独资企业	Private-funded Enterprises	27	163985	154128	8059	4693
私营合伙企业	Private Partnership Enterprises	2	23573	23573		1407
私营有限责任公司	Private Limited Liability Corporations	266	2372023	2188879	146736	112295
私营股份有限公司	Private Share-holding Corporations Ltd.	42	304229	266145	35373	19243
其他企业	Other Enterprises	12	21259	16812	4395	1584
港、澳、台商投资企业	Enterprises with Funds from Hong Kong, Macao and Taiwan	2	1386	1318	68	71
合资经营企业(港或澳、台资)	Joint-venture Enterprises	1	868	800	68	51
合作经营企业(港或澳、台资)	Cooperative Enterprises	1	518	518		20
按国民经济行业分	**By Sector**					
房屋和土木工程建筑业	Building and Civil Engineering	969	31853823	29948846	1629909	843057
房屋工程建筑	Building	754	15928098	14806759	937827	549461
土木工程建筑业	Civil Engineering	215	15925725	15142087	692083	293596
建筑安装业	Construction Installation	91	1818186	910036	838282	51693
建筑装饰业	Construction Decoration	53	247232	100859	64492	8985
其他建筑业	Other Construction	32	1065758	873142	181870	105077
工程准备	Engineering Preparation	18	977581	785817	181320	103250
提供施工设备服务	Construction Equipment Services	3	546	244		101
其他未列明的建筑活动	Other Construction Activities Unlisted	11	87631	87081	550	1726

Main Production Indicators of Construction Enterprises Which Possess Qualification Grades(2011)

年末从业人数 (人) Number of Engaged Persons (person)	利润总额 (万元) Total Profits (10 000 yuan)	税金 (万元) Tax (10 000 yuan)	按总产值计算劳动生产率 (元/人) Overall Labor Productivity by Gross Output Value (yuan/person)	产值利润率 (%) Ratio of Profit to Gross Output Value (%)	产值利税率 (%) Ratio of Pre-tax Profit to Gross Output Value (%)	固定资产原价 (万元) Original Value of Fixed Assets (10 000 yuan)	本年折旧 (万元) Depreciation of Fixed Assets (10 000 yuan)	资产总计 (万元) Total Assets (10 000 yuan)	负债合计 (万元) Total Liabilities (10 000 yuan)	实收资本 (万元) Paid-in Capitals (10 000 yuan)	资产负债率 (%) Assets-Liability Ratio (%)
727563	**1294738**	**1376944**	**384953**	**3.7**	**3.9**	**3755991**	**420077**	**22728440**	**16816437**	**4349711**	**74.0**
333594	756563	1042618	533510	3.1	4.3	2295282	336525	16058216	13334866	1922937	83.0
727486	1294700	1376903	384968	3.7	3.9	3755004	420047	22726893	16816066	4348450	74.0
187322	290466	428455	466603	2.7	3.9	955307	141806	6338040	5093559	888988	80.4
80377	87761	76497	210288	5.0	4.4	265284	12825	861486	385920	352755	44.8
4023	11486	3246	183305	10.1	2.9	24780	2240	246245	212815	8199	86.4
1065	7784	962	593005	9.4	1.2	13673	560	85693	43773	41420	51.1
753	7966	719	389299	18.7	1.7	11570	268	12200	11580	120	94.9
312	-183	243	1334493	-0.5	0.6	2103	292	73493	32193	41300	43.8
315752	711377	732746	438087	4.0	4.1	1911254	219279	12448522	9557471	2073450	76.8
5637	14204	14309	1061386	3.0	3.0	120565	11525	417460	311044	55468	74.5
310115	697173	718437	431207	4.0	4.1	1790689	207754	12031063	9246427	2017982	76.9
29042	24046	53290	370470	1.8	3.9	123770	16760	731701	582649	133202	79.6
108521	160003	80981	208068	5.6	2.8	452943	26145	1989585	926516	840282	46.6
4835	7055	3443	349424	4.3	2.1	33822	1572	118148	44122	62977	37.3
1176	839	794	167538	3.6	3.4	1567	95	14161	8589	5300	60.7
88696	142222	67995	211231	6.0	2.9	378994	22555	1650760	756790	703950	45.8
13814	9886	8749	158098	3.2	2.9	38560	1923	206517	117016	68055	56.7
1384	1778	725	134208	8.4	3.4	7993	433	25621	13362	10154	52.2
77	38	42	195169	2.7	3.0	987	31	1547	371	1261	24.0
57	-25	24	170098	-2.9	2.8	847	30	1159	38	1206	3.3
20	63	18	259100	12.1	3.4	140	1	388	334	54	
678458	1162010	1291441	377837	3.6	4.1	3564375	401138	20890708	15456027	4017900	74.0
420161	550302	643587	289886	3.5	4.0	1449155	119408	7809779	4762472	2298241	61.0
258297	611707	647854	542437	3.8	4.1	2115221	281729	13080929	10693555	1719659	81.7
36733	102972	54560	351728	5.7	3.0	143296	14245	1388495	1033421	229312	74.4
6702	23744	6524	275161	9.6	2.6	20720	2390	233164	169609	57052	72.7
5670	6013	24420	101426	0.6	2.3	27599	2305	216073	157380	45447	72.8
3868	5042	22286	94681	0.5	2.3	16565	1057	169721	122158	37593	72.0
81	5	20	54030	1.0	3.6	828	41	1385	836	600	60.4
1721	966	2115	507711	1.1	2.4	10206	1208	44967	34386	7254	76.5

14-2 续表 continued

指 标	Item	企业数 (个) Number of Enterprises (unit)	总产值 (万元) Total Output Value (10 000 yuan)	#建筑工程产值 Output Value of Construction	#安装工程产值 Output Value of Installation	从业人员年平均人数(人) Annual Average of Persons Employed (person)
按隶属关系分	**By Jurisdiction of Management**					
中 央	Central	56	14270569	13491810	666683	258080
省	Provincial	66	5637500	5100089	473417	117982
市	Municipal	181	5331250	4644912	590272	129610
县及县以下	County and County under	259	3227292	3026862	147516	162193
其 他	Others	583	6518388	5569210	836666	240947
按企业资质等级分	**By Qualification Grade**					
施工总承包	The General Contractor	943	33218720	30742316	2158864	846989
特 级	Special Grade	5	4296282	4250403	25104	81792
一 级	First Grade	126	20357582	18554852	1628432	394622
二 级	Second Grade	504	6463275	5992987	381767	263128
三级及以下	Third Grade and Below	308	2101580	1944074	123562	107447
专业承包	The Specialized Contractor	193	1764360	1090566	555690	61823
一 级	First Grade	36	979928	573288	302642	32560
二 级	Second Grade	74	610284	456195	150230	22253
三级及以下	Third Grade and Below	83	174148	61084	102819	7010
劳务分包	The Subcontractor of Labour Services	9	1920			
一 级	First Grade	6	1040			
三级及以下	Third Grade and Below	3	880			
按营业状态分	**By Business State**					
营 业	Operating	1076	34899403	31748890	2713447	904646
停业(歇业)	Suspension	53	78693	77465	733	3717
筹 建	In Construction	4	4020	4020		95
当年关闭	Closure in This Year	7	2882	2508	374	193
当年破产	Bankrupted in This Year	4				1
其 他	Others	1	0	0		160
按控股情况分	**By Holding Situation**					
国有控股	State-holding	202	24518351	22530107	1649321	459567
集体控股	Group Holdings	200	3152250	2970150	149657	133731
私人控股	Private Holdings	689	6881752	6037313	780585	293451
港澳台商控股	Holdings Hong Kong, Macao,Taiwan	2	101558	518	99801	4370
外商控股	Foreign Holdings	2	1051		1051	105
其 他	Others	50	330037	294794	34138	17588

年末从业人数 (人) Number of Engaged Persons (person)	利润总额 (万元) Total Profits (10 000 yuan)	税金 (万元) Tax (10 000 yuan)	按总产值计算劳动生产率 (元/人) Overall Labor Productivity by Gross Output Value (yuan/person)	产值利润率 (%) Ratio of Profit to Gross Output Value (%)	产值利税率 (%) Ratio of Pre-tax Profit to Gross Output Value (%)	固定资产原价 (万元) Original Value of Fixed Assets (10 000 yuan)	本年折旧 (万元) Depreciation of Fixed Assets (10 000 yuan)	资产总计 (万元) Total Assets (10 000 yuan)	负债合计 (万元) Total Liabilities (10 000 yuan)	实收资本 (万元) Paid-in Capitals (10 000 yuan)	资产负债率 (%) Assets-Liability Ratio (%)
202931	564290	591433	552951	4.0	4.1	1691994	243105	10906471	9319765	1162230	85.5
83705	101706	280156	477827	1.8	5.0	296450	46764	2878291	2343731	374248	81.4
75857	86588	193165	411330	1.6	3.6	409297	44818	2432001	1759336	464005	72.3
158586	183974	115813	198978	5.7	3.6	427710	21344	1378463	522390	675542	37.9
206484	358180	196378	270532	5.5	3.0	930540	64048	5133216	2871216	1673686	55.9
675169	1163432	1330127	392198	3.5	4.0	3572837	406312	21300291	15817905	4050880	74.3
85910	287486	164581	525269	6.7	3.8	615728	59080	5392895	4530029	589207	84.0
269885	436157	887893	515876	2.1	4.4	1635314	269817	10681190	8577861	1587375	80.3
231005	322316	206440	245632	5.0	3.2	1055945	58463	4330677	2296581	1492949	53.0
88369	117473	71213	195592	5.6	3.4	265850	18952	895530	413434	381349	46.2
52100	131002	46635	285389	7.4	2.6	182200	13734	1421499	998345	298521	70.2
22183	43097	28400	300961	4.4	2.9	99254	8766	805136	626117	142459	77.8
22307	70703	13677	274248	11.6	2.2	41378	2527	421968	248143	103375	58.8
7610	17202	4558	248428	9.9	2.6	41568	2441	194395	124085	52687	63.8
294	305	183		15.9	9.5	954	32	6650	187	309	2.8
198	171	131		16.5	12.6	685	14	6391	76	213	1.2
96	133	52		15.2	5.9	269	18	259	111	96	42.8
723233	1286277	1370064	385780	3.7	3.9	3719672	425576	22617273	16792633	4268925	74.2
3763	8116	6618	211712	10.3	8.4	31929	939	93579	21328	72536	22.8
163	78	168	423158	1.9	4.2	968	65	4089	446	3636	10.9
201	146	96	149347	5.1	3.3	2500	115	6725	2153	4298	32.0
3	-1							311		311	
200			6								
333594	756563	1042618	533510	3.1	4.3	2295282	336525	16058216	13334866	1922937	83.0
116503	124632	108406	235716	4.0	3.4	386063	20085	1534068	910129	472171	59.3
257810	389775	209227	234511	5.7	3.0	994076	66996	4906289	2449676	1875694	49.9
4370	5370	3219	232398	5.3	3.2	455	21	7036	5474	1554	77.8
193	244	43	100095	23.2	4.1	2389	159	5551	1210	3503	21.8
15093	18033	13432	187649	5.5	4.1	76805	2909	210817	115205	73847	54.6

14-3 施工总承包和专业承包建筑业企业主要指标(2011年)

指标	Item	企业数 (个) Number of Enterprises (unit)	从业人员年平均人数 (人) Annual Average of Employed Persons (person)	年末从业人数 (人) Number of Engaged Persons at Year-end (person)	#管理人员 Manager
总计	**Total**	**1136**	**908812**	**727269**	**74545**
# 国有及国有控股企业	State-owned and State-holding Enterprises	202	459567	333594	38048
按登记注册类型分	**By Status of Registration**				
内资企业	Domestic Funded	1134	908741	727192	74518
国有企业	State-owned Enterprises	133	233780	187322	21236
集体企业	Collective-owned Enterprises	143	83122	80377	6860
股份合作企业	Cooperative Enterprises	7	6193	4023	248
联营企业	Joint Ownership Enterprises	3	1392	1065	89
集体联营企业	Collective Joint Ownership Enterprises	1	1092	753	2
国有与集体联营企业	Joint State-collective Enterprises	2	300	312	87
有限责任公司	Limited Liability Corporations	452	408062	315655	32074
国有独资公司	State Sole Funded Corporations	5	4455	5637	1196
其他有限责任公司	Other Limited Liability Corporations	447	403607	310018	30878
股份有限公司	Share-holding Corporations Limited	52	36970	29042	3316
私营企业	Private Enterprises	332	137638	108324	10463
私营独资企业	Private-funded Enterprises	26	4693	4832	503
私营合伙企业	Private Partnership Enterprises	2	1407	1176	64
私营有限责任公司	Private Limited Liability Corporations	262	112295	88502	8614
私营股份有限公司	Private Share-holding Corporations Ltd.	42	19243	13814	1282
其他企业	Other Enterprises	12	1584	1384	232
港、澳、台商投资企业	Enterprises with Funds from Hong Kong, Macao and Taiwan	2	71	77	27
合资经营企业(港或澳、台资)	Joint-venture Enterprises	1	51	57	22
合作经营企业(港或澳、台资)	Cooperative Enterprises	1	20	20	5
按国民经济行业分	**By Sector**				
房屋和土木工程建筑业	Building and Civil Engineering	964	843057	678352	68607
房屋工程建筑	Building	749	549461	420055	40345
土木工程建筑业	Civil Engineering	215	293596	258297	28262
建筑安装业	Construction Installation	88	51693	36551	4236
建筑装饰业	Construction Decoration	52	8985	6696	708
其他建筑业	Other Construction	32	5077	5670	994
工程准备	Engineering Preparation	18	3250	3868	864
提供施工设备服务	Construction Equipment Services	3	101	81	13
其他未列明的建筑活动	Other Construction Activities Unlisted	11	1726	1721	117

Main Indicators of General Contracting and Professional Contracting in Construction Enterprises (2011)

#工程技术人员 Engineer	#一级建造师 First Engineer	建筑业总产值（万元） Total Output Value (10 000 yuan)	建筑工程 Construction	安装工程 Installation	其他 Others	竣工产值（万元） Output Value of Completed Construction (10 000 yuan)	房屋建筑施工面积（万平方米） Floor Space of Buildings under Construction (10 000 sq.m)	#本年新开工面积 New Buildings	#实行投标承包面积 Bidden and Contracted
112279	**6621**	**34983079**	**31832882**	**2714554**	**435644**	**11736652**	**13934.20**	**6736.18**	**12256.10**
55224	3674	24518351	22530107	1649321	338923	6673605	7345.56	2936.73	6969.06
112261	6616	34981694	31831564	2714486	435644	11736134	13934.20	6736.18	12256.10
27711	1703	10908241	9903789	873115	131338	2890338	4484.58	1815.69	4120.43
11091	317	1747960	1647305	78724	21931	1003549	1469.83	851.37	1328.44
745	23	113521	113521			81157	49.11	39.06	47.02
62	25	82546	70436	8803	3307	59219	30.10	16.07	9.85
		42512	31242	7963	3307	21100	27.23	16.07	6.98
62	25	40035	39195	840		38119	2.87		2.87
50242	3648	17875861	16143575	1543410	188876	6173156	5873.86	2832.37	5207.02
1707	124	472848	417515	35157	20176	82896	21.71	11.47	21.71
48535	3524	17403013	15726060	1508253	168700	6090260	5852.15	2820.90	5185.31
5651	186	1369626	1303403	15871	50353	270280	327.38	195.90	254.87
16535	692	2862680	2632724	190168	39788	1249528	1691.34	979.80	1283.36
560	47	163977	154128	8059	1790	33816	91.45	33.20	38.61
185	16	23573	23573			10709	24.19	19.86	19.86
13832	509	2370902	2188879	146736	35287	1079028	1420.89	811.46	1083.18
1958	120	304229	266145	35373	2711	125975	154.82	115.28	141.70
224	22	21259	16812	4395	51	8908	7.99	5.93	5.12
18	5	1386	1318	68		518			
10	5	868	800	68					
8		518	518			518			
104986	5663	31852913	29948846	1629909	274158	10264859	13565.43	6597.39	11911.51
62356	3071	15927188	14806759	937827	182603	7276394	12708.65	6205.90	11150.49
42630	2592	15925725	15142087	692083	91556	2988465	856.78	391.49	761.02
5363	728	1817266	910036	838282	68949	584758	60.85	38.84	38.65
883	165	247142	100859	64492	81792	150570	1.08		
1047	65	1065758	873142	181870	10745	736465	306.83	99.95	305.93
685	35	977581	785817	181320	10444	659867	297.51	94.83	296.61
7	3	546	244		301	246			
355	27	87631	87081	550		76352	9.33	5.12	9.33

14-3 续表 1

指　　标	Item	企业数 (个) Number of Enter-prises (unit)	从业人员年平均人数 (人) Annual Average of Employed Persons (person)	年末从业人数 (人) Number of Engaged Persons at Year-end (person)	#管理人员 Manager
按隶属关系分	**By Jurisdiction of Management**				
中　央	Central	56	258080	202931	24674
省	Provincial	66	117982	83705	11581
市	Municipal	180	129610	75852	7534
县及县以下	County and County under	259	162193	158586	10844
其　他	Others	575	240947	206195	19912
按企业资质等级分	**By Qualification Grade**				
施工总承包	The General Contractor	943	846989	675169	69844
特　级	Special Grade	5	81792	85910	8199
一　级	First Grade	126	394622	269885	31617
二　级	Second Grade	504	263128	231005	21948
三级及以下	Third Grade and Below	308	107447	88369	8080
专业承包	The Specialized Contractor	193	61823	52100	4701
一　级	First Grade	36	32560	22183	2204
二　级	Second Grade	74	22253	22307	1868
三级及以下	Third Grade and Below	83	7010	7610	629
按营业状态分	**By Business State**				
营　业	Operating	1067	904646	722939	74232
停业(歇业)	Suspension	53	3717	3763	247
筹　建	In Construction	4	95	163	20
当年关闭	Closure in This Year	7	193	201	28
当年破产	Bankrupted in the Year	4	1	3	
其　他	Others	1	160	200	18
按控股情况分	**By Holding Situation**				
国有控股	State-holding	202	459567	333594	38048
集体控股	Group Holdings	200	133731	116503	9785
私人控股	Private Holdings	681	293451	257518	25228
港澳台商控股	Holdings Hong Kong, Macao,Taiwan	2	4370	4370	5
外商控股	Foreign Holdings	2	105	193	23
其　他	Others	49	17588	15091	1456

continued

#工程技术人员 Engineer	#一级建造师 First Engineer	建筑业总产值(万元) Total Output Value (10 000 yuan)	建筑工程 Construction	安装工程 Installation	其　他 Others	竣工产值(万元) Output Value of Completed Construction (10 000 yuan)	房屋建筑施工面积(万平方米) Floor Space of Buildings under Construction (10 000 sq.m)	#本年新开工面积 New Buildings	#实行投标承包面积 Bidden and Contracted
31008	2220	14270569	13491810	666683	112076	2411250	1082.00	300.06	820.23
17947	942	5637500	5100089	473417	63995	2068381	4539.63	1836.56	4424.86
14342	892	5331250	4644912	590272	96066	2745264	3009.29	1200.10	2825.78
19175	866	3227292	3026862	147516	52914	1690176	2411.61	1659.68	2065.82
29807	1701	6516468	5569210	836666	110593	2821581	2891.67	1739.78	2119.41
105436	5787	33218720	30742316	2158864	317540	11003340	13676.03	6552.59	12062.42
9611	957	4296282	4250403	25104	20776	333462	469.66	108.00	469.66
48228	2997	20357582	18554852	1628432	174299	6444846	8037.51	3299.00	7449.35
37001	1531	6463275	5992987	381767	88521	3278989	4004.76	2399.05	3270.51
10596	302	2101580	1944074	123562	33945	946044	1164.10	746.53	872.90
6843	834	1764360	1090566	555690	118104	733312	258.17	183.59	193.68
3074	371	979928	573288	302642	103999	353988	107.38	62.00	80.16
2408	318	610284	456195	150230	3860	295254	133.22	110.71	99.62
1361	145	174148	61084	102819	10245	84070	17.56	10.88	13.90
111687	6589	34897484	31748890	2713447	435147	11695610	13883.05	6728.29	12206.06
404	30	78693	77465	733	496	36114	46.33	3.82	45.21
39	1	4020	4020			4020	1.72	1.72	1.72
113		2882	2508	374	1	909	3.11	2.35	3.11
1	1								
35									
55224	3674	24518351	22530107	1649321	338923	6673605	7345.56	2936.73	6969.06
17165	522	3152250	2970150	149657	32443	1484543	2368.32	1302.03	2104.08
37441	2316	6879832	6037313	780585	61934	3428317	3989.45	2367.52	3004.75
279	61	101558	518	99801	1238	2740			
39	3	1051		1051		1051			
2131	45	330037	294794	34138	1105	146396	230.87	129.89	178.20

14-3 续表 2

指标	Item	房屋建筑竣工面积(万平方米) Floor Space of Buildings Completed (10 000 sq.m)	# 住宅 Residential Housing	房屋建筑面积竣工率(%) Rate of Floor Space of Buildings Completed (%)	自有施工机械设备年末净值(万元) Net Value of Machinery and Equipment Owned (10 000 yuan)
总计	**Total**	**5895.96**	**3830.01**	**42.3**	**1614084**
# 国有及国有控股企业	State-owned and State-holding Enterprises	3009.84	1954.51	41.0	1175103
按登记注册类型分	**By Status of Registration**				
内资企业	Domestic Funded	5895.96	3830.01	42.3	1614084
国有企业	State-owned Enterprises	1132.68	734.67	25.3	800550
集体企业	Collective-owned Enterprises	741.30	537.72	50.4	78201
股份合作企业	Cooperative Enterprises	25.47	19.98	51.9	7093
联营企业	Joint Ownership Enterprises	15.36	11.74	51.0	513
集体联营企业	Collective Joint Ownership Enterprises	14.08	11.74	51.7	
国有与集体联营企业	Joint State-collective Enterprises	1.28		44.6	513
有限责任公司	Limited Liability Corporations	3121.27	2028.66	53.1	537288
国有独资公司	State Sole Funded Corporations	3.50	3.50	16.1	35457
其他有限责任公司	Other Limited Liability Corporations	3117.77	2025.16	53.3	501830
股份有限公司	Share-holding Corporations Limited	147.47	94.53	45.0	31077
私营企业	Private Enterprises	711.03	401.31	42.0	154136
私营独资企业	Private-funded Enterprises	24.35	15.98	26.6	14690
私营合伙企业	Private Partnership Enterprises	2.99	2.84	12.4	742
私营有限责任公司	Private Limited Liability Corporations	638.89	353.62	45.0	126793
私营股份有限公司	Private Share-holding Corporations Ltd.	44.79	28.88	28.9	11911
其他企业	Other Enterprises	1.39	1.39	17.4	5227
港、澳、台商投资企业	Enterprises with Funds from Hong Kong, Macao and Taiwan				0
合资经营企业(港或澳、台资)	Joint-venture Enterprises				0
合作经营企业(港或澳、台资)	Cooperative Enterprises				
按国民经济行业分	**By Sector**				
房屋和土木工程建筑业	Building and Civil Engineering	5136.93	3383.04	37.9	1551802
房屋工程建筑	Building	4876.32	3248.37	38.4	931343
土木工程建筑业	Civil Engineering	260.60	134.67	30.4	620460
建筑安装业	Construction Installation	26.10	7.59	42.9	51115
建筑装饰业	Construction Decoration	0.84		77.5	5108
其他建筑业	Other Construction	732.10	439.38	238.6	6058
工程准备	Engineering Preparation	725.59	434.77	243.9	3898
提供施工设备服务	Construction Equipment Services				768
其他未列明的建筑活动	Other Construction Activities Unlisted	6.51	4.61	69.8	1393

continued

自有施工机械设备年末总台数（台）Number of Machinery and Equipment Owned (set)	自有施工机械设备年末总功率（千瓦）Total Power of Machinery and Equipment Owned (kw)	技术装备率（元/人）Value of Machines per Laborer (yuan/person)	动力装备率（千瓦/人）Power of Machines per Laborer (kw/person)	钢材消耗（吨）Rolled Steel Consumption (ton)	木材消耗（立方米）Timber Consumption (cu.m)	水泥消耗（吨）Cement Consumption (ton)	平板玻璃 Plate Glass（重量箱）(weight-box)	平板玻璃 Plate Glass（平方米）(sq.m)	铝材消耗（吨）Aluminum Consumption (ton)
222411	**6587970**	**17760**	**7.2**	**9323278**	**3337749**	**36410699**	**1931203**	**18988281**	**379487**
75363	4266442	25570	9.3	6267443	1569613	24487973	711124	5957942	146610
222410	6587969	17762	7.2	9323248	3337729	36410609	1931173	18986781	379484
54195	2862720	34244	12.2	2231785	1296600	7329266	267811	4098797	134321
37199	404688	9408	4.9	538034	401514	1759315	151240	2787654	23893
811	36535	11452	5.9	9259	3236	87231	4244	127866	1392
51	815	3686	0.6	14435	541	24815	1284	59880	96
				13600	200	1490	1160	58020	95
51	815	17103	2.7	835	341	23325	124	1860	1
90323	2592927	13167	6.4	5354366	1064567	22876309	941805	9003063	177936
2520	175868	79590	39.5	64807	2542	420755	2	290	2
87803	2417059	12434	6.0	5289559	1062025	22455554	941803	9002773	177934
6196	92504	8406	2.5	343502	151559	1035753	320039	1556560	13885
33336	590270	11199	4.3	824337	418454	3287653	196795	1159279	27465
1450	34703	31301	7.4	44186	12474	157639	8207	90251	2746
399	21530	5272	15.3	5832	6490	106484	400	5000	14
27711	486382	11291	4.3	710310	378661	2682637	168213	952212	23725
3776	47655	6190	2.5	64009	20829	340893	19975	111816	980
299	7510	33001	4.7	7530	1258	10267	47955	193682	496
1	1	14	0.0	30	20	90	30	1500	3
1	1	20	0.0	30	20	90	30	1500	3
206327	5936372	18407	7.0	8993225	3322985	36090215	1459517	17084977	368049
157570	2093681	16950	3.8	5239290	2942959	17148606	1335840	16557081	364841
48757	3842691	21133	13.1	3753935	380026	18941609	123677	527896	3208
11770	207705	9888	4.0	307005	6472	223237	47818	195031	1092
1060	344043	5685	38.3	4946	4175	27513	423598	1703793	10289
3254	99850	11933	19.7	18102	4117	69734	270	4480	57
771	13686	11992	4.2	4310	2652	50175	12	2500	1
24	1320	76040	13.1			50			
2459	84844	8070	49.2	13792	1465	19509	258	1980	56

14-3 续表 3

指　　标	Item	房屋建筑竣工面积(万平方米) Floor Space of Buildings Completed (10 000 sq.m)	# 住宅 Residential Housing	房屋建筑面积竣工率(%) Rate of Floor Space of Buildings Completed (%)	自有施工机械设备年末净值(万元) Net Value of Machinery and Equipment Owned (10 000 yuan)
按隶属关系分	**By Jurisdiction of Management**				
中　央	Central	222.58	133.91	20.6	1020388
省	Provincial	1096.05	707.63	24.1	85538
市	Municipal	2056.24	1421.61	68.3	81895
县及县以下	County and County under	1214.11	836.51	50.3	133531
其　他	Others	1306.99	730.36	45.2	292732
按企业资质等级分	**By Qualification Grade**				
施工总承包	The General Contractor	5742.20	3748.91	42.0	1532818
特　级	Special Grade	144.40	87.56	30.7	177436
一　级	First Grade	3251.31	2108.55	40.5	987004
二　级	Second Grade	1854.41	1216.44	46.3	292536
三级及以下	Third Grade and Below	492.07	336.36	42.3	75842
专业承包	The Specialized Contractor	153.76	81.10	59.6	81265
一　级	First Grade	79.75	25.36	74.3	48513
二　级	Second Grade	63.53	50.22	47.7	24369
三级及以下	Third Grade and Below	10.48	5.52	59.7	8383
按营业状态分	**By Business State**				
营　业	Operating	5888.98	3826.12	42.4	1608662
停业(歇业)	Suspension	4.84	2.12	10.4	3360
筹　建	In Construction	1.62	1.25	94.2	770
当年关闭	Closure in This Year	0.53	0.53	16.9	1292
当年破产	Bankrupted in This Year				
其　他	Others				0
按控股情况分	**By Holding Situation**				
国有控股	State-holding	3009.84	1954.51	41.0	1175103
集体控股	Group Holdings	1028.33	732.21	43.4	109726
私人控股	Private Holdings	1790.93	1086.80	44.9	315718
港澳台商控股	Holdings Hong Kong, Macao,Taiwan				50
外商控股	Foreign Holdings				18
其　他	Others	66.86	56.49	29.0	13470

continued

自有施工机械设备年末总台数(台) Number of Machinery and Equipment Owned (set)	自有施工机械设备年末总功率(千瓦) Total Power of Machinery and Equipment Owned (kw)	技术装备率(元/人) Value of Machines per Laborer (yuan/person)	动力装备率(千瓦/人) Power of Machines per Laborer (kw/person)	钢材消耗(吨) Rolled Steel Consumption (ton)	木材消耗(立方米) Timber Consumption (cu.m)	水泥消耗(吨) Cement Consumption (ton)	平板玻璃 Plate Glass (重量箱) (weight-box)	(平方米) (sq.m)	铝材消耗(吨) Aluminum Consumption (ton)
37881	3391825	39538	13.1	3337032	169106	16658406	304334	1189190	8271
20516	385136	7250	3.3	1937059	339164	4146888	210965	1129260	11586
14919	375763	6319	2.9	1355996	678716	3709278	113306	996778	153270
70430	681674	8233	4.2	842423	1397210	4750135	320612	6780137	162906
78665	1753572	12149	7.3	1850768	753553	7145992	981986	8892916	43454
213429	5869930	18097	6.9	9028021	3033557	34602007	1452808	16872268	367177
18142	928419	21694	11.4	1469004	88220	5687812	2800	17000	900
65836	3311251	25011	8.4	5287433	1628270	20041732	306619	2119394	14437
106713	1310419	11118	5.0	1777817	1097264	6504227	1030713	12315595	327135
22738	319841	7059	3.0	493767	219803	2368236	112676	2420279	24705
8982	718040	13145	11.6	295257	304192	1808692	478395	2116013	12310
4156	174253	14900	5.4	209624	290574	1441132	463328	1981015	10634
3157	509483	10951	22.9	66154	10826	173853	10902	91148	1351
1669	34304	11959	4.9	19479	2792	193707	4165	43850	325
220724	6562482	17782	7.3	9306576	3332274	36370803	1930088	18978250	379307
1214	19595	9040	5.3	13551	4694	29765	219	4096	73
182	4142	81053	43.6	2200	310	1580	20	100	83
290	1750	66943	9.1	950	470	8550	875	5830	23
1	1	6	0.0	1	1	1	1	5	1
75363	4266442	25570	9.3	6267443	1569613	24487973	711124	5957942	146610
54935	563775	8205	4.2	912282	482940	3268688	483494	8591268	172262
84817	1704127	10759	5.8	2054577	1234809	8060923	672006	3996124	58119
204	167	114	0.0	2351					
15	357	1676	3.4	35		44			
7077	53102	7658	3.0	86590	50387	593071	64579	442947	2496

14-4 施工总承包和专业承包建筑业企业主要财务指标(2011年)

单位：万元

指　　标	Item	资产总计 Total Assets	#流动资产 Circulating Funds	#固定资产 Fixed Assets	固定资产原价 Original Value of Fixed Assets	累计折旧 Total Depreciation
总　　计	**Total**	**22721790**	**18149417**	**2769158**	**3755037**	**1490271**
# 国有及国有控股企业	State-owned and State-holding Enterprises	16058216	13359916	1377215	2295282	1099878
按登记注册类型分	**By Status of Registration**					
内资企业	Domestic Funded	22720243	18148291	2768790	3754050	1489652
国有企业	State-owned Enterprises	6338040	5337946	574510	955307	452125
集体企业	Collective-owned Enterprises	861486	589169	238033	265284	72371
股份合作企业	Cooperative Enterprises	246245	201439	22323	24780	9162
联营企业	Joint Ownership Enterprises	85693	34041	12968	13673	2253
集体联营企业	Collective Joint Ownership Enterprises	12200	630	11570	11570	902
国有与集体联营企业	Joint State-collective Enterprises	73493	33411	1398	2103	1351
有限责任公司	Limited Liability Corporations	12448240	9980285	1387658	1911033	787068
国有独资公司	State Sole Funded Corporations	417460	308486	101014	120565	50348
其他有限责任公司	Other Limited Liability Corporations	12030781	9671799	1286644	1790468	736720
股份有限公司	Share-holding Corporations Limited	731701	599686	108165	123770	49153
私营企业	Private Enterprises	1983217	1386498	418758	452210	115168
私营独资企业	Private-funded Enterprises	118046	75722	32977	33750	9298
私营合伙企业	Private Partnership Enterprises	14161	12385	776	1567	792
私营有限责任公司	Private Limited Liability Corporations	1644493	1138218	354850	378333	91653
私营股份有限公司	Private Share-holding Corporations Ltd.	206517	160173	30156	38560	13425
其他企业	Other Enterprises	25621	19227	6373	7993	2351
港、澳、台商投资企业	Enterprises with Funds from Hong Kong, Macao and Taiwan	1547	1126	368	987	618
合资经营企业(港或澳、台资)	Joint-venture Enterprises	1159	754	352	847	494
合作经营企业(港或澳、台资)	Cooperative Enterprises	388	372	16	140	124
按国民经济行业分	**By Sector**					
房屋和土木工程建筑业	Building and Civil Engineering	20890324	16581675	2585447	3564088	1413576
房屋工程建筑	Building	7809395	5926279	1340131	1448867	395739
土木工程建筑业	Civil Engineering	13080929	10655396	1245316	2115221	1017838
建筑安装业	Construction Installation	1382308	1185544	140408	142678	56872
建筑装饰业	Construction Decoration	233085	202283	19653	20672	10349
其他建筑业	Other Construction	216073	179915	23650	27599	9473
工程准备	Engineering Preparation	169721	143404	16273	16565	5575
提供施工设备服务	Construction Equipment Services	1385	942	444	828	425
其他未列明的建筑活动	Other Construction Activities Unlisted	44967	35569	6934	10206	3473

Main Financial Indicators of General Contracting and Professional Contracting in Construction Enterprise(2011)

(10 000 yuan)

#本年折旧 Depreciation of Fixed Assets	负债合计 Total Liabilities	#流动负债 Liquid Liabilities	所有者权益合计 Owners' Equity	#实收资本 Paid-in Capitals	营业收入 Business Income	营业成本 Cost In Business	营业税金及附加 Business Tax And Surcharges	管理费用 Management Expenses	#税金 Tax	营业利润 Operating Profit	利润总额 Total Profits	应付职工薪酬 Accrued Employee Payroll
420045	**16816250**	**16000075**	**5905540**	**4349402**	**33032555**	**29247285**	**1331276**	**982051**	**45485**	**1304611**	**1294434**	**3555767**
336525	13334866	12702135	2723350	1922937	24342994	21820113	1028595	692551	14023	761034	756563	2457160
420014	16815879	15999704	5904364	4348141	33031548	29246550	1331242	981851	45478	1304573	1294396	3555596
141806	5093559	4990835	1244481	888988	10161032	9052441	420395	347311	8061	295682	290466	1200005
12825	385920	363728	475565	352755	1470923	1209393	70240	53062	6258	89148	87761	213496
2240	212815	212691	33430	8199	120511	100640	3002	4587	245	11522	11486	8288
560	43773	43773	41920	41420	33464	23727	936	805	26	7784	7784	1405
268	11580	11580	620	120	29100	20370	701	33	18	7966	7966	1232
292	32193	32193	41300	41300	4364	3357	235	772	8	-183	-183	174
219265	9557339	8962779	2890901	2073294	17754954	15825562	711700	488368	20997	709786	711261	1731380
11525	311044	293445	106415	55468	591210	543578	13640	19906	669	13704	14204	37572
207740	9246295	8669334	2784486	2017826	17163745	15281984	698061	468462	20329	696082	697058	1693808
16760	582649	553559	149052	133202	1188270	1076640	51684	21036	1606	23833	24046	82070
26126	926461	859689	1056756	840129	2282440	1942675	72639	65655	8207	165036	159813	314344
1565	44122	38834	73924	62944	71712	60476	3264	3194	178	7103	7054	21297
95	8589	8589	5572	5300	24625	22380	788	320	6	840	839	5307
22543	756734	699809	887759	703830	1908647	1613240	60253	55320	7608	147200	142033	251562
1923	117016	112457	89501	68055	277456	246579	8334	6821	415	9893	9886	36178
433	13362	12650	12259	10154	19954	15473	646	1030	79	1784	1778	4608
31	371	371	1176	1261	1007	735	35	199	7	38	38	171
30	38	38	1121	1206	531	421	18	117	6	-25	-25	165
1	334	334	54	54	477	314	17	83	1	63	63	6
401123	15455890	14682462	5434434	4017694	30342047	26846825	1251913	903583	39474	1169487	1161845	3229844
119393	4762335	4598051	3047060	2298035	13472499	11825681	614247	353775	29286	555672	550138	1722123
281729	10693555	10084411	2387374	1719659	16869548	15021144	637665	549808	10189	613814	611707	1507721
14231	1033371	998219	348938	229249	1728282	1527027	49262	60998	5174	102433	102842	179938
2386	169609	165555	63475	57012	241206	201951	6000	5381	520	24269	23733	31063
2305	157380	153841	58693	45447	721020	671482	24103	12089	317	8422	6013	114921
1057	122158	118968	47563	37593	671846	629857	22113	10248	173	7579	5042	110670
41	836	614	549	600	596	311	13	100	6	5	5	120
1208	34386	34258	10581	7254	48578	41314	1977	1741	138	838	966	4132

14-4 续表

单位：万元

指　　标	Item	资产总计 Total Assets	#流动资产 Circulating Funds	#固定资产 Fixed Assets	固定资产原价 Original Value of Fixed Assets	累计折旧 Total Depreciation
按隶属关系分	**By Jurisdiction of Management**					
中　央	Central	10906471	9077719	895170	1691994	856015
省	Provincial	2878291	2439138	251478	296450	109743
市	Municipal	2432001	1871338	383533	409297	144575
县及县以下	County and County under	1378463	925985	381608	427710	107985
其　他	Others	5126565	3835238	857368	929586	271952
按企业资质等级分	**By Qualification Grade**					
施工总承包	The General Contractor	21300291	16974887	2618109	3572837	1423137
特　级	Special Grade	5392895	4321194	309280	615728	308063
一　级	First Grade	10681190	9011990	1044635	1635314	767354
二　级	Second Grade	4330677	3080207	985174	1055945	279463
三级以下	Third Grade and Below	895530	561496	279020	265850	68257
专业承包	The Specialized Contractor	1421499	1174530	151049	182200	67133
一　级	First Grade	805136	682137	80809	99254	39417
二　级	Second Grade	421968	341238	35422	41378	15313
三级以下	Third Grade and Below	194395	151156	34818	41568	12403
按营业状态分	**By Business State**					
营　业	Operating	22617086	18095858	2736473	3719639	1483714
停业(歇业)	Suspension	93579	46351	29171	31929	6161
筹　建	In Construction	4089	3248	841	968	127
当年关闭	Closure in This Year	6725	3960	2673	2500	269
当年破产	Bankrupted in the Year	311				
其　他	Others					
按控股情况分	**By Holding Situation**					
国有控股	State-holding	16058216	13359916	1377215	2295282	1099878
集体控股	Group Holdings	1534068	1095347	349963	386063	111484
私人控股	Private Holdings	4906123	3544824	982831	994044	251644
港澳台商控股	Holdings Hong Kong, Macao,Taiwan	7036	6451	185	455	269
外商控股	Foreign Holdings	5551	3754	1757	2389	633
其　他	Others	210796	139125	57208	76805	26363

continued

(10 000 yuan)

# 本年折旧 Depreciation of Fixed Assets	负债合计 Total Liabilities	#流动负债 Liquid Liabilities	所有者权益合计 Owners' Equity	#实收资本 Paid-in Capitals	营业收入 Business Income	营业成本 Cost In Business	营业税金及附加 Business Tax And Surcharges	管理费用 Management Expenses	# 税金 Tax	营业利润 Operating Profit	利润总额 Total Profits	应付职工薪酬 Accrued Employee Payroll
243105	9319765	8764017	1586706	1162230	15045184	13406849	586132	477399	5301	567936	564290	1384847
46764	2343731	2315880	534560	374248	5222238	4718799	276512	116019	3644	102627	101706	586587
44818	1759336	1718648	672664	464005	4368749	3973249	185313	110857	7851	86006	86595	532916
21344	522390	496741	856073	675542	2751571	2286304	106278	99619	9535	184981	183974	422881
64016	2871029	2704790	2255537	1673377	5644813	4862084	177041	178156	19154	363062	357868	628536
406312	15817905	15031916	5482386	4050880	31279440	27730486	1288417	921144	41710	1172346	1163432	3398530
59080	4530029	4092229	862866	589207	5492974	4919272	163033	171087	1548	287348	287486	599422
269817	8577861	8352383	2103329	1587375	18652482	16761572	873787	496750	14106	439415	436157	1838953
58463	2296581	2201107	2034096	1492949	5452883	4629081	187950	194337	18489	322955	322316	727404
18952	413434	386198	482096	381349	1681102	1420561	63647	58970	7567	122628	117473	232751
13734	998345	968159	423153	298521	1753114	1516799	42859	60907	3775	132265	131002	157237
8766	626117	613321	179018	142459	1041252	927719	26975	34988	1425	44006	43097	84603
2527	248143	233896	173825	103375	554844	464561	11925	16553	1752	71040	70703	53819
2441	124085	120943	70310	52687	157018	124519	3960	9367	598	17219	17202	18814
418926	16792324	15979204	5824763	4268621	32958501	29191984	1324987	978759	44894	1296258	1286094	3547074
939	21328	18273	72251	72536	67471	49509	6042	3187	576	8130	8116	7223
65	446	446	3643	3636	3712	3302	154	53	14	78	78	130
115	2153	2153	4572	4298	2871	2490	94	51	2	146	146	620
			311	311				1		-1	-1	
												720
336525	13334866	12702135	2723350	1922937	24342994	21820113	1028595	692551	14023	761034	756563	2457160
20085	910129	857313	623939	472171	2680577	2313297	99246	87525	9160	125891	124632	292663
60448	2449467	2321094	2456656	1875389	5649369	4806963	187513	192253	21531	394922	389592	759688
21	5474	5474	1562	1554	91516	82250	3203	607	16	5370	5370	8631
159	1210	1210	4342	3503	1061	638	35	160	8	243	244	86
2807	115105	112850	95692	73847	267038	224024	12684	8955	748	17152	18033	37540

14-5 劳务分包建筑业企业主要生产指标(2011年)

单位：万元

指 标	Item	企业数（个） Number of Enterprises (unit)	建筑业总产值 Total Output Value	年末从业人数（人） Number of Engaged Persons (person)	#工程技术人员 Engineer	#现场施工人员 Site Construction Personnel	固定资产原价 Original Value of Fixed Assets
总 计	**Total**	**9**	**1920**	**294**	**100**	**244**	**954**
按登记注册类型分	**By Status of Registration**						
内资企业	Domestic Funded	9	1920	294	100	244	954
有限责任公司	Limited Liability Corporations	4	790	97	8	76	221
私营企业	Private Enterprises	5	1130	197	92	168	733
私营独资企业	Private-funded Enterprises	1	8	3			72
私营有限责任公司	Private Limited Liability Corporations	4	1122	194	92	168	661
按国民经济行业分	**By Sector**						
房屋和土木工程建筑业	Building and Civil Engineering	5	910	106	10	80	288
建筑安装业	Construction Installation	3	920	182	90	164	618
建筑装饰业	Construction Decoration	1	90	6			49
按企业资质等级分	**By Qualification Grade**						
一 级	First Grade	6	1040	198	92	168	685
三级及以下	Third Grade and Below	3	880	96	8	76	269
按营业状态分	**By Business State**						
营 业	Operating	9	1920	294	100	244	954
按控股情况分	**By Holding Situation**						
私人控股	Private Holdings	8	1920	292	100	244	953
其 他	Others	1		2			1

Main Production Indicators of Labor Subcontracting in Construction Enterprises (2011)

(10 000 yuan)

本年折旧 Depreciation of Fixed Assets	资产总计 Total Assets	负债合计 Total Liabilities	实收资本 Paid-in Capitals	主营业务收入 Revenue from Principal Business	主营业务成本 Cost of Principal Business	主营业务税金及附加 Taxes and Other Charges on Principal Business	费用合计 Expense Amount	营业利润 Operating Profit	利润总额 Total Profits	从业人员工资总额 Total Wages of Employees
32	**6650**	**187**	**309**	**4759**	**3576**	**183**	**654**	**305**	**305**	**549**
32	6650	187	309	4759	3576	183	654	305	305	549
14	282	132	156	375	158	48	23	115	115	130
18	6368	55	153	4384	3418	135	631	189	189	419
7	102		33	8	6	1	1	1	1	3
11	6266	55	120	4376	3412	134	630	188	188	416
15	384	137	206	495	198	54	48	164	164	145
13	6187	50	63	4174	3306	125	603	129	129	378
4	79		40	90	72	4	3	11	11	26
14	6391	76	213	4294	3346	131	628	171	171	406
18	259	111	96	465	230	52	26	133	133	144
32	6650	187	309	4759	3576	183	654	305	305	549
32	6548	166	209	4759	3576	183	654	305	305	547
	102	21	100							2.4

14-6 各市(区)建筑业企业个数(2011年)
Number of Construction Enterprises by City(District) (2011)

单位：个 (unit)

地区	Region	企业个数 Number of Enterprises	中央企业 Central	地方企业 Local	施工总承包 General Contracting	专业承包 Professional Contracting	国有及国有控股企业 State-owned and State-holding	集体企业 Collective Owned
全省	**Shaanxi**	**1136**	**56**	**1080**	**943**	**193**	**202**	**200**
西安市	Xi'an	334	43	291	221	113	88	60
铜川市	Tongchuan	28		28	25	3	12	10
宝鸡市	Baoji	100	1	99	81	19	16	25
咸阳市	Xianyang	75	5	70	62	13	18	17
渭南市	Weinan	89	4	85	87	2	21	14
延安市	Yan'an	97		97	94	3	15	16
汉中市	Hanzhong	94	1	93	78	16	12	15
榆林市	Yulin	180		180	169	11	4	16
安康市	Ankang	74	1	73	63	11	9	14
商洛市	Shangluo	53	1	52	53		6	13
杨凌示范区	Yangling	12		12	10	2	1	

注：本表资料不含劳务分包企业，下表同。

a) Data in the table do not include the subcontractor of labour services. The same applies to the table following.

14-7 各市(区)建筑业企业从业人员(2011年)
Number of Employed Persons at Year-end of Construction Enterprises by City(District)(2011)

单位：人 (person)

地区	Region	年末从业人员 Number of Employed Persons at Year-end	中央企业 Central	地方企业 Local	施工总承包 General Contracting	专业承包 Professional Contracting	国有及国有控股企业 State-owned and State-holding	集体企业 Collective Owned
全省	**Shaanxi**	**908812**	**258080**	**650732**	**846989**	**61823**	**459567**	**133731**
西安市	Xi'an	492123	227148	264975	457587	34536	347014	45937
铜川市	Tongchuan	13963		13963	13673	290	8646	4122
宝鸡市	Baoji	64803	5348	59455	62307	2496	15249	21484
咸阳市	Xianyang	104716	16719	87997	84912	19804	44409	20420
渭南市	Weinan	56457	6302	50155	55114	1343	19109	9891
延安市	Yan'an	22639		22639	22555	84	4032	3449
汉中市	Hanzhong	34246	556	33690	33166	1080	4839	3807
榆林市	Yulin	47582		47582	46750	832	709	8955
安康市	Ankang	22863	950	21913	21517	1346	2302	7031
商洛市	Shangluo	39970	1057	38913	39970		8598	8635
杨凌示范区	Yangling	9450		9450	9438	12	4660	

14-8 各市(区)建筑业企业总产值(2011年)
Gross Output Value of Construction Enterprises by City(District)(2011)

单位：万元 (10 000 yuan)

地区	Region	总产值 Gross Output Value	中央企业 Central	地方企业 Local	施工总承包 General Contracting	专业承包 Professional Contracting	国有及国有控股企业 State-owned and State-holding	集体企业 Collective Owned
全省	**Shaanxi**	**34983079**	**14270569**	**20712510**	**33218720**	**1764360**	**24518351**	**3152250**
西安市	Xi'an	19007671	10052614	8955057	17797056	1210615	15143195	1132930
铜川市	Tongchuan	341212		341212	334428	6784	201683	93359
宝鸡市	Baoji	2532101	569391	1962711	2467075	65027	1398129	639723
咸阳市	Xianyang	5568372	2297054	3271318	5179093	389279	4199228	418880
渭南市	Weinan	3144849	1298068	1846781	3119905	24945	2512856	148633
延安市	Yan'an	684352		684352	684317	35	146710	80712
汉中市	Hanzhong	700037	6819	693219	683659	16379	229913	52153
榆林市	Yulin	1268323		1268323	1246185	22138	55219	242362
安康市	Ankang	410577	20223	390354	381973	28604	42265	146619
商洛市	Shangluo	822012	26400	795612	822012		177797	196880
杨凌示范区	Yangling	503571		503571	503018	554	411356	

注：本表资料不含劳务分包企业，下表同。

a) Data in the table do not include the subcontractor of labour services. The same applies to the table following.

14-9 各市(区)建筑业企业劳动生产率(2011年)
Labor Productivity of Construction Enterprises by City(District)(2011)

单位：元/人 (yuan/person)

地区	Region	劳动生产率 Overall Labor Productivity	中央企业 Central	地方企业 Local	施工总承包 General Contracting	专业承包 Professional Contracting	国有及国有控股企业 State-owned and State-holding	集体企业 Collective Owned
全省	**Shaanxi**	**384932**	**552951**	**318296**	**392198**	**285389**	**533510**	**235716**
西安市	Xi'an	386238	442558	337959	388933	350537	436386	246627
铜川市	Tongchuan	244369		244369	244590	233945	233268	226489
宝鸡市	Baoji	390738	1064680	330117	395955	260524	916866	297767
咸阳市	Xianyang	531759	1373918	371753	609937	196566	945580	205132
渭南市	Weinan	557034	2059772	368215	566082	185738	1315012	150271
延安市	Yan'an	302289		302289	303399	4167	363864	234015
汉中市	Hanzhong	204414	122638	205764	206132	151655	475125	136992
榆林市	Yulin	266555		266555	266564	266084	778828	270645
安康市	Ankang	179582	212878	178138	177521	212514	183602	208532
商洛市	Shangluo	205657	249763	204459	205657		206789	228003
杨凌示范区	Yangling	532880		532880	532971	461250	882739	

14-10 各市(区)建筑业企业竣工产值(2011年)
Output Value of Buildings Completed in Construction Enterprises by City(District)(2011)

单位: 万元 (10 000 yuan)

地区	Region	竣工产值 Output Value of Buildings Completed	中央企业 Central	地方企业 Local	施工总承包 General Contracting	专业承包 Professional Contracting	国有及国有控股企业 State-owned and State-holding	集体企业 Collective Owned
全 省	**Shaanxi**	**11736652**	**2411250**	**9325402**	**11003340**	**733312**	**6673605**	**1484543**
西安市	Xi'an	6253519	1829237	4424282	5643220	610299	4198781	595246
铜川市	Tongchuan	101614		101614	101614		30038	37756
宝鸡市	Baoji	579387		579387	566035	13351	174196	225690
咸阳市	Xianyang	1656414	473204	1183210	1599817	56597	1061271	184608
渭南市	Weinan	1006452	85338	921114	1000526	5926	739487	65960
延安市	Yan'an	302045		302045	302045		120179	45113
汉中市	Hanzhong	385528	3881	381647	377037	8490	95223	40953
榆林市	Yulin	746369		746369	727364	19005	54289	139267
安康市	Ankang	194949	13359	181590	175860	19089	24522	74201
商洛市	Shangluo	452004	6231	445773	452004		175619	75750
杨凌示范区	Yangling	58372		58372	57818	554		

注: 本表资料不含劳务分包企业, 下表同。

a) Data in the table do not include the subcontractor of labour services. The same applies to the table following.

14-11 各市(区)建筑业企业房屋建筑施工面积(2011年)
Floor Space of Building under Construction in Construction Enterprises by City(District)(2011)

单位: 万平方米 (10 000 sq.m)

地区	Region	房屋建筑施工面积 Floor Space of Building under Construction	中央企业 Central	地方企业 Local	施工总承包 General Contracting	专业承包 Professional Contracting	国有及国有控股企业 State-owned and State-holding	集体企业 Collective Owned
全 省	**Shaanxi**	**13934.20**	**1082.00**	**12852.20**	**13676.03**	**258.17**	**7345.56**	**2368.32**
西安市	Xi'an	6183.02	1035.87	5147.16	6044.11	138.92	4128.61	823.59
铜川市	Tongchuan	304.47		304.47	304.47		154.38	116.98
宝鸡市	Baoji	1565.20		1565.20	1558.43	6.77	784.06	472.22
咸阳市	Xianyang	1880.69		1880.69	1791.41	89.28	1141.78	287.74
渭南市	Weinan	1104.86	5.54	1099.32	1104.86		646.93	156.62
延安市	Yan'an	410.53		410.53	410.53		59.64	57.38
汉中市	Hanzhong	875.80	9.66	866.14	867.15	8.65	258.32	78.72
榆林市	Yulin	649.43		649.43	647.19	2.24		133.93
安康市	Ankang	464.32	30.94	433.38	452.00	12.31	44.06	179.36
商洛市	Shangluo	412.31		412.31	412.31		107.47	61.78
杨凌示范区	Yangling	83.57		83.57	83.57		20.31	

14-12 各市(区)建筑业企业房屋建筑竣工面积(2011年)
Floor Space of Building Completed in Construction Enterprises by City(District)(2011)

单位：万平方米 (10 000 sq.m)

地区	Region	房屋建筑竣工面积 Floor Space of Building Completed	中央企业 Central	地方企业 Local	施工总承包 General Contracting	专业承包 Professional Contracting	国有及国有控股企业 State-owned and State-holding	集体企业 Collective Owned
全省	**Shaanxi**	**5895.96**	**222.58**	**5673.39**	**5742.20**	**153.76**	**3009.84**	**1028.33**
西安市	Xi'an	2610.85	208.08	2402.77	2507.44	103.41	1609.88	377.89
铜川市	Tongchuan	54.22		54.22	54.22		17.93	19.46
宝鸡市	Baoji	491.89		491.89	485.83	6.06	157.31	171.24
咸阳市	Xianyang	616.81		616.81	582.26	34.55	254.16	153.02
渭南市	Weinan	919.81	4.14	915.67	919.81		754.93	62.84
延安市	Yan'an	184.67		184.67	184.67		63.07	37.08
汉中市	Hanzhong	312.28	2.27	310.01	310.49	1.79	59.39	40.52
榆林市	Yulin	291.58		291.58	289.34	2.24		82.27
安康市	Ankang	138.73	8.09	130.64	133.01	5.72	11.10	60.35
商洛市	Shangluo	245.32		245.32	245.32		82.08	23.66
杨凌示范区	Yangling	29.82		29.82	29.82			

注：本表资料不含劳务分包企业，下表同。
a) Data in the table do not include the subcontractor of labour services. The same applies to the table following.

14-13 各市(区)建筑业企业竣工房屋价值(2011年)
Valuation of Building Completed in Construction Enterprises by City(District)(2011)

单位：万元 (10 000 yuan)

地区	Region	竣工房屋价值 Valuation of Building Completed	中央企业 Central	地方企业 Local	施工总承包 General Contracting	专业承包 Professional Contracting	国有及国有控股企业 State-owned and State-holding	集体企业 Collective Owned
全省	**Shaanxi**	**6307563**	**525310**	**5782253**	**6066120**	**241443**	**2845553**	**1237599**
西安市	Xi'an	3087982	501983	2585999	2916518	171464	1840887	499977
铜川市	Tongchuan	62669		62669	62669		18781	21160
宝鸡市	Baoji	476833		476833	469303	7530	146682	174325
咸阳市	Xianyang	840481		840481	787295	53185	337504	176022
渭南市	Weinan	407866	7781	400085	407866		228626	61204
延安市	Yan'an	224389		224389	224389		99195	41277
汉中市	Hanzhong	326273	2187	324087	324453	1821	77931	40403
榆林市	Yulin	434908		434908	433245	1662		128309
安康市	Ankang	159562	13359	146203	153780	5781	15909	70040
商洛市	Shangluo	233860		233860	233860		80039	24882
杨凌示范区	Yangling	52741		52741	52741			

14-14 各市(区)建筑业企业自有施工机械设备净值(2011年)
Net Value of Machinery and Equipment Owned in Construction Enterprises by City(District)(2011)

单位：万元 (10 000 yuan)

地 区	Region	自有机械设备年末净值 Net Value of Machinery and Equipment Owned	中央企业 Central	地方企业 Local	施工总承包 General Contracting	专业承包 Professional Contracting	国有及国有控股企业 State-owned and State-holding	集体企业 Collective Owned
全 省	**Shaanxi**	**1614084**	**1020388**	**593696**	**1532818**	**81265**	**1175103**	**109726**
西安市	Xi'an	1146061	932279	213782	1079730	66330	1029852	38496
铜川市	Tongchuan	5259		5259	5259		1871	1382
宝鸡市	Baoji	37670	1162	36507	34899	2770	4766	17156
咸阳市	Xianyang	102893	58014	44879	97680	5213	66248	12616
渭南市	Weinan	62025	28072	33953	60814	1211	34363	3539
延安市	Yan'an	27171		27171	27171		3217	2261
汉中市	Hanzhong	39054	22	39031	36627	2427	4097	1482
榆林市	Yulin	109374		109374	108263	1111	60	15481
安康市	Ankang	22669	551	22118	20480	2189	3592	3592
商洛市	Shangluo	36338	289	36050	36338		8477	13720
杨凌示范区	Yangling	25571		25571	25556	15	18560	

注：本表资料不含劳务分包企业，下表同。
a) Data in the table do not include the subcontractor of labour services. The same applies to the table following.

14-15 各市(区)建筑业企业自有施工机械设备总台数(2011年)
Total Number of Machinery and Equipment Owned in Construction Enterprises by City(District)(2011)

单位：台 (unit)

地 区	Region	自有施工机械设备年末总台数 Total Number of Machinery and Equipment Owned	中央企业 Central	地方企业 Local	施工总承包 General Contracting	专业承包 Professional Contracting	国有及国有控股企业 State-owned and State-holding	集体企业 Collective Owned
全 省	**Shaanxi**	**222411**	**37881**	**184530**	**213429**	**8982**	**75363**	**54935**
西安市	Xi'an	99885	33511	66374	94139	5746	56865	17341
铜川市	Tongchuan	2772		2772	2772		1272	1355
宝鸡市	Baoji	31631	395	31236	31426	205	1937	20273
咸阳市	Xianyang	14854	1406	13448	13532	1322	2941	5891
渭南市	Weinan	14724	2161	12563	14443	281	4146	2348
延安市	Yan'an	3375		3375	3375		1272	351
汉中市	Hanzhong	21754	21	21733	21309	445	627	1835
榆林市	Yulin	14620		14620	14139	481	24	2156
安康市	Ankang	4626	131	4495	4135	491	232	1216
商洛市	Shangluo	8399	256	8143	8399		1735	2169
杨凌示范区	Yangling	5771		5771	5760	11	4312	

14-16 各市(区)建筑业企业自有施工机械设备总功率(2011年)
Total Power of Machinery and Equipment Owned in Construction Enterprises by City(District)(2011)

单位：千瓦 (kw)

地 区	Region	自有施工机械设备年末总功率 Total Power of Machinery and Equipment Owned	中央企业 Central	地方企业 Local	施工总承包 General Contracting	专业承包 Professional Contracting	国有及国有控股企业 State-owned and State-holding	集体企业 Collective Owned
全 省	**Shaanxi**	**6587970**	**3391825**	**3196145**	**5869930**	**718040**	**4266442**	**563775**
西安市	Xi'an	4819441	3124175	1695266	4147815	671626	3759159	234408
铜川市	Tongchuan	56741		56741	56741		36956	16407
宝鸡市	Baoji	157622	6400	151222	156530	1092	35885	63450
咸阳市	Xianyang	359865	154038	205827	335665	24200	179756	75596
渭南市	Weinan	273419	102530	170889	269357	4062	139583	35084
延安市	Yan'an	58643		58643	58643		10190	10316
汉中市	Hanzhong	152544	175	152369	146361	6183	18581	14132
榆林市	Yulin	481042		481042	478328	2714	1787	57208
安康市	Ankang	46867	883	45984	39024	7843	3418	8218
商洛市	Shangluo	118856	3624	115232	118856		30430	48956
杨凌示范区	Yangling	62930		62930	62610	320	50697	

注：本表资料不含劳务分包企业，下表同。
a) Data in the table do not include the subcontractor of labour services. The same applies to the table following.

14-17 各市(区)建筑业企业钢材消耗量(2011年)
Rolled Steel Consumption in Construction Enterprises by City(District)(2011)

单位：吨 (ton)

地 区	Region	钢材消耗量 Rolled Steel Consumption	中央企业 Central	地方企业 Local	施工总承包 General Contracting	专业承包 Professional Contracting	国有及国有控股企业 State-owned and State-holding	集体企业 Collective Owned
全 省	**Shaanxi**	**9323278**	**3337032**	**5986246**	**9028021**	**295257**	**6267443**	**912282**
西安市	Xi'an	5992728	2738119	3254609	5806392	186336	4769989	490777
铜川市	Tongchuan	77323		77323	77218	105	32869	28166
宝鸡市	Baoji	444239	70293	373946	425064	19175	217553	132812
咸阳市	Xianyang	1012228	252197	760031	940181	72047	649963	81916
渭南市	Weinan	544013	265754	278259	542660	1353	399038	16755
延安市	Yan'an	125871		125871	125871		39461	4354
汉中市	Hanzhong	319181	5672	313509	316784	2397	96059	41530
榆林市	Yulin	441506		441506	440590	916	1602	43407
安康市	Ankang	114579	3177	111402	101651	12928	6486	43727
商洛市	Shangluo	148996	1820	147176	148996		39188	28838
杨凌示范区	Yangling	102614		102614	102614		15235	

14-18　各市(区)建筑业企业木材消耗量(2011年)
Timber Consumption in Construction Enterprises by City(District)(2011)

单位：立方米　　(cu.m)

地区	Region	木材消耗量 Timber Consumption	中央企业 Central	地方企业 Local	施工总承包 General Contracting	专业承包 Professional Contracting	国有及国有控股企业 State-owned and State-holding	集体企业 Collective Owned
全　省	**Shaanxi**	**3337749**	**169106**	**3168643**	**3033557**	**304192**	**1569613**	**482940**
西安市	Xi'an	1662572	142796	1519776	1654051	8521	1053800	266175
铜川市	Tongchuan	45048		45048	45048		7428	23353
宝鸡市	Baoji	124498	194	124304	121423	3075	20314	45427
咸阳市	Xianyang	782144	14450	767694	492677	289467	346789	40885
渭南市	Weinan	71787	8167	63620	71676	111	37537	11260
延安市	Yan'an	47337		47337	47337		12418	1929
汉中市	Hanzhong	164880	2748	162132	164302	578	57488	38398
榆林市	Yulin	168251		168251	168046	205	128	20836
安康市	Ankang	163568	747	162821	161333	2235	1145	20945
商洛市	Shangluo	97571	4	97567	97571		29519	13732
杨凌示范区	Yangling	10093		10093	10093		3047	

注：本表资料不含劳务分包企业，下表同。
a) Data in the table do not include the subcontractor of labour services. The same applies to the table following.

14-19　各市(区)建筑业企业水泥消耗量(2011年)
Cement Consumption in Construction Enterprises by City(District)(2011)

单位：吨　　(ton)

地区	Region	水泥消耗量 Cement Consumption	中央企业 Central	地方企业 Local	施工总承包 General Contracting	专业承包 Professional Contracting	国有及国有控股企业 State-owned and State-holding	集体企业 Collective Owned
全　省	**Shaanxi**	**36410699**	**16658406**	**19752293**	**34602007**	**1808692**	**24487973**	**3268688**
西安市	Xi'an	22737115	14397161	8339954	22404424	332691	19665098	1343531
铜川市	Tongchuan	285945		285945	285945		55480	207455
宝鸡市	Baoji	1408619	26568	1382051	1344919	63700	490284	574407
咸阳市	Xianyang	4351974	829928	3522046	3038391	1313583	1485947	416190
渭南市	Weinan	2582915	1380535	1202380	2547540	35375	1790683	91263
延安市	Yan'an	524328		524328	524328		97629	28410
汉中市	Hanzhong	1495660	10840	1484820	1482290	13370	474613	125078
榆林市	Yulin	1190832		1190832	1166245	24587	20730	241500
安康市	Ankang	364812	10805	354007	339426	25386	32087	146038
商洛市	Shangluo	1089007	2569	1086438	1089007		318546	94816
杨凌示范区	Yangling	379492		379492	379492		56876	

14-20 各市(区)建筑业企业资产合计(2011年)

Total Assets of Construction Enterprises by City(District)(2011)

单位：万元 (10 000 yuan)

地区	Region	资产合计 Total Assets	中央企业 Central	地方企业 Local	施工总承包 General Contracting	专业承包 Professional Contracting	国有及国有控股企业 State-owned and State-holding	集体企业 Collective Owned
全省	**Shaanxi**	**22721790**	**10906471**	**11815319**	**21300291**	**1421499**	**16058216**	**1534068**
西安市	Xi'an	15415498	9288034	6127464	14241632	1173866	12718631	680999
铜川市	Tongchuan	205962		205962	202446	3516	102733	79676
宝鸡市	Baoji	922884	224811	698073	886309	36575	518468	241615
咸阳市	Xianyang	1914989	915831	999158	1824907	90082	1401093	165993
渭南市	Weinan	853297	446107	407190	848738	4559	646560	33243
延安市	Yan'an	555175		555175	542644	12532	86280	66445
汉中市	Hanzhong	411564	14613	396951	393910	17654	114311	30113
榆林市	Yulin	1506617		1506617	1457630	48987	84629	89820
安康市	Ankang	331850	9581	322269	298912	32937	37851	66820
商洛市	Shangluo	214778	7494	207284	214778		28456	79345
杨凌示范区	Yangling	389176		389176	388385	792	319205	

注：本表资料不含劳务分包企业，下表同。

a) Data in the table do not include the subcontractor of labour services. The same applies to the table following.

14-21 各市(区)建筑业企业负债合计(2011年)

Total Liability of Construction Enterprises by City(District)(2011)

单位：万元 (10 000 yuan)

地区	Reion	负债合计 Total Liability	中央企业 Central	地方企业 Local	施工总承包 General Contracting	专业承包 Professional Contracting	国有及国有控股企业 State-owned and State-holding	集体企业 Collective Owned
全省	**Shaanxi**	**16816250**	**9319765**	**7496485**	**15817905**	**998345**	**13334866**	**910129**
西安市	Xi'an	12203893	7888102	4315791	11348042	855851	10572977	435775
铜川市	Tongchuan	151646		151646	148761	2884	75635	65927
宝鸡市	Baoji	716612	214944	501669	690301	26311	473048	173881
咸阳市	Xianyang	1452800	818952	633847	1400003	52797	1200103	88012
渭南市	Weinan	605232	372956	232276	604487	745	535102	10014
延安市	Yan'an	254276		254276	243277	10999	61168	22321
汉中市	Hanzhong	214818	13820	200998	206170	8648	89551	16386
榆林市	Yulin	695703		695703	675892	19811	45490	23279
安康市	Ankang	175705	8507	167198	155596	20110	29672	41576
商洛市	Shangluo	68600	2483	66117	68600		9131	32961
杨凌示范区	Yangling	276967		276967	276778	189	242989	

14-22 各市(区)建筑业企业固定资产(2011年)
Fixed Assets of Construction Enterprises by City(District)(2011)

单位：万元 (10 000 yuan)

地　区	Region	固定资产 合　计 Total Fixed Assets	中央企业 Central	地方企业 Local	施　工 总承包 General Contracting	专　业 承　包 Professional Contracting	国有及国有控股企　业 State-owned and State-holding	集　体 企　业 Collective Owned
全　省	**Shaanxi**	**2769158**	**895170**	**1873987**	**2618109**	**151049**	**1377215**	**349963**
西安市	Xi'an	1279083	725007	554076	1175413	103670	961882	119445
铜川市	Tongchuan	23452		23452	21768	1684	8086	9481
宝鸡市	Baoji	156615	14250	142364	151310	5304	49071	55901
咸阳市	Xianyang	309492	115854	193638	296273	13219	171538	43770
渭南市	Weinan	134644	36591	98053	132067	2576	62905	12708
延安市	Yan'an	201068		201068	190864	10205	37318	16901
汉中市	Hanzhong	88492	111	88381	84666	3826	9403	7547
榆林市	Yulin	347856		347856	342722	5134	1768	30874
安康市	Ankang	83082	551	82531	77720	5362	5075	25621
商洛市	Shangluo	77955	2807	75148	77955		14636	27714
杨凌示范区	Yangling	67420		67420	67351	69	55533	

注：本表资料不含劳务分包企业，下表同。
a) Data in the table do not include the subcontractor of labour services. The same applies to the table following.

14-23 各市(区)建筑业企业流动资产(2011年)
Circulating Assets of Construction Enterprises by City(District)(2011)

单位：万元 (10 000 yuan)

地　区	Region	流动资产 合　计 Circulating Assets	中央企业 Central	地方企业 Local	施　工 总承包 General Contracting	专　业 承　包 Professional Contracting	国有及国有控股企　业 State-owned and State-holding	集　体 企　业 Collective Owned
全　省	**Shaanxi**	**18149417**	**9077719**	**9071698**	**16974887**	**1174530**	**13359916**	**1095347**
西安市	Xi'an	12739920	7658141	5081779	11715561	1024359	10558700	532210
铜川市	Tongchuan	179977		179977	178179	1797	93915	68915
宝鸡市	Baoji	727907	207900	520007	702195	25711	459302	167980
咸阳市	Xianyang	1543027	776863	766164	1485150	57877	1195647	116744
渭南市	Weinan	690862	406599	284263	688879	1983	562023	18784
延安市	Yan'an	319957		319957	319839	119	46517	34434
汉中市	Hanzhong	301596	14499	287097	288341	13255	91643	20576
榆林市	Yulin	1009655		1009655	984481	25175	45992	52454
安康市	Ankang	204259	9030	195229	180726	23533	31733	32270
商洛市	Shangluo	114632	4687	109945	114632		13246	50981
杨凌示范区	Yangling	317626		317626	316904	722	261198	

14-24 各市(区)建筑业企业实收资本(2011年)
Contributed Capital of Construction Enterprises by City(District)(2011)

单位：万元 (10 000 yuan)

地 区	Region	实收资本 Contributed Capital	中央企业 Central	地方企业 Local	施工总承包 General Contracting	专业承包 Professional Contracting	国有及国有控股企业 State-owned and State-holding	集体企业 Collective Owned
全 省	**Shaanxi**	**4349402**	**1162230**	**3187172**	**4050880**	**298521**	**1922937**	**472171**
西安市	Xi'an	2360166	1000323	1359843	2128177	231989	1500880	191041
铜川市	Tongchuan	38416		38416	37784	632	14112	12124
宝鸡市	Baoji	163336	20000	143336	153142	10194	43325	51064
咸阳市	Xianyang	310334	65992	244343	284862	25473	119045	48348
渭南市	Weinan	215741	70401	145341	213431	2310	106433	17671
延安市	Yan'an	207266		207266	205733	1533	13687	35660
汉中市	Hanzhong	171838	793	171046	164310	7529	22844	12564
榆林市	Yulin	597302		597302	587615	9687	38256	45492
安康市	Ankang	107035	642	106393	98460	8575	6802	18809
商洛市	Shangluo	101680	4080	97600	101680		12553	39398
杨凌示范区	Yangling	76287		76287	75687	600	45000	

注：本表资料不含劳务分包企业，下表同。
a) Data in the table do not include the subcontractor of labour services. The same applies to the table following.

14-25 各市(区)建筑业企业工程结算收入(2011年)
Revenue of Settlement of Projects of Construction Enterprises by City(District)(2011)

单位：万元 (10 000 yuan)

地 区	Region	工程结算收入 Revenue of Settlement of Projects	中央企业 Central	地方企业 Local	施工总承包 General Contracting	专业承包 Professional Contracting	国有及国有控股企业 State-owned and State-holding	集体企业 Collective Owned
全 省	**Shaanxi**	**33032555**	**15045184**	**17987370**	**31279440**	**1753114**	**24342994**	**2680577**
西安市	Xi'an	18992300	10997107	7995193	17758892	1233408	15616468	965549
铜川市	Tongchuan	289050		289050	282550	6500	186380	53825
宝鸡市	Baoji	2274199	569391	1704808	2227477	46721	1398415	604270
咸阳市	Xianyang	5383172	2265075	3118097	5002194	380978	4114030	416178
渭南市	Weinan	2534447	1165789	1368658	2515213	19233	2069081	68426
延安市	Yan'an	545050		545050	543359	1691	147473	55804
汉中市	Hanzhong	558629	10018	548612	541481	17149	199284	40225
榆林市	Yulin	937764		937764	915090	22673	20256	188193
安康市	Ankang	382631	19800	362831	358424	24207	41730	125516
商洛市	Shangluo	692568	18004	674564	692568		176607	162593
杨凌示范区	Yangling	442745		442745	442192	554	373271	

14-26 各市(区)建筑业企业税金总额(2011年)
Total Tax of Construction Enterprises by City(District)(2011)

单位：万元 (10 000 yuan)

地 区	Region	税金总额 Total Tax	中央企业 Central	地方企业 Local	施工总承包 General Contracting	专业承包 Professional Contracting	国有及国有控股企业 State-owned and State-holding	集体企业 Collective Owned
全 省	**Shaanxi**	**1376762**	**591433**	**785329**	**1330127**	**46635**	**1042618**	**108406**
西安市	Xi'an	617914	353243	264671	588200	29714	501803	36417
铜川市	Tongchuan	8754		8754	8435	319	5274	1963
宝鸡市	Baoji	150596	31363	119233	149199	1396	128052	14161
咸阳市	Xianyang	363647	166169	197478	351717	11929	306060	17676
渭南市	Weinan	82447	38704	43743	81813	635	69072	1908
延安市	Yan'an	19017		19017	18963	54	4570	1264
汉中市	Hanzhong	20782	315	20467	20134	648	6853	1756
榆林市	Yulin	39735		39735	39203	532	490	7917
安康市	Ankang	14524	877	13648	13135	1389	1955	4700
商洛市	Shangluo	46219	762	45457	46219		7725	20645
杨凌示范区	Yangling	13127		13127	13108	19	10765	

注：本表资料不含劳务分包企业，下表同。
a) Data in the table do not include the subcontractor of labour services. The same applies to the table following.

14-27 各市(区)建筑业企业利润总额(2011年)
Total Profits of Construction Enterprises by City(District)(2011)

单位：万元 (10 000 yuan)

地 区	Region	利润总额 Total Profits	中央企业 Central	地方企业 Local	施工总承包 General Contracting	专业承包 Professional Contracting	国有及国有控股企业 State-owned and State-holding	集体企业 Collective Owned
全 省	**Shaanxi**	**1294434**	**564290**	**730143**	**1163432**	**131002**	**756563**	**124632**
西安市	Xi'an	718500	436107	282393	610699	107800	507000	27046
铜川市	Tongchuan	7581		7581	7400	181	5246	612
宝鸡市	Baoji	23436	2041	21396	22212	1225	4909	6186
咸阳市	Xianyang	185309	30243	155066	170457	14852	80650	44493
渭南市	Weinan	166589	94570	72019	165530	1059	119885	6797
延安市	Yan'an	37336		37336	37353	-17	9098	2582
汉中市	Hanzhong	10401	82	10319	9404	997	1269	1055
榆林市	Yulin	60458		60458	58640	1818	1177	15153
安康市	Ankang	26418	980	25438	23378	3040	1740	12141
商洛市	Shangluo	42642	268	42374	42642		12373	8568
杨凌示范区	Yangling	15764		15764	15717	47	13216	

14-28 各市(区)建筑业企业年末应收工程款(2011年)

Account Receivable of Projects at Year-end of Construction Enterprises by City(District)(2011)

单位: 万元 (10 000 yuan)

地 区	Region	年末应收工程款 Account Receivable of Projects at Year-end	中央企业 Central	地方企业 Local	施工总承包 General Contracting	专业承包 Professional Contracting	国有及国有控股企业 State-owned and State-holding	集体企业 Collective Owned
全 省	**Shaanxi**	**5482597**	**2059647**	**3422951**	**4894529**	**588069**	**3820507**	**432759**
西安市	Xi'an	3825184	1733464	2091719	3273845	551339	2895338	187826
铜川市	Tongchuan	94696		94696	93610	1086	38836	46109
宝鸡市	Baoji	251457	44736	206721	243277	8180	159202	61426
咸阳市	Xianyang	555605	179776	375830	537622	17984	393666	70846
渭南市	Weinan	179544	99891	79653	178918	626	153567	2543
延安市	Yan'an	99324		99324	99324		28391	11847
汉中市	Hanzhong	83533	339	83194	81983	1550	21987	3097
榆林市	Yulin	195394		195394	191960	3434	2977	23863
安康市	Ankang	33089	475	32614	29303	3786	862	7298
商洛市	Shangluo	33212	966	32246	33212		1120	17905
杨凌示范区	Yangling	131560		131560	131476	84	124560	

注：本表资料不含劳务分包企业，下表同。

a) Data in the table do not include the subcontractor of labour services. The same applies to the table following.

14-29 各市(区)建筑业企业年平均人数(2011年)

Annual Average Persons of Construction Enterprises by City(District)(2011)

单位: 人 (person)

地 区	Region	年平均人数 Annual Average Persons	中央企业 Central	地方企业 Local	施工总承包 General Contracting	专业承包 Professional Contracting	国有及国有控股企业 State-owned and State-holding	集体企业 Collective Owned
全 省	**Shaanxi**	**727269**	**202931**	**524338**	**675169**	**52100**	**333594**	**116503**
西安市	Xi'an	372088	172137	199951	346609	25479	238903	41379
铜川市	Tongchuan	10753		10753	10409	344	7211	2347
宝鸡市	Baoji	51871	5534	46337	50070	1801	11372	18104
咸阳市	Xianyang	95581	17710	77871	75770	19811	37353	21628
渭南市	Weinan	54761	6563	48198	53450	1311	19664	9756
延安市	Yan'an	19910		19910	19721	189	3223	2987
汉中市	Hanzhong	36245	565	35680	35052	1193	4934	3888
榆林市	Yulin	31130		31130	30668	462	265	5198
安康市	Ankang	15088	51	15037	13590	1498	570	5330
商洛市	Shangluo	29909	371	29538	29909		4933	5886
杨凌示范区	Yangling	9933		9933	9921	12	5166	

14-30 各市(区)建筑业企业主要经济效益指标(2011年)
Main Indicators on Economic Efficiency of Construction Enterprises by City(District)(2011)

地 区	Region	人均利润(元/人) Per Capita Profits (yuan/person)	人均利税(元/人) Per Capita Pre-tax Profit (yuan/person)	人均竣工产值(元/人) Per Capita Output Value of Completed Construction (yuan/person)	人均施工面积(平方米/人) Per Capita Floor Space of Buildings under Construction (sq.m/person)	人均竣工面积(平方米/人) Per Capita Floor Space of Buildings Completed (sq.m/person)
全 省	**Shaanxi**	**17799**	**36729**	**161380**	**191.6**	**81.1**
西安市	Xi'an	19310	35917	168066	166.2	70.2
铜川市	Tongchuan	7050	15191	94498	283.2	50.4
宝鸡市	Baoji	4518	33551	111698	301.7	94.8
咸阳市	Xianyang	19388	57434	173300	196.8	64.5
渭南市	Weinan	30421	45477	183790	201.8	168.0
延安市	Yan'an	18753	28304	151705	206.2	92.8
汉中市	Hanzhong	2870	8603	106367	241.6	86.2
榆林市	Yulin	19421	32185	239759	208.6	93.7
安康市	Ankang	17509	27136	129208	307.7	91.9
商洛市	Shangluo	14257	29710	151127	137.9	82.0
杨凌示范区	Yangling	15870	29085	58765	84.1	30.0

注：本表资料不含劳务分包企业。
a) Data in the table do not include the subcontractor of labour services. The same applies to the table following.

14-30 续表 continued

地 区	Region	产值利润率(%) Ratio of Profits to Output Value (%)	产值利税率(%) Ratio of Pre-tax Profit to Gross Output Value (%)	资本利润率(%) Ratio of Profits to Captitals (%)	资本利税率(%) Ratio of Pre-tax Profits to Captitals (%)	资产负债率(%) Assets-Liability Ratio (%)
全 省	**Shaanxi**	**3.7**	**7.6**	**3.4**	**1.6**	**74.0**
西安市	Xi'an	3.8	7.0	3.3	1.8	79.2
铜川市	Tongchuan	2.2	4.8	5.1	2.4	73.6
宝鸡市	Baoji	0.9	6.9	7.0	0.9	77.6
咸阳市	Xianyang	3.3	9.9	1.7	0.6	75.9
渭南市	Weinan	5.3	7.9	1.3	0.9	70.9
延安市	Yan'an	5.5	8.2	5.6	3.7	45.8
汉中市	Hanzhong	1.5	4.5	16.5	5.5	52.2
榆林市	Yulin	4.8	7.9	9.9	6.0	46.2
安康市	Ankang	6.4	10.0	4.1	2.6	52.9
商洛市	Shangluo	5.2	10.8	2.4	1.1	31.9
杨凌示范区	Yangling	3.1	5.7	4.8	2.6	71.2

14-31 勘察设计企业数(2011年)

Number of Prospecting and Designing Enterprises (2011)

单位：个 (unit)

地 区	Region	企业数 Number of Enterprises	国有企业 State-owned Enterprises	集体企业 Collective-owned Enterprises	股份合作企业 Cooperative Enterprises	有限责任公司 Limited Liability Corporations
全 省	**Shaanxi**	**635**	**203**	**24**	**2**	**190**
西安市	Xi'an	443	87	17	1	156
铜川市	Tongchuan	11	7	2		
宝鸡市	Baoji	25	16	1		5
咸阳市	Xianyang	20	12			5
渭南市	Weinan	19	12	1		4
延安市	Yan'an	16	9	1		2
汉中市	Hanzhong	28	18	2		6
榆林市	Yulin	31	9		1	7
安康市	Ankang	21	17			3
商洛市	Shangluo	18	15			1
杨凌示范区	Yangling	3	1			1

14-31 续表 continued

单位：个 (unit)

地 区	Region	股份有限公司 Share-holding Corporations Limited	私营企业 Private Enterprises	其他企业 Others Enterprises	港、澳、台商投资企业 Enterprises with Funds from HongKong,Macao and Taiwan	外商投资企业 Enterprises with Funds from Foreigner
全 省	**Shaanxi**	**37**	**131**	**44**	**3**	**1**
西安市	Xi'an	27	116	35	3	1
铜川市	Tongchuan	1	1			
宝鸡市	Baoji		2	1		
咸阳市	Xianyang	2	1			
渭南市	Weinan	1		1		
延安市	Yan'an		3	1		
汉中市	Hanzhong	1	1			
榆林市	Yulin	5	5	4		
安康市	Ankang			1		
商洛市	Shangluo		1	1		
杨凌示范区	Yangling		1			

14-32 勘察设计企业资质情况(2011年)
Qualification of Prospecting and Designing Enterprises(2011)

单位：个 (unit)

地 区	Region	企业数 Number of Enterprises	# 工程勘察 Projects Prospecting			# 工程设计 Projects Designing		
			甲级 A Grade	乙级 B Grade	丙级 C Grade	甲级 A Grade	乙级 B Grade	丙级 C Grade
全 省	**Shaanxi**	**635**	**35**	**39**	**5**	**82**	**151**	**136**
西安市	Xi'an	443	30	21		70	101	38
铜川市	Tongchuan	11		1	1	1	2	6
宝鸡市	Baoji	25	2		1	3	9	10
咸阳市	Xianyang	20	1	2		2	10	5
渭南市	Weinan	19				1	4	14
延安市	Yan'an	16		5		1	4	5
汉中市	Hanzhong	28	1	1	3	2	3	17
榆林市	Yulin	31	1	5		1	9	13
安康市	Ankang	21		2			4	15
商洛市	Shangluo	18		2		1	2	13
杨凌示范区	Yangling	3					3	

14-32 续表 continued

单位：个 (unit)

地 区	Region	# 建筑装饰 Architectural Decoration		# 环境工程 Environmental Engineering		# 风景园林 Scenery and Gardening		# 消防工程 Fire Engineering	
		甲级 A Grade	乙级 B Grade	甲级 A Grade	乙级 B Grade	甲级 A Grade	乙级 B Grade	甲级 A Grade	乙级 B Grade
全 省	**Shaanxi**	**20**	**27**	**3**	**23**	**4**	**31**	**18**	**10**
西安市	Xi'an	20	27	3	22	4	30	18	10
铜川市	Tongchuan								
宝鸡市	Baoji								
咸阳市	Xianyang								
渭南市	Weinan								
延安市	Yan'an								
汉中市	Hanzhong								
榆林市	Yulin				1		1		
安康市	Ankang								
商洛市	Shangluo								
杨凌示范区	Yangling								

14-33 勘察设计企业年末从业人员(2011年)

Number of Employed Persons at Year-end of Prospecting and Designing Enterprises(2011)

地区	Region	年末从业人员(人) Number of Employed Persons at the Year-end (person)	# 专业技术人员 Technical Personnel	高级职称 Senior Title	中级职称 Middle Title	初级职称 Junior Title	年末注册执业人次(人) Registered Professionals at Year End(person)
全　　省	**Shaanxi**	**67369**	**42877**	**12924**	**17036**	**12915**	**11273**
西 安 市	Xi'an	60296	37337	11443	14496	11397	10033
铜 川 市	Tongchuan	342	281	56	161	64	29
宝 鸡 市	Baoji	940	775	213	373	189	179
咸 阳 市	Xianyang	825	684	254	264	166	160
渭 南 市	Weinan	502	434	131	208	94	77
延 安 市	Yan'an	671	474	120	235	119	139
汉 中 市	Hanzhong	1021	811	168	336	307	212
安 康 市	Yulin	1206	861	195	376	290	195
商 洛 市	Ankang	895	616	149	318	149	104
榆 林 市	Shangluo	537	474	135	222	117	138
杨凌示范区	Yangling	134	130	60	47	23	7

14-34 勘察设计企业业务完成情况(2011年)

Statistics on Operation Effected of Prospecting and Designing Enterprises(2011)

单位：万元　　　　(10 000 yuan)

地区	Region	完成合同额 总计 Total Value of Contracts	# 工程设计 Project Designing	# 工程技术管理服务 Project Tech Management Service	# 工程承包 Contracted Projects	# 境外工程 Overseas Projects
全　　省	**Shaanxi**	**396183**	**929647**	**168218**	**2171227**	**146731**
西 安 市	Xi'an	382964	889637	167172	2169502	145523
铜 川 市	Tongchuan	595	1798	12		
宝 鸡 市	Baoji	2259	4589	20		
咸 阳 市	Xianyang	1220	5432	156	7	
渭 南 市	Weinan	745	3922	22		
延 安 市	Yan'an	1760	2022			1078
汉 中 市	Hanzhong	1495	7195	264	1355	
安 康 市	Yulin	2640	6522	109	321	104
商 洛 市	Ankang	1309	3773	21		
榆 林 市	Shangluo	1094	3701	306	41	25
杨凌示范区	Yangling	102	1054	136		

14-35 勘察设计企业营业收入情况(2011年)
Business Revenue of Prospecting and Designing Enterprises(2011)

单位：万元 (10 000 yuan)

地 区	Region	营业收入 Business Revenue	工程勘察收入 Revenue from projects Prospecting	工程设计收入 Revenue from projects Designing	工程技术管理服务收入 Revenue from Project Tech Management Service	工程承包收入 Revenue from Contracted Projects	其他收入 Other Revenue
全 省	**Shaanxi**	**3523218**	**498203**	**979382**	**147788**	**1635857**	**261989**
西安市	Xi'an	3458903	484510	942800	146760	1624033	260801
铜川市	Tongchuan	2117	563	1542	12		
宝鸡市	Baoji	6528	2413	4003	112		
咸阳市	Xianyang	7802	1293	5726	156	263	364
渭南市	Weinan	4615	708	3803	69		35
延安市	Yan'an	3798	1670	2128			
汉中市	Hanzhong	8706	1370	5633	238	1355	109
安康市	Yulin	20531	3244	6618	195	10081	394
商洛市	Ankang	4292	1260	2989	27		16
榆林市	Shangluo	4914	1069	3367	84	125	270
杨凌示范区	Yangling	1012	102	774	136		

14-36 勘察设计企业科技活动情况(2011年)
Basic Statistics on Scientific and Technological Activities of Prospecting and Designing Enterprises(2011)

地 区	Region	科技活动费用支出(万元) Expenditures on Scientific and Technological Activities (10 000 yuan)	科技成果转让收入(万元) Transfer Income from Scientific and Technological Achievements (10 000 yuan)	累计拥有专利(项) Accumulative Number of Patent (unit)	累计拥有专有技术(项) Accumulative Number of Proprietary Technology (unit)
全 省	**Shaanxi**	**91644**	**184840**	**923**	**349**
西安市	Xi'an	91239	184760	920	342
铜川市	Tongchuan				
宝鸡市	Baoji	78			
咸阳市	Xianyang	72		3	5
渭南市	Weinan	23			
延安市	Yan'an	7			
汉中市	Hanzhong	125			2
安康市	Yulin	64			
商洛市	Ankang	21			
榆林市	Shangluo	13	80		
杨凌示范区	Yangling	1			

主要统计指标解释

建筑业统计单位 指从事房屋、构筑物建造和设备安装活动的法人企业。建筑业法人企业应具有建筑业资质并能够独立核算，同时其应具备以下条件：①依法成立，有自己的名称、组织机构和场所，能够承担民事责任；②独立拥有和使用资产，承担负债，有权与其他单位签订合同；③独立核算盈亏，能够编制资产负债表。

建筑业总产值 是以货币形式表现的建筑业企业在一定时期内生产的建筑业产品和提供的服务的总和。建筑业总产值包括：

⑴建筑工程产值：指列入建筑工程预算内的各种工程价值。

⑵安装工程产值：指设备安装工程价值，不包括被安装设备本身的价值。

⑶其他产值：建筑业总产值中除建筑工程、安装工程以外的产值。包括房屋构筑物修理产值、非标准设备制造产值、总包企业向分包企业收取的管理费以及不能明确划分的施工活动所完成的产值。

a.房屋构筑物修理产值：指房屋和构筑物修理所完成的产值，但不包括被修理房屋、构筑物本身价值和生产设备的修理价值。

b.非标准设备制造产值：指加工制造没有定型的非标准生产设备的加工费和原材料价值(如化工厂、炼油厂用的各种罐、槽，矿井生产统一使用的各种漏斗、三角槽、阀门等)以及附属加工厂为本企业承建工程制作的非标准设备的价值。

建筑业增加值 指建筑业企业在报告期内以货币形式表现的建筑业生产经营活动的最终成果。

从2004年第一次全国经济普查开始，建筑业现价增加值按生产法和分配法(收入法)两种方法计算，以收入法的计算结果为准，即从收入的角度出发，根据生产要素在生产过程中应得的收入份额计算。具体计算方法：经济普查年度建筑业增加值按照《经济普查年度GDP核算方案》计算，非经济普查年度建筑业增加值按照《非经济普查年度GDP核算方案》计算。

房屋建筑施工面积 指在报告期内施过工的全部房屋建筑面积，包括本期新开工的房屋面积、上期施工跨入本期继续施工的房屋面积、上期停缓建在本期恢复施工的房屋面积、本期竣工的房屋面积及本期施工后又停缓建的房屋面积。

房屋建筑竣工面积 指在报告期内房屋建筑按照设计要求全部完工，达到了使用条件，经验收鉴定合格，正式移交使用单位的房屋建筑面积。

Explanatory Notes on Main Statistical Indicators

Statistical Unit in the Construction Industry refers to a corporate enterprise engaged in the construction of buildings and structures and in the installation of equipment. A corporate construction enterprise should have qualification certificates with independent accounting system, and should meet the following 3 requirements: a) being set up in line with relevant legal basis, having its full name, organization and location, and capable of taking civil liabilities; b) independently possessing and using its assets and assuming its liabilities, and entitled to sign contracts with other institutions; and c) making independent accounts of its profits and losses, and capable of compiling its own balance sheet.

Gross Output Value of Construction refers to total of construction products and services, expressed in money terms, produced or rendered by construction and installation enterprises during a given period of time. It includes:

(1) Output value of construction projects: the value of projects covered by the project budgets;

(2) Output value of installation projects: the value of the installation of equipment, (excluding the value of the equipment to be installed);

(3) Other output values: the output value of construction industry apart from that of construction projects and installation projects. It includes: output value of repair of buildings and structures; output value of non-standard equipment manufacturing; overhead expenses received by contracted enterprises from the sub-contracted enterprises and the completed output value of construction activities for which there is no clear definition.

a. Output value of repair of buildings and structures: the value created through the repairs of buildings or structures. It does not include the value of buildings or structures being repaired and the value of the repair of production equipment;

b. Output value of manufactured non-standard equipment: the value of non-standard production equipment, including raw materials and manufacturing cost, made for the construction project (i.e., chemical plant; kettles or tanks used by refineries; various fillers, triangle tanks, valves used by mines). It also includes the output value of equipment manufactured by subsidiary workshops.

Value-added of Construction refers to the final result of the activities of production and operation of enterprises of the construction industry in monetary terms during the reference period.

Starting from the 2004 economic census, value-added of construction is calculated by both production approach and income approach, with the figures from the income approach as the final figures., Under the income approach,, calculation starts from the perspective of income and is based on the share of income derived from the production process by the relevant factors of production.. Specifically, value-added of construction for the Census years is calculated in accordance with the *Programme of Compilation of GDP and National Accounts for the Year of Economic Census*, and value-added of construction for other years is calculated in accordance with the *Programme of Compilation of GDP and National Accounts for the Non Economic Census Years.*

Floor Space of Buildings Under Construction refers to floor space of buildings under construction during the reference period, including the floor space of buildings for which construction has newly started; buildings for which construction has started earlier and is continuing during the reference period; and buildings for which construction has been suspended earlier but has restarted during the reference period; buildings completed during the reference period; and buildings under construction but construction has subsequently been during the reference period.

Floor Space of Buildings Completed refers to the floor space of buildings that are completed in the reference period in accordance with the requirements of the design, up to the standard for being put into use, and having been checked and accepted by departments concerned as qualified ones.

十五、运输和邮电

Transport, Post and Telecommunication Services

资料整理：张西莉　巨振强　王晓飞

简 要 说 明

一、本篇资料反映陕西交通运输业和邮政、通信业发展的基本状况。

交通运输业资料主要包括：各种运输方式的线路里程、运输设备拥有量、各种运输方式完成的货物运输量和旅客运输量，城市公共交通情况等资料。

邮电通信业资料主要包括：邮电业务完成情况，邮电通信发展水平等资料。

二、本篇的资料来源：

交通运输资料分别来源于西安铁路局、西延铁路公司、神华神朔铁路公司、省交通运输厅、东方航空公司西北分公司、长安航空有限责任公司、省公安厅车管所等。

邮电通信业资料来源于省通信管理局、省电信公司、省移动通信公司、省联通公司、省邮政管理局、省邮政公司等。

Brief Introduction

I. This chapter reflects the basic conditions of transportation industry, post and communication industry of Shaanxi Province.

Data on transportation industry mainly include: routes of various transport modes, quantity of transportation equipment, freight and passenger traffic volume of various transport modes, urban public transport situation, etc.

Data on post and telecommunication mainly include: completion of post and telephone service and development of posts and telecommunications, etc.

II. Sources of Data:

Data on transportation industry are obtained from Xi'an Railway Bureau, Xi Yan Railway Company, Shenhua Shenshuo Railway Company, the Ministry of Transport of Shaanxi Province, Northwest Branch of China Eastern Airlines, Chang'an Airlines and the DMV (deportment of motor vehicles) of Public Security Department of Shaanxi Province, etc.

Data on post and telecommunication are obtained from Shaanxi Communications Administration, Shaanxi Telecommunication Company, Shaanxi Mobile Communication Company, Shaanxi Unicom Company, Shanxi Provincial Postal Administration and Shaanxi Post, etc.

15.运输和邮电

2011年全省		
客运量	107809	万　　人
旅客周转量	989.41	亿人公里
货运量	120916	万　　吨
货物周转量	2825.83	亿吨公里
邮电业务总量	348.25	亿　　元
每百人拥有固定电话	20.7	部
每百人拥有移动电话	77.7	部

高速公路里程(公里)

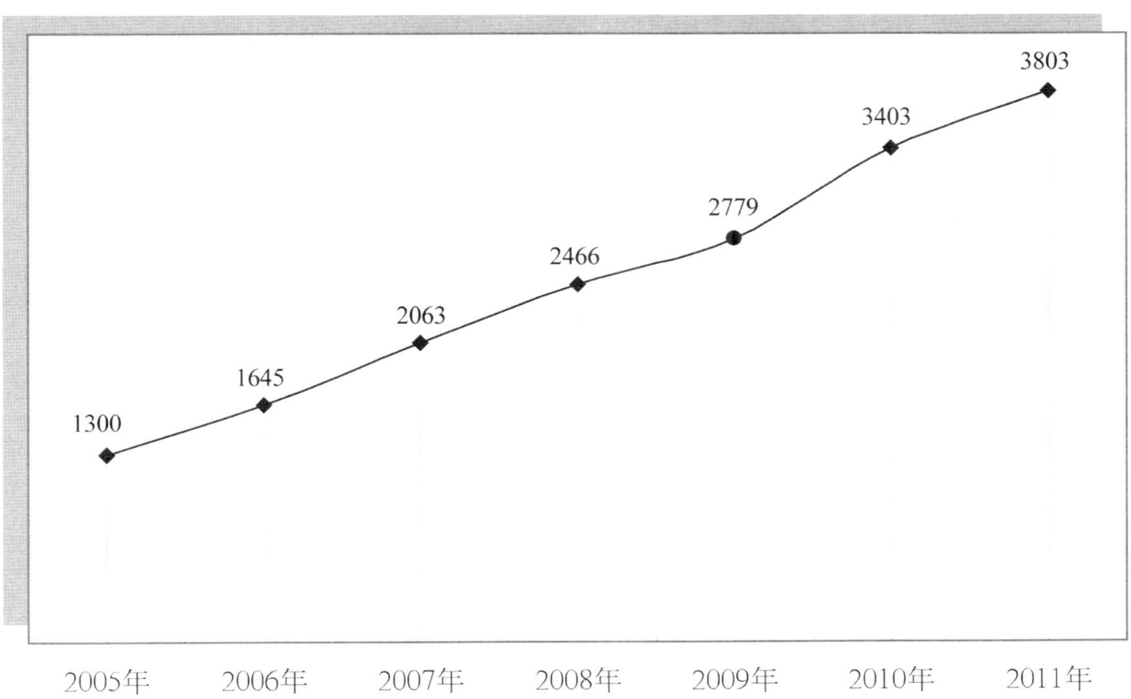

15-1 运输线路里程、质量和运输网密度
Length,Quality and Density of Transportation Routes

指 标	Item	2009	2010	2011
一、运输线路里程	Length of Transport Routes			
铁路正线延展里程 (公里)	Extension Length of the Trunk Lines (km)	6620	8783	8792
# 营业里程	Railways in Operation	3770	4445	4449
公路通车里程 (公里)	Total Length of Highways (km)	144109	147461	151986
内河航道里程 (公里)	Navigable Inland Waterways (km)	1066	1066	1066
# 机动船航道	Motor Vessels	558	558	558
民航通航里程 (公里)	Total Civil Aviation Routes (km)	587904	742375	898628
# 不重复里程	Unique Mileage	446272	632458	774473
二、运输线路质量	Quality of Transport Routes			
铁路营业里程 (公里)	Length of Railways in Operation (km)	3770	4445	4449
# 复线里程	Double-Tracking Length	1344	2427	2438
复线里程比重 (%)	Proportion (%)	35.6	54.6	54.8
公路线路里程 (公里)	Length of Highways (km)	144109	147461	151986
# 等级公路	Expressway and Class I to IV Highways	128487	134498	139453
等级公路比重 (%)	Proportion (%)	89.2	91.2	91.8
内河航道里程 (公里)	Length of Navigable Inland Waterways (km)	1066	1066	1066
# 水深一米以上	Depth of Water Above 1 m	558	558	558
水深一米以上比重 (%)	Proportion (%)	50.7	50.7	50.7
三、运输网密度	Transport Density			
1.铁 路	Railways			
省内营业里程 (公里)	Length of Province Railways in Operation(km)	3282	3966	3970
密 度 (公里/平方公里)	Density (km/sq.km)	0.016	0.019	0.019
2.公 路	Highways			
线路长度 (公里)	Length of Routes (km)	144109	147461	151986
密 度 (公里/平方公里)	Density (km/sq.km)	0.700	0.717	0.739
3.水 路	Waterways			
通航里程 (公里)	Length of Waterways in Operation (km)	1066	1066	1066
密 度 (公里/平方公里)	Density (km/sq.km)	0.005	0.005	0.005
4.民 航	Civil Aviation			
通航里程 (公里)	Length of Civil Aviation in Operation (km)	587904	742375	898628
密 度 (公里/平方公里)	Density (km/sq.km)	2.857	3.607	4.367

注：1.铁路线路为中央在陕铁路局管线路；民航通航里程为陕西民航飞机飞行航线里程。
2.铁路线路里程含神华神朔铁路有限责任公司专用铁路线路。
3.公路通车里程和公路线路里程从2006年起按新口径统计。

a) The transport routes are managed by the railway bureau in Shaanxi; Total civil aviation routes is the Shaanxi civil aviation's routes.
b) Length of railways includes dedicated railway line in Shenhuashenshuo Railway Co., Ltd.
c) Length of Highways are compiled under a new system since 2006.

15-2 铁路、公路线路长度及民航航线
Length of Railways, Highways and Civil Aviation

指　　标	Item	2009	2010	2011
一、铁路线路长度	**Railways**			
正线延展里程　(公里)	Extension Length　(km)	6620	8783	8792
# 省境内	In Shaanxi	4163	5894	5921
营业里程　(公里)	Length of Railways in operation　(km)	3770	4445	4449
# 省境内	In Shaanxi	3282	3966	3970
电气化里程(省境内)(公里)	Provincal Electrified Railways　(km)	2080	3168	3181
省内复线里程　(公里)	Provincal Double-Tracking Length　(km)	976	2032	2043
二、公路线路长度	**Highways**			
公路线路里程　(公里)	Length of Highways　(km)	144109	147461	151986
# 高级及次高级路面	High Class and Sub-senior Class Pavement	77265	76296	81627
等级公路　(公里)	Expressway and Class Ⅰ to Ⅳ Highways (km)	128487	134498	139453
# 高速公路	Expressway	2779	3403	3803
一级公路	Class Ⅰ Highway	781	787	839
二级公路	Class Ⅱ Highway	6814	7235	7610
三级公路	Class Ⅲ Highway	14796	14791	14752
四级公路	Class Ⅳ Highway	103317	108282	112449
三、民用航空	**Civil Aviation**			
航线里程　(公里)	Length of Civil Aviation Routes　(km)	587904	742375	898628
# 国际航线	International Routes	83058	155032	149628
港澳航线	Regional Routes	16054	16468	18631
航线条数　(条)	Numbers of Routes　(line)	348	358	373
# 国际航线	International Routes	41	47	44
港澳航线	Regional Routes	9	9	8
通航城市　(个)	Number of Cities　(unit)	135	120	165
# 国　际	International Routes	31	43	44
港　澳	Regional Routes	7	3	5

注：1.铁路线路长度含神华神朔铁路有限责任公司专用铁路线路。
　　2.公路线路有路面里程仅指高级路面。

a) Length of railways includes dedicated railway line in Shenhuashenshuo Railway Co., Ltd.

b) Length of highways with pavement only includes high class pavement.

15-3 运 输 工 具
Transportation

指　　标		Item		2009	2010	2011
一、铁路运输工具		**Means of Railway Transportations**				
机　车	(台)	Locomotives	(unit)	1067	951	1030
# 蒸　汽		Steam Locomotives				
内　燃		Diesel Locomotives		314	255	243
电　力		Electric Locomotives		753	696	787
客　车	(辆)	Passenger Coaches	(coach)	2187	2424	2327
二、公路运输工具		**Means of Highway Transportations**				
民用汽车	(辆)	Civil Vehicles	(coach)	1752128	2310407	2741214
# 新注册		New Registrations		386438	530129	515763
载客汽车	(辆)	Passenger Vehicles	(coach)	1153084	1510407	1915548
载货汽车	(辆)	Trucks	(coach)	290209	363184	417405
特种车	(辆)	Special Vehicle	(coach)			
汽车挂车	(辆)	Trailer Trucks	(coach)	22608	29476	31880
拖拉机	(辆)	Tractors	(coach)	246299	263357	268831
三、水运运输工具		**Means of Waterway Transportations**				
机动船	(艘)	Motor Vessels	(unit)	1143	1208	1236
客船载客量	(客位)	Passenger Capacity of Passenger Ships	(seat)	17569	15152	18321
货船净载重量	(吨)	Dead Weight Tonnage of Cargo Ships	(ton)	22711	20192	21384
拖轮功率	(千瓦)	Drawing Power	(kw)	282	282	282
驳　船	(艘)	Barges	(unit)	121	118	180
四、民航运输工具		**Means of Civil Aviation Transportations**				
民航飞机	(架)	Civil Aircraft	(unit)	33	45	34

注：铁路运输工具含神华神朔铁路有限责任公司机车数。
a) Means of railway transportations includes locomotives in Shenhuashenshuo Railway Co., Ltd.

15-4 各市(区)公路里程(2011年末)
Length of Highways by City(District)(2011)

单位：公里　　(km)

地　区	Region	公路里程 Length of Highways	# 等级公路 Expressway and Class I to IV Highways	# 高速公路 Expressway	# 一级公路 Class I Highway	# 二级公路 Class II Highway	# 三级公路 Class III Highway
全　省	**Shaanxi**	**151986**	**139453**	**3803**	**839**	**7611**	**14752**
西安市	Xi'an	12599	12142	382	269	1006	1205
铜川市	Tongchuan	3560	3179	104	2	316	307
宝鸡市	Baoji	14676	14284	231	79	809	1531
咸阳市	Xianyang	15327	13761	351	211	700	1956
渭南市	Weinan	17764	14715	324	36	780	1222
延安市	Yan'an	15727	15129	427		1455	2742
汉中市	Hanzhong	15974	14021	431	55	709	820
榆林市	Yulin	23393	23083	739	178	1156	3004
安康市	Ankang	20859	17619	499	1	345	930
商洛市	Shangluo	12107	11520	315	8	335	1035

15-5 客运量、旅客周转量及构成

Passenger Traffic, Passenger-Kilometers and Composition

指 标	Item	2009	2010	2011
一、客运量 （万人）	**Passenger Traffic (10 000 persons)**	**84948**	**93954**	**107809**
铁 路	Railways	5008	5411	5614
公 路	Highways	79033	87457	101062
水 运	Waterways	233	303	356
民用航空	Civil Aviation	674	783	777
二、旅客周转量(百万人公里)	**Passenger-Kilometers (million passenger-km)**	**76301**	**85145**	**98941**
铁 路	Railways	34260	36260	40537
公 路	Highways	33766	38399	46289
水 运	Waterways	37	43	54
民用航空	Civil Aviation	8238	10443	12061
三、客运量构成 (%)	**Composition of Passenger Traffic(%)**	**100.00**	**100.00**	**100.00**
铁 路	Railways	5.90	5.76	5.21
公 路	Highways	93.04	93.08	93.74
水 运	Waterways	0.27	0.32	0.33
民用航空	Civil Aviation	0.79	0.83	0.72
四、旅客周转量构成 (%)	**Composition of passenger-Kilometers (%)**	**100.00**	**100.00**	**100.00**
铁 路	Railways	44.9	42.59	40.97
公 路	Highways	44.25	45.10	46.78
水 运	Waterways	0.05	0.05	0.05
民用航空	Civil Aviation	10.80	12.26	12.19

注：本表资料为全社会口径。中央铁路部分为国家返馈陕西省境数。

a) Data in this table refer to those of the whole society system. Data of national railways refer to those responsed to Shaanxi.

15-6 货运量、货物周转量及构成

Freight Traffic, Freight Ton-Kilometers and Composition

指　标	Item	2009	2010	2011
一、货运量　（万吨）	**Freight Traffic　(10 000 tons)**	**92548**	**104423**	**120916**
铁　路	Railways	24421	27121	30299
公　路	Highways	67963	77123	90419
水　运	Waterways	157	170	190
民用航空	Civil Aviation	7	9	8
二、货物周转量（百万吨公里）	**Freight Ton-Kilometers (million ton-km)**	**221945**	**246599**	**282583**
铁　路	Railways	118540	126790	135425
公　路	Highways	103237	119591	146968
水　运	Waterways	76	79	74
民用航空	Civil Aviation	92	139	116
三、货运量构成　(%)	**Composition of Freight Traffic (%)**	**100.00**	**100.00**	**100.00**
铁　路	Railways	26.39	25.97	25.06
公　路	Highways	73.44	73.86	74.78
水　运	Waterways	0.17	0.16	0.16
民用航空	Civil Aviation	0.01	0.01	0.01
四、货物周转量构成　(%)	**Composition of Freight Ton-Kilometers　(%)**	**100.00**	**100.00**	**100.00**
铁　路	Railways	53.41	51.42	47.92
公　路	Highways	46.51	48.50	52.01
水　运	Waterways	0.03	0.03	0.03
民用航空	Civil Aviation	0.04	0.06	0.04

注：1.本表资料为全社会口径。中央铁路部分为国家返馈陕西省境数。
　　2.铁路货运量和货物周转量含神华神朔铁路有限责任公司专用铁路货运量和货物周转量。

a) Data in this table refer to those of the whole society system. Data of national railways refer to those responsed to Shaanxi.

b) Freight traffic and freight ton-Kilometers includes dedicated railway line in Shenhuashenshuo Railway co., ltd .

15-7 民用汽车拥有量(2011年末)
Possession of Civil Vehicles(2011)

单位：辆 (unit)

地 区	Region	民用汽车总计 Total	# 新注册 New Registrations	载客汽车 Passenger Vehicles	载货汽车 Trucks	其他汽车 Others	摩托车 Motorcycles	# 普通 Normal Motorcycles
全 省	**Shaanxi**	**2741214**	**515763**	**1915548**	**417405**	**408261**	**2460312**	**2369874**
西安市	Xi'an	1168238	233011	921627	171025	75586	242127	230918
铜川市	Tongchuan	57487	9082	30110	12579	14798	66248	65291
宝鸡市	Baoji	149601	26319	105852	21922	21827	330194	301250
咸阳市	Xianyang	185481	34151	126790	30226	28465	253014	248967
渭南市	Weinan	309902	55356	175571	50442	83889	420112	414093
延安市	Yan'an	197714	29713	112411	31072	54231	129508	126263
汉中市	Hanzhong	113814	18238	73043	14816	25955	334922	316402
榆林市	Yulin	375889	80407	253981	64482	57426	231957	227179
安康市	Ankang	73098	11998	41507	12521	19070	270804	259313
商洛市	Shangluo	55004	7858	25774	5626	23604	164710	163825
杨凌示范区	Yangling	32796	7513	29327	2550	919	14117	13774

15-8 私人车辆拥有量(2011年末)
Possession of Private Vehicles(2011)

单位：辆 (unit)

地 区	Region	汽车总计 Total	载客汽车 Passenger Vehicles	载货汽车 Trucks	摩托车 Motorcycles	# 普通 Normal Motorcycles
全 省	**Shaanxi**	**2201398**	**1572990**	**272392**	**2428547**	**2338578**
西安市	Xi'an	970440	776880	131434	239598	228426
铜川市	Tongchuan	42384	21549	6591	65061	64132
宝鸡市	Baoji	109588	76962	13482	328983	300080
咸阳市	Xianyang	142466	104080	15125	251487	247473
渭南市	Weinan	238791	148935	23555	404619	398718
延安市	Yan'an	160665	91766	18887	128629	125387
汉中市	Hanzhong	91305	55184	11382	333975	315538
榆林市	Yulin	317502	225286	37183	229612	224864
安康市	Ankang	56562	28690	10023	268659	257254
商洛市	Shangluo	45059	18146	4020	163889	163009
杨凌示范区	Yangling	26636	25512	710	14035	13697

15-9 公路部门营运载客车拥有量(2011年末)
Possession of Vehicles in Operation for Highway Transportation(2011)

地区	Region	载客汽车合计(辆) Total (unit)	班车客运车辆 Scheduled Coach 辆数 (unit)	客位 (seat)	# 高级 Senior 辆数 (unit)	客位 (seat)	# 中级 Medium 辆数 (unit)	客位 (seat)
全省	**Shaanxi**	**74642**	**18285**	**455304**	**3940**	**133231**	**8058**	**199038**
西安市	Xi'an	32158	2937	94273	975	40457	1109	25435
铜川市	Tongchuan	1817	584	11538	105	3868	51	1212
宝鸡市	Baoji	6536	2567	55066	170	5238	808	21744
咸阳市	Xianyang	5552	2133	51122	288	9586	1453	35858
渭南市	Weinan	6649	2303	54651	414	16069	613	14456
延安市	Yan'an	4576	1744	40425	137	4487	1309	30725
汉中市	Hanzhong	4047	1659	39384	734	20708	765	16407
榆林市	Yulin	5864	1996	51029	556	14424	970	28339
安康市	Ankang	4566	1055	24968	228	7567	295	8164
商洛市	Shangluo	2532	1188	29497	316	10283	618	14855
杨凌示范区	Yangling	345	119	3351	17	544	67	1843

15-9 续表 continued

地区	Region	# 普通 Ordinary 辆数 (unit)	客位 (seat)	旅游客车 Tourist Bus 辆数 (unit)	客位 (seat)	其它客车 Others 辆数 (unit)	客位 (seat)	公共汽车(辆) Bus (unit)	出租客车(辆) Taxi (unit)
全省	**Shaanxi**	**6287**	**123035**	**2217**	**74823**	**9190**	**56789**	**11735**	**33215**
西安市	Xi'an	853	28381	2073	70189	5647	32029	7662	13839
铜川市	Tongchuan	428	6458	4	124			239	990
宝鸡市	Baoji	1589	28084	36	657	244	1220	685	3004
咸阳市	Xianyang	392	5678	9	289	63	320	629	2718
渭南市	Weinan	1276	24126	12	469	750	3750	506	3078
延安市	Yan'an	298	5213	7	249	64	570	542	2219
汉中市	Hanzhong	160	2269	37	1609	34	549	516	1801
榆林市	Yulin	470	8266	24	720	26	144	643	3175
安康市	Ankang	532	9237	7	309	2117	16867	135	1252
商洛市	Shangluo	254	4359	8	208	245	1340	152	939
杨凌示范区	Yangling	35	964					26	200

注：本表数字为在运管部门注册登记的全社会载客汽车数。

a) Data in this table refers to the whole society's for-hire vehicles registered in operation administration departments.

15-10 公路部门营运载货车拥有量(2011年末)
Possession of Vehicles in Operation for Highway Transportation(2011)

地 区	Region	载货汽车合计 Total		普通载货车辆 Ordinary Trucks		# 大 型 Heavy		# 重 型 Heavy		# 中 型 Medium	
		辆 数 (unit)	吨 位 (ton)	辆 数 (unit)	吨 位 (ton)	辆 数 (unit)	吨 位 (ton)	辆 数 (unit)	吨 位 (ton)	辆 数 (unit)	吨 位 (ton)
全 省	**Shaanxi**	**307257**	**1769457**	**295663**	**1616956**	**98373**	**1350872**	**62071**	**1001110**	**21064**	**71347**
西 安 市	Xi'an	168820	511075	164749	460087	29039	309644	19506	277118	4977	16496
铜 川 市	Tongchuan	7687	92386	7153	85338	4100	79321	3446	74673	459	1568
宝 鸡 市	Baoji	16654	78561	16397	76472	5900	60261	3541	44142	900	2875
咸 阳 市	Xianyang	19315	192827	18582	181150	12887	166870	6558	103501	2797	9786
渭 南 市	Weinan	30067	324436	28802	308571	16737	286767	13438	242195	1943	6602
延 安 市	Yan'an	8719	72361	6222	35468	2870	29448	1411	17300	812	2507
汉 中 市	Hanzhong	13219	41829	13038	40399	4167	32396	1270	23578	1555	3709
榆 林 市	Yulin	34370	421061	32616	396939	21098	368139	12148	206897	4958	19507
安 康 市	Ankang	5717	19962	5578	19153	865	8307	335	4576	2328	7039
商 洛 市	Shangluo	1725	11565	1562	9985	521	8057	322	6026	117	388
杨凌示范区	Yangling	964	3394	964	3394	189	1662	96	1104	218	870

15-10 续表 continued

地 区	Region	专用载货车辆 Dedicated Trucks		# 集装箱 Container		其他机动车 Others		轮胎式拖拉机 Wheeled Tractor	
		辆 数 (unit)	吨 位 (ton)	辆 数 (unit)	TEU (ton)	辆 数 (unit)	吨 位 (ton)	辆 数 (unit)	吨 位 (ton)
全 省	**Shaanxi**	**11594**	**152501**	**55**	**1375**	**102057**	**99244**	**7693**	**11749**
西 安 市	Xi'an	4071	50988	55	1375	7192	3376	557	1186
铜 川 市	Tongchuan	534	7048			1562	1119		
宝 鸡 市	Baoji	257	2089			2745	2948	603	1228
咸 阳 市	Xianyang	733	11677			13102	8996	1399	2512
渭 南 市	Weinan	1265	15865			48333	47019	3378	3811
延 安 市	Yan'an	2497	36893			9636	6967	150	150
汉 中 市	Hanzhong	181	1430			7812	11821	969	2225
榆 林 市	Yulin	1754	24122					150	225
安 康 市	Ankang	139	809			10695	16514	280	287
商 洛 市	Shangluo	163	1580			658	330	15	11
杨凌示范区	Yangling					322	154	192	114

注：本表数字为在运管部门注册登记的全社会营运载货车数。
a) Data in this table refers to the whole society's for-hire vehicles registered in operation administration departments.

15-11 城市公共汽车情况(2011年)
Basic Statistics on Bus in Cities (2011)

地区	Region	运营车数(辆) Number of Operations (unit)	汽油车 Gasoline	柴油车 Diesel Cars	天然气车 Natural Gas Vehicles	双燃料车 Dual-fuel Vehicles	标准运营车数(标台) Number of Standard Operations (unit)	运营线路总长度(公里) Network Length (km)	客运量(万人次) Passengers Transported (10 000 person-times)	运营里程(万公里) Operating Distance (10 000 km)
全省	**Shaanxi**	**11735**	**318**	**1896**	**3318**	**6203**	**13154**	**11402**	**256506**	**81721**
西安市	Xi'an	7662	-	272	3005	4385	8850	5584	173727	48281
铜川市	Tongchuan	239	-	75	20	144	234	663	3581	2062
宝鸡市	Baoji	685	140	20	45	480	835	519	18602	5768
咸阳市	Xianyang	629	24	102	31	472	817	565	12379	5216
渭南市	Weinan	506	14	320	29	143	463	635	7585	4102
延安市	Yan'an	542	49	193	10	290	568	878	13615	4812
汉中市	Hanzhong	516	43	473	-	-	469	999	6797	4104
榆林市	Yulin	643	48	150	156	289	633	980	15183	4641
安康市	Ankang	135	-	135	-	-	133	228	2328	1113
商洛市	Shangluo	152	-	152	-	-	139	231	2641	1479
杨凌示范区	Yangling	26	-	4	22	-	13	120	68	143

15-12 城市出租汽车情况(2011年)
Basic Statistics on Taxi in Cities (2011)

地区	Region	运营车数(辆) Number of Operations (unit)	客运量(万人次) Passengers Transported (10 000 person-times)	运营里程(万公里) Operating Distance (10 000 km)	载客里程(万公里) Passenger Milesdistance (10 000 km)
全省	**Shaanxi**	**33215**	**124021**	**475531**	**332144**
西安市	Xi'an	13839	49026	218810	152326
铜川市	Tongchuan	990	4919	14095	10723
宝鸡市	Baoji	3004	11196	42802	26630
咸阳市	Xianyang	2718	11271	37388	24702
渭南市	Weinan	3078	14047	45559	31629
延安市	Yan'an	2219	9957	33246	23427
汉中市	Hanzhong	1801	2260	19253	12472
榆林市	Yulin	3175	13152	38865	31901
安康市	Ankang	1252	4263	12042	10100
商洛市	Shangluo	939	3138	9841	7055
杨凌示范区	Yangling	200	792	3630	1179

15-13 铁路客货运输量
Passenger and Freight Traffic of Railways

指标	Item	2009	2010	2011
一、路局范围	**Railways Bureau**			
客运量 (万人)	Passenger Traffic (10 000 persons)	5182	5579	5732
旅客周转量(百万人公里)	passenger-Kilometers(million passenger-km)	39564	41928	46478
货运量 (万吨)	Freight Traffic (10 000 tons)	8779	10086	11761
货物周转量(百万吨公里)	Freight Ton-Kilometers (million ton-km)	122418	119538	139376
二、省境内	**In Shaanxi Province**			
客运量 (万人)	Passenger Traffic (10 000 persons)	5140	5411	5614
旅客周转量(百万人公里)	Passenger-Kilometers(million passenger-km)	34257	36256	40537
货运量 (万吨)	Freight Traffic (10 000 tons)	24421	27121	30299
货物周转量(百万吨公里)	Freight Ton-Kilometers (million ton-km)	118533	126786	135425

注：本表路局范围为西安铁路局数字，省境内及合资铁路为国家反馈数。
a) Bureau means jointly owned railway bureau of Xi'an. The data in Shaanxi province refer to the number responsed from nation.

15-14 全省公路运输部门客货运输量(2011年末)
Passenger and Freight Traffic of Highway Departments(2011)

地区	Region	客运量 (万人) Passenger Traffic (10 000 persons)	客运周转量 (万人公里) passenger-Kilometers (10 000 passenger-km)	货运量 (万吨) Freight Traffic (10 000 tons)	货运周转量 (万吨公里) Freight Ton-Kilometers (10 000 ton-km)
全省	Shaanxi	**101062**	**4628887**	**90419**	**14696820**
西安市	Xi'an	29358	1603259	38399	3110908
铜川市	Tongchuan	1616	61006	3103	362303
宝鸡市	Baoji	9606	254671	7725	811656
咸阳市	Xianyang	12766	405032	6178	1566509
渭南市	Weinan	12229	696777	10596	3016849
延安市	Yan'an	7622	293875	4914	624822
汉中市	Hanzhong	8918	344725	4861	653674
榆林市	Yulin	7251	458942	7924	4168489
安康市	Ankang	7617	284279	6106	306168
商洛市	Shangluo	3628	217621	549	60082
杨凌示范区	Yangling	451	8700	64	15360

15-15 铁路运输主要经济技术指标
Principal Economic and Technical Indicators of Railway Transport

指标	Item	2009	2010	2011
货车平均静载重 (吨)	Average Static Load of Freight Cars (ton)	63.9	64.1	63.1
货车周转时间 (天)	Turning Around Time of Freight Cars (day)	1.7	2.0	2.1
货运机车日产量 (万吨公里)	Average Daily Ton-kilometers of Freight Locomotives (10 000 ton-km)	87.2	91.9	94.1
内燃机车耗油 (公斤/万吨公里)	Oil Consumption of Diesel Locomotives (km/10 000 ton-km)	38.2	47.1	46.5
电力机车耗电 (千瓦小时/万吨公里)	Electricity Consumption of Electric Locomotives (kwh/10 000 ton-km)	147.5	144.7	141.6
货物列车出发正点率 (%)	Punctuality Rate of Freight Trains at Departure (%)	98.0	98.6	99.0
货物列车运行正点率 (%)	Punctuality Rate of Freight Trains in Running (%)	98.7	98.8	99.5
旅客列车出发正点率 (%)	Punctuality Rate of Passenger Trains at Departure(%)	100.0	99.6	99.4
旅客列车运行正点率 (%)	Punctuality Rate of Passenger Trains in Running (%)	98.6	99.2	99.5
客运密度 (万人公里/公里)	Density of Passenger Traffic (10 000 person-km/km)	1334.9	1004.4	1112.1
每万名旅客拥有座卧车数 (辆)	Number of Seat Trains and Sleeping Trains Per 10 000 Passengers (unit)	5.5	5.4	6.1
每百万旅客人公里拥有座卧车数 (辆)	Number of Seat Trains and Sleeping Trains Per million Passenger-km (unit)	17.5	17.3	20.0
货物列车旅行速度 (公里/小时)	Running Speed of Freight Trains (km/hr)	27.1	29.1	30.7
货运密度 (万吨公里/公里)	Density of Freight Traffic (10 000 ton-km/km)	3561.9	2863.5	3334.9
一次货物作业时间 (小时)	Handling Time of Freigh (hour)	14.9	16.3	15.9

15-16 铁路分品类货物发送量及装车数
Volume of Freight Dispatched and Loaded Cars of Railways by Category of Cargo

品种	Item	货物发送量(万吨) Volume of Freight Dispatched (10000 tons)		装车数(车) Car Loadings (unit)	
		2010	2011	2010	2011
合计	**Total**	**28373.9**	**31511.3**	**4478084**	**4945634**
煤	Coal	24981	27822.0	3852777	4280882
焦炭	Coke	377.2	495.0	59911	78171
石油	Petroleum	1138.0	1008.9	228382	200065
钢铁及有色金属	Steel and Iron, and Non-Ferrous Metal	320.1	429.2	62771	81009
金属矿石	Metal Ores	163.1	186.6	25104	28713
非金属矿石	Non-metal Ores	138.3	169.2	21973	26722
矿建材料	Mineral Building Materials	316.0	277.3	53259	43062
水泥	Cement	17.4	17.0	2681	2599
木材	Timber	20.8	15.1	3442	2495
化肥及农药	Chemical Fertilizers and Pesticides	162.3	162.4	26576	26565
粮食	Grain	104.9	202.5	17298	33254
棉花	Cotton	0.2		28	3
其他	Others	634.6	726.1	123882	142094

注：本表含神华神朔铁路有限责任公司。

a) Data in this table includes those of Shenhuashenshuo Railway co., ltd.

15-17 邮电业务总量
Total Business Volume of Post and Telecommunication Services

年 份 Year	邮电业务总量(万元) Business Volume of Postal and Telecommunication Services (10 000 yuan)	函件(万件) Number of Letters (10 000 pcs)	报刊期发数(万份) Number of Newspapers and Magazines Issued (10 000 copies)	快递(万件) Pieces of Express Mail Services (10 000 pcs)	移动电话(户) Number of Subscribers of Mobile Telephones (subscribers)	城市电话(户) Number of Urban Fixed Telephone Subscribers (subscribers)	乡村电话(户) Number of Rural Fixed Telephone Subscribers (subscribers)	互联网宽带用户(户) Number of Internet Users (subscribers)
1978	5025	9188	319			32356	14100	
1980	5595	10386	494			36521	14668	
1985	7871	13275	869			53828	15978	
1990	16936	15955	506			96573	21184	
1995	145408	24277	1017			601136	78244	
1996	206467	26456	1122			882485	153767	
1997	278942	15787	888			1174607	237720	
1998	395410	14281	1335			1507041	311724	
1999	538640	15678	521		601260	1822476	499096	
2000	850392	17444	454	227	1516687	2528584	923865	198744
2001	945861	18518	386	285	2917135	2905202	1285409	697869
2002	1331745	20323	347	298	4813341	3444609	1798321	1106756
2003	1741428	20307	312	335	6110004	4577207	2147725	1687600
2004	2447665	19915	283	366	7886903	5412164	2507240	1946200
2005	3311322	15119	286	397	9381001	5618420	2974747	2369000
2006	4242336	16072	276	489	11835813	5805703	3339014	1613600
2007	5294031	11677	279	607	16126583	5834313	3422573	1936310
2008	6287289	11219	301	767	19122464	5647062	3165318	2351717
2009	7455960	8690	365	883	23373712	5257253	2892457	2550542
2010	9028500	9734	517	2600	25182317	5195501	2623352	3688265
2011	3482544	5877	335	3942	29071848	5190462	2564357	3890780

注：邮电业务总量按不变价格计算,2011年按2010年不变价格计算。
a) Business volume of post and telecommunication services are calculated at constant prices.2011 are calculated at constant prices in 2010.

15-18 邮电通信水平
Level of Post and Telecommunication Services

指 标	Item	2009	2010	2011
邮政通信水平	**Postal Services Available**			
平均每一营业网点服务面积(平方公里)	Average Area Served by Every Postal Office (sq.km)	134.58	138.38	145.44
平均每一营业网点服务人口 (万人)	Average People Served by Every Postal Office (10 000 persons)	2.51	2.57	2.64
平均每人每年发函件数 (件)	Annual Number of Letters Mailed per Capita (piece)	2.33	2.61	1.57
平均每百人订有报刊数 (份)	Number of Newspaper and Magazine Subscribed per 100 Persons(copy)	9.79	13.85	9.00
电信通信水平	**Telecommunication Services Available**			
电话普及率(包括移动电话)(部/百人)	Popularization Rate of Telephone (sets/100 persons)	84.58	88.36	98.39
固定电话普及率 (部/百人)	Popularization Rate of Fixed Telephone (sets/100 persons)	21.87	20.93	20.72
城 市	City	32.43	30.44	29.32
乡 村	Rural Area	13.73	12.94	13.00
移动电话数普及率 (部/百人)	Popularization Rate of Mobile Telephone (sets/100 persons)	62.71	67.42	77.67

15-19 各市(区)邮电业务量(2011年)
Total Business Volume of Post and Telecommunication Services by City(District)(2011)

地区	Region	邮电业务总量(万元) Business Volume of Postal and Telecommunication Services (10 000 yuan)	函件(万件) Number of Letters (10 000 pcs)	包裹(万件) Package (10 000 pcs)	快递(万件) Pieces of Express Mail Services (10 000 pcs)	报刊累计数(万份) Number of Total Newspapers and Magazines (10 000 copies)
全省	**Shaanxi**	**3482544**	**5877**	**199**	**3942**	**46072**
西安市	Xi'an	1434616	3062	91	1918	14990
铜川市	Tongchuan	66406	82	2	33	1628
宝鸡市	Baoji	254173	448	17	490	3822
咸阳市	Xianyang	304858	894	27	409	2992
渭南市	Weinan	321585	328	15	241	6389
延安市	Yan'an	223408	247	6	110	2655
汉中市	Hanzhong	219090	362	16	166	2948
榆林市	Yulin	386939	181	9	123	5930
安康市	Ankang	162610	127	11	258	1718
商洛市	Shangluo	108859	146	5	194	3000

15-19 续表 continued

地区	Region	移动电话用户(户) Number of Subscribers of Mobile Telephones (subscribers)	固定电话用户(户) Number of Subscribers of Fixed Telephones (subscribers)	城市电话用户 Number of Urban Fixed Telephone Subscribers	乡村电话用户 Number of Rural Fixed Telephone Subscribers	#小灵通 Handphone	互联网宽带用户(户) Number of Subscribers of Internet Services (subscribers)
全省	**Shaanxi**	**29071848**	**7754819**	**5190462**	**2564357**	**421387**	**3890780**
西安市	Xi'an	11417049	3051601	2598581	453020	234846	1724387
铜川市	Tongchuan	529503	144928	93115	51813	11151	66934
宝鸡市	Baoji	2246915	742423	438023	304400	37133	306063
咸阳市	Xianyang	2991473	627461	386688	240773	10222	369691
渭南市	Weinan	2825064	874957	396179	478778	16995	398575
延安市	Yan'an	2017762	384699	269351	115348	31468	201003
汉中市	Hanzhong	1777970	593416	262949	330467	17013	261393
榆林市	Yulin	2926587	596455	380557	215898	32219	245541
安康市	Ankang	1344052	400517	212995	187522	19208	193905
商洛市	Shangluo	995473	338362	152024	186338	11132	123288

15-20 各市(区)邮电局所及邮递线路(2011年)
Postal and Telecommunication Offices and Postal Routes by City(District)(2011)

地区	Region	邮电局所总计(个) Total Number of Postal and Telecommunication Offices(unit)	邮政自办局(所) Number of Self-postal Offices	邮政代办所 Number of Sub-postal Offices	电信自办局(所) Number of Self-Telecommunication Offices	电信代办所 Number of Sub-Telecommunication Offices	公用电话(个) Public Telephone (subscribers)	邮路长度(公里) Length of Postal Routes (km)	农村投递线路总长度(公里) Total Length of Rural Delivery Routes(km)
全省	**Shaanxi**	**51135**	**1167**	**248**	**1481**	**48239**	**615929**	**237536**	**136369**
西安市	Xi'an	17783	255	22	372	17134	341470	20067	13327
铜川市	Tongchuan	203	25	14	52	112	7620	6099	3194
宝鸡市	Baoji	4498	118	30	119	4231	36336	25640	1519
咸阳市	Xianyang	7520	137	7	163	7213	42875	20007	13874
渭南市	Weinan	8037	130	14	147	7746	32333	18631	2600
延安市	Yan'an	1646	107	28	86	1425	24623	32901	11194
汉中市	Hanzhong	6216	134	18	137	5927	41471	22797	2034
榆林市	Yulin	1635	93	85	141	1316	38759	38889	29705
安康市	Ankang	885	97	15	140	633	30408	24654	11967
商洛市	Shangluo	2712	71	15	124	2502	20034	27851	11508

15-21 邮电通信企业主要财务指标
Principal Financial Indicators of Postal and Telecommunication Services Enterprises

单位：万元 (10 000 yuan)

指标	Item	2009	2010	2011
邮电业务收入总计	Total Revenue from Postal and Telecommunication Services	2326404	2658269	2892266
# 主营业务收入	Revenue from Principal Business	2313543	2630424	2783026
业务支出	Business Expenditure	819061	1578748	1591948
营业外损益净额	Net Amount of Non Operating Profit and Loss	-2600	1639	7006
税金	Tax	91179	168950	201271
教育附加费	Extra Charges for Education	570	875	3358
收支差额	Balance of Revenue and Expenditure	176078	946125	1157767
年末固定资产原值	Original Value of Fixed Assets at Year-end	5570376	6135103	6417838

主要统计指标解释

铁路营业里程 又称营业长度(包括正式营业和临时营业里程)，指办理客货运输业务的铁路正线总长度。凡是全线或部分建成双线及以上的线路，以第一线的实际长度计算；复线、站线、段管线、岔线和特殊用途线以及不计算运费的联络线都不计算营业里程。该指标可以反映铁路运输业基础设施的发展水平，也是计算客货周转量、运输密度和机车车辆运用效率等指标的基础资料。

铁路电气化里程 指在全部铁路营业里程中已安装了供电线路及设备，可以供电力机车牵引列车运行的区段的总里程。

公路里程 指在一定时期内实际达到《公路工程[WTBZ]技术标准 JTJ01-88》规定的等级公路，并经公路主管部门正式验收交付使用的公路里程数。包括大中城市的郊区公路以及通过小城镇街道部分的公路里程和桥梁、渡口的长度，不包括大中城市的街道、厂矿、林区生产用道和农业生产用道的里程。两条或多条公路共同经由同一路段，只计算一次，不得重复计算里程长度。该指标可以反映公路建设的发展规模，也是计算运输网密度等指标的基础资料。

内河航道里程 也称内河通航里程，指在一定时期内，能通航运输船舶及排筏的天然河流、湖泊水库、运河及通航渠道的长度。包括全年季节性通航累计三个月以上的航道，不包括仅供零散流放竹、木排的河道。该指标可以反映内河水运网的规模、水平和发展情况。

民用航空航线里程 指统计期间内全部民用航空航线的航线总长度。航线长度指民用航空航线的计费距离。计算航线里程可按重复和不重复两种方法，前者是指各航线长度相加的总和；后者则要扣除各航线之间相同航段重复计算的部分。

货(客)运量 指在一定时期内，各种运输工具实际运送的货物(旅客)数量。该指标是反映运输业为国民经济和人民生活服务的数量指标，也是制定和检查运输生产计划、研究运输发展规模和速度的重要指标。货运按吨计算，客运按人计算。货物不论运输距离长短、货物类别，均按实际重量统计。旅客不论行程远近或票价多少，均按一人一次客运量统计；半价票、小孩票也按一人统计。

货物(旅客)周转量 指在一定时期内，由各种运输工具运送的货物(旅客)数量与其相应运输距离的乘积之总和。该指标可以反映运输业生产的总成果，也是编制和检查运输生产计划，计算运输效率、劳动生产率以及核算运输单位成本的主要基础资料。计算货物周转量通常按发出站与到达站之间的最短距离，也就是计费距离计算。计算公式为：

$$货物（旅客）周转量=\Sigma（货物（旅客）运输量\times 运输距离）$$

铁路货车平均静载重 指铁路货车在始发站静止状态下平均每车装载的货物重量，用以分析货车完成装车时车辆载重力的利用情况。计算公式为：

$$货车平均静载量=\frac{货物发送吨数}{装车数}$$

静载重的多少取决于运送货物的性质、种类、车辆的类型和装载技术的高低。根据货车的平均标记载重与静载重进行对比，可以反映货车载重能力的利用程度。计算公式为：

$$货车载重力利用率(\%)=\frac{货车平均静载重}{货车平均标记载重}\times 100\%$$

铁路货运机车日产量 指在一定时期内，平均每台货运机车在一昼夜内所完成的总重吨公里数，包括载运货物的重量和车辆本身的自重。该指标从时间和牵引能力两方面反映了机车运用效率。计算公式为：

$$货运机车平均日产量=\frac{货运总重吨公里数}{货运机车台日数}$$

民用汽车拥有量 指报告期末，在公安交通管理部门按照《机动车注册登记工作规范》，已注册登记领有民用车辆牌照的全部汽车数量。汽车拥有量统计的主要分类：根据汽车结构分为载客汽车、载货汽车及其他汽车；根据汽车所有者不同分为个人(私人)汽车、单位汽车；根据汽车的使用性质分为营运汽车、非营运汽车；根据汽车大小规格不同载客汽车分为大型、中型、小型和微型，载货汽车分为重型、中型、轻型和微型。

邮电业务总量 指以货币形式表示的邮电企业为社会提供各类邮电服务的总数量，是用于观察邮电业务发展变化总趋势的综合性总量指标。分别按邮政业务总量和电信业务总量统计。邮电业务总量是以各类业务的实物量分别乘以相应的不变单价，得出各类业务的货币量再加总求得。

移动电话用户 指在电信运营企业营业网点办理开户登记手续，通过移动电话交换机进入移动电话网，占用移动电话号码的各类电话用户。包括 GSM 数字移动电话用户、CDMA 数字移动电话用户和电信运营企业发行的报告期末已激活充值的能异地漫游的各种智能卡用户。

固定电话用户 指在电信运营企业营业网点办理开户登记手续并已接入固定电话网上的全部电话用户。包括普通电话用户、公用电话用户、窄带综合业务数字网（N—ISDN）用户、智能网专用接入终端用户等。按行政区划分为城市电话用户和农村电话用户。

城市电话用户 指直辖市、省辖市、地级市、县级市的市区、市郊区及县城范围内接入局用交换机的电话用户。包括分布在农村地区县团级以上建制的独立工矿区、林区、驻军等电话用户。

农村电话用户 指县城关镇以下的集镇和农村接入局用交换机的电话用户。

Explanatory Notes on Main Statistical Indicators

Length of Railways in Operation refers to the total length of the trunk line for passenger and freight transportation (including both full operation and temporary operation). The calculation is based on the actual length of the first line if this line has a full or partial double (or more). Not included are double tracks, station sidings, tracks under the charge of stations, branch lines, special-purpose lines and non-payable connecting lines. The length of railways in operation is an important indicator to show the development of the infrastructure of railway transport. It is also essential data to calculate volume of passenger freight transport, traffic density and utilization efficiency of locomotives and carriages.

Length of Electrified Railways refers to the length of the section of railways in operation in which the power supply lines and other equipment are installed for the running of electrified locomotives. The proportion of the length of electrified railways to the total length of railways in operation is an important indicator to show the modernization of railways.

Length of Highways refers to the length of highways which are built in conformity with the grades specified by the highway engineering standard [Highways WTBZ-Technical Standard JTJ01-88] formulated by the Ministry of Transport, and have been formally checked and accepted by the departments of highways and put into use. The length of highways includes that of the suburb highways at large and medium-sized cities, highways passing through streets at small cities and towns, and also the length of bridges and ferry piers. It does not include the length of streets in big and medium-sized cities and highways built for the production purpose at factories, mines, forest areas and agricultural areas. If two or more highways go the same section of the way, the length of the section is only calculated for once and no duplication is allowed. The length of highways is an indicator to show the development of the scale of highway construction and to provide essential information to calculate the transport network density.

Length of Navigable Inland Waterways is an indicator reflecting the size and development of inland water network. It refers to the length of the natural rivers, lakes, reservoirs, canals, and ditches open to navigation during a given period, which enables transportation by ships and rafts. It includes the channels open to navigation for over an accumulated period of 3 months in a year, yet this does not include the river courses which are only used to float odd logs and bamboo rafts. This indicator can reflect the scale, level and development situation of the inland waterway network.

Length of Civil Aviation Routes refers to the length of all routes for civil aviation flights, which is used to account the freight, during the period of statistics.. There are usually two ways to calculate the route length: duplicated calculation and non-duplicated calculation, the former is the sum of length of all civil aviation routes, and the latter should deduct the duplication length of same route among all routes.

Freight (Passenger) Traffic refers to the volume of freight (passenger) transported with various means within a specific period of time. This indicator reflects the service of the transport industry towards the national economy and people's living conditions, as well as an important indicator used in formulating and monitoring transport production plans and research into the scale and pace of transport development. Freight transport is calculated in tons and passenger traffic is calculated in terms of number of persons. Freight transport is calculated in terms of the actual weight of the goods and takes no account of the type of freight and distance of travel. Passenger traffic is calculated by the principle that one person can be counted only once in one trip and takes no account of the travelling distance and ticket price. The passengers who travel with a half price ticket or a child's ticket is also calculated as one person.

Freight Ton-kilometres (Passenger-kilometres) refers to the sum of the product of the volume of transported cargo (passengers) multiplied by the transport distance. It is an important indicator to reflect the achievement of the transportation industry. This is an important indicator to show the total results of the transport industry; to prepare and examine the transport plan; and to serve as the main basic data for calculating the efficiency, labour productivity and unit cost of transport. Normally, the shortest distance between the departure station and the destination station (i.e., the payable distance) is the basis in calculating the freight ton-kilometres. The formula is as follows:

$$\begin{matrix}\text{Freight ton-kilometres} \\ \text{(passenger-kilometres)}\end{matrix} = \sum \begin{matrix}\text{freight} \\ \text{(passenger) traffic}\end{matrix} \times \begin{matrix}\text{distance of} \\ \text{transportation}\end{matrix}$$

Average Static Load of Freight Cars refers to the average cargo weight as loaded by each freight car under the static condition at the departure station. It is used to show the utilization extent of the loading capacity of the freight cars. The formula is:

$$\begin{matrix}\text{Static load (ton)} \\ \text{of freight car}\end{matrix} = \frac{\text{tonnage of goods dispatched}}{\text{number of freight cars loaded}}$$

The static load of freight cars is determined by the nature and type of goods loaded the type of vehicles, and the technique of loading. Comparison of the average marked load with the static load of freight cars provides indication on the degree of utilization of loading capacity of freight cars. For its calculation the following formula is applied:

$$\begin{matrix}\text{Utilization rate of} \\ \text{capacity of freight cars (\%)}\end{matrix} = \frac{\text{Average static load}}{\text{Average marked load}} \times 100\%$$

Average Daily Haul of Freight Locomotives refers to the average total ton-kilometres accomplished by each freight transport locomotive over one day and night during a given period of time. It includes both the weight of the goods carried and the dead weight of the train itself. It is a comprehensive indicator reflecting the locomotive efficiency in terms of both time and the pulling force.

$$\begin{array}{c}\text{Average daily haul of}\\ \text{freight transport locomotive}\\ \text{(ton - kilometre)}\end{array} = \frac{\begin{array}{c}\text{Total ton - kilometres}\\ \text{of freight}\end{array}}{\begin{array}{c}\text{Daily number of freight}\\ \text{transport locomotive}\end{array}}$$

Possession of Civil Motor Vehicles refer to the total numbers of vehicles that are registered and received vehicles license tags according to the *Work Standard for Motor Vehicles Registration* formulated by the Transport Management Office under the department of public security at the end of the reference period. They are divided into categories. According to the structure of motor vehicles, they are divided into passenger vehicles, trucks and others; according to ownership into private vehicles and vehicles for the unit's use; according to kind of usage into working vehicles and non-working vehicles; and according to size of vehicles into large passenger vehicles, medium-sized passenger vehicles, small passenger vehicles and mini passenger vehicles, heavy trucks, light-heavy trucks, light trucks and mini-trucks.

Business Volume of Post and Telecommunications refers to the total amount of postal and telecommunication services, expressed in value terms, provided by the post and telecommunications departments for society. This indicator reflects the overall results of development of postal and telecommunication services. It can be classificated as postal services and telecommunication services. Business volume of post and telecommunications is the sum of all services in kind multiplying with the unit price (constant price) to get the total business value.

Mobile Telephone Subscribers refer to persons who have gone through registration procedures in the operation points of enterprises engaged in telecommunications and are hence connected with the mobile telephone communication network through the mobile telephone switchboards and occupy mobile phone numbers. Included are GSM digital mobile phone subscribers, CDMA digital mobile phone subscribers and subscribers to intelligent phone cards with roaming facility issued by telecommunications enterprises and which have been subscribed to and activated at the end of the reference period.

Local Telephone Subscribers refer to all subscribers who have gone through registration procedures in the operation points of enterprises engaged in telecommunications and are hence connected to the local telecommunications service provider through fixed line network. Included are general subscribers, public telephones subscribers, N-ISDN subscribers and intelligent network terminal subscribers. They are also classified in terms of administrative districts as urban telephone subscribers and rural telephone subscribers according to location.

Urban Telephone Subscribers refer to the number of telephone subscribers, located at the different administrative districts of municipalities directly under the Central Government, cities under the jurisdiction of province, cities at prefecture level, downtown and suburb of city at county level town and county towns, that are connected to the public line telephone network, including rural mineral area, forest area, military area.

Rural Telephone Subscribers refer to telephone subscribers, located at the towns below the level of county town and villages, that are connected to the public line telephone network.

十六、国内贸易

Domestic Trade

资料整理：张　兵

简 要 说 明

一、本篇资料反映陕西国内市场发展情况，主要内容包括：限额以上批发和零售业、住宿和餐饮业基本情况、财务状况，连锁经营情况，社会消费品零售总额，成品油购进、销售与库存情况等。

二、限额以上企业指年主营业务收入2000万元及以上的批发企业(单位)；500万元及以上的零售业企业(单位)；200万元及以上的住宿和餐饮业企业（单位）。

Brief Introduction

I. This chapter reflects the development of domestic markets in Shaanxi, mainly including: enterprises above designated size of wholesale and retail trades of commodity circulation, the basic conditions of the wholesale and retail trades above designated size, financial status, development of chain stores of retail trades, total retail sales of consumer goods, purchase, sale and stock of refined oil product, etc.

II. Enterprises above designated size cover wholesale enterprises with revenue from principal business over 20 million yuan, retail enterprises with revenue from principal business over 5 million yuan, wholesale and retail enterprises with revenue from principal business over 2 million yuan.

16.国内贸易

2011年全省			
批发业网点	6.80	万个	
零售业网点	52.80	万个	
餐饮业网点	12.63	万个	
社会消费品零售总额	3789.99	亿元	比上年增长 18.6%
# 餐饮收入	416.80	亿元	比上年增长 14.5%
商品零售	3373.18	亿元	比上年增长 19.1%

社会消费品零售总额（亿元）

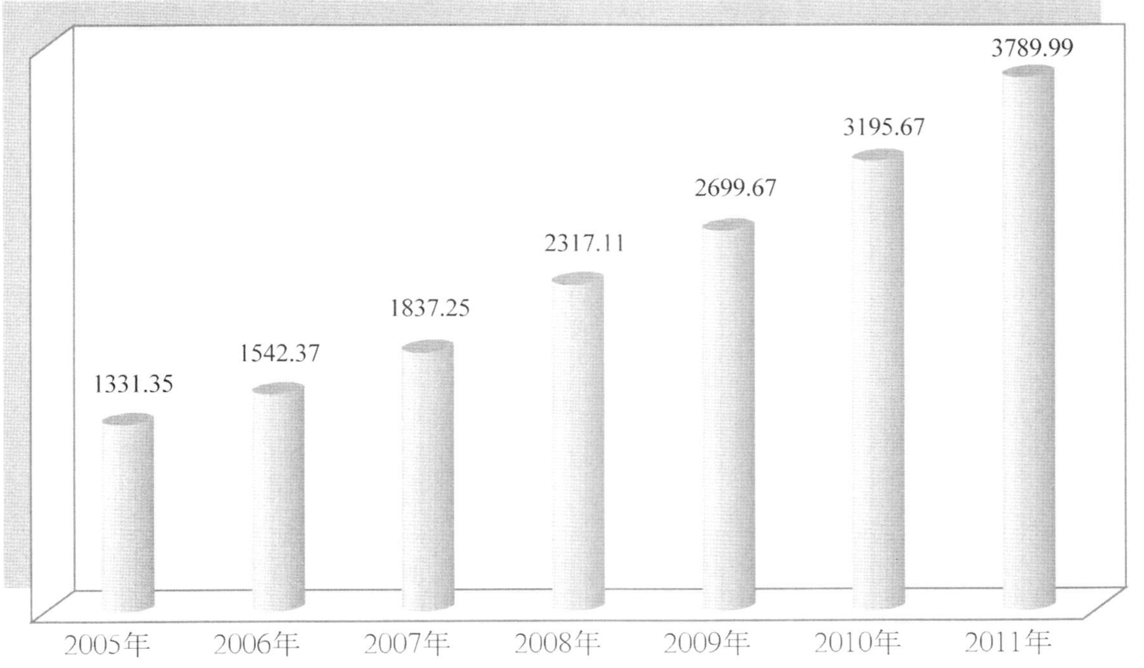

16-1 批发业网点数(2011年)
Number of Networks in Wholesale Trades(2011)

单位：个 (unit)

指标	Item	合计 Total	城镇 Urban Areas	#城区 Urban District	乡村 Rural Areas
总 计	**Total**	**68017**	**57061**	**38301**	**10956**
按登记注册类型分	**By Status of Registration**				
内资企业	Domestic Funded Enterprises	27769	24601	16641	3168
国有企业	State-owned Enterprises	2344	1878	1158	466
集体企业	Collective-owned Enterprises	1857	1475	907	382
股份合作企业	Cooperative Enterprises	478	378	275	100
联营企业	State Joint Ownership Enterprises	166	128	42	38
有限责任公司	Limited Liability Corporations	6006	5670	4741	336
股份有限公司	Share-holding Corporations Ltd.	1644	1545	1308	99
私营企业	Private Enterprises	11163	10301	7247	862
其他企业	Other Enterprises	4111	3226	963	885
港澳台商投资企业	Enterprises with Funds from Hong Kong, Macao & Taiwan	124	124	122	
外商投资企业	Enterprises with Foreign Investment	70	70	66	
个体经济	Individual Economy	40054	32266	21472	7788
按国民经济行业分	**By Sector**				
农畜产品批发	Wholesale of Farm Produce and Livestock Products	5689	4125	2572	1564
食品、饮料及烟草制品批发	Wholesale of Food, Beverages and Tobaccos	13194	11014	7288	2180
纺织、服装及日用品批发	Wholesale of Textiles, Garments and Daily Consumer Articles	7775	6755	4634	1020
文化、体育用品及器材批发	Wholesale of Culture, Sports Appliances and Equipment	3939	3612	3088	327
医药及医疗器材批发	Wholesale of Medicines and Medical Appliances	2673	2376	1718	297
矿产品、建材及化工产品批发	Wholesale of Mineral Products, Building Materials and Chemical Products	11214	9563	6748	1651
机械设备、五金交电及电子产品批发	Wholesale of Machinery, Hardware and Electronic Equipment	10511	9937	8190	574
贸易经纪与代理	Trade Broker and Agency	957	771	560	186
其他批发	Other Wholesale not Classified Elsewhere	12065	8908	3503	3157

16-2 批发业从业人员(2011年)
Number of Employed Persons in Wholesale Trades(2011)

单位：人 (Person)

指 标	Item	合 计 Total	城 镇 Urban Areas	# 城 区 Urban District	乡 村 Rural Areas
总 计	**Total**	**428707**	**391635**	**299504**	**37072**
按登记注册类型分	**By Status of Registration**				
内资企业	Domestic Funded Enterprises	303585	284987	222136	18598
国有企业	State-owned Enterprises	45265	40860	26846	4405
集体企业	Collective-owned Enterprises	15997	13226	5981	2771
股份合作企业	Cooperative Enterprises	10510	10087	8123	423
联营企业	State Joint Ownership Enterprises	1713	1376	662	337
有限责任公司	Limited Liability Corporations	91313	88948	77922	2365
股份有限公司	Share-holding Corporations Ltd.	39307	38719	35416	588
私营企业	Private Enterprises	90044	83129	61508	6915
其他企业	Other Enterprises	9436	8642	5678	794
港澳台商投资企业	Enterprises with Funds from Hong Kong, Macao & Taiwan	4762	4762	4623	
外商投资企业	Enterprises with Foreign Investment	1952	1952	1703	
个体经济	Individual Economy	118408	99934	71042	18474
按国民经济行业分	**By Sector**				
农畜产品批发	Wholesale of Farm Produce and Livestock Products	31976	24717	15276	7259
食品、饮料及烟草制品批发	Wholesale of Food, Beverages and Tobaccos	70344	61810	41211	8534
纺织、服装及日用品批发	Wholesale of Textiles, Garments and Daily Consumer Articles	50857	47741	37263	3116
文化、体育用品及器材批发	Wholesale of Culture, Sports Appliances and Equipment	27551	26572	23798	979
医药及医疗器材批发	Wholesale of Medicines and Medical Appliances	26162	24514	19064	1648
矿产品、建材及化工产品批发	Wholesale of Mineral Products, Building Materials and Chemical Products	80371	74495	57920	5876
机械设备、五金交电及电子产品批发	Wholesale of Machinery, Hardware and Electronic Equipment	85005	83557	73260	1448
贸易经纪与代理	Trade Broker and Agency	12266	11498	9909	768
其他批发	Other Wholesale not Classified Elsewhere	44175	36731	21803	7444

16-3 零售业网点数(2011年)
Number of Networks in Retail Trades(2011)

单位：个 (unit)

指标	Item	合计 Total	城镇 Urban Areas	#城区 Urban District	乡村 Rural Areas
总 计	**Total**	**527972**	**375884**	**229127**	**152088**
按登记注册类型分	**By Status of Registration**				
内资企业	Domestic Funded Enterprises	43244	32396	17556	10848
国有企业	State-owned Enterprises	4382	3170	1284	1212
集体企业	Collective-owned Enterprises	3534	2222	1018	1312
股份合作企业	Cooperative Enterprises	1051	850	370	201
联营企业	State Joint Ownership Enterprises	445	308	82	137
有限责任公司	Limited Liability Corporations	6922	6349	4488	573
股份有限公司	Share-holding Corporations Ltd.	2016	1257	567	759
私营企业	Private Enterprises	17625	14083	9276	3542
其他企业	Other Enterprises	7269	4157	471	3112
港澳台商投资企业	Enterprises with Funds from Hong Kong, Macao & Taiwan	69	69	67	
外商投资企业	Enterprises with Foreign Investment	11876	9967	5978	1909
个体经济	Individual Economy	472783	333452	205526	139331
按国民经济行业分	**By Sector**				
综合零售	Integrated Retail	114297	68716	35867	45581
食品、饮料及烟草制品专门零售	Special Retail of Food, Beverages and Tobaccos	106417	73892	43628	32525
纺织、服装及日用品专门零售	Special Retail of Textiles, Garments and Daily Consumer Articles	106323	81628	48727	24695
文化、体育用品及器材专门零售	Special Retail of Culture, Sports Appliances and Equipments	24088	18422	12651	5666
医药及医疗器材专门零售	Special Retail of Medicines and Medical Appliances	26056	18753	11519	7303
汽车、摩托车、燃料及零配件专门零售	Special Retail of Motor Vehicles, Motorcycles, Fuel and Parts	32288	23180	15206	9108
家用电器及电子产品专门零售	Special Retail of Household Appliances and Electronic Products	32506	25495	17442	7011
五金、家具及室内装修材料专门零售	Special Retail of Hardware, Furniture and Decoration Materials	36102	29901	22691	6201
无店铺及其他零售	Non-shop and Other Retails	49895	35897	21396	13998

16-4 零售业从业人员(2011年)
Number of Employed Persons in Retail Trades(2011)

单位：人 (Person)

指 标	Item	合计 Total	城镇 Urban Areas	#城区 Urban District	乡村 Rural Areas
总 计	**Total**	**1366313**	**1070617**	**725803**	**295696**
按登记注册类型分	**By Status of Registration**				
内资企业	Domestic Funded Enterprises	352082	314250	210579	37832
国有企业	State-owned Enterprises	41426	36833	23114	4593
集体企业	Collective-owned Enterprises	21635	16467	8904	5168
股份合作企业	Cooperative Enterprises	11950	11118	9658	832
联营企业	State Joint Ownership Enterprises	1741	1379	768	362
有限责任公司	Limited Liability Corporations	98784	94527	78867	4257
股份有限公司	Share-holding Corporations Ltd.	15088	12306	8907	2782
私营企业	Private Enterprises	140254	124309	77078	15945
其他企业	Other Enterprises	21204	17311	3283	3893
港澳台商投资企业	Enterprises with Funds from Hong Kong, Macao & Taiwan	6627	6627	6503	
外商投资企业	Enterprises with Foreign Investment	27881	23826	18555	4055
个体经济	Individual Economy	979723	725914	490166	253809
按国民经济行业分	**By Sector**				
综合零售	Integrated Retail	295010	210584	120673	84426
食品、饮料及烟草制品专门零售	Special Retail of Food, Beverages and Tobaccos	245144	186090	120912	59054
纺织、服装及日用品专门零售	Special Retail of Textiles, Garments and Daily Consumer Articles	271232	226246	161606	44986
文化、体育用品及器材专门零售	Special Retail of Culture, Sports Appliances and Equipments	74130	61482	41108	12648
医药及医疗器材专门零售	Special Retail of Medicines and Medical Appliances	70503	55770	37012	14733
汽车、摩托车、燃料及零配件专门零售	Special Retail of Motor Vehicles, Motorcycles, Fuel and Parts	114616	91335	71144	23281
家用电器及电子产品专门零售	Special Retail of Household Appliances and Electronic Products	92284	74700	55913	17584
五金、家具及室内装修材料专门零售	Special Retail of Hardware, Furniture and Decoration Materials	81684	69762	52852	11922
无店铺及其他零售	Non-shop and Other Retails	121710	94648	64583	27062

16-5 餐饮业网点数(2011年)
Number of Networks in Catering Services(2011)

单位：个 (unit)

指 标	Item	合 计 Total	城 镇 Urban Areas	#城 区 Urban District	乡 村 Rural Areas
总 计	**Total**	**126282**	**98459**	**61649**	**27823**
按登记注册类型分	**By Status of Registration**				
内资企业	Domestic Funded Enterprises	9921	8211	3191	1710
国有企业	State-owned Enterprises	1887	1460	165	427
集体企业	Collective-owned Enterprises	571	344	88	227
股份合作企业	Cooperative Enterprises	70	59	16	11
联营企业	State Joint Ownership Enterprises	62	49	22	13
有限责任公司	Limited Liability Corporations	964	906	750	58
股份有限公司	Share-holding Corporations Ltd.	306	209	134	97
私营企业	Private Enterprises	5389	4589	1916	800
其他企业	Other Enterprises	672	595	100	77
港澳台商投资企业	Enterprises with Funds from Hong Kong, Macao & Taiwan	92	91	91	1
外商投资企业	Enterprises with Foreign Investment	36	36	36	
个体经济	Individual Economy	116233	90121	58331	26112
按国民经济行业分	**By Sector**				
正餐服务	Restaurant	60689	50643	34666	10046
快餐服务	Fast Food	13365	10309	4238	3056
饮料及冷饮服务	Beverages and Cold Drinks	3340	3232	2223	108
其他餐饮服务	Others	48888	34275	20522	14613

16-6 餐饮业从业人员(2011年)
Number of Employed Persons in Catering Services(2011)

单位：人 (person)

指 标	Item	合 计 Total	城 镇 Urban Areas	#城 区 urban district	乡 村 Rural Areas
总 计	**Total**	**570500**	**478623**	**322265**	**91877**
按登记注册类型分	**By Status of Registration**				
内资企业	Domestic Funded Enterprises	168481	155414	108079	13067
国有企业	State-owned Enterprises	16747	14933	6419	1814
集体企业	Collective-owned Enterprises	4181	3644	2097	537
股份合作企业	Cooperative Enterprises	1717	1320	472	397
联营企业	State Joint Ownership Enterprises	954	815	664	139
有限责任公司	Limited Liability Corporations	41055	40118	34749	937
股份有限公司	Share-holding Corporations Ltd.	7883	7403	6620	480
私营企业	Private Enterprises	90962	83050	54626	7912
其他企业	Other Enterprises	4982	4131	2432	851
港澳台商投资企业	Enterprises with Funds from Hong Kong, Macao & Taiwan	6321	6235	6235	86
外商投资企业	Enterprises with Foreign Investment	2026	2026	2026	
个体经济	Individual Economy	393672	314948	205925	78724
按国民经济行业分	**By Sector**				
正餐服务	Restaurant	341146	296788	209948	44358
快餐服务	Fast Food	55509	46863	19055	8646
饮料及冷饮服务	Beverages and Cold Drinks	10277	9519	7976	758
其他餐饮服务	Others	163568	125453	85286	38115

16-7 各市(区)批发和零售业、餐饮业网点数(2011年)
Networks in Wholesale, Retail Trades and Catering Services by City(District)(2011)

单位: 个 (unit)

地区	Region	合计 Total	城镇 Urban Areas	#城区 Urban District	乡村 Rural Areas
一、批发业	**Wholesale Trade**				
全省	**Shaanxi**	**68017**	**57061**	**38301**	**10956**
西安市	Xi'an	30441	28752	26900	1689
铜川市	Tongchuan	279	266	146	13
宝鸡市	Baoji	3862	3393	2720	469
咸阳市	Xianyang	5902	4716	2120	1186
渭南市	Weinan	10040	7035	2122	3005
延安市	Yan'an	2722	2046	606	676
汉中市	Hanzhong	4521	2926	196	1595
榆林市	Yulin	4765	4002	2471	763
安康市	Ankang	2541	1744	98	797
商洛市	Shangluo	2014	1396	137	618
杨凌示范区	Yangling	930	785	785	145
二、零售业	**Retail Trade**				
全省	**Shaanxi**	**527972**	**375884**	**229127**	**152088**
西安市	Xi'an	180782	147952	127264	32830
铜川市	Tongchuan	10639	5822	3010	4817
宝鸡市	Baoji	40336	31280	17415	9056
咸阳市	Xianyang	68331	47558	20991	20773
渭南市	Weinan	45268	27658	14884	17610
延安市	Yan'an	25688	19865	8448	5823
汉中市	Hanzhong	49803	26016	1095	23787
榆林市	Yulin	50004	39823	29201	10181
安康市	Ankang	29056	12783	788	16273
商洛市	Shangluo	24019	13864	2768	10155
杨凌示范区	Yangling	4046	3263	3263	783
三、餐饮业	**Catering Service**				
全省	**Shaanxi**	**126282**	**98459**	**61649**	**27823**
西安市	Xi'an	43728	38470	33874	5258
铜川市	Tongchuan	2550	1986	1446	564
宝鸡市	Baoji	9945	7712	4311	2233
咸阳市	Xianyang	16572	13217	8022	3355
渭南市	Weinan	12574	9312	4429	3262
延安市	Yan'an	8014	6464	1823	1550
汉中市	Hanzhong	9383	5187	347	4196
榆林市	Yulin	10271	7587	5756	2684
安康市	Ankang	6770	3880	217	2890
商洛市	Shangluo	5378	3763	543	1615
杨凌示范区	Yangling	1097	881	881	216

16-8 各市(区)批发和零售业、餐饮业从业人员(2011年)
Personnel in Wholesale, Retail Trades and Catering Services by City(District)(2011)

单位：人 (person)

地 区	Region	合 计 Total	城 镇 Urban Areas	# 城 区 Urban District	乡 村 Rural Areas
一、批发业	**Wholesale Trade**				
全 省	**Shaanxi**	**428707**	**391635**	**299504**	**37072**
西安市	Xi'an	253618	247713	241161	5905
铜川市	Tongchuan	1813	1781	1156	32
宝鸡市	Baoji	24963	23358	12121	1605
咸阳市	Xianyang	30730	27061	12440	3669
渭南市	Weinan	34670	24780	8990	9890
延安市	Yan'an	12628	10640	2926	1988
汉中市	Hanzhong	22323	16841	1351	5482
榆林市	Yulin	22771	19994	13478	2777
安康市	Ankang	11719	8582	874	3137
商洛市	Shangluo	9938	7901	2023	2037
杨凌示范区	Yangling	3534	2984	2984	550
二、零售业	**Retail Trade**				
全 省	**Shaanxi**	**1366313**	**1070617**	**725803**	**295696**
西安市	Xi'an	585680	516002	470853	69678
铜川市	Tongchuan	14443	9105	4866	5338
宝鸡市	Baoji	88380	71358	43273	17022
咸阳市	Xianyang	146718	108115	51078	38603
渭南市	Weinan	129769	89074	34988	40695
延安市	Yan'an	51824	43548	18100	8276
汉中市	Hanzhong	102935	55989	2744	46946
榆林市	Yulin	131720	107254	79132	24466
安康市	Ankang	58153	32346	2742	25807
商洛市	Shangluo	43827	27450	7651	16377
杨凌示范区	Yangling	12864	10376	10376	2488
三、餐饮业	**Catering Service**				
全 省	**Shaanxi**	**570500**	**478623**	**322265**	**91877**
西安市	Xi'an	232552	213933	195672	18619
铜川市	Tongchuan	6380	5083	3205	1297
宝鸡市	Baoji	37677	30717	19842	6960
咸阳市	Xianyang	57391	45914	25477	11477
渭南市	Weinan	53600	42071	20278	11529
延安市	Yan'an	28955	25049	6666	3906
汉中市	Hanzhong	33897	21106	2355	12791
榆林市	Yulin	77429	64272	40700	13157
安康市	Ankang	20763	13505	1451	7258
商洛市	Shangluo	16838	12959	2605	3879
杨凌示范区	Yangling	5018	4014	4014	1004

16-9 限额以上批发和零售业、住宿和餐饮业法人企业数和从业人员数(2011年)
Number of Corporation Enterprises above Designated Size in Wholesale and Retail Trades, Hotels and Catering Services and Employed Persons(2011)

地 区	Region	法人企业数(个) Number of Corporation Enterprises (unit)	批发业 Wholesale Trade	零售业 Retail Trade	住宿业 Hotels	餐饮业 Catering Service
全 省	**Shaanxi**	**3183**	**458**	**1420**	**507**	**798**
西安市	Xi'an	980	200	299	189	292
铜川市	Tongchuan	83	7	46	14	16
宝鸡市	Baoji	219	18	91	45	65
咸阳市	Xianyang	353	30	177	40	106
渭南市	Weinan	366	21	217	41	87
延安市	Yan'an	169	15	84	35	35
汉中市	Hanzhong	231	25	125	50	31
榆林市	Yulin	469	92	237	32	108
安康市	Ankang	220	36	106	33	45
商洛市	Shangluo	73	12	29	24	8
杨凌示范区	Yangling	20	2	9	4	5

16-9 续表 continued

地 区	Region	从业人员数(人) Number of Employed Persons (person)	批发业 Wholesale Trade	零售业 Retail Trade	住宿业 Hotels	餐饮业 Catering Service
全 省	**Shaanxi**	**365746**	**60380**	**148454**	**72116**	**84796**
西安市	Xi'an	189027	32960	72196	36882	46989
铜川市	Tongchuan	5912	1260	2291	1462	899
宝鸡市	Baoji	24724	3015	12141	4003	5565
咸阳市	Xianyang	28338	3408	13095	5076	6759
渭南市	Weinan	30722	3706	16296	4140	6580
延安市	Yan'an	14874	1632	6187	4619	2436
汉中市	Hanzhong	16762	2236	7429	5223	1874
榆林市	Yulin	33062	8373	11629	5049	8011
安康市	Ankang	13951	1903	5452	2234	4362
商洛市	Shangluo	6600	1814	1128	2856	802
杨凌示范区	Yangling	1774	73	610	572	519

16-10 社会消费品零售总额

Total Retail Sales of Consumer Goods in the Whole Province

单位：亿元 (100 million yuan)

年份 Year	社会消费品零售总额 Total Retail Sales of Consumer Goods	按地区分 By Region 市的零售额 City	县的零售额 County	县以下的零售额 Under County Level	按行业分 By Sector #批发和零售业 Wholesale and Retail TradesTrades	#住宿和餐饮业 Hotels and Catering Services
1978	33.37	11.93	9.79	11.65	28.29	1.32
1980	43.38	17.47	12.18	13.73	35.86	1.78
1985	80.01	39.83	19.45	20.73	61.23	3.84
1990	159.67	91.21	34.29	34.17	118.55	7.99
1991	176.60	102.21	36.98	37.41	126.83	9.29
1992	227.53	132.25	47.31	47.97	156.17	16.22
1993	259.87	154.35	52.41	53.12	172.50	19.63
1994	318.70	192.44	62.69	63.58	203.73	24.57
1995	398.87	242.85	80.30	75.73	253.42	31.22
1996	474.87	289.83	93.90	91.14	308.35	39.50
1997	552.37	344.26	104.09	104.03	358.21	50.15
1998	601.89	371.47	114.28	116.14	386.19	62.37
1999	657.80	407.97	124.74	125.08	427.36	69.88
2000	725.64	454.84	135.78	135.02	476.18	81.27
2001	809.31	514.23	147.77	147.31	536.74	95.08
2002	907.64	585.01	162.28	160.36	616.17	105.10
2003	1010.95	649.27	183.56	178.12	878.03	113.87
2004	1162.80	756.54	206.49	199.77	1012.57	126.59
2005	1331.35	874.47	232.07	224.81	1162.77	141.93
2006	1542.37	1006.11	275.80	260.46	1344.44	167.76
2007	1837.25	1221.28	311.78	304.20	1598.15	204.31
2008	2317.11	1542.33	401.04	373.74	2013.65	262.94
2009	2699.67	1787.18	467.96	444.52	2353.72	300.38

年份 Year	社会消费品零售总额 Total Retail Sales of Consumer Goods	按销售单位所在地分By Location of Establishments 城镇 Urban Areas	#城区 Urban District	乡村 Rural Areas	按消费形态分By Consumption Patterns 餐饮收入 Catering income	商品零售 Retail Sales
2009	2699.67	2344.67	1573.00	354.99	310.56	2389.11
2010	3195.67	2777.85	1896.69	417.82	363.98	2831.70
2011	3789.99	3345.17	2421.45	444.82	416.80	3373.18

16-11 各市(区)社会消费品零售总额
Total Retail Sales of Consumer Goods by City(District)

单位：亿元 (100 million yuan)

年 份 year	全 省 Shaanxi	西安市 Xi'an	铜川市 Tongchuan	宝鸡市 Baoji	咸阳市 Xianyang	渭南市 Weinan
1992	227.53	100.84	5.89	25.87	24.49	21.36
1993	259.87	116.73	6.43	30.58	25.75	23.61
1994	318.70	148.03	7.44	33.48	31.53	26.18
1995	398.87	186.60	9.06	42.04	40.49	33.87
1996	474.87	222.94	10.53	49.21	48.68	41.41
1997	552.37	264.47	11.90	55.60	55.54	48.04
1998	601.89	291.45	12.31	59.76	58.21	52.79
1999	657.80	323.37	12.95	65.01	63.78	55.15
2000	725.64	360.42	13.79	71.89	70.35	58.53
2001	809.31	406.21	14.64	80.61	79.16	62.37
2002	907.64	459.76	15.96	91.19	88.83	66.68
2003	1010.95	502.65	17.73	105.06	101.56	73.21
2004	1162.80	578.60	19.94	122.91	119.07	81.58
2005	1331.35	670.56	21.76	137.48	133.03	93.02
2006	1542.37	784.95	24.12	155.23	148.88	108.65
2007	1837.25	936.21	27.58	179.81	173.11	131.96
2008	2317.11	1176.58	33.54	220.90	212.67	175.03
2009	2699.67	1381.12	39.48	260.10	250.59	201.58
2010	3195.67	1637.04	46.58	307.52	296.35	237.87
2011	3789.99	1965.98	54.56	358.23	345.10	278.96

16-11 续表 continued

单位：亿元 (100 million yuan)

年 份 year	延安市 Yan'an	汉中市 Hanzhong	榆林市 Yulin	安康市 Ankang	商洛市 Shangluo	杨凌示范区 Yangling
1992	6.65	17.92	8.68	8.93	6.19	0.72
1993	7.99	20.96	9.63	10.33	7.06	0.80
1994	10.33	27.06	13.03	12.31	8.42	0.89
1995	12.13	31.19	16.17	15.50	10.66	1.15
1996	14.02	34.97	20.59	18.54	12.63	1.37
1997	15.99	36.95	26.25	22.24	13.96	1.43
1998	17.79	38.82	29.18	24.55	15.59	1.42
1999	20.36	40.50	31.85	25.76	17.50	1.55
2000	22.63	42.91	35.77	27.68	19.91	1.77
2001	26.22	45.22	40.40	29.88	22.59	2.01
2002	30.78	48.31	46.02	32.36	25.40	2.35
2003	34.99	52.69	55.55	36.06	28.65	2.79
2004	41.10	57.23	65.08	41.19	32.71	3.38
2005	47.53	65.30	76.33	46.75	35.97	3.62
2006	54.70	76.10	91.98	53.83	40.01	3.92
2007	65.85	91.80	116.02	64.12	46.22	4.57
2008	84.80	116.66	154.11	80.72	56.70	5.40
2009	94.66	133.02	172.48	93.56	66.79	6.29
2010	111.81	157.50	203.51	110.78	79.19	7.51
2011	131.14	184.44	240.95	129.72	92.18	8.71

16-12 各市(区)按销售单位所在地和消费形态分的社会消费品零售总额(2011年)

Total Retail Sales of Consumer Goods by Location of Establishments and Consumption Patterns by City(District)(2011)

单位：万元 (10 000 yuan)

地区	Region	社会消费品零售总额 Total Retail Sales of Consumer Goods	按销售单位所在地分 By Location of Establishments			按消费形态分 By Consumption Patterns	
			城镇 Urban Areas	#城区 Urban District	乡村 Rural Areas	商品零售 Retail Sales	餐饮收入 Catering Income
全省	**Shaanxi**	**37899852**	**33451662**	**24214455**	**4448190**	**33731845**	**4168007**
西安市	Xi'an	19659774	19086433	15862557	573342	17632255	2027519
铜川市	Tongchuan	545624	421693	280658	123932	458625	87000
宝鸡市	Baoji	3582322	3233369	2831043	348954	3179101	403221
咸阳市	Xianyang	3451008	2611854	1287165	839155	3029452	421557
渭南市	Weinan	2789626	2020987	1226700	768640	2486079	303547
延安市	Yan'an	1311432	1033094	532460	278339	1146683	164749
汉中市	Hanzhong	1844406	1492820	666256	351586	1605191	239215
榆林市	Yulin	2409538	1694475	720524	715062	2148567	260971
安康市	Ankang	1297216	1072804	556098	224412	1124623	172592
商洛市	Shangluo	921838	717015	183874	204823	845849	75988
杨凌示范区	Yangling	87068	67120	67120	19947	75419	11649

16-13 各市、县(市、区)社会消费品零售总额

Total Retail Sales of Consumer Goods by City and County(City and District)

单位：万元 (10 000 yuan)

地　区	Region	2010	2011	2011年比2010年增长% Growth Rate in 2011 over 2010(%)
全　省	**Shaanxi**	**31956725**	**37899852**	**18.6**
西安市	**Xi'an**	**16370367**	**19659774**	**20.1**
新城区	Xincheng	2850412	3419069	20.0
碑林区	Beilin	2851789	3420722	20.0
莲湖区	Lianhu	2345825	2816163	20.1
灞桥区	Baqiao	383023	464033	21.2
未央区	Weiyang	2321722	2782585	19.9
雁塔区	Yanta	3161698	3800048	20.3
阎良区	Yanliang	192845	232089	20.4
临潼区	Lintong	402993	485405	20.5
长安区	Chang'an	910663	1100538	20.9
蓝田县	Lantian	296033	354500	19.8
周至县	Zhouzhi	197948	237439	20.0
户　县	Huxian	323399	388564	20.2
高陵县	Gaoling	132017	158619	20.2
铜川市	**Tongchuan**	**465787**	**545624**	**17.1**
王益区	Wangyi	209140	246028	17.6
印台区	Yintai	98317	114579	16.5
耀州区	Yaozhou	130211	152302	17.0
宜君县	Yijun	28119	32715	16.3
宝鸡市	**Baoji**	**3075228**	**3582322**	**16.5**
渭滨区	Weibin	986397	1189056	20.5
金台区	Jintai	629856	736301	16.9
陈仓区	Chencang	295529	334243	13.1
凤翔县	Fengxiang	255657	289659	13.3
岐山县	Qishan	277962	315208	13.4
扶风县	Fufeng	161871	183076	13.1
眉　县	Meixian	136420	155928	14.3
陇　县	Longxian	112911	128266	13.6
千阳县	Qianyang	48113	54367	13.0
麟游县	Linyou	45144	50967	12.9
凤　县	Fengxian	95148	111132	16.8
太白县	Taibai	30221	34119	12.9
咸阳市	**Xianyang**	**2963547**	**3451008**	**16.4**
秦都区	Qindu	568671	669184	17.7
渭城区	Weicheng	482884	563381	16.7
三原县	Sanyuan	215240	251479	16.8
泾阳县	Jingyang	217433	250432	15.2
乾　县	Qianxian	305810	352532	15.3

16-13 续表 1 continued

单位：万元 (10 000 yuan)

地　区	Region	2010	2011	2011年比2010年增长% Growth Rate in 2011 over 2010(%)
礼泉县	Liquan	237349	277258	16.8
永寿县	Yongshcu	80737	94170	16.6
彬　县	Binxian	136397	161143	18.1
长武县	Changwu	73855	85114	15.2
旬邑县	Xunyi	96253	110746	15.1
淳化县	Chunhua	75552	87260	15.5
武功县	Wugong	194730	224978	15.5
兴平市	Xingping	278635	323331	16.0
渭南市	**Weinan**	**2378662**	**2789626**	**17.3**
临渭区	Linwei	584493	685314	17.2
华　县	Huaxian	94421	110894	17.4
潼关县	Tongguan	60792	70911	16.6
大荔县	Dali	304104	351977	15.7
合阳县	Heyang	156862	187354	19.4
澄城县	Chengcheng	150824	174517	15.7
蒲城县	Pucheng	298433	346303	16.0
白水县	Baishui	110382	128897	16.8
富平县	Fuping	274081	335864	22.5
韩城市	Hancheng	214638	248757	15.9
华阴市	Huayin	129632	148839	14.8
延安市	**Yan'an**	**1118144**	**1311432**	**17.3**
宝塔区	Baota	509042	601629	18.2
延长县	Yanchang	40353	46899	16.2
延川县	Yanchuan	50059	58047	16.0
子长县	Zichang	72669	85016	17.0
安塞县	Ansai	56338	65646	16.5
志丹县	Zhidan	57106	67009	17.3
吴起县	Wuqi	39237	46024	17.3
甘泉县	Ganquan	27169	31329	15.3
富　县	Fuxian	50519	59021	16.8
洛川县	Luochuan	96243	111348	15.7
宜川县	Yichuan	29704	34621	16.6
黄龙县	Huanglong	12722	14689	15.5
黄陵县	Huangling	76983	90154	17.1
汉中市	**Hanzhong**	**1575028**	**1844406**	**17.1**
汉台区	Hantai	626236	736933	17.7
南郑县	Nanzheng	153568	176908	15.2
城固县	Chenggu	177880	207887	16.9
洋　县	Yangxian	85730	100588	17.3
西乡县	Xixiang	83033	97476	17.4

16-13 续表 2 continued

单位：万元 (10 000 yuan)

地　区	Region	2010	2011	2011年比2010年增长% Growth Rate in 2011 over 2010(%)
勉　县	Mianxian	153500	180447	17.6
宁强县	Ningqiang	93914	109121	16.2
略阳县	Lueyang	89927	104460	16.2
镇巴县	Zhenba	80779	94917	17.5
留坝县	Liuba	18519	21711	17.2
佛坪县	Foping	11942	13958	16.9
榆林市	**Yulin**	**2035080**	**2409538**	**18.4**
榆阳区	Yuyang	364321	425407	16.8
神木县	Shenmu	260686	307048	17.8
府谷县	Fugu	220537	271584	23.1
横山县	Hengshan	146063	201568	38.0
靖边县	Jingbian	287798	335724	16.7
定边县	Dingbian	138442	161555	16.7
绥德县	Suide	270013	322475	19.4
米脂县	Mizhi	102467	112935	10.2
佳　县	Jiaxian	51222	57140	11.6
吴堡县	Wubu	49546	55267	11.5
清涧县	Qingjian	53806	59544	10.7
子洲县	Zizhou	90179	99289	10.1
安康市	**Ankang**	**1107844**	**1297216**	**17.1**
汉滨区	Hanbin	527087	618102	17.3
汉阴县	Hanyin	73843	86042	16.5
石泉县	Shiquan	53490	62751	17.3
宁陕县	Ningshan	25639	29747	16.0
紫阳县	Ziyang	96828	113902	17.6
岚皋县	Langao	46962	55067	17.3
平利县	Pingli	59688	70063	17.4
镇坪县	Zhenping	17048	19999	17.3
旬阳县	Xunyang	149606	174526	16.7
白河县	Baihe	57654	67017	16.2
商洛市	**Shangluo**	**791907**	**921838**	**16.4**
商州区	Shangzhou	195321	227298	16.4
洛南县	Luonan	143106	166401	16.3
丹凤县	Danfeng	107577	125382	16.6
商南县	Shangnan	70815	82533	16.5
山阳县	Shanyang	124900	145438	16.4
镇安县	Zhen'an	98534	114747	16.5
柞水县	Zhashui	51654	60039	16.2
杨凌示范区	**Yangling**	**75132**	**87068**	**15.9**

16-14 限额以上批发业商品购进、销售、库存总额(2011年)
Total Purchases, Sales and Inventory of Enterprises above Designated Size in Wholesale Trades(2011)

单位：万元 (10 000 yuan)

指标	Item	商品购进总额 Total Purchases Value	#进口 Imports	商品销售总额 Total Sales	#批发 Wholesale Trades	#出口 Exports	年末库存 Stock at Year-end
总计	**Total**	**37806093**	**677650**	**41041146**	**36666660**	**864362**	**1600222**
按批发行业分	**By Wholesale Trade Sector**						
农畜产品批发	Wholesale of Farm Produce and Livestock Products	118409		137364	130651	18008	42286
谷物、豆及薯类批发	Wholesale of Cereals,Beans and Tubers	89550		108689	105739	18008	37276
种子、饲料批发	Wholesale of Seeds and Forages	5472		5824	5824		2097
棉、麻批发	Wholesale of Cotton and Hemp	7002		6838	6838		1696
牲畜批发	Wholesale of Livestock	9074		8574	4812		1000
其他农畜产品批发	Others	7311		7438	7438		217
食品、饮料及烟草制品批发	Wholesale of Food, Beverages and Tobaccos	2691081		3540730	3437840		206804
米、面制品及食用油批发	Wholesale of Rice, Flour and Edible Oil	36109		31776	23613		9059
糕点、糖果及糖批发	Wholesale of Cake and Sugar	15870		15533	12780		1725
果品、蔬菜批发	Wholesale of Vegetables and Fruits	127587		140446	120341		6231
盐及调味品批发	Wholesale of Salt and Condiments	60073		79806	79334		6586
饮料及茶叶批发	Wholesale of Beverages and Tea	286642		340051	288364		50176
烟草制品批发	Wholesale of Tobaccos	2164799		2933118	2913408		133027
其他食品批发	Others						
纺织、服装及日用品批发	Wholesale of Textiles, Garments and Daily Consumer Articles	1270114		1334704	828322		44069
纺织品、针织品及原料批发	Wholesale of Textiles,Knitwear and Textile Materials	45959		53458	53458		2668
服装批发	Wholesale of Garments	1021703		1075364	585471		1435
鞋帽批发	Wholesale of shoes and hats	36881		23669	23669		21301
厨房、卫生间用具及日用杂货批发	Wholesale of Kitchen and Washroom Appliance and Various Household Supplies	38231		37731	21243		2000
化妆品及卫生用品批发	Wholesale of Cosmetics and Health Consumer Articles	118783		136409	136409		16181
其他日用品批发	Others	8557		8072	8072		485
文化、体育用品及器材批发	Wholesale of Culture, Sports Appliances and Equipment	164721		175772	174430	2375	34869
文具用品批发	Wholesale of Stationary	49208		48509	48456		17578
图书批发	Wholesale of Books	113090		124889	123599		17187
首饰、工艺品及收藏品批发	Wholesale of Jewelry,Artwork and Collections	2423		2375	2375	2375	104
医药及医疗器材批发	Wholesale of Medicines and Medical Appliances	1382320	321	1793909	1650813	201	80534
西药批发	Wholesale of Western Medicine	1231255	321	1626623	1495938	201	68703
中药材及中成药批发	Wholesale of Traditional Chinese Medicinal Materials and Medicines	147346		163266	150856		11636
医疗用品及器材批发	Wholesale of Medical Treatment and Equipment	3720		4020	4020		195
矿产品、建材及化工产品批发	Wholesale of Mineral Products, Building Materials and Chemical Products	30068217	635840	31795725	28479224	555694	1009595
煤炭及制品批发	Wholesale of Coal and Related Products	10000933		10661757	10356702	166830	433716
石油及制品批发	Wholesale of Petroleum and Related Products	13075628		13635382	11076771		362757
非金属矿及制品批发	Wholesale of Metal Materials	30788	1656	30944	30944	28783	14
金属及金属矿批发	Wholesale of Metal Mine and its Manufacture	5628663	634184	6081411	5747684	352487	182855
建材批发	Wholesale of Building Materials	1049266		1069791	957364	2335	16107
化肥批发	Wholesale of Garments	107369		116682	110707		11511
农药批发	Wholesale of Pesticides	5663		5334	5334		426
其他化工产品批发	Others	169907		194423	193718	5260	2208
机械设备、五金交电及电子产品批发	Wholesale of Machinery, Hardware and Electronic Equipment	2036487	40718	2182682	1889168	256660	178202
农业机械批发	Wholesale of Agricultural Machinery	81450		82469	72683		13650
汽车、摩托车及零配件批发	Wholesale of Motor Vehicles, Motorcycles and Parts	816354		873576	694507	189919	58855

16-14 续表 continued

单位：万元 (10 000 yuan)

指标	Item	商品购进总额 Total Purchases Value	#进口 Imports	商品销售总额 Total Sales	#批发 Wholesale Trades	#出口 Exports	年末库存 Stock at Year-end
五金、交电批发	Wholesale of Hardware	118410	39410	133166	126123	50576	10918
家用电器批发	Wholesale of Household Appliances	346900		340386	340386		49275
计算机、软件及辅助设备批发	Wholesale of Computer, Software and Peripherals	372489		408267	316647		109
通讯及广播电视设备批发	Wholesale of Communications and Broadcast and Television Equipments	23101		24242	24242		16599
其他机械设备及电子产品批发	Others	277783	1308	320576	314579	16166	28796
贸易经纪与代理	Trade Broker and Agency	32196	771	36724	36724	31424	3330
其他批发	Others	42550		43537	39489		533
再生物资回收与批发	Recovery and Wholesale of Regeneration Material	22122		22439	19509		391
其他未列明的批发	Any other Wholesale	20428		21098	19980		142
按登记注册类型分	**By Status of Registration**						
内资企业	Domestic Funded Enterprises	35817701	677650	38655620	34360658	864362	1552403
国有企业	State-owned Enterprises	14702375	76486	15856307	14719782	514755	671326
集体企业	Collective-owned Enterprises	128887		143837	128647		5094
股份合作企业	Cooperative Enterprises	36109		39646	39646		1425
联营企业	State Joint Ownership Enterprises	2739		3192	3169		266
国有联营企业	State Joint Ownership Enterprises						
集体联营企业	Collective Joint Ownership Enterprises	2739		3192	3169		266
有限责任公司	Limited Liability Corporations	10489058	225578	11812794	10549772	307695	494915
国有独资公司	State Sole Funded Corporations	455943	113951	440763	314346	112540	24274
其他有限责任公司	Other Limited Liability Corporations	10033115	111627	11372031	10235426	195155	470641
股份有限公司	Share-holding Corporations Ltd.	8561058	345877	8707462	6986101		257518
私营企业	Private Enterprises	1892170	29708	2087082	1928241	41911	121852
私营独资企业	Private-funded Enterprises	255250		262420	249598		11690
私营合伙企业	Private Partnership Enterprises	9511		9510	5659		60
私营有限责任公司	Private Limited Liability Corporations	1247706	29708	1433277	1340817	39493	103272
私营股份有限公司	Private Share-holding Corporations Ltd.	379704		381876	332167	2419	6831
其他企业	Other Enterprises	5305		5300	5300		8
港、澳、台商投资企业	Enterprises with Funds from Hong Kong, Macao & Taiwan	365842		371325	291802		21301
合资经营企业(港或澳、台资)	Joint-venture Enterprises	271391		280754	203903		0
港、澳、台商独资经营企业	Enterprises with Sole Investment	94451		90571	87898		21301
外商投资企业	Enterprises with Foreign Investment	1622551		2014201	2014201		26518
中外合资经营企业	Joint Venture Enterprises with Foreign Investment	1622551		2014201	2014201		26518
外资企业	Enterprises with Sole(exclusive) Foreign Investment						
按控股情况分	**By Status of Share Holding**						
国有控股	State-holding	23638832	268700	25461296	22664113	748150	910159
集体控股	Collective-holding	2821122	345877	2736259	2381527	17008	135187
私人控股	Private-holding	4759631	60872	5234066	4335429	77159	264124
港澳台商控股	Hong Kong, Macao & Taiwan-holding	365842		371325	291802		21301
外商控股	Foreign-holding	1622551		2014201	2014201		26518
其　他	Others	4598115	2201	5223999	4979589	22045	242933
按经营形式分	**By Form of Management**						
独立门店	Independent Stores	26518086	655471	28076992	24786065	853776	1175911
连锁总店	General Chain Stores	2065616		2602940	2202099		111081
连锁门店	Branch Chain Stores	19192		26367	23729		1081
其　他	Others	9203200	22179	10334848	9654767	10585	312149

16-15 限额以上零售业商品购进、销售、库存总额(2011年)

Total Purchases, Sales and Inventory of Enterprises above Designated Size in Retail Trades (2011)

单位：万元 (10 000 yuan)

指标	Item	商品购进总额 Total Purchases Value	#进口 Imports	商品销售总额 Total Sales	#批发 Wholesale Trades	#出口 Exports	年末库存 Stock at year-end
总计	**Total**	**14770928**	**276859**	**16412115**	**1075762**	**6351**	**1392872**
按零售行业分	**By Retail Trades Sector**						
综合零售	Integrated Retail	3909082	1600	4369484	44151		427723
百货零售	Retail of General Merchandise	1923053	9	2176499	13590		180725
超级市场零售	Retail of Supermarkets	1879658	1591	2025601	25859		237105
其他综合零售	Others	106371		167384	4703		9894
食品、饮料及烟草制品专门零售	Special Retail of Food, Beverages and Tobaccos	161600	1736	288449	27206		64974
粮油零售	Retail of Grain and Oil	10074		9266	499		3187
糕点、面包零售	Retail of Cake and Bread	858		867	20		187
果品、蔬菜零售	Retail of Melons and Fruits,Vegetables	27431		27477			5626
肉、禽、蛋及水产品零售	Retail of Meat, Poultry, Eggs and Aquatic Products	19021		17327	2473		5550
饮料及茶叶零售	Retail of Beverages and Tea	31794		141386	6536		44007
烟草制品零售	Retail of Tobaccos	40519		56262	3120		2432
其他食品零售	Others	31903	1736	35865	14559		3985
纺织、服装及日用品专门零售	Special Retail of Textiles, Garments and Daily Consumer Articles	1305626		1367995	99199		88992
纺织品及针织品零售	Retail of Textiles and Knitwear	9100		13464			1201
服装零售	Retail of Garments	1116498		1163349	98046		63873
鞋帽零售	Retail of Shoes and Hats	3809		3581			273
钟表、眼镜零售	Retail of Clocks and Watches,Spectacles	48265		42846			18039
化妆品及卫生用品零售	Retail of Cosmetics and Health Consumer Articles	45746		48772	592		1332
其他日用品零售	Others	82209		95983	561		4275
文化、体育用品及器材专门零售	Special Retail of Culture, Sports Appliances and Equipments	369707		426151	49662		99575
体育用品零售	Retail of Sports Goods	76489		82131	23648		31978
图书零售	Retail of Books	253036		233790	7131		55888
珠宝首饰零售	Retail of Jewelry	38805		93927	18883		10231
工艺美术品及收藏品零售	Retail of Artwork and Collections	320		15019			830
其他文化用品零售	Others	1056		1284			649
医药及医疗器材专门零售	Special Retail of Medicines and Medical Appliances	267519		292584	37414		44743
药品零售	Retail of Medicines	265137		289532	35744		44537
医疗用品及器材零售	Retail of Medical Supplies and Appliances	2381		3052	1670		206
汽车、摩托车、燃料及零配件专门零售	Special Retail of Motor Vehicles, Motorcycles, Fuel and Parts	6248401	242323	6844225	612204		538586
汽车零售	Retail of Motor Vehicles	5549882	242323	6101435	597181		506576
汽车零配件零售	Retail of Motor Vehicles and Parts	34365		40136	3481		4527
摩托车及零配件零售	Retail of Motorcycles and Parts	33940		27335	910		8894
机动车燃料零售	Retail of Fuel of Motor Vehicles	630214		675319	10632		18590

16-15 续表 1 continued

单位：万元 (10 000 yuan)

指　　标	Item	商品购进总额 Total Purchases Value	#进口 Imports	商品销售总额 Total Sales	#批发 Wholesale Trades	#出口 Exports	年末库存 Stock at Year-end
家用电器及电子产品专门零售	Special Retail of Household Appliances and Electronic Products	1491767		1653567	190246	6351	87852
家用电器零售	Retail of Household Appliances	1343592		1484063	174170		69383
计算机、软件及辅助设备零售	Retail of Computer, Software and Peripherals	101937		115218	14228	6351	7885
通信设备零售	Retail of Communication Equipment	43038		51092	1848		10214
其他电子产品零售	Others	3200		3194			370
五金、家具及室内装修材料专门零售	Special Retail of Hardware, Furniture and Decoration Materials	931186	31200	1076912	15171		35644
五金零售	Retail of Hardware	59847		60434	3645		3159
家具零售	Retail of Furniture	637930	31200	770664	2377		19646
其他室内装修材料零售	Others	233408		245814	9149		12839
无店铺及其他零售	Non-shop and Other Retails	86040		92748	510		4782
邮购及电子销售	Distribution of Mail Order and E-commerce	38448		47569			95
生活用燃料零售	Retail of life fuels	22361		15198	510		1840
花卉零售	Retail of Flower	971		960			659
其他未列明的零售	Other Retail not Classified Elsewhere	24261		29021			2189
按登记注册类型分	**By Status of Registration**						
内资企业	Domestic Funded Enterprises	12781758	197573	14014559	1062862	6351	1248566
国有企业	State-owned Enterprises	646725	1559	625026	26709		107140
集体企业	Collective-owned Enterprises	227042		274113	12874		16040
股份合作企业	Cooperative Enterprises	55491		53128	250		3473
联营企业	Joint Ownership Enterprises	11888		13017			973
集体联营企业	Collective Joint Ownership Enterprises	3326		4749			247
国有与集体联营企业	Joint State-collective Enterprises	1746		1823			356
其他联营企业	Other Joint Ownership Enterprises	6816		6446			370
有限责任公司	Limited Liability Corporations	7279908	64243	7981704	762037		706558
国有独资公司	State Sole Funded Corporations	92132		89700			22843
其他有限责任公司	Other Limited Liability Corporations	7187776	64243	7892004	762037		683715
股份有限公司	Share-holding Corporations Ltd.	1251365	26908	1447671	131609		104878
私营企业	Private Enterprises	2891311	104863	3185827	87976	6351	295101
私营独资企业	Private-funded Enterprises	301927	9824	330244	8578		32687
私营合伙企业	Private Partnership Enterprises	119181	10959	116826	484		11313
私营有限责任公司	Private Limited Liability Corporations	2200448	84081	2459997	58023	6351	227866
私营股份有限公司	Private Share-holding Corporations Ltd.	269755		278761	20891		23236
其他企业	Other Enterprises	418029		434072	41407		14404
港、澳、台商投资企业	Enterprises with Funds from Hong Kong, Macao & Taiwan	873678	77550	1074739	12900		94147
合资经营企业(港或澳、台资)	Joint-venture Enterprises	204015		258119			18089
合作经营企业(港或澳、台资)	Cooperative Enterprises	6461		5245			1216
港、澳、台商独资经营企业	Enterprises with Sole Investment	663203	77550	811376	12900		74842

16-15 续表 2 continued

单位：万元 (10 000 yuan)

指 标	Item	商品购进总额 Total Purchases Value	#进口 Imports	商品销售总额 Total Sales	#批发 Wholesale Trades	#出口 Exports	年末库存 Stock at Year-end
外商投资企业	Enterprises with Foreign Investment	1115491	1736	1322818			50159
中外合资经营企业	Joint Venture Enterprises with Foreign Investment	204015		258119			18089
中外合作经营企业	Cooperation Enterprises	6461		5245			1216
外资企业	Enterprises with Sole(exclusive) Foreign Investment	663203	77550	811376	12900		74842
按控股情况分	**By Status of Share Holding**						
国有控股	State-holding	923777	1559	900102	38529		156323
集体控股	Collective-holding	550500	9	577182	23604		49014
私人控股	Private-holding	6987319	192372	7757617	316999	6351	631873
港澳台商控股	Hong Kong, Macao & Taiwan-holding	841727	77550	1047156	12900		89778
外商控股	Foreign-holding	1101530	1736	1305100			48898
其 他	Others	4366075	3634	4824958	683730		416985
按经营形式分	**By Form of Management**						
独立门店	Independent Stores	11304977	271666	12456941	925545		1036657
连锁总店	General Chain Stores	950653		1026669	31969		75861
连锁门店	Branch Chain Stores	1303957		1450513	79895		153490
其 他	Others	1211341	5193	1477992	38354	6351	126864
按零售业态分	**By Business Categories**						
有店铺零售	Shop Retails	14681454	275123	16306160	1062273		1389694
食杂店	Grocery Store	8888		9738			150
便利店	Convenience Store	43927		42176	1445		7294
超 市	Supermarket	504785	1591	534115	12517		69244
大型超市	Hypermarket	1555627		1650168	13197		196045
仓储会员店	Warehouse Club	1432		1404			28
百货店	Department Store	2035621	9	2382207	26037		184155
专业店	Specialty Store	5025973	39981	5418866	450854		476928
专卖店	Franchised Store	3028015	198709	3467707	363155		370313
家居建材商店	Building Material Store	738277	31200	884534			21203
购物中心	Shopping Center	1423549		1564625	188071		43285
厂家直销中心	Factory Outlets Center	315361	3634	350621	6999		21049
无店铺零售	Non-shop Retails	89474	1736	105955	13489	6351	3178
电视购物	TV shopping	38448		47569			95
网上商店	Web Storefronts	47766		54897	13489	6351	2921
自动售货亭	Automated kiosks	1524		1622			30
电话购物	Phone Shopping	1736	1736	1868			132

16-16 各市(区)限额以上批发业商品购进总额(2011年)
Total Purchases of Enterprises above Designated Size in Wholesale Trades by City(District)(2011)

单位：亿元 (100 million yuan)

地 区	Region	合 计 Total	#国有控股 State-holding	内资企业 Domestic Funded Enterprises	国有企业 State-owned Enterprises	集体企业 Collective-owned Enterprises	股份合作企业 Cooperative Enterprises
全 省	**Shaanxi**	**3780.61**	**2363.88**	**3581.77**	**1470.24**	**12.89**	**3.61**
西安市	Xi'an	1684.48	807.79	1485.64	495.31	2.01	
铜川市	Tongchuan	19.45	17.06	19.45	15.73		0.74
宝鸡市	Baoji	365.55	100.61	365.55	21.76		0.35
咸阳市	Xianyang	355.14	315.12	355.14	32.33	3.35	
渭南市	Weinan	89.93	81.83	89.93	77.90	1.30	
延安市	Yan'an	92.10	85.79	92.10	19.92		
汉中市	Hanzhong	80.44	58.93	80.44	26.50	3.71	
榆林市	Yulin	1010.22	828.38	1010.22	747.19	2.19	2.52
安康市	Ankang	55.66	44.16	55.66	22.50	0.33	
商洛市	Shangluo	26.38	23.18	26.38	10.08		
杨凌示范区	Yangling	1.28	1.03	1.28	1.03		

16-16 续表 continued

单位：亿元 (100 million yuan)

地 区	Region	联营企业 State Joint Ownership Enterprises	有限责任公司 Limited Liability Corporations	股份有限公司 Share-holding Corporations Ltd.	私营企业 Private Enterprises	港、澳、台商投资企业 Enterprises with Funds from Hong Kong, Macao & Taiwan	外商投资企业 Enterprises with Foreign Investment
全 省	**Shaanxi**	**0.27**	**1048.91**	**856.11**	**189.22**	**36.58**	**162.26**
西安市	Xi'an	0.27	710.31	145.96	131.25	36.58	162.26
铜川市	Tongchuan		0.46	1.33	1.18		
宝鸡市	Baoji		27.15	316.29			
咸阳市	Xianyang		10.75	304.94	3.76		
渭南市	Weinan		7.15		3.59		
延安市	Yan'an		14.29	53.74	4.15		
汉中市	Hanzhong		47.77	0.29	2.16		
榆林市	Yulin		218.65	2.22	37.45		
安康市	Ankang		10.69	18.11	4.04		
商洛市	Shangluo		1.45	13.22	1.63		
杨凌示范区	Yangling		0.25				

16-17 各市(区)限额以上零售业商品购进总额(2011年)
Total Purchases of Enterprises above Designated Size in Retail Trades by City(District)(2011)

单位：亿元 (100 million yuan)

地区	Region	合计 Total	# 国有控股 State-holding	内资企业 Domestic Funded Enterprises	国有企业 State-owned Enterprises	集体企业 Collective-owned Enterprises	股份合作企业 Cooperative Enterprises
全省	**Shaanxi**	**1477.09**	**92.38**	**1278.18**	**64.67**	**22.70**	**5.55**
西安市	Xi'an	1044.78	50.94	851.87	35.92	3.83	0.35
铜川市	Tongchuan	7.31	0.67	7.25	0.20	0.68	
宝鸡市	Baoji	55.16	4.01	53.19	2.49	2.12	
咸阳市	Xianyang	68.15	6.77	67.12	5.96	4.77	3.14
渭南市	Weinan	88.75	10.59	88.75	8.62	4.09	0.53
延安市	Yan'an	35.42	1.68	35.42	1.63		
汉中市	Hanzhong	44.44	11.53	42.62	5.87	5.72	
榆林市	Yulin	99.39	2.94	98.78	1.89	0.95	1.38
安康市	Ankang	27.95	2.03	27.95	1.75	0.45	0.14
商洛市	Shangluo	4.83	1.22	4.32	0.36	0.09	
杨凌示范区	Yangling	0.91		0.91			

16-17 续表 continued

单位：亿元 (100 million yuan)

地区	Region	联营企业 State Joint Ownership Enterprises	有限责任公司 Limited Liability Corporations	股份有限公司 Share-holding Corporations Ltd.	私营企业 Private Enterprises	港、澳、台商投资企业 Enterprises with Funds from Hong Kong, Macao & Taiwan	外商投资企业 Enterprises with Foreign Investment
全省	**Shaanxi**	**1.19**	**727.99**	**125.14**	**289.13**	**87.37**	**111.55**
西安市	Xi'an	0.33	505.24	99.06	178.73	84.17	108.73
铜川市	Tongchuan		3.37	0.48	2.52		0.07
宝鸡市	Baoji		39.75	4.24	3.70	1.37	0.60
咸阳市	Xianyang		31.56	3.50	17.87		1.03
渭南市	Weinan	0.68	35.04	12.90	18.38		
延安市	Yan'an		31.27		2.52		
汉中市	Hanzhong	0.17	24.33		6.18	1.83	
榆林市	Yulin		44.52	4.25	42.53		0.61
安康市	Ankang		10.81	0.71	14.08		
商洛市	Shangluo		1.67		2.21		0.50
杨凌示范区	Yangling		0.42		0.41		

16-18 各市(区)限额以上批发业商品销售总额(2011年)
Total Sales of Enterprises above Designated Size in Wholesale Trades by City(District)(2011)

单位：亿元 (100 million yuan)

地 区	Region	合 计 Total	# 国有控股 State-holding	内资企业 Domestic Funded Enterprises	国有企业 State-owned Enterprises	集体企业 Collective-owned Enterprises	股份合作企业 Cooperative Enterprises
全 省	**Shaanxi**	**4104.11**	**2546.13**	**3865.56**	**1585.63**	**14.38**	**3.96**
西安市	Xi'an	1888.84	873.66	1650.29	535.46	2.33	
铜川市	Tongchuan	25.54	23.17	25.54	21.09		0.71
宝鸡市	Baoji	364.94	111.47	364.94	29.84		0.38
咸阳市	Xianyang	373.60	323.00	373.60	39.76	3.70	
渭南市	Weinan	98.25	90.28	98.25	86.44	1.22	
延安市	Yan'an	100.93	93.54	100.93	25.05		
汉中市	Hanzhong	87.06	63.50	87.06	32.70	4.25	
榆林市	Yulin	1061.19	880.12	1061.19	770.60	2.15	2.76
安康市	Ankang	63.95	51.30	63.95	25.20	0.74	0.12
商洛市	Shangluo	38.23	34.76	38.23	18.17		
杨凌示范区	Yangling	1.59	1.32	1.59	1.32		

16-18 续表 continued

单位：亿元 (100 million yuan)

地 区	Region	联营企业 State Joint Ownership Enterprises	有限责任公司 Limited Liability Corporations	股份有限公司 Share-holding Corporations Ltd.	私营企业 Private Enterprises	港、澳、台商投资企业 Enterprises with Funds from Hong Kong, Macao & Taiwan	外商投资企业 Enterprises with Foreign Investment
全 省	**Shaanxi**	**0.32**	**1181.28**	**870.75**	**208.71**	**37.13**	**201.42**
西安市	Xi'an	0.32	808.10	153.00	150.56	37.13	201.42
铜川市	Tongchuan		0.43	2.08	1.23		
宝鸡市	Baoji		30.01	304.71			
咸阳市	Xianyang		13.60	312.71	3.82		
渭南市	Weinan		7.05		3.54		
延安市	Yan'an		14.58	56.37	4.93		
汉中市	Hanzhong		47.41	0.52	2.18		
榆林市	Yulin		246.46	2.41	36.81		
安康市	Ankang		11.61	22.38	3.90		
商洛市	Shangluo		1.76	16.56	1.74		
杨凌示范区	Yangling		0.27				

16-19 各市(区)限额以上零售业商品销售总额（2011年）
Total Sales of Enterprises above Designated Size in Retail Trades by City(District)(2011)

单位：亿元 (100 million yuan)

地区	Region	合计 Total	# 国有控股 State-holding	内资企业 Domestic Funded Enterprises	国有企业 State-owned Enterprises	集体企业 Collective-owned Enterprises	股份合作企业 Cooperative Enterprises
全省	**Shaanxi**	**1641.21**	**90.01**	**1401.46**	**62.50**	**27.41**	**5.31**
西安市	Xi'an	1192.54	49.09	958.58	32.84	7.55	0.35
铜川市	Tongchuan	7.07	0.55	7.02	0.19	0.67	
宝鸡市	Baoji	53.64	3.95	51.97	2.49	2.13	
咸阳市	Xianyang	67.01	6.58	65.85	5.87	5.10	3.02
渭南市	Weinan	110.25	11.16	110.25	9.24	4.64	0.48
延安市	Yan'an	35.15	1.84	35.15	1.80		
汉中市	Hanzhong	44.02	10.96	42.47	6.06	5.84	
榆林市	Yulin	97.57	2.88	96.78	2.08	1.01	1.33
安康市	Ankang	28.17	1.83	28.17	1.61	0.41	0.14
商洛市	Shangluo	4.41	1.15	3.82	0.33	0.07	
杨凌示范区	Yangling	1.38		1.38			

16-19 续表 continued

单位：亿元 (100 million yuan)

地区	Region	联营企业 State Joint Ownership Enterprises	有限责任公司 Limited Liability Corporations	股份有限公司 Share-holding Corporations Ltd.	私营企业 Private Enterprises	港、澳、台商投资企业 Enterprises with Funds from Hong Kong, Macao & Taiwan	外商投资企业 Enterprises with Foreign Investment
全省	**Shaanxi**	**1.30**	**798.17**	**144.77**	**318.58**	**107.47**	**132.28**
西安市	Xi'an	0.47	569.88	115.45	202.20	104.72	129.24
铜川市	Tongchuan		3.21	0.57	2.38		0.05
宝鸡市	Baoji		39.35	4.24	2.86	1.20	0.46
咸阳市	Xianyang		30.44	3.46	17.55		1.15
渭南市	Weinan	0.64	43.81	16.82	26.15		
延安市	Yan'an		30.64		2.71		
汉中市	Hanzhong	0.18	23.11		6.88	1.55	
榆林市	Yulin		43.83	3.49	41.74		0.79
安康市	Ankang		11.37	0.73	13.92		
商洛市	Shangluo		1.69		1.73		0.59
杨凌示范区	Yangling		0.84		0.45		

16-20 各市(区)限额以上批发业商品库存总额(2011年)
Total Inventory of Enterprises above Designated Size in Wholesale Trades by City(District)(2011)

单位：亿元 (100 million yuan)

地 区	Region	合 计 Total	# 国有控股 State-holding	内资企业 Domestic Funded Enterprises	国有企业 State-owned Enterprises	集体企业 Collective-owned Enterprises	股份合作企业 Cooperative Enterprises
全 省	**Shaanxi**	**160.02**	**91.02**	**155.24**	**67.13**	**0.51**	**0.14**
西 安 市	Xi'an	73.45	33.20	68.67	24.74	0.23	
铜 川 市	Tongchuan	1.30	0.96	1.30	0.89		0.05
宝 鸡 市	Baoji	20.96	8.41	20.96	2.42		0.03
咸 阳 市	Xianyang	6.57	4.19	6.57	1.68	0.12	
渭 南 市	Weinan	4.10	3.87	4.10	3.78	0.10	
延 安 市	Yan'an	3.65	3.11	3.65	2.36		
汉 中 市	Hanzhong	4.55	3.49	4.55	1.50	0.00	
榆 林 市	Yulin	39.60	28.91	39.60	26.20	0.04	0.04
安 康 市	Ankang	4.42	3.69	4.425	2.79	0.02	0.03
商 洛 市	Shangluo	1.17	1.03	1.17	0.64		
杨凌示范区	Yangling	0.24	0.16	0.24	0.16		

16-20 续表 continued

单位：亿元 (100 million yuan)

地 区	Region	联营企业 State Joint Ownership Enterprises	有限责任公司 Limited Liability Corporations	股份有限公司 Share-holding Corporations Ltd.	私营企业 Private Enterprises	港、澳、台商投资企业 Enterprises with Funds from Hong Kong, Macao & Taiwan	外商投资企业 Enterprises with Foreign Investment
全 省	**Shaanxi**	**0.03**	**49.49**	**25.75**	**12.19**	**2.13**	**2.65**
西 安 市	Xi'an	0.03	29.86	4.90	8.92	2.13	2.65
铜 川 市	Tongchuan		0.03	0.08	0.26		
宝 鸡 市	Baoji		4.10	14.41			
咸 阳 市	Xianyang		0.56	4.13	0.08		
渭 南 市	Weinan		0.09		0.13		
延 安 市	Yan'an		0.46	0.74	0.09		
汉 中 市	Hanzhong		2.84	0.01	0.21		
榆 林 市	Yulin		11.13	0.17	2.03		
安 康 市	Ankang		0.22	0.99	0.38		
商 洛 市	Shangluo		0.13	0.32	0.08		
杨凌示范区	Yangling		0.08				

16-21 各市(区)限额以上零售业商品库存总额(2011年) Total Inventory of Enterprises above Designated Size in Retail Trades by City(District)(2011)

单位：亿元 (100 million yuan)

地 区	Region	合 计 Total	# 国有控股 State-holding	内资企业 Domestic Funded Enterprises	国有企业 State-owned Enterprises	集体企业 Collective-owned Enterprises	股份合作企业 Cooperative Enterprises
全 省	**Shaanxi**	**139.29**	**15.63**	**124.86**	**10.71**	**1.60**	**0.35**
西 安 市	Xi'an	87.81	9.16	74.13	7.01	0.32	0.00
铜 川 市	Tongchuan	1.66	0.38	1.64	0.02	0.07	
宝 鸡 市	Baoji	5.45	0.81	5.15	0.58	0.17	
咸 阳 市	Xianyang	6.97	0.93	6.91	0.52	0.13	0.13
渭 南 市	Weinan	8.24	1.44	8.24	1.27	0.39	0.09
延 安 市	Yan'an	3.07	0.13	3.07	0.12		
汉 中 市	Hanzhong	9.36	1.83	9.09	0.66	0.42	
榆 林 市	Yulin	11.77	0.28	11.75	0.20	0.02	0.11
安 康 市	Ankang	3.57	0.30	3.57	0.24	0.06	0.01
商 洛 市	Shangluo	1.29	0.36	1.24	0.10	0.02	
杨凌示范区	Yangling	0.08		0.08			

16-21 续表 continued

单位：亿元 (100 million yuan)

地 区	Region	联营企业 State Joint Ownership Enterprises	有限责任公司 Limited Liability Corporations	股份有限公司 Share-holding Corporations Ltd.	私营企业 Private Enterprises	港、澳、台商投资企业 Enterprises with Funds from Hong Kong, Macao & Taiwan	外商投资企业 Enterprises with Foreign Investment
全 省	**Shaanxi**	**0.10**	**70.66**	**10.49**	**29.51**	**9.41**	**5.02**
西 安 市	Xi'an	0.02	42.92	7.63	16.06	8.98	4.71
铜 川 市	Tongchuan		0.96	0.13	0.47		0.02
宝 鸡 市	Baoji		2.82	0.33	1.17	0.16	0.14
咸 阳 市	Xianyang		4.62	0.09	1.38		0.06
渭 南 市	Weinan	0.04	2.95	1.20	1.57		
延 安 市	Yan'an		2.51		0.45		
汉 中 市	Hanzhong	0.04	6.62		1.33	0.27	
榆 林 市	Yulin		5.21	1.03	4.76		0.03
安 康 市	Ankang		1.57	0.08	1.61		
商 洛 市	Shangluo		0.43		0.69		0.05
杨凌示范区	Yangling		0.04		0.03		

16-22 限额以上批发和零售企业(单位)商品零售类值
Total Sales of Enterprises above Designated Size in Retail Trades by Category of Commodities

单位：万元 (10 000 yuan)

类　别	Item	2010	2011
合　计	**Total**	**15267345**	**20057601**
1.食品、饮料、烟酒类	Food, Beverages, Tobacco and Liquor	1426923	1826987
(1)食品类	Food	877002	1116619
# 粮油类	Grain and Oil	287122	442715
肉禽蛋类	Meat, Poultry and Eggs	181492	128291
水产品类	Aquatic Products	68425	99575
蔬菜类	Vegetables	71773	89812
干鲜果品类	Dried and Fresh Melons and Fruits	73631	108469
(2)饮料类	Beverages	237621	301276
(3)烟酒类	Tobacco and Liquor	312301	409093
2.服装、鞋帽、针纺织品类	Garments,Shoes and Hats,Knitwear and Textiles	2375294	3197993
(1)服装类	Garments	1865111	2555560
(2)鞋帽类	Shoes and Hats	353510	438020
(3)针、纺织品类	Knitwear and Textiles	156673	204412
3.化妆品类	Cosmetics	234587	286977
4.金银珠宝类	Gold, Silver and Jewellery	331559	483025
5.日用品类	Daily Consumer Articles	475485	588585
# 洗涤用品类	Washing Articles	148796	161176
儿童玩具类	Children Toys	58741	74382
6.五金、电料类	Hardware	160835	203290
7.体育、娱乐用品类	Sports and Recreation Articles	161544	185138
8.书报杂志类	Newspapers and Magazines	218184	249344
9.电子出版物及音像制品类	E-journals and Video Products	7242	9627
10.家用电器和音像器材类	Household Appliances and Audio/Video Equipments	950533	1227644
11.中西药品类	Traditional Chinese and Western Medicines	337901	415072
# 西药类	Western Medicine	247990	310045
中草药及中成药类	Traditional Chinese Medicines	44147	56888
12.文化办公用品类	Cultural and Office Appliances	252260	322734
13.家具类	Furniture	460519	598984
14.通讯器材类	Communication Appliances	203083	242108
15.煤炭及制品类	Coal and Related Products	501504	746093
16.木材及制品类	Wood and Wooden Products		
17.石油及制品类	Petroleum and Related Products	2215691	3341184
18.化工材料及制品类	Chemical Materials and Related Products		
# 化肥类	Fertilizers		
19.金属材料类	Metal Materials		
20.建筑及装潢材料类	Building and Decoration Materials	469645	678778
21.机电产品及设备类	Mechanical and Electrical Products	46176	52717
# 农机类	Agricultural Machinery	750	1031
22.汽车类	Automobiles	4293294	5190002
23.种子饲料类	Seeds and Feedstuff		
24.棉麻类	Cotton and Hemp	36	44
25.其他类	Others	145051	211276

16-23 限额以上住宿业经营情况(2011年)
Management of Enterprises above Designated Size of Hotels(2011)

指标	Item	企业数(个) Number of Enterprises (unit)	营业额(万元) Business Value (10 000 yuan)	#客房收入 From Hotel Rooms	#餐费收入 From Meals	#商品销售收入 From Commodities
总计	**Total**	**507**	**857599**	**407240**	**371091**	**24952**
按住宿行业分	**By Hotels**					
旅游饭店	Tour Restaurant	352	702722	336136	302670	20693
一般旅馆	General Restaurant	139	130469	62029	60514	3578
其他住宿服务	Other Hotel Services	16	24408	9075	7908	682
按登记注册类型分	**By Status of Registration**					
内资企业	Domestic Funded Enterprises	486	737587	345066	330246	21514
国有企业	State-owned Enterprises	103	194356	87596	87814	5723
集体企业	Collective-owned Enterprises	21	15181	7216	6427	675
股份合作企业	Cooperative Enterprises	6	7101	2906	3849	90
联营企业	Joint Ownership Enterprises	2	518	429	81	
国有联营企业	State Joint Ownership Enterprises	2	518	429	81	
有限责任公司	Limited Liability Corporations	148	261980	131558	111347	5479
国有独资公司	State Sole Funded Corporations	2	3953	1397	1586	
其他有限责任公司	Other Limited Liability Corporations	146	258027	130161	109761	5479
股份有限公司	Share-holding Corporations Ltd.	16	15398	7976	5245	210
私营企业	Private Enterprises	173	218188	95237	105165	8481
私营独资企业	Private-funded Enterprises	43	41980	14587	22198	2913
私营合伙企业	Private Partnership Enterprises	9	7112	3418	2267	247
私营有限责任公司	Private Limited Liability Corporations	106	151645	71454	70560	4804
私营股份有限公司	Private Share-holding Corporations Ltd.	15	17451	5778	10140	518
其他企业	Other Enterprises	17	24867	12149	10318	855
港、澳、台商投资企业	Enterprises with Funds from Hong Kong, Macao & Taiwan	10	40137	16902	14477	575
合资经营企业(港或澳、台资)	Joint-venture Enterprises	7	27116	9538	9307	513
合作经营企业(港或澳、台资)	Cooperative Enterprises	2	11117	6407	4264	20
港、澳、台商独资经营企业	Enterprises with Sole Investment	1	1904	958	906	41
外商投资企业	Enterprises with Foreign Investment	11	79875	45272	26368	2864
中外合资经营企业	Joint Venture Enterprises with Foreign Investment	6	31733	18397	8028	1173
中外合作经营企业	Cooperative Enterprises with Foreign Investment	2	**9251**	**3890**	**4146**	**1170**
外资企业	Enterprises with Sole(exclusive) Foreign Investment	3	38891	22985	14195	520
按控股情况分	**By Status of Share Holding**					
国有控股	State-holding	119	239031	106824	104377	7138
集体控股	Collective-holding	30	27663	12061	12433	1391
私人控股	Private-holding	272	359300	172627	161245	10729
港澳台商控股	Hong Kong, Macao & Taiwan-holding	8	39460	16446	14259	572
外商控股	Foreign-holding	9	**77000**	**43721**	**25284**	**2623**
其他	Others	69	115146	55561	53493	2499
按经营形式分	**By Form of Management**					
独立门店	Independent Stores	479	**792333**	**376796**	**341117**	**23747**
连锁总店(总部)	General Chain Stores	6	2926	1321	1538	37
连锁门店	Branch Chain Stores	11	20512	13209	5808	621
其他	Others	11	41829	15914	22629	546
按星级分	**by Star Rating**					
五星	Five-star Level	13	144997	73986	63459	1944
四星	Four-star Level	60	231054	108070	104369	7129
三星	Three-star Level	163	209565	88442	100055	6926
二星	Two-star Level	65	43890	19098	21085	2110
一星	One-star Level	3	368	229	114	25
其他	Others	203	227726	117415	82009	6819

16-23 续表 continued

指　标	Item	客房间数(间) Number of Hotel Rooms (unit)	床位数(个) Number of Beds (unit)	餐位数(位) Number of Dining-seats (seat)	餐饮营业面积(平方米) Operating Area (sq.m)
总　计	**Total**	**66959**	**119810**	**183323**	**1017369**
按住宿行业分	**By Hotels**				
旅游饭店	Tour Restaurant	52618	93964	140342	794820
一般旅馆	General Restaurant	12857	23115	38856	200757
其他住宿服务	Other Hotel Services	1484	2731	4125	21792
按登记注册类型分	**By Status of Registration**				
内资企业	Domestic Funded Enterprises	61482	111069	170349	966822
国有企业	State-owned Enterprises	16046	29960	46189	214154
集体企业	Collective-owned Enterprises	1843	3704	5608	23769
股份合作企业	Cooperative Enterprises	580	1148	2470	11800
联营企业	Joint Ownership Enterprises	279	525	180	600
国有联营企业	State Joint Ownership Enterprises	279	525	180	600
有限责任公司	Limited Liability Corporations	22326	39131	50892	338427
国有独资公司	State Sole Funded Corporations	303	592	1380	23770
其他有限责任公司	Other Limited Liability Corporations	22023	38539	49512	314657
股份有限公司	Share-holding Corporations Ltd.	1643	3057	4516	15593
私营企业	Private Enterprises	17070	30345	54574	333849
私营独资企业	Private-funded Enterprises	2930	5243	13362	85895
私营合伙企业	Private Partnership Enterprises	738	1437	2820	21000
私营有限责任公司	Private Limited Liability Corporations	11927	21056	33952	193057
私营股份有限公司	Private Share-holding Corporations Ltd.	1475	2609	4440	33897
其他企业	Other Enterprises	1695	3199	5920	28630
港、澳、台商投资企业	Enterprises with Funds from Hong Kong, Macao & Taiwan	2129	3627	4552	16567
合资经营企业(港或澳、台资)	Joint-venture Enterprises	1213	2193	3500	13106
合作经营企业(港或澳、台资)	Cooperative Enterprises	696	1176	982	3095
港、澳、台商独资经营企业	Enterprises with Sole Investment	220	258	70	366
外商投资企业	Enterprises with Foreign Investment	3348	5114	8422	33980
中外合资经营企业	Joint Venture Enterprises with Foreign Investment	1819	2787	5538	11501
中外合作经营企业	Cooperative Enterprises with Foreign Investment	**652**	**1025**	**920**	**5953**
外资企业	Enterprises with Sole(exclusive) Foreign Investment	877	1302	1964	16526
按控股情况分	**By Status of Share Holding**				
国有控股	State-holding	19263	35771	53697	256072
集体控股	Collective-holding	3076	5958	11140	43409
私人控股	Private-holding	30752	54641	83803	492856
港澳台商控股	Hong Kong, Macao & Taiwan-holding	1965	3337	3892	10611
外商控股	Foreign-holding	**3069**	**4561**	**6982**	**33340**
其　他	Others	8834	15542	23809	181081
按经营形式分	**By Form of Management**				
独立门店	Independent Stores	**61566**	**110389**	**172952**	**949032**
连锁总店(总部)	General Chain Stores	625	1334	1680	9574
连锁门店	Branch Chain Stores	2181	3607	3813	23705
其　他	Others	2587	4480	4878	35058
按星级分	**by Star Rating**				
五　星	Five-star Level	6057	9709	15008	49397
四　星	Four-star Level	13021	22533	32305	211759
三　星	Three-star Level	20015	37316	69423	431190
二　星	Two-star Level	4748	9237	22716	102795
一　星	One-star Level	94	169	220	1500
其　他	Others	23024	40846	43651	220728

16-24 限额以上餐饮业经营情况(2011年)
Management of Enterprises above Designated Size of Catering Services(2011)

指 标	Item	企业数(个) Number of Enterprises (unit)	营业额(万元) Business Revenue (10 000 yuan)	#客房收入 From Hotel Rooms	#餐费收入 From Meals	#商品销售收入 From Commodities
总 计	**Total**	**798**	**1192566**	**114635**	**970052**	**76148**
按餐饮行业分	**By Catering Services**					
正餐服务	Restaurant	767	1089416	113227	875012	75284
快餐服务	Fast Food	15	93753	1215	86645	234
其他餐饮服务	Others	16	9397	192	8394	631
按登记注册类型分	**By Status of Registration**					
内资企业	Domestic Funded Enterprises	773	1021351	113127	809735	73337
国有企业	State-owned Enterprises	30	37872	11826	20699	3309
集体企业	Collective-owned Enterprises	15	11397	2689	7943	713
股份合作企业	Cooperative Enterprises	10	7263	1725	5142	333
有限责任公司	Limited Liability Corporations	232	375564	46282	285116	34884
国有独资公司	State Sole Funded Corporations	1	4531	1416	2830	114
其他有限责任公司	Other Limited Liability Corporations	231	371033	44866	282285	34770
股份有限公司	Share-holding Corporations Ltd.	30	73772	3595	54965	8128
私营企业	Private Enterprises	426	475177	41164	403031	24746
私营独资企业	Private-funded Enterprises	128	89525	10966	71401	6821
私营合伙企业	Private Partnership Enterprises	26	25113	4733	18684	1220
私营有限责任公司	Private Limited Liability Corporations	247	337980	21840	296666	15773
私营股份有限公司	Private Share-holding Corporations Ltd.	25	22560	3626	16281	932
其他企业	Other Enterprises	30	40305	5846	32839	1224
港、澳、台商投资企业	Enterprises with Funds from Hong Kong, Macao & Taiwan	9	80772	1246	76514	2039
合资经营企业(港或澳、台资)	Joint-venture Enterprises	3	19636	483	16636	1550
合作经营企业(港或澳、台资)	Cooperative Enterprises	1	15622		15622	
港、澳、台商独资经营企业	Enterprises with Sole Investment	5	45514	763	44256	489
外商投资企业	Enterprises with Foreign Investment	16	90443	262	83803	772
中外合资经营企业	Joint Venture Enterprises with Foreign Investment	5	3604	76	3507	20
中外合作经营企业	Cooperative Enterprises with Foreign Investment	1	474		474	
外资企业	Enterprises with Sole(exclusive) Foreign Investment	9	82886	186	77072	22
外商投资股份有限公司	Share-holding Corporations Ltd.	1	3479		2750	729
按控股情况分	**By Status of Share Holding**					
国有控股	State-holding	38	55897	13409	33701	4699
集体控股	Collective-holding	27	29882	5204	21358	2450
私人控股	Private-holding	594	694829	75088	577348	31916
港澳台商控股	Hong Kong, Macao & Taiwan-holding	9	80772	1246	76514	2039
外商控股	Foreign-holding	12	83598	186	77054	752
其 他	Others	118	247588	19502	184076	34292
按经营形式分	**By Form of Management**					
独立门店	Independent Stores	764	985210	109943	777019	74397
连锁总店	General Chain Stores	7	95404	478	93785	808
连锁门店	Branch Chain Stores	10	77804	1915	70159	130
其 他	Others	17	34148	2298	29088	813

16-24 续表 continued

指 标	Item	客房间数(间) Number of Hotel Rooms (unit)	床位数(个) Number of Beds (unit)	餐位数(位) Number of Dining-seats (seat)	餐饮营业面积(平方米) Operating Area (sq.m)
总 计	**Total**	24256	45869	344417	1856839
按餐饮行业分	**By Catering Services**				
正餐服务	Restaurant	23919	45245	321632	1795276
快餐服务	Fast Food	234	410	17507	47591
其他餐饮服务	Others	103	214	5278	13972
按登记注册类型分	**By Status of Registration**				
内资企业	Domestic Funded Enterprises	23714	44815	317679	1745751
国有企业	State-owned Enterprises	2267	4963	10822	73635
集体企业	Collective-owned Enterprises	645	1232	6375	29900
股份合作企业	Cooperative Enterprises	502	887	3918	20990
有限责任公司	Limited Liability Corporations	8332	14809	94641	578180
国有独资公司	State Sole Funded Corporations	280	312	1020	16333
其他有限责任公司	Other Limited Liability Corporations	8052	14497	93621	561847
股份有限公司	Share-holding Corporations Ltd.	874	1685	19237	120920
私营企业	Private Enterprises	9673	18418	165928	817419
私营独资企业	Private-funded Enterprises	2386	4315	38704	192409
私营合伙企业	Private Partnership Enterprises	852	1533	9663	42278
私营有限责任公司	Private Limited Liability Corporations	5730	11302	108887	546350
私营股份有限公司	Private Share-holding Corporations Ltd.	705	1268	8674	36382
其他企业	Other Enterprises	1421	2821	16758	104707
港、澳、台商投资企业	Enterprises with Funds from Hong Kong, Macao & Taiwan	369	748	15046	61672
合资经营企业(港或澳、台资)	Joint-venture Enterprises	254	541	4088	27265
合作经营企业(港或澳、台资)	Cooperative Enterprises			1822	6745
港、澳、台商独资经营企业	Enterprises with Sole Investment	115	207	9136	27662
外商投资企业	Enterprises with Foreign Investment	173	306	11692	49416
中外合资经营企业	Joint Venture Enterprises with Foreign Investment	70	100	1200	5700
中外合作经营企业	Cooperative Enterprises with Foreign Investment			50	1000
外资企业	Enterprises with Sole(exclusive) Foreign Investment	103	206	9717	34216
外商投资股份有限公司	Share-holding Corporations Ltd.			725	8500
按控股情况分	**By Status of Share Holding**				
国有控股	State-holding	2542	5285	15982	109784
集体控股	Collective-holding	1350	2500	12993	77262
私人控股	Private-holding	16369	29918	224407	1151417
港澳台商控股	Hong Kong, Macao & Taiwan-holding	369	748	15046	61672
外商控股	Foreign-holding	103	206	10742	43916
其 他	Others	3523	7212	65247	412788
按经营形式分	**By Form of Management**				
独立门店	Independent Stores	23605	44637	310334	1735769
连锁总店	General Chain Stores	180	340	12867	47625
连锁门店	Branch Chain Stores	241	451	12561	37971
其 他	Others	230	441	8655	35474

16-25 各市(区)限额以上住宿业和餐饮业经营情况(2011年)
Management of Enterprises above Designated Size in Hotels and Catering Services by City(District)(2011)

地 区	Region	企业数(个) Number of Enterprises (unit)	营业额(万元) Business Revenue (10 000 yuan)	#客房收入 From Hotel Rooms	#餐费收入 From Meals	#商品销售收入 From Commodities	客房间数(间) Number of Hotel Rooms (unit)	床位数(个) Number of Beds (unit)	餐位数(位) Number of Dining-seats (seat)	餐饮营业面积(平方米) Operating Area (sq.m)
一、住宿业	**Hotels**									
全 省	**Shaanxi**	**507**	**857599**	**407240**	**371091**	**24952**	**66959**	**119810**	**183323**	**1017369**
西安市	Xi'an	189	537734	273586	218775	11171	35848	61564	76002	391575
铜川市	Tongchuan	14	14924	5385	7953	202	1210	2401	5823	29199
宝鸡市	Baoji	45	35113	17649	15187	1011	6153	11858	12121	90001
咸阳市	Xianyang	40	45053	17578	20764	2253	3377	6027	14585	62125
渭南市	Weinan	41	67130	18337	41442	4070	4250	8077	15119	96949
延安市	Yan'an	35	30517	16588	13148	402	3640	7029	8614	43095
汉中市	Hanzhong	50	44103	16839	23258	1033	4202	7593	23398	127014
榆林市	Yulin	32	37022	19084	11411	2114	3000	5659	8289	54383
安康市	Ankang	33	20331	10943	6938	1424	2262	4251	8974	43261
商洛市	Shangluo	24	20203	8529	9857	1228	2411	4200	8628	59874
杨凌示范区	Yangling	4	5471	2723	2358	45	606	1151	1770	19893
二、餐饮业	**Catering Services**									
全 省	**Shaanxi**	**798**	**1192566**	**114635**	**970052**	**76148**	**24256**	**45869**	**344417**	**1856839**
西安市	Xi'an	292	704648	23169	617581	41940	4454	8882	151483	774171
铜川市	Tongchuan	16	8365	1210	6764	385	289	548	3961	23725
宝鸡市	Baoji	65	66902	9379	54518	1716	3012	5330	25370	204670
咸阳市	Xianyang	106	88289	12899	69720	5142	2954	5215	35681	153348
渭南市	Weinan	87	82663	9549	59027	12665	2670	5282	33040	188628
延安市	Yan'an	35	32659	7925	23983	355	1742	3595	11799	60674
汉中市	Hanzhong	31	25989	5852	18182	1756	749	1626	12712	52898
榆林市	Yulin	108	125058	32284	81631	7321	5945	10901	47284	274812
安康市	Ankang	45	44404	9415	30495	4006	1752	3173	19060	94643
商洛市	Shangluo	8	9140	2151	4611	843	475	898	2015	9430
杨凌示范区	Yangling	5	4449	802	3540	20	214	419	2012	19840

16-26 批发和零售业、住宿和餐饮业连锁经营情况(2011年)
Chain Management of Enterprises of Wholesale, Retail Trades and Catering Services(2011)

类　别	Item	合　计 Total	直营店 Regular Chain	加盟店 Franchise Chain
批发和零售业	**Wholesale and Retail Trades**			
门店总数(个)	Number of Stores(unit)	652	543	109
年末零售营业面积(平方米)	Retail Operating Area at year-end(sq.m)	711919	544619	167300
年末从业人员数(人)	Number of Employed Persons at year-end(p	19000	16957	2043
连锁门店商品购进总额(万元)	Total Purchases Value of General Chain Stc	1903771	1826979	76792
# 统一配送商品购进额	Centralized Purchase and Delivery	1280629	1273975	6654
# 自有配送商品购进额	Self Centralized Purchase and Delivery	895049	895049	
非自有配送商品购进额	Non-self Centralized Purchase and Delivery	77510	77510	
连锁门店商品销售额	Total Sale of General Chain Stores	2449811	2341821	107990
# 零售额	Retail Value	877848	769858	107990
住宿和餐饮业	**Hotels and Catering Services**			
门店总数(个)	Number of Stores(unit)	109	109	
年末从业人员数(人)	Number of Employed Persons at year-end(p	9958	9958	
连锁门店商品购进总额(万元)	Total Purchases Value of General Chain Stc	65501	65501	
# 统一配送商品购进额	Centralized Purchase and Delivery	60279	60279	
自有配送商品购进额	Self Centralized Purchase and Delivery	11348	11348	
年末餐饮营业面积(平方米)	Retail Operating Area at year-end(sq.m)	59856	59856	
餐位数(位)	Number of Dining-seats(seat)	18149	18149	
连锁门店营业额	Business Revenue of General Chain Stores	102252	102252	
# 餐费收入	Revenue From Meals	101831	101831	
商品销售额	Total Sales of Commodities	421	421	

16-27 限额以上批发业主要财务指标(2011年)

单位：万元

指　　标	Item	企业数（个） Number of Enterprises (unit)
总　计	**Total**	**458**
按批发行业小类分	**By Subitem of Wholesale Trade**	
农畜产品批发	Wholesale of Farm Produce and Livestock Products	21
谷物、豆及薯类批发	Wholesale of Cereals,Beans and Tubers	15
种子、饲料批发	Wholesale of Seeds and Forages	2
棉、麻批发	Wholesale of Cotton and Hemp	1
牲畜批发	Wholesale of Livestock	1
其他农畜产品批发	Others	2
食品、饮料及烟草制品批发	Wholesale of Food, Beverages and Tobaccos	56
米、面制品及食用油批发	Wholesale of Rice, Flour and Edible Oil	8
糕点、糖果及糖批发	Wholesale of Cake and Sugar	3
果品、蔬菜批发	Wholesale of Vegetables and Fruits	13
盐及调味品批发	Wholesale of Salt and Condiments	8
饮料及茶叶批发	Wholesale of Beverages and Tea	11
烟草制品批发	Wholesale of Tobaccos	13
其他食品批发	Others	
纺织、服装及日用品批发	Wholesale of Textiles, Garments and Daily Consumer Articles	14
纺织品、针织品及原料批发	Wholesale of Textiles,Knitwear and Textile Materials	3
服装批发	Wholesale of Garments	3
鞋帽批发	Wholesale ofShoes and hats	1
厨房、卫生间用具及日用杂货批发	Wholesale of Livestock Kitchen,Bathroom Appliances and Groceries	1
化妆品及卫生用品批发	Wholesale of Cosmetics and Health Consumer Articles	5
其他日用品批发	Others	1
文化、体育用品及器材批发	Wholesale of Culture, Sports Appliances and Equipment	6
文具用品批发	Wholesale of Stationary	2
图书批发	Wholesale of Books	3
首饰、工艺品及收藏品批发	Wholesale of Jewelry,Artwork and Collections	1
医药及医疗器材批发	Wholesale of Medicines and Medical Appliances	36
西药批发	Wholesale of Western Medicine	26
中药材及中成药批发	Wholesale of Traditional Chinese Medicinal Materials and Medicines	9
医疗用品及器材批发	Wholesale of Medical Materials and Medical Instruments	1
矿产品、建材及化工产品批发	Wholesale of Mineral Products, Building Materials and Chemical Products	242
煤炭及制品批发	Wholesale of Coal and Related Products	72
石油及制品批发	Wholesale of Petroleum and Related Products	59
非金属矿及制品批发	Wholesale of Metal Materials	1
金属及金属矿批发	Wholesale of Metal Materials	57
建材批发	Wholesale of Building Materials	21
化肥批发	Wholesale of Garments	13
农药批发	Wholesale of Pesticides	1
其他化工产品批发	Others	18
机械设备、五金交电及电子产品批发	Wholesale of Machinery, Hardware and Electronic Equipment	74
农业机械批发	Wholesale of Agricultural Machinery	11
汽车、摩托车及零配件批发	Wholesale of Motor Vehicles, Motorcycles and Parts	25

Main Financial Indicators of Enterprises above Designated Size in Wholesale Trades(2011)

(10 000 yuan)

资产合计 Total Assets	# 流动资产 Working Capital	# 固定资产 Fixed Assets	负债合计 Total Liabilities	主营业务收入 Business Revenue	主营业务成本 Cost of Principal Business	销售费用 Business Expenditure	营业利润 Profits from Principal Business	利润总额 Total Profits
10751015	**7776925**	**838225**	**7845599**	**35997793**	**33142817**	**719206**	**1427353**	**1517080**
212507	149090	25450	183605	134428	120626	4621	2552	2628
139787	113821	17120	116582	107501	99203	2298	1423	917
7181	5081	1529	2701	5825	4134	1614	-63	342
59976	28001	4929	62662	5844	5544	110	-97	80
1579	20	210	180	8574	5704	260	1249	1249
3984	2167	1662	1480	6684	6041	338	41	41
1136247	835932	203317	343366	3170950	2407941	134087	316522	335814
13205	7807	1654	8242	32695	25792	3003	1353	1165
5495	3229	1751	3040	15533	14363	593	-14	-14
88904	40801	27207	53711	130168	113828	2496	6539	6965
56874	38417	6945	27493	72113	52218	3090	11968	12115
152590	127997	6667	114241	322041	262173	41459	4716	3387
819179	617682	159093	136639	2598400	1939567	83447	291960	312196
112933	65767	27429	71571	1200576	1023976	29696	105368	105380
11932	9015	2490	12390	45691	44660	424	169	192
18435	353	18067	5474	967595	817450	18699	95565	95571
22915	21707	1069	18411	20230	13317	1161	3338	3338
13016	160	500	2000	37731	30724	340	3770	3770
36457	29888	1366	27837	121284	111102	8929	1880	1864
10178	4644	3937	5458	8045	6725	142	645	645
125686	67246	5318	66110	154152	139954	8550	1105	1046
17117	15960	551	12055	41461	40188	630	-50	-53
107821	50566	4738	53323	110317	97919	7414	1173	1120
748	720	28	732	2375	1846	506	-18	-22
362780	333562	11654	328692	739112	702942	19937	3664	4066
313926	288465	10149	287149	593421	563472	17117	2509	2936
45943	42210	1481	38720	141672	135756	2610	1154	1130
2911	2887	24	2824	4020	3714	210	1	1
7841229	5428356	536961	5979820	28588591	26845252	460900	979491	1049624
2542249	1598140	124018	1685098	10488012	9370244	191814	766417	843504
2084193	1142328	326482	1742454	12027516	11561908	213324	177345	170296
23340	23324	17	23431	30826	28285	2462	30	40
2664418	2251810	26354	2119729	4711262	4621530	42148	3782	4048
441500	345825	49772	363215	1035883	1001136	3075	18841	18509
34641	29611	3963	21670	105754	101988	3400	-2847	-2765
800	391	209	400	5334	4717	96	475	475
50089	36927	6147	23823	184004	155444	4581	15448	15518
935566	877695	26900	853717	1930768	1835585	55975	14524	14524
42654	37904	2262	23101	81003	72977	2809	3417	3409
390834	362659	13793	362866	793886	757738	23504	508	587

16-27 续表

单位：万元

指　　标	Item	企业数（个）Number of Enterprises (unit)
五金、交电批发	Wholesale of Hardware	6
家用电器批发	Wholesale of Household Appliances	6
计算机、软件及辅助设备批发	Wholesale of Computer, Software and Peripherals	5
通讯及广播电视设备批发	Wholesale of Communications and Broadcast and Television Equipments	2
其他机械设备及电子产品批发	Others	19
贸易经纪与代理	Trade Broker and Agency	2
其他批发	Others	7
再生物资回收与批发	Recovery and Wholesale of Regeneration Material	2
其他未列明的批发	Any other Wholesale	5
按登记注册类型分	**By Status of Registration**	
内资企业	Domestic Funded Enterprises	452
国有企业	State-owned Enterprises	89
集体企业	Collective-owned Enterprises	14
股份合作企业	Cooperative Enterprises	4
联营企业	State Joint Ownership Enterprises	1
集体联营企业	Collective Joint Ownership Enterprises	1
有限责任公司	Limited Liability Corporations	212
国有独资公司	State Sole Funded Corporations	8
其他有限责任公司	Other Limited Liability Corporations	204
股份有限公司	Share-holding Corporations Ltd.	22
私营企业	Private Enterprises	109
私营独资企业	Private-funded Enterprises	11
私营合伙企业	Private Partnership Enterprises	1
私营有限责任公司	Private Limited Liability Corporations	87
私营股份有限公司	Private Share-holding Corporations Ltd.	10
其他企业	Other Enterprises	1
港、澳、台商投资企业	Enterprises with Funds from Hong Kong, Macao & Taiwan	3
合资经营企业(港或澳、台资)	Joint-venture Enterprises	1
港、澳、台商独资经营企业	Enterprises with Sole Investment	2
外商投资企业	Enterprises with Foreign Investment	3
中外合资经营企业	Joint Venture Enterprises with Foreign Investment	3
按控股情况分	**By Status of Share Holding**	
国有控股	State-holding	128
集体控股	Collective-holding	27
私人控股	Private-holding	231
港澳台商控股	Hong Kong, Macao & Taiwan-holding	3
外商控股	Foreign-holding	3
其　　他	Others	66
按经营形式分	**By Form of Management**	
独立门店	Independent Stores	355
连锁总店	General Chain Stores	10
连锁门店	Branch Chain Stores	2
其　　他	Others	91

continued

(10 000 yuan)

资产合计 Total Assets	# 流动资产 Working Capital	# 固定资产 Fixed Assets	负债合计 Total Liabilities	主营业务收入 Business Revenue	主营业务成本 Cost of Principal Business	销售费用 Business Expenditure	营业利润 Profits from Principal Business	利润总额 Total Profits
40083	38904	288	31610	121755	113800	2605	2808	2775
196263	194375	1742	194835	292174	279116	8911	2841	2806
91267	81101	2308	88393	340774	329210	8444	2724	2706
7009	6940	59	5602	23140	22043	615	142	142
167456	155813	6448	147311	278038	260702	9087	2085	2099
14840	14332	153	13849	36144	29778	3350	2674	2666
9228	4946	1044	4870	43072	36763	2092	1454	1332
5914	2633	213	2912	22240	19135	294	1256	1256
3314	2313	831	1959	20832	17628	1798	198	76
9642596	6945637	830348	6920006	33939443	31105318	708234	1424476	1514167
3846884	2594238	418137	2343449	14973966	13306526	257437	948645	1045215
82367	40944	13486	77242	140408	129325	3264	5271	5387
11786	10994	322	8374	39646	35310	382	1959	1958
292	226	67		2006	1740	20	154	154
292	226	67		2006	1740	20	154	154
3409956	2681096	227653	2671148	9942314	9167810	277902	321972	318785
81557	49486	18308	65493	421496	394800	15674	6844	6670
3328399	2631610	209345	2605656	9520818	8773010	262228	315128	312115
1464865	1041791	110519	1215620	6982531	6713605	111706	127983	125647
826303	576320	60065	604163	1853853	1749001	57518	15829	14359
51600	37527	9567	35368	246073	233796	10417	417	402
1284	800	200	400	9510	7220	130	980	980
657288	441048	44024	487884	1322587	1249428	38848	6496	5142
116132	96945	6275	80511	275684	258559	8124	7935	7835
142	30	100	10	4720	2000	5	2663	2663
50120	47771	1276	44564	317761	299692	9368	5445	5440
17611	17566	45	16769	239961	231959	6123	1300	1294
32509	30205	1231	27794	77800	67733	3244	4145	4145
1058300	783517	6601	881029	1740589	1737808	1605	-2568	-2526
1058300	783517	6601	881029	1740589	1737808	1605	-2568	-2526
5365109	3489311	540401	3662365	23526836	21430794	410720	1196838	1290129
1022205	887781	31450	747939	1799185	1754917	18026	8486	9046
1918514	1349470	177195	1396507	4742910	4286565	173940	147040	142227
50120	47771	1276	44564	317761	299692	9368	5445	5440
1058300	783517	6601	881029	1740589	1737808	1605	-2568	-2526
1336768	1219076	81302	1113197	3870513	3633043	105548	72113	72765
6970709	5130979	568886	5350430	24188135	22359683	505080	945098	1020115
701968	478968	135963	209647	2312714	1864110	65999	220309	234905
9696	3297	2894	8108	26367	23495	1192	2591	2590
3068643	2163680	130483	2277415	9470577	8895528	146936	259355	259470

16-28 限额以上零售业主要财务指标(2011年)

单位：万元

指　　标	Item	企业数(个) Number of Enterprises (unit)
总　　计	**Total**	**1420**
按零售行业小类分	**By Retail Trades**	
综合零售	Integrated Retail	386
百货零售	Retail of General Merchandise	178
超级市场零售	Retail of Supermarkets	165
其他综合零售	Others	43
食品、饮料及烟草制品专门零售	Special Retail of Food, Beverages and Tobaccos	56
粮油零售	Retail of Grain and Oil	9
糕点、面包零售	Retail of Cake and Bread	1
果品、蔬菜零售	Retail of Melons and Fruits,Vegetables	8
肉、禽、蛋及水产品零售	Retail of Meat, Poultry, Eggs and Aquatic Products	4
饮料及茶叶零售	Retail of Beverages and Tea	15
烟草制品零售	Retail of Tobaccos	9
其他食品零售	Others	10
纺织、服装及日用品专门零售	Special Retail of Textiles, Garments and Daily Consumer Articles	68
纺织品及针织品零售	Retail of Textiles and Knitwear	3
服装零售	Retail of Garments	47
鞋帽零售	Retail of Shoes and Hats	3
钟表、眼镜零售	Retail of Clocks and Watches,Spectacles	3
化妆品及卫生用品零售	Retail of Cosmetics and Health Consumer Articles	5
其他日用品零售	Others	7
文化、体育用品及器材专门零售	Special Retail of Culture, Sports Appliances and Equipments	96
体育用品零售	Retail of Sports Goods	2
图书零售	Retail of Books	77
珠宝首饰零售	Retail of Jewelry	12
工艺美术品及收藏品零售	Retail of Artwork and Collections	4
其他文化用品零售	Others	1
医药及医疗器材专门零售	Special Retail of Medicines and Medical Appliances	68
药品零售	Retail of Medicines	67
医疗用品及器材零售	Retail of Medical Supplies and Appliances	1
汽车、摩托车、燃料及零配件专门零售	Special Retail of Motor Vehicles, Motorcycles, Fuel and Parts	483
汽车零售	Retail of Motor Vehicles	298
汽车零配件零售	Retail of Motor Vehicles and Parts	5
摩托车及零配件零售	Retail of Motorcycles and Parts	16
机动车燃料零售	Retail of Fuel of Motor Vehicles	164
家用电器及电子产品专门零售	Special Retail of Household Appliances and Electronic Products	158
家用电器零售	Retail of Household Appliances	127
计算机、软件及辅助设备零售	Retail of Computer, Software and Peripherals	22
通信设备零售	Retail of Communication Equipment	8
其他电子产品零售	Others	1
五金、家具及室内装修材料专门零售	Special Retail of Hardware, Furniture and Decoration Materials	84
五金零售	Retail of Hardware	24
家具零售	Retail of Furniture	42
其他室内装修材料零售	Others	18
无店铺及其他零售	Non-shop and Other Retails	21
邮购及电子销售	Distribution of Mail Order and E-commerce	2
生活用燃料零售	Retail of life fuels	10
花卉零售	Retail of flower	1
其他未列明的零售	Other Retail not Classified Elsewhere	8
按登记注册类型分	**By Status of Registration**	
内资企业	Domestic Funded Enterprises	1380
国有企业	State-owned Enterprises	114
集体企业	Collective-owned Enterprises	93

Main Financial Indicators of Enterprises above Designated Size in Retail Trades(2011)

(10 000 yuan)

资产合计 Total Assets	# 流动资产 Working Capital	# 固定资产 Fixed Assets	负债合计 Total Liabilities	主营业务收入 Business Revenue	主营业务成本 Cost of Principal Business	销售费用 Business Expenditure	营业利润 Profits from Principal Business	利润总额 Total Profits
6421565	**4219077**	**1088717**	**4360409**	**14305972**	**12353819**	**735874**	**731820**	**663149**
2382854	1392487	465397	1645332	3790567	3169593	317538	214833	185101
1462470	786745	351545	964990	1880255	1549263	116066	100189	93346
894193	589371	105705	663875	1790685	1535531	197294	89643	89132
26191	16371	8148	16467	119627	84798	4178	25001	2624
399235	251796	109302	311012	265383	214033	20283	5151	5543
11741	6437	4258	8120	9055	8413	539	-555	-91
533	338	163	259	867	724	8	64	79
28314	10296	16312	10688	27330	19382	1986	2416	2581
17555	9101	8207	14859	17327	16250	475	-619	-644
311683	201159	77429	256783	124677	100272	9204	1273	1004
18663	16173	856	13983	50457	39246	4707	1606	1606
10747	8292	2078	6322	35669	29745	3364	966	1008
289460	113781	83657	164486	1220990	955113	67998	124637	120138
6756	5048	1128	2054	12868	10908	1407	115	115
242076	80603	75076	133823	1041095	810588	54494	118222	113809
496	236	260	342	3581	2934	206	252	79
20538	16624	805	11166	36362	29113	2569	4734	4819
5125	4117	727	3755	41999	38629	3735	-517	-526
14469	7154	5661	13347	85086	62942	5588	1831	1841
260986	191181	54325	152902	378660	300567	28570	25783	22785
57425	53760	372	28936	70197	56132	7208	3255	3400
185738	123257	51696	114717	213927	165872	18850	8851	5821
16175	12744	2204	8423	79823	70763	2298	2847	2732
1122	907	40	412	13615	6912	44	10813	10813
526	513	13	415	1098	889	170	17	19
145361	118803	12130	118055	254853	212370	20021	8678	6366
143539	116989	12122	116633	251802	209736	19795	8680	6369
1822	1814	8	1422	3052	2635	227	-3	-3
2108457	1583998	228003	1529243	5823007	5381044	155300	136196	117363
1821193	1446141	174680	1363236	5141490	4759245	126079	126772	115206
6829	5470	672	3727	38299	33728	843	2818	2802
18528	11864	1625	8485	26953	20477	1214	3740	677
261906	120523	51026	153796	616266	567594	27165	2866	-1322
527232	382437	72703	263076	1524799	1303757	87145	84997	79137
427781	320912	57702	221218	1373768	1174007	75994	80499	75074
75387	43451	14065	29662	103247	88819	5539	3512	3091
23135	17643	439	11709	44591	37879	5611	952	938
930	432	497	486	3194	3052		34	34
262054	143610	58417	148034	963009	744358	30617	128243	122334
26803	17414	2899	12347	60130	50503	2032	4055	3399
185607	105658	36232	123398	682412	525390	21316	89307	87991
49644	20539	19285	12290	220467	168465	7269	34881	30945
45927	40983	4781	28271	84704	72984	8402	3303	4383
15397	14012	1385	10784	38992	28997	5078	1971	1891
9614	8052	1493	5146	23299	20680	1395	558	267
2580	2428	103	1492	960	713	16	78	78
18337	16491	1801	10849	21453	22595	1913	696	2146
5403444	3550482	972589	3705471	12214880	10540010	589768	625772	555214
318926	244536	49735	224836	568307	466109	34509	22782	16708
67689	39849	19175	38667	256645	221996	7695	12828	11205

16-28 续表

单位：万元

指　　标	Item	企业数（个） Number of Enterprises (unit)
股份合作企业	Cooperative Enterprises	16
联营企业	Joint Ownership Enterprises	5
集体联营企业	Collective Joint Ownership Enterprises	1
国有与集体联营企业	Joint State-collective Enterprises	1
其他联营企业	Other Joint Ownership Enterprises	3
有限责任公司	Limited Liability Corporations	516
国有独资公司	State Sole Funded Corporations	16
其他有限责任公司	Other Limited Liability Corporations	500
股份有限公司	Share-holding Corporations Ltd.	47
私营企业	Private Enterprises	549
私营独资企业	Private-funded Enterprises	151
私营合伙企业	Private Partnership Enterprises	38
私营有限责任公司	Private Limited Liability Corporations	315
私营股份有限公司	Private Share-holding Corporations Ltd.	45
其他企业	Other Enterprises	40
港、澳、台商投资企业	Enterprises with Funds from Hong Kong, Macao & Taiwan	13
合资经营企业(港或澳、台资)	Joint-venture Enterprises	2
合作经营企业(港或澳、台资)	Cooperative Enterprises	1
港、澳、台商独资经营企业	Enterprises with Sole Investment	10
外商投资企业	Enterprises with Foreign Investment	27
中外合资经营企业	Joint Venture Enterprises with Foreign Investment	2
中外合作经营企业	Cooperation Enterprises	1
外资企业	Enterprises with Sole(exclusive) Foreign Investment	10
按控股情况分	**By Status of Share Holding**	
国有控股	State-holding	152
集体控股	Collective-holding	115
私人控股	Private-holding	922
港澳台商控股	Hong Kong, Macao & Taiwan-holding	10
外商控股	Foreign-holding	21
其　他	Others	200
按经营形式分	**By Form of Management**	
独立门店	Independent Stores	1283
连锁总店	General Chain Stores	29
连锁门店	Branch Chain Stores	27
其　他	Others	81
按零售业态分	**By Business Categories**	
有店铺零售	Shop Retails	1415
食杂店	Grocery Store	2
便利店	Convenience Store	13
超　市	Supermarket	163
大型超市	Hypermarket	69
仓储会员店	Warehouse Club	1
百货店	Department Store	198
专业店	Specialty Store	507
专卖店	Franchised Store	395
家居建材商店	Building Material Store	32
购物中心	Shopping Center	21
厂家直销中心	Factory Outlets Center	14
无店铺零售	Non-shop Retails	5
电视购物	TV shopping	2
自动售货亭	Automated kiosks	1
电话购物	Phone Shopping	1
网上商店	Web Storefronts	1

continued

(10 000 yuan)

资产合计 Total Assets	# 流动资产 Working Capital	# 固定资产 Fixed Assets	负债合计 Total Liabilities	主营业务收入 Business Revenue	主营业务成本 Cost of Principal Business	销售费用 Business Expenditure	营业利润 Profits from Principal Business	利润总额 Total Profits
25112	17094	7300	7069	49540	36335	2992	4641	4159
3602	2349	512	1722	12471	9222	2700	292	105
255	96	86	129	4202	1691	2461	-9	-9
1763	1406	138	536	1823	1441	182	94	94
1584	847	288	1057	6446	6091	57	207	20
2692010	1702179	543769	1780957	6774511	5917736	330126	322752	309089
70168	44824	22267	45436	81162	64552	8304	1134	1107
2621842	1657355	521502	1735521	6693349	5853184	321821	321618	307982
999451	659568	154303	742869	1286974	1100233	63382	73496	69564
1216783	835169	184865	860976	2859207	2434806	134430	170065	128647
115384	82974	20374	68579	320374	273119	11564	24759	19416
43775	32206	9972	28406	116186	100136	4433	5919	3890
943574	643386	133660	689266	2162213	1832503	111483	135709	101559
114050	76604	20858	74725	260434	229047	6950	3677	3781
79873	49737	12930	48375	407226	353573	13935	18916	15739
498655	298539	41805	317533	973659	839162	70770	64201	66370
77414	59955	11931	27680	219402	183674	9208	25200	24669
955	98	857	475	5245	3771	201	45	45
420286	238486	29017	289378	749012	651717	61361	38956	41656
519466	370056	74322	337406	1117433	974646	75336	41848	41565
77414	59955	11931	27680	219402	183674	9208	25200	24669
955	98	857	475	5245	3771	201	45	45
420286	238486	29017	289378	749012	651717	61361	38956	41656
450521	335480	82571	310929	810865	670814	50246	30463	22598
226271	127846	73612	134395	510871	435685	23800	19219	17728
2618501	1760116	478902	1788560	7044386	6038639	305046	452371	392524
491462	292919	40503	310260	947904	817490	67453	63665	65821
509982	366117	68854	331475	1102514	962916	73409	40350	40090
2124829	1336599	344274	1484790	3889431	3428274	215921	125752	124389
4512740	2924246	873429	2988138	10930270	9412214	465840	569618	498509
740548	435271	99033	535313	829928	693454	63181	29404	29459
644473	445314	39529	473333	1247156	1100701	134248	73683	77272
523805	414245	76726	363626	1298618	1147450	72606	59115	57911
6395187	4194486	1086930	4342106	14214711	12274806	729884	729251	660660
2403	2054	275	1304	9738	8190	306	456	456
22873	12795	4129	9483	40588	29350	4777	1399	1228
218121	144291	54244	171876	486543	393511	51483	21798	16084
764310	485155	88151	570928	1444037	1248629	163982	69832	71213
461	42	74	435	1404	1091	60	120	120
1519721	846174	290378	945719	2036557	1665229	116141	138321	108480
2034623	1443079	311282	1340674	4796770	4293638	197978	160066	140640
1306975	998349	143264	979443	2859294	2587208	100700	91121	81882
187321	104213	42035	116697	778786	600558	13091	110525	106024
233028	69798	141870	139114	1450517	1158582	72946	127232	126255
105353	88537	11228	66434	310478	288821	8420	8382	8278
26378	24591	1787	18303	91261	79013	5990	2569	2490
15397	14012	1385	10784	38992	28997	5078	1971	1891
688	634	54	225	1622	1449	146	12	12
804	777	27	168	1867	1550	2	142	142
9489	9167	321	7127	48780	47018	764	444	444

16-29 限额以上餐饮业主要财务指标(2011年)

单位：万元

指 标	Item	企业数(个) Number of Enterprises (unit)
总 计	**Total**	**798**
按餐饮行业小类分	**By Catering Services**	
正餐服务	Restaurant	767
快餐服务	Fast Food	15
其他餐饮服务	Others	16
按登记注册类型分	**By Status of Registration**	
内资企业	Domestic Funded Enterprises	773
国有企业	State-owned Enterprises	30
集体企业	Collective-owned Enterprises	15
股份合作企业	Cooperative Enterprises	10
有限责任公司	Limited Liability Corporations	232
国有独资公司	State Sole Funded Corporations	1
其他有限责任公司	Other Limited Liability Corporations	231
股份有限公司	Share-holding Corporations Ltd.	30
私营企业	Private Enterprises	426
私营独资企业	Private-funded Enterprises	128
私营合伙企业	Private Partnership Enterprises	26
私营有限责任公司	Private Limited Liability Corporations	247
私营股份有限公司	Private Share-holding Corporations Ltd.	25
其他企业	Other Enterprises	30
港、澳、台商投资企业	Enterprises with Funds from Hong Kong, Macao & Taiwan	9
合资经营企业(港或澳、台资)	Cooperative Enterprises	3
合作经营企业(港或澳、台资)	Cooperative Enterprises	1
港、澳、台商独资经营企业	Enterprises with Sole Investment	5
外商投资企业	Enterprises with Foreign Investment	16
中外合资经营企业	Joint Venture Enterprises with Foreign Investment	5
中外合作经营企业	Cooperative Enterprises with Foreign Investment	1
外资企业	Enterprises with Sole(exclusive) Foreign Investment	9
外商投资股份有限公司	Share-holding Corporations Ltd.	1
按控股情况分	**by Status of Share Holding**	
国有控股	State-holding	38
集体控股	Collective-holding	27
私人控股	Private-holding	594
港澳台商控股	Hong Kong, Macao & Taiwan-holding	9
外商控股	Foreign-holding	12
其 他	Others	118
按经营形式分	**By Form of Management**	
独立门店	Independent Stores	764
连锁总店	General Chain Stores	7
连锁门店	Branch Chain Stores	10
其 他	Others	17

Main Financial Indicators of Enterprises above Designated Size in Catering Services(2011)

(10 000 yuan)

资产合计 Total Assets	# 流动资产 Working Capital	# 固定资产 Fixed Assets	负债合计 Total Liabilities	主营业务收入 Business Revenue	主营业务成本 Cost of Principal Business	销售费用 Business Expenditure	营业利润 Profits from Principal Business	利润总额 Total Profits
1131353	**430482**	**393081**	**636448**	**1170278**	**594138**	**306532**	**81656**	**69469**
1032651	390671	367493	593025	1073709	548576	272772	71943	59467
92041	37105	23334	40426	87989	40885	32134	8989	9389
6661	2707	2254	2997	8580	4678	1627	724	613
983665	378360	346466	572663	995878	517156	250459	60948	47851
35284	8895	20910	23164	37917	24927	5913	473	1471
11150	2256	3674	4915	11397	6743	1948	-192	-625
14240	4056	7827	5636	7233	4043	1325	528	604
416151	185193	128229	267175	367425	175792	105449	19211	16449
12767	2215	10285	10440	3804	2893		-207	
403384	182979	117944	256734	363622	172899	105449	19418	16449
84219	20299	29455	32328	72866	34812	25395	7082	6622
394146	148903	144824	220848	459211	250810	103209	28043	19402
63385	21464	32611	31529	86667	53629	11914	9003	5320
29369	10195	14643	15401	22678	11118	4944	1354	1196
282883	110994	89610	165393	327820	175807	80039	16226	11419
18508	6250	7960	8525	22046	10257	6313	1460	1467
28476	8760	11547	18597	39827	20029	7220	5804	3928
73202	27042	19252	31034	81011	30396	34212	5089	5993
17597	8897	7960	10150	19636	8203	6558	1073	1619
9159	1409	3648	5363	15688	5592	7642	857	589
46446	16736	7644	15521	45686	16601	20012	3159	3785
74485	25080	27362	32751	93390	46587	21861	15619	15625
1798	944	100	887	3158	1714	1240	-168	-169
134	77	9	110	473	218	78	-17	-17
68864	21156	26465	29850	86280	43344	19197	15737	15744
3690	2902	787	1903	3479	1310	1346	67	67
63708	16441	37462	44106	54034	33863	10261	346	1910
51392	13730	29398	28580	29058	15671	6336	1309	796
655004	267878	226864	396042	672924	356788	161148	35022	22596
73202	27042	19252	31034	81011	30396	34212	5089	5993
56880	19958	18382	22119	86991	43665	20227	14212	14221
231166	85433	61722	114567	246261	113755	74349	25678	23953
972718	379890	356659	560389	960641	496475	238467	61896	49644
57565	8076	14003	28891	104404	49215	29575	11408	11428
75225	33137	11810	31518	72178	31383	28948	7588	7860
25845	9380	10609	15650	33055	17066	9543	764	537

16-30 限额以上住宿业主要财务指标(2011年)

单位：万元

指 标	Item	企业数(个) Number of Enterprises (unit)
总 计	**Total**	**507**
按住宿行业小类分	**By Subitem of Hotels**	
旅游饭店	Tour Restaurant	352
一般旅馆	General Restaurant	139
其他住宿服务	Other Hotel Services	16
按登记注册类型分	**By Status of Registration**	
内资企业	Domestic Funded Enterprises	486
国有企业	State-owned Enterprises	103
集体企业	Collective-owned Enterprises	21
股份合作企业	Cooperative Enterprises	6
联营企业	Joint Ownership Enterprises	2
国有联营企业	State Joint Ownership Enterprises	2
有限责任公司	Limited Liability Corporations	148
国有独资公司	State Sole Funded Corporations	2
其他有限责任公司	Other Limited Liability Corporations	146
股份有限公司	Share-holding Corporations Ltd.	16
私营企业	Private Enterprises	173
私营独资企业	Private-funded Enterprises	43
私营合伙企业	Private Partnership Enterprises	9
私营有限责任公司	Private Limited Liability Corporations	106
私营股份有限公司	Private Share-holding Corporations Ltd.	15
其他企业	Other Enterprises	17
港、澳、台商投资企业	Enterprises with Funds from Hong Kong, Macao & Taiwan	10
合资经营企业(港或澳、台资)	Cooperative Enterprises	7
合作经营企业(港或澳、台资)	Joint-venture Enterprises	2
港、澳、台商独资经营企业	Enterprises with Sole Investment	1
外商投资企业	Enterprises with Foreign Investment	11
中外合资经营企业	Joint Venture Enterprises with Foreign Investment	6
中外合作经营企业	Cooperative Enterprises with Foreign Investment	2
外资企业	Enterprises with Sole(exclusive) Foreign Investment	3
按控股情况分	**By Status of Share Holding**	
国有控股	State-holding	119
集体控股	Collective-holding	30
私人控股	Private-holding	272
港澳台商控股	Hong Kong, Macao & Taiwan-holding	8
外商控股	Foreign-holding	9
其 他	Others	69
按经营形式分	**By Form of Management**	
独立门店	Independent Stores	479
连锁总店(总部)	General Chain Stores	6
连锁门店	Branch Chain Stores	11
其 他	Others	11
按星级分	**By Star Rating**	
五 星	Five-star Level	13
四 星	Four-star Level	60
三 星	Three-star Level	163
二 星	Two-star Level	65
一 星	One-star Level	3
其 他	Others	203

Main Financial Indicators in Hotels above Designated Size(2011)

(10 000 yuan)

资产合计 Total Assets	# 流动资产 Working Capital	# 固定资产 Fixed Assets	负债合计 Total Liabilities	主营业务收入 Business Revenue	主营业务成本 Cost of Principal Business	销售费用 Business Expenditure	营业利润 Profits from Principal Business	利润总额 Total Profits
1804403	**493592**	**1007079**	**1346034**	**846068**	**293622**	**233999**	**41141**	**28475**
1563725	409845	891879	1218563	694370	233842	194337	29195	20993
174648	58634	85715	108772	129279	51476	33817	11004	6836
66030	25113	29485	18700	22420	8304	5845	942	646
1489195	411486	827516	1055729	729906	259579	208707	28005	15312
419100	79698	264484	289043	195493	67691	58335	-1780	-1997
42098	15507	18950	27912	14184	5529	3562	-52	-156
7560	4210	3102	1547	7025	2478	3124	-108	-218
2712	347	2195	7756	518	129	259	-14	
2712	347	2195	7756	518	129	259	-14	
573233	165505	306952	453422	257007	82893	81062	8351	4701
5150	1117	3728	3241	3953	1273	1750	-224	-242
568083	164389	303224	450181	253054	81620	79312	8574	4942
27768	5234	20227	20646	15392	5379	4527	2475	1232
372101	123354	186278	234532	215373	87492	49282	18815	11616
42933	18571	18760	21408	41456	20049	7773	6590	3547
7444	2319	3932	1473	6751	2674	1099	936	659
297178	90594	155455	195114	149303	56089	36460	10516	6716
24547	11870	8132	16537	17863	8680	3949	773	694
44624	17631	25328	20872	24915	7989	8558	318	134
119122	36296	59181	63750	38846	9587	11524	571	510
87958	31389	34435	31172	27153	5777	8770	621	638
27032	4608	22424	30582	10736	3515	2733	-70	-148
4132	299	2322	1996	958	295	21	20	19
196086	45810	120383	226555	77316	24456	13768	12566	12654
101119	13868	61523	113044	31614	12951	5875	1065	1222
8502	6294	2208	67817	8254	1550	1919	2545	2545
86466	25648	56652	45694	37449	9955	5974	8956	8887
500378	102105	315684	341578	239833	79677	73718	2031	1259
73889	20884	42216	56823	26633	10878	6150	955	962
658342	226160	329358	425643	353914	129790	93067	24896	14643
113533	33509	56516	62554	38132	9376	11325	883	819
187429	45093	113095	220016	74441	23658	13340	11617	11705
270832	65841	150211	239421	113116	40243	36400	760	-912
1693470	466524	949020	1309731	782675	271639	214907	37424	25026
4262	655	3095	2395	2919	1352	782	143	20
42210	9712	20660	16943	20631	6817	6889	1130	1179
64461	16700	34304	16965	39844	13813	11420	2445	2249
291860	77253	190499	238203	143181	35367	39154	15184	15744
449054	150047	228247	424685	228047	68700	65358	1338	1737
438862	127609	262019	340365	209095	89450	59136	3841	1004
63626	18832	35361	33946	42682	22363	7960	2224	1451
20		3		368	255		15	
560981	119850	290951	308837	222697	77488	62391	18540	8540

16-31 重点交易市场情况(2011年)
Focus on Transaction Markets(2011)

分 类	Item	市场数(个) Number of Markets (unit)	摊位数(个) Number of Booths (unit)	年末出租摊位数(个) Number of Rented Stall(unit)	营业面积(平方米) Operating Area (sq.m)	成交额(万元) Turnover (10 000 yuan)
总 计	**Total**	**42**	**30750**	**29271**	**1123248**	**2718786**
按市场类别分	**By Type of Markets**					
1.综合市场	**Integrated Markets**	**6**	**7260**	**7079**	**174470**	**98255**
工业消费品综合市场	Industrial Consumable Comprehensive Markets	1	980	980	25000	22091
农产品综合市场	Farm Produce Comprehensive Markets	2	2136	1955	57000	24750
其他综合市场	Other Comprehensive Markets	3	4144	4144	92470	51414
2.专业市场	**Special Markets**	**36**	**23490**	**22192**	**948778**	**2620531**
生产资料市场	Production Markets	2	786	726	47280	34388
建材市场	Building Material Markets	2	786	726	47280	34388
农产品市场	Farm Produce Markets	11	4993	4928	293652	1241984
粮油市场	Grain and Oil Markets	1	230	230	5496	276653
蔬菜市场	Vegetables Markets	8	4065	4000	239474	911407
干鲜果品市场	Dried and Fresh Melons and Fruits Markets	2	698	698	48682	53924
食品、饮料及烟酒市场	Food, Beverages, Tobacco and Liquor Markets	1	1512	1512	50000	62476
茶叶市场	Tea Markets	1	1512	1512	50000	62476
纺织、服装、鞋帽市场	Textiles, Clothing, Shoes and Hats Markets	11	11677	10572	292000	457978
布料及纺织品市场	Cloth and Textiles Markets	2	1120	1120	26000	73000
服装市场	Clothing Markets	7	8771	7666	226200	208128
鞋帽市场	Shoes and Hats Markets	1	1336	1336	29800	167000
其他纺织服装鞋帽市场	Others	1	450	450	10000	9850
电器、通讯器材、电子设备市场	Electrical Appliances, Communication Appliances and Electronical Appliances Markets	4	1766	1766	40000	137187
家电市场	Household Appliances Markets	1	156	156	4000	27367
计算机及辅助设备市场	Computer and Auxillary Equipments Markets	3	1610	1610	36000	109820
医药、医疗用品及器材市场	Medicine, Medical Materials and Medical Instruments Markets	2	490	422	14000	35435
中药材市场	Chinese Medicine Markets	2	490	422	14000	35435
家具、五金及装饰材料市场	Furniture, Hardware and Decoration Materials Markets	3	870	870	175304	25900
装饰材料市场	Decoration Materials Markets	3	870	870	175304	25900
汽车、摩托车及零配件市场	Cars, Motorcycles and Spare Parts Markets	2	1396	1396	36542	625183
汽车市场	Cars Markets	1	976	976	35142	576727
机动车零配件市场	Motor Vehicle Spare Parts Markets	1	420	420	1400	48456
按营业状态分	**By Operating Status**					
常年营业	Perennial Operating	42	30750	29271	1123248	2718786
其 他	Others					
按经营方式分	**By Mode of Management**					
以批发为主	Wholesale Trade	25	18237	16908	714774	1739262
以零售为主	Retail Trade	17	12513	12363	408474	979524
按经营环境分	**By Environment of Management**					
露天式	Open air	7	6869	6869	220808	660235
封闭式	Closed	27	19007	17709	717758	1916068
其 他	Others	8	4874	4693	184682	142483

16-32 重点交易市场商品销售类值(2011年)
Total Sales at Main Trade Markets by Category of Commodities(2011)

类　　别	Item	摊位数 (个) Number of Booths (unit)	成交额 (万元) Turnover (10 000 yuan)
总　　计	**Total**	**29271**	**2718786**
食品、饮料、烟酒类	Food, Beverages, Tobacco and Liquor	10143	1351748
粮油、食品类	Food	7723	1267575
# 粮油类	Grain and Oil	772	300496
肉禽蛋类	Meat, Poultry and Eggs	1165	95396
水产品类	Aquatic Products	485	39975
蔬菜类	Vegetables	4314	756555
干鲜果品类	Dried and Fresh Melons and Fruits	946	71638
饮料类	Beverages	2123	79052
烟酒类	Tobacco and Liquor	297	5121
服装、鞋帽、针纺织品类	Garments,Shoes and Hats,Knitwear and Textiles	12215	462394
服装类	Garments	8700	218598
鞋帽类	Shoes and Hats	1763	162693
针纺织品类	Knitwear and Textiles	1752	81103
化妆品类	Cosmetics	188	4499
日用品类	Daily Consumer Articles	349	3359
# 洗涤用品类	Washing Articles	121	1982
儿童玩具类	Children Toys	39	732
五金、电料类	Hardware	468	23347
体育、娱乐用品类	Sports and Recreation Articles	73	2174
书报杂志类	Newspapers and Magazines	6	64
电子出版物及音像制品类	E-journals and Video Products	13	254
家用电器和音像器材类	Household Appliances and Audio/Video Equipments	305	31874
中西药品类	Traditional Chinese and Western Medicines	427	35511
# 中草药及中成药类	Traditional Chinese Medicines	422	35435
文化办公用品类	Cultural and Office Appliances	1611	111222
家具类	Furniture	85	434
通讯器材类	Communication Appliances	193	2451
木材及制品类	Wood and Wooden Products	198	6864
化工材料及制品类	Chemical Materials and Products	30	2000
金属材料类	Metal Materials	9	41
建筑及装潢材料类	Building and Decoration Materials	1269	50110
机电产品及设备类	Mechanical and Electrical Products and Equipments	2	26
汽车类	Automobiles	1396	625183
种子饲料类	Seeds and Feedstuff	20	439
其他类	Others	271	4792

16-33 重点交易市场成交情况(2011年)
Turnover of Main Commodity Transaction Markets(2011)

市场 Market	摊位数(个) Number of Booths (unit)	成交额(万元) Turnover (10 000 yuan)
西安金康茶文化传播有限公司	1512	62476
陕西义乌商城物业管理有限公司	980	22091
西安和信实业开发有限责任公司	156	27367
陕西多彩企业集团有限公司	1470	26800
昌安商贸服装批发市场	209	10020
陕西丹尼尔商贸城有限公司	1300	48979
陕西时丹达服装城管理有限公司	696	27840
陕西丹尼尔交易广场	1800	53457
明大企业集团有限公司	1336	167000
西安胡家庙果品批发市场	303	32000
西安粮油批发交易市场	230	276653
西安胡家庙蔬菜批发市场	485	50600
西安铁路局西铁大市场	225	11250
西安市文艺南路经纬纺织品批发市场	420	25000
西安东新科技贸易中心	500	26820
西安赛博数码广场有限公司	390	14500
西安赛格企业经营管理有限公司	720	68500
西安市文艺南路纺织品批发市场	700	48000
西安市干鲜果副食公司	395	21924
西安海纳汽车服务有限公司西安汽配市场	976	576727
西安市玉林汽配批发市场有限责任公司	420	48456
西安盛秦胡家庙海鲜副食品批发市场 新土门蔬菜批发市场	332	6830

市场 Market	摊位数(个) Number of Booths (unit)	成交额(万元) Turnover (10 000 yuan)
西安市万寿路中药材批发市场 南二区实业有限公司	192	14560
西安万寿路中药材批发市场 北二区实业有限公司	230	20875
西安大明宫建材实业(集团)有限公司	306	14388
西安朱雀农产品交易中心	875	231829
宝鸡市冠森大世界现代家居建材(城)有限公司	420	20000
宝鸡市恒丰园农产品发展有限公司	482	33950
咸阳市秦都区嘉惠商业区	821	21300
咸阳新阳光农副产品有限公司	635	400000
大荔县同州农副产品批发市场	1730	13500
澄城县大市场	3231	10617
陕西省汉中市汽车运输总公司运达批发市场	1370	19732
汉中皇冠过街楼蔬菜批发市场	660	135000
城固县蔬菜瓜果批发市场	151	43810
陕西城固经贸市场	705	14900
绥德县五一商城综合市场	208	25897
安康市满意建材市场有限公司	400	5460
安康市安运运输集团汽车运输有限公司批发市场	450	9850
安康市汉滨区兴安副食品批发市场	380	9388
安康市兴华建设集团有限公司综合批发市场	320	16580
安康市长兴建筑集团物业管理有限公司 长兴建材市场	150	3860

16-34 成品油批发企业能源购进、销售与库存(2011年)
Total Purchases, Sales and Inventory of Energy of Petroleum Products Enterprises in Wholesale Trades in the Whole Province(2011)

单位：吨 (ton)

能源品种	Type of Energy	年初库存量 Stock at the Beginning of the Year	本年购进量 Purchases (This Year)	#购自省外 Purchases outside the Province	本年销售量 Sales (This Year)	#销往省外 Sales outside the Province	#售予省内批发和零售企业 Sale to Wholesale and Retail Enterprises in the Province	年末库存量 Stock at Year-end
汽　油	Gasoline	97630	4665346	149657	4582541	654204	2622945	147133
#93"	#93"	60170	3396395	131346	3343203	475850	1936172	98453
柴　油	Diesel Oil	147026	9782035	912534	9687272	1562777	4820699	193012
#0"	#0"	99970	8672614	821014	8641372	1481512	4451271	129723
煤　油	Kerosene	17489	980660	299105	977471	301898	242001	28020
燃料油	Fuel Oil		12325	12325	12325	12325		
润滑油	Lubricant oil	2330	20015	13969	19658	8100	8348	1315

16-35 成品油零售企业(单位)能源销售与库存(2011年)
Total Sales and Inventory of Energy of Petroleum Products Enterprises (Units) in Retail Trades in the Whole Province(2011)

单位：吨 (ton)

能源品种	Type of Energy	年初库存量 Stock at the Beginning of the Year	本年销售量 Sales (This Year)	年末库存量 Stock at Year-end
汽　油	Gasoline	67782	1910379	52687
#93"	# 93"	43278	1474595	35540
柴　油	Diesel Oil	83529	3460215	72151
#0"	# 0"	60081	2976400	46716
煤　油	Kerosene	466	3051	393
燃料油	Fuel Oil	4	87	
润滑油	Lubricant oil	260	5410	603

16-36 各市(区)成品油批发企业能源购进量(2011年)
Total Purchases of Energy of Petroleum Products Enterprises in Wholesale Trades by City(District)(2011)

单位：吨 (ton)

地　区	Region	企业数(个) Number of Enterprises (unit)	汽　油 Gasoline	#93"	柴　油 Diesel Oil	#0"	煤　油 Kerosene	燃料油 Fuel Oil	润滑油 Lubricant oil
全　省	**Shaanxi**	**79**	**4665346**	**3396395**	**9782035**	**8672614**	**980660**	**12325**	**20015**
西安市	Xi'an	22	2279175	1501297	4077582	3671471	738659	12325	16301
铜川市	Tongchuan	1	31818	26487	106298	94075			306
宝鸡市	Baoji	4	115345	94465	445285	422412			2185
咸阳市	Xianyang	10	1254810	1037084	2557550	2421250	242001		
渭南市	Weinan	13	4549		72916				
延安市	Yan'an	7	407867	290892	1002231	936020			
汉中市	Hanzhong	8	51950	51950	78222	78222			
榆林市	Yulin	3	358740	245058	1047512	668171			961
安康市	Ankang	9	114335	106596	215628	210909			40
商洛市	Shangluo	2	46758	42565	178810	170084			222
杨凌示范区	Yangling								

16-37 各市(区)成品油批发企业能源销售量(2011年)

Total Sales of Energy of Petroleum Products Enterprises in Wholesale Trades by City(District)(2011)

单位：吨 (ton)

地区	Region	企业数(个) Number of Enterprises (unit)	汽油 Gasoline	#93"	柴油 Diesel Oil	#0"	煤油 Kerosene	燃料油 Fuel Oil	润滑油 Lubricant oil
全省	**Shaanxi**	**79**	**4582541**	**3343203**	**9687272**	**8641372**	**977471**	**12325**	**19658**
西安市	Xi'an	22	2241095	1486681	4011014	3638346	735470	12325	16332
铜川市	Tongchuan	1	30995	24959	102063	93178			421
宝鸡市	Baoji	4	115554	96241	442314	413038			2163
咸阳市	Xianyang	10	1234922	1020464	2545572	2437621	242001		
渭南市	Weinan	13	4476		75021				
延安市	Yan'an	7	407867	290892	1002231	936020			
汉中市	Hanzhong	8	29925	29925	54872	54872			
榆林市	Yulin	3	357901	244394	1047360	672540			526
安康市	Ankang	9	113015	107093	229073	226718			50
商洛市	Shangluo	2	46792	42555	177752	169040			166
杨凌示范区	Yangling								

16-38 各市(区)成品油批发企业能源年末库存量(2011年)

Inventory of Energy of Petroleum Products Enterprises in Wholesale Trades by City(District) at Year-end(2011)

单位：吨 (ton)

地区	Region	企业数(个) Number of Enterprises (unit)	汽油 Gasoline	#93"	柴油 Diesel Oil	#0"	煤油 Kerosene	燃料油 Fuel Oil	润滑油 Lubricant oil
全省	**Shaanxi**	**79**	**147133**	**98453**	**193012**	**129723**	**28020**		**1315**
西安市	Xi'an	22	71560	33512	95938	49324	28010		224
铜川市	Tongchuan	1	3500	2478	6469	4084			144
宝鸡市	Baoji	4	8831	6815	24918	22713			378
咸阳市	Xianyang	10	28355	24412	24861	21960			
渭南市	Weinan	13	8		612				
延安市	Yan'an	7							
汉中市	Hanzhong	8	22232	22232	23624	23624			
榆林市	Yulin	3	4175	2685	6648	1431			235
安康市	Ankang	9	6699	4840	5693	3040	10		171
商洛市	Shangluo	2	1773	1479	4248	3548			163
杨凌示范区	Yangling								

16-39 各市(区)成品油零售企业(单位)能源销售量(2011年)
Total Sales of Energy of Petroleum Products Enterprises (Units) in Retail Trades by City(District)(2011)

单位：吨 (ton)

地区	Region	企业数(单位)(个) Number of Enterprises (unit)	汽油 Gasoline	#93"	柴油 Diesel Oil	#0"	煤油 Kerosene	燃料油 Fuel Oil	润滑油 Lubricant oil
全省	**Shaanxi**	**2401**	**1910379**	**1474595**	**3460215**	**2976400**	**3051**	**87**	**5410**
西安市	Xi'an	387	685415	557754	676385	629157	13		1620
铜川市	Tongchuan	64	43973	37183	145375	137592			150
宝鸡市	Baoji	239	116953	101484	312937	302488			313
咸阳市	Xianyang	244	203977	140842	343310	312646			98
渭南市	Weinan	410	191649	127878	364850	255675	12	13	254
延安市	Yan'an	218	150445	109504	255289	169877	2		35
汉中市	Hanzhong	234	148571	125050	539053	516039	3024	74	2802
榆林市	Yulin	381	215706	147607	461037	324456			
安康市	Ankang	116	87551	76914	198075	196145			139
商洛市	Shangluo	105	53723	39590	152268	121333			
杨凌示范区	Yangling	3	12416	10790	11637	10992			

16-40 各市(区)成品油零售企业(单位)能源年末库存量(2011年)
Inventory of Energy of Petroleum Products Enterprises (Units) in Retail Trades by City(District) at Year-end(2011)

单位：吨 (ton)

地区	Region	企业数(单位)(个) Number of Enterprises (unit)	汽油 Gasoline	#93"	柴油 Diesel Oil	#0"	煤油 Kerosene	燃料油 Fuel Oil	润滑油 Lubricant oil
全省	**Shaanxi**	**2401**	**52687**	**35540**	**72151**	**46716**	**393**		**603**
西安市	Xi'an	387	12927	8322	13558	11458			108
铜川市	Tongchuan	64	1331	1178	5313	2673			57
宝鸡市	Baoji	239	3378	2873	4907	4551			58
咸阳市	Xianyang	244	4982	3353	6640	4900			13
渭南市	Weinan	410	5929	3586	6526	3475			1
延安市	Yan'an	218	4663	3399	5477	2733			26
汉中市	Hanzhong	234	5894	3522	8567	5287	393		269
榆林市	Yulin	381	9949	6501	15428	6810			33
安康市	Ankang	116	1803	1575	2815	2711			37
商洛市	Shangluo	105	1738	1151	2796	2037			
杨凌示范区	Yangling	3	93	80	124	81			

主要统计指标解释

批发业 指批发商向批发、零售单位及其他企事业、机关单位批量销售生活用品和生产资料的活动，以及从事进出口贸易和贸易经纪与代理的活动。批发商可以对所批发的货物拥有所有权，并以本单位、公司的名义进行交易活动；也可以不拥有货物的所有权，而以中介身份做代理销售商。还包括各类商品批发市场中固定摊位的批发活动。

零售业 指百货商店、超级市场、专门零售商店、品牌专卖店、售货摊等主要面向最终消费者（如居民等）的销售活动。包括以互联网、邮政、电话、售货机等方式的销售活动，还包括在同地点，后面加工生产，前面销售的店铺（如前店后厂的面包房）。不包括：谷物、种子、饲料、牲畜、矿产品、生产用原料、化工原料、农用化工产品、机械设备（用车、计算机及通信设备等除外）等生产资料的销售（批发业）；非零售单位附带的零售活动（如汽车修理单位销售汽车零件）；商业零售单位所在商厦的物业管理（物业管理）；商业零售单位所在的商品市场、商业大厦的市场管理活动（市场管理）。

住宿业 指有偿为顾客提供临时住宿的服务活动，不包括提供长期住宿场所的活动（如出租房屋、公寓等）。

餐饮业 指在一定场所，对食物进行现场烹饪、调制，并出售给顾客主要供现场消费的服务活动。

社会消费品零售总额 指批发和零售业、餐饮业、新闻出版业、邮政业和其他服务业等，售予城乡居民用于生活消费的商品和社会集团用于公共消费的商品之总量。社会消费品零售总额包括：

一、批发和零售业企业（单位）售予城乡居民用于生活消费和社会集团用于公共消费的商品。包括：

1.售予城乡居民的各种生活消费品；

2.售予入境旅游的外国人、华侨、港澳台同胞的各类商品；

3.售予行政事业单位、社会团体、军队和武警等机构的商品，以及以零售方式售予各类企业的商品。具体包括：用于非生产和社会交往的办公用品，如通讯设备、计算器具和设备、电讯网络设备、文印设备、音像视听器材和设备、纸张、本册、文具及装订文印材料、家具、日用电器、针纺织品、清洁卫生用品、文体用品、奖品、纪念品、礼品等；供内部人员乘坐的交通工具和燃料；用于办公设施修缮的各类配件、材料、工具等；用于取暖和防暑降温的设备、燃料、材料及食品等；专用于教学的用品和设备；非营利医疗机构的中、西药品、中药材和医疗设备器材；非专用的劳动保护用品；不对外营业的内部食堂用的餐具、炊具、设备、清洁卫生工具和食品、燃料等；军队、武警用于其人员生活的衣着品和个人用品；其他各类非生产性设备和用品。

二、餐饮业出售的主食、菜肴、烟酒饮料和其他商品。

三、新闻出版业、邮政业售予城乡居民、企事业单位、军队和武警等机构的书报杂志、音像制品、邮品等。

四、其他服务业出售的食品、烟酒饮料、服装鞋帽、日常生活用品、医药保健用品、艺术品、工艺美术品、玩具、殡葬用品以及其他消费品。

批发和零售业商品购进、销售、库存总额 指各种登记注册类型的批发和零售业企业(单位)以本企业(单位)为总体的，从国内、国外市场购进的商品总量，销售和出口的商品总量、库存的商品总量等情况。该指标可以反映商品流转过程中商品的购进、销售、库存之间的比例关系和存在的问题。

购进总额 指从本企业(单位)以外的单位和个人购进(包括从境外直接进口)作为转卖或加工后转卖的商品总额。它反映批发和零售业从国内、国外市场上购进商品的总量。商品购进包括：(1)从工农业生产者购进的商品；(2)从出版社、报社的出版发行部门购进的图书、杂志和报纸；(3)从各种登记注册类型的批发和零售业企业(单位)购进的商品；(4)从其他单位购进的商品，如从机关、团体、企业等单位购进的剩余物资，从住宿和餐饮业、其他服务业购进的商品，从海关、市场管理部门购进的缉私和没收的商品，从居民手中收购的废旧商品等；(5)从国(境)外直接进口的商品。不包括企业(单位)为自身经营用和未通过买卖行为而收入的商品以及销售退回、商品升溢等。

销售总额 指对本企业(单位)以外的单位和个人出售(包括对境外直接出口)的商品总额。它反映批发和零售业在国内市场上销售商品以及出口商品的总量。商品销售包括：(1)售给城乡居民和社会集团消费用的商品；(2)售给工业、农业、建筑业、运输邮电业、批发和零售业、住宿和餐饮业、其他服务业等作为生产、经营使用的商品；(3)售给批发和零售业作为转卖或加工后转卖的商品；(4)对国(境)外直接出口的商品。不包括出售本企业(单位)自用的废旧包装用品，未通过买卖行为付出的商品，经本单位介绍、由买卖双方直接结算、本单位只收取手续费的业务，购货退出的商品以及商品损耗和损失等。

库存总额 指报告期末各种登记注册类型的批发和零售业企业(单位)已取得所有权的商品。它反映批发和零售业企业(单位)的商品库存情况和对市场商品供应的保证程度。商品库存包括：(1)存放在批发和零售业经营单位(如门市部、批发站、经营处)仓库、货场、货柜和货架中的商品；(2)挑选、整理、包装中的商品；(3)已记入购进而尚未运到本单位的商品，即发货单或银行承兑凭证已到而货未到的商品；(4)寄放他处的商品，如因购货方拒绝承付而暂时存放在购货方的商品和已办完加工成品收回手续而未提回的商品；(5)委托其他单位代销(未作销售或调出)尚未售出的商品；(6)代其他单位购进尚未交付的商品。不包括所有权不属于本单位的商品、委托外单位加工生产尚未收回成品的商品、外贸企业代理其他单位从国外进口尚未付给订货单位的商品、代国家物资储备部门保管的商品等。

住宿和餐饮业营业额 指住宿和餐饮业法人企业（单位）在经营活动中因提供服务或销售商品等取得的收入。包括：客房收入、餐费收入、商品销售额和其他收入。客房收入指住宿和餐饮业法人企业（单位）在经营活动中因提供住宿服务取得的收入。餐费收入指住宿和餐饮业法人企业、（单位）因为顾客提供就餐服务取得的收入，包括经烹饪、调制加工后出售的各种食品，如主食、炒菜、凉拌菜等的收入。商品销售额指住宿和餐饮业法人企业（单位）伴随服务而出售商品所取得的收入（含增值税）。其他收入指营业收入中除客房收入、餐费收入、商品销售额以外的其他收入，包括娱乐、健身和商务服务等。

连锁企业（或称连锁店、连锁公司） 指在核心企业或总店的领导下，由分散的、经营同类商品或服务的企业或活动单位，采取共同方针，实行集中采购和分散销售的有机结合，通过规范化经营，实现规模效益的经济联合组织形式。一般连锁店应由若干个分店组成。其经营特征：(1)经营同类商品；(2)使用统一商号；(3)统一采购配送，采购与销售相分离（部分商品可根据物流合理和保质保鲜原则，由供应商直接送货到门店，其余均由总部统一配送）。

连锁门店的形式分为直营连锁和加盟连锁。

直营连锁也叫正规连锁。指连锁门店均由总部独资或控股开设，在总部的直接领导下统一经营。总部采取纵深似的管理方式，直接下令掌管所有的零售门店，零售门店也必须完全接受总部指挥。这是大型垄断商业资本通过吞并、兼并或独资、控股等途径，发展壮大自身实力和规模的一种形式。

加盟连锁包括特许连锁和自由连锁两种形式。

特许连锁指各连锁门店（被特许人）通过合同形式，取得使用总部（特许人）商标、商号、经营技术和销售总部开发的商品的特许权，各加盟连锁门店为独立法人，在总部指导下统一经营。

自由连锁也称自愿连锁。指连锁公司的门店均为独立法人，各自的资产所有权关系不变，在公司总部的指导下共同经营。各成员店使用共同的店名，与总部订阅有关购、销、宣传等方面的合同，并按合同开展经营活动。在合同规定的范围之外，各成员店可以自由活动。根据自愿原则，各成员店可自由加入连锁体系，也可自由退出。

Explanatory Notes on Main Statistical Indicators

Wholesale Trade refers to the activities of wholesaler selling at wholesale commodities for daily use and capital goods to enterprises of wholesale and retail trades and other enterprises, institutions and government offices, including the activities of wholesaler engaged in import and export and acting as a trade agent. The wholesaler may have the right of ownership over the commodities of wholesale and trade in the name of its own or a company, the wholesaler may not have the right of ownership, only acts an agent. The wholesale trade also include the activities of wholesaler at the fixed stalls of the wholesale market of different commodities.

Retail Trade refers to the activities of department store, supermarket, franchised store, brand store, retail stall and on-the-spot-making-selling store selling commodities to the final consumers (citizens) by any means including internet, post, telephone, sales machine. Retail trade excludes the activities of sales of capital goods such a grain, seed, feed, livestock, mineral products, raw material for production, industrial chemicals, chemical products for farm, machine and equipment (vehicle, computer and communication equipment), and the activities of supplementary sales of non-retailer such as the sales of spare parts of car repair business

Hotel Services refer to the activities of enterprises providing paid services of lodging to the customer, excluding the activities of providing long period of services of lodging (such as leased house and apartments).

Catering Services refer to the activities of enterprises providing on-the-spot services of selling food cooked and prepared to the customer in certain sites

Total Retail Sales of Consumer Goods refer to the sum of retail sales of commodities sold by wholesale and retail trades, catering services, publishing, post and telecommunications and other service industries to urban and rural households for household consumption and to social institutions for public consumption. Retail sales of consumer goods include:

1) Sales sold by wholesale and retail trades to urban and rural households for household consumption and to social institutions for public consumption.

a) of commodities to urban and rural households;

b) of commodities to foreigners, overseas Chinese and Chinese compatriots from Hong Kong, Macao and Taiwan visiting China;

c) of commodities to government agencies, institutions, social organizations, military and armed police units, and commodities to enterprises in the form of retail sales. More specifically, they include: office facilities and articles for non-production purposes such as communications equipment, computing equipment and instruments, TV and network equipment, printing and copying equipment, audio-visual equipment and instruments, paper, notebooks, stationeries, furniture, electric appliances, knitwear, sanitation and cleaning articles, cultural and sport articles, articles for prizes, souvenirs, etc.; transport vehicles and fuels for employees; materials, spare parts and tools for the maintenance of office facilities; equipment, fuels, materials and food for winter heating or summer cooling purposes; articles and equipment for teaching purpose; Chinese and western medicines and medical equipment and facilities purchased by non profit-making medical institutes; non-specialized work safety articles; cooking utensils, tableware, equipment, cleaning articles, food and fuels purchased by in-house cafeterias; clothes and personal articles purchased by military or armed police units for their officials and soldiers; and other equipment and articles for non-production purposes.

2) Sales of stable food, cooked dishes, beverages, tobaccos and other articles by catering units.

3) Sales of books, newspapers, magazines, audio-visual products and post products by publishing, post and telecommunications departments to urban and rural households and to enterprises, institutions, military and armed police units.

4) Sales of food, beverages, tobaccos, clothing, hats, footwear, articles for daily use, medicines, medical and health articles, work of art, handicrafts, toys, funeral articles and other articles by other service industries.

Purchase, Sales and Stock of Commodities by Wholesale and Retail Trades refer to the total volume of commodities purchased, total volume of sales and exports, and the stock of commodities by wholesale and retail enterprises (establishments) of different status of registration from domestic and overseas markets. This indicator reflects the relationship among purchase, sales and stock of commodities in the circulation of goods and reveals the existing problems.

Total Purchases of Commodities refer to the total value of purchases of commodities by enterprises (establishments) from other establishments or individuals (including direct import from abroad) for the purpose of re-selling, either with or without further processing of the commodities purchased. The commodities include: (1) commodities purchased from agricultural and industrial producer, wholesaler, retailer, publishing house and other service business; (2) commodities purchased from institutions and government departments; (3) confiscated goods purchased from the customs authorities or market management agencies; (4) second-hand goods and wastes purchased from residents; The commodities exclude 1 commodities purchased by enterprises (establishments) for use in their own business operation, commodities obtained without buying or selling procedures such as materials, consumable goods of low value, office appliances, etc. 2 received goods without trading, such as goods handed over from others, borrowed goods, preserved goods for others, donated goods from others, processed and retrieved goods, etc. 3. goods of direct settlement between buyer and seller with handling fees introduced by others, 4. goods returned or refused to pay by the buyer, 5. excessive goods.

Total Sales of Commodities refer to value of commodities sold by the establishments to other establishments and individuals (including goods sold for self consumption, including the value-added tax). The commodities include: (1) commodities sold to urban and rural residents and social groups for their consumption; (2) commodities sold to establishments in all industries for their production and operation, including agriculture, industry, construction, transportation, post and telecommunications, catering services, and public utility including commodities sold to wholesale and retail establishments for re-selling, with or without further processing; and (3) commodities for direct export to abroad. Excluded are (1) extended commodities without trading, such as goods handed over to other enterprises and institutions because of the change of organizations, lent goods, returned goods preserved for others, extended processing materials and samples donated to others, (2) goods of direct settlement between buyer and seller with handling fees introduced by others, 3. goods returned after purchase, (4) damaged and spoiled goods, (5) waste and used goods of self use,

Total Stock of Commodities refers to total commodities possessed by wholesaler and retailer of various types of registration status at the end of the reference period, reflecting the commodity stock level of various wholesaler and retailer and the potential for market supply. It includes: (1) commodities located in storage, garages, counters, and shelves of operating places (such as sale stores, wholesale centres, and operating offices); (2) commodities in the process of being selected, sorted, and packed; (3) commodities not arrived but recorded as purchase in the account, i.e. commodities not arrived but payment receipts for the commodities from the sellers or the banks arrived; (4) commodities deposited in other places rather than places mentioned above, for instance: commodities in the hold of purchasers temporarily due to the refusal of payment and commodities not taken back after going through the formalities; (5) commodities entrusted to other units to sell but not sold yet; (6) commodities purchased for other units but not delivered yet. Commodities not included as stock are those not owned by the enterprises (units), commodities on commission for processing but not yet delivered, imported commodities of agency of foreign trade enterprise but not yet delivered to ordering units and finally those put in stock on behalf of the state material reserves units.

Business Revenue of Hotels and Catering Services refers to revenue received from providing services or selling commodities by corporate enterprises and establishments engaged in hotels and catering services, including income from hotels, from catering services, from selling of commodities and from other services. Income from hotels refers to income of corporate enterprises and establishments engaged in hotels and catering services by providing lodging services. Income from catering services refers to income of corporate enterprises and establishments engaged in hotels and catering services by providing catering services, including selling of cooked or prepared foods such as staple food, cooked dishes or cold dishes. Income from selling of commodities refers to income of corporate enterprises and establishments engaged in hotels and catering services by selling commodities (including value-added tax) that accompany the services they provide. Income from other activities refers to income received other than income from hotels, catering services or selling of commodities, such as income from providing recreation, fitness or business services.

Chain Head Stores (headquarter) refer to the core leading stores responsible for development, allocation, administration and utilization of resources (name of stores, brand of stores, operation model, service standard, management way, ect.) of chain stores. Chain stores refers to the stores engaged in providing homogeneous commodities or services, with the central leadership of head store and guided by common policies, conduct centralized purchase and distributed selling of commodities, in order to gain better efficiency through standardized operation. The chain stores include regular chain stores, franchise chain stores and voluntary chain stores.

Regular Chain store refers to chain stores that are invested or controlled by the headquarters. They operate under direct and unified management from the headquarters.

Franchise chain store refers to the chain stores (franchisees) which are franchised with operation resources such as trade marks, names, patent and operation know-how by the franchisors in form of contract and pay the operation fees to the franchisors

Voluntary chain store refers the stores operate jointly on the voluntary bases while maintaining their status of independent legal entities with full ownership of their assets. They sell goods of same brand from same channel of resource to the consumers.

十七、对外经济贸易和旅游

Foreign Trade and Tourism

资料整理：赵芳莉

简 要 说 明

一、本篇资料反映陕西对外贸易和旅游业发展状况，内容包括进出口总值，进出口货物的品种、数(重)量、金额，利用外资、旅游人数和旅游收入，星级饭店基本情况等。

二、进出口商品总值按经营单位所在地统计。经营单位所在地是指境内进出口企业报关注册的登记地。

三、本篇资料由西安海关、省商务厅、省旅游局提供。

Brief Introduction

I. This chapter reflects development of international trades and tourism of Shaanxi, including kind, quantity(weight) and value of imported and exported products, utilization of foreign funds, tourist number and tourism revenue, basic conditions of star hotels, etc.

II. Total value of imported and exported commodities are calculated according to the location of operating units. The location of operating units is the place of registration where the resident imported and exported enterprises declare and register at customs.

III. The data sources are provided by Xi'an Customs District, the Department of Commerce Shaanxi Province and Tourism Administration of Shaanxi Province.

17.对外经济贸易和旅游

2011年全省				
进出口总额	146.23	亿美元	比上年增长	21.0%
#出 口	70.11	亿美元	比上年增长	12.9%
实际利用外商直接投资额	23.55	亿美元	比上年增长	29.4%
国际旅游人数	270.41	万 人	比上年增长	27.4%
国际旅游收入	12.95	亿美元	比上年增长	27.5%

进出口总额（亿美元）

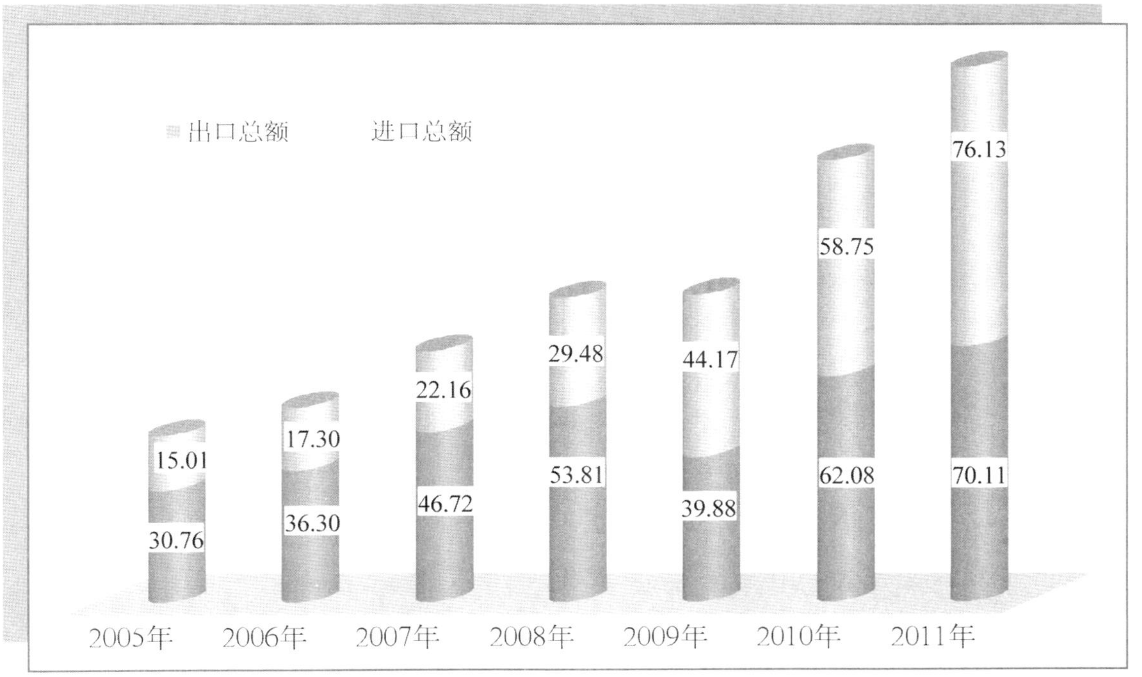

17-1 外贸进出口总值
Total Value of Imports and Exports in Foreign Trade

单位：万美元 (USD 10 000)

年 份 Year	进出口总值 Total Value of Imports and Exports	出 口 Exports	进 口 Imports
1978		1190	
1980		973	
1985	15712	10359	5353
1990	57728	46059	11669
1991	81359	60502	20857
1992	111885	76531	35354
1993	149599	99347	50252
1994	160061	121615	38446
1995	173323	128261	45062
1996	178406	126922	51484
1997	173413	123120	50293
1998	205148	117668	87480
1999	200834	115225	85609
2000	214009	131003	83006
2001	206444	111044	95400
2002	222517	137717	84800
2003	278371	173523	104848
2004	364238	239658	124580
2005	457684	307581	150103
2006	536025	362960	173065
2007	688804	467244	221560
2008	832867	538066	294801
2009	840539	398815	441724
2010	1208283	620773	587510
2011	1462344	701085	761258

17-2 按贸易方式分外贸进口总值
Total Value of Imports in Foreign Trade by Type of Trade

单位：万美元 (USD 10 000)

贸易方式类别	Type of Trade	2010	2011	2011年比2010年增长(%) Growth Rate in 2011over 2010(%)
进口总值	**Total Imports**	**587510**	**761258**	**29.6**
1.一般贸易	General Trade	339585	480578	41.5
2.国家间、国际组织无偿援助和赠送的物资	Between Countries, International Organizations Aid and Donated Materials	15	2	-84.2
3.华侨、港澳台同胞、外籍华人捐赠物资	The overseas Chinese, Hong Kong, Macao, Taiwan,Chinese of foreign Donated Materials	7	12	79.1
4.来料加工装配贸易	Assembly Processing Trade	2835	4932	74.0
5.进料加工贸易	Processing With Imported Trade	202784	225567	11.2
6.来料加工装配进口的设备	Assembly Processing Trade Equipment	599	271	-54.8
7.租赁贸易			5	
8.外商投资企业作为投资进口的设备、物品	Foreign-invested Enterprises as the Import Investment of Equipment, Goods	8232	3489	-57.6
9.出料加工贸易	Material Processing			
10.易货贸易	Barter			
11.保税监管场所进出境货物(保税仓库进出境货物)	Inward and Outward Goods of Free Trade Storehouse	14331	15928	11.1
12.海关特殊监管区域物流货物(保税区仓储转口货物)	Re-export Goods of Free Trade Zone Re-exports	7103	12256	72.5
13.海关特殊监管区域进口设备(出口加工区进口设备)	Export Processing Zones Imported Equipment	12949	16993	31.2
14.其　他	Other	901	1227	36.2

17-3 按贸易方式分外贸出口总值
Total Value of Exports in Foreign Trade by Type of Trade

单位：万美元 (USD 10 000)

贸易方式类别	Type of Trade	2010	2011	2011年比2010年增长(%) Growth Rate in 2011over 2010(%)
出口总值	**Total Exports**	**620773**	**701085**	**12.9**
1.一般贸易	General Trade	344799	432703	25.5
2.国家间、国际组织无偿援助和赠送的物资	Between Countries, International Organizations Aid and Donated Materials	297	488	64.0
3.来料加工装配贸易	Assembly Processing Trade	3491	6066	73.8
4.进料加工贸易	Processing With Imported Trade	218628	170480	-22.0
5.对外承包工程出口货物	Exports Contracted Projects	6754	18877	179.5
6.租赁贸易	Lease Trade	418	133	-68.3
7.易货贸易	Barter			
8.出料加工贸易	Material Processing			
9.保税监管场所进出境货物(保税仓库进出境货物)	Inward and Outward Goods of Free Trade Storehouse	3666	2685	-26.8
10.海关特殊监管区域物流货物	Re-export Goods of Free Trade Zone	42361	65916	55.6
11.其　他	Others	406	3738	819.7

17-4 按国别(地区)分外贸进出口总值
Total Value of Imports and Exports in Foreign Trade by Country (Region)

单位：千美元 (USD 1 000)

国别(地区)	Country(Region)	2010 进出口 Total	2010 出口 Exports	2010 进口 Imports	2011 进出口 Total	2011 出口 Exports	2011 进口 Imports
总 值	**Total**	**12082826**	**6207728**	**5875098**	**14623437**	**7010854**	**7612581**
阿富汗	Afghanistan	238	238		105	105	
巴 林	Bahrain	4716	4539	177	6508	5748	760
孟加拉国	Bangladesh	20675	20675		22199	22179	19
不 丹	Bhutan	72	72		2754	2754	
文 莱	Brunei	664	664		1899	1899	
缅 甸	Myanmar	18512	18462	50	8134	8106	28
柬埔寨	Cambodia	3302	3300	2	8682	8682	
塞浦路斯	Cyprus	130189	130189		65303	65303	
朝 鲜	Korea DPR	4592	4592		3799	3799	
中国香港	Hong Kong, China	611355	575955	35400	673681	626980	46701
印 度	India	201462	157987	43475	359199	147295	211905
印 尼	Indonesia	176634	161091	15543	304315	230858	73457
伊 朗	Iran	33376	31599	1777	65162	64842	320
伊拉克	Iraq	7919	7919	1	33838	33838	
以色列	Israel	37979	11508	26471	40288	15155	25134
日 本	Japan	896424	477451	418973	958135	439219	518916
约 旦	Jordan	3936	3936		6183	5259	924
科威特	Kuwait	3189	3189		1721	1721	
老 挝	Laos	16383	16383		2794	2794	
黎巴嫩	Lebanon	1696	1696		1545	1545	
中国澳门	Macao, China	478	478		653	652	1
马来西亚	Malaysia	105415	67704	37710	107182	74163	33019
马尔代夫	Maldives	72	72		41	41	
蒙 古	Mongolia	13997	13997		18707	18707	
尼泊尔联邦民主共和国	Nepal	538	493	45	712	694	18
阿 曼	Oman	3382	3382		5332	5211	121
巴基斯坦	Pakistan	20976	20516	460	14876	14474	401
巴勒斯坦	Palestine	28	28		25	25	
菲律宾	Philippines	68934	54142	14792	113175	45474	67702
卡塔尔	Qatar	1808	1808		11983	11983	
沙特阿拉伯	Saudi Arabia	26140	25790	350	26929	26929	
新加坡	Singapore	1119813	270707	849106	785040	284420	500620
韩 国	Korea Rep.	436548	203383	233165	582221	348062	234160
斯里兰卡	Sri Lanka	8938	8899	38	9985	9880	105
叙利亚	Syria	26820	26820		22134	22134	
泰 国	Thailand	80459	67100	13359	125965	115505	10461
土耳其	Turkey	49693	37012	12681	71620	58901	12719
阿拉伯联合酋长国	United Arab Emirates	54265	54110	155	140012	140007	5
也 门	Republic of Yemen	1442	1442		2284	2284	
越 南	Vietnam	64895	59757	5138	48890	41291	7600
中 国	P. R. China	22767		22767	39519		39519
中国台湾	Taiwan, China	607345	77112	530233	948539	152589	795950
东帝汶	Timor Leste	151	151		13	13	
哈萨克斯坦	Kazakhstan	18217	15240	2977	43619	43619	
吉尔吉斯	Kirghizia	673	673		401	401	
塔吉克斯坦	Tadzhikistan	360	360		5933	5933	
土库曼斯坦	Turkmenistan	21539	21339	200	232	232	

17-4 续表 1 continued

单位：千美元 (USD 1 000)

国别(地区)	Country(Region)	2010 进出口 Total	2010 出口 Exports	2010 进口 Imports	2011 进出口 Total	2011 出口 Exports	2011 进口 Imports
乌兹别克斯坦	Uzbekistan	25765	25765		14519	14519	
阿尔及利亚	Algeria	163668	163668		87952	87952	
安哥拉	Angola	16773	16773		194963	194963	
贝　宁	Benin	9394	7713	1681	8785	8785	
博茨瓦纳	Botswana	263	263		510	510	
布隆迪	Burundi	12	12		66	66	
喀麦隆	Cameroon	4793	3498	1295	17698	5119	12579
佛得角	Cape Verde	1536	1536		3216	3216	
乍　得	Chad	932		932	43	43	
科摩罗	Comoros				100	100	
刚　果	Congo	2396	2396		1802	1802	
吉布提	Djibouti	1926	1926		1744	1744	
埃　及	Egypt	43262	42901	361	74913	74025	887
赤道几内亚	Eq. Guinea	1443	1443		3589	3589	
埃塞俄比亚	Ethiopia	14823	11668	3155	8905	8571	334
加　蓬	Gabon	1929	713	1216	130	130	
加　纳	Gambia	11250	6705	4545	10436	6433	4003
几内亚	Guinea	49	49		385	373	11
可特迪瓦	Cote d'lvoire	1749	622	1128	395	395	
肯尼亚	Kenya	2453	2353	101	6005	5996	9
利比里亚	Liberia	188694	188694		193704	193704	
利比亚	Libya	2186	2186		636	636	
马达加斯加	Madagascar	794	794		666	666	
马　里	Mali	810	810		938	938	
毛里塔尼亚	Mauritania	51	51		154	154	
毛里求斯	Mauritius	289	289		913	913	
摩洛哥	Morocco	10750	7119	3631	10372	7403	2969
莫桑比克	Mozambique	711	711		3594	2801	793
纳米比亚	Namibia	48	48		370	97	274
尼日尔	Niger	438	438		191	191	
尼日利亚	Nigeria	22623	22578	45	27086	27086	
留尼汪	Reunion	79	79		41	41	
卢旺达	Rwanda	1873	1873		269	269	
塞内加尔	Senegal	657	657		1067	1006	61
塞舌尔	Seychelles	39	39		15	15	
塞拉利昂	Sierra Leone	797	26	771	95	95	
南　非	South Africa	78126	62683	15443	92368	86196	6172
西撒哈拉	Western Sahara				7		7
苏　丹	Sudan	7520	7520		10125	9955	170
坦桑尼亚	Tanzania	720	720		4364	4364	
多　哥	Togo	15146	15146		15673	15673	
突尼斯	Tunisia	3085	3065	20	5198	4938	260
乌干达	Uganda	1882	1882		1402	1402	
布基纳法索	Burkina Faso	9	9				
扎伊尔	Zaire	4059	4059		4717	4717	
赞比亚	Zambia	21898	390	21508	7872	713	7159
津巴布韦	Zimbabwe	413	413		869	868	
莱索托	Lesotho	189	189		48	48	
斯威士兰	Swaziland	8	7	1	62	62	
厄立特里亚	Eritrea	12521	12521				

17-4 续表 2 continued

单位：千美元 (USD 1 000)

国别(地区)	Country(Region)	2010 进出口 Total	2010 出口 Exports	2010 进口 Imports	2011 进出口 Total	2011 出口 Exports	2011 进口 Imports
比利时	Belgium	209137	54763	154374	273574	81045	192529
丹 麦	Denmark	36098	3012	33086	34131	4657	29475
英 国	United Kingdom	213371	156051	57320	283623	160959	122665
德 国	Germany	929062	322255	606807	1031053	221913	809141
法 国	France	190791	113549	77241	237254	113478	123777
爱尔兰	Ireland	54055	3055	51000	86545	4121	82423
意大利	Italy	209792	107748	102045	247650	88870	158781
卢森堡	Luxembourg	271	271		994	910	84
荷 兰	Netherlands	285498	224375	61123	358964	273147	85817
希 腊	Greece	7916	7333	583	5850	5843	7
葡萄牙	Portugal	5154	4647	506	6043	4211	1832
西班牙	Spain	92490	80280	12210	57368	39711	17657
阿尔巴尼亚	Albania	336	7	329	633	286	347
奥地利	Austria	16288	3981	12307	25799	5458	20341
保加利亚	Bulgaria	1885	1885		10095	10028	67
芬 兰	Finland	28710	8420	20290	22892	9290	13602
匈牙利	Hungary	3124	569	2555	7702	1924	5778
冰 岛	Iceland	186	118	68	183	113	70
列支敦士登	Liechtenstein	12		12	166		166
马耳他	Malta	222425	222425		82502	82502	
摩纳哥	Monaco				303	303	
挪 威	Norway	35003	26250	8753	22753	16806	5947
波 兰	Poland	57868	14239	43629	69146	19156	49990
罗马尼亚	Romania	9741	4405	5336	17779	12268	5511
瑞 典	Sweden	134295	20221	114074	108203	21478	86725
瑞 士	Switzerland	143166	2603	140563	176547	3459	173089
爱沙尼亚	Estonia	5822	5822		1430	1362	68
拉脱维亚	Latvia	12183	11855	328	11613	11613	
立陶宛	Lithuania	12814	8736	4078	7800	3000	4800
格鲁吉亚	Georgia	1256	1256		2393	2337	56
亚美尼亚	Armenia	338	338		1895	1895	
阿塞拜疆	Azerbaijan	4727	4727		17115	17115	
白俄罗斯	Byelorussia	3699	3684	16	9419	9015	404
摩尔多瓦	Moldavia	342	342		288	288	
俄罗斯	Russia	128527	112542	15985	209989	187268	22720
乌克兰	Ukraine	29839	6333	23507	59762	12170	47591
斯洛文尼亚共和国	Slovenia	7025	6900	125	6895	6520	375
克罗地亚共和国	Croatia	1904	1904		4606	4597	8
捷 克	Czech	11466	6050	5416	14760	4530	10230
斯洛伐克	Slovak	23253	6687	16566	24952	12221	12731
前南斯拉夫马其顿	Macedonia	2	2		119	119	
波斯尼亚-黑塞哥维那	Bosnia & Herzegovina	67	65	2	5956	86	5870
塞尔维亚	Serbia	356	355	1	874	874	
黑 山	Montenegro	1043	3	1040	119	119	
阿根廷	Argentina	13855	13276	579	35195	34762	433
阿鲁巴岛	Aruba	10	10		1210	1210	
巴哈马	Bahamas	56497	56497				
巴巴多斯	Barbados	166	166		173	173	
伯利兹	Belize				9	9	
玻利维亚	Bolivia	359	359		1481	781	700

17-4 续表 3 continued

单位：千美元 (USD 1 000)

国别(地区)	Country(Region)	2010			2011		
		进出口 Total	出口 Exports	进口 Imports	进出口 Total	出口 Exports	进口 Imports
巴　西	Brazil	131772	48371	83401	186168	47389	138779
智　利	Chile	249201	17705	231496	340306	21344	318962
哥伦比亚	Colombia	8483	8482		40939	40939	
多米尼克	Dominica						
哥斯达黎加	Costa Rica	1185	1185		2170	2170	
古　巴	Cuba	2942	2942		10413	10413	
库腊索岛	Curacao				100	100	
多米尼加	Dominica Rep.	2160	2159		4887	4882	4
厄瓜多尔	Ecuador	7003	7003		12269	12262	7
瓜德罗普	Guadeloupe	42	42		22	22	
危地马拉	Guatemala	3489	3326	163	7962	7962	
圭亚那	Guyana	7	7		1	1	
海　地	Haiti	3868	3868		171	171	
洪都拉斯	Honduras	376	376		491	311	180
牙买加	Jamaica	293	293		549	549	
墨西哥	Mexico	54390	34830	19560	44657	34777	9880
尼加拉瓜	Nicaragua	87	87		1242	1242	
巴拿马	Panama	34748	34748		9353	9353	
巴拉圭	Paraguay	4128	4128		4695	4695	
秘　鲁	Peru	117271	5347	111924	173856	13467	160389
波多黎各	Puerto Rico	2766	1079	1687	2838	1003	1834
圣卢西亚	Saint Lucia	71	71		136	136	
圣文森特和格林纳丁斯	Saint Vincent &	6	6				
萨尔瓦多	El Salvador	403	403		2297	2297	
苏里南	Surinam	607	607		437	437	
特立尼达和多巴哥	Trinidad and Tobago	426	426		2300	2300	
特克斯和凯科斯群岛	Turks & Caicos Is.	17	17		10	10	
乌拉圭	Uruguay	2386	2386		6825	6825	
委内瑞拉	Venezuela	16020	16020		10330	10330	
英属维尔京群岛	Virgin Is. (E)	6	6		3	3	
荷属安地列斯群岛	Andreas Is. (N)	4	4		887	887	
加拿大	Canada	154261	57953	96308	173931	56782	117150
美　国	United States	2129167	963458	1165709	2834157	1236723	1597434
澳大利亚	Australia	351618	62069	289549	637357	80171	557187
斐　济	Fiji	3438	3438		3577	3577	
新喀里多尼亚	New Caledonia (Fr)	97	97		282	282	
瓦努阿图	Vanuatu	308	11	296	59		59
新西兰	New Zealand	5488	5050	438	9132	6487	2645
巴布亚新几内亚	Papua New Guinea	537	534	3	1071	1071	
社会群岛	Society Is.	154	154				
所罗门群岛	Solomon Is.	26	26		60	60	
汤　加	Tonga				12	12	
萨摩亚	Samoa	18	18		365	365	
基里巴斯	Kiribati	14	14		22	22	
图瓦卢	Tuvalu	24	24				
法属波利尼西亚	Polynesia (F)	54	54		48	48	
大洋州其他国家(地区)	Other Countries (Regions) in Oceanic	6	6				
国(地)别不详	Others	200		200	11		11

17-5 进出口商品分类金额
Value of Imports and Exports by HS Section and Division

单位：千美元 (USD 1 000)

商品分类	HS Section and Division	2010 出口 Exports	2010 进口 Imports	2011 出口 Exports	2011 进口 Imports
总　　值	**Total**	**6207728**	**5875098**	**7010854**	**7612581**
第一类 活动物；动物产品	**Live Animals; Animal Products**				
第1章 活动物	Live Animals	2146	20695	1732	
第2章 肉及食用杂碎	Meat and Edible Meat Offal				
第3章 鱼、甲壳动物、软体动物及其他水生无脊椎动物	Fish and Crustaceans Molluscs and Other Aquatic Invertebrates	1	3745		1891
第4章 乳品；蛋品；天然蜂蜜；其他食用动物产品	Dairy Produce; Birds' Eggs; Natural Honey; Edible Products of Animal Origin, not ElsewhereSpecified or Included	3439	234	5974	731
第5章 其他动物产品	Products of Animal Origin, not Elsewhere Specified or Included	456		380	65
第二类 植物产品	**Vegetable Products**				
第6章 活树及其他活植物；鳞茎、根及类似品；插花及装饰用簇叶	Live Tree and Other Plants; Bulbs, Roots and the Like; Cut Flowers and Ornamental Foliage	511	1726	361	704
第7章 食用蔬菜、根及块茎	Edible Vegetables and Certain Roots and Tubers	47402	5	46500	27
第8章 食用水果及坚果；甜瓜或柑桔属水果的果皮	Edible Fruit and Nuts; Peel of Citrus Fruit or Melons	32665	6310	27416	6377
第9章 咖啡、茶、马黛茶及调味香料	Coffee, Tea, Mate and Spices	6310	7	10406	99
第10章 谷物	Cereals	2044		3214	
第11章 制粉工业产品；麦芽；淀粉；菊粉；面筋	Products of The Milling Industry; Malt; Starches;Inulin; Wheat Gluten	1077	48	3854	28
第12章 含油子仁及果实；杂项子仁及果实；工业用或药用植物；稻草、秸秆及饲料	Oil Seeds and Oleaginous Fruits; Miscellaneous Grains, Seeds and Fruit; Industrial or Medicinal Plants; Straw and Fodder	11250	38423	46504	100421
第13章 虫胶；树胶、树脂及其他	Lac; Gums, Resins And Other Vegetable Saps and Extracts	9968	611	11947	548
第14章 编结用植物材料；其他植物产品	Vegetable Plaiting Materials; Vegetable Products Not Elsewhere Specified or Included	41	3	26	1
第三类 动、植物油、脂及其分解产品；精制的食用油脂	**Animal or Vegetable Fats and Oils and their Cleavage Products；Prepared**				
第15章 动、植物油、脂及其分解产品；精制的食用油脂；动、植物蜡	Animal or Vegetable Fats and Oils and Their Products; Prepared Edible Fats; Animal or Vegetable Waxes	143	22311	2200	5552
第四类 食品；饮料、酒及醋；烟草、烟草及烟草代用品的制品	**Prepared Foodstuffs; Beverages, Spirits And Vinegar；Tobacco and Manufactured Tobacco Substitutes**				
第16章 肉、鱼、甲壳动物、软体动物及其他水生无脊椎动物的制品	Preparations of Meat, of Fish or of Crustaceans, Molluscs or other Aquatic Invertebrates		12	3	32
第17章 糖及糖食	Sugars and Sugar Confectionery	5751		11193	8
第18章 可可及可可制品	Cocoa and Cocoa Preparations		70		5
第19章 谷物、粮食粉、淀粉或乳的制品；糕饼点心	Preparations of Cereals, Flour, Starch or Milk; Pastry-Cooks' Products	7	130	50	250
第20章 蔬菜、水果、坚果或植物其他部分的制品	Preparations of Vegetables, Fruit, Nuts or Other Parts of Plants	412886	980	503536	350
第21章 杂项食品	Miscellaneous Edible Preparations	4436	307	968	1115
第22章 饮料、酒及醋	Beverages, Spirits and Vinegar		709	104	2239
第23章 食品工业的残渣及废料；配制的动物饲料	Residues and Waste from The Food Industries; Prepared Animal Fodder	131	3602		13951
第24章 烟草、烟草及烟草代用品的制品	Tobacco and Manufactured Tobacco Substitutes	8304		13491	

17-5 续表 1 continued

单位：千美元 (USD 1 000)

商品分类	HS Section and Division	2010 出口 Exports	2010 进口 Imports	2011 出口 Exports	2011 进口 Imports
第五类 矿产品	**Mineral Products**				
第25章 盐；硫磺；泥土及石料；石膏料、石灰及水泥	Salt; Sulphur; Earths and Stone; Plastering Materials, Lime and Cement	16678	93	26441	622
第26章 矿砂、矿渣及矿灰	Ores, Slag and Ash	52466	576853	46359	1012343
第27章 矿物燃料、矿物油及其蒸馏产品；沥青物质；矿物蜡	Mineral Fuels, Mineral Oils and Products of Their Distillation; Bituminous Substances; Mineral Waxes	3248	129758	3064	40638
第六类 化学工业及其相关工业的产品	**Products of The Chemical or Industries Allied**				
第28章 无机化学品；贵金属、稀土金属、放射性元素及其同位素的有机及无机化合物	Inorganic Chemicals; Organic or Inorganic Compounds of Precious Metals, of Rare-Earth Metals, of Radioactive Elements or of Isotopes	165922	75130	151097	235427
第29章 有机化学品	Organic Chemicals	248749	139491	314743	182646
第30章 药品	Pharmaceutical Products	9819	129333	12537	144966
第31章 肥料	Fertilizers	3037		26254	
第32章 鞣料浸膏及染料浸膏；鞣酸及其衍生物；染料、颜料及其他着色料；油漆及清漆；油灰及其他类似胶粘剂；墨水、油墨	Tanning or Dyeing Extracts; Tannins and Their Derivatives; Dyes, Pigments and Other Colouring Matter;Paints and Varnishes; Putty and Other Mastics; Inks	12632	5990	59762	6100
第33章 精油及香膏；芳香料制品及化妆盥洗品	Essential Oils and Retinoid; Perfumery, Cosmetic or Toilet Preparations	5758	618	5994	304
第34章 肥皂、有机表面活性剂、洗涤剂、润滑剂、人造蜡、调制蜡、光洁剂、蜡烛及类似品、塑型用膏、"牙科 用蜡"及牙科用熟石膏制剂	Soap,Organic Surface-Active Agents,Washing Preparations,Lubricating Preparations, Waxes, Polishing or Scouring Preparations, Candles and Similar Articles, Modelling Pastes, "Dental Waxes" And Dental Preparations With a Basis of Plast	1622	2379	2786	4287
第35章 蛋白类物质；改性淀粉；胶；酶	Albuminoidal Substances; Modified Starches; Glues; Enzymes	1419	4865	1586	3910
第36章 炸药；烟火制品；火柴；引火合金；易燃材料制品	Explosives; Pyrotechnic Products; Matches; Pyrophoric Alloys; Certain Combustible Preparations	96	1477	111	589
第37章 照相及电影用品	Photographic or Cinematographic Goods	1515	126	2834	321
第38章 杂项化学产品	Miscellaneous Chemical Products	36493	20328	83208	29327
第七类 塑料及其制品；橡胶及其制品	**Plastics and Articles Thereof Rubber and Articles Thereof**				
第39章 塑料及其制品	Plastics and Articles Thereof	22802	40913	37695	37695
第40章 橡胶及其制品	Rubber and Articles Thereof	3093	6782	10267	8169
第八类 生皮、皮革、毛皮及其制品；鞍具及挽具；旅行用品、手提包及类似品；动物肠线(蚕胶丝除外)制品	**Raw Hides and Skins, Leather, Fur Skins and Thereof; Saddlery and Harness; Travel Goods,Articles Handbags and Similar Containers; Articles of Animal Gut (Other Than Silk- Worm Gut)**				
第41章 生皮(毛皮除外)及皮革	Raw Hides and Skins(Other Than Fur Skins) and Leather		7		
第42章 皮革制品；鞍具及挽具；旅行用品、手提包及类似容器；动物肠线(蚕胶丝除外)制品	Articles of Leather; Saddlery and Harness; Travel Goods, Handbags and Similar Containers; Articles of Animal Gut(Other Than Silk-Worm Gut)	5796	69	12433	244
第43章 毛皮、人造毛皮及其制品	Fur Skins and Artificial Fur; Manufactures Thereof	50	19	195	5

17-5 续表 2 continued

单位：千美元 (USD 1 000)

商品分类	HS Section and Division	2010 出口 Exports	2010 进口 Imports	2011 出口 Exports	2011 进口 Imports
第九类 木及木制品；木炭；软木及软木制品；稻草，秸秆、针茅或其他编结材料制品；篮筐及柳条编结品	**Wood and Articles of Wood; Wood Charcoal; Cork and Articles of Cork; Manufactures of Straw, of Esparto or of Other Plaiting Materials; Basket Ware and Wickerwork**				
第44章 木及木制品；木炭	Wood and Articles of Wood; Wood Charcoal	9241	272	6316	1085
第45章 软木及软木制品	Cork and Articles of Cork	4917	504	4583	257
第46章 稻草、秸秆、针茅或其他编结材料制品；篮筐及柳条编结品	Manufactures of Straw, of Esparto or of Other Plaiting Materials; Basket Ware and Wickerwork	946		994	1
第十类 木浆及其他纤维状纤维素浆；纸及纸板的废碎品；纸、纸板及其制品	**Pulp of Wood or of Other Fibrous Cellulosic Material; Waste and Scrap of Paper or Paperboard; Paper and Paperboard and Articles Thereof**				
第47章 木浆及其他纤维状纤维素浆；回收(废碎)纸或纸板	Pulp of Wood or of Other Fibrous Cellulosic Material; Waste and Scrap of Paper or Paperboard	4906	115	13888	110
第48章 纸及纸板；纸浆、纸或纸板制品	Paper and Paperboard; Articles of Paper Pulp, of Paper or Paperboard	8640	9282	11563	8744
第49章 书籍、报纸、印刷图画及其他印刷品；手稿、打字稿及设计图纸	Printed Books, Newspapers, Pictures and Other Products of The Printing Industry; Manuscripts, Typescripts and Plans	4037	5039	4215	4450
第十一类 纺织原料及纺织制品	**Textiles and Textile Articles**				
第50章 蚕丝	Silk	8482	102	3177	281
第51章 羊毛、动物细毛或粗毛；马毛纱线及其机织物	Wool, Fine or Coarse Animal Hair; Horsehair Yarn and Woven Fabric	11451		9479	
第52章 棉花	Cotton	101333	9966	95127	17200
第53章 其他植物纺织纤维；纸纱线及其机织物	Other Vegetable Textile Fibres; Paper Yarn and Woven Fabrics of Paper Yarn	979	28	2775	
第54章 化学纤维长丝	Man-Made Filaments	9505	2145	5937	221
第55章 化学纤维短纤	Man-Made Short Fibres	56876	716	84978	716
第56章 絮胎、毡呢及无纺织物；特种纱线；线、绳、索、缆及其制品	Wadding, Felt and Nonwoven; Special Yarns; Twine, Cordage, Ropes and Cables and Articles Thereof	4793	829	5418	949
第57章 地毯及纺织材料的其他铺地制品	Carpets and Other Textile Floor Coverings	1738	289	2226	197
第58章 特种机织物；簇绒织物；花边；装饰毯；装饰带；刺绣品	Special Woven Fabrics; Tufted Textile Fabrics; Lace; Tapestries; Trimmings; Embroidery	2572	73	1603	368
第59章 浸渍、涂布、包覆或层压的纺织物；工业用纺织制品	Impregnated, Coated, Covered or Laminated Textile Fabrics; Textile Articles of a Kind Suitable for Industrial Use	3657	1159	2606	1425
第60章 针织物及钩编织物	Knitted or Crocheted Fabrics	5804	2	6730	10
第61章 针织或钩编的服装及衣着附件	Articles of Apparel and Clothing Accessories, Knitted or Crocheted	41119	94	41691	72
第62章 非针织或非钩编的服装及衣着附件	Articles of Apparel and Clothing Accessories, not Knitted or Crocheted	32092	111	36463	104
第63章 其他纺织制成品；成套物品；旧衣着及旧纺织品；碎织物	Other Made Up Textile Articles; Sets; Worn Clothing And Worn Textile Articles; Rags Articles; Rags	33943	52	33080	

17-5 续表 3 continued

单位：千美元 (USD 1 000)

商品分类	HS Section and Division	2010 出口 Exports	2010 进口 Imports	2011 出口 Exports	2011 进口 Imports
第十二类 鞋、帽、伞、杖、鞭及其零件；已加工的羽毛及其制品；人造花；人发制品	**Footwear, Headgear, Umbrellas, Sun Umbrellas, Walking-Sticks, Seat-Sticks, Whips, Riding-Crops and Parts Thereof; Prepared Feathers and Articles Made Therewith; Artificial Flowers; Articles of Human Hair**				
第64章 鞋靴、护腿和类似品及其零件	Footwear, Gaiters and The Like; Parts of Such Articles	5442	17	10099	7
第65章 帽类及其零件	Headgear and Parts Thereof	1497	15	2348	6
第66章 雨伞、阳伞、手杖、鞭子、马鞭及其零件	Umbrellas, Sun Umbrellas, Walking-Sticks, Seat-Sticks, Whips, Riding-Crops And Parts Thereof	153	86	1072	181
第67章 已加工羽毛、羽绒及其制品；人造花；人发制品	Prepared Feathers and Down and Articles Made of Feathers or of Down; Artificial Flowers; Articles of Human Hair	284	61	1886	6146
第十三类 石料、石膏、水泥、石棉、云母及类似材料的制品；陶瓷产品；玻璃及其制品	**Articles of Stone, Plaster, Cement, Asbestos, Mica or Similar Materials; Ceramic Products; Glass and Glassware**				
第68章 石料、石膏、水泥、石棉、云母及类似材料的制品	Articles of Stone, Plaster, Cement, Asbestos, Mica or Similar Materials; Ceramic Products; Glass and Glassware	9517	5094	12117	6024
第69章 陶瓷产品	Ceramic Products	4092	5783	7232	12567
第70章 玻璃及其制品	Glass and Glassware	70979	17884	98974	18531
第十四类 天然或养殖珍珠、宝石或半宝石、贵金属、包贵金属及其制品；仿首饰；硬币	**Natural or Cultured Pearls, Precious or Semi-Precious Stones, Precious Metals, Metals Clad With Precious Metal and Stones, Precious Metals, Metals Clad With Precious Metal and Articles Thereof; Imitation Jewellery; Coin**				
第71章 天然或养殖珍珠、宝石或半宝石、贵金属、包贵金属及其制品；仿首饰；硬币	Natural or Cultured Pearls, Precious or Semi-Precious Stones, Precious Metals, Metals Clad With Precious Metal and Articles Thereof; Imitation Jewellery; Coin	9283	14387	12565	149000
第十五类 贱金属及其制品	**Base Metals and Articles of Base Metal**				
第72章 钢铁	Iron and Steel	101273	109477	168756	33630
第73章 钢铁制品	Articles of Iron or Steel	185489	31555	314257	800415
第74章 铜及其制品	Copper and Articles Thereof	59981	433431	74830	53747
第75章 镍及其制品	Nickel and Articles Thereof	707	27896	1482	60337
第76章 铝及其制品	Aluminium and Articles Thereof	14069	31159	19836	445
第78章 铅及其制品	Lead and Articles Thereof	17	23	18	34
第79章 锌及其制品	Zinc and Articles Thereof	95	30	99	267
第80章 锡及其制品	Tin and Articles Thereof		140	32	41089
第81章 其他贱金属、金属陶瓷及其制品	Other Base Metals; Cermets; Articles Thereof	285449	42943	404242	13773
第82章 贱金属工具、器具、利口器、餐匙、餐叉及其零件	Tools, Implements, Cutlery, Spoons and Forks, of Base Metal; Parts Thereof of Base Metal	35555	12842	40367	
第83章 贱金属杂项制品	Miscellaneous Articles of Base Metal	28934	4863	32481	4259
第十六类 机器、机械器具、电气设备及其零件；录音机及放声机、电视图像	**Machinery and Mechanical Appliances; Electrical Equipment; Parts Thereof; Sound Recorders and Reproducers, Television Image and Sound Recorders and Reproducers; and and Accessories of Recorders and Reproducers; and Parts and Accessories of Such Artic**				
第84章 核反应堆、锅炉、机器、机械器具及其零件	Nuclear Reactors, Boilers, Machinery and Mechanical Appliances; Parts Thereof	1094084	1347423	1177437	1660192

17-5 续表 4 continued

单位：千美元 (USD 1 000)

商品分类	HS Section and Division	2010 出口 Exports	2010 进口 Imports	2011 出口 Exports	2011 进口 Imports
第85章 电机、电气设备及其零件；录音机及放声机、电视图像、声音的录制和重放设备及其零件、附件	Electrical Machinery and Equipment and Parts Thereof; Sound Recorders and Reproducers, Television Image and Sound Recorders and Reproducers, and Parts and Accessories of Such Articles	1302960	2079340	1433548	2357708
第十七类 车辆、航空器、船舶及有关运输设备	**Vehicles, Aircraft, Vessels and Associated Transport Equipment**				
第86章 铁道及电车道机车、车辆及其零件；铁道及电车轨道固定装置及其零件、附件；各种机械(包括电动机械)交通信号设备	Railway or Tramway Locomotives, Rolling-Stock and Parts Thereof; Railway or Tramway Track Fixtures And Fittings and Parts Thereof; Mechanical(Including Electro-Mechanical) Traffic Signalling Equipment of All Kinds	1361	17485	7597	16992
第87章 车辆及其零件、附件，但铁道及电车道车辆除外	Vehicles Other Than Railway or Tramway Rolling-Associated Stock, and Parts and Accessories Thereof	373807	31085	515479	15257
第88章 航空器、航天器及其零件	Aircraft, Spacecraft, and Parts Thereof	149706	36195	133441	46539
第89章 船舶及浮动结构体	Ships, Boats and Floating Structures	783291	127	446950	172
第十八类 光学、照相、电影、计量、检验、医疗或外科用仪器及设备、精密仪器及设备；钟表；乐器；上述物品的零件、附件	**Optical, Photographic, Cinematographic, Measuring, Checking, Precision, Medical or Surgical Instruments and Apparatus; Clocks And Watches; Musical Instruments; Parts and Accessories Thereof**				
第90章 光学、照相、电影、计量、检验、医疗或外科用仪器及设备、精密仪器及设备；上述物品的零件、附件	Optical, Photographic, Cinematographic, Measuring, Checking, Precision Medical or Surgical Instruments and Apparatus; Parts and Accessories Thereof	102821	374137	123372	430757
第91章 钟表及其零件	Clocks and Watches and Parts Thereof	1960	301	3543	383
第92章 乐器及其零件、附件	Musical Instruments; Parts and Accessories of Such Articles	375	547	353	9
第十九类 武器、弹药及其零件、附件	**Arms and Ammunition; Parts and Accessories Thereof**				
第93章 武器、弹药及其零件、附件	Arms and Ammunition; Parts and Accessories Thereof	284	1		
第二十类 杂项制品	**Miscellaneous Manufactured Articles**				
第94章 家具；寝具、褥垫、弹簧床垫、软坐垫及类似的填充制品；未列名灯具及照明装置；发光标志、发光名牌及类似品；活动房屋	Furniture; Bedding, Mattresses, Mattress Supports, Cushions and Similar Stuffed Furnishings; Lamps and Lighting Fittings, not Elsewhere Specified or Included; Illuminated Signs, Illuminated	53280	3692	50575	2876
第95章 玩具、游戏品、运动用品及其零件、附件	Toys, Games and Sports Requisites; Parts and Accessories Thereof	7639	242	11240	918
第96章 杂项制品	Miscellaneous Manufactured Articles	9440	256	14261	366
第二十一类 艺术品、收藏品及古物	**Works of Art, Collectors' Pieces and Antiques**				
第97章 艺术品、收藏品及古物	Works of Art, Collectors' Pieces and Antiques	434	14	61	89
第二十二类 特殊交易品及未分类商品	**Commodities and Transactions not Classified According to Kind**				
第98章 特殊交易品及未分类商品	Commodities and Transactions not Classified According to Kind	26764	1	30231	1615

17-6 主要出口商品数量、金额(2011年)
Main Export Commodities in Volume and Value(2011)

商品名称		Item		数 量 Volume	金 额(千美元) Value (USD 1 000)
鲜 蛋	(个)	Fresh Eggs	(unit)	111720	119
谷物及谷物粉	(千克)	Cereals and Cereals Flour	(kg)	5196760	3416
# 稻谷和大米		Rice		420000	313
蔬 菜	(千克)	Vegetable	(kg)	4907163	8609
# 鲜或冷冻蔬菜		Fresh Vegetables		3334430	4484
干的食用菌类		Dry Edible Fungus		6740	96
干 豆	(千克)	Dried Beans	(kg)	33400596	39452
鲜的、干水果及坚果	(千克)	Fresh, Dried Fruits and Nuts	(kg)	29383386	27416
# 橘、橙		Mandarins and Oranges		824384	657
鲜苹果		Apples		19647469	16372
食用油籽	(千克)	Edible Oil Seeds	(kg)	47830305	32815
# 大 豆		Soybean		47774830	32722
花生、花生仁		Peanuts		18800	43
食用植物油(包括棕榈油)	(千克)	Edible Vegetable Oil	(kg)	68751	159
烘焙花生	(千克)	Roasted Peanut	(kg)	11400	29
天然蜂蜜	(千克)	Natural Honey	(kg)	2345384	5442
茶 叶	(千克)	Tea	(kg)	44720	129
辣椒干	(千克)	Dried Capsicum	(kg)	3406151	9799
猪肉罐头	(千克)	Canned Pork	(kg)	164	1
猪 鬃	(千克)	Bristles	(kg)	10500	126
药 材	(千克)	Medical Materials	(kg)	980200	7401
烤 烟	(千克)	Flue-cured Tobacco	(kg)	2174993	7413
纸 烟	(五条)	Cigarette	(5 items)	100	5
锯 材	(立方米)	Wood Sawn	(cu.m)	299	242
生 丝	(千克)	Raw Silk	(kg)	34440	2271
山羊绒	(千克)	Cashmere	(kg)	62142	8707
黏土及其他耐火矿物	(千克)	Clay and Other Refractory Minerals	(kg)	622350	189
# 天然石墨		Natural Graphite		166000	126
天然碳酸镁；氧化镁		Natural Magnesium Carbonate		350	10
天然硫酸钡(重晶石)	(千克)	Barite	(kg)	5093500	1003
氧化铝	(千克)	Aluminum Oxide	(kg)	1325	8
焦炭、半焦炭	(千克)	Coke and Semi-coke	(kg)	2194247	1124
成品油	(千克)	Petroleum Products Refined	(kg)	469791	1054
放射性元素、同位素及化合物	(克)	Radioactive Elements, Isotope and Compounds	(g)	8953	2169
糠 醛	(千克)	Furfural	(kg)	8148758	16747
合成有机染料	(千克)	Synthetic Organic Dyestuffs	(kg)	15900	117
医药品	(千克)	Medical and Pharmaceutical Products	(kg)	1003635	45245
# 抗菌素(制剂除外)		Antibiotics (Except Preparations)		444445	16811
中式成药		Medicaments of Chinese Type		20833	929
医用敷料		Pharmaceutical Goods		76624	466
美容化妆品及护肤品	(千克)	Cosmetic and Skin Care Products	(kg)	5620	18

17-6 续表 1 continued

商品名称	Item	数量 Volume	金额（千美元） Value (USD 1 000)
初级形状的聚氯乙烯 (千克)	The Primary PVC (kg)	78981	144
新的充气橡胶轮胎 (条)	Rubber Tyres (unit)	766447	4942
家用或装饰用木制品 (千克)	Wood Articles for Household or Decoration Use (kg)	219993	1011
纸及纸板(未切成型的) (千克)	Paper and Paperboard in Rolls (kg)	537418	1569
纺织纱线、织物及制品	Textiles		247482
# 棉纱线	Cotton Yarn (kg)	388574	1603
含合成短纤85%及以上的纱线 (千克)	Containing 85% or More by Synthetic Staple Fibers of Yarn (kg)	1806558	7273
丝织物 (千克)	Silk (kg)	55554	263
棉机织物 (米)	Cotton Cloth (m)	79084224	93630
亚麻及苎麻机织物 (米)	Flax or Ramie Woven Fabric (m)	1312430	2761
合成短纤与棉混纺机织物 (米)	Synthetic Short Fibre and Cotton-fibre(m) Mixture Woven Fabric	58422484	42505
人造纤维短纤机织物 (米)	Man-made Short Fibre Fabric (m)	12376488	11030
地　毯 (米)	Carpets (m)	528801	2226
棉浴巾 (米)	Cotton Towel (m)	574094	1607
针织或钩编台布、盘垫 (件)	Tablecloth and Plate Pad,Knitted or Crocheted (unit)	383801	346
塑料编织带(周转带除外) (条)	Bags of PP or PE Strip (Except Turnover Bags) (unit)	3210206	542
水　泥 (千克)	Cement (kg)	61405300	5447
花岗岩石材及制品 (千克)	Granite Material and Products (kg)	273200	33
平板玻璃 (平方米)	Plate Glass (sq.m)	1313316	479
玻璃制品	Glass Products		78594
家用陶瓷器皿 (千克)	Porcelain and Pottery Wares for Household Use (kg)	653193	464
装饰用陶瓷制品 (千克)	Porcelain and Pottery Wares for Decoration Use (kg)	183279	1847
珍珠、宝石及半宝石 (千克)	Pearls、Gems and Semi-gems (kg)	35923	11514
硅　铁 (千克)	Ferrosilicon (kg)	34307383	54816
钢　材 (千克)	Rolled Steel (kg)	246530434	333232
# 钢铁棒材	Steel Bar	11973116	11642
角钢及型钢	Angle Iron and Steel	1095191	1090
钢铁板材	Steel Plate	32243822	75917
钢铁线材	Steel Wire	16350631	19016
钢铁管配件	Steel Tube Accessories	25460856	54702
未锻造的铜及铜材 (千克)	Unwrought Copper and its Alloys (kg)	11895799	72258
未锻造的铜(包括铜合金)	Unwrought Copper	796	9
铜　材	Rolled Copper	11895003	72249
未锻造的铝及铝材 (千克)	Unwrought Aluminum and its Alloys (kg)	2446778	8423
未锻造的铝(包括铝合金)	Unwrought Aluminum	50	3
铝　材	Rolled Aluminum	2446728	8421
钢铁或铜制标准紧固件 (千克)	Iron or Copper Nails, Bolts, etc. (kg)	3325074	7822
不锈钢厨具、餐具等家用器具(千克)	Stainless Steel Kitchenware, Tableware and Other Household Appliances (kg)	99870	399

17-6 续表 2 continued

商品名称	Item	数 量 Volume	金 额（千美元） Value (USD 1 000)
餐桌、厨房及其他家用搪瓷器(千克)	Table, Enamel Kitchen and other Household Devices (kg)	728006	1702
手用或机用工具 (千克)	Hand Tools and Tools for Machines (kg)	11039771	37033
锁 (千克)	Lock (kg)	1076445	4702
电 扇 (台)	Fans (unit)	229006	2361
纺织机械及零件	Textile Machinery		3513
普通缝纫机 (台)	Sewing Machines (unit)	1664	64
工业用缝纫机 (台)	Industrial Use Sewing Machines (unit)	283323	107277
金属加工机床 (台)	Machine Tools (unit)	28834	25214
# 车 床	Lathes	1534	12663
铣 床	Milling Machines	81	404
电子计算器(包括具有计算功能)(台)	Electric Calculator (unit)	204785	218
自动数据处理设备及其部件 (台)	Automatic Data Processing Machines (unit) and Components	95256	10694
# 数字式自动数据处理设备	Digital Automatic Processing Equipments	712	362
数字式中央处理部件	Digital Central Processing Unit	18	233
输入或输出部件	Input or Output Components	16296	142
键盘、鼠标器	Keyboard, Mouse	14582	28
自动数据处理设备零件	Parts for Auto Data Processing Equipment		330616
轴 承 (套)	Bearings (unit)	55020003	51702
电动机及发电机 (台)	Electric Motors and Generators (unit)	1229691	15879
变压器 (个)	Transformers (unit)	673414	41385
静止式变流气 (个)	Static Converters (unit)	985521	14063
原电池 (个)	Primary Cells and Batteries (unit)	2753528	261
蓄电池 (个)	Electric Accumulators (unit)	864725	13983
手电筒 (个)	Flashlights (unit)	16085382	6302
有线电话机(包括无绳电话机) (台)	Wireless Telephone Sets (unit)	737562	20231
扬声器 (个)	Loudspeakers (unit)	2311013	5435
录、放像机 (台)	VCR and videoplayers (unit)	960006	24110
录音机及收录(放)音组合机 (台)	Sound Recording Apparatus (unit)	140312	3656
收音机 (台)	Radio Sets (unit)	42426	86
录放音、像机及唱机的零附件(千克)	Parts of Sound Recorders, Video Tape Recorders and Phonographs (kg)	64612	678
电视、收音机及无线电讯设备的零件附件 (千克)	Parts of Television, Radio and Wireless Telecommunication Equipment (kg)	1135672	21854
电容器 (千克)	Electrical Capacitors (kg)	1797642	19153
印刷电路 (块)	Printed Circuit (unit)	1656162	1136
通断保护电路装置及零件	Electrical Apparatus for Swithing or Protecting Electrical Circuit		98323
二极管及类似半导体器件 (个)	Diode and Semi Conductors (unit)	355845995	254266
电线和电缆 (千克)	Insulated Wire or Cable (kg)	3010615	19766
汽 车 (辆)	Motor Vehicles (unit)	24052	353270
汽车零件	Parts of Motor Vehicles		93615

17-6 续表 3 continued

商品名称	Item	数量 Volume	金额（千美元） Value (USD 1 000)
摩托车 (辆)	motorcycle (unit)	4513	3210
摩托车及自行车的零件	Parts of motorcycles and Bicycles		2624
船舶 (艘)	Ships (unit)	471	446950
医疗仪器和器械	Medical Instruments and Appliances		12519
手表 (只)	Wrist Watches (set)	218500	206
电动手表	Electric Watches	218500	206
日用钟 (只)	Clocks (set)	578284	716
家具及其零件	Furniture		15830
床垫、寝具及类似品	Mattresses and Bedding Articles		6016
灯具、照明装置及类似品	Lights and Lighting Apparatus		26062
旅行用品及箱包	Boxes,Bags and Travel Goods		11380
服装及衣着附件	Garments and Clothing Accessories		81865
# 织物制服装	Textile Garments		61970
非针织钩编织物服装	Garments(Excluding Knitwear and Crochet)		30746
针织或钩编的服装	Garments, Knitted or Crocheted		31224
皮革手套 (双)	Leather Gloves (pair)	750302	875
织物制手套(双)	Textiles Gloves (pair)	19654674	9811
织物制袜子(双)	Textiles Socks (pair)	8328561	1547
手帕 (条)	Handkerchieves (unit)	161742	35
帽类 (个)	Hats (unit)	4136736	2334
鞋类	Footwear		10099
鞋 (双)	Shoes(pair)	1880206	9553
鞋靴零件；护腿及类似品	Shose Accessories, Leg Guards and Analogs (kg)	83030	546
塑料制品（千克）	Plastic Articles (kg)	8736634	26995
玩具	Toys		1575
游戏机 (台)	Play Station (unit)	58990	153
圣诞用品 (千克)	Articles for Christmas (kg)	231438	972
足球、篮球、排球 (个)	Football,Basketball,Volleyball(unit)	149263	304
铅笔 (吨)	Penciles(ton)	1223	5309
艺术品、收藏品及古董	Artwork, Collections and Antiques		61
贵金属或包贵金属的首饰	Precious Metal or Jewelry Clad with Precious Metal		12
伞 (把)	Umbrellas (unit)	165062	541
鬃刷(把)	Bristles Brushes (unit)	2483298	665
人造花 (千克)	Artificial Flowers (kg)	219207	1709
热水瓶 (个)	Thermos (unit)	62773	96
机电产品	Machanical and Electrical Products		4164986
金属制品	Metal Products		283883
机械设备	Machinery and Equipments		1177437
电器及电子产品	Electric and Electronic Products		1433548
运输工具	Transport Equipments		1103467
仪器仪表	Instruments and Meters		123372
其他	Others		43278

17-6 续表 4 continued

商品名称		Item		数量 Volume	金额（千美元） Value (USD 1 000)
高新技术产品		High and New-tech Products			1939860
生物技术		Biotechnology			12887
生命科学技术		Life Sciences Technology			140804
光电技术		Photoelectric Technology			7307
计算机与通信技术		Computer and Communication Technology			467831
电子技术		Electronic Technology			866755
计算机集成制造技术		Computer Integrated Manufacturing			37666
材料技术		Material Technology			63441
航空航天技术		Aerospace Technology			340132
其他技术		0thers			3036
梨	（千克）	Pears	(kg)	6541201	6081
钼矿砂及其精矿	（千克）	Molybdenum Ore	(kg)	2220025	46346
粮　食	（千克）	Grain	(kg)	86624186	75777
# 淀粉块茎及薯类		Tubers		252000	187
豆　类		Beans		81175426	72174
苹　果	（千克）	Apples	(kg)	19647469	16372
乳　品	（千克）	Milk and Dairy Products	(kg)	35300	218
果蔬汁	（千克）	Vegetable and Fruit Juice	(kg)	291283140	496431
# 苹果汁		Apple Juice		265627592	462134
花生油	（千克）	Peanut Oil	(kg)	67476	151
番茄酱	（千克）	Ketchup	(kg)	470016	333
钨　品	（千克）	Tungsten Products	(kg)	92814	8096
钨及其制品		Tungsten and its Products		92814	8096
碳酸钠(纯碱)	（千克）	Sodium Carbonate	(kg)	9400	5
维生素C	（千克）	Vitamin C	(kg)	715	38
农　药	（千克）	Pesticide	(kg)	174811	1073
初级形状的聚氯乙烯	（千克）	The Primary PVC	(kg)	78981	144
新闻纸	（千克）	Newsprint	(kg)	2300	96
铁合金	（千克）	Ferroalloy	(kg)	35938883	61168
冰　箱	（台）	Refrigerator	(unit)	125	808
洗衣机	（台）	Washing Machine	(unit)	6202	323
微波炉	（个）	Microwave Oven	(unit)	4	1
打印机(包括多功能一体机)	（台）	Printer(Including Multi-function Printer)	(unit)	492	40
液晶显示板	（个）	Liquid Crystal Display	(unit)	41	10
节能灯	（只）	Energy-saving Lamps	(unit)	104925	223
处理器及控制器	（个）	Processor and controller	(unit)	78743	94
存储器	（个）	Memorizer	(unit)	400958779	599371
装有引擎的汽车底盘	（台）	Chassis with Engines	(unit)	19	907
箱包及类似容器		Suitcases,Bags and Similar Containers			11380
小轿车(包括整套散件)	（辆）	Cars(including a Complete Set of Spare Parts)	(unit)	18433	116856
小客车(9座及以下)	（辆）	Small Passenger Cars (9 and under)	(unit)	91	504
货车(包括整套散件)	（辆）	Trucks(including a Complete Set of Spare Parts)	(unit)	5136	214982

17-7 主要进口商品数量、金额(2011年)
Main Import Commodities in Volume and Value(2011)

商品名称		Item		数量 Volume	金额(千美元) Value (USD 1 000)
冻　鱼	(千克)	Frozen Chicken	(kg)	738949	757
鲜、干水果及坚果	(千克)	Fresh, Dried Fruits and Nuts	(kg)	19000	44
大　豆	(千克)	Soybean	(kg)	170708745	94601
食用植物油	(千克)	Edible Vegetable Oil	(kg)	4000247	5285
# 菜子油及芥子油		Seeds and Mustard Oil		4000000	5270
饲料用鱼粉	(千克)	Fish Meal Feed	(kg)	4592776	7198
原　木	(立方米)	Logs	(cu.m)	1213	447
锯　材	(立方米)	Wood Sawn	(cu.m)	3	8
纸　浆	(千克)	Paper Pulp	(kg)	60817	110
棉　花	(千克)	Cotton	(kg)	5123428	16881
纺织用合成纤维	(千克)	Synthetic Fibers Suitable for Spinning	(kg)	40457	88
聚酯纤维		Polyester Fibers		36958	50
聚丙烯腈纤维		Polyacryolnitr Fibers		3000	25
铁矿砂及其精矿	(千克)	Iron Ore	(kg)	3016415592	523973
铜矿砂及其精矿	(千克)	Copper Ores	(kg)	843104	906
铬矿砂及其精矿	(千克)	Chromium Ores	(kg)	8427939	2231
氧化铝	(千克)	Aluminum Oxide	(kg)	5615	79
成品油	(千克)	Petroleum Products Refined	(kg)	2218513	995
乙二醇	(千克)	Ethylene Glycol	(kg)	440	2
对苯二甲酸	(千克)	Telephthalic Acid	(kg)	3036000	3837
医药品	(千克)	Pharmaceutical Products	(kg)	232062	145158
合成有机染料	(千克)	Synthetic Organic Dyestuffs	(kg)	137	2
聚合物油漆及清漆	(千克)	Polymer Paint	(kg)	325194	4001
感光材料		Photosensitive Materials			220
初级形状的塑料	(千克)	Plastic in primary Forms	(kg)	2170964	8729
# 初级形状的聚乙烯		Polyethylene in primary Forms		504	4
初级形状的聚丙烯		Polypropylene in Primary Forms		538324	855
初级形状的聚氯乙烯		The Primary PVC		300000	312
初级形状的聚酯		Polyethylene in primary Forms		102000	291
非泡沫塑料的板、片、膜、箔	(千克)	Non-Form-Plastic Plates,Sheets,Films and Foils	(kg)	1026574	9754
农　药	(千克)	Pesticides	(kg)	51	6
胶合板及类似多层板	(立方米)	Plywood and Similiar Boards	(cu.m)	200	105
纸及纸板(未切成型的)	(千克)	Paper and Paperboard (Unchopped in Shape)	(kg)	5402907	7525
# 牛皮纸		Kraft Papers		1372664	1808
无机物涂布纸		Inorganic Coated Papers		3572672	4179
棉纱线	(千克)	Cotton Yarn	(kg)	3794	44
合成纤维纱线	(千克)	Fiber Yarns	(kg)	1416	61
# 聚酰胺纤维长丝		Long Polyamide Fiber		801	41
丝织物	(米)	Silk	(m)	285119	281
棉机织物	(米)	Cotton Cloth	(m)	47465	275
合成纤维长丝机织物	(米)	Synthetic Fibers Long Silk Woven Fabric	(m)	28013	120
合成短纤与棉混纺机织物	(米)	Synthetic Short Fibre and Cotton-fibre Mixture Woven Fabric	(m)	71532	517
涂覆浸渍塑料的织物	(千克)	Fabric with Plastic Soakage	(kg)	8251	156
针织或钩编织物	(千克)	Knitwear or Woven	(kg)	1276	10

17-7 续表 1 continued

商品名称	Item	数量 Volume	金额（千美元） Value (USD 1 000)
制电灯泡及类似品用玻璃外壳(千克)	Glass Shell for Electric Bulbs and Analogs (kg)	1	1
玻璃纤维及其制品 (千克)	Glass Fibers and Relative Products (kg)	483869	4050
钻 石 (克)	Diamonds (g)	33730	9181
其他宝石及半宝石 (千克)	Other Precious and Semi-Precious Stones (kg)	668	4
钢坯及粗锻件 (千克)	Billet and Crude Fougings (kg)	33376981	113561
钢 材 (千克)	Rolled Steel (kg)	7073577	38634
# 钢铁棒材	Steel Bar	793490	6573
角钢及型钢	Angle Iron and Steel	74619	424
钢铁板材	Steel Plate	5907030	26794
钢铁管材及空心异型材	Steel Tube Accessories	139507	828
钢铁制标准坚固件 (千克)	Standard Fastener Made of Steel (kg)	403616	15063
未锻造的铜及铜材 (千克)	Unforged Copper and Rolled Copper (kg)	101021882	798718
未锻造的铜（包括铜合金）	Unforged Copper (Including Copper Alloys)	99742476	780633
铜 材	Rolled Copper	1279406	18085
未锻造的铝及铝材 (千克)	Unforged Aluminum (kg)	6960832	56703
未锻造的铝(包括铝合金)	Unwrought Aluminum	123	10
铝 材	Rolled Aluminum	6960709	56693
钢铁或铝制结构体及其部件 (千克)	Structure and Relative Parts Made of Steel or Aluminum (kg)	85475	3140
钢铁或铝制绞股线及类似品 (千克)	Wires and Relative Products Made of Steel or Aluminum (kg)	292969	1735
蒸汽锅炉及过热水锅炉 (台)	Steam Boilers and Hot Water Boilers (unit)	3	4097
蒸汽及过热水锅炉的辅助设备 (台)	The Auxiliary Equipment of Steam Boilers and Hot Water Boilers (unit)	109	6
汽轮机零件 (千克)	Steam-turbine Parts (kg)	1614	392
活塞式内燃机的零件 (千克)	Parts of Piston Combustion Engines (kg)	2478966	16424
涡轮喷气发动机 (台)	Turbojet EngineS (unit)	36	27331
液泵及液体提升机 (台)	Liquid Pumps and Elevators (unit)	27764	38448
制冷设备用压缩机 (台)	Compressors for Refrigerating Equipment (unit)	1604	2578
空气调节器 (台)	Air Conditioning (unit)	953	12270
冷冻机和制冷设备	Refrigerators and Refrigerating Equipment		21754
非家用型水的过滤、净化机器 (台)	Non-family Machinery for Filtering and Purifing (unit)	3930	2155
饮料及液体食品灌装设备 (台)	Canned Equipment for Beverage and Liquid Food (unit)	5	22819
机械提升搬运装卸设备及零件	Mechanical Elevators for Transport and Relative Parts		62169
建筑及采矿用机械及零件	Machinery and parts for Construction and Mining		69520
食品加工机械及零件	Machinery and parts for Food Processing		5069
制造纸及纸制品用机械及零件	Machinery for Paper and Paper Products Manufacturing and Relative Parts		4246
印刷、装订机械及零件	Machinery and parts for Printing and Binding		5744
纺织机械及零件	Textile Machinery and Relative Parts		6159
# 纺织纱线生产及预处理机 (台)	Textile Yarn and Pre-production Machines (unit)	9	1901
织 机 (台)	Loom Machines (unit)	24	1148
针织机及缝编机 (台)	Knitting and Sewing Machines (unit)	8	330
花边绣品饰带织机，簇绒机(台)	Lace Embroidery Lace Looms, Tufting Machine(unit)	5	2208
纱线织物等后整理机器 (台)	Yarn, Fabric and other Finishing Machines (unit)	4	234
工业用缝纫机 (台)	Industrial Use Sewing Machines (unit)	1789	12773
金属加工机床 (台)	Machine Tools (unit)	449	167168

17-7 续表 2 continued

商品名称	Item	数 量 Volume	金 额（千美元）Value (USD 1 000)
金属冶炼铸造设备及零件	Metal Smelting and Forging Equipment and Relative Parts		769
金属轧机及零件	Metal Mills and Relative Parts		19587
玻璃热加工机械及零件	Machinery and parts for Glass Hot Processing		1770
橡胶或塑料加工机械及零件	Machinery and for Rubber or Plastic Processing		10796
型模及金属铸造用型箱	Casting Molds for Metal Forging		3872
阀 门 （套）	Valves (unit)	145372	72940
自动数据处理设备及其部件 （台）	Automatic Data Processing Machines and Components (unit)	14615	8915
# 数字式自动数据处理设备	Automatic Data Processing Equipments	238	4286
数字式中央处理部件	Digital Central Processing Unit	155	1102
输入或输出部件	Input and Output Operations	4740	700
自动数据处理设备的零件 （千克）	Parts of Data Processing Machines (kg)	10710	1376
电动机及发电机 （台）	Electric Motors and Generators (unit)	17468	27446
发电机组及旋转式变流机 （台）	Dynamo Units and Rotated Converters (unit)	420	5686
旋转式电力设备的零件 （千克）	Parts of Rotated Electric Equipment (kg)	253418	2505
变压、整流、电感器及零件	Transformers, Rectifiers, Inductancers and Relative Parts		115145
电 池 （个）	Batteries (unit)	1295	367
焊接机器及零件	Welders and Relative Parts		10921
未录的磁带及类似品	Unrecorded Tapes and The Analogs		15235
无线电导航雷达及遥控设备 （台）	Radar for Radio Navigationequipment and Control Equipment (unit)	432	8509
录放音、像机及唱机的零附件(千克)	Parts of Sound Recorders, Video Tape Recorders and Phonographs (kg)	4	23
电视、收音机及无线电讯设备的零附件 （千克）	Parts of Television, Radio and Wireless Telecommunication Equipment (kg)	3989	2271
电容器 （千克）	Electrical Capacitors (kg)	69383	14312
电阻器 （千克）	Resistor (kg)	52748	9384
印刷电路 （块）	Printed Circuit (unit)	33895908	47903
断路保护电路装置及零件	Breaking-off and Safety CircuitSets and Parts		84269
二极管及类似半导体器件 （个）	Diodes Transistors and Semiconductor Devices(unit)	614971064	159651
电线和电缆 （千克）	Insulated Wire or Cable (kg)	238663	8501
汽车和汽车底盘 （辆）	Motor Vehicles and Chassis (unit) (including a Complete Set of Spare Parts)	5	1623
货车 （包括整套散件）	Trucks (including a Complete Set of Spare Parts)	2	1233
专用汽车	Special Purpose Motor Vehicles	3	390

17-7 续表 3 continued

商品名称	Item	数量 Volume	金额（千美元） Value (USD 1 000)
汽车零件	Parts of Motor Vehicles		12999
飞 机 （架）	Airplanes (unit)	8	8582
航空器零件 （千克）	Parts of Air Craft (kg)	67158	28695
医疗仪器及器械	Medical Instruments and Appliances		63074
计量检测分析自控仪器及器具	Measuring, Checking and Analyzing Auto-controlling Apparatus		326980
计钟表机芯及钟表零件	Design Watch Movement and Watch Parts		290
印刷品 （千克）	Presswork (kg)	56686	4450
塑料制品 （千克）	Plastic Articles (kg)	4426519	15089
玩 具	Toys		877
纽扣及其零件 （千克）	Buckles and Relative Parts (kg)	127	9
拉链及其零件 （千克）	Zippers and Relative Parts (kg)	127495	61
机电产品	Machanical and Electrical Products		4601250
# 金属制品	Metal Products		68955
机械设备	Machinery and Equipments		1660192
电器及电子产品	Electric and Electronic Products		2357708
运输工具	Transport Equipments		78960
仪器仪表	Instruments and Meters		430757
其 他	0thers		4618
高新技术产品	High and New-tech Products		3330409
生物技术	Biotechnology		9
生命科学技术	Life Sciences Technology		364236
光电技术	Photoelectric Technology		152734
计算机与通信技术	Computer and Communication Technology		80709
电子技术	Electronic Technology		1932313
计算机集成制造技术	Computer Integrated Manufacturing Technology		613553
材料技术	Material Technology		11901
航空航天技术	Aerospace Technology		168897
其他技术	0thers		6058
其他燃料油 （千克）	Other Fuel Oil (kg)	2213659	936
# 橄榄油	Olive Oil	247	16
酒 类	Liquor		2224
# 葡萄酒	Wine		2215
聚酰胺切片	Polyamide Slice		50
涂布纸	Coated Papers		4470
加工中心	Machining Center		43598
数控铣床	NC Milling Machine		100388
制造单晶柱或晶圆用的机器及装置	Boules or Wafers of a Single Plant and Equipment		96523
制造半导体器件或集成电路用的	Semiconductor Devices or Integrated Circuits		173502
机器及装置	Used in Machinery and Equipment		206
制造平板显示器用的机器及装置	Flat Panel Display Manufacturing Machines and Equipment		
蓄电池	Electric Accumulators		223

17-8 利用外资情况
Utilization of Foreign Capital

单位：万美元 (USD 10 000)

年 份 Year	签订合同项目（个） Number of Signed Projects (unit)	签订外商直接投资合同 Contracts of Direct Foreign Investments		实际利用外商直接投资 Amount of FDI Actually Utilized	
		金 额 Value	比上年增长% Growth Rate as Preceding Year(%)	金 额 Value	比上年增长% Growth Rate as Preceding Year(%)
1983	2	823		25	
1984	7	154	-81.3	129	416.0
1985	50	42848	27723.4	818	534.1
1986	34	34786	-18.8	942	15.2
1987	18	17381	-50.0	2890	206.8
1988	14	2096	-87.9	18007	523.1
1989	22	2650	26.4	9679	-46.2
1990	24	1134	-57.2	4191	-56.7
1991	54	2068	82.4	3159	-24.6
1992	424	52290	2428.5	4583	45.1
1993	790	92204	76.3	23432	411.3
1994	444	41142	-55.4	23809	1.6
1995	272	41518	0.9	32407	36.1
1996	280	60054	44.6	33008	1.9
1997	182	64954	8.2	61016	84.9
1998	196	37582	-42.1	30010	-50.8
1999	157	42693	13.6	24197	-19.4
2000	215	49931	17.0	28842	19.2
2001	223	73009	46.2	36455	26.4
2002	203	84060	15.1	41064	12.6
2003	229	83428	-0.8	46602	13.5
2004	271	104877	25.7	52664	13.0
2005	256	158237	50.9	62839	19.3
2006	255	203530	28.6	92489	47.2
2007	184	197311	-3.1	119516	29.2
2008	156	181781	-7.9	136954	14.6
2009	101	140117	-22.9	151053	10.3
2010	139	221030	57.8	182006	20.5
2011	138	254910	15.3	235483	29.4

17-9 外商投资情况
Foreign Investment

单位：万美元 (USD 10 000)

分组	Groups	项目数(个) Number of Projects (unit)		合同外资 Contracted Foreign Investments		实际外资 Actually Utilized Foreign Investments	
		2010	2011	2010	2011	2010	2011
总　计	**Total**	**139**	**138**	**221030**	**254910**	**182006**	**235483**
按投资方式分	**By Investment Form**						
中外合资企业	Equity Joint Venture	49	44	44895	99647	40106	89111
中外合作企业	Contractural Joint Venture	6	4	6092	1794	23122	105
外资企业	Wholly Foreign-owned Enterprise	83	89	165033	143331	116731	136647
外商投资股份制	FDI Shareholding Inc.	1	1	5010	10138	2047	9620
按国民经济行业分	**By Sector**						
农、林、牧、渔业	Agriculture, Forestry, Animal Husbandry and Fishery	10	4	8116	6571	1275	2121
# 农　业	Agriculture	6	1	4680	1819	701	317
采矿业	Mining	1	2	4801	10812	4562	2420
# 石油和天然气开采业	Extraction of Petroleum and Natural Gas		1	2932	10624	3601	2247
制造业	Mining	39	56	113360	153741	87767	140455
# 纺织业	Manufacture of Textile				1365	639	200
化学原料及化学制品制造业	Manufacture of Raw Chemical Materials and Chemical Products	2	7	1859	12814	4945	2872
医药制造业	Manufacture of Medicines	2	4	13720	3460	6280	11501
通用设备制造业	Manufacture of General Purpose Machinery	2	7	79	6729	25	2274
专用设备制造业	Manufacture of Special Purpose Machinery	6	8	5273	3638	3157	2697
通信设备、计算机及	Manufacture of Communication Equipment,	6	7	8308	2376	8570	3849
电力、燃气及水的生产和	Production and Supply of Electricity,	6	3	4797	2028	15146	2903
建筑业	Construction	2		4808			8
交通运输、仓储和邮政业	Transport, Storage and Post		1	1100	10886	422	9886
信息传输、计算机服务和软件业	Information Transmission, Computer Services and Software	9	9	9346	1912	5730	1291
批发和零售业	Wholesale and Retail Trades	34	26	7503	30941	3318	29562
住宿和餐饮业	Hotels and Catering Services	2	6	927	6260	2550	6323
# 旅游饭店	Tour Restaurant		1	736	5354	2182	6089
金融业	Financial Intermediation		1	6100	2500	6100	1587
房地产业	Real Estate	7	4	36340	18220	47374	34247
# 房地产开发经营	Real Estate Development	6	3	30666	7136	40062	22516
租赁和商务服务业	Leasing and Business Services	12	16	3283	4493	6092	1569
科学研究、技术服务和	Scientific Research, Technical Service	10	5	4742	888	1653	826
水利、环境和公共设施	Management of Water Conservancy,Environment	2	1	8650	4988	10	371

17-9 续表 continued

单位：万美元 (USD 10 000)

分 组	Groups	项目数(个) Number of Projects (unit)		合同外资 Contracted Foreign Investments		实际外资 Actually Utilized Foreign Investments	
		2010	2011	2010	2011	2010	2011
居民服务和其他服务业	Services to Households and Other Services		1		6	7	
教 育	Education				35		
卫生、社会保障和社会福利业	Health, Social Security and Social Welfare	1		1936	240		1512
文化、体育和娱乐业	Culture, Sports and Entertainment	4	3	62	235		248
按国别(地区)分	**By Country(Region)**						
香 港	Hong Kong, China	68	55	136958	123920	93777	121092
伊 朗	Iran		2		16		
日 本	Japan	3	5	1999	3280	4976	2265
澳 门	Macao, China		1		3041	30	3085
马来西亚	Malaysia	3	3	353	1040	881	301
巴基斯坦	Pakistan	1		1			
新加坡	Singapore	3	7	6741	3742	13047	4082
韩 国	Korea Rep.	4	6	61	104	58	29
泰 国	Thailand		1		500		
台湾省	Taiwan, China	11	7	299	313	252	122
哈萨克斯坦	Kazakhstan	1		5			
毛里求斯	Mauritius				16067		16067
突尼斯	Tunisia	1		15			
英 国	United Kingdom	2	5	7699	659	3465	411
德 国	Germany	4	4	768	4594	300	4980
法 国	France	2	1	10	879	1950	692
意大利	Italy	1	3		640	31	251
卢森堡	Luxembourg					600	
荷 兰	Netherlands				3437	1080	3437
希 腊	Greece	1		7			
西班牙	Spain						76
奥地利	Austria		1		683		
芬 兰	Finland	1		143			98
匈牙利	Hungary					6	
挪 威	Norway				-58		
瑞 典	Sweden		1		50		
瑞 士	Switzerland	1		300			
巴巴多斯	Barbados					1300	
巴 西	Brazil				-612		
开曼群岛	Cayman Islands		1	5723	7088	10908	11132
巴拿马	Panama	1	1	450	4		
英属维尔京群岛	Virgin Is. (E)	8	5	18297	39560	16265	39485
加拿大	Canada	1	3	6640	-46	6220	80
美 国	United States	10	10	16775	15453	15770	11967
百慕大	Bermuda	1		3000		2000	1371
澳大利亚	Australia	3	2	-6	390	411	19
瓦努阿图	Vanuatu			4978		2000	
新西兰	New Zealand			400	1390	160	641
萨摩亚	Samoa	2	2	166	519	93	330
国(地)别不详的	Others				100		
投资性公司投资	Investment Companies	6	7	9248	28157	6426	13470

17-10 旅游总收入和总人数
Total Income and Number of Visitors

年份 Year	总收入（亿元） Total Income (100 million yuan)	国内旅游收入（亿元） Domestic Tourism (100 million yuan)	国际旅游收入（万美元） International Tourism (USD 10 000)	总人数（万人） Total Number (10 000 persons)	国内游客 Domestic Vistiors	国际游客 International Vistiors
1991	27	23	5482	1532	1500	32
1992	31	25	7505	1594	1550	44
1993	35	28	8900	1746	1700	46
1994	39	30	11279	1794	1750	44
1995	54	42	14090	2144	2100	44
1996	77	61	19820	2350	2300	50
1997	86	67	22464	2554	2500	54
1998	95	74	24717	2604	2550	54
1999	111	88	27189	2663	2600	63
2000	150	127	28000	3131	3060	71
2001	168	142	30871	3436	3360	76
2002	187	158	35097	3818	3733	85
2003	160	144	19800	3347	3300	47
2004	301	271	36136	5312	5232	80
2005	353	316	44625	6081	5988	93
2006	418	378	51000	7056	6950	106
2007	504	458	61200	8138	8015	123
2008	607	561	66011	9182	9056	126
2009	767	715	77107	11555	11410	145
2010	984	916	101596	14566	14354	212
2011	1324	1240	129505	18406	18135	270

17-11 旅游业发展情况
Development of Tourism

指标	Item	2009	2010	2011
入境旅游人数（万人次）	Number of Overseas Visitor Arrivals (10 000 person-times)	145.08	212.17	270.41
1.港澳同胞	Chinese Compatriots From Hong Kong and Macao	18.49	32.90	46.96
2.台湾同胞	Chinese Compatriots From Taiwan Province	12.16	24.04	33.54
3.外国人	Foreigners	114.43	155.24	189.91
国际旅游外汇收入（万美元）	Foreign Exchange Earnings from International Tourism (USD 10 000)	77107	101596	129505
1.长途交通	Long Distance Transportation	24983	36879	52838
飞机	Civil Aviation	18583	29260	40017
火车	Railway	4626	5588	5439
汽车	Highway	1773	2032	7382
2.景区游览	Sightseeing	4395	6502	7770
3.住宿	Accommodation	10487	12496	13857
4.餐饮	Food and Beverage	6785	9448	4921
5.购物	Shopping	15884	19405	23829
6.娱乐	Entertainment	3547	3962	7123
7.邮电通讯	Postal and Communication Services	2236	2438	2979
8.市内交通	Local Transportation	1928	4165	5180
9.其他服务	Other Service	6863	6299	11008
入境游客在陕人均天花费（美元/人天）	Per Capita Days Spent of Visitors in Shaanxi (USD/per-day)	186	186	188
国内旅游人数（万人次）	Number of Domestic Visitors (10 000 person-times)	11410	14354	18135
国内旅游收入（亿元）	Earnings from Domestic Tourism (100 million yuan)	715	916	1240
旅行社数（个）	Number of Travel Agencies (unit)	568	615	660

17-12 分国别入境旅游人数
Number of Oversea Visitor Arrivals by Country/Region

单位：人 (person)

国别和地区	Country and Region	2009年	2010年	2011年
总 计	**Total**	**1450751**	**2121721**	**2704071**
港澳同胞	Chinese Compatriots From Hong Kong and Macao	184870	328951	469588
台湾同胞	Chinese Compatriots From Taiwan Province	121634	240414	335390
日 本	Japan	119174	183516	186715
韩 国	Korea Rep.	77207	161262	169337
蒙 古	Mongolia			30472
菲律宾	Philippines			18543
印 度	India			25488
越 南	Vietnam			2892
缅 甸	Myanmar			1030
朝 鲜	Korea DPR			384
巴基斯坦	Pakistan			3112
英 国	United Kingdom	83499	88275	91032
法 国	France	65835	83549	82170
德 国	Germany	78969	80517	83101
意大利	Italy	28567	32781	39122
瑞 士	Switzerland	10352	14447	14511
瑞 典	Sweden	13232	13187	16310
俄罗斯	Russia	22569	26015	33933
西班牙	Spain	22153	30619	38955
美 国	United States	199608	211869	231349
加拿大	Canada	42917	72192	88490
澳大利亚	Australia	53063	55577	63355
新西兰	New Zealand			14477
泰 国	Thailand	11153	19647	20585
新加坡	Singapore	17726	39486	48552
印度尼西亚	Indonesia	7489	26020	31064
马来西亚	Malaysia	12593	31183	39264
其 他	Others	278141	382214	524850

17-13 各市(区)对外经济和国际旅游情况(2011年)
Foreign Economy Trade and International Tourism by City(District)(2011)

地 区	Region	进出口总值(万美元) Total Value of Imports and Exports (USD 10 000)	#出 口 Exports	外商投资 Foreign Capital: 项目数(个) Number of Projects (unit)	合同外资(万美元) Contracts of Foreign Investments (USD 10 000)	实际外资(万美元) Actually Utilized Foreign Investments (USD 10 000)	星级饭店数(个) Number of Star-rated Hotel (unit)
全 省	**Shaanxi**	**1462344**	**701085**	**138**	**254910**	**235483**	**369**
西安市	Xi'an	1257852	580369	86	199340	200522	116
铜川市	Tongchuan	1017	836	2	3577	2098	13
宝鸡市	Baoji	82268	49899	2	7483	5020	37
咸阳市	Xianyang	46641	36969	5	7931	6269	30
渭南市	Weinan	17390	13420	3	9191	5019	33
延安市	Yan'an	3684	3684	3	1666	1566	34
汉中市	Hanzhong	4595	3948	7	10516	2428	30
榆林市	Yulin	10048	7544	2	515	2090	31
安康市	Ankang	1740	1740	1	761	847	27
商洛市	Shangluo	33666	395	1	154	6600	12
杨凌示范区	Yangling	3442	2282	3	2313	3024	6
其 他	Others			23	11463		

17-14 主要星级饭店基本情况(2011年)
Basic Conditions of Main Star-Degree-Hotels(2011)

饭店名称	Name of Hotel	地址	Address
五星级	**Five Star**		
维景(阿房宫)饭店	Hyatt Regency Hotel	西安市东大街158号	No.158 East Street,Xi'an
喜来登大酒店	Sharaton Hotel	西安市沣镐东路262号	No.262 East Fenghao Avenue,Xi'an
西安金花大酒店	Golden Flower Hotel,Xi'an	西安市长乐西路8号	No.8 West Changle Avenue,Xi'an
西安君樂城堡大酒店	Grand Park Hotel,Xi'an	西安市环城南路西段12号	No.12 West Section ,South City Ring Road,Xi'an
索菲特人民大厦	Sofitel,Renmin Square, Xi'an	西安市东新街319号	No.319 East New Street,Xi'an
西安香格里拉大酒店	Shangri-la Hotel,Xi'an	西安市科技路38号乙	No.38 Keji Road,Xi'an
陕西世纪金源大饭店	Empark Grand Hotel	新城区建功路91号	No.91jiangong Road, Xincheng Zone
天域凯莱大酒店	Tian-yu Gloria Plaza Hotel	西安市雁塔东路15号	No.15 East Yanta Road,Xi'an
建国饭店	Jianguo Hotel	西安市互助路2号	No.2 Huzhu Road,Xi'an
四星级	**Four Star**		
唐华宾馆	Xi'an Garden Hotel	西安市大雁塔东雁引路40号	No.40 East Yanyin Road,Xi'an
古都新世界大酒店	Grand New World Hotel	西安市莲湖路172号	No.172 Lianhu Road,Xi'an
西安宾馆	Xi'an Hotel	西安市长安北路58号	No.58 North Chang'an Road,Xi'an
西安骊苑大酒店	Le Garden Hotel,xian	西安市劳动南路8号	No.8 South Laodong Road,Xi'an
唐城宾馆	Tangcheng Hotel	西安市含光路229号	No.229 Hanguang Road,Xi'an
好世界大酒店	The Good World Hotel,Xi'an	西安市莲湖路108号	No.108 Lianhu Road,Xi'an
钟楼饭店	Bell Tower Hotel,Xian	西安市南大街110号	No.110 South Street,Xi'an
皇城豪门酒店	Imperial City Haomen Hotel	西安市东大街334号	No.334 East Street,Xi'an
东方大酒店	East Hotel	西安市朱雀大街393号	No.393 Zhuque Street,Xi'an
润天宾馆	Runtian Hotel	西安市阎良区润天大道15号	No.15 Runtian Road,Yanlian District, Xi'an
紫金山凯思特大酒店	Mount Zijin Keith Hotel	西安市环城西路328号	No.328 West City Ring Road,Xi'an
高速神州酒店	Sino Pearl Hotel	西安市环城东路9号	No.9 East City Ring Road,Xi'an
陕西奥罗国际大酒店	Aurum International Hotel	西安市南新街30号	No.30 South New Street,Xi'an
西京国际饭店	West Capital International Hotel	西安市西大街241号	No.241 West Street,Xi'an
西安天翼新商务酒店	Tianyi Commercial Hotel,Xi'an	西安市西二环南段281号	No.281 South Section ,West Second Ring Road ,Xi'an
西安美居人民大厦	Mercure on Renmin Square,Xi'an	西安市东新街319号	No.319 East New Street,Xi'an
西安富凯酒店	Fukai Hotel,Xi'an	西安市南新街27号	No.27 South New Street,Xi'an
西安志诚丽柏酒店	Ziction Liberal Hotel,Xi'an	西安市高新路46号	No.46 Gaoxin Road,Xi'an
万年饭店	Eternity Hotel,Xi'an	西安市长乐中路副11号	No.11 Changle Road,Xi'an
陕西中江之旅时代大酒店	ZhongJiang Journey Time Hotel, Shaanxi	西安市未央区文景路18号	No.18 Weiyang District,Wenjing Road,Xi'an
西安皇后大酒店	Xi'an Empress Hotel	西安市兴庆路45号	No.45 Xingqing Road,Xi'an
西安美华金唐国际酒店	Meihua Jintang International Hotel,Xi'an	西安市西大街79号	No.79 West Street,Xi'an
唐朝酒店	The Tang Dynasty Hotel	经济技术开发区凤城三路198号	No.198 Fengcheng3 Road,Jingkai Zone
西安军安王朝大酒店	King Dynasty Hotel,Xi'an	西安市大庆路1号	No.1 Daqing Road,Xi'an
西安绿地假日酒店	Green Holiday Hotel,Xi'an	西安市锦业路5号	No.5 Jinye Road, Xi'an
陕西海景国际酒店	Heizee Hotel	西安市兴庆北路219号	No.219 North Xingqing Road, Xi'an
西安雁塔国际大酒店	Yanta International Hotel, Xi'an	西安市西影路西段609号	No.609 West of Xiying Road, Xi'an
怡和酒店	Jardine Matheson Hotel	宝鸡市火炬路中段	Middle Section ,Huoju Road,Baoji
红螺湾假日酒店	Red screw holiday Hotel	咸阳市渭阳西路中段	Middle Section ,West Weiyang Road,
咸阳国贸大酒店	World Trade Hotel, Xianyang	渭阳西路中段	Middle of West Weiyang Road
光明大酒店	GuangMing Hotel	渭南市朝阳大街82号	No.82 Zhaoyang Street,Weinan
正阳国际酒店	Zhengyang International Hotel	铜川新区正阳路16号	No.16 Zhengyang Road, New Zone of Tongchuan
黄陵桥山滨湖酒店	Huangling Bridge Lake Hotel	黄陵县黄帝陵西侧	West Tomb of Huangdi,Huangling
延安宾馆	Yan'an Hotel	延安市中心街	Central Street,Yanan
延安旅游大厦	Yan'an Tourism Hotel	延安市十字街	Cross Street,Yanan
延安丽森酒店	Lisen Hotel,Yan'an	延安市双拥大道	Double Support Avenue,Yanan
邮政大酒店	Post Hotel	汉中市天汉大道中段	Middle Section,Tianhan Avenue, Hanzhong
红叶大酒店	Red Leaf Hotel	汉中市劳动东路中段33号	Middle Section,East Laodong Road, Hanzhong
亚华商务酒店	Yahua Business Hotel	神木县东新街南端	South Section, East New Street,Shenmu
安康明江国际酒店	MingJiang International Hotel	安康市滨江大道4号	No.4 Binjiang Avenue,AnKang
杨凌国际会展中心	International Exhibition Centers	杨凌区新桥北路1号	No.1 North New Bridge Road,Yang Ling

主要统计指标解释

进出口总额 指实际进出我国国境的货物总金额。包括对外贸易实际进出口货物，来料加工装配进出口货物，国家间、联合国及国际组织无偿援助物资和赠送品，华侨、港澳台同胞和外籍华人捐赠品，租赁期满归承租人所有的租赁货物，进料加工进出口货物，边境地方贸易及边境地区小额贸易进出口货物(边民互市贸易除外)，中外合资企业、中外合作经营企业、外商独资经营企业进出口货物和公用物品，到、离岸价格在规定限额以上的进出口货样和广告品(无商业价值、无使用价值和免费提供出口的除外)，从保税仓库提取在中国境内销售的进口货物，以及其他进出口货物。该指标可以观察一个国家在对外贸易方面的总规模。我国规定出口货物按离岸价格统计，进口货物按到岸价格统计。

商品经营单位所在地进、出口额 指在所在地海关注册登记的有进出口经营权的企业实际进、出口额。

商品目的地进口额和商品货源地出口额 目的地进口额指进口货物的消费、使用或最终抵运地的实际进口额；货源地出口额指出口货物的产地或原始发货地的实际出口额。

利用外资 指我国各级政府、部门、企业和其他经济组织通过对外借款、吸收外商直接投资以及用其他方式筹措的境外现汇、设备、技术等。

外商直接投资 指外国企业和经济组织或个人(包括华侨、港澳台胞以及我国在境外注册的企业)按我国有关政策、法规，用现汇、实物、技术等在我国境内开办外商独资企业、与我国境内的企业或经济组织共同举办中外合资经营企业、合作经营企业或合作开发资源的投资(包括外商投资收益的再投资)，以及经政府有关部门批准的项目投资总额内企业从境外借入的资金。

旅游人数

(1)入境旅游人数：指报告期内来我国观光、度假、探亲访友、就医疗养、购物、参加会议或从事经济、文化、体育、宗教活动的外国人、港澳台同胞等入境游客。统计时，外国人、港澳台同胞每入境一次统计 1 人次。

(2)出境人数：指中国（大陆）居民因公或因私出境前往其他国家、中国香港特别行政区、澳门特别行政区和台湾省观光、度假、探亲访友、就医疗养、购物、参加会议或从事经济、文化、体育、宗教活动的人数，即出境游客。统计时，按每出境一次统计 1 人次。

(3)国内旅游人数：指在报告期内在中国（大陆）观光游览、度假、探亲访友、就医疗养、购物、参加会议或从事经济、文化、体育、宗教活动的中国（大陆）居民人数，其出游的目的不是通过所从事的活动谋取报酬。统计时，国内游客按每出游一次统计 1 人次。

国际旅游(外汇)收入 指入境游客在中国（大陆）境内旅行、游览过程中用于交通、参观游览、住宿、餐饮、购物、娱乐等全部花费。

国内旅游收入 又称旅游总花费指国内游客在国内旅行、游览过程中用于交通、参观游览、住宿、餐饮、购物、娱乐等全部花费。

国际旅行社 指经营业务范围包括入境旅游业务、出境旅游业务和国内旅游业务的旅行社。

国内旅行社 指经营范围仅限于国内旅游业务的旅行社。

星级饭店 指设备、设施、服务符合《旅游饭店星级的划分与评定》(GB/T14308-2003)，通过相关旅游管理部门评定，并取得星级饭店称号的饭店（含预备星级饭店）。

Explanatory Notes on Main Statistical Indicators

Total Imports and Exports at Customs refer to the real value of commodities imported and exported across the border of China. They include the actual imports and exports through foreign trade, imported and exported goods under the processing and assembling trades and materials, supplies and gifts as aid given gratis between governments and by the United Nations and other international organizations, and contributions donated by overseas Chinese, compatriots in Hong Kong and Macao and Chinese with foreign citizenship, leasing commodities owned by tenant at the expiration of leasing period, the imported and exported commodities processed with imported materials, commodities trading in border areas (excluding mutual exchange goods), the imported and exported commodities and articles for public use of the Sino-foreign joint ventures, cooperative enterprises and ventures with sole foreign investment. Also included is import or export of samples and advertising goods for which CIF or FOB value are beyond the permitted ceiling (excluding goods of no trading or use value and free commodities for export), imported goods sold in China from bonded warehouses and other imported or exported goods. The indicator of the total imports and exports at customs can be used to observe the total size of external trade in a country. In accordance with the stipulation of the Chinese government, imports are calculated at CIF, while exports are calculated at FOB.

Import Export Value by Location of China's Foreign Trade Managing Units refers to actual value of imports and exports carried out by corporations which have been registered by the local Customs house and are vested with right to run import export business.

Import Value of Commodities by Place of Destination and Export Value of Commodities by Place of Origin in China The former indicator refers to the value of import commodities of the places of their consumption, utilization or the places of their final destination. The latter indicator refers to the value of export commodities of the places of their origin or the places of the commodities dispatched.

Utilization of Foreign Capitals refers to remittance, equipment and technology financed from abroad, by loans, foreign direct investment and other forms undertaken by the Chinese governments at all levels, by various departments, enterprises and other economic units.

Foreign Borrowings refer to funds borrowed from abroad through formal signing of borrowing agreements with foreign institutions, including loans of foreign governments, loans of international financial institutions, commercial loans of foreign banks, export credit, and funds raised by Chinese bonds (and shares before 1996) issued abroad. It is an important part of China's utilization of foreign capitals.

Foreign Direct Investment refers to the investments inside China by foreign enterprises and economic organizations or individuals (including overseas Chinese, compatriots from Hong Kong, Macao and Taiwan, and Chinese enterprises registered abroad), following the relevant policies and laws of China, for the establishment of ventures exclusively with foreign own investment, Sino-foreign joint ventures and cooperative enterprises or for co-operative exploration of resources with enterprises or economic organizations in China.

Number of Tourists

(1) Visitor arrivals refer to the number of foreigners, Chinese compatriots from Hong Kong, Macao and Taiwan Chinese (mainland) who come to China (mainland) for sight-seeing, vacation, visiting relatives, medical treatment, shopping, attending conference, or to engage in economic, cultural, sports and religious activities. In compiling statistics, each time of entering China is counted as one person-time.

(2) Number of Chinese residents going abroad refer to the number of Chinese (mainland) residents going to other countries, Hong Kong Special Administrative region, Macao Special Administrative region and Taiwan for on official or private purposes, for sight-seeing, vacation, visiting relatives, medical treatment, shopping, attending conference, or to engage in economic, cultural, sports and religious activities. In compiling statistics, each time of leaving is counted as one person-time.

(3) Number of domestic tourists refers to the number of Chinese (mainland) residents who travel within China (mainland) for sight-seeing, vacation, visiting relatives, medical treatment, shopping, attending conference, or to engage in economic, cultural, sports and religious activities. In compiling statistics, each time of travelling is counted as one person-time.

Foreign Exchange Earnings from International Tourism refer to the total expenditure of foreigners, overseas Chinese, Chinese compatriots from Hong Kong, Macao and Taiwan during their stay in the mainland of China on transportation, sighting, accommodation, food, shopping and entertainment.

Income from Domestic Tourism refer to expenditure of domestic tourists on transportation, sighting, accommodation, food, shopping and entertainment while they travel.

International Travel Agencies refer to travel agencies engaged in tourism entering China, Chinese residents going abroad and domestic tourism.

Domestic Travel Agencies refer to travel agencies only engaged in domestic tourism.

Star-rated Hotels refer to hotels rated with stars as assessed by the relevant tourism authorities according to GB/T14308-2003 standard with reference to their infrastructure, facilities and service levels.

十八、金融和保险

Banking and Insurance

资料整理：郭秦川

简 要 说 明

一、本篇资料反映陕西金融、证券、保险业务发展情况。

二、资料来源:

金融、证券、保险资料分别由中国人民银行西安分行、中国证券监督管理委员会陕西监管局、中国保险监督管理委员会陕西监管局提供。

Brief Introduction

I. This chapter reflects the development of banking, bond and insurance of Shaanxi Province.

II. The data sources:

The data on banking, bond and insurance are provided by Xi'an Branch of the People's Bank of China, Shaanxi Bureau of China Securities Regulatory Commission and Shaanxi Bureau of China Insurance Regulatory Commission.

18.金融和保险

2011年末全省		
金融机构年末存款余额	19147.62	亿元
# 个人储蓄存款	9149.70	亿元
金融机构年末贷款余额	11796.58	亿元
保险业保费收入		
财 产 险	103.69	亿元
人 身 险	240.03	亿元

城乡居民年末储蓄存款余额

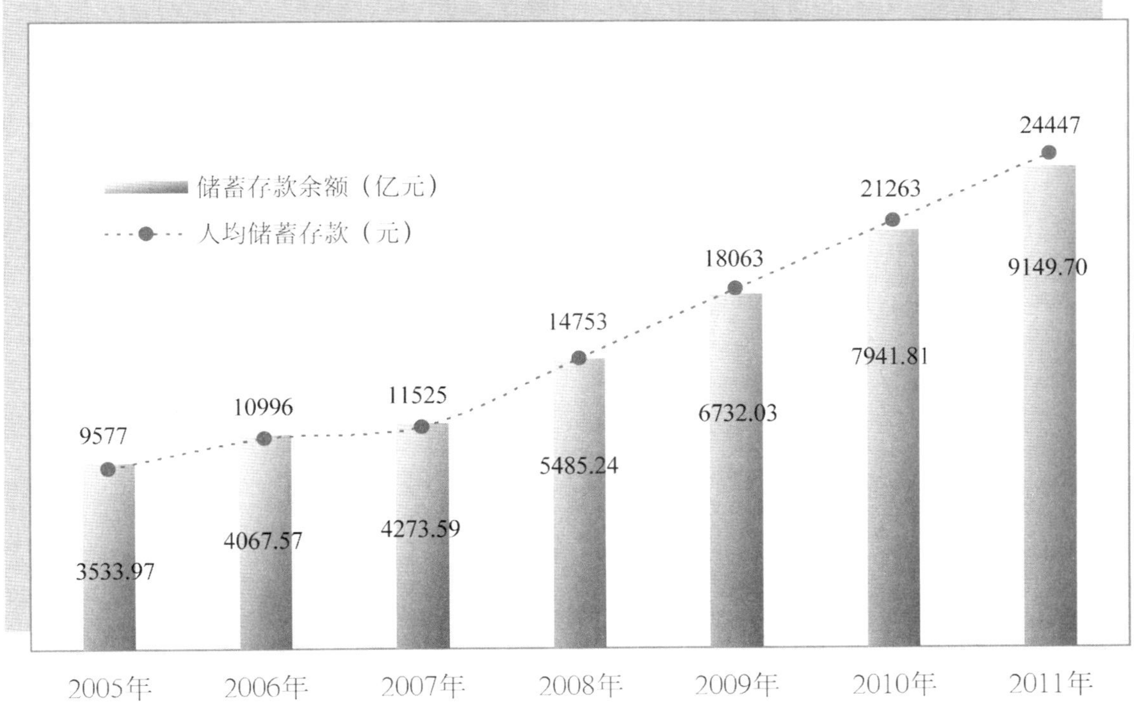

18-1 金融机构(不含外资)人民币信贷收支(年底余额)
Summary of Sources & Uses of Funds of Financial Institutions in RMB (Uncluding Foreign Currency at Year-end)

单位：万元

项　　目	Item	2011
资金来源总计	**Total Funds Sources**	**184808669**
一、各项存款合计	Total Deposits	191476194
1.单位存款	Corporate Deposits	94849668
2.个人存款	Personal Deposits	91918746
3.财政性存款	Fiscal Deposits	2672026
4.临时性存款	Temporary Deposits	242996
5.委托存款	Entrusted Deposits	418725
6.其他存款	Other Deposits	1374032
二、金融债券	Financial Bond	
三、中长期借款	Medium & Long-term Loans	8310
四、应付及暂收款	Accounts Payable and Temporary	3290460
五、同业往来	Business with Counterpart	957499
六、系统内资金往来	Funds Transactions in the System	
七、外汇买卖	Foreign Exchange Trading	1652812
八、各项准备	All Provisions	3245878
九、所有者权益	Owner's Equity	4357489
十、其他	Others	-20179973
资金运用总计	**Total Use of Funds**	**184808669**
一、各项贷款合计	Total Loans	117965783
1.境内贷款	Domestic Loans	117961728
短期贷款	Short-term Loans	30403667
中长期贷款	Medium & Long-term Loans	82757497
信托贷款	Trusted Loans	
融资租赁	Financial Lease	18490
委托贷款	Entrusted Loans	
票据融资	Bill Financing	4780221
各项垫款	Miscellaneous Advances	1852
2.境外贷款	Overseas Loans	4055
二、有价证券及投资	Portfolio Investments	2276609
三、股权及其他投资	Shares and Other Investments	836491
四、应收及预付款	Receivables and Prepayments	999417
五、同业往来	Business with Counterpart	353758
六、系统内资金往来	Funds Transactions in the System	57697794
七、金银占款	Position for Bullion and Silver Purchase	
八、外汇买卖	Foreign Exchange Trading	1655820
九、固定资产	Fixed Assets	1794658
十、库存现金	Cash in Vault	1224364
十一、投资性房地产	Investment Real Estates	3976

18-2 证券业主要情况

General Statistics on Securities Markets

指标	Item	2010	2011
上市公司情况	**Listed Companies**		
上市公司 (户)	Number of Listed Companies (accounts)	37	38
# A 股 (只)	A Shares (number)	37	38
上市公司总股本 (亿股)	Total Issued Capital of Listed Companies (100 million shares)	215.596	229.58
# 流通股本	Negotiable Shares	111.4767	170.383
上市公司股票市价总值(亿元)	Total Market Capitalization of Listed Companies(100 million yuan)	3100.26	1884.7
# 股票流通市值	Negotiable Market Capitalization	1369.61	1460.97
证券公司及交易情况	**Securities Companies and Trading**		
证券公司 (个)	Number of Securities Companies (number)	3	3
证券营业部 (个)	Security Exchange (number)	88	105
(含外地公司在陕营业部)	(include Nonlocal Exchange in Shaanxi)		
证券交易开户数 (万户)	Total Stock Investors (10 000 accounts)	202	218
证券交易额 (亿元)	Trading Volume (100 million yuan)	14940.07	11895.32
# 股票、基金	Stocks and Funds	14149.16	10540.63
期货交易情况	**Futures Trading**		
期货代理交易额 (亿元)	Agent's Turnover of Futures (100 million yuan)	46350.23	18547.26

18-3 保险业保费收入(2011年)

Premium of Insurance Transactions (2011)

单位：万元 (10 000 yuan)

地区	Region	保费收入 Premium		赔款与给付 Payment	
		人身险 Life Insurance	财产险 Property Insurance	人身险 Life Insurance	财产险 Property Insurance
全省	**Shaanxi**	**2400338**	**1036872**	**382022**	**483137**
省本级	The Same Level	1	29171		11746
西安市	Xi'an	1165214	460452	171505	199915
铜川市	Tongchuan	33442	19920	7324	10316
宝鸡市	Baoji	230080	64992	49093	31213
咸阳市	Xianyang	292041	79072	46778	36074
渭南市	Weinan	251315	88378	41694	43646
延安市	Yan'an	55502	59897	9148	33444
汉中市	Hanzhong	156468	38683	25385	19251
榆林市	Yulin	83233	148668	12864	73328
安康市	Ankang	74756	28590	7567	14734
商洛市	Shangluo	58285	19049	10582	9468

主要统计指标解释

信贷资金 指金融机构以信用方式积聚和分配的货币资金。金融机构信贷资金的来源有各项存款、金融债券、对国际金融机构负债、流通中现金、其他项目等；信贷资金的运用有各项贷款、有价证券及投资、金银占款、外汇占款、财政借款及在国际金融机构中的资产等。

存款 指企业、机关、团体或居民根据资金必须收回的原则，把货币资金存入银行或其他信贷机构保管并取得一定利息的一种信用活动形式。根据存款对象或性质的不同可划分为单位存款、个人存款、财政性存款、临时性存款、委托存款、其他存款等科目。它是银行信贷资金的主要来源。

贷款 指银行或其他信贷机构根据资金必须归还的原则，按一定利率，为企业、个人等提供资金的一种信用活动形式。银行贷款分为境内贷款和境外贷款，境内贷款有短期贷款、中长期贷款、融资租赁、票据融资等。

保险公司 在中国境内的、经过保险监督管理部门批准设立，并依法登记注册的各类商业保险公司。

保险金额 指保险人承担赔偿或者给付保险金责任的最高限额。

保费 指投保人为取得保险人在约定范围内所承担赔偿责任而支付给保险人的费用。

赔款 指保险人根据保险合同的规定，向被保险人支付的赔偿保险责任损失的金额。

给付 包括死伤医疗给付和满期给付。死伤医疗给付是指保险人根据人寿保险及长期健康保险合同的规定，因被保险人在保险期内发生保险责任范围内的保险事故支付给被保险人(或受益人)的金额。满期给付是指被保险人生存期满，保险人按人寿保险合同规定支付给被保险人的满期保险金额。

Explanatory Notes on Main Statistical Indicators

Credit Funds refer to the monetary funds accumulated and distributed in the means of credit by the financial institutions. The sources of credit funds include various deposits, financial bonds, liabilities to international financial institutions, currency in circulation, other items. The uses of credit funds include loans, securities and investment, position for bullion and silver purchase, position for foreign exchange purchase, advances to treasury, and assets with international financial institutions.

Deposit is a form of credit by which enterprises, institutions, organizations or households can put money into banks and other credit institutions for safekeeping and interest earning under the principle of free withdrawal. According to different depositors, deposits are divided into corporate deposits, personal deposits, fiscal deposits, temporary deposits, entrusted deposits, other deposits and etc. Deposits are major sources of the credit funds of banks.

Loan is a form of credit by which banks and other credit institutions provide funds at certain interest rate to enterprises and individuals in the light of the principle of unconditional repayment. Loans from Chinese banks include short-term loan, medium- term and long-term loans, entrusted loans, and other loans.The bank loans are divided into domestic loans and overseas loans. The domestic loans include short-term loans, medium & long-term loans, financial lease, bill financing and etc.

Insurance Companies refer to commercial insurance companies of various forms registered by law and established in China with the approval of insurance regulatory agencies.

Amount Insured refers to the maximum that the insurant will get for the claim of the case insured.

Premium is the fee paid by the insurant to the insurer to obtain the obligation of compensation from the insurance within the agreed terms.

Settled Claim is the compensation paid by the insurer to the insurant in accordance with the insurance contract.

Payment includes payment for death, injury or medical treatment and payment at maturity. Payment for death, injury or medical treatment refers to the money paid to the insurant (or the beneficiary) in accordance with the life or health insurance contract when the insurant encounters accidents within the insured period covered in the contract. Payment at maturity refers to the payment to the insurant in accordance with the life insurance contract at the end of the insured period.

十九、教育、科技和文化

Education, Science,
Technology and Culture

资料整理：杨小侠　杨　毅　宋　鑫

简 要 说 明

一、本篇资料反映陕西教育、科学技术活动和文化事业的基本情况。

二、本篇资料主要包括：

1. 各级各类教育基本情况，指标主要包括各级各类的学校数、在校生数、招生数、毕业生数、教职工数和专任教师数等。

2. 科技活动情况，科技成果及科技人员情况，专利申请和授权，规模以上工业企业研究与试验发展（R&D）活动发展情况等。

3. 文化艺术、文物、图书馆、新闻出版、广播、电影、电视等文化事业的机构、人员及业务活动开展情况等。

三、本篇资料来源：

教育统计资料由省教育厅提供。

科技统计资料由省科技厅、省人力资源和社会保障厅提供（其中规模以上工业企业科技活动由统计局根据统计年报整理）。

文化统计资料由省文化厅、省新闻出版局、省广播电影电视局、省文物局等有关部门提供。

Brief Introduction

Ⅰ. This chapter reflects the basic conditions on the development Shaanxi's education, science and technology.

Ⅱ. The data in this chapter mainly include:

1 The data on tertiary, secondary, primary, and kindergarten education and various types of adult education at all levels, including the number of schools, the number of students enrolled, the number of new enrollments, the number of graduates, the number of staff and workers, and the number of full-time teachers of various levels and categories.

2 The data on scientific and technological, including personnel, achievements and prizes of scientific and technical, numbers of patent applications accepted and granted, R&D activities development of industrial enterprises above designated size, etc.

3 The data on institutions, personnel and business activities of culture and arts, cultural relics, libraries, news and publication, radio, film and television, etc.

Ⅲ. Data sources:

Data on education are provided by Shaanxi Provincial Department of Education.

Data on science and technology are provided by Shaanxi Provincial Department of Science and Technology, Shaanxi Provincial Department of Human Resources and Social Security. (Science and technology activities of industrial enterprises above designated size are processed and prepared in accordance with the annual statistical reports provided by Shaanxi Provincial Bureau of Statistics.

Data on culture are provided by Shaanxi Provincial Department of Culture, Shaanxi Provincial Administration of Press and Publication, Shaanxi Provincial Administration of Radio, Film and Television, Shaanxi Provincial Cultural Heritage Bureau and the related departments.

19.教育、科技和文化

2011年全省		
普通高等学校在校学生	95.07	万人
图书出版量	16502	万册
杂志出版量	7622	万册
报纸出版量	66883	万份

高等学校毕业生数(万人)

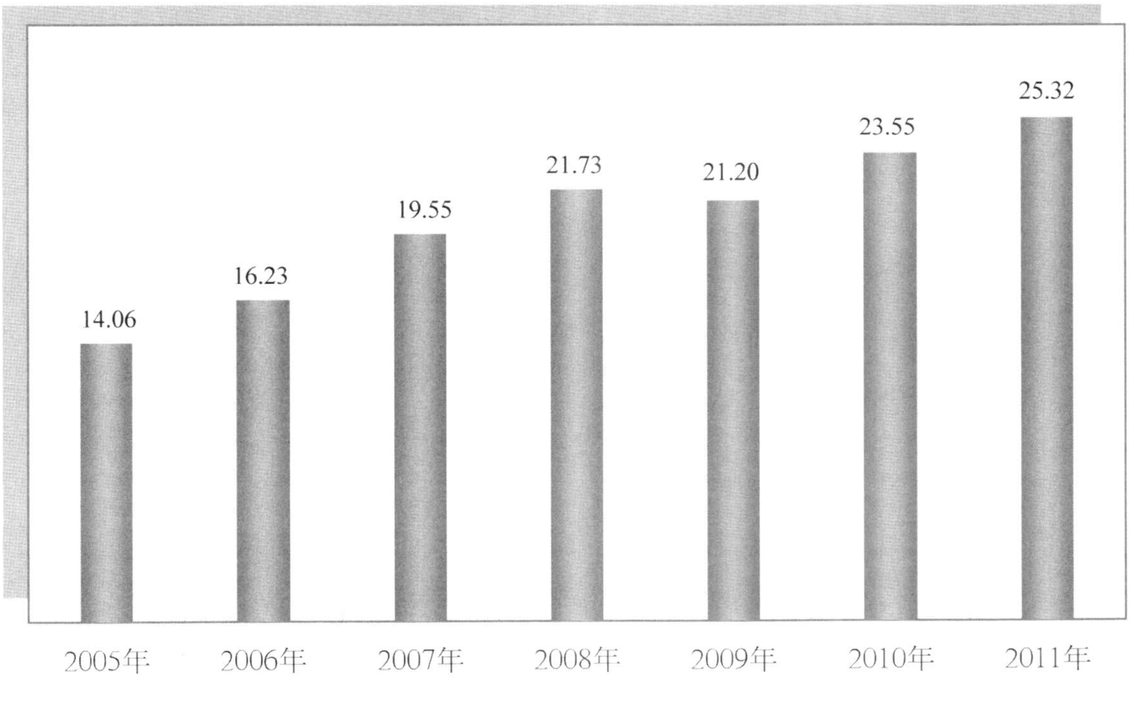

19-1 各级各类教育基本情况(2011年)
Basic Statistics on Schools by Level and Type of School(2011)

指 标	Item	学校数(所) Number of Schools (unit)	毕业生数(人) Graduates (person)	招生数(人) New Enrollment (person)	在校学生数(人) Total Enrollment (person)	教职工数(人) Teachers and Staff (person)	# 专任教师 Full-time Teachers
一、高等教育	Higher Education	156	367317	439272	1349477	102748	62833
1.研究生(含科研机构)	Institutions Providing Postgraduate Programs (Include Research Institutions)	50	20564	26150	74202		
# 普通高校	Regular Institutions of Higher Education		20564	26150	74202		
2.普通高等教育	Regular Higher Education	78	253190	292394	950651	99010	59171
# 地方院校	Local Universities	72	225802	263728	835705	91945	54523
(1)本 科	Enrolled in Full Undergraduate Courses		120586	171793	595183		
# 地方院校	Local Universities		93673	143127	480239		
(2)专 科	Enrolled in Specialized Courses		138292	125084	369590		
# 地方院校	Local Universities		137817	128084	369588		
3.成人高等教育	Higher Education for Adult	19	57609	70233	206028	3738	3662
# 成人高等学校	Institutions of Higher Education for Adult		8540	7426	22495		
4.网络本专科	Students Enrolled in Internet-based Courses		33598	50495	114169		
# 本 科	Enrolled in Full Undergraduate Courses		19071	22034	51521		
5.自考助学班	Students Taking Unified Exams after Completing Self-learning Programs		2356		4427		
# 民办的其它高等教育机构	Other Private Institutions of Higher Education	9	1767		2260	729	305
二、中等职业教育学校	Vocational Secondary Education	616	305904	314454	846681	48923	33274
普通中等专业学校	Regular Specialized Secondary Schools	47	50610	48872	142527	6029	3779
成人中等专业学校	Adult Specialized Secondary Schools	8	1223	4974	16125	1436	777
职业高中学校	Vocational Senior Secondary Schools	306	155738	182561	445120	22540	16005
技工学校	Technical Schools	255	98333	78047	242909	18918	12713
三、普通中学	Regular Secondary Schools	2363	896088	794663	2468008	210135	181246
高 中	Senior Secondary Schools	544	309328	336071	969167	46861	39292
初 中	Junior Secondary Schools	1819	586760	458592	1498841	103689	92025
四、小 学	Primary Schools	8867	464579	407696	2535962	173769	160643
五、幼儿园(含学前班)	Kindergartens(include Pre-schools)	5310	288706	607168	1027839	72360	41919
六、特殊教育学校	Special Education	44	333	924	3539	1007	777
七、工读学校	Schools for Juvenile Delinquents	1	20	20	51	45	27
八、成人中、小学	Adult High and Primary Schools	3975	240629		214116	5189	2644
九、职业技术培训机构	Vocational and Technical Training Institution	10336	1822265		1918923	29243	14511

注：1.研究生培养机构中所含24所普通高等学校的教职工数已计入高等学校教职工总数中。
2.12所独立学院未计入普通高等学校数中，其学生及教职工数等已分别计入高等教育相应指标总数中。

a) Teachers and staff of regular institutions of higher education include the 24 regular institutions of higher education in institutions providing postgraduate programs.

b) 12 non-university tertiary don't count the number of regular institutions of higher education schools. But its students and teachers count corresponding item of regular institutions of higher education respectively.

19-2 普通高等学校基本情况
Basic Statistics on Regular Institutions of Higher Education

年 份 Year	学校数 (所) Number of Schools (unit)	招生数 (万人) New Enrollment (10 000 persons)	在校学生数 (万人) Total Enrollment (10 000 persons)	毕业生数 (万人) Graduates (10 000 persons)	教职工数 (人) Teachers and Staff (person)	# 专任教师 Full-time Teachers
1978	30	1.37	3.44	0.82	27210	10699
1980	34	1.44	5.39	0.38	31694	12066
1985	45	2.86	8.21	1.47	43210	16516
1990	47	2.62	9.54	2.81	51130	19558
1991	47	2.72	9.43	2.69	51284	19434
1992	45	3.29	10.07	2.61	50948	19384
1993	45	4.16	11.73	2.49	51084	19373
1994	47	3.87	12.69	2.82	52218	20148
1995	46	4.07	12.83	3.75	52440	20200
1996	43	4.28	13.56	3.71	50981	19730
1997	43	4.30	14.10	3.52	50400	19302
1998	42	4.53	15.09	3.44	49279	19250
1999	43	6.90	18.19	3.68	50819	19750
2000	39	9.52	24.17	3.51	52220	20723
2001	47	11.55	31.74	4.35	58846	23613
2002	52	14.70	41.16	5.16	63412	27637
2003	57	16.84	49.97	7.98	67405	35716
2004	62	19.98	58.39	11.10	74607	37145
2005	72	20.89	66.69	14.06	82317	42864
2006	76	21.91	72.62	16.23	87981	47549
2007	76	24.36	77.65	19.55	90306	50741
2008	76	27.64	83.97	21.73	94196	53740
2009	77	27.30	89.37	21.20	96485	56171
2010	78	27.44	92.78	23.55	98536	58288
2011	78	29.24	95.07	25.32	99010	59171

19-3 中等职业学校基本情况
Basic Statistics on Vocational Secondary Schools

年 份 Year	学校数 (所) Number of Schools (unit)	招生数 (万人) New Enrollment (10 000 persons)	在校学生数 (万人) Total Enrollment (10 000 persons)	毕业生数 (万人) Graduates (10 000 persons)	教职工数 (人) Teachers and Staff (person)	# 专任教师 Full-time Teachers
1978	89	1.77	2.93	0.45	10401	3297
1980	162	2.54	6.55	0.92	15246	5699
1985	382	5.54	11.92	3.14	29279	11893
1990	499	7.48	17.99	5.89	39880	17960
1991	520	8.28	19.49	6.53	40804	18524
1992	524	9.18	21.20	6.43	40731	18500
1993	519	9.16	21.91	6.46	41620	18883
1994	521	9.22	23.08	7.11	41111	19067
1995	569	11.64	27.01	8.39	41736	20926
1996	591	13.08	29.56	8.76	43031	21689
1997	588	13.96	32.54	9.02	40318	21095
1998	652	14.23	34.70	10.24	42719	22628
1999	658	14.90	37.37	10.72	41037	21606
2000	648	13.66	36.37	11.38	40692	21693
2001	535	13.07	34.43	11.49	38050	20746
2002	533	17.26	38.54	10.80	37540	22760
2003	607	20.12	45.57	12.14	41265	25043
2004	588	22.61	50.88	13.33	41817	23868
2005	563	25.43	55.84	15.92	40698	28525
2006	573	28.78	63.55	18.12	40347	25902
2007	691	37.18	76.44	23.09	31986	20916
2008	676	37.19	84.99	25.41	49713	35742
2009	680	35.23	89.91	25.98	52727	36834
2010	663	35.20	89.93	27.35	51534	34619
2011	616	31.45	84.67	30.59	48923	33274

19-4 普通中学基本情况
Basic Statistics on Regular Secondary Schools

年份 Year	学校数（所）Number of Schools (unit)	招生数（万人）New Enrollment (10 000 persons)	在校学生数（万人）Total Enrollment (10 000 persons)	毕业生数（万人）Graduates (10 000 persons)	教职工数（人）Teachers and Staff (person)	#专任教师 Full-time Teachers
1978	7558	90.52	193.47	73.47	116097	91701
1980	5838	52.56	180.85	31.21	127056	97643
1985	3103	56.24	170.33	41.32	122187	93102
1990	3041	47.18	132.64	45.95	127861	98272
1991	2974	48.79	135.07	41.64	128134	98641
1992	2900	47.66	137.33	36.31	130290	99841
1993	2843	47.02	129.62	39.64	128103	98672
1994	2829	51.23	134.24	37.75	128118	99166
1995	2788	55.71	145.07	37.48	129046	100084
1996	2697	56.16	157.21	39.74	131298	102723
1997	2645	65.12	169.01	44.03	134072	105457
1998	2614	70.11	183.60	47.78	137332	109569
1999	2586	78.84	204.41	51.28	142131	115007
2000	2599	88.94	230.52	56.25	149267	122279
2001	2680	97.02	254.75	63.42	160109	131183
2002	2699	103.01	278.26	72.35	169628	140192
2003	2714	104.15	295.41	80.51	178330	148437
2004	2719	103.73	302.56	90.27	185508	154242
2005	2727	102.44	304.56	97.20	191041	159138
2006	2688	102.32	307.93	97.72	193560	162876
2007	2637	96.95	300.09	101.67	195705	166340
2008	2583	93.73	288.87	101.84	198259	169126
2009	2509	88.08	274.68	98.86	198656	170177
2010	2436	83.18	259.91	93.76	198543	170482
2011	2363	79.47	246.80	89.61	210135	181246

19-5 普通小学基本情况
Basic Statistics on Regular Primary Schools

年份 Year	学校数（所）Number of Schools (unit)	招生数（万人）New Enrollment (10 000 persons)	在校学生数（万人）Total Enrollment (10 000 persons)	毕业生数（万人）Graduates (10 000 persons)	教职工数（人）Teachers and Staff (person)	#专任教师 Full-time Teachers
1978	39747	117.01	450.51	67.91	180682	173003
1980	40800	87.10	452.14	58.76	198082	187394
1985	38815	59.93	367.87	61.41	186208	169225
1990	37155	58.42	353.75	42.74	193292	176756
1991	36963	66.03	363.99	44.84	194719	177956
1992	36693	71.85	379.08	45.04	195881	178648
1993	36578	76.15	397.78	44.82	198194	180592
1994	36456	82.89	425.00	46.64	201217	184164
1995	36471	86.30	451.58	50.12	200359	183152
1996	36201	85.97	474.27	53.79	198460	181326
1997	36025	83.05	489.93	59.33	199093	180704
1998	34634	77.31	496.58	66.00	193177	175173
1999	34336	71.57	492.18	71.73	196011	178655
2000	33336	68.22	480.93	77.00	199395	182297
2001	29359	66.87	461.57	81.32	200185	183464
2002	26989	59.51	433.22	83.04	203733	188394
2003	24922	53.01	401.48	80.62	206447	190964
2004	22988	48.16	370.97	76.57	204007	188062
2005	20711	43.59	340.09	72.46	203262	186644
2006	18590	48.52	325.11	67.98	200256	184573
2007	16316	45.43	305.53	65.26	198058	182940
2008	14185	43.18	286.48	61.79	196323	180898
2009	11583	40.99	271.44	55.56	193530	178320
2010	9710	40.86	261.04	50.59	190545	175184
2011	8867	40.77	253.60	46.46	173769	160643

19-6 技工学校基本情况(2011年)
Basic Statistics on Technical Schools(2011)

指标	Item	学校数(所) Number of Schools (unit)	招生数(人) New Enrollment (person)	在校学生数(人) Total Enrollment (person)	毕业生数(人) Graduates (person)	教职工数(人) Teachers and Staff (person)	#专任教师 Full-time Teachers
总　计	**Total**	**255**	**78047**	**242909**	**98333**	**18918**	**12713**
一、劳动部门办校	Run by Labour Department	17	4192	9645	4533	1317	811
二、国有经济单位办校	Run by State-owned Unit						
行业办校	Run by Sector	31	9782	31087	12257	2689	1936
企业办校	Run by Enterprise	42	14941	39626	15555	3001	2047
三、国家各部委办校	Run by National Various Ministries and Commissions	4	2078	6547	3152	833	527
四、民　办	Run by Private	161	47054	156004	62836	11078	7392

19-7 全省科技活动情况
Scientific and Technological Activities in the Whole Province

指标	Item	2009	2010	2011
一、从事科技活动人员（人）	Personnel Engaged in S&T Activities (person)	192068	206929	204595
中　央	Central	101509		107268
地　方	Local	90559		97327
二、机构数（个）	Number of Institutions (unit)			
1.科研院所	Research Institutions	120	116	114
2.高等院校	Regular Institutions of Higher Education	241	293	297
3.大中型工业企业	Large and Medium-sized Industrial Enterprises	329	299	262
4.其　他	Others	195	192	39
三、R&D经费内部支出（万元）	Internal Expenditure on R&D (10 000 yuan)	1895063	2175042	2493548
1.按来源构成分	By Composition of Source			
政府资金	Government Funds	1152301	1309954	1414443
企业资金	Self-raised Funds by Enterprises	667717	767315	977678
境外资金	Foreign capital		1257	1859
其他资金	Others	70015	96516	99568
2.按隶属关系分	By Jurisdiction of Management			
中　央	Central	1551898	1775143	1992361
地　方	Local	343165	399899	501187
四、科技成果与著作情况	Achievements and Books in S&T			
1.科技论文（篇）	Technical and Scientific Papers (piece)	57457	60690	66997
2.出版科技著作（种）	Kinds of Published Scientific Books (unit)	1352	1417	1385

19-8 全省地方登记的科技成果

Achievements in Science and Technology in the Whole Province

单位：项 (unit)

行 业	Sector	2009	2010	2011
总 计	**Total**	**644**	**688**	**851**
农、林、牧、渔业	Agriculture, Forestry, Animal Husbandry and Fishery	92	79	163
采矿业	Mining	38	51	71
制造业	Manufacturing	127	151	161
电力、燃气及水的生产和供应业	Production and Distribution of Electricity,Gas and Water	83	61	68
建筑业	Construction	13	18	23
交通运输、仓储及邮电通讯业	Traffic, Transport, Storage and Post	57	50	64
信息传输、计算机服务和软件业	Information Transmission, Computer Services and Software	35	26	60
科学研究、技术服务业和地质勘探业	Scientific Research, Technical Service and Geologic Prospecting	57	37	49
水利.环境和公共设施管理业	Management of Water Conservancy, Environment and Public Facilities	18	12	23
教 育	Education	3	1	7
卫生、社会保障和社会福利业	Health, Social Security and Social Welfare	85	65	115
公共管理和社会组织	Public Management and Social Organization			13
国际组织	International Organizations			
其 他	Others	36	137	34

19-9 地方国有企业单位各类专业技术人员(2011年)

Number of Professional and Technical Personnel in Provincial State-owned Enterprises and Institutions(2011)

单位：人

行 业	Sector	总计 Total	#工程技术人员 Engi-neering	#农业技术人员 Agri-culture	#科学研究人员 Scientific Research	#卫生技术人员 Health Care	#教学人员 Teaching
总 计	**Total**	**139847**	**74085**	**1284**	**1162**	**8123**	**2525**
农、林、牧、渔业	Agriculture, Forestry, Animal Husbandry and Fishery	2980	809	673	40	262	76
采矿业	Mining	34238	18759	377	91	2810	866
制造业	Manufacturing	46722	25949	39	682	2973	909
电力、燃气及水的生产和供应业	Production and Distribution of Electricity, Gas and Water	8508	5747	4		8	51
建筑业	Construction	18910	14724	17		207	26
交通运输、仓储及邮电通讯业	Traffic, Transport, Storage and Post	5745	2543	13		164	88
信息传输、计算机服务和软件业	Information Transmission, Computer Services and Software	151	61	1		6	8
批发和零售业	Wholesale and Retail Trades	5439	288	38		1031	7
住宿和餐饮业	Hotels and Catering Services	739	126				3
金融业	Financial Intermediation	3506	259	2	1	10	8
房地产业	Real Estate	823	435	4			1
租赁和商务服务业	Leasing and Business Services	488	38	69		4	
科学研究、技术服务业和地质勘探业	Scientific Research, Technical Service and Geologic Prospecting	4382	3456	1	346	33	12
水利.环境和公共设施管理业	Management of Water Conservancy, Environment and Public Facilities	830	418	11	1	7	1
居民服务和其他服务业	Services to Households and Other Services	2031	315	1		138	21
教 育	Education	443	5				237
卫生、社会保障和社会福利业	Health, Social Security and Social Welfare	503	5			459	
文化、体育和娱乐业	Culture, Sports and Entertainment	2877	133	4	1	5	44
公共管理和社会组织	Public Management and Social Organization	532	15	30		6	167

19-10 规模以上工业企业研究与试验发展(R&D)人员和经费支出情况(2011年)
R&D Personnel and Expenditure of Industrial Enterprises above Designated (2011)

分组	Item	R&D人员(人) R&D Personnel (person)	#研究人员 Research Personnel	R&D经费内部支出(万元) R&D Internal Expenditure (10 000 yuan)	#政府资金 Government Funds	#企业资金 Enterprises Funds	#境外资金 Foreign Funds
总计	**Total**	**41291**	**21419**	**963924**	**168841**	**782765**	**788**
按企业规模分	**Grouped by Size of Enterprises**						
大型	Large Enterprises	29859	16048	783940	150213	626008	179
中型	Medium-sized Enterprises	8587	4109	133015	14981	116430	184
小型	Small Enterprises	2845	1262	46970	3647	40327	425
按登记注册类型分	**By Status of Registration**						
内资企业	Domestic Funded	40194	20988	926777	168558	746325	363
国有企业	State-owned Enterprises	13762	8651	346418	51781	286881	
有限责任公司	Limited Liability Corporations	21334	9741	460429	102854	354245	87
国有独资公司	State Sole Funded Corporations	7057	3407	141506	49853	91653	
其他有限责任公司	Other Limited Liability Corporations	14277	6334	318923	53001	262593	87
股份有限公司	Share-holding Corporations Limited	4243	2228	105352	11312	93488	92
私营企业	Private Enterprises	855	368	14578	2611	11712	184
私营独资企业	Private-funded Enterprises	16	9	100		100	
私营有限责任公司	Private Limited Liability Corporations	533	270	9083	2521	6308	184
私营股份有限公司	Private Share-holding Corporations Ltd.	306	89	5395	90	5305	
港、澳、台商投资企业	Enterprises with Funds from Hong Kong, Macao and Taiwan	224	27	7020	30	6990	
合资经营企业(港或澳、台资)	Joint-venture Enterprises	186	16	2096	30	2066	
港、澳、台商独资经营企业	Enterprises with Sole Investment	38	11	4924		4924	
外商投资企业	Foreign Funded Enterprises	873	404	30127	253	29449	425
中外合资经营企业	Joint-venture Enterprises	243	103	4992	151	4416	425
外资企业	Enterprises with Sole Funds	438	238	6102	53	6049	
外商投资股份有限公司	Share-holding Corporations Ltd.	192	63	19033	49	18984	
按国民经济行业分	**By Sector**						
采矿业	Mining	2469	1388	63543	10277	53259	
煤炭开采和洗选业	Mining and Washing of Coal	782	252	16329	310	16019	
石油和天然气开采业	Extraction of Petroleum and Natural Gas	1563	1047	45878	9962	35916	
黑色金属矿采选业	Mining and Processing of Ferrous Metal Ores	12	9	14		7	
有色金属矿采选业	Mining and Processing of Non-Ferrous Metal Ores	112	80	1323	5	1318	
制造业	Manufacturing	38013	19559	895516	158563	724641	788
农副食品加工业	Processing of Food from Agricultural Products	144	76	2323	466	1857	
食品制造业	Manufacture of Foods	167	42	9165	54	9111	
饮料制造业	Manufacture of Beverages	217	110	19113	10	19103	
烟草制品业	Manufacture of Tobacco	85	42	2073		2073	
纺织业	Manufacture of Textile	399	165	3568	22	3547	
纺织服装、鞋、帽制造业	Manufacture of Textile Wearing Apparel, Footware and Caps	24	11	98	0	98	
印刷业和记录媒介的复制	Printing, Reproduction of Recording Media	172	65	1442		1442	
石油加工、炼焦及核燃料加工业	Processing of Petroleum, Coking, Processing Nuclear Fuel	380	193	5124	431	4693	
化学原料及化学制品制造业	Manufacture of Chemical Raw Material and Chemical Products	2159	1123	29780	3981	25677	
医药制造业	Manufacture of Medicines	1230	531	13346	250	12745	
橡胶制品业	Manufacture of Rubber	110	79	996	535	393	
塑料制品业	Manufacture of Plastics	35	13	438	11	427	
非金属矿物制品业	Manufacture of Non-metallic Mineral Products	46	26	702	23	612	
黑色金属冶炼及压延加工业	Smelting and Pressing of Ferrous Metals	1131	714	34823	177	34646	
有色金属冶炼及压延加工业	Smelting and Pressing of Non-ferrous Metals	1393	1086	51033	5120	45683	
金属制品业	Manufacture of Metal Products	451	247	6063	0	6063	
通用设备制造业	Manufacture of General Purpose Machinery	2158	982	47176	2824	44118	
专用设备制造业	Manufacture of Special Purpose Machinery	4610	2697	54124	5124	48711	92
交通运输设备制造业	Manufacture of Transport Equipment	15413	7239	405567	121259	275798	425
电气机械及器材制造业	Manufacture of Electrical Machinery and Equipment	3739	1807	93716	7325	83970	271
通信设备、计算机及其他电子设备制造业	Manufacture of Communication Equipment, Computer and Other Electronic Equipment	2691	1552	63406	3038	60367	
仪器仪表及文化、办公用机械制造业	Manufacture of Measuring Instrument and Machinery for Cultural Activity and Office Work	1252	758	51058	7914	43125	
工艺品及其他制造业	Manufacture of Artwork and Other Manufacturing	7	1	382		382	
电力、燃气及水的生产和供应业	Production and Distribution of Electricity, Gas and Water	809	472	4864		4864	
电力、热力的生产和供应业	Production and Supply of Electric Power and Heat Power	809	472	4864		4864	

19-11 规模以上工业企业研究与试验发展(R&D)项目情况(2011年)
The Situation of Industrial Enterprises above Designated Projects (2011)

分 组	Item	项目数 (项) Number of R&D Projects (item)	参加项目人员 (人) R&D Personnel (person)	项目人员全时当量 (人年) Full-time Equivalent of R&D Personnel (man-year)	项目经费内部支出 (万元) Expenditure on R&D Projects (10 000 yuan)
总 计	**Total**	**4204**	**34802**	**25867**	**656995**
按企业规模分	**Grouped by Size of Enterprises**				
大 型	Large Enterprises	2842	24979	19205	524045
中 型	Medium-sized Enterprises	888	7333	5191	95900
小 型	Small Enterprises	474	2490	1470	37050
按登记注册类型分	**By Status of Registration**				
内资企业	Domestic Funded	4082	33841	25291	622962
国有企业	State-owned Enterprises	1639	10953	8614	260254
有限责任公司	Limited Liability Corporations	1689	18361	13146	277465
国有独资公司	State Sole Funded Corporations	598	5855	5352	118585
其他有限责任公司	Other Limited Liability Corporations	1091	12506	7795	158880
股份有限公司	Share-holding Corporations Limited	642	3785	3088	73560
私营企业	Private Enterprises	112	742	443	11683
私营独资企业	Private-funded Enterprises	4	12	4	100
私营有限责任公司	Private Limited Liability Corporations	78	447	210	6700
私营股份有限公司	Private Share-holding Corporations Ltd.	30	283	229	4883
港、澳、台商投资企业	Enterprises with Funds from Hong Kong, Macao and Taiwan	6	219	109	6214
合资经营企业(港或澳、台资)	Joint-venture Enterprises	4	186	83	2096
港、澳、台商独资经营企业	Enterprises with Sole Investment	2	33	26	4118
外商投资企业	Foreign Funded Enterprises	116	742	467	27819
中外合资经营企业	Joint-venture Enterprises	37	213	150	4045
外资企业	Enterprises with Sole Funds	42	347	307	5108
外商投资股份有限公司	Share-holding Corporations Ltd.	37	182	10	18666
按国民经济行业分	**By Sector**				
采矿业	Mining	344	2266	1845	41880
煤炭开采和洗选业	Mining and Washing of Coal	80	709	330	10511
石油和天然气开采业	Extraction of Petroleum and Natural Gas	248	1443	1443	30318
黑色金属矿采选业	Mining and Processing of Ferrous Metal Ores	1	12	6	14
有色金属矿采选业	Mining and Processing of Non-Ferrous Metal Ores	15	102	65	1037
制造业	Manufacturing	3790	31780	23789	610556
农副食品加工业	Processing of Food from Agricultural Products	16	123	35	1779
食品制造业	Manufacture of Foods	24	117	78	7904
饮料制造业	Manufacture of Beverages	33	193	38	18555
烟草制品业	Manufacture of Tobacco	14	75	23	892
纺织业	Manufacture of Textile	14	302	162	3547
纺织服装、鞋、帽制造业	Manufacture of Textile Wearing Apparel, Footware and Caps	3	21	17	82
印刷业和记录媒介的复制	Printing, Reproduction of Recording Media	38	142	69	1003
石油加工、炼焦及核燃料加工业	Processing of Petroleum, Coking, Processing Nuclear Fuel	28	358	236	4494
化学原料及化学制品制造业	Manufacture of Chemical Raw Material and Chemical Products	385	1775	1330	21402
医药制造业	Manufacture of Medicines	127	1114	806	11936
橡胶制品业	Manufacture of Rubber	24	94	73	456
塑料制品业	Manufacture of Plastics	4	27	7	162
非金属矿物制品业	Manufacture of Non-metallic Mineral Products	7	40	25	430
黑色金属冶炼及压延加工业	Smelting and Pressing of Ferrous Metals	30	1053	1046	34144
有色金属冶炼及压延加工业	Smelting and Pressing of Non-ferrous Metals	176	1070	924	33544
金属制品业	Manufacture of Metal Products	65	404	373	4347
通用设备制造业	Manufacture of General Purpose Machinery	257	1832	1308	25839
专用设备制造业	Manufacture of Special Purpose Machinery	354	3851	3098	46722
交通运输设备制造业	Manufacture of Transport Equipment	713	13023	9435	230978
电气机械及器材制造业	Manufacture of Electrical Machinery and Equipment	619	2860	1711	71318
通信设备、计算机及其他电子设备制造业	Manufacture of Communication Equipment, Computer and Other Electronic Equipment	527	2188	2008	49668
仪器仪表及文化、办公用机械制造业	Manufacture of Measuring Instrument and Machinery for Cultural Activity and Office Work	331	1112	980	40975
工艺品及其他制造业	Manufacture of Artwork and Other Manufacturing	1	6	6	380
电力、燃气及水的生产和供应业	Production and Distribution of Electricity, Gas and Water	70	756	233	4559
电力、热力的生产和供应业	Production and Supply of Electric Power and Heat Power	70	756	233	4559

19-12 规模以上工业企业新产品开发、生产及销售情况(2011年)
Developing, Producing and Sales of Industrial Enterprises above Designated (2011)

分组	Item	新产品开发项目数(项) Number of New products Development Project (item)	新产品开发经费支出(万元) New products Development Expenditure (10 000 yuan)	新产品产值(万元) New products Output Value (10 000 yuan)	新产品销售收入(万元) New products Sales Income (10 000 yuan)
总计	**Total**	**5027**	**1067043**	**10915822**	**9656327**
按企业规模分	**Grouped by Size of Enterprises**				
大型	Large Enterprises	2847	764027	9348493	8125614
中型	Medium-sized Enterprises	1400	214317	1106777	1100658
小型	Small Enterprises	780	88700	460552	430055
按登记注册类型分	**By Status of Registration**				
内资企业	Domestic Funded	4797	1003473	9806270	8679763
国有企业	State-owned Enterprises	1865	326036	2849918	2371171
股份合作企业	Cooperative Enterprises	3	250	435	385
有限责任公司	Limited Liability Corporations	2141	568017	6457465	5692394
国有独资公司	State Sole Funded Corporations	809	242065	1375635	1226187
其他有限责任公司	Other Limited Liability Corporations	1332	325951	5081830	4466207
股份有限公司	Share-holding Corporations Limited	559	82290	392182	512154
私营企业	Private Enterprises	223	26339	100845	98234
私营独资企业	Private-funded Enterprises	19	1377	2911	2894
私营有限责任公司	Private Limited Liability Corporations	178	20770	88108	86876
私营股份有限公司	Private Share-holding Corporations Ltd.	26	4192	9827	8464
其他企业	Other Enterprises	6	541	5425	5425
港、澳、台商投资企业	Enterprises with Funds from Hong Kong, Macao and Taiwan	35	11342	6044	5701
合资经营企业(港或澳、台资)	Joint-venture Enterprises	28	6476	4629	4299
港、澳、台商独资经营企业	Enterprises with Sole Investment	7	4866	1415	1402
外商投资企业	Foreign Funded Enterprises	195	52228	1103509	970863
中外合资经营企业	Joint-venture Enterprises	96	32773	972080	857695
外资企业	Enterprises with Sole Funds	61	11898	117851	107495
外商投资股份有限公司	Share-holding Corporations Ltd.	38	7558	13578	5674
按国民经济行业分	**By Sector**				
采矿业	Mining	105	22254	64995	62780
煤炭开采和洗选业	Mining and Washing of Coal	24	3631	41346	41342
石油和天然气开采业	Extraction of Petroleum and Natural Gas	68	18292	23400	20918
黑色金属矿采选业	Mining and Processing of Ferrous Metal Ores	2	30		
有色金属矿采选业	Mining and Processing of Non-Ferrous Metal Ores	5	271	250	250
非金属矿采选业	Mining and Processing of Nonmetal Ores	6	30		270
制造业	Manufacturing	4866	1038765	10850827	9593547
农副食品加工业	Processing of Food from Agricultural products	18	3224	31782	28794
食品制造业	Manufacture of Foods	36	10492	53622	48202
饮料制造业	Manufacture of Beverages	13	6802	74053	77723
烟草制品业	Manufacture of Tobacco	12	2053	110877	109779
纺织业	Manufacture of Textile	37	6678	61537	56295
纺织服装、鞋、帽制造业	Manufacture of Textile Wearing Apparel, Footware and Caps	5	182	4749	4563
造纸及纸制品业	Manufacture of Paper and Paper products	2	704	2654	2376
印刷业和记录媒介的复制	Printing, Reproduction of Recording Media	21	1233	19961	12770
石油加工、炼焦及核燃料加工业	Processing of Petroleum, Coking, Processing Nuclear Fuel	18	2288	51721	27246
化学原料及化学制品制造业	Manufacture of Chemical Raw Material and Chemical products	463	38299	145927	143088
医药制造业	Manufacture of Medicines	157	29201	233781	220892
橡胶制品业	Manufacture of Rubber	83	4402	6950	6400
塑料制品业	Manufacture of Plastics	18	1636	2435	2189
非金属矿物制品业	Manufacture of Non-metallic Mineral products	26	9268	51584	52046
黑色金属冶炼及压延加工业	Smelting and Pressing of Ferrous Metals	32	37681	1954712	1411083
有色金属冶炼及压延加工业	Smelting and Pressing of Non-ferrous Metals	192	34868	803859	786030
金属制品业	Manufacture of Metal products	74	7038	45576	48003
通用设备制造业	Manufacture of General Purpose Machinery	381	79894	650706	646520
专用设备制造业	Manufacture of Special Purpose Machinery	596	73347	520920	566195
交通运输设备制造业	Manufacture of Transport Equipment	773	461201	4422007	3722046
电气机械及器材制造业	Manufacture of Electrical Machinery and Equipment	843	128047	845925	774187
通信设备、计算机及其他电子设备制造业	Manufacture of Communication Equipment, Computer and Other Electronic Equipment	871	82481	581453	668936
仪器仪表及文化、办公用机械制造业	Manufacture of Measuring Instrument and Machinery for Cultural Activity and Office Work	194	17366	172257	176403
工艺品及其他制造业	Manufacture of Artwork and Other Manufacturing	1	382	1781	1781
电力、燃气及水的生产和供应业	production and Distribution of Electricity, Gas and Water	56	6024		
电力、热力的生产和供应业	production and Supply of Electric Power and Heat Power	56	6024		

19-13 规模以上工业企业自主知识产权情况(2011年)

分组	Item	专利申请数 (件) Number of Patent Application (piece)	#发明专利 Patent of Invention
总计	**Total**	**4389**	**1675**
按企业规模分	**Grouped by Size of Enterprises**		
大型	Large Enterprises	2253	839
中型	Medium-sized Enterprises	1146	512
小型	Small Enterprises	990	324
按登记注册类型分	**By Status of Registration**		
内资企业	Domestic Funded	4187	1621
国有企业	State-owned Enterprises	981	384
股份合作企业	Cooperative Enterprises	4	
有限责任公司	Limited Liability Corporations	1979	801
国有独资公司	State Sole Funded Corporations	466	241
其他有限责任公司	Other Limited Liability Corporations	1513	560
股份有限公司	Share-holding Corporations Limited	791	285
私营企业	Private Enterprises	427	151
私营独资企业	Private-funded Enterprises	5	
私营有限责任公司	Private Limited Liability Corporations	275	117
私营股份有限公司	Private Share-holding Corporations Ltd.	147	34
其他企业	Other Enterprises	5	
港、澳、台商投资企业	Enterprises with Funds from Hong Kong, Macao and Taiwan	24	17
合资经营企业(港或澳、台资)	Joint-venture Enterprises	20	14
港、澳、台商独资经营企业	Enterprises with Sole Investment	4	3
外商投资企业	Foreign Funded Enterprises	178	37
中外合资经营企业	Joint-venture Enterprises	111	24
外资企业	Enterprises with Sole Funds	9	5
外商投资股份有限公司	Share-holding Corporations Ltd.	58	8
按国民经济行业分	**By Sector**		
采矿业	Mining	268	95
煤炭开采和洗选业	Mining and Washing of Coal	16	10
石油和天然气开采业	Extraction of Petroleum and Natural Gas	251	84
黑色金属矿采选业	Mining and Processing of Ferrous Metal Ores		
有色金属矿采选业	Mining and Processing of Non-Ferrous Metal Ores	1	1
制造业	Manufacturing	4022	1551
农副食品加工业	Processing of Food from Agricultural Products	27	12
食品制造业	Manufacture of Foods	8	6
饮料制造业	Manufacture of Beverages	47	6
烟草制品业	Manufacture of Tobacco	3	3
纺织业	Manufacture of Textile	16	1
纺织服装、鞋、帽制造业	Manufacture of Textile Wearing Apparel, Footware and Caps	3	2
造纸及纸制品业	Manufacture of Paper and Paper Products		
印刷业和记录媒介的复制	Printing, Reproduction of Recording Media	18	13
文教体育用品制造业	Manufacture of Articles For Culture, Education and Sport Activities		
石油加工、炼焦及核燃料加工业	Processing of Petroleum, Coking, Processing Nuclear Fuel	25	13
化学原料及化学制品制造业	Manufacture of Chemical Raw Material and Chemical Products	175	91
医药制造业	Manufacture of Medicines	152	88
橡胶制品业	Manufacture of Rubber	12	6
塑料制品业	Manufacture of Plastics	30	20
非金属矿物制品业	Manufacture of Non-metallic Mineral Products	17	11
黑色金属冶炼及压延加工业	Smelting and Pressing of Ferrous Metals	9	5
有色金属冶炼及压延加工业	Smelting and Pressing of Non-ferrous Metals	126	106
金属制品业	Manufacture of Metal Products	76	24
通用设备制造业	Manufacture of General Purpose Machinery	164	47
专用设备制造业	Manufacture of Special Purpose Machinery	797	300
交通运输设备制造业	Manufacture of Transport Equipment	889	282
电气机械及器材制造业	Manufacture of Electrical Machinery and Equipment	517	152
通信设备、计算机及其他电子设备制造业	Manufacture of Communication Equipment, Computer and Other Electronic Equipment	460	189
仪器仪表及文化、办公用机械制造业	Manufacture of Measuring Instrument and Machinery for Cultural Activity and Office Work	451	174
工艺品及其他制造业	Manufacture of Artwork and Other Manufacturing		
电力、燃气及水的生产和供应业	Production and Distribution of Electricity, Gas and Water	99	29
电力、热力的生产和供应业	Production and Supply of Electric Power and Heat Power	99	29

Proprietary Intellectual Property Rights of Industrial Enterprises above Designated (2011)

有效发明专利数(件) Number of Effective Patent Invention (piece)	# 境外授权 Abroad Authorization	专利所有权转让及许可数(项) Number of Patent Ownership Transfer and Permission (item)	专利所有权转让与许可收入(万元) Income of Patent Ownership Transfer and Permission (10 000 yuan)	发表科技论文(篇) Pulish Technical Thesis (piece)	拥有注册商标数(件) Number of Registered Trademark (piece)	# 境外注册 Abroad Register	形成国家或行业标准数(项) Number of National and Trade Standards (item)
2464	**23**	**104**	**431**	**4292**	**3807**	**945**	**750**
1215	8	35	25	3307	2310	906	536
643	4	18	42	769	843	26	90
606	11	51	364	216	654	13	124
2410	23	101	431	4281	3598	933	740
679		34	32	1692	356	55	461
4							
1094	18	27	390	1782	2456	611	145
344	7	2		781	709	108	77
750	11	25	390	1001	1747	503	68
475	5	6	5	780	606	247	85
153		34	4	27	180	20	49
					23	15	3
136		9	4	25	133	5	46
17		25		2	24		
5							
6		3		2	6		1
2		3		2	6		1
4							
48				9	203	12	9
26				9	56	1	9
20					147	11	
2							
182		3	5	882	10		3
8				322	4		
173		3	5	555	4		3
1							
				5			
2254	23	101	426	3039	3797	945	736
7		7		12	35		
7				5	19		5
34				20	130	11	15
9				33	179		2
17				41	5	1	1
					2		
2							
35				3	1		4
8				115	2		10
94			4	314	551	166	68
105		9		24	390	11	26
1				26	3		5
43					7		
12	3			6	6		5
15				109	4		23
128		1	30	333	261	51	43
30	3	1		76	9		5
140		2	0	173	256	39	16
313	6	4	238	444	274	84	56
477	7	33	20	674	1102	551	47
202	3	9	112	192	120	15	76
337		28	9	167	336	16	38
237	1	7	13	272	105		291
1							
28				371			11
28				371			11

19-14 专 利 项 目

Patent Items

单位:件 (piece)

指 标	Item	2009	2010	2011
一、申请量总计	**Patents Application Accepted**	**15570**	**22949**	**32227**
发明专利	Inventions	5858	8138	13037
实用新型专利	Utility Models	5798	7939	11643
外观设计专利	Designs	3914	6872	7547
二、授权量总计	**Patents Application Granted**	**6087**	**10034**	**11662**
发明专利	Inventions	1342	1887	3139
实用新型专利	Utility Models	3446	6093	6958
外观设计专利	Designs	1299	2054	1565

19-15 各类技术合同签定情况

Statistics on Technical Contracts Signed by Type

指 标	Item	合同数(项) Number of Contracts (unit)		成交金额(亿元) Turnover Fulfilled (100 million yuan)	
		2010	2011	2010	2011
合 计	**Total**	**9471**	**11125**	**102.59**	**215.37**
技术开发合同	Technical Development Contracts	4742	6017	60.61	147.48
技术转让合同	Technology Transfer Contracts	603	569	13.79	17.67
技术咨询合同	Technical Consultation Contracts	367	655	2.66	2.62
技术服务合同	Technical Service Contracts	3759	3884	25.54	47.6

19-16 文化事业
Development of Culture Industry

指 标	Item	2009	2010	2011
艺术表演团体演出场次(万场次)	Number of Performance of Art Troupes (10 000 shows)	2.1	1.8	1.9
观众人次 (万人次)	Number of Spectators (10 000 person-times)	2391	3093	1822
图书馆藏书数 (万册)	Total Collections in Public Libraries (10 000 volumes)	1059	1127	1223
书刊文献外借人次 (万人次)	Number of Books Borrowed by the Readers (10 000 person-times)	190	196	216
书刊文献外借册数 (万册次)	Number of Books and Magazines Lent to Readers (10 000 volume-times)	258	305	372

19-17 文化事业机构和人员
Number of Institution and Personnel in Cultural Industry

指 标	Item	2009		2010		2011	
		机构数 (个) Number of Institutions (unit)	人 数 (人) Number of Persons (person)	机构数 (个) Number of Institutions (unit)	人 数 (人) Number of Persons (person)	机构数 (个) Number of Institutions (unit)	人 数 (人) Number of Persons (person)
总 计	**Total**	**2286**	**18662**	**2306**	**18454**	**2244**	**20962**
一、艺术事业	Arts	206	8185	196	7566	155	6333
# 表演团体	Arts Performance Troupes	111	7086	107	6515	80	4780
表演场所	Arts Performance Places	95	1099	89	1051	75	1553
二、图书馆事业	Public Libraries	112	1944	112	1988	112	2007
三、群众文化事业	Mass Culture	1801	5830	1827	5807	1761	6604
四、艺术教育事业	Culture and Education	7	359	7	383	5	221
五、其他文化产业	Other Cultural Units	144	2169	151	2559	157	3202

19-18 群众艺术馆、文化馆(站)活动情况
Activities Statistics on Mass Art Centers and Cultural Centers(Stations)

指标	Item	2009	2010	2011
机构数 (个)	Number of Institutions (unit)	1801	1827	1761
举办展览次数 (次)	Number of Exhibitions (unit)	4388	4583	4222
组织文艺活动次数 (次)	Art Performances and Story-telling Sessions (time)	13592	13306	17317
举办训练班班次 (次)	Number of Training Courses (time)	8327	9665	8718
举办训练班结业人数(万人次)	Number of Training Course Completers (10 000 person-times)	55	53	57
藏 书 (万册)	Books Collected (10 000 volumes)	192	213	347
总收入 (万元)	Total Income (10 000 yuan)	22995	24822	37277
总支出 (万元)	Total Expenditure (10 000 yuan)	22740	26052	40583

注：本表含乡镇文化站的活动情况。
a) Data in this table include those of township cultural stations.

19-19 文 物 事 业
Development of Cultural Relics

指标	Item	2009	2010	2011
一、文物机构	**Cultural Relics Institutions**			
机构数 (个)	Number of Institutions (unit)	205	216	242
人员数 (人)	Number of Persons (person)	2430	2899	3086
藏品件数 (万件)	Number of Collections (10 000 pieces)	8.32	12.95	17
# 一级品	Grade One	0.03	0.05	0.06
参观人次 (万人次)	Number of Spectators (10 000 person-times)	816.0	674.3	700.0
二、博物馆	**Museums**			
机构数 (个)	Number of Institutions (unit)	101	106	122
人员数 (人)	Number of Persons (person)	4196	4373	4380
藏品件数 (万件)	Number of Collections (10 000 pieces)	76.10	76.70	79.70
# 一级品	Grade One	0.63	0.64	0.64
参观人次 (万人次)	Number of Spectators (10 000 person-times)	959.3	1498	2202

19-20 图 书 出 版
Number of Books Published

类 别	Category	图书种数(种) Number of Publications (kind)		总印数(万册) Printed Copies (10 000 copies)	
		2010	2011	2010	2011
图书总计	**Total**	**6379**	**6636**	**19830**	**16502**
一、使用“中国标准书号”部分合计	Publications with "China International Standard Book Number"	6370	6630	19705	16385
A.马列主义、毛泽东思想	Marxism-Leninism, Mao Zedong Thought	19	16	19	22
B.哲 学	Philosophy	126	120	160	152
C.社会科学总论	General Social Sciences	59	54	40	43
D.政治、法律	Politics and Law	130	132	161	228
E.军 事	Military Affairs	24	27	19	26
F.经 济	Economics	211	242	77	111
G.文化、科学、教育、体育	Culture, Science, Education and Sports	2871	2962	13877	13064
H.语言、文字	Languages	491	407	516	403
I.文 学	Literature	380	558	1413	811
J.艺 术	Arts	223	240	609	165
K.历史、地理	History and Geography	305	347	2044	365
N.自然科学总论	General Natural Sciences	5	16	2	13
O.数理科学、化学	Mathematics and Chemistry	167	171	93	96
P.天文学、地球科学	Astronomy and Geology	32	22	15	11
Q.生物科学	Biology	66	57	28	41
R.医药、卫生	Medicine and Health Care	322	336	162	310
S.农业科学	Agricultural Science	120	109	82	121
T.工业技术	Industrial Technology	710	703	291	339
U.交通运输	Transportation	20	26	7	18
Y.航空、航天	Aeronautics and Aerospace	18	14	7	7
X.环境科学	Environmental Science	15	16	4	4
Z.综合性图书	General Books	56	55	79	36
二、不使用“中国标准书号”部分合计	Publications without "China International Standard Book Number"	9	6	125	117

19-21 杂志、报纸出版
Number of Magazines and Newspapers Published

类 别	Category	种 数(种) Number of Publications (kind)		总印数(万份) Printed Copies (10 000 copies)		总印张(千印张) Printed Sheets (1 000 sheets)	
		2010	2011	2010	2011	2010	2011
一、杂 志	**Magazines**	**266**	**268**	**7522**	**7622**	**516477**	**517952**
1.综 合	Synthesis	6	7	132	142	12968	17470
2.哲学、社会科学	Philosophy and Social Science	50	50	2014	1786	148353	85174
3.自然科学技术	Natural Science and Technology	156	156	1410	1605	83245	92116
4.文化教育	Culture and Education	34	34	1696	1735	188569	233529
5.文学、艺术	Literature and Arts	15	16	512	542	23216	25191
6.少年儿童	Children's Books	4	4	1750	1804	59679	64037
7.画 刊	Pictorials	1	1	8	8	447	435
二、报 纸	**Newspapers**	**44**	**44**	**62239**	**66883**	**3924361**	**4344729**
1.省 级	Provincial-level Newspapers	29	29	37570	41049	2749882	3398802
2.市 级	City-level Newspapers	15	15	24669	25833	1174479	945927

19-22 广播电视基本情况
Basic Statistics on Radio and Television

指标	Item	2009	2010	2011
一、无线广播宣传基本情况	**Radio**			
广播电台 (座)	Number of Broadcasting Stations (set)	11	11	11
调频广播发射台 (座)	Relaying Stations of Frequency Modulation Broadcasting (unit)	159	165	172
调频广播发射机部数和功率 (部/千瓦)	Stations and Power of Frequency Modulation Broadcasting (unit/kw)	229/245	244/277	314/326
节目套数 (套)	Number of Radio Programs (set)	102	101	104
全年播出时间(时: 分)	Length of Public Radio Programs Broadcasted(hour:minute)	393830：44	405854:32	410455:38
广播人口覆盖率 (%)	Radio Coverage of Population (%)	96.32	96.71	97.02
全年制作广播节目(时)	Length of Radio Programs Produced (hour)	200144	197299	196433
新闻节目	News Programs	34215	39349	44781
专题节目	Special Subject Programs	61314	53143	503601
文艺节目	General Entertainment Programs	62503	55637	50967
其他类	Others	42112	49170	50324
二、电视宣传基本情况	**Television**			
电视台 (座)	Number of TV Stations (set)	11	11	11
发射台及转播台 (座)	TV Transmission and Relaying Stations (unit)	129	123	123
发射机功率(部/千瓦)	Power of Transmision (unit/kw)	223/431.47	251/526.33	251/503.52
节目套数 (套)	Number of TV Programs (set)	123	123	123
全年播出时间(时: 分)	Length of Public TV Programs Broadcasted (hour:minute)	557044：26	577862:01	586010:14
电视人口覆盖率 (%)	TV Coverage of Population (%)	97.51	97.70	97.87
制作电视节目 (时)	Length of TV Programs Produced (hour)	79415	83275	107375
新闻节目	News Programs	21712	24251	28867
专题节目	Special Subject Programs	21279	20054	34302
文艺节目	General Entertainment Programs	12256	11520	13277
影视剧节目	TV Play Programs	1628	1729	3782
其他节目	Others	22540	25721	27155
三、县广播电视台 (个)	Number of Broadcasting Stations (unit)	88	88	88

注：调频广播发射台和发射机从2007年起不再统计1-3W的小功率发射机。
a) Since 2007, data of frequency modulation broadcasting stations and transmitter don't count the 1-3w low-power transmitter.

19-23 各市(区)文化事业情况(2011年)
Basic Statistics on Cultural Industry by City(District)(2011)

地区	Region	公共图书馆 (个) Public Libraries (unit)	公共图书馆藏书量 (千册) Total Collections (1000 volumes)	群众艺术馆文化馆 (个) Art Centers Cultural Centers (unit)	文化站 (个) Cultural Stations (unit)	广播人口覆盖率 (%) Radio Coverage of Population (%)	电视人口覆盖率 (%) TV Coverage of Population (%)
全省	**Shaanxi**	**112**	**11232**	**120**	**1641**	**97.02**	**97.87**
西安市	Xi'an	14	1088	14	181	99.42	98.60
铜川市	Tongchuan	5	452	5	42	99.16	99.79
宝鸡市	Baoji	13	1308	14	120	99.46	99.44
咸阳市	Xianyang	12	1181	14	171	99.28	99.59
渭南市	Weinan	11	792	12	193	94.48	96.42
延安市	Yan'an	13	566	15	178	99.60	99.80
汉中市	Hanzhong	11	784	12	200	98.12	98.53
榆林市	Yulin	12	1025	13	225	96.26	96.08
安康市	Ankang	11	594	11	200	88.23	92.55
商洛市	Shangluo	8	519	8	126	93.61	98.35
杨凌示范区	Yangling	1	100	1	5	100.00	100.00
省直单位	Others	1	3818	1			

主要统计指标解释

普通高等学校 指按国家规定的设置标准和审批程序批准举办的，通过全国普通高等学校统一招生考试，招收高中毕业生为主要培养对象，实施高等学历教育的全日制大学、独立设置的学院和高等专科学校、高等职业学校及其他机构（独立学院和分校、大专班）。

大学、独立设置的学院主要实施本科层次以上教育。高等专科学校、高等职业学校实施专科层次教育。其他机构是承担国家普通招生计划任务不计校数的机构，包括独立学院、普通高等学校分校、大专班和批准筹建的普通高等学校等。独立学院指由普通本科高校按新机制、新模式举办的本科层次的二级学院，一些普通本科高校按公办机制和模式建立的二级学院，“分校”或其他类似的二级办学机构不属此范畴。

成人高等学校 指按照国家规定的设置标准和审批程序批准举办的，通过全国成人高等教育统一招生考试，招收具有高中毕业或同等学历的人员为主要培养对象，利用函授、业余、脱产等多种形式对其实施高等学历教育的学校。包括职工高等学校、农民高等学校、管理干部学院、教育学院、独立函授学院、广播电视大学、其他机构等。其他机构是承担国家成人招生计划任务不计校数的机构。

小学学龄儿童净入学率 指调查范围内已入小学学习的学龄儿童占校内外学龄儿童总数(包括弱智儿童，不包括盲聋哑儿童)的比重。计算公式为:

$$\text{小学学龄儿童净入学率}=\frac{\text{已入学的小学学龄儿童数}}{\text{校内外小学学龄儿童总数}}\times 100\%$$

专业技术人员 指从事专业技术工作和专业技术管理工作的人员，即企事业单位中已经聘任专业技术职务从事专业技术工作和专业技术管理工作的人员，以及未聘任专业技术职务，现在专业技术岗位上工作的人员。包括工程技术人员，农业技术人员，科学研究人员，卫生技术人员，教学人员，经济人员，会计人员，统计人员，翻译人员，图书资料、档案、文博人员，新闻出版人员，律师、公证人员，广播电视播音人员，工艺美术人员，体育人员，艺术人员及企业政治思想工作人员，共十七个专业技术职务类别。用来反映科技人力资源情况。

专利 是专利权的简称，是对发明人的发明创造经审查合格后，由专利局依据专利法授予发明人和设计人对该项发明创造享有的专有权。包括发明、实用新型和外观设计。反映拥有自主知识产权的科技和设计成果情况。

发明（专利） 指对产品、方法或者其改进所提出的新的技术方案。是国际通行的反映拥有自主知识产权技术的核心指标。

实用新型（专利） 指对产品的形状、构造或者其结合所提出的适于实用的新的技术方案。反映具有一定技术含量的技术成果情况。

外观设计（专利） 指对产品的形状、图案、色彩或者其结合所作出的富有美感并适于工业上应用的新设计。反映拥有自主知识产权的外观设计成果情况。

艺术表演团体 指由文化部门主办或实行行业管理(经文化市场行政部门审批或已申报登记并领取相关许可证)，专门从事表演艺术等活动的各类专业艺术表演团体，含民间职业剧团。如话剧团、方言话剧团、滑稽剧团、儿童剧团、歌剧团、木偶团、皮影团等以及由若干剧种组成的综合性专业艺术表演团体。不包括群众业余文艺表演团体。

艺术表演场馆 指由文化部门主办或实行行业管理(经文化市场行政部门审批或已申报登记并领取相关许可证)，有观众席、舞台、灯光设备，公开售票、专供文艺团体演出的文化活动场所。附属于文化部门机构内非独立核算的剧场、排演场，公开营业的也应单独统计。

广播节目综合人口覆盖率 指根据国家广电总局制定的《广播电视人口覆盖率统计技术标准和方法》进行统计调查的，在对象区内采用无线、有线、卫星等技术手段能够收听到包括中央、省、地市、县广播节目其中任意一套的人口数占总人口数的百分比。

电视节目综合人口覆盖率 指根据国家广电总局制定的《广播电视人口覆盖率统计技术标准和方法》进行统计调查的，在对象区内采用无线、有线、卫星等技术手段能够看到包括中央、省、地市、县级电视节目中任意一套的人口数占总人口数的百分比。

有线电视入户率 通过广播电视有线传输网收看电视节目的用户数占总户数的百分比。

Explanatory Notes on Main Statistical Indicators

Regular Institutions of Higher Education refer to educational establishments set up according to the government evaluation and approval procedures, recruiting graduates from senior secondary schools as the main target by National Matriculation TEST. They include full-time universities, colleges, institutions of higher professional education, institutions of higher vocational education, institutions of higher vocational education and others (non-university tertiary, branch schools and undergraduate classes).

Universities and colleges primarily provide undergraduate courses; institutions of higher professional education and institutions of higher vocational education primarily provide professional trainings; and others refer to educational establishments, which are responsible for enrolling higher education students under the State Plan but not enumerated in the total number of schools, including: branch schools of universities and colleges, and universities and colleges that have been approved and under plan for construction. Non-university tertiary refers to the regular undergraduate branch college which is running in new mechanism and mode, excluding the branch schools and other similar branches of educational institutions.

Institutions of Higher Education for Adults refer to educational establishments, set up in line with relevant rules approved by the government, enrolling staff and workers with senior secondary school or equivalent education, and providing higher education courses in many forms of correspondence, spare time, or full time for adults. Professionals thus trained receive a qualification equivalent to graduates studying regular courses at regular universities, colleges and professional colleges. Institutions of higher learning for adults include schools of higher education for staff and workers, schools of higher education for peasants, colleges for management cadres, pedagogical colleges, independent correspondence colleges, Radio and TV universities and other educational establishments. Other educational establishments have undertakings to enrol adult students but not enumerated in the schools under the State Plan.

Net Enrolment Ratio of Primary Schools refers to the proportion of school age children enrolled at schools to the total number of school age children both in and outside schools (including retarded children, but excluding blind, deaf and mute children). The formula is:

$$\text{Net Enrolment Ratio of Primary Schools} = \frac{\text{Total Primary School - age Children at Schools}}{\text{Total Primary School - age Children Whether or Not Attending School}} \times 100\%$$

Professional and Technical Personnel refer to persons engaged in professional and technical work or in the management of professional and technical activities, i.e., people with professional or technical positions who are engaged in professional and technical work or in the management of professional and technical activities, and people without professional or technical positions but are working on professional or technical posts. They include professionals and technicians working in 17 categories of technical occupations including engineering, agriculture, scientific researches, medical service, teaching, economic research and application, accounting, statistics, translation, libraries, archives, cultural and museum service, journalism and publication, lawyers, notarization service, radio and television broadcasting, handicraft and fine arts, sports, performing art, and political workers in enterprises. This indicator reflects the condition of human resources in S&T.

Patent is an abbreviation for the patent right and refers to the exclusive right of ownership by the inventors or designers for the creation or inventions, given from the patent offices after due process of assessment and approval in accordance with the Patent Law. Patents are granted for inventions, utility models and designs. This indicator reflects the achievements of S&T and design with independent intellectual property.

Patented Inventions refer to new technical proposals to the products or methods or their modifications. This is universal core indicator reflecting the technologies with independent intellectual property.

Patented Utility Models refer to the practical and new technical proposals on the shape and structure of the product or the combination of both. This indicator reflects the condition of technological results with certain technical content.

Designs refer to the aesthetics and industrially applicable new designs for the shape, pattern and colour of the product, or their combinations. This indicator reflects the appearance design achievements with independent intellectual property.

Arts Performance Troupes refer to the various professional performing arts groups, which sponsored by the cultural sectors or guided by the cultural society (approved by the cultural market administration, or registered and permitted with the relative certificate), including non-governmental troupes, such as drama troupes, dialect troupes, comedy troupes, children troupes, Opera troupes, puppetry troupes, Shadowgraph troupes, etc., comprehensive professional arts performance troupes. The mass sparetime arts performance troupes are not included.

Arts Performance Places refer to the various sites for cultural activities, which sponsored by the cultural sectors or guided by the cultural society (approved by the cultural market administration, or registered and permitted with the relative certificate), with the facility of auditorium, stage, and lighting, and selling tickets in public, including the opera halls and rehearse sites, etc. which are affiliated to the culture sectors without independent financial accounts and open to the public.

Radio Coverage of Population refers to the percentage of population, which can listen to one of central, provincial, city, prefecture, and county radio programs by wireless, cable, satellite and other technical means, in the surveying area, to total population, according to Statistical Standard and Method on Television and Radio Coverage of Population established by the State Administration of Broadcasting, Film and Television.

Television Coverage of Population refers to the percentage of population, which can watch one of central, provincial, city, prefecture, and county television programs by wireless, cable, satellite and other technical means, in the surveying area, to total population, according to Statistical Standard and Method on Television and Radio Coverage of Population established by the State Administration of Broadcasting, Film and Television.

Cable Television Coverage of Household refers to the percentage of household, which can watch television by cable of radio and television network, to total household.

二十、体育、卫生和其他

Sports, Public Health and Others

资料整理：杨小侠

简 要 说 明

一、本篇资料反映陕西体育、卫生、社会福利、安全生产等情况。

二、本篇资料主要内容及资料来源:

体育部分主要包括体育系统职工人数、群众体育活动开展情况及运动竞技成绩等，资料由省体育局提供。

卫生部分主要包括卫生机构、床位及人员数，农村合作医疗情况等，资料由省卫生厅提供。

社会福利部分主要包括各种社会福利事业的机构数、收养救济人数、婚姻登记状况等，资料由省民政厅提供。

交通、火灾、伤亡事故情况由省公安厅、省安全生产监督管理局提供。

工会、妇联、律师、公证及人民调解工作等资料由省工会、省妇联、省司法厅提供。

Brief Introduction

Ⅰ. This chapter reflects the development of Shaanxi's sports, public health, social welfare, safe production and other undertakings.

Ⅱ. Primary coverage and data sources:

The data on sports mainly include the number of staff and workers in sports departments, mass sports and athletics sports, etc. The data are provided by Shaanxi Provincial Bureau of Sports.

The data on public health mainly include the number of health institutions, hospital beds and personnel, situation of rural cooperative medical service and etc. The data are provided by Shaanxi Provincial Department of Public Health.

The data on social welfare mainly include the number of institutions, the number of persons receiving social welfare relief funds and marriage registration status, etc. The data are provided by Shaanxi Provincial Department of Civil Affairs.

The data on traffic, fire and casualties accident are provided by Shaanxi Provincial Department of Public Security and Shaanxi Provincial Bureau of Work Safety.

The data on labor union, the women's federation, lawyer, notarization and the people's mediation work are provided by Shaanxi Province Federation of Trade Unions, Shaanxi Women's Federation and Shaanxi Provincial Department of Justice.

20.体育、卫生和其他

2011年全省		
等级运动员发展人数	466	人
等级裁判员发展人数	519	人
卫生机构数	4669	个
# 医 院	2611	个
卫生技术人员	19.73	万人
# 执业(助理)医师	6.57	万人

卫生技术人员和医生数(万人)

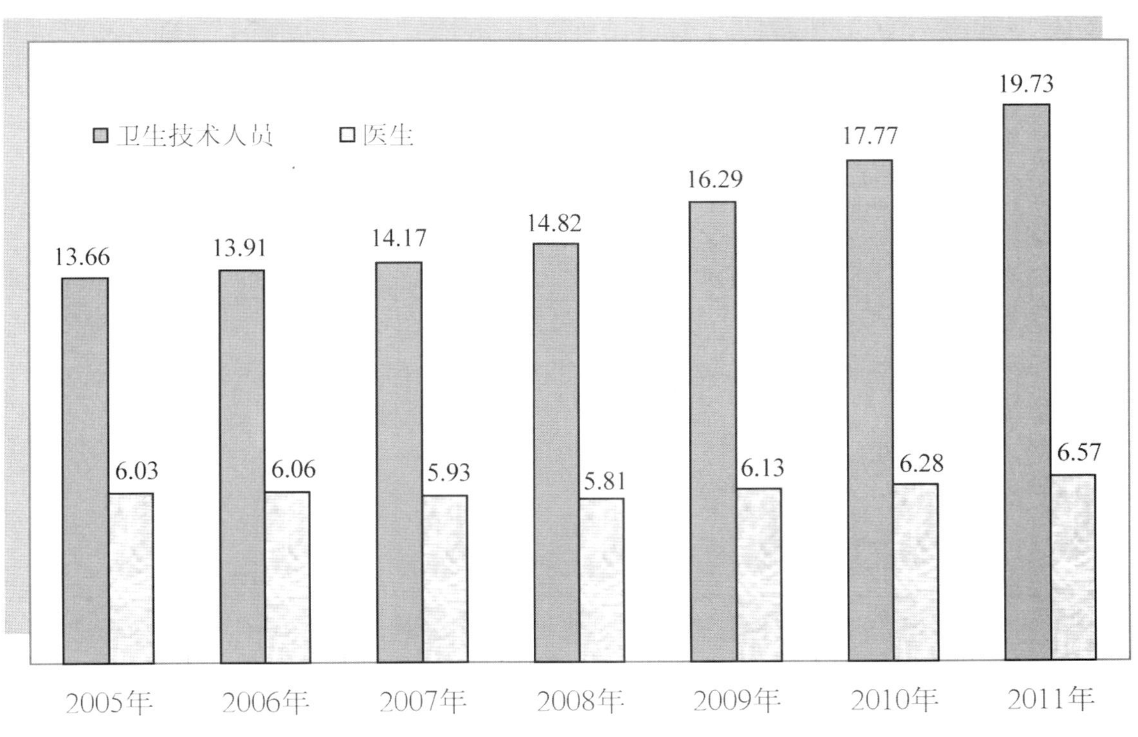

20-1 体 育 事 业
Statistics on Sports Industry

指 标	Item	2009	2010	2011
一、体育系统职工人数 (人)	Employees Sports System (person)	5016	5572	5393
二、等级运动员发展人数 (人)	Number of Class Athlete Development (person)	727	756	466
# 女运动员	Female Athletes	261	374	180
# 国际健将	International Masters Sports	4	3	4
运动健将	Masters of Sports	39	14	35
三、等级裁判员发展人数 (人)	Number of Graded Referees (person)	840	1110	519
# 女裁判员	Female Referees	282	278	135
# 国家级	National Referees	29		16
四、少年儿童业余体校 (所)	Spare-time Sports School (unit)	66	66	66
# 重点体校	Key Sports School	26	26	26
在校学生(人)	Number of Students in School (person)	7815	7626	8967
五、各级各系统举办县级以上运动会次数 (次)	Number of Games Held at All Levels of the System above the County Level (time)	161	157	171
六、取得冠军次数 (次)	Number of Champions (time)	36	33	41
世界冠军	International Champion	15	10	16
亚洲冠军	Asian Champions	4	7	
全国冠军	National Champion	17	16	25

注：1.2005、2006年等级运动员发展人数只统计健将级和一、二级人数。等级裁判员发展人数只统计国家级和一、二级人数。
2.2005、2006年少年儿童业余体校只统计体育系统政府办的。

a) In 2005 and 2006, the number of level athletes develop only counted the master class and secondary number; Judges in the development of the number. only counted the national level and the two numbers.

b) In 2005 and 2006, statistics on juvenile amateur sports schools only counted to government-run sports system.

20-2 等级运动员发展人数（2011年）
Number of Athletes in Grades by Type of Sports (2011)

单位：人 (person)

地 区	Region	等级运动员 Number of Athletesin Grades	# 女 Women	# 国际级健将 International Masters Sports	# 运动健将 Masters of Sports	# 一级 First Grade	# 二级 Second Grade
全 省	**Shaanxi**	**466**	**180**	**4**	**35**	**136**	**291**
省级直属	Directly under the Provincial	180	55	4	35	136	4
西 安 市	Xi'an	70	26				70
铜 川 市	Tongchuan	29	21				29
宝 鸡 市	Baoji	44	20				44
咸 阳 市	Xianyang						
渭 南 市	Weinan	41	17				41
延 安 市	Yan'an	49	23				49
汉 中 市	Hanzhong	25	6				25
榆 林 市	Yulin	28	13				28
安 康 市	Ankang						
商 洛 市	Shangluo						

20-3 体育活动情况（2011年）
Basic Statistics on Sports (2011)

地 区	Region	举办运动会或比赛 Games or Competitions Held: 举办综合运动会(次) General Games Held (time)	举办单项比赛(次) Games Held in Individual (time)	举办全民健身活动情况 Activities That the Whole Nation in Health Conducted: 举办全民健身活动(次) Times of Activities That the Whole Nation in Health Conducted (time)	参加活动人数(万人) Number of People Participate in Activities (10 000 persons)	国际体育活动情况 International Sports Activities: 出访起数(起) The Number of Visits (time)	出访人次(人次) The Number of Visits (person/time)	电脑体育彩票销售量(万元) Computer Sports Lottery Sales (10 000 yuan)	电脑体育彩票应分配公益金(万元) Computer Sports Lottery Should Be Allocated for the Community Chest (10 000 yuan)
全 省	**Shaanxi**	**171**	**683**	**522**	**261**	**9**	**67**	**160496**	**9901**
省级直属	Directly under the Provincial					6	39		
西 安 市	Xi'an	24	125	200	60	3	28	59139	3550
铜 川 市	Tongchuan	4	16	22	3			2588	160
宝 鸡 市	Baoji	22	92	120	45			11352	711
咸 阳 市	Xianyang	19	89	37	17			12827	791
渭 南 市	Weinan	19	75	20	50			13546	860
延 安 市	Yan'an	18	70	20	25			15132	951
汉 中 市	Hanzhong	15	63	35	20			8416	542
榆 林 市	Yulin	18	68	22	11			24308	1489
安 康 市	Ankang	16	42	28	14			9348	598
商 洛 市	Shangluo	14	36	18	16			3572	232
杨凌示范区	Yangling	2	7					268	17

20-4 卫生机构、床位及人员数
Number of Health Units, Beds and Staff

年 份 Year	卫生机构(个) Health Institutions (unit)	#医院 Hospitals	卫生机构床位(万张) Number of Hospital Beds (10 000 beds)	#医院 Hospitals	卫生技术人员(万人) Medical Technical Personnel (10 000 persons)	#医生 Doctors	#护士(师) Nurses
1978	5598	3064	5.39	4.99	7.12	3.43	1.11
1979	5780	3078	5.78	5.32	7.58	3.60	1.17
1980	5845	3095	6.08	5.52	8.05	3.72	1.19
1981	6158	3109	6.37	5.72	8.84	4.07	1.40
1982	6369	3113	6.51	5.92	9.23	4.20	1.57
1983	6280	3106	6.66	6.06	9.57	4.38	1.73
1984	6251	3119	6.87	6.23	10.01	4.63	1.81
1985	6346	2218	7.20	6.46	10.61	4.97	1.88
1986	6309	2439	7.45	6.70	10.89	5.12	1.93
1987	6293	2559	7.68	6.95	11.22	5.29	2.04
1988	6248	2502	8.03	7.22	11.48	5.70	2.41
1989	6312	2515	8.29	7.47	11.63	5.84	2.64
1990	6416	2521	8.55	7.80	11.82	5.91	2.72
1991	6433	2577	9.02	8.22	11.99	5.87	2.81
1992	6404	2604	9.29	8.51	12.33	5.97	2.87
1993	6215	2389	9.56	8.81	12.28	5.89	2.91
1994	6227	3040	9.84	9.07	12.60	6.20	3.03
1995	6215	3313	9.88	9.05	12.80	6.28	3.10
1996	6033	3315	9.59	9.05	12.82	6.30	3.10
1997	5947	3217	9.48	9.04	12.99	6.23	3.25
1998	5639	2779	9.48	9.09	13.03	6.17	3.37
1999	5493	2753	9.68	9.22	13.28	6.37	3.48
2000	5572	2779	9.69	9.26	13.34	6.43	3.56
2001	5563	2780	9.91	9.43	13.53	6.60	3.62
2002	5240	2748	10.00	9.53	13.53	5.95	3.65
2003	5039	2740	10.27	9.89	13.47	6.03	3.72
2004	5138	2710	10.31	9.97	13.46	5.97	3.75
2005	5366	2674	10.67	10.34	13.66	6.03	3.85
2006	5385	2672	11.12	10.90	13.91	6.06	4.07
2007	4753	2645	11.78	11.42	14.17	5.93	4.25
2008	4429	2629	12.52	12.31	14.82	5.81	4.69
2009	4421	2660	13.45	13.05	16.29	6.13	5.44
2010	4638	2639	14.24	13.72	17.77	6.28	6.13
2011	4669	2611	15.38	14.69	19.73	6.57	7.02

注：1.本表卫生机构不含个体诊所和村卫生室，医院、医院床位数含卫生院、妇幼保健院和专科疾病防治院。
2.2002年起医生为执业医师和执业助理医师，护士(师)为注册护师。

a) The health institutions in the table does not include private clinics and village health rooms.Hospitals and hospital beds include health center, women and children care agencies and specialized disease prevention & treatment institutes.

b) Since 2002, doctors refer to practicing physicians, practicing physician assistants, nurses (division) refer to registered nurses.

20-5 各类卫生机构、床位及人员数（2011年）

Number of Various Health Units, Beds and Staff (2011)

指标	Item	机构数（个）Health Institutions (unit)	床位数（张）Beds (bed)	人员合计（人）Persons Engaged (person)	卫生技术人员 Medical Technical Personnel	其他技术人员 Other Technical Personnel	管理人员 Management	工勤人员 Support Staff
总计	**Total**	**36403**	**153847**	**275695**	**197385**	**4554**	**18107**	**16832**
一、医院	Hospitals	871	114339	149831	123537	2483	12000	11811
综合医院	Comprehensive Hospitals	622	88081	118821	98487	1877	9243	9214
中医医院	Hospitals of Traditional Chinese Medicine	142	16985	20567	17029	458	1547	1533
中西医结合医院	Hospitals Combined by Medium Doctors	5	876	1117	951	7	105	54
专科医院	Specialized Hospitals	102	8397	9326	7070	141	1105	1010
二、基层医疗卫生机构	Basic Medical and Health Institutions	35039	31260	102309	56467	968	3323	2734
社区卫生服务中心(站)	Community Health Service Center (station)	529	4354	9442	7932	169	742	599
社区卫生服务中心	Community Health Service Center	226	3119	6830	5660	143	505	522
社区卫生服务站	Community Health Service station	303	1235	2612	2272	26	237	77
卫生院	Commune Hospitals	1658	26812	34960	30053	774	2345	1788
街道卫生院	Hospitals in the Streets	2	15	35	29		3	3
乡镇卫生院	Township Hospitals	1656	26797	34925	30024	774	2342	1785
中心卫生院	Center Hospital	643	15505	19625	17144	411	1061	1009
乡卫生院	Rural Hospitals	1013	11292	15300	12880	363	1281	776
村卫生室	Village Clinic	27174		42413	3596			
门诊部	Outpatient Departments	213	94	2507	2143	25	236	103
综合门诊部	Comprehensive Outpatient Departments	158	33	1910	1650	18	170	72
中医门诊部	Chinese Medical Outpatient Department	22		230	194		28	8
中西医结合门诊部	Combination of Traditional Chinese and Western Medicine Outpatient Department	4		73	55	4	6	8
专科门诊部	Specialist OutPatient Department	29	61	294	244	3	32	15
诊所、卫生所、医务室	Clinics, Health Institute, Medical Office	5465		12987	12743			244
诊　所	Clinics	4560		10324	10168			156
卫生所、医务室	Health Institute, Medical Office	905		2663	2575			88
三、专业公共卫生机构	Specialty Public Health Agency	384	6486	20695	15828	691	2252	1924
疾病预防控制中心	Disease Prevention and Controlling Center	122		5977	4424	283	686	584
专科疾病防治院(所、站)	Specialized Disease Prevention and Treatment Centers (stations)	6	860	460	306	4	94	56
健康教育所(站、中心)	Health Education Offices (stations or centers)	4		95	35	14	35	11
妇幼保健院(所、站)	Maternity and Child Care Centers (stations)	117	5626	10013	8180	217	777	839
急救中心(站)	First-aid Center (station)	4		149	59	12	38	40
采供血机构	Blood Collecting and Supply Organizations	10		744	485	40	111	108
卫生监督所(中心)	Health Supervision Centers	115		3056	2170	110	499	277
计划生育技术服务机构	Family Planning Technical Service Institution	6		201	169	11	12	9
四、其他卫生机构	Other Health Institutions	109	1762	2860	1553	412	532	363
疗养院	Sanatoriums	5	1762	475	327	17	73	58
医学科学研究机构	Research Institutes of Medical Science	12		315	179	36	55	45
医学在职培训机构	Medical On-the-job Training Organizations	49		1422	672	323	251	176
临床检验中心(所、站)	The Center Laboratory Medicine (stations)	1		29	26		1	2
其　他	Others	42		619	349	36	152	82

20-6 传染病发病率和死亡率（2011年）
The Incidence and Death of Infectious Diseases(2011)

病 名	Diseases	发病率 (1/10万) Incidence (1/100 000)	死亡率 (1/10万) Death Rate (1/100 000)	病死率 (%) Mortality Rate (%)
合 计	**Total**	**217.05**	**0.39**	**0.18**
鼠 疫	The Plague			
霍 乱	Cholera			
肝 炎	Hepatitis	88.63	0.02	0.03
痢 疾	Dysentery	25.61	0.003	0.01
伤寒+副伤寒	Typhoid and Paratyphoid Fever	0.09		
艾 滋 病	AIDS	0.45	0.13	27.81
淋 病	Gonorrhea	3.89		
梅 毒	Syphilis	14.92	0.003	0.02
脊 灰	Poliomyelitis			
麻 疹	Measles	2.39	0.003	0.11
百 日 咳	Pertussis	0.28		
白 喉	Diphtheria			
流 脑	Epidemic Encephalitis	0.01		
猩 红 热	Scarlet Fever	3.17		
出 血 热	Hemorrhagic Fever	6.98	0.05	0.65
狂 犬 病	Hydrophobia	0.11	0.11	100.00
血吸虫病	Schistosomiasis	0.003		
布 病	Brucellosis	1.49		
炭 疽	Anthrax	0.003		
斑疹伤寒	Typhus	0.03		
乙 脑	JE	0.08	0.01	6.90
黑 热 病	Black Fever	0.01		
疟 疾	Malaria	0.09		
新生儿破伤风	Newborn Tetanus	0.004		
登 革 热	Dengue Fever	0.003		
肺 结 核	Pulmonary Tuberculosis	67.81	0.07	0.10
非 典	SARS			

20-7 出院病人前十位疾病构成（2011年）
Discharged Patients Diseases of the Top Ten (2011)

序号 NO.	城市 Urban 疾病	Disease	构成 (%) Constitute
1	呼吸系统疾病	Respiratory System Diseases	16.46
2	妊娠、分娩和产褥期	Pregnancy, Childbirth and the Puerperium	15.12
3	循环系统疾病	Circulatory System Diseases	15.00
4	损伤、中毒和外因的某些其他后果	Injury, Poisoning and Certain Consequences Caused by the External	10.04
5	消化系统疾病	Digestive Disease	8.34
6	肿 瘤	Cancer	5.30
7	影响健康状态和与保健机构接触因素	Influencing Health Status and Factors Access to Health Care Institutions	4.60
8	眼和附器疾病	Diseases of the Eye and Adnexa	3.63
9	泌尿生殖系统疾病	Genitourinary System Diseases	3.60
10	肌肉骨骼系统和结缔组织疾病	Musculoskeletal System and Connective Ttssue Diseases	3.35
	构成合计	Total of the Constitute	85.43

20-7 续表 continued

序号 NO.	农村 Rural 疾病	Disease	构成 (%) Constitute
1	呼吸系统疾病	Respiratory System Diseases	25.90
2	循环系统疾病	Circulatory System Diseases	15.70
3	妊娠、分娩和产褥期	Pregnancy, Childbirth and the Puerperium	13.24
4	损伤、中毒和外因的某些其他后果	Injury, Poisoning and Certain Consequences Caused by the External	11.67
5	消化系统疾病	Digestive Disease	9.94
6	影响健康状态和与保健机构接触因素	Influencing Health Status and Factors Access to Health Care Institutions	3.72
7	泌尿生殖系统疾病	Genitourinary System Diseases	3.66
8	肿 瘤	Cancer	3.06
9	起源于围生期的某些情况	Some Cases Originating In the Perinatal Period	2.17
10	肌肉骨骼系统和结缔组织疾病	Musculoskeletal System and Connective Ttssue Diseases	2.02
	构成合计	Total of the Constitute	91.06

20-8 各市（区）卫生机构、床位及人员数（2011年）
Number of Health Institutions, Beds and Persons Engaged by City(District) (2011)

地 区	Region	机构数 (个) Health Institutions (unit)	床位数 (张) Beds Total (bed)	人员数 (人) Total Staff (person)	卫生技术人员 (人) Medical Technical Personnel (person)	# 执业(助理)医师 Lecensed (Assistant) Doctors	# 注册护师 Registered Nurses
全 省	**Shaanxi**	**36403**	**153847**	**275695**	**197385**	**65708**	**70232**
西安市	Xi'an	5554	41010	79999	61281	21551	25043
铜川市	Tongchuan	972	4629	7691	6074	2156	2317
宝鸡市	Baoji	2788	17211	25199	18031	6630	6151
咸阳市	Xianyang	4649	19764	37157	28963	8114	9741
渭南市	Weinan	3893	15913	30422	19126	5775	5935
延安市	Yan'an	3419	8962	17119	11286	3648	3759
汉中市	Hanzhong	3951	14580	23816	16499	5484	5145
榆林市	Yulin	5198	14390	24139	15785	4922	5838
安康市	Ankang	3189	8598	14298	9966	3906	3162
商洛市	Shangluo	2616	7998	14519	9401	3217	2713
杨凌示范区	Yangling	174	792	1336	973	305	428

20-9 农村村级卫生组织情况（2011年）
Situations of Health Institutions in Rural Village (2011)

地 区	Region	村卫生室 (个) Village Health Room (unit)	乡村医生和卫生员 (人) Rural Doctors and Health Workers (person)	乡村医生 Rural Doctors	卫生员 Health Workers
全 省	**Shaanxi**	**27174**	**38817**	**36010**	**2807**
西安市	Xi'an	3117	4265	3856	409
铜川市	Tongchuan	639	721	684	37
宝鸡市	Baoji	1833	3566	3253	313
咸阳市	Xianyang	3435	4132	4026	106
渭南市	Weinan	3228	7128	6651	477
延安市	Yan'an	2905	3163	2881	282
汉中市	Hanzhong	2912	4341	4115	226
榆林市	Yulin	4451	4912	4403	509
安康市	Ankang	2449	2771	2539	232
商洛市	Shangluo	2091	3622	3410	212
杨凌示范区	Yangling	114	196	192	4

20-10 社区卫生服务中心(站)情况（2011年）
Statistics on Community Health Service Centers (Stations) (2011)

地区	Region	社区卫生服务中心(站)(个) Community Health Service Center(station) (unit)	床位数(张) Beds (bed)	人员数(人) Persons Engaged (person)	卫生技术人员(人) Medical Technical Personnel (person)	# 执业(助理)医师 Lecensed (Assistant) Doctors	# 注册护士 Registered Nurses
全　省	**Shaanxi**	**529**	**4354**	**9442**	**7932**	**2899**	**2488**
西安市	Xi'an	202	1906	4975	4192	1470	1274
铜川市	Tongchuan	30	130	265	221	86	83
宝鸡市	Baoji	76	1095	1199	1004	430	345
咸阳市	Xianyang	98	478	1040	903	309	322
渭南市	Weinan	39	409	911	725	270	201
延安市	Yan'an	14	103	152	119	62	31
汉中市	Hanzhong	14	27	197	156	62	53
榆林市	Yulin	36	160	394	326	81	91
安康市	Ankang	16	15	227	209	93	68
商洛市	Shangluo	4	31	82	77	36	20
杨凌示范区	Yangling						

20-11 新型农村合作医疗情况
Statistics on New Cooperative Medical System

年份 Years	实行新型农村合作医疗县(区)(个) Number of Counties Implementing NCMS (unit)	参加新农合人数(万人) Number of Enrollees (10 000 persons)	参合率(%) Rate of Enrollees (%)
2007	104	2434.95	90.05
2008	104	2495.47	91.58
2009	104	2566.11	92.97
2010	104	2581.38	95.00
2011	104	2631.66	97.10

20-12　社会福利事业、企业单位机构和人员
Social Welfare, Business Unit Organizations and Personnel

指　　标	Item	机　构（个） Institutions (unit)		工作人员（人） Staff (person)	
		2010	2011	2010	2011
总　　计	**Total**	**1410**	**1423**	**25019**	**24766**
一、收养性社会福利事业单位	Adopting Social Welfare Institutions	895	931	5411	6002
二、社会福利企业单位（工商部门登记）	Social Welfare Enterprises (the business sector registered)	290	269	16063	15257
福利工厂	Welfare Factories	230	210	13638	12576
假肢厂	Artificial Limb Factory	1	1	106	106
安置农场	Placement Farms	1	1	34	34
其他福利企业	Other Welfare Enterprises	58	57	2285	2541
三、烈士纪念建筑物管理单位	Martyrs Memorial Building Management Unit	37	37	331	344
四、救助站	Relief Stations	89	89	858	885
五、殡葬事业单位	Funeral Institutions	99	97	2356	2278

20-13　社会福利事业单位基本情况（2011年）
Basic Statistics on Social Welfare Institutions (2011)

指　　标	Item	院　数（个） Number of Homes (unit)	工作人员（人） Number of Staff and Workers (person)	床　位（张） Number of Beds (bed)	年在院总人数（万人） Number of Persons Housed (10 000 persons)
一、民政部门办收养性社会福利事业单位	Adopting Social Welfare Institutions Established by the Home Department	552	2632	39665	844.2
# 优抚休、疗养院	Convalescent Homes Founded by the Home Department	30	798	2065	41.2
城市福利院	Urban Welfare	45	1255	9006	217.0
二、老年收养性机构	Adoption of the Old Institutions	856	3949	64432	1296.8

注：1.优抚休、疗养院包括荣誉军人康复医院、复退军人慢性疗养院、复退军人精神病院和国家办光荣院。
2.城市福利院包括社会福利院、社会儿童福利院、社会精神病人福利院。
3.老年收养性机构包括城镇、农村的敬老院、养老院、老年性公寓。

a) Convalescent Homes include the honor military rehabilitation hospital, Futuijunren chronic nursing homes, psychiatric hospitals and the state office of honor Futuijunren hospital.

b) Urban welfare include social welfare, social welfare homes, social welfare of mental patients.

c) Old adoption of institutions include urban and rural areas of the nursing home, nursing homes, senile apartment.

20-14 社会福利企业基本情况（2011年）
Basic Statistics on Social Welfare Enterprises (2011)

地　区	Region	单位数（个）Number of Homes (unit)	年末职工人数（人）Number of Workers (person)	#残疾职工 Disabled Employees	#女 性 Female
全　省	**Shaanxi**	**269**	**15257**	**5339**	**1998**
西安市	Xi'an	101	6166	2415	950
铜川市	Tongchuan	3	95	49	15
宝鸡市	Baoji	67	3161	799	236
咸阳市	Xianyang	23	1626	658	225
渭南市	Weinan	18	1840	704	293
延安市	Yan'an	10	665	160	73
汉中市	Hanzhong	20	612	256	84
榆林市	Yulin	15	798	220	83
安康市	Ankang	3	54	19	13
商洛市	Shangluo	7	117	47	22
杨凌示范区	Yangling				
厅级小计	Others	2	123	12	4

20-15 城镇社区服务设施（2011年）
Urban Welfare Facilities (2011)

地　区	Region	城镇社区服务设施数（个）Urban Welfare Facilities (unit)	从业人员（人）Number of Workers (person)	便民利民服务网点（个）Convenience Services (unit)
全　省	**Shaanxi**	**2411**	**7916**	**4393**
西安市	Xi'an	763	791	1127
铜川市	Tongchuan	94	411	530
宝鸡市	Baoji	172	3131	1458
咸阳市	Xianyang	292	964	275
渭南市	Weinan	287	483	228
延安市	Yan'an	125	233	64
汉中市	Hanzhong	150	693	149
榆林市	Yulin	145	393	60
安康市	Ankang	304	633	225
商洛市	Shangluo	70	60	269
杨凌示范区	Yangling	9	124	8

20-16 工 会 工 作（2011年）
Basic Statistics on Trade Unions (2011)

项　目	Item	实有数 Number
一、全省工会组织概况	Trade Union Situation in the Province	
基层工会	Basic Trade Unions	
1.基层工会组织(个)	Basic Trade Unions (unit)	78994
2.工会会员(万人)	Union Members (10 000 persons)	627
# 女　性	Women	222
3.专职工会工作人员(人)	Full-time Union Staff (person)	19715
# 女　性	Women	6872
4.工会女职工组织(个)	Women Workers Organization (unit)	71822
5.工会经费审查组织(个)	Review Organization of Trade Union Funds (unit)	42144
基层以上工会	More Basic Trade Union	
1.工会组织(个)	Trade Unions (unit)	2994
专职工会干部(人)	Full-time Trade Union Cadres (person)	4819
2.工会女职工组织(个)	Women Workers Organization (unit)	2391
专职女职工干部(人)	Full-time Female Workers and Cadres (unit)	653
3.工会经费审查组织(个)	Review Organization of Trade Union Funds (unit)	1261
4.工会资产管理机构(个)	Union Asset Managers (unit)	378
二、工会民主管理工作	Management of Trade Union Democracy	
基层工会	Basic Trade Unions	
1.建立职代会制度的工会(个)	Union System Workers'Congress(unit)	56547
职代会职工代表(人)	Employee Congress, Representatives of the Employees (person)	465114
# 女　性	Women	119382
2.本年召开职代会的工会(个)	Union Employee Congress Held this Year(unit)	41508
3.实行厂务公开的工会(个)	The Union Of factory Affairs(unit)	48030
实行厂务公开工会覆盖职工(万人)	The Implementation of Workers Covered by Union Factory Affairs (10 000 persons)	476
4.建立董事会的工会(个)	Establishment of the Union Board of Directors(unit)	2513
董事会中的职工董事(人)	The Staff Director of the Board of Directors (person)	3132
5.建立监事会的工会(个)	The Trade Union Which Established Board of Supervisors(unit)	1959
监事会中的职工监事(人)	Worker Supervisors in Board of Supervisors (person)	1438
基层以上工会	More Basic Trade Union	
1.半年与同级政府召开联席会的工会(个)	Six Months and the Government Held a Joint Meeting at the Same Level of Trade Unions (unit)	170
2.建立三方协调机制的工会数(个)	The Trade Union which Establishment a Tripartite Coordination Mechanism (unit)	670

20-16 续表 continued

项 目	Item	实有数 Number
三、工会保障工作	Union Security Work	
基层工会	Basic Trade Unions	
1.参加联系困难职工活动的领导干部(人)	The Leading Cadres Contact to Union Hard Workers Activities (person)	36729
联系的困难职工家庭(户)	Difficult Family Workers Contacted (household)	49236
2.建立送温暖基(资)金的工会(个)	Create Warmth Base (capital) Payments Union (unit)	4627
基层以上工会	More Basic Trade Union	
1.建立困难职工档案的工会(个)	Union Create Difficulties Workers File (unit)	1287
2.参加联系困难职工活动的领导干部(人)	The Leading Cadres Contact to Union Hard Workers Activities (person)	22763
联系的困难职工家庭(户)	Difficult Family Workers Contacted (household)	26846
3.建立送温暖基(资)金的工会(个)	Create Warmth Base (capital) Payments Union (unit)	198
四、工会经济技术工作	Economic and Technical Workers of Union	
1.职工提出合理化建议(件)	Employees to Make Reasonable Suggestions (unit)	172590
# 已实施合理化建议(件)	Rationalization Proposals have Been Implemented(unit)	56146
2.开展劳动竞赛的工会(个)	Union Labor Competition(unit)	12244
# 参加劳动竞赛的职工(万人次)	Workers Participate in Labor Competition(10 000person-times)	188
3.荣获国家专利项目(件)	Won the National Patents(unit)	1879
五、工会劳动保护工作	Union Labor Protection	
基层工会	Basic Trade Unions	
1.劳动保护监督检查组织(个)	Labor Protection Supervision and Inspection Organizations(unit)	16006
2.参加安全生产检查(次)	Participate in Safety Checks(time)	120928
基层以上工会	More Basic Trade Union	
1.建立劳动保护监督检查组织(个)	Established Labor Protection Supervision and Inspection Organizations(unit)	863
2. 参加安全生产检查(次)	Participate in Safety Checks(time)	7409
六、工会法律工作	Union Legal Work	
基层工会	Basic Trade Unions	
1.工会劳动法律监督组织(个)	Supervision Organizations of Trade Union Labor Law(unit)	13287
2.劳动争议调解委员会(个)	Labor Dispute Mediation Committee(unit)	19206
受理的劳动争议件数(件)	Number of Labor Disputes Accepted(unit)	15754
调解成功的劳动争议件数(件)	The Success of the Labor Dispute Mediation Number(unit)	922
基层以上工会	More Basic Trade Union	
1.工会劳动法律监督组织(个)	Unions Labor Law Watchdog(unit)	288
2.工会法律援助机构(个)	Unions Legal Aid Agencies(unit)	177

20-17 妇 女 工 作（2011年）
Women's Work (2011)

项目	Item	合计 Total	省级 Provincial	地、市级 Municipal	县、区级 County, District	乡、镇级 Township Level
一、组织状况	Organization					
妇女联合会(个)	Women's Associations (unit)	1442	1	11	107	1323
基层妇代会(个)	Basic Women's Representatives Will (unit)	26167			26167	
妇委会(个)	Women's Committee (unit)	4212	114	707	3391	
二、妇联干部(人)	Women Cadres (person)	3107	55	153	768	2131
三、妇联杂志	Women's Magazine					
内部发行(份)	Internal Distribution (unit)	4	1	2	1	
期发行量(万份)	Circulation (10 000 units)	0.76	0.30	0.40	0.06	
四、维护妇女合法权益工作	Safeguard the Legitimate Rights of Women					
律师资格人数(人)	Bar Staff (person)	48	2	11	35	
来信、来访人(次)数	Number of Letters (unit)	8897	2423	6474		
五、实施春蕾计划	Implementation of the " Spring Bud" Program					
资助女童入学或返校(人)	Girls in School or Return to School Funding (person)	600	600			
社会捐资总数(万元)	Total Donations (10 000 yuan)	130	130			
六、其他工作情况	Other work					
妇女、儿童活动中心(个)	Number of Activity Centers for Women and Children (unit)	88	1	9	78	
三八红旗手(人)	March 8th Red Banner Winners (person)	754		255	499	
三八红旗集体(个)	March 8th Red Banner Groups (unit)	263		123	140	
五好文明家庭(户)	"Five Good" Civilized Families (household)	6391	168	200	6023	

20-18 律师、公证及人民调解工作（2011年）
Lawyers, Notarization and Mediation of Civil Disputes (2011)

项目	Item	实有数 Number
一、律师工作	**Lawyers**	
律师人员(人)	Number of Lawyers(person)	4762
# 专 职	Full-time Lawyers	4357
兼 职	Part-time Lawyers	405
刑事诉讼辩护及代理(件)	Agent of Criminal Defense(case)	22427
民事诉讼代理(件)	Agent of Civil Case(case)	32814
行政诉讼代理(件)	Agent of Administrative Action (case)	891
担任法律顾问(家)	As Legal Advisers(unit)	5388
代写法律文书(件)	Legal Document Written on Behalf of Clients(case)	26860
律师事务所(个)	Number of Law Offices(unit)	400
二、公证工作	**Notarial Personnel**	
公证处(个)	Number of Notary Offices(unit)	117
# 涉外公证处	Foreign-related Notary Offices	23
公证人员(人)	Notarial Personnel(person)	949
办理公证文书(件)	Notarized Documents (case)	211460
三、人民调解工作	**Number of People's Mediation**	
人民调解委员会(个)	Number of People's Mediation Committees(unit)	31540
调解委员(万人)	Member of a Mediation Committee(10 000 persons)	12.19
调解民间纠纷(万件)	Number of Civil Disputes Mediated(10 000 cases)	20.04

20-19 国内公证文书分类（2011年）
Domestic Notarized Documents by Type (2011)

分　类	Type	办证件数(件) Number of Notarial Documents Issued (case)	比　重(%) Proportion (%)
一、民事公证事项	**Notarized Documents On Civil Legal Relations**		
合　计	**Total**	**63541**	**100.0**
收　养	Child Adoption	46	0.1
解除收养	Adoption Renouncements	6	0.0
继 承 权	Rights of Inheritance	6371	10.0
遗　嘱	Testaments	1031	1.6
产　权	Property Rights	511	0.8
亲属关系	Kinship Confirmation	958	1.5
死　亡	Death Certificates	124	0.2
房屋买卖	Purchases and Sale of Houses	2656	4.2
房屋租赁	Houses Leases	303	0.5
留学协议	Foreign Study Contracts	343	0.5
遗赠扶养协议	Donations and Family Fostering	318	0.5
委 托 书	Trust Deeds	19399	30.5
赠 与 书	Presentation Documents	2345	3.7
声 明 书	Declarations	7016	11.0
现场监督	Field Supervision	1372	2.2
签名印鉴属实	Confirmation of Signatures and Seals	4843	7.6
文本相符	Confirmation of Copies and Photo offset Copies to Originals	1538	2.4
宅基地使用权	Rights to Housing Site	424	0.7
证据保全	Evidence Preservation	2342	3.7
拆迁协议	Housing Demolition	276	0.4
计划生育	Agreements Family Planning	2	0.0
赡养协议	Agreements on Supporting Parents	134	0.2
合伙协议	Partnership Agreements	117	0.2
夫妻财产协议	Property Agreements between Spouses	491	0.8
其他民事协议	Other Civil Agreements	3689	5.8
更改姓名	Change Name	2181	3.4
其　他	Others	4705	7.4
二、经济公证事项	**Notarized Documents on Economic Affairs**		
合　计	**Total**	**83223**	**100**
购销合同	Contracts of Purchases and Sales of Products	245	0.3
联营合同	Joint Business Contracts	154	0.2
拍　卖	Auctions	247	0.3
贷款合同	Loans Contracts	44131	53.0
担 保 书	Guarantees	8355	10.0
招标、投标	Bidding	3364	4.0
科技协作	Scientific and Technological Contracts		
供用电合同	Supply and Use of Electric Power Contracts	10	0.0
劳务合同	Labor Contracts	375	0.5
建筑工程承包	Construction Project Contracts	213	0.3
工商服务业承包	Industrial and Commercial Service Contracts	16	0.0
农林牧渔业承包	Farming, Forestry, Animal Husbandry and Fishery Contracts Production and Fishery Contracts	350	0.4
乡镇企业承包	Township Enterprise Contracts	72	0.1
财产租赁	Property Leases	158	0.2
企业租赁	Leases of Enterprise		
资产经营责任制	Asset Business Contracts	67	0.1
还款协议	Payment Contracts	2201	2.6
土地使用权出让转让	Selling or Transfer of Right of Land Utilization	307	0.4
其他经济合同	Other Business Contracts	5746	6.9
法人资格	Legal Person Identification	461	0.6
法人委托书	Legal Person Trust Deeds	5155	6.2
公司章程	Corporation Constitution	89	0.1
执行许可证明	Operating Permits	204	0.2
提　存	Consignation	33	0.0
抵押登记	Mortgage Registration	2888	3.5
公司会议记录	Minutes of Corporation Meetings	23	0.0
其　他	Others	8359	10.0

20-20 婚姻登记情况
Registered Marriages

指　标	Item	2009	2010	2011
一、登记结婚数(对)	**Number of Registered Marriages(couples)**	**319406**	**346645**	**369318**
1.内地居民登记结婚数(对)	Registered Marriages in the Mainland(couples)	318905	346218	368963
初婚数(人)	Number of First Marriages(person)	587516	618251	656231
再婚数(人)	Number of Re-marriages(person)	51296	75039	82405
# 恢复结婚数	Restoration of Marriages	1535	808	665
2.涉外婚姻数(对)	Number of Marriages with Foreigner(couples)	501	427	355
二、登记离婚数(对)	**Number of Registered Divorces (couples)**	**34519**	**44402**	**50780**
1.内地居民登记离婚数(对)	Registered Divorces in the Mainland(couples)	34434	44356	50730
2.涉外婚姻数(对)	Number of Divorces with Foreigner(couples)	85	46	50

20-21 各市（区）婚姻登记情况（2011年）
Registered Marriages by City(District) (2011)

地　区	Region	准予登记结婚数(对) Number of Marriages Registered (couples)	初婚数(人) Number of First Marriages (person)	再婚数(人) Number of Re-marriages (person)	# 恢复结婚数 Restoration of Marriages	登记离婚数(对) Number of Divorces Registered (couples)	# 港澳台华侨离婚数 Number of Divorces with Overseas Chinese
全　省	**Shaanxi**	**369318**	**656231**	**82405**	**665**	**50780**	**50**
西安市	Xi'an	94398	165690	23106	233	15778	
铜川市	Tongchuan	6467	10813	2121	2	1248	
宝鸡市	Baoji	25883	45694	6072	13	3026	
咸阳市	Xianyang	55505	99515	11495	49	6001	
渭南市	Weinan	49531	87772	11290	122	6828	
延安市	Yan'an	21899	40463	3335	1	2624	
汉中市	Hanzhong	30685	51922	9448	186	5097	3
榆林市	Yulin	34908	64241	5575	32	4393	
安康市	Ankang	25705	45865	5545	19	3593	
商洛市	Shangluo	21868	40006	3730	8	1911	
杨凌示范区	Yangling	2114	3743	485		234	
厅级小计	Others	355	507	203		47	47

20-22 交通事故情况
Basic Statistics on Traffic Accidents

地 区	Region	事故次数(起) Number of Accidents (case)		死亡人数(人) Number of Deaths (person)		受伤人数(人) Number of Injuries (person)		损失折款(万元) Converted into Cash Losses (10 000 yuan)	
		2010	2011	2010	2011	2010	2011	2010	2011
全 省	**Shaanxi**	**6004**	**6362**	**1944**	**1893**	**6097**	**6087**	**3311**	**3332**
西安市	Xi'an	2323	2264	531	531	2520	2260	737	612
铜川市	Tongchuan	263	185	56	44	358	229	277	140
宝鸡市	Baoji	867	1127	171	171	755	1038	372	442
咸阳市	Xianyang	257	228	132	128	270	236	153	107
渭南市	Weinan	22	574	4	180	28	544	9	448
延安市	Yan'an	366	294	184	195	441	245	128	221
汉中市	Hanzhong	575	507	166	165	603	530	233	114
榆林市	Yulin	390	482	104	234	304	338	239	656
安康市	Ankang	165	358	108	100	132	328	63	408
商洛市	Shangluo	294	277	195	107	241	270	223	83
杨凌示范区	Yangling	391	27	234	3	348	33	712	6
高交路	Others	91	39	59	35	97	36	165	98

20-23 火灾事故情况
Basic Statistics on Fires

地 区	Region	事故次数(起) Number of Accidents (case)		死亡人数(人) Number of Deaths (person)		受伤人数(人) Number of Injuries (person)		损失折款(万元) Losses Converted into Cash (10 000 yuan)	
		2010	2011	2010	2011	2010	2011	2010	2011
全 省	**Shaanxi**	**4620**	**5006**	**23**	**22**	**11**	**6**	**8354**	**9418**
西安市	Xi'an	1825	1921	13	8	7	3	2224	2107
铜川市	Tongchuan	161	115		1			127	224
宝鸡市	Baoji	349	340		1			661	570
咸阳市	Xianyang	282	310		1			274	413
渭南市	Weinan	594	640	4	1			758	963
延安市	Yan'an	136	267	1	1	2	1	293	924
汉中市	Hanzhong	397	505	4	7	1		787	616
榆林市	Yulin	550	622	1	2	1		2789	2964
安康市	Ankang	51	60				2	172	75
商洛市	Shangluo	128	135					122	194
杨凌示范区	Yangling	147	91					147	369

20-24 各类伤亡事故情况（2011年）
Statistics on Various Fatal Accident (2011)

类别	Type	总计 Total		一次死亡3-9人 Number of Deaths each Time(3-9 people)		一次死亡10-29人 Number of Deaths each Time(10-29 people)	
		起数(起) Times (time)	死亡(人) Deaths (person)	起数(起) Times (time)	死亡(人) Deaths (person)	起数(起) Times (time)	死亡(人) Deaths (person)
全省	**Shaanxi**	**11860**	**2224**	**38**	**166**	**3**	**32**
# 工矿商贸	Industry, Mining, Commerce	186	249	7	30	3	32
1.煤矿	coal mine	52	73	3	10	1	11
2.金属与非金属矿	Metallic and Nonmetallic Mine	32	43	3	11		
3.建筑施工业	Construction Industry	35	54			1	10
4.危险化学品	Hazardous Chemicals						
5.烟花爆竹	Fireworks	5	15	1	9		
6.工商贸其它	Others	62	64			1	11
铁路交通	Rail Transport	82	60				
农业机械	Agricultural Machinery	236					
水上交通	Waterborne Traffic						

20-25 社会捐赠和收养登记情况（2011年）
Statistics on Social Donation and Adopting Registration (2011)

地区	Region	捐赠款数额(万元) Donated Fund (10 000yuan)	捐赠其他物资价值(万元) Value of Other Donated Materials (10 000yuan)	接收捐赠衣被件数(万件) Donated Clothes and Quilts (10 000unit)	# 棉衣被 Cotton Clothes and Quilts	收养登记合计(人) Number of Registered Adoption (person)	中国公民 Adoption by Chinese	外国人 Adoption by Foreigners
全省	**Shaanxi**	**1351.1**	**22.5**	**59.9**	**0.7**	**249**	**181**	**68**
西安市	Xi'an	272.1	5.0			84	84	
铜川市	Tongchuan	61.6				6	6	
宝鸡市	Baoji	44.5		2.3	0.6	9	9	
咸阳市	Xianyang	260.8		57.5		8	8	
渭南市	Weinan	392.1	5.8			1	1	
延安市	Yan'an							
汉中市	Hanzhong	298.3	10.0			12	12	
榆林市	Yulin	20		0.1	0.1	9	9	
安康市	Ankang					42	42	
商洛市	Shangluo					5	5	
杨凌示范区	Yangling					5	5	
厅级小计	Others	1.7	1.7			68		68

主要统计指标解释

卫生机构 指从卫生行政部门取得《医疗机构执业许可证》，或从民政、工商行政、机构编制管理部门取得法人单位登记证书，为社会提供医疗保健、疾病控制、卫生监督服务或从事医学科研和教育等工作的单位。卫生机构包括医院、疗养院、社区卫生服务中心(站)、卫生院、门诊部、诊所(卫生所、医务室)、急救中心(站)、采供血机构、妇幼保健院(所、站)、专科疾病防治院(所、站)、疾病预防控制中心(防疫站)、卫生监督所、卫生监督检验(监测、检测)机构、医学科研机构、医学在职培训机构、健康教育所(站)等其他卫生机构。

卫生技术人员 包括执业(助理)医师、注册护士、药剂人员、检验和影像人员等卫生专业人员。不包括从事管理工作的卫生技术人员(一律计入管理人员)。

执业医师 指具有《医师执业证》及其“级别”为“执业医师”且实际从事医疗、预防保健工作的人员，不包括实际从事管理工作的执业医师。执业医师类别分为临床、中医、口腔和公共卫生。

执业助理医师 指具有《医师执业证》及其“级别”为“执业助理医师”且实际从事医疗、预防保健工作的人员，不包括实际从事管理工作的执业助理医师。执业助理医师类别同样分为临床、中医、口腔和公共卫生四类。

社区卫生服务中心(站) 指为本社区居民提供预防、医疗、保健、康复、健康教育、计划生育技术服务等的基层卫生机构。包括社区卫生服务中心和社区卫生服务站。

社会福利企业 指以集中安置有一定劳动能力的残疾人员就业为目（残疾职工占生产人员 10%以上）、带有社会福利性质的企业总称。主要包括福利工厂、假肢厂和其他福利企业。

城镇社区服务设施数 指报告期末城镇（街道办事处、居委会）设立的以非盈利为目的，为本社区居民服务，特别是为老年人、残疾人、儿童服务的社区服务中心、活动站、服务站、养老院、老年公寓（托老所），残疾人工疗站、残疾儿童日托所、家务服务站、婚姻介绍所等福利性设施以及职工社会保险管理服务的机构数。几种不同类型的社区服务单位，共用一个场所的，只能统计为一个社区服务设施。成为社区服务设施的条件:（1）是独立核算单位;（2）有固定的从业人员;（3）有一定的服务项目;（4）有一定的场所。

公证人员 指在公证处工作的人员总称，包括公证处主任、副主任、公证员、公证员助理(助理公证员)和其他从事辅助性工作的人员。

公证文书 指公证处根据当事人申请，依照事实和法律，按照法定程序制作的，具有法律效力的司法证明文书。

受理劳动争议案件数 指劳动争议仲裁委员会根据国家有关规定，对劳动争议当事人的申请予以审查，符合受理条件而正式立案、准备处理的劳动争议案件数。

Explanatory Notes on Main Statistical Indicators

Health Care Institutions refer to the units which have been qualified the Certification of Health Care Institution by the administration of public health, or qualified the Certification of Corporate Unit by the civil affairs, administration for industry and commerce, commission office for public sector reform, and engaging in medical care, disease prevention and control, health supervision and inspection, medicine research and health education, etc., including: hospitals, sanatoriums, community health service centers (stations), health centers, clinics (health stations and infirmaries), first-aid centres (stations), blood gathering and supplying institutions, women and children care agencies (centres and stations), special disease prevention and curing agencies (centres and stations), disease prevention and control centres (epidemic prevention stations), health supervision and inspection agencies, sanitary inspection institutions, medicinal scientific research and on-job training institutions, health education centres and so on.

Medical Technical Personnel refer to the professional staff engaged in health care, including licensed (assistant) doctors, registered nurse, pharmacists, laboratory technician, and imaging staff, excluding the medical technical personnel engaged in management job (included as the management staff).

Licensed Doctors refer to the medical workers who have obtained the licenses of qualified doctors and are employed in medical treatment, disease prevention or healthcare institutions, excluding the licensed doctors engaged in management job. The classification of licensed doctors is clinician, Chinese medicine, dentist and public health.

Licensed Assistant Doctors refer to the medical workers who have obtained the licenses of qualified assistant doctors and are employed in medical treatment, disease prevention or healthcare institutions, excluding the licensed assistant doctors engaged in management job. The classification of licensed assistant doctors is clinician, Chinese medicine, dentist and public health.

Community Health Service Centres (stations) refer to the primary units that provide the health care for community residents, such as disease prevention and control, medical treatment, health care, rehabilitation, health education, family planning technical services, including community health service centres and community health service stations.

Social Welfare Enterprises refers to those welfare-oriented enterprises employing a significant number of handicapped people with certain labour ability (handicapped employees shall exceed 10% of the production staff), including welfare factories, artificial limb plants as well as other welfare enterprises.

Number of Service Facilities in Urban Communities refers to the number non-profit welfare facilities set up by urban communities (community offices and residents' committees) to serve the community residents, including, among others, community-based centers that serve senior citizens, the handicapped or children, recreational centers, service centers, nursing homes, apartments for the elderly (nursery for the aged), work and treatment stations for the handicapped, day-care centers for handicapped children, domestic help agencies and dating services, as well as social insurance management agencies for the employees. Different types of community service providers that share the same premise are regarded as one community service facility. The requirements for a social service facility of communities include: (1) independent accounting; (2) fixed employees; (3) provision of services; and (4) premises.

Notary Personnel refers to people working for notary offices including: directors, deputy directors, notaries, assistant notaries and other people providing assistance.

Notary Documents refer to the judicial notary documents drawn up at the request of the interested party and are in accordance with facts and the law and following certain legal proceedings.

Number of Labour Disputes Cases Accepted refers to the number of cases of labour disputes submitted that, after being reviewed by the labour dispute arbitration committees in line with the relevant national regulations, are accepted and registered for treatment.

二十一、水　利

Irrigation

资料整理：王小莉　郭力涛　陈　艳

简 要 说 明

一、本篇资料反映陕西水利建设基本情况。主要内容包括水利建设投资，水利工程供水，水库，灌区，灌溉面积，水土保持，农村饮水等情况。

二、本篇资料由省水利厅提供。

Brief Introduction

Ⅰ. This chapter reflects the basic conditions of Shaanxi's water conservancy, mainly including investment in water conservancy projects, water supply of water conservancy projects, reservoir, irrigated area, water and soil conservation, drinking water in rural areas and etc.

Ⅱ. The data are provided by Shaanxi Province Department of Water Resources.

21.水 利

2011年全省		
有效灌溉面积	1274.34	千 公 顷
解决农村饮水安全人口	289.30	万　　人
水利工程供水量	87.76	亿立方米

水利建设投资（亿元）

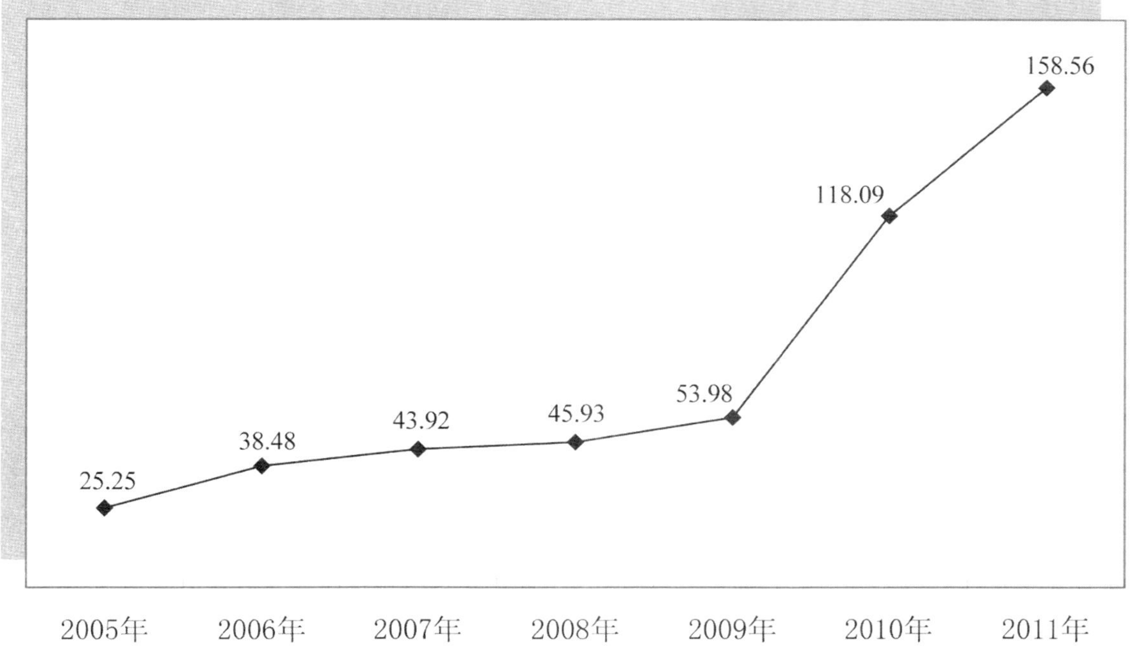

21-1 水利建设投资情况(2011年)
Construction Investment Situation of Hydroproject(2011)

单位：万元 (10 000 yuan)

地 区	Region	水利建设投资总计 Total	中 央 Central Level	省 级 Provincial Level	市 级 City Level	县及县以下 at and below County Level	民间投资 Nongovernment Investment
全 省	**Shaanxi**	**1585556**	**525637**	**390502**	**453975**	**51709**	**163733**
省 属	Provincial	171860	50414	121446			
西安市	Xi'an	286581	55420	40395	185660	5106	
铜川市	Tongchuan	19597	11410	4683	2261	1176	67
宝鸡市	Baoji	136997	54987	32062	18829	3382	27737
咸阳市	Xianyang	190785	55904	45356	9000	11840	68685
渭南市	Weinan	176318	82906	70737	19645	3030	
延安市	Yan'an	116035	35805	17593	57476	5162	
汉中市	Hanzhong	110392	58921	15329	4738	812	30593
榆林市	Yulin	211997	28386	11695	153535	18381	
安康市	Ankang	82500	49466	15387	1500	597	15550
商洛市	Shangluo	74328	39953	10129	1031	2115	21101
杨凌示范区	Yangling	8166	2065	5692	300	109	

注：水利建设投资主要包括：防洪、险库、重点水源及枢纽、灌排、饮水、水土保持、农村小水电、渔业等。

a)Construction investment of hydroproject mainly includes flood protection ,dangerous reservoir,key water source and key position,irrigation and drainage ,potable water,water and soil conservation ,rual small hydropower ,fishery industry etc.

21-2 灌溉面积(2011年)
Irrigated Areas (2011)

单位：千公顷 (1 000 hectares)

地 区	Region	设施灌溉面积 Irrigated Areas by Facilities	本年灌溉面积 Irrigated Areas This Year	有效灌溉 Effective Irrigated Areas	林地灌溉 Irrigated Wooded-land Areas	园地灌溉 Garden Plot Irrigated Areas	牧草地灌溉 Irrigated Pasture	其他灌溉 Others
全 省	**Shaanxi**	**1624.70**	**1414.29**	**1274.34**	**8.76**	**114.23**	**3.36**	**13.60**
西安市	Xi'an	245.46	196.82	174.88	3.12	17.00		1.82
铜川市	Tongchuan	18.08	18.81	15.15		3.16		0.50
宝鸡市	Baoji	213.20	182.08	159.32	0.49	22.19	0.01	0.07
咸阳市	Xianyang	301.15	254.12	229.83	0.45	21.84	0.71	1.29
渭南市	Weinan	396.80	351.95	315.48	1.25	32.36		2.86
延安市	Yan'an	46.76	38.33	32.22	0.09	6.02		
汉中市	Hanzhong	146.87	130.68	124.32	0.09	5.05		1.22
榆林市	Yulin	129.79	121.58	111.14	1.07	5.07	2.63	1.67
安康市	Ankang	73.23	67.48	60.63	2.15	0.62		4.08
商洛市	Shangluo	42.33	39.43	39.35	0.01	0.06		0.01
杨凌示范区	Yangling	6.09	5.74	5.45	0.03	0.26		
省监管局	Shaanxi Administration	0.56	0.56	0.56				
省农垦处	Shaanxi Agricultural Reclamation Office	4.38	6.72	6.02	0.01	0.60	0.01	0.08

21-2 续表 Continued

单位：千公顷 (1 000 hectares)

地 区	Region	节水灌溉面积 Water Saving Irrigation Areas	喷灌 Spray Irrigation	微灌 Micro Irrigation	低压管灌 Low Pressure Pipe Irrigation	渠道防渗 Canal Seepage Control	其他工程 Others	有效实灌面积 Effectively Irrigated Areas	旱涝保收面积 Stable-harvest Farming Areas
全 省	**Shaanxi**	**861.31**	**51.89**	**19.37**	**213.63**	**505.80**	**70.62**	**1061.95**	**812.83**
西安市	Xi'an	166.21	9.81	1.17	74.66	80.57		142.89	143.08
铜川市	Tongchuan	15.68	0.59	1.97	5.76	5.34	2.02	5.36	4.80
宝鸡市	Baoji	131.11	6.80	1.49	34.08	87.02	1.72	127.74	114.12
咸阳市	Xianyang	145.10	2.13	2.46	46.74	86.98	6.79	188.33	145.23
渭南市	Weinan	208.67	1.50	4.49	29.82	158.85	14.01	285.54	170.24
延安市	Yan'an	30.98	7.00	4.87	7.76	4.22	7.13	27.49	19.93
汉中市	Hanzhong	59.09	19.27	0.25	0.30	35.18	4.09	107.48	84.75
榆林市	Yulin	40.79	1.07	0.37	8.06	22.73	8.56	94.13	65.73
安康市	Ankang	41.97	0.11	1.16	1.90	14.45	24.35	43.55	31.40
商洛市	Shangluo	15.02	3.55	0.20	3.45	5.87	1.95	27.75	22.74
杨凌示范区	Yangling	3.53	0.03	0.87	1.06	1.57		5.31	4.38
省监管局	Shaanxi Administration							0.36	0.43
省农垦处	Shaanxi Agricultural Reclamation Office	3.16	0.03	0.07	0.04	3.02		6.02	6.00

21-3 机电灌溉面积(2011年)
Machine-irrigated Areas(2011)

单位：千公顷 (1 000 hectares)

地区	Region	机电排灌面积 Mechanical Pumping Drainage and Irrigation Areas	机电提灌面积 Mechanical Pump Irrigation Areas	机电井灌溉 Electrical and Mechanical Well Irrigation	固定站灌溉 Fixed Stations Irrigation	流动机灌溉 Mobile Stations Irrigation	喷滴灌灌溉 Sprinkling and Drip Irrigation	纯排面积 Draining Areas
全省	**Shaanxi**	**826.74**	**823.14**	**431.81**	**348.00**	**32.12**	**11.21**	**3.61**
西安市	Xi'an	133.57	133.57	112.11	18.12	0.57	2.77	
铜川市	Tongchuan	9.11	9.11	5.52	3.36		0.23	
宝鸡市	Baoji	115.31	115.31	57.37	48.15	7.98	1.81	
咸阳市	Xianyang	173.22	173.22	81.03	71.48	20.28	0.43	
渭南市	Weinan	250.39	247.04	88.90	155.48		2.66	3.35
延安市	Yan'an	25.54	25.54	14.43	8.16	1.98	0.97	
汉中市	Hanzhong	27.58	27.58	12.20	14.51		0.87	
榆林市	Yulin	66.56	66.36	44.35	21.70	0.30	0.01	0.20
安康市	Ankang	7.23	7.23	2.25	3.84	1.01	0.13	
商洛市	Shangluo	8.69	8.64	6.32	1.94		0.38	0.06
杨凌示范区	Yangling	5.02	5.02	4.03	0.27		0.72	
省监管局	Shaanxi Administration	0.30	0.30	0.30				
省农垦处	Shaanxi Agricultural Reclamation Office	4.23	4.23	3.00	1.00		0.23	

21-4 易涝耕地面积治理情况(2011年)
Management Situation of Areas of Floating Plowland (2011)

单位：千公顷 (1 000 hectares)

地区	Region	易涝耕地面积 Areas of Floating Plowland	除涝面积 Area of Waterlogging Control	# 本年新增 New-added in This Year	# 本年减少 Decrease in This Year
全省	**Shaanxi**	**155.79**	**131.97**	**1.57**	**0.41**
西安市	Xi'an	50.81	45.22		
铜川市	Tongchuan				
宝鸡市	Baoji	3.91	2.85	0.23	0.32
咸阳市	Xianyang	28.09	24.24		
渭南市	Weinan	34.85	28.79	1.31	0.04
延安市	Yan'an	0.02	0.02		
汉中市	Hanzhong	13.35	9.57		
榆林市	Yulin	22.8	19.4	0.03	
安康市	Ankang				
商洛市	Shangluo	1.73	1.65		0.05
杨凌示范区	Yangling	0.23	0.23		

21-5　水利工程供水总量(2011年)

Water Supply by Water Projects(2011)

单位：万立方米　(10 000 cu.m)

地　区	Region	供水总量 Water Supply	地表水源供水量 Surface Water Supply	蓄　水 Reserve Water	引　水 Channel Water	提　水 Draw Water	人工载运 Artificial Ferried
全　省	**Shaanxi**	**877575**	**545079**	**192755**	**245572**	**106124**	**628**
西安市	Xi'an	161242	71804	45612	23892	2300	
铜川市	Tongchuan	9202	4865	1721	1803	1321	20
宝鸡市	Baoji	64314	32441	19186	12429	814	12
咸阳市	Xianyang	112169	49424	6951	32278	10189	6
渭南市	Weinan	156276	93138	17184	18109	57739	106
延安市	Yan'an	25406	15266	4397	6051	4736	82
汉中市	Hanzhong	162013	140087	56598	71086	12330	73
榆林市	Yulin	73188	43328	8503	25405	9420	
安康市	Ankang	72981	66810	20273	40514	5753	270
商洛市	Shangluo	37162	27446	12330	13675	1382	59
杨凌示范区	Yangling	3622	470		330	140	

21-5　续表　continued

单位：万立方米　(10 000 cu.m)

地　区	Region	地下水源供水量 Groundwater Supply	深层水 Deep Water	浅层水 Shallow Water	微咸水 A Little Salty Water	其他水源供水量 Other Walter Supply	污水处理回用 Waste Water reuse	雨水利用 Rain Use
全　省	**Shaanxi**	**327097**	**55998**	**267792**	**3307**	**5399**	**3540**	**1859**
西安市	Xi'an	88240	21767	64998	1475	1198	1168	30
铜川市	Tongchuan	4044	218	3826		293	4	289
宝鸡市	Baoji	31102	1362	29740		771	512	259
咸阳市	Xianyang	61499	4619	56878	2	1246	1199	47
渭南市	Weinan	62618	14237	47383	998	520	351	169
延安市	Yan'an	9801	2463	7338		339	243	96
汉中市	Hanzhong	21695		21695		231	22	209
榆林市	Yulin	29756	10705	18219	832	104		104
安康市	Ankang	5567		5567		604		604
商洛市	Shangluo	9623		9623		93	41	52
杨凌示范区	Yangling	3152	627	2525				

21-6 用水总量

Water Use

单位：万立方米 (10 000 cu.m)

地　区	Region	用水总量 Water Use	# 地下水 Groundwater	农田灌溉用水量 Farmland Irrigation Water	# 地下水 Groundwater	林牧渔畜用水量 Water Consumption of Forestry, Animal Husbandry, Fishery and Livestock	# 地下水 Groundwater
全　省	**Shaanxi**	**877575**	**327097**	**500252**	**126032**	**81843**	**37632**
西安市	Xi'an	161242	88240	52377	35486	10844	8712
铜川市	Tongchuan	9202	4044	1671	375	1287	397
宝鸡市	Baoji	64314	31102	37225	15852	6979	4103
咸阳市	Xianyang	112169	61499	63232	24576	12237	5729
渭南市	Weinan	156276	62618	105325	25712	18350	11463
延安市	Yan'an	25406	9801	5983	2158	4429	1783
汉中市	Hanzhong	162013	21695	130215	1895	9120	2685
榆林市	Yulin	73188	29756	44709	14272	4356	1336
安康市	Ankang	72981	5567	41772	975	10331	350
商洛市	Shangluo	37162	9623	15738	3196	3642	806
杨凌示范区	Yangling	3622	3152	2005	1535	268	268

21-6 续表 continued

单位：万立方米 (10 000 cu.m)

地　区	Region	工业用水量 Consumption of Industry Water	# 地下水 Groundwater	城镇公共用水 Consumption of Town Public Water	# 地下水 Groundwater	居民生活用水量 Residents Living Water	# 地下水 Groundwater	生态环境用水量 Ecological Environment Water	# 地下水 Groundwater
全　省	**Shaanxi**	**132399**	**80540**	**23756**	**15289**	**118368**	**61913**	**20957**	**5691**
西安市	Xi'an	35339	19795	12276	7440	39904	14285	10502	2522
铜川市	Tongchuan	3372	1756	494	312	2218	1125	160	79
宝鸡市	Baoji	7710	4530	1503	433	10033	5996	864	188
咸阳市	Xianyang	20356	17578	2464	2361	12800	10658	1080	597
渭南市	Weinan	16154	12251	2026	1909	13224	10333	1197	950
延安市	Yan'an	8740	3632	1096	341	4706	1825	452	62
汉中市	Hanzhong	9973	7706	1187	954	10711	7829	807	626
榆林市	Yulin	16534	7687	881	818	6343	5307	365	336
安康市	Ankang	8868	3018	1046	75	10679	1128	285	21
商洛市	Shangluo	5236	2470	580	443	6899	2576	5067	132
杨凌示范区	Yangling	117	117	203	203	851	851	178	178

21-7　堤防情况(2011年)
Dikes Situation(2011)

地　区	Region	堤防总长度(公里) Dikes Total Length (km)	1级堤防 Level 1 Dikes	2级堤防 Level 2 Dikes	3级堤防 Level 3 Dikes	其它等级堤防 Other Grades Dikes	达标堤防长度(公里) Length of Standard Dikes (km)	1级堤防 Level 1 Dikes	2级堤防 Level 2 Dikes
全　省	**Shaanxi**	**6391.71**	**171.54**	**318.44**	**512.78**	**5388.95**	**1876.02**	**171.54**	**234.31**
西安市	Xi'an	879.90	71.21	43.39	23.00	742.30	202.40	71.21	47.39
铜川市	Tongchuan	83.75		2.00	34.02	47.73	71.73		2.00
宝鸡市	Baoji	512.94	66.81	16.48	92.20	337.45	306.17	66.81	16.08
咸阳市	Xianyang	203.35	28.02	12.98	28.65	133.70	159.41	28.02	12.98
渭南市	Weinan	492.93		110.42		382.51	201.66		110.42
延安市	Yan'an	191.95			187.83	4.12	191.95		
汉中市	Hanzhong	880.86	5.50	44.74	25.44	805.19	231.76	5.50	9.38
榆林市	Yulin	438.49		72.37	82.55	283.57	162.00		20.00
安康市	Ankang	1392.63		4.24	26.00	1362.39	231.02		4.24
商洛市	Shangluo	1302.00			12.00	1290.00	106.10		
杨凌示范区	Yangling	12.91		11.82	1.09		11.82		11.82

21-7　续表　continued

地　区	Region	3级堤防 Level 3 Dikes	其它等级堤防 Other Grades Dikes	本年新增堤防达标长度(公里) Newly Increased Standard Dikes Length This Year(km)	本年减少达标堤防长度(公里) Newly Reduced This Year Standard Dikes Length	全部堤防保护人口(万人) All the Dikes Protected the Population (10 000 persons)	#本年新增 Newly Increased This Year	全部堤防保护耕地(千公顷) All the Dikes Protected the Farmland (1 000 hectares)	#本年新增 Newly Increased This Year
全　省	**Shaanxi**	**475.25**	**994.92**	**333.02**	**71.78**	**900.54**	**57.73**	**535.91**	**23.40**
西安市	Xi'an	23.00	60.80	32.25	2.85	188.89	1.84	82.02	1.60
铜川市	Tongchuan	33.00	36.73	15.83	0.10	33.08	0.28	1.40	0.80
宝鸡市	Baoji	102.63	120.65	91.48	7.57	120.30	15.74	48.85	12.29
咸阳市	Xianyang	28.65	89.76	45.78	17.37	82.30	11.41	34.69	0.90
渭南市	Weinan		91.24	32.55	11.92	67.27	3.30	76.83	1.68
延安市	Yan'an	187.83	4.12	16.31	0.20	79.03	5.38	146.44	0.44
汉中市	Hanzhong	25.44	191.44	23.41	2.91	128.52	4.54	62.05	0.71
榆林市	Yulin	35.00	107.00	4.00		86.50		29.75	0.05
安康市	Ankang	21.00	205.78	43.31	26.86	43.04	9.33	26.78	3.33
商洛市	Shangluo	18.70	87.40	28.10	2.00	66.60	5.90	25.10	1.60
杨凌示范区	Yangling					5.01	0.01	2.00	

21-8 水库情况(2011年)
Situation of Reservoir (2011)

地 区	Region	水库数量(座) Reservoir Volume (block)	水库库容(万立方米) Reservoir Storage Capacity (10 000cu.m)	# 兴利库容 Hennessy Capacity	# 死库容 Dead Storage	已淤积库容(万立方米) Storage Capacity Sedimented (10 000cu.m)	灌溉面积(万亩) Irrigated Area (10 000acres) 设 计 Design	本年实灌 Actual Irrigation This Year
全 省	**Shaanxi**	**1041**	**770064**	**239431**	**130553**	**140826**	**1230**	**877**
省 属	Directly under the provincial	18	95423	50662	22746	21396	498	441
西 安 市	Xi'an	92	38514	23397	14168	4495	107	65
铜 川 市	Tongchuan	29	4056	1668	968	1284	9	4
宝 鸡 市	Baoji	105	58664	37726	16430	13096	164	118
咸 阳 市	Xianyang	65	31119	10927	12266	7383	191	50
渭 南 市	Weinan	108	31007	18838	7496	4416	95	79
延 安 市	Yan'an	28	53746	10427	14883	27289	16	3
汉 中 市	Hanzhong	332	44678	27688	10298	8827	105	87
榆 林 市	Yulin	94	118014	45317	25869	47862	18	9
安 康 市	Ankang	118	280549	5068	1032	2373	16	12
商 洛 市	Shangluo	52	14293	5068	1032	2373	12	8

21-8 续表 continued

地 区	Region	水力发电 Hydropower 实际装机(千瓦) Actual Installed Capacity (kw)	本年发电量(万度) Generating Capacity This Year (10 000 kwh)	入库水量(万立方米) Storage of Water (10 000cu.m)	出库水量(万立方米) A Library of Water (10 000cu.m)	年末蓄水量(万立方米) Water Storage Capacity at Year-end (10 000cu.m)
全 省	**Shaanxi**	**311285**	**124501**	**1860162**	**1723477**	**143975**
省 属	Directly under the provincial	225019	86178	1221209	1211575	49111
西 安 市	Xi'an	20733	7825	358299	268071	13523
铜 川 市	Tongchuan			3831	3098	1955
宝 鸡 市	Baoji	6542	2133	55345	57558	28693
咸 阳 市	Xianyang			21475	17643	9856
渭 南 市	Weinan			35879	20247	16631
延 安 市	Yan'an	661	150	20101	16340	1891
汉 中 市	Hanzhong	49500	15900	8969	6573	4027
榆 林 市	Yulin	800	135	42809	39773	2513
安 康 市	Ankang	7010	12100	45456	37279	8568
商 洛 市	Shangluo	1020	80	46790	45320	7207

21-9　万亩以上灌区基本情况(2011年)
Basic Irrigated Area above 10 000 Acres (2011)

地　区	Region	灌区数(处) Irrigated Areas (unit)	设施灌溉面积(千公顷) Facilities Irrigation (1 000 hectares)	农田灌溉面积(千公顷) Farmland Irrigation Facilities (1 000hectares)	渠道长度(公里) Channel Length (km) 干渠 Trunk	支渠 Branch Canal	斗渠 Douqu	实际灌溉面积(千公顷) Actual Irrigated Area (1 000 hectares)	节水灌溉面积(千公顷) Water-saving Irrigation Area (1 000 hectares)
全　省	**Shaanxi**	**187**	**1204**	**1010**	**5003**	**8007**	**24442**	**618**	**295**
省　属	Directly under the provincial	5	427	393	749	1580	5523	271	157
西安市	Xi'an	34	92	62	458	725	1434	19	3
铜川市	Tongchuan	2	3	2	33	48	65	1	0.3
宝鸡市	Baoji	19	130	112	525	956	2498	31	16
咸阳市	Xianyang	21	71	52	242	543	1607	27	13
渭南市	Weinan	54	338	274	1188	2098	8700	173	79
延安市	Yan'an	8	13	7	241	192	258	5	1
汉中市	Hanzhong	18	93	81	641	650	2487	69	20
榆林市	Yulin	11	14	12	390	161	588	11	4
安康市	Ankang	4	10	5	186	293	517	4	1
商洛市	Shangluo	11	13	11	349	762	766	6	2

21-10　30万亩以上灌区基本情况(2011年)
Basic Statistics on Irrigation Area above 300 Thousand Acres (2011)

灌区名称 Irrigation District Name	设施灌溉面积(千公顷) Facilities Irrigation (1 000 hectares)	农田灌溉面积(千公顷) Farmland Irrigation Facilities (1 000 hectares)	渠道长度(公里) Channel Length (km) 干渠 Trunk	支渠 Branch Canal	斗渠 Douqu	实际灌溉面积(千公顷) Actual Irrigated Area (1 000 hectares)	节水灌溉面积(千公顷) Water-saving Irrigation Area (1 000 hectares)	灌区灌溉水利用系数(%) Irrigation Water Use Factor (%)
合　计	**801.0**	**718.8**	**1542.7**	**3355.0**	**13916.0**	**463.5**	**257.5**	**52**
陕西省宝鸡峡灌区	194.1	188.6	412.6	699.9	2235.6	121.6	69.1	50
陕西省泾惠渠灌区	96.9	90.5	89.3	327.2	1481.0	60.0	34.7	54
陕西省交口抽渭灌区	84.1	75.3	93.5	251.0	935.0	59.0	38.0	55
陕西省桃曲坡灌区	26.7	19.6	91.5	171.8	455.9	16.5	6.5	53
陕西省石头河灌区	24.7	19.3	61.6	129.7	415.0	13.8	8.8	52
宝鸡市冯家山灌区	90.92	83.15	120.0	543	1443.0	19.4	10.2	47
咸阳市羊毛湾灌区	21.8	16	52.8	106.3	338.0	12.1	9.9	52
渭南市东雷一期抽黄灌区	64.7	44.0	162.0	225.0	662.0	37.7	5.2	49
渭南市洛惠渠灌区	51.7	49.5	104.4	131.1	1105.0	37.0	13.4	51
渭南市石堡川灌区	26.7	20.7	38.7	180.6	486.5	17.8	8.0	50
渭南市东雷二期抽黄灌区	84.3	84.3	227.0	427.7	3684.0	44.7	40.2	53
汉中市石门灌区	34.33	27.79	89.3	161.7	675.0	23.9	13.5	54

21-11 农村饮水安全达标情况(2011年)

Basic Statistics on Rural Drinking Water Safety Standards(2011)

单位：万人 (10 000 persons)

地 区	Region	饮水安全达标人口 Population by Drinking Water Safety Standards						"十二五"初期饮水安全未达标人口 Population by Drinking Water Safety Below Standards at the early stage of the 12th Five-year Plan Period	"十二五"规划累计饮水安全达标人口 Population by Drinking Water Safety Standards in the 12th Five-year Plan
			集中式供水 Centralized Water Supply	联户供水 Joint Household Water Supply	单户供水 Single-family Water Supply	#新增人口 Newly Increased Population	#减少人口 Reduce Population		
全 省	**Shaanxi**	**1921.78**	**1831.42**	**23.44**	**66.92**	**289.30**	**49.32**	**1069.18**	**239.98**
西安市	Xi'an	306.35	300.05	6.30		39.07	2.72	134.54	36.35
铜川市	Tongchuan	38.39	36.56		1.83	4.32	0.09	9.50	4.23
宝鸡市	Baoji	222.56	219.39	2.00	1.17	30.95		81.27	30.95
咸阳市	Xianyang	242.65	241.27	1.20	0.18	53.07		191.61	53.07
渭南市	Weinan	323.37	317.97		5.40	62.24	9.21	177.71	53.03
延安市	Yan'an	115.66	80.17	5.47	30.02	6.18	1.93	43.55	4.25
汉中市	Hanzhong	174.52	169.80	4.72		29.98	21.81	130.03	8.17
榆林市	Yulin	207.71	181.05		26.66	4.34		93.80	4.34
安康市	Ankang	146.41	146.41			27.64	9.98	112.18	17.66
商洛市	Shangluo	133.00	127.59	3.75	1.66	31.51	3.52	93.84	27.99
杨凌示范区	Yangling	11.16	11.16				0.06	1.15	-0.06

21-12 水土保持情况(2011年)

Basic Statistics on Soil and Water Conservation (2011)

单位：千公顷 (1 000 hectares)

地 区	Region	水土流失面积 Area of Soil Erosion	累计水土流失治理面积 Total Area of Soil Erosion under Control	#小流域治理面积 Area of Small Watershed under Control	本年新增治理面积 Area of Newly Increased Soil Erosion under Control This Year	#小流域治理面积 Area of Small Watershed under Control	本年减少水土流失面积 Area of Decreased Soil Erosion This Year	因植被死亡或破坏 For Death or Destruction of Vegetation	因开发建设或开荒、过牧 For Development and Construction or Land Clearing and Overgrazing
全 省	**Shaanxi**	**13756.1**	**9407.1**	**3305.9**	**658.7**	**141.4**	**559.7**	**236.9**	**164.1**
西安市	Xi'an	385.1	266.9	72.6	26.8	4.9	27.2	6.0	10.9
铜川市	Tongchuan	338.6	207.2	55.2	16.1	5.9	11.8	2.5	5.4
宝鸡市	Baoji	1206.0	792.3	190.9	32.1	3.0	32.6	15.2	10.9
咸阳市	Xianyang	799.3	532.1	170.9	42.0	11.8	33.4	14.9	9.1
渭南市	Weinan	861.2	596.4	188.9	35.2	15.2	23.7		7.4
延安市	Yan'an	3690.0	2182.6	1169.5	122.0	40.1	120.8	82.1	23.0
汉中市	Hanzhong	1040.0	790.4	282.6	97.8	9.2	107.4	35.0	48.6
榆林市	Yulin	9.0	6.9	3.5	0.5	0.5	0.7		0.4
安康市	Ankang	1252.0	1083.7	316.2	81.3	36.2	55.0	21.8	15.4
商洛市	Shangluo	2877.3	1971.8	582.9	110.0	5.0	96.5	41.0	20.3
杨凌示范区	Yangling	1297.6	976.8	272.6	95.0	9.6	50.5	18.3	12.8

21-13　农村水电装机情况(2011年)

Basic Statistics on Rural Hydropower Installed Capacity (2011)

地　区	Region	处　数 (处) Number (unit)	容　量 (千瓦) Capacity (kw)	1(含)~5万千瓦(含) 10 000 kw (inclusive) - 50 000 kw (inclusive)		0.1(含)~1万千瓦 1 000 kw (inclusive) - 10 000 kw	
				处　数 (处) Number (unit)	容　量 (千瓦) Capacity (kw)	处　数 (处) Number (unit)	容　量 (千瓦) Capacity (kw)
全　省	**Shaanxi**	**610**	**1011627**	**19**	**353500**	**171**	**536030**
省　属	Directly under the Provincial Government	10	66710	2	37400	6	27950
西安市	Xi'an	46	78848	1	20000	16	49070
铜川市	Tongchuan	1	4200			1	4200
宝鸡市	Baoji	107	116940	1	26000	25	57630
咸阳市	Xianyang	8	69500	1	32000	7	37500
渭南市	Weinan	7	29100			6	28850
延安市	Yan'an	9	4305			1	1000
汉中市	Hanzhong	182	304702	9	156000	42	114540
榆林市	Yulin	4	12800			3	12000
安康市	Ankang	155	283560	5	82100	51	177020
商洛市	Shangluo	81	40962			13	26270

21-13　续表　continued

地　区	Region	0.1万千瓦以下 Under 1 000 kw		本年新增装机 Newly Increased Hydropower Installed Capacity This Year		全年发电量 (万千瓦时) Annual Electricity Generation (10 000 kwh)	年利用小时 (小时) Annual Use Hours (hour)
		处　数 (处) Number (unit)	容　量 (千瓦) Capacity (kw)	处　数 (处) Number (unit)	容　量 (千瓦) Capacity (kw)		
全　省	**Shaanxi**	**420**	**122097**	**42**	**97545**	**355509**	**3514**
省　属	Directly under the Provincial Government	2	1360			25922	3886
西安市	Xi'an	29	9778	3	2980	27520	3490
铜川市	Tongchuan					300	714
宝鸡市	Baoji	81	33310	2	2265	40772	3487
咸阳市	Xianyang				16000	28535	4106
渭南市	Weinan	1	250			8906	3061
延安市	Yan'an	8	3305			1303	3027
汉中市	Hanzhong	131	34162	13	27960	103089	3383
榆林市	Yulin	1	800			6117	3779
安康市	Ankang	99	24440	24	48340	99707	3516
商洛市	Shangluo	68	14692			13338	3256

主要统计指标解释

灌溉面积 指一个地区当年农、林、牧等灌溉面积的总和。总灌溉面积=有效灌溉面积（耕地）+林地灌溉面积+园地灌溉面积+牧草灌溉面积+其他灌溉面积。

有效灌溉面积(农田或耕地灌溉面积) 指灌溉工程或设备已基本配套，有一定水源，土地比较平整，在一般年景可以进行正常灌溉的农田或耕地灌溉面积。

有效实灌面积 指利用灌溉工程和设施，在有效灌溉面积中当年实际已进行正常(灌水一次以上)灌溉的耕地面积。在同一亩耕地上，报告期内无论灌水几次，都应按一亩计算，而不应按灌溉亩次计算。凡是肩挑、人抬、马拉抗旱点种的面积，一律不算实灌面积。

旱涝保收面积 指有效灌溉面积中，遇旱能灌，遇涝能排的面积。灌溉设施的抗旱能力，按各地不同情况，应达到三十天到五十天，适宜发展双季稻的地方，应达到五十到七十天，除涝达到五年一遇以上标准，防洪一般达到二十年一遇标准的有效灌溉面积。

机电排灌面积 是指由固定站、流动站、机电井、喷灌机械等所有机械、电动力设备进行排水、灌溉的耕地面积。其中，只要有固定的机械排灌的设施，能够进行正常排灌，不论当年是否进行排灌，都应统计为机电排灌面积（含灌排结合面积）。

纯排面积 指在机电排灌面积中，机电设备只单纯用于排水（不需灌溉）的耕地面积。一般地，这部分面积的灌溉往往通过自流方式灌溉，不需要机电灌溉设备来完成。

节水灌溉面积 是指在给农作物进行灌溉时采用先进的设备和手段，在满足农作物需要用水的同时减少了用水。一般要有水源保证，利用渠道防渗、管灌、喷滴灌等工程节水措施，当年已进行正常灌溉的农田、果园、林地、牧草等面积，不包括农作物种植方式、种植品种改变等非工程节水措施的灌溉面积。节水灌溉面积包括渠道防渗面积、低压管道输水灌溉面积、喷灌面积、微灌面积和其他工程节水灌溉面积。在同一灌溉面积上，采用多种节水灌溉工程措施时，只能依主要工程或措施统计一种，不得重复计算。

易涝面积 一些地区由于地势低洼，降雨径流不能及时排走，田间积水超过农作物的耐淹能力，造成农业损失，即为涝。形成的受淹农田面积称为易涝面积，易涝耕地面积是指抗涝能力标准低的低洼涝耕地面积。

除涝面积 通过水利工程如围埝、抽水等对易涝面积进行治理，使易涝耕地免除淹涝称除涝面积。按除涝的标准分为3－5年、5－10年和10年以上。易涝面积虽经过治理，但标准尚未达到三年一遇标准的，不作为除涝面积统计。

水土流失 是由于水力、重力、风力等外力引起的水土资源和土地生产力遭到破坏和损失的现象。造成水土流失的原因可分为自然原因和人类活动原因两类。遭到水土流失侵害和损失的土地面积称水土流失面积。

水土流失治理面积（又称水土保持面积） 是指在水土流失面积上，按照综合治理的原则，采取各种治理措施如：坡改梯、淤地坝、谷坊、造林、种草、封山育林育草（指有种林、种草补植任务的）等，以及按小流域综合治理措施所治理的水土流失面积总和。

农村饮水安全标准 农村饮用水安全卫生评价指标体系分安全和基本安全两个档次，由水质、水量、方便程度和保证率四项指标组成。四项指标中只要有一项低于安全或基本安全最低值，就不能定为饮用水安全或基本安全。水质：符合国家《生活饮用水卫生标准》要求的为安全；符合《农村实施〈生活饮用水卫生标准〉准则》要求的为基本安全。水量：每人每天可获得的水量不低于40～60升为安全；不低于20～40升为基本安全。方便程度：人力取水往返时间不超过10分钟为安全；取水往返时间不超过20分钟为基本安全。保证率：供水保证率不低于95%为安全；不低于90%为基本安全。

农村饮水安全达标人口 是指满足农村饮水基本安全标准的农村地区（即城市及县城关镇以外地区）年末常住人口。农村饮水包括农村居民餐饮、洗涤以及散养畜禽等日常生活用水。

灌区 是指在蓄水灌溉工程、引水灌溉工程、提水灌溉工程等灌溉工程中，灌溉设备齐全、渠系配套完整，自成灌溉体系，有统一管理，设计灌溉面积为万亩及以上和有效灌溉面积达到万亩及以上的灌溉区域。灌区由各省水利厅审定、备案。

堤防 是指修筑在江、河、湖、海岸适用于防止洪水的工程。堤防工程按防洪标准分为五个级别：防洪标准[重现期(年)]>=100为1级，100-50为2级，50-30为3级，30-20为4级，20-10为5级。

供水量 指各种水利供水工程为农业灌溉、工业生产、城镇生活、乡村生活、生态环境等方面的实际供水量，它包括输水损失的毛水量，按供水对象所在区域进行统计。供水量来源包括地表水供水量（蓄水、引水、提水、调水）、地下水供水量和其他水源供水量。

农业灌溉供水量 是指水利工程为农田、林地、果园、牧草灌溉实际毛供水量的总和。

工业生产供水量 是指水利工程为城市及县以下乡镇工业的供水。1991年以前乡镇工业供水统计在农业供水中，从1992年开始统计在工业供水中。乡镇企业供水指水利工程为乡镇工业及农副产品加工实际毛供水量。

城镇生活供水量 是指水利工程对城镇居民生活供水，

还包括用于餐饮、服务以及市政环卫等公共服务方面的供水。生活供水主要统计各类水利工程向自来水厂或城镇居民供应的原水量，即未经任何处理的水量。

乡村生活供水量　除居民生活用水外，还包括牲畜用水。

生态环境供水　主要指通过水利工程设施向城镇、乡村生态脆弱地区或恶化地区以及其他地区补水，以维持、控制、恢复、改善原有的生态环境状态，如为了避免湿地萎缩、维持地下水位、防止海水入侵、维持河川基流、恢复原有湖泊、保护植被等目的，以及为了维持人类居住地的生态环境需要所进行的补水。

水利发电供水量　指水利工程为水电站的供水，全国水电供水量 2400 亿立方米/年，但它基本不消耗水量，如果和工业、农业供水等并列计入供水总量，将影响水资源的平衡核算研究。现行水利统计报表制度规定、水电供水量单独进行统计，不计入供水量总计。

水库　在江河上筑坝（闸）所形成的拦洪蓄水和调节水流的水利工程建筑物，可以用来灌溉、发电、防洪和养鱼。总库容在 1 亿立方米及以上为大型水库，1000（含 1000）万立方米至 1 亿立方米为中型水库，10 万立方米至 1000 万立方米为小型水库。

水库库容　校核洪水位以下的水库容积，包括死库容、兴利库容、调洪库容（减掉和兴利库容重复部分）之总和，称为总库容。它是一项表示水库工程规模的代表性指标，是划分水库等级、确定工程安全标准的重要依据。

兴利库容　水库在正常运用情况下，为满足兴利要求在开始供水时应蓄到的水位，称正常蓄水位，又称正常高水位、兴利水位，或设计蓄水位。正常蓄水位至死水位之间的水库容就是兴利库容，即调节库容。它主要用以调节径流，提供水库的供水量。

死库容　水库死水位以下的水库容积。除特殊情况外，死库容不参与径流调节，即不动用这部分库容内的水量。

Explanatory Notes on Main Statistical Indicators

Irrigated Area The sum of irrigated areas for agricultural, forest, pasture and grazing areas in a particular region. The total irrigation area is equal to the sum of effective irrigated areas (arable land), forest irrigated areas, orchard irrigated areas, grazing irrigated areas and other irrigated areas.

Effective Irrigated Areas (irrigated areas of farmland or cultivated land) The effective irrigated area refers to farmland or cultivated land with irrigation in normal years, equipped with installed irrigation facilities, water source and relatively leveled land.

Actual Effective Irrigated Area The area of effective irrigated land has been applied irrigation (once or more than once) in the current year, taking the advantage of irrigation works or facilities. No matter how many times irrigation is made in the same area of land within report period, it is all counted as one mu, but not be counted according to the irrigation times. All non-mechanized irrigated areas such as irrigated area with drought-relief measures of people or animal carrying water for irrigation are not included.

Farmlands with Stable Yields Despite of Drought or Waterlogging Farmlands, within effective irrigation areas, can irrigate in drought season and drain in flood season. According to drought-resistant capacity of irrigation facilities under varied conditions of different regions, irrigation may last for 30 days to 50 days, and may last for 50 days to 70 days in the regions suitable for double cropping rice. Waterlogging control in the effective irrigated areas should reach the standard of once in five years return period and flood control should reach the standard of once in twenty years return period.

Electromechanical Irrigation and Drainage Areas The areas are drainage or irrigated by electromechanical facilities, such as fixed and movable irrigation and drainage facilities, electromechanical wells and sprinklers. No matter whether farmlands were irrigated in the current year, whenever fixed irrigation facilities are placed, the area is included in electromechanical irrigation and drainage areas.

Pure Drainage Areas It refers to the area of cultivated land that the electromechanical equipment is used only for drainage in Electromechanical irrigation and drainage areas. Generally speaking, the irrigation of this part is self irrigation, with no need of electromechanical equipment.

Water-saving Irrigated Areas It refers to reducing water consumption by advanced equipment and measures when irrigating, which also meeting the need of plants. Generally, there are actual water resources, and taking measures of leakage free channel, pipe irrigation, jetting and dropping irrigation to save water. The normal irrigation area of arable land, forest areas, orchard areas, grazing areas etc., which do not take water saving measures, such as non engineering measures of planting manner and planting variety in the current year are not included in this indicator. It includes leakage free channel, jetting and dropping irrigation, tiny irrigation, and others. In the same area, with more than two water saving measures taken, only one main project can be counted.

Prone-waterlogging Farmland In some area, for low lying, rain can not be drained in time, plants submerged into water are over endurance, leading to agricultural losses. Farmland of waterlogging are called prone- waterlogging farmland, which refers to low lying farmland with low standard of preventing waterlogging.

Waterlogging Control Areas The controlled area of prone-waterlogging farmland by waterworks such as cofferdams and water pump. The standard of waterlogging control can be divided into 3-5 years, 5-10 years and above 10 years. The area of waterlogging farmland with control measures but has not reached to the standard of once in three years return period, are excluded from waterlogging control areas.

Soil Erosion Damage or losses of water resources and land productivity caused by external forces, such as water power, gravity and wind etc. Soil erosion is usually caused by two reasons of nature or human activities. The damaged or lost farmland areas caused by soil erosion are termed as soil erosion areas.

Improved Eroded Area (also named soil and water conservation area) The sum of improved eroded areas in Mountinous or hilly areas, has implemented comprehensive control measures, including terraced fields, silt retention dam, check dam, reforestation, grass plantation, enclosed reforestation and grass planting (refers to the area with tasks of planting forest and grass) and small watershed comprehensive management, in line with the principle of integrated management.

Standard of Safe Drinking Water in Rural Areas The evaluation index system of drinking water safety in rural areas divides the water into two levels of safe and generally safe, which is formed by four elements of water quality, water quantity, convenience of access to water and guarantee rate. If the value of one of the four indices is lower than the minimum level of safety or generally safety, the drinking water can not be deemed as safe or generally safe. Water quality: water quality that meets the "National Sanitary Standards for Drinking Water" is deemed as safe; water quality that meets the "Implementing Rules of National Sanitary Standards for Drinking Water in Rural Areas" is deemed as generally safe. Water quantity: each person can get 40-60 L water per day or above is deemed as safe; each person get no less than 20-40 L water per day is deemed as generally safe. Convenience of access to water: manpower getting water with no more than 10 minutes is deemed as safe and no more than 20 minutes as generally safe. Guarantee rate: 95% of water supply or more than 95% of water supply is guaranteed is deemed as safe; the guarantee rate is not lower than 90% is deemed as generally safe.

Rural Population with Safe Drinking Water Permanent residential population in the rural areas (outside of urban areas and counties) where drinking water safety standard has been met at the end of the year. Rural drinking water includes daily water use of rural residents for cooking, washing and raising livestock etc.

Irrigation District Irrigation area has above 10,000 mu of designed and effective irrigated area, with complete irrigation facilities, sub-canal system, self-established irrigation system and unified management system, under water storage irrigation project, water diversion irrigation project or pumping irrigation projects. Irrigation districts are approved and recorded by provincial departments of water resources.

Embankment Embankment project is constructed along the banks of river, lake or coast to prevent flood disasters. Embankment project can divided into five classes according to the standard of preventing flood disasters. Class 1: with reappear year over 100 years, class 2: 100-50, class 3: 50-30; class 4: 30-20, class 5: 20-10.

Quantity of Water Supply Actual quantity of water supply provided by all kinds of water supply projects for irrigation, industrial, domestic water use in urban and rural areas and ecological environment etc, including gross water loss in water transportation and data are sorted according to water consumption region for statistics. The quantity of water supply consists of quantity of surface water (water storage, water diversion, pumping and water transfer), groundwater and quantity of water supply of other water sources.

Quantity of Water Supply for Irrigation The sum of actual gross water provided by water projects for farmlands, forests, orchards and grazing irrigation.

Quantity of Water Supply for Industries Water supply provided by water projects for industrial water use in urban and rural areas. Before 1991, the quantity of water supply for township industries is included in agricultural water supply, but from 1992 it began to be counted in industrial water supply. Water supply for township enterprise means actual gross quantity of water supply provided by water projects for township industries and processing of agricultural products and by-products.

Quantity of Urban Water Supply Water supply for urban residents, including restaurants, service industry, municipal environment, sanitation and other public utilities. The quantity of urban water supply is the original quantity of water provided by all kinds of water projects to water plants or urban residents, i.e. quantity of untreated water.

Quantity of Rural Water Supply Quantity of water supply for both rural residents and livestock or big animals.

Water Supply for Ecological Environment. Refers to water recharged to ecological frailty area or ecological deterioration area through water projects, in order to sustain, control, restore and improve the original ecosystem and environment, such as prevent wetlands shrinking, sustain groundwater level, prevent seawater intrusion, keep base-flow of rivers, restore original lake and vegetations, and consider the needs of sustaining ecological environment of living places of human being.

Water Supply for Hydropower Generation Water supply provided by water projects for hydropower generation. In China, the annual water supply for hydropower generation is 2.4×10^{11} m^3, but power generation does not consume water resources. If it is included in the total quantity of water supply as industrial and agricultural water supply, it shall exert impact on water balance calculation. According to the current statistic regulation of water resources, water supply for hydropower generation is calculated independently and excluded from the total quantity of water supply.

Reservoir Storage area that is formed by constructing dams (gates) to detain and store water resources and regulate water flow. Large reservoir: the total storage capacity is over 100 million m^3.Medium reservoir: the total storage capacity is between 10 million m^3 (including 10 million m^3) to 100 million m^3.Small reservoir: the total storage capacity is between 0.1 million m^3 to 10 million m^3.

Storage Capacity of Reservoir It is also called total storage capacity. It refers to storage capacity above the check water level, including dead storage capacity, usable storage capacity, and flood control storage capacity (deducting the repeating part of usable storage). It is a key index for the total scale of a reservoir, and is a key index for dividing the class of reservoir and deciding standard of project safety.

Usable Storage Capacity of Reservoir refers to the water level which called normal water level, that should be reached for providing water in normal conditions. Storage capacity of reservoir between normal water level and dead storage capacity level are called usable storage capacity, which also called adjusting capacity. It is used for adjusting runoff, providing quantity of reservoir.

Dead Storage Capacity of Reservoir It refers to storage below the dead storage water level. It does not take part in adjusting of runoff, it can't be moved.

二十二、全国各省、市、自治区主要指标

Main Indicators of National Economy by Countrywide, Province, Municipality and Autonomous Region

资料整理：孙士梅

简 要 说 明

一、本篇资料反映全国各省、市、自治区经济发展情况，包括生产总值、人口、固定资产投资、居民消费价格指数、城乡居民收入及消费支出、主要产品产量、社会消费品零售总额、进出口总额、旅游人数及旅游收入等指标。

二、本篇资料主要来源于《中国统计摘要-2012》。

Brief Introduction

Ⅰ. This chapter reflects economic development of China's provinces, cities and autonomous region, including gross domestic product, population, investment in fixed assets, consumer price indices, incomes and consumptions of both rural and urban residents, output of major products, total retail sales of consumer goods, total export import volume, tourist number and tourism revenue, etc.

Ⅱ. The data sources are obtained from "Chinese statistical abstract-2012".

22-1 生 产 总 值(2011年)
Gross Domestic Product(2011)

地 区	Region	生产总值(亿元) Gross Domestic Product (100 million yuan)	第一产业 Primary Industry	第二产业 Secondary Industry	# 工 业 Industry	第三产业 Tertiary Industry	生产总值比上年增长% GDP Growth over the Previous Year (%)
全 国	**National Total**	**471563.7**	**47712.0**	**220591.6**	**188571.7**	**203260.1**	**9.2**
北 京	Beijing	16011.4	136.2	3744.4	3039.0	12130.9	8.1
天 津	Tianjin	11191.0	159.1	5878.0	5380.5	5153.9	16.4
河 北	Hebei	24228.2	2905.7	13098.1	11741.9	8224.3	11.3
山 西	Shanxi	11100.2	641.4	6577.8	5903.9	3880.9	13.0
内蒙古	Inner Mongolia	14246.1	1304.9	8092.1	7158.9	4849.1	14.3
辽 宁	Liaoning	22025.9	1915.6	12150.7	10696.5	7959.6	12.1
吉 林	Jilin	10530.7	1277.4	5601.2	4907.7	3652.1	13.7
黑龙江	Heilongjiang	12503.8	1705.6	6317.3	5583.2	4481.0	12.2
上 海	Shanghai	19195.7	124.9	7959.7	7230.6	11111.1	8.2
江 苏	Jiangsu	48604.3	3064.8	25023.8	22072.3	20515.7	11.0
浙 江	Zhejiang	32000.1	1580.6	16404.2	14535.5	14015.4	9.0
安 徽	Anhui	15110.3	2020.3	8226.4	6979.6	4863.6	13.5
福 建	Fujian	17410.2	1610.6	9167.5	7775.1	6632.1	12.2
江 西	Jiangxi	11583.8	1391.1	6592.2	5611.9	3600.5	12.5
山 东	Shandong	45429.2	3973.8	24037.4	21290.3	17418.0	10.9
河 南	Henan	27232.0	3512.1	15887.4	14401.7	7832.6	11.6
湖 北	Hubei	19594.2	2569.3	9818.8	8538.0	7206.1	13.8
湖 南	Hunan	19635.2	2733.7	9324.7	8083.2	7576.8	12.8
广 东	Guangdong	52673.6	2659.8	26205.3	24408.1	23808.5	10.0
广 西	Guangxi	11714.4	2047.3	5736.8	4914.4	3930.3	12.3
海 南	Hainan	2515.3	659.2	714.5	475.0	1141.6	12.0
重 庆	Chongqing	10011.1	844.5	5542.8	4690.5	3623.8	16.4
四 川	Sichuan	21026.7	2983.5	11027.9	9491.0	7015.3	15.0
贵 州	Guizhou	5701.8	726.2	2334.0	1969.7	2641.6	15.0
云 南	Yunnan	8751.0	1407.8	3991.0	3205.9	3352.2	13.7
西 藏	Tibet	605.8	74.4	209.5	48.9	321.9	12.7
陕 西	**Shaanxi**	**12512.3**	**1220.9**	**6935.6**	**5857.9**	**4355.8**	**13.9**
甘 肃	Gansu	5000.5	678.2	2524.3	2071.3	1798.0	12.5
青 海	Qinghai	1634.7	155.4	939.1	775.7	540.2	13.5
宁 夏	Ningxia	2060.8	184.1	1076.0	836.9	800.7	12.0
新 疆	Xinjiang	6474.5	1139.0	3289.8	2764.1	2045.7	12.0

注：本表绝对数按当年价格计算，增长速度按可比价格计算。
a) Level data in this table are calculated at current prices, while the growth rate are at constant prices.

22-2 年末常住人口和人均生产总值
Resident Population and Per Capita GDP

地区	Region	年末常住人口(万人) Resident Population at year-end (10 000 persons)		人均生产总值(元) Per Capita GDP (yuan)	
		2010年	2011年	2010年	2011年
全国	**National Total**	**134091**	**134735**	**30015**	**35083**
北京	Beijing	1962	2019	75943	80394
天津	Tianjin	1299	1355	72994	84337
河北	Hebei	7194	7241	28668	33571
山西	Shanxi	3574	3593	26283	30974
内蒙古	Inner Mongolia	2472	2482	47347	57515
辽宁	Liaoning	4375	4383	42355	50299
吉林	Jilin	2747	2749	31599	38321
黑龙江	Heilongjiang	3833	3834	27076	32615
上海	Shanghai	2303	2347	76074	82560
江苏	Jiangsu	7869	7899	52840	61649
浙江	Zhejiang	5447	5463	51711	58665
安徽	Anhui	5957	5968	20888	25340
福建	Fujian	3693	3720	40025	46972
江西	Jiangxi	4462	4488	21253	25884
山东	Shandong	9588	9637	41106	47260
河南	Henan	9405	9388	24446	28981
湖北	Hubei	5728	5758	27906	34131
湖南	Hunan	6570	6596	24719	29828
广东	Guangdong	10441	10505	44736	50295
广西	Guangxi	4610	4645	20219	25315
海南	Hainan	869	877	23831	28797
重庆	Chongqing	2885	2919	27596	34500
四川	Sichuan	8045	8050	21182	26133
贵州	Guizhou	3479	3469	13119	16413
云南	Yunnan	4602	4631	15752	18957
西藏	Tibet	301	303	17027	20077
陕西	**Shaanxi**	**3735**	**3743**	**27133**	**33464**
甘肃	Gansu	2560	2564	16113	19517
青海	Qinghai	563	568	24115	28891
宁夏	Ningxia	633	639	26860	32392
新疆	Xinjiang	2185	2209	25034	29496

22-3 固定资产投资

Investment in Fixed Assets

单位：亿元 (100 million yuan)

地 区	Region	全社会固定资产投资 Total Investment in Fixed Assets in the Whole Province		固定资产投资 Investment in Fixed Assets	
		2010	2011	2010	2011
全 国	**National Total**	**278121.9**	**311021.9**	**241430.9**	**301932.8**
北 京	Beijing	5403.0	5578.9	4916.5	5519.9
天 津	Tianjin	6278.1	7067.5	5896.5	7040.5
河 北	Hebei	15083.4	16404.3	12922.7	15795.2
山 西	Shanxi	6063.2	7072.8	5526.6	6837.4
内蒙古	Inner Mongolia	8926.5	10403.9	8688.0	10291.7
辽 宁	Liaoning	16043.0	17726.3	15106.3	17431.5
吉 林	Jilin	7870.4	7436.7	7395.2	7221.6
黑龙江	Heilongjiang	6812.6	7523.8	6292.7	7206.3
上 海	Shanghai	5108.9	4879.2	4630.5	4877.0
江 苏	Jiangsu	23184.3	26678.6	17416.5	26299.4
浙 江	Zhejiang	12376.0	14185.1	8438.1	13651.5
安 徽	Anhui	11542.9	12433.8	10281.3	11986.0
福 建	Fujian	8199.1	9926.4	7385.8	9692.6
江 西	Jiangxi	8772.3	9089.8	7856.9	8756.1
山 东	Shandong	23280.5	26770.7	18844.4	25928.4
河 南	Henan	16585.9	17766.8	13934.8	16932.1
湖 北	Hubei	10262.7	12585.7	9405.6	12223.7
湖 南	Hunan	9663.6	11833.7	8618.0	11360.5
广 东	Guangdong	15623.7	17158.5	12599.3	16688.4
广 西	Guangxi	7057.6	7973.6	6383.3	7563.9
海 南	Hainan	1317.0	1669.5	1257.5	1611.4
重 庆	Chongqing	6688.9	7472.6	6170.6	7366.2
四 川	Sichuan	13116.7	14239.8	11061.4	13705.3
贵 州	Guizhou	3104.9	3943.5	2609.4	3734.1
云 南	Yunnan	5528.7	6185.3	5052.6	5927.0
西 藏	Tibet	462.7	516.3	405.0	516.3
		(8561.2)	**(10023.5)**	**(8167.5)**	**(9701.4)**
陕 西	**Shaanxi**	**7963.7**	**9445.8**	**7569.9**	**9123.7**
甘 肃	Gansu	3158.3	3961.7	2808.6	3866.0
青 海	Qinghai	1016.9	1435.7	840.0	1366.0
宁 夏	Ningxia	1444.2	1639.1	1292.8	1583.5
新 疆	Xinjiang	3423.2	4632.1	3065.1	4445.0

注：1.本表各地区固定资产投资不含跨省项目，括号内数据为陕西含跨省项目投资额。
2.固定资产投资2010年为城镇固定资产投资，2011年为固定资产投资(不含农户)。

a) This table, investment in fixed assets by region do not include inter-provincial projects, data in the brackets are investment of Shaanxi that include inter-provincial projects.

b) The investment in fixed assets is the investment in fixed assets in urban area in 2010,and is investment in fixed assets(excluding rural households) in 2011.

22-4 房地产开发企业(单位)投资和商品房销售额
Total Investment in Real Estate Development and Total Sale of Commercialized Buildings

单位：亿元 (100 million yuan)

地区	Region	房地产开发投资额 Total Investment in Real Estate Development 2010年	2011年	商品房销售额 Total Sale of Commercialized Buildings 2010年	2011年	# 住宅 Residential Buildings 2010年	2011年
全国	**National Total**	**48259.4**	**61739.8**	**52721.2**	**59119.1**	**44120.7**	**48619.4**
北京	Beijing	2901.1	3036.3	2915.4	2425.8	2060.5	1606.0
天津	Tianjin	866.6	1080.0	1246.5	1473.1	1034.3	1242.3
河北	Hebei	2264.9	3069.6	1650.0	2350.0	1488.8	1998.1
山西	Shanxi	592.2	789.9	411.7	434.7	357.4	372.3
内蒙古	Inner Mongolia	1120.0	1650.0	1076.6	1360.8	766.5	997.6
辽宁	Liaoning	3465.8	4487.6	3063.3	3576.3	2587.7	3010.8
吉林	Jilin	921.0	1165.4	868.8	1040.1	735.9	863.6
黑龙江	Heilongjiang	843.1	1219.4	1011.9	1357.5	833.0	1080.2
上海	Shanghai	1980.7	2170.3	2981.0	2568.9	2416.2	1981.9
江苏	Jiangsu	4299.4	5552.7	5540.3	5186.0	4536.6	4125.7
浙江	Zhejiang	3025.4	4137.3	4459.0	3728.2	3577.5	2925.0
安徽	Anhui	2251.8	2590.1	1746.9	2183.1	1420.1	1736.8
福建	Fujian	1818.9	2402.6	1611.3	2070.9	1300.1	1627.1
江西	Jiangxi	706.8	852.7	776.4	953.6	670.3	790.0
山东	Shandong	3249.4	4108.1	3665.1	4259.2	3218.0	3760.1
河南	Henan	2114.1	2620.0	1658.8	2201.2	1454.6	1791.0
湖北	Hubei	1618.2	2063.2	1313.2	1873.0	1134.9	1566.3
湖南	Hunan	1469.1	1896.7	1406.4	1852.2	1247.6	1566.9
广东	Guangdong	3659.7	4899.2	5480.8	6199.2	4589.8	5326.2
广西	Guangxi	1206.2	1500.5	995.2	1111.7	881.7	973.5
海南	Hainan	467.9	663.0	746.6	790.4	734.1	759.3
重庆	Chongqing	1620.3	2015.1	1846.9	2146.1	1610.6	1825.4
四川	Sichuan	2194.6	2836.7	2647.3	3270.9	2330.8	2727.3
贵州	Guizhou	556.7	878.7	581.0	734.7	501.6	595.3
云南	Yunnan	900.4	1272.7	934.6	1133.6	769.3	921.8
西藏	Tibet	9.0	5.1	5.6	6.7	5.2	6.1
陕西	**Shaanxi**	**1159.5**	**1410.9**	**973.7**	**1510.4**	**906.7**	**1352.5**
甘肃	Gansu	266.4	362.9	230.1	276.9	203.3	235.5
青海	Qinghai	108.2	144.8	84.4	114.2	77.1	103.3
宁夏	Ningxia	254.4	330.6	309.2	314.5	253.8	237.7
新疆	Xinjiang	347.7	518.3	483.0	608.4	416.4	512.2

22-5 居民消费价格分类指数(2011年)
Consumer Price Index by Category(2011)

(上年=100) (preceding year=100)

地区	Region	居民消费价格指数 Consumer Price Index	食品 Food	烟酒及用品 Tobacco and Liquor	衣着 Clothes	家庭设备用品及服务 Household Facilities and Services	医疗保健和个人用品 Health Care and Personal Products	交通和通信 Transportation and Communication	娱乐教育文化 Recreational, Education, Culture	居住 Living
全国	**National Total**	**105.4**	**111.8**	**102.8**	**102.1**	**102.4**	**103.4**	**100.5**	**100.4**	**105.3**
北京	Beijing	105.6	110.6	102.5	102.7	104.2	103.7	101.5	99.7	108.5
天津	Tianjin	104.9	111.4	104.8	102.1	106.1	101.8	99.9	99.5	104.7
河北	Hebei	105.7	112.2	103.3	101.2	101.8	103.0	100.2	100.5	106.9
山西	Shanxi	105.2	112.0	102.9	102.1	102.3	103.4	100.5	101.3	103.8
内蒙古	Inner Mongolia	105.6	113.7	102.9	102.3	100.1	102.3	100.6	100.8	104.7
辽宁	Liaoning	105.2	111.0	101.8	101.9	103.0	103.4	100.1	100.0	105.9
吉林	Jilin	105.2	110.9	102.2	103.0	101.7	103.5	100.7	100.1	105.5
黑龙江	Heilongjiang	105.8	112.4	103.6	102.1	102.0	104.5	99.8	99.8	106.1
上海	Shanghai	105.2	110.8	101.3	104.3	107.1	104.1	100.2	99.2	105.4
江苏	Jiangsu	105.3	111.8	104.0	103.4	104.4	103.1	100.8	100.6	104.1
浙江	Zhejiang	105.4	112.1	101.7	102.9	103.7	103.7	100.7	100.1	105.3
安徽	Anhui	105.6	112.2	103.6	104.2	101.3	103.5	100.3	99.9	104.6
福建	Fujian	105.3	111.2	102.8	101.7	101.7	103.8	100.9	99.6	105.6
江西	Jiangxi	105.2	111.2	101.0	102.9	102.0	103.0	100.4	100.7	104.6
山东	Shandong	105.0	111.3	103.9	101.5	101.0	102.5	100.6	100.4	105.8
河南	Henan	105.6	111.9	103.9	101.9	102.1	103.0	101.0	100.9	106.6
湖北	Hubei	105.8	111.6	104.1	103.6	102.7	103.8	101.1	100.5	105.8
湖南	Hunan	105.5	111.2	101.6	101.0	101.0	103.3	101.1	101.5	106.6
广东	Guangdong	105.3	111.4	102.6	101.9	102.8	103.9	99.8	101.0	104.5
广西	Guangxi	105.9	114.4	103.7	101.9	101.7	103.5	101.9	100.1	102.2
海南	Hainan	106.1	113.3	100.8	100.9	101.4	101.6	101.7	100.5	104.9
重庆	Chongqing	105.3	114.1	103.7	101.3	102.2	102.0	99.1	98.9	103.7
四川	Sichuan	105.3	112.0	103.2	100.0	101.1	102.5	101.0	100.3	106.0
贵州	Guizhou	105.1	113.5	102.4	100.3	100.2	102.6	100.1	99.9	102.8
云南	Yunnan	104.9	111.5	100.8	100.5	101.4	103.3	100.0	99.7	104.4
西藏	Tibet	105.0	109.1	102.7	102.8	101.9	102.8	102.2	100.7	106.3
陕西	**Shaanxi**	**105.7**	**111.9**	**102.3**	**103.2**	**102.1**	**104.6**	**100.0**	**100.5**	**105.5**
甘肃	Gansu	105.9	111.4	101.8	101.3	101.6	105.8	101.1	102.9	105.7
青海	Qinghai	106.1	111.1	103.3	103.4	101.2	103.0	99.9	101.3	110.3
宁夏	Ningxia	106.3	113.5	101.7	104.5	102.0	103.8	101.6	100.8	104.3
新疆	Xinjiang	105.9	112.6	103.3	101.1	102.4	104.3	100.5	101.1	105.4

22-6 城乡居民人均收入
Per Capita Income of Urban and Rural Residents

单位：元 (yuan)

地 区	Region	城镇居民人均可支配收入 Per Capita Disposable Income of Urban Residents		农村居民人均纯收入 Per Capita Net Income of Rural Residents	
		2010年	2011年	2010年	2011年
全 国	**National Total**	**19109**	**21810**	**5919**	**6977**
北 京	Beijing	29073	32903	13262	14736
天 津	Tianjin	24293	26921	10075	12321
河 北	Hebei	16263	18292	5958	7120
山 西	Shanxi	15648	18124	4736	5601
内蒙古	Inner Mongolia	17698	20408	5530	6642
辽 宁	Liaoning	17713	20467	6908	8297
吉 林	Jilin	15411	17797	6237	7510
黑龙江	Heilongjiang	13857	15696	6211	7591
上 海	Shanghai	31838	36230	13978	16054
江 苏	Jiangsu	22944	26341	9118	10805
浙 江	Zhejiang	27359	30971	11303	13071
安 徽	Anhui	15788	18606	5285	6232
福 建	Fujian	21781	24907	7427	8779
江 西	Jiangxi	15481	17495	5789	6892
山 东	Shandong	19946	22792	6990	8342
河 南	Henan	15930	18195	5524	6604
湖 北	Hubei	16058	18374	5832	6898
湖 南	Hunan	16566	18844	5622	6567
广 东	Guangdong	23898	26897	7890	9372
广 西	Guangxi	17064	18854	4543	5231
海 南	Hainan	15581	18369	5275	6446
重 庆	Chongqing	17532	20250	5277	6480
四 川	Sichuan	15461	17899	5087	6129
贵 州	Guizhou	14143	16495	3472	4145
云 南	Yunnan	16065	18576	3952	4722
西 藏	Tibet	14980	16196	4139	4904
陕 西	**Shaanxi**	**15695**	**18245**	**4105**	**5028**
甘 肃	Gansu	13189	14989	3425	3909
青 海	Qinghai	13855	15603	3863	4608
宁 夏	Ningxia	15344	17579	4675	5410
新 疆	Xinjiang	13644	15514	4643	5442

22-7 城乡居民人均消费支出
Per Capita Consumption Expenditure of Urban and Rural Residents

地　区	Region	城镇居民人均消费性支出(元) Capita Consumption Expendi of Urban Residents(yuan)		城镇居民家庭恩格尔系数(%) Engel Coefficient of Urban Households(%)		农村居民人均生活消费支出(元) Capita Consumption Expendi of Rural Residents(yuan)		农村居民家庭恩格尔系数(%) Engel Coefficient of Rural Households(%)	
		2010	2011	2010	2011	2010	2011	2010	2011
全　国	**National Total**	**13471**	**15161**	**35.7**	**36.3**	**4382**	**5221**	**41.1**	**40.4**
北　京	Beijing	19934	21984	32.1	31.4	9255	11078	32.4	32.4
天　津	Tianjin	16562	18424	35.9	36.2	4937	6725	41.7	35.3
河　北	Hebei	10318	11609	32.3	33.8	3845	4711	35.1	33.5
山　西	Shanxi	9793	11354	31.2	31.3	3664	4587	37.5	37.7
内蒙古	Inner Mongolia	13995	15878	30.1	31.3	4461	5508	37.5	37.5
辽　宁	Liaoning	13280	14790	35.1	35.5	4490	5406	38.2	39.1
吉　林	Jilin	11679	13011	32.3	32.7	4147	5306	36.7	35.3
黑龙江	Heilongjiang	10684	12054	35.4	36.1	4391	5334	33.8	38.9
上　海	Shanghai	23200	25102	33.5	35.5	10210	11049	37.3	40.9
江　苏	Jiangsu	14357	16782	36.5	36.1	6543	8095	38.1	35.1
浙　江	Zhejiang	17858	20437	34.3	34.6	8929	9965	34.2	37.3
安　徽	Anhui	11513	13181	38.0	39.8	4013	4957	40.7	41.5
福　建	Fujian	14750	16661	39.3	39.2	5498	6541	46.1	46.4
江　西	Jiangxi	10619	11747	39.5	39.8	3912	4660	46.3	45.2
山　东	Shandong	13118	14561	32.1	33.2	4807	5901	37.5	35.7
河　南	Henan	10838	12336	33.0	34.1	3682	4320	37.2	36.1
湖　北	Hubei	11451	13164	38.7	40.7	4091	5011	43.1	39.0
湖　南	Hunan	11825	13403	36.5	36.9	4310	5179	48.4	45.2
广　东	Guangdong	18490	20252	36.5	36.9	5516	6726	47.7	49.1
广　西	Guangxi	11490	12848	38.1	39.5	3455	4211	48.5	43.8
海　南	Hainan	10927	12643	44.8	44.9	3446	4166	50.0	51.3
重　庆	Chongqing	13335	14974	37.6	39.1	3625	4502	48.3	46.8
四　川	Sichuan	12105	13696	39.5	40.7	3898	4675	48.3	46.2
贵　州	Guizhou	10058	11353	39.9	40.2	2852	3456	46.3	47.6
云　南	Yunnan	11074	12248	41.5	39.2	3398	4000	47.2	47.1
西　藏	Tibet	9686	10399	50.0	49.9	2667	2742	49.7	50.5
陕　西	**Shaanxi**	**11822**	**13783**	**37.1**	**36.6**	**3794**	**4496**	**34.2**	**30.0**
甘　肃	Gansu	9895	11189	37.4	37.4	2942	3665	44.7	42.2
青　海	Qinghai	9614	10955	39.4	38.9	3775	4537	38.2	37.8
宁　夏	Ningxia	11334	12896	33.2	34.8	4013	4727	38.4	37.3
新　疆	Xinjiang	10197	11839	36.2	38.3	3458	4398	40.3	36.1

22-8 农林牧渔业总产值(2011年)

Gross Output Value of Farming, Forestry, Animal Husbandry and Fishery (2011)

地区	Region	农林牧渔业总产值(亿元) Total Gross Output Value (100 million yuan)	#农业 Farming	#林业 Forestry	#牧业 Animal Husbandry	#渔业 Fishery	农林牧渔业总产值比上年增长(%) Total Gross Output Value Over the Previous Year (%)
全国	**National Total**	**81303.9**	**41988.6**	**3120.7**	**25770.7**	**7568.0**	**4.5**
北京	Beijing	363.1	163.4	18.9	162.7	11.5	0.9
天津	Tianjin	349.5	179.9	2.5	98.5	58.6	4.2
河北	Hebei	4895.9	2775.3	58.8	1674.0	163.6	3.9
山西	Shanxi	1207.6	767.1	73.5	295.7	7.5	5.8
内蒙古	Inner Mongolia	2204.5	1057.8	93.2	998.3	23.5	5.7
辽宁	Liaoning	3633.6	1307.2	107.4	1521.1	560.0	6.0
吉林	Jilin	2275.1	1020.4	81.9	1074.5	31.1	5.2
黑龙江	Heilongjiang	3223.5	1801.8	110.2	1189.9	58.9	5.5
上海	Shanghai	314.6	165.1	7.6	77.4	54.7	-0.6
江苏	Jiangsu	5237.4	2640.9	92.8	1190.5	1060.4	4.2
浙江	Zhejiang	2534.9	1152.0	134.1	546.3	655.8	3.1
安徽	Anhui	3459.7	1714.8	182.1	1083.5	346.2	4.0
福建	Fujian	2730.9	1136.2	237.7	479.2	782.6	4.1
江西	Jiangxi	2207.3	917.8	206.1	734.3	272.2	4.2
山东	Shandong	7409.7	3843.6	100.0	2171.9	999.1	3.8
河南	Henan	6218.6	3599.9	127.3	2198.4	72.5	3.8
湖北	Hubei	4252.9	2299.3	86.1	1205.8	508.8	4.4
湖南	Hunan	4508.2	2391.7	239.1	1425.6	255.0	4.3
广东	Guangdong	4384.4	2042.2	208.7	1146.4	843.0	3.9
广西	Guangxi	3323.4	1602.5	217.4	1096.6	303.1	4.8
海南	Hainan	1002.4	401.0	161.4	207.1	204.6	6.6
重庆	Chongqing	1265.3	751.2	38.1	425.3	34.9	4.8
四川	Sichuan	4932.7	2454.3	130.1	2127.2	147.2	4.6
贵州	Guizhou	1165.5	655.3	46.7	381.9	19.9	1.4
云南	Yunnan	2306.5	1124.7	245.7	808.2	55.9	6.1
西藏	Tibet	109.4	49.6	2.4	54.1	0.2	3.6
陕西	**Shaanxi**	**2058.6**	**1360.7**	**42.3**	**553.4**	**10.6**	**5.6**
甘肃	Gansu	1187.8	848.5	17.2	210.6	1.6	5.4
青海	Qinghai	230.8	102.9	4.2	119.3	0.2	4.8
宁夏	Ningxia	354.7	223.6	9.3	97.6	10.2	5.1
新疆	Xinjiang	1955.4	1437.9	38.1	415.0	14.2	6.9

注：本表绝对数按当年价格计算，增长速度按可比价格计算。

a) Level data in this table are calculated at current prices, while the growth rate are at constant prices.

22-9 主要农产品产量(2011年)
Output of Major Farm Crops (2011)

单位：万吨 (10 000 tons)

地　区	Region	粮食 Grain	油料 Oil-bearing Crops	棉花 Cotton	蔬菜 Vegetables	水果 Fruit	肉类 Meat	奶类 Milk
全　国	**National Total**	**57120.8**	**3306.8**	**658.9**	**67929.7**	**22768.2**	**7957.8**	**3810.7**
北　京	Beijing	121.8	1.4	0.1	296.9	120.9	44.4	64.0
天　津	Tianjin	161.8	0.7	7.2	431.3	62.6	42.9	69.4
河　北	Hebei	3172.6	141.8	65.3	7384.3	1719.2	418.2	466.9
山　西	Shanxi	1193.0	18.7	6.3	981.9	617.9	71.3	75.9
内蒙古	Inner Mongolia	2387.5	133.9	0.2	1440.2	301.4	237.4	931.4
辽　宁	Liaoning	2035.5	119.8	0.1	2832.5	810.7	408.2	132.0
吉　林	Jilin	3171.0	69.6	1.2	971.4	225.7	243.9	46.0
黑龙江	Heilongjiang	5570.6	23.3		789.9	279.9	201.2	550.4
上　海	Shanghai	122.0	1.9	0.5	408.2	88.0	27.6	29.1
江　苏	Jiangsu	3307.8	144.1	24.7	4586.9	757.1	375.9	59.2
浙　江	Zhejiang	781.6	39.9	3.2	1815.6	712.4	176.0	19.9
安　徽	Anhui	3135.5	213.8	37.8	2214.0	846.6	375.5	22.5
福　建	Fujian	672.8	27.5	0.01	1623.4	687.9	183.0	15.8
江　西	Jiangxi	2052.8	113.6	14.3	1165.7	580.6	295.6	12.3
山　东	Shandong	4426.3	341.0	78.5	9180.9	2850.8	711.1	279.0
河　南	Henan	5542.5	532.4	38.2	6709.7	2414.1	641.7	321.1
湖　北	Hubei	2388.5	304.7	52.6	3358.6	855.2	381.9	34.8
湖　南	Hunan	2939.4	215.3	22.7	3337.4	868.8	489.5	8.1
广　东	Guangdong	1361.0	91.9		2851.0	1314.3	434.7	14.5
广　西	Guangxi	1429.9	50.1	0.2	2246.4	1223.0	391.1	8.9
海　南	Hainan	188.0	9.9		469.1	403.7	71.6	0.2
重　庆	Chongqing	1126.9	46.5	0.01	1408.0	261.1	196.3	8.0
四　川	Sichuan	3291.6	278.4	1.5	3573.6	776.6	651.2	71.7
贵　州	Guizhou	876.9	78.9	0.1	1250.1	128.0	180.0	4.9
云　南	Yunnan	1673.6	60.7	0.04	1340.0	476.4	324.4	56.6
西　藏	Tibet	93.7	6.4		60.1	1.4	26.1	29.8
陕　西	**Shaanxi**	**1194.7**	**59.0**	**6.7**	**1432.5**	**1587.1**	**99.6**	**182.4**
甘　肃	Gansu	1014.6	63.5	7.6	1320.6	519.1	83.8	37.7
青　海	Qinghai	103.4	33.3		144.6	4.4	28.8	28.4
宁　夏	Ningxia	359.0	18.4		438.7	237.3	25.2	96.0
新　疆	Xinjiang	1224.7	66.8	289.8	1866.2	1036.0	120.0	133.9

注：水果产量含果用瓜。
a) The fruit production includes melons for fruits use.

22-10　主要工业产品产量(2011年)
Output of Major Industrial Products(2011)

地　区	Region	原　油 (万吨) Crude oil (10 000 tons)	天然气 (亿立方米) Natural Gas (100 million sq.m)	发电量 (亿千瓦小时) Electricity (100 million kwh)	生　铁 (万吨) Pig Iron (10 000 tons)	粗　钢 (万吨) Crude Steel (10 000 tons)	钢　材 (万吨) Steel Products (10 000 tons)	水　泥 (万吨) Cement (10 000 tons)	汽　车 (万辆) Automotive (10 000 units)
全　国	**National Total**	**20287.6**	**1030.6**	**47000.7**	**62969.3**	**68388.3**	**88258.2**	**208500.0**	**1841.6**
北　京	Beijing			263.0		2.9	289.6	911.5	150.5
天　津	Tianjin	3187.8	18.4	619.1	2097.0	2295.7	5163.8	765.5	75.7
河　北	Hebei	586.1	12.2	2310.2	15442.4	16450.7	19256.4	13972.4	72.1
山　西	Shanxi			2344.0	3768.6	3490.4	3371.2	3935.6	0.6
内蒙古	Inner Mongolia			2972.8	1431.1	1669.7	1417.3	6396.5	3.7
辽　宁	Liaoning	1000.0	7.2	1368.1	5417.9	5389.2	5754.1	5690.1	75.5
吉　林	Jilin	739.4	15.0	709.9	941.4	925.2	1069.0	4221.3	155.7
黑龙江	Heilongjiang	4006.0	31.0	828.7	588.9	667.5	598.0	4213.9	18.2
上　海	Shanghai	8.1	3.0	947.0	1947.5	2225.5	2483.6	805.6	191.6
江　苏	Jiangsu	189.0	0.5	3755.8	5303.5	6838.8	10011.6	14899.7	80.4
浙　江	Zhejiang			2774.2	1002.2	1329.9	3141.0	12122.3	30.6
安　徽	Anhui			1632.8	1829.8	1968.6	2746.3	9204.7	117.0
福　建	Fujian			1578.9	441.2	1166.9	1561.0	6570.9	18.6
江　西	Jiangxi			729.9	1917.1	2067.8	2250.3	6782.2	34.4
山　东	Shandong	2713.5	5.2	3162.3	5608.5	5655.2	7033.7	15035.6	76.3
河　南	Henan	485.5	5.0	2583.2	2151.0	2370.8	3553.6	13666.0	36.6
湖　北	Hubei	79.0	2.3	2077.2	2520.7	2753.3	3573.4	9342.9	131.9
湖　南	Hunan			1343.5	1876.4	1819.8	1947.8	9238.6	16.2
广　东	Guangdong	1152.8	83.3	3735.5	861.6	1324.3	3189.9	12607.0	150.3
广　西	Guangxi	2.3		1039.0	955.6	1212.2	1766.4	8640.1	142.4
海　南	Hainan	19.7	2.0	172.9			23.2	1508.5	15.2
重　庆	Chongqing		1.7	582.2	559.4	630.6	950.0	4935.2	166.6
四　川	Sichuan	16.2	268.0	1980.7	1715.0	1729.2	2237.7	14501.1	12.9
贵　州	Guizhou			1379.3	482.4	434.0	462.9	5000.2	1.3
云　南	Yunnan		0.1	1555.7	1344.2	1323.2	1351.9	6457.4	9.7
西　藏	Tibet			27.2				232.8	
陕　西	**Shaanxi**	**3225.4**	**272.2**	**1208.8**	**717.6**	**751.5**	**1025.3**	**6430.6**	**55.7**
甘　肃	Gansu	62.6	0.2	1027.9	769.3	819.8	812.8	2746.8	2.1
青　海	Qinghai	195.0	65.0	463.1	114.6	139.5	142.0	1043.0	
宁　夏	Ningxia	3.6	3.0	939.3	91.9	28.8	76.5	1455.5	
新　疆	Xinjiang	2615.6	235.3	875.2	1058.1	893.0	985.1	2993.6	0.1

22-11 社会消费品零售总额和进出口总额
Total Retail Sales of Consumer Goods and Total Import and Export

地区	Region	社会消费品零售总额(亿元) Total Retail Sales of Consumer Goods(100 million yuan)		进出口总额(亿美元) Total Import and Export (100 million USD)		出口总额(亿美元) Total Exports (100 million USD)	
		2010	2011	2010	2011	2010	2011
全国	**National Total**	**156998.4**	**183918.6**	**29740.0**	**36420.6**	**15777.5**	**18986.0**
北京	Beijing	6229.3	6900.3	3017.2	3894.9	554.6	590.3
天津	Tianjin	2860.2	3395.1	821.0	1033.9	375.2	445.0
河北	Hebei	6821.8	8035.5	420.6	536.0	225.7	285.8
山西	Shanxi	3318.2	3903.4	125.8	147.6	47.1	54.3
内蒙古	Inner Mongolia	3384.0	3991.7	87.3	119.4	33.3	46.9
辽宁	Liaoning	6887.6	8095.3	807.1	959.6	431.2	510.4
吉林	Jilin	3504.9	4119.8	168.5	220.5	44.8	50.0
黑龙江	Heilongjiang	4039.2	4750.1	255.2	385.1	162.8	176.7
上海	Shanghai	6070.5	6814.8	3689.5	4373.1	1807.2	2096.9
江苏	Jiangsu	13606.8	15988.4	4658.0	5397.6	2705.5	3126.2
浙江	Zhejiang	10245.4	12028.0	2535.3	3094.0	1804.8	2163.6
安徽	Anhui	4197.7	4955.1	242.7	313.4	124.2	170.8
福建	Fujian	5310.0	6276.2	1087.8	1435.6	715.0	928.4
江西	Jiangxi	2956.2	3485.1	216.2	315.6	134.2	218.8
山东	Shandong	14620.3	17155.5	1891.6	2359.9	1042.5	1257.9
河南	Henan	8004.2	9453.6	178.3	326.4	105.3	192.4
湖北	Hubei	7013.9	8275.2	259.3	335.2	144.4	195.3
湖南	Hunan	5839.5	6884.7	146.6	190.0	79.6	99.0
广东	Guangdong	17458.4	20297.5	7849.0	9134.8	4532.0	5319.4
广西	Guangxi	3312.0	3908.2	177.4	233.5	96.0	124.6
海南	Hainan	639.3	759.5	86.5	127.6	23.2	25.4
重庆	Chongqing	2938.6	3487.8	124.3	292.2	74.9	198.4
四川	Sichuan	6810.1	8044.6	326.9	477.8	188.5	290.5
贵州	Guizhou	1482.7	1751.6	31.5	48.8	19.2	29.9
云南	Yunnan	2542.4	3000.1	134.3	160.5	76.1	94.7
西藏	Tibet	185.3	219.0	8.4	13.6	7.7	11.8
陕西	**Shaanxi**	**3195.7**	**3790.0**	**120.8**	**146.2**	**62.1**	**70.1**
甘肃	Gansu	1394.5	1648.0	74.0	87.4	16.4	21.6
青海	Qinghai	350.8	410.5	7.9	9.2	4.7	6.6
宁夏	Ningxia	403.6	477.6	19.6	22.9	11.7	16.0
新疆	Xinjiang	1375.1	1616.3	171.3	228.2	129.7	168.3

22-12 国际旅游情况
International Tourism

地区	Region	2010			2011		
		旅游人数（万人次）Tourists (10 000 person-times)	#外国人 Foreigners	旅游外汇收入（亿美元）Foreign Exchange Earnings from International Tourism (100 million USD)	旅游人数（万人次）Tourists (10 000 person-times)	#外国人 Foreigners	旅游外汇收入（亿美元）Foreign Exchange Earnings from International Tourism (100 million USD)
全国	**National Total**	**13376.22**	**2612.69**	**458.14**	**13542.40**	**2711.20**	**484.60**
北京	Beijing	490.07	421.63	50.45	520.40	447.41	54.16
天津	Tianjin	166.07	153.05	14.20	73.06	63.58	17.56
河北	Hebei	97.74	85.31	3.51	114.14	98.27	4.48
山西	Shanxi	130.29	82.09	4.65	155.32	98.25	5.67
内蒙古	Inner Mongolia	142.80	140.02	6.02	151.52	147.64	6.71
辽宁	Liaoning	361.80	307.01	22.59	405.33	339.41	27.13
吉林	Jilin	82.01	72.16	3.05	99.32	85.49	3.85
黑龙江	Heilongjiang	172.42	164.83	7.63	206.52	197.84	9.18
上海	Shanghai	733.72	593.12	63.41	668.61	554.99	57.51
江苏	Jiangsu	653.55	473.50	47.83	737.33	537.91	56.53
浙江	Zhejiang	684.71	447.41	39.30	773.69	515.04	45.42
安徽	Anhui	198.42	117.40	7.09	262.87	151.75	11.79
福建	Fujian	368.14	115.27	29.78	427.42	140.02	36.34
江西	Jiangxi	113.97	39.92	3.46	135.83	43.98	4.15
山东	Shandong	366.79	277.87	21.55	424.23	312.33	25.51
河南	Henan	146.84	96.09	4.99	168.29	104.29	5.49
湖北	Hubei	181.74	138.55	7.51	213.52	160.11	9.40
湖南	Hunan	189.87	103.30	9.06	227.63	119.80	10.14
广东	Guangdong	3140.93	733.28	123.83	3331.63	749.34	139.06
广西	Guangxi	250.24	141.39	8.06	302.79	171.48	10.52
海南	Hainan	66.33	47.40	3.22	81.43	56.16	3.76
重庆	Chongqing	137.02	103.96	7.03	186.40	132.61	9.68
四川	Sichuan	104.93	74.97	3.54	163.97	113.73	5.94
贵州	Guizhou	50.01	18.61	1.30	58.51	23.62	1.35
云南	Yunnan	329.15	231.23	13.24	395.38	281.00	16.09
西藏	Tibet	22.83	21.41	1.04	27.08	24.90	1.30
陕西	**Shaanxi**	**212.17**	**155.24**	**10.16**	**270.41**	**189.91**	**12.95**
甘肃	Gansu	7.02	4.99	0.15	9.11	5.47	0.17
青海	Qinghai	4.67	3.39	0.20	5.17	4.11	0.27
宁夏	Ningxia	1.80	1.29	0.06	1.95	1.37	0.06
新疆	Xinjiang	50.94	45.44	1.85	56.37	48.77	4.65

2011 年陕西统计大事记

1 月 13 日，省统计局发出《关于 2010 年度市级统计工作综合考核评比结果的通知》（陕统发〔2011〕5 号），授予西安市统计局 2010 年度全省市级统计工作综合考核评比特别荣誉奖；授予汉中市统计局、安康市统计局、宝鸡市统计局 2010 年度全省市级统计工作综合考核评比先进单位。

1 月 21 日，陕西省人民政府新闻办公室举行 2010 年全省国民经济运行情况新闻发布会，发布 2010 年全省国民经济运行情况。

1 月 23 日，陕西省人民政府发出《关于进一步加强和改进统计工作的通知》（陕政发〔2011〕6 号），进一步强调统计工作的重要性。要求各级统计部门加强自身建设、提升统计工作水平；各级政府切实加强对统计工作的领导，充分发挥统计部门的职能作用，认真听取统计部门的意见和建议，定期研究并及时解决统计工作中遇到的困难和问题，营造良好的统计工作环境。

1 月 24－25 日，陕西省政府组织召开统计工作会议。会议的主要任务是：传达贯彻全国统计工作会议和省委十一届七次全会精神；总结“十一五”全省统计工作；谋划“十二五”工作思路；安排部署 2011 年全省统计工作任务。会议由省政府副秘书长周玉明主持，常务副省长娄勤俭出席会议并做重要讲话。省统计局张晓光副局长作了题为《深化改革 优化服务 为“十二五”良好开局提供统计保障》的大会报告。会议确定 2011 年全省统计工作的总体思路是：全面贯彻中央和省委省政府的系列决策部署，以邓小平理论和“三个代表”重要思想为指导，深入贯彻落实科学发展观，紧紧围绕“富民强省”和“三个提高”，深化统计改革，夯实统计基础，提高数据质量，优化统计服务，为“十二五”良好开局提供统计保障。会议部署了 2011 年全省统计工作任务：一是加快改革创新，提升统计科学发展能力；二是强化统计管理，提高数据质量管控能力；三是围绕发展需求，提高统计服务保障能力；四是圆满完成人口普查，准确反映省情省力；五是坚持依法统计，提升统计法制保障能力；六是强化队伍建设，提高统计可持续发展能力。各设区市人民政府、杨凌示范区分管统计工作的副市长；省级有关单位分管统计工作的负责同志；省统计局局领导、正副处长、社会经济调查队队长参加了会议。

1 月 26 日，省统计局办公室印发《关于 2010 年度目标责任考核优秀单位和个人的通报》（陕统办发〔2011〕6 号），对 2010 年度全局目标管理先进集体和先进个人进行了表彰。人口处、综合处、普查中心、核算处、工业处、农村处、办公室、财务处、人事处、咨询中心、陇县调查队、洛南调查队、西乡调查队被评为 2010 年目标考核优秀单位；42 名工作人员被评为目标考核优秀个人。

2 月 17 日，省统计局印发《2011 年全省统计法制工作要点》（陕统办发〔2011〕11 号），以进一步强化统计执法监督，加强统计普法宣传，完善统计法律制度，全面推进依法统计。2011 年，全省各级统计局坚持依法行政，强化统计执法检查，全省共检查单位 5781 家，立案 1166 件，结案 1057 件，为统计建设提供了良好的法治保障。

2 月 18 日，省委发出《关于丁云祥同志任职的通知》（陕干字〔2011〕30 号），任命丁云祥同志为陕西省统计局党组书记；2 月 28 日，省政府发出《关于丁云祥同志任职的通知》（陕政任字〔2011〕25 号），任命丁云祥同志为陕西省统计局局长。

2 月 27 日，省委、省政府发出《关于表彰 2010 年度目标责任考核优秀单位的决定》（陕字〔2011〕11 号），省统计局被评为 2010 年度全省目标责任考核优秀单位。这是继 2007 年省统计局被省委省政府评为年度目标责任考核优秀单位后，连续第四年获此殊荣。

3 月 1 日－2 日，省统计局党组召开会议，集中听取局机关各单位 2011 年工作思路、具体安排和保障措施的汇报，研究落实“十二五”开局之年各项统计工作任务。全体局领导和各单位主要负责人参加了会议。

3 月 24 日，省统计局办公室印发《深入开展大下访活动实施方案》（陕统办发〔2011〕22 号），对全省统计系统大下访活动作出安排。2011 年，按照省人民政府办公厅的统一部署，省统计局组织全省统计系统干部，认真开展了“千人进万企”大下访活动，共有 6642 余人次走出机关，收集问卷 4758 份，形成了《企业运行环境调研分析》等 5 篇调研报告，各市（区）统计局形成了近 60 篇调研报告，收到了较好的成效。

4 月 12 日，陕西省统计局印发《陕西省季度生产总值核算方案》（陕统发〔2011〕33 号），统一和规范了全省季度 GDP 核算方法。2011 年，省统计局全面落实国家统计方法制度改革精神，修订完善全省 GDP 核算方法制度，建立了规范的地区 GDP 统一核算机制；加强对市县核算工作的督导，强化与有关部门的沟通与协调，高质量完成了季度、年度全省 GDP 核算工作和 GDP 全国联审工作。

4 月 18 日，陕西省统计局办公室印发《陕西省统计局开展“统计为民、创先争优”主题实践活动实施方案》（陕统办发〔2011〕29 号），在全局范围内组织开展了“统计为民，创先争优”主题实践活动。主题实践活动以“大下访”活动为抓手，面向群众、面向企业、面向基层深入调查研究，进一步转变了党员干部的工作作风。

4 月 29 日，陕西省人民政府召开全省县域经济社会发展表彰电视电话会议，表彰 2010 年度“陕西省县域经济社会发展十强县”、“陕西省城区经济社会发展五强区”、陕西省县域经济社会发展“争先进位”前 10 名县、前 5 名区和“工业增长速度前十名县”。陕西省委副书记、省长赵正永出席会议并作重要讲话。

5 月 25－31 日，省统计局在浙江大学举办了“陕西省统计局机关干部、市局局长研究班”，省局机关干部、市局局长共 70 余人参加了研究班。这是省统计局第五次与高校联合举办的统计领导干部培训班。2011 年，省统计局不断加大干部教育培训力度，开展各类培训 40 余期，培训 4000 余人。

6 月 30 日，省统计局召开“纪念建党 90 周年暨先进党支部优秀党员表彰大会”，庆祝中国共产党成立 90 周年。大会对评选出的 4 个先进党支部、7 名优秀党务工作者、20 名优秀共产党员进行了表彰并颁奖。

6 月 30 日，省委书记赵乐际在省统计局《陕西省人口发展呈现十大特点》（统计报告第 56 号）上作出重要批示。2011 年，省统计局紧紧围绕省委省政府重点工作部署，对调整结构、转型升级、民生工程等重点、难点和热点问题开展统计分析研究，全年共建立 24 个重大课题，撰写统计分析报告 221 篇，其中 12 篇得到省委省政府主要领导批示。

7 月 20 日，陕西省人民政府新闻办公室举行 2011 年上半年全省国民经济运行情况新闻发布会，发布 2011 年上半年全省国民经济运行情况。

7 月 27 日，由省统计局牵头与省发改委、建设厅、财政厅、国土资源厅、林业厅、农业厅、人民银行西安分行等 8 个部门联合印发《保障性安居工程统计制度》（陕统发〔2011〕64 号），在全省范围内开展保障性安居工程调查工作。2011 年，省统计局紧紧围绕省委省政府的决策部署，在省级有关部门的密切配合和各市县统计人员的共同努力下，开展了一系列保障性安居工程统计工作。

8 月 1 日，陕西省人民政府办公厅印发了《关于开展企业一套表改革工作的通知》（陕政办发〔2011〕77 号），对全省“企业一套表”改革工作做出安排部署。国家统计局从 2012 年开始，在全国实行“企业一套表”改革。按照国家局的统一部署，2011 年，我省各级统计部门周密组织、精心安排，全力以赴推进改革试点工作。经过全省统计系统的共同努力，我省纳入试点范围的 8300 多户试点企业，两个报告期的上报率均达到 99%，“企业一套表”试点改革取得阶段性成果，为 2012 年我省“企业一套表”的正式实施奠定了良好基础。

8 月 17 日，陕西省统计局转发国家统计局办公室《关于印发全国统计系统基本单位名录库建设维护与使用管理暂行办法实施细则的通知》（陕统发〔2011〕70 号），以切实提高名录库建设质量和管理水平。2011 年，全省统计系统规范名录库的管理，建立健全了运行管理、维护更新、质量检查、数据应用等工作制度；

加大名录库专项巡查、临时码整治清理和维护人员培训力度，全省名录库中企业临时码使用率由年初17.2%下降到0.6%，净增企业单位近2万家，增长17.3%，“三上”企业季度审批新增435家，年度审批申报1066家。

9月1日，陕西省统计局印发《陕西省统计局督办工作制度》（陕统办发〔2011〕45号），进一步明确督办工作有关要求，加大督办工作力度。2011年，省统计局切实转变机关工作作风，充分发挥督办工作在推动落实方面的重要作用，努力提高行政效能，确保政令畅通。

9月28日，陕西省统计局、陕西省人民政府第六次人口普查办公室印发《关于表彰第六次全国人口普查先进集体和先进个人的通报》（陕统发〔2011〕78号），对在第六次人口普查工作中做出突出成就的集体和个人给予通报表彰。我省30万普查员和普查指导员历时两年，高质量地完成了第六次人口普查1300万户、4575万人的普查登记工作，及时发布了全省人口普查主要数据公报，并进行深入解读。同时，就人口普查课题研究方向和内容征求省委省政府领导及各方意见，确定了40个重点课题，普查资料开发工作进入实质性阶段。

10月20日，陕西省人民政府新闻办公室举行新闻发布会，发布2011年前三季度全省国民经济运行情况。省统计局副局长魏四新发布了2011年前三季度全省国民经济运行情况。

11月28日–12月9日，省统计局与省综治办联合组织观摩省局社情民意调查中心“2011年度公众安全感调查”电话访问现场，全省11个市(区)委综治办主任、市级政法各部门负责人、各县(市、区)党委政法委书记全部参加观摩活动。2011年，省统计局围绕全省统计中心工作和省委政府、群众关注关心的热点、焦点问题，开展了“2011年陕西省公众安全感调查”、“2011年陕西万户居民幸福愿景调查”等48项社情民意调查，搭建了党和政府与人民群众沟通的桥梁。

12月5日，省统计局办公室印发《关于加强和改进统计新闻宣传工作的通知》（陕统办发〔2011〕70号），对加强和改进统计新闻宣传工作作出要求。2011年，省统计局加大统计宣传力度，向社会公众普及统计知识，统计宣传广度和深度进一步拓展。

12月30日，陕西省政府组织召开陕西统计工作会议。会议的主要任务是：贯彻落实全国统计工作会议和省委十一届八次全会精神；总结交流2011年工作；安排部署2012年重点任务。会议由省政府副秘书长陈国强主持，常务副省长娄勤俭出席会议并做重要讲话。省统计局局长丁云祥作了题为《深化改革 锐意进取 全面开创陕西统计工作新局面》的大会报告。会议确定2012年和今后一个时期全省统计工作基本思路是：以邓小平理论和“三个代表”重要思想为指导，以科学发展观为统领，以“三个提高”为主线，以深化统计制度方法改革为动力，围绕“一个中心”，秉承“两大理念”，强化“三大职能”，构建“四大体系”，树立“五大意识”，抓住“六大重点”，切实做好十一方面工作。一是全力以赴推进“企业一套表”改革；二是加强专业统计工作，客观、全面反映全省经济社会发展成果；三是强化统计监测预警，为党委、政府科学决策提供更有效的统计服务；四是围绕全省中心和重点工作，加强专项统计调查；五是强化责任、分工合作，加快建设真实完整、及时更新的基本单位名录库；六是加强以县为中心的统计基层建设，夯实统计基础；七是加快统计信息化建设步伐，全力推进统计工作现代化；八是加强统计宣传工作，为统计事业发展营造更好的工作氛围；九是进一步加强统计法制建设，为统计改革发展保驾护航；十是扎实推进统计队伍建设，不断提升统计系统的战斗力；十一是加强统计文化和党风廉政建设，不断提升统计系统的凝聚力。各设区市人民政府、杨凌示范区分管统计工作的副市长；省级有关厅、局分管统计工作的负责同志；省统计局局领导、正副处长、社会经济调查队队长参加了会议。

（苏　明）

中国统计出版社最新图书简目

（仅供参考，以最后出书为准）

统计资料

中国统计年鉴-2012
2012中国发展报告
中国劳动统计年鉴-2012
中国建筑业统计年鉴-2012
中国商品交易市场统计年鉴-2012
中国民政统计年鉴-2012
中国科技统计年鉴-2012
中国高技术产业统计年鉴-2012
全国农产品成本收益资料汇编-2012
大中型批发零售和住宿餐饮企业统计年鉴-2012
中国县（市）社会经济统计年鉴-2012
第二次全国R&D资源清查资料汇编一综合卷

中国统计摘要-2012
中国第三产业统计年鉴-2012
中国社会统计年鉴-2012
中国人口和就业统计年鉴-2012
中国房地产统计年鉴-2012
中国贸易外经统计年鉴-2012
中国农村统计年鉴-2012
中国教育经费统计年鉴-2010
中国科学技术协会统计年鉴-2012
中国农村住户调查年鉴-2012（中、英文）
第二次全国R&D资源清查资料汇编一工业企业卷
中国民族统计年鉴2011、2012

国际统计年鉴-2012
中国区域经济统计年鉴-2012
中国城市统计年鉴-2009
中国工业经济统计年鉴-2012
中国能源统计年鉴-2012
2012中国地区经济监测报告
中国农产品价格调查年鉴-2012
中国农村贫困监测报告-2012
工业企业科技活动资料-2012
中国城市(镇)生活与价格年鉴-2012
中国农村全面建设小康监测报告-2012
中国零售和餐饮连锁企业统计年鉴-2012
2010年中国第六次人口普查公报

2012年省级综合统计年鉴系列

北京 天津 河北 山西 内蒙古
河南 湖北 湖南 广东 广西

辽宁 吉林 黑龙江 上海 江苏
海南 重庆 四川 贵州 云南

浙江 安徽 福建 江西 山东
西藏 陕西 甘肃 青海 宁夏
新疆 新疆生产建设兵团

2012年市(县)级综合统计年鉴系列

天津滨海新区
运城 忻州 临汾 呼和浩特
上海浦东新区
杭州 宁波 绍兴 台州 温州
厦门经济特区 南昌 上饶
十堰 荆州 咸宁 长沙 广州

石家庄 唐山 邯郸 太原 大同
包头 沈阳 大连 长春 吉林市
苏州 无锡 常州 徐州 南通
金华 嘉兴 衢州
济南 青岛 潍坊 郑州
东莞 惠州 深圳 桂林 南宁
贵阳 昆明 庆阳 西安

长治 阳泉 晋城 朔州 晋中
四平 哈尔滨 黑龙江垦区
盐城 镇江 江阴 丹阳
福州 福州经济技术开发区
洛阳 三门峡 南阳 武汉 宜昌
柳州 来宾 河池 海口 成都 绵阳
兰州 银川 乌鲁木齐

2010年人口普查资料系列

中国2010年人口普查资料
浙江 安徽 福建 江西 山东
西藏 陕西 甘肃 青海 宁夏
中国分县2010年人口普查资料

北京 天津 河北 山西 内蒙古
河南 湖北 湖南 广东 广西
新疆 新疆生产建设兵团
中国分乡镇、街道2010年人口普查资料

辽宁 吉林 黑龙江 上海 江苏
海南 重庆 四川 贵州 云南
河南省各市2010年人口普查资料丛书
中国分民族2010年人口普查资料

“十一五”规划教材

非参数统计 医学统计学
多元统计分析 经济计量学教程
统计数据处理概论
企业经营管理统计
统计学:从数据到结论

概率论与数理统计 统计学
应用时间序列分析
质量管理统计方法 社会统计学
市场调查与预测
国民经济核算教程(国民经济统计学)

现代金融投资统计分析
统计指数理论及应用
多元统计分析实验
统计学原理（非统计专业使用）
概率论与数理统计(经济、管理类专业使用）

重点图书

挑大学选专业2012—高考志愿填报指南
挑大学选专业2012—考研择校指南

欲购以上图书请与中国统计出版社发行部联系

电话：（010）63376907，63376908 同榀行书店电话：68783171，68783172

通讯地址：北京市西城区三里河月坛南街57号 邮政编码：100826

网址：http://csp.stats.gov.cn